Die Ursachen des Wachstums

Rupert Riedl/Manuela Delpos (Hrsg.)

Die Ursachen des Wachstums

Unsere Chancen zur Umkehr

Mit einem Vorwort von Dennis Meadows

ISBN 3-218-00628-7
Copyright © 1996 by Verlag Kremayr & Scheriau, Wien
Alle Rechte vorbehalten
Schutzumschlaggestaltung: Kurt Rendl unter Verwendung eines Fotos aus seinem Archiv
Lektorat: Sabine Wimmer
Satz: Zehetner Ges. m. b. H., A-2105 Oberrohrbach
Druck und Bindung: Tlaciarne, Slowakei

Gedruckt auf chlorfrei gebleichtem Papier

Inhalt

Zum Geleit 7
Dennis Meadows

Vorwort 9

Zur Einführung 11
Rupert Riedl

A   ÜBER DEN ANSATZ

     1. Das Umgehen mit komplexen Systemen 16
        Rupert Riedl
     2. Um welche Maße geht es? 27
        Peter Kotauczek
     3. Bedingungen aus der Ausstattung der Kreatur 45
        Rupert Riedl

B   DAS BEVÖLKERUNGSWACHSTUM UND DESSEN URSACHEN

     4. Bevölkerungswachstum – zwischen Erbe und Erkenntnis 58
        Markus Knoflacher
     5. Wechselwirkung zwischen sich industrialisierenden und
         Industrieländern 73
        Manuela Delpos

C   AUFBAUKETTE UND ENTWICKLUNG DER ANSPRÜCHE

C1   Vorbedingungen

     6. Die Politik der Evolution – Die Evolution der Politik
         Das Wachstum sozialer Systeme und seine Regulation:
         Gesellschaftliche Ursachen und Dynamiken 86
        Ernst Gehmacher
     7. Auf der Suche nach dem Humanum – Die kulturgeschichtlichen
         Ursachen des Wachstums 108
        Elfriede-Maria Bonet

C2   Bedingungen

     8. Das Verbrauchswachstum der Menschheit 126
        Hans-Peter Aubauer

9. Zins, Geld, Profit und Kapital: Ein theoriegeschichtlicher Abriß 139
Heinz D. Kurz

C3 Institutionen

10. Die Ursachen wirtschaftlichen Wachstums 164
Klaus Woltron
11. Wirtschaftliches Wachstum – Fetisch oder Notwendigkeit? 181
Heinz D. Kurz
12. Ursachen für das Wachstum mechanischer Mobilität
und seine Folgen 200
Hermann Knoflacher
13. Wachstumsantriebe durch Management und Wirtschaftspolitik 211
Manfred Sliwka

C4 Obersysteme

14. Ursachen wirtschaftlicher Wachstumsprozesse 224
Peter Hampe
15. Rechtsordnung und Wachstumsprozesse 247
Helmut Helsper
16. Politik als Ursache von Wachstum – eine Problemdiagnose 264
Werner J. Patzelt
17. Monetäre Wachstumsdynamik in modernen Wirtschaftssystemen 282
Mathias Binswanger

Personenregister 297

Sachregister 299

Zum Geleit
von Dennis Meadows

Seit wir unseren ersten Report für den Club of Rome, *Die Grenzen des Wachstums,* 1972 veröffentlichten, durchlief die Wachstumsdebatte drei Stadien. Diese Stadien möchte ich hier einfach und verallgemeinernd beschreiben, um die zentrale Strömung zu erfassen. Mein Ziel ist es nicht, jeden Beitrag penibel zu beschreiben, sondern ich möchte vielmehr die extrem wichtige, bahnbrechende Natur des Projektes zeigen, das Rupert Riedl und seine KollegInnen in Angriff genommen haben: Stadium vier einzuleiten.

Im ersten Stadium der Debatte sagte die Mehrheit, unsere Untersuchung sei voller Fehler, und es sei kein Grund vorhanden, dem physischen Wachstum in voraussehbarer Zukunft Einhalt zu gebieten. Aber die Belege häuften sich, daß wichtige physische Grenzen des Ökosystems Erde tatsächlich überschritten worden sind.

Dann kam Stadium zwei; es wurde argumentiert, daß die physische Expansion auf der Erde zwar wohl gestoppt werden sollte, daß aber die drei bedeutsamen Mittel zur Anpassung – unsere politischen, technischen und ökonomischen Systeme – sich selbst an die globalen Grenzen anpassen und eine „nachhaltige Entwicklung" herbeiführen könnten.

Aber es ist völlig unrealistisch, anzunehmen, daß diejenigen, die die Probleme verursacht haben, nun das Problem lösen könnten, ohne sich selbst zu verändern. Und tatsächlich, es wird immer offensichtlicher, daß die drei genannten Systeme hauptsächlich daran arbeiten, eine gewaltige Kluft zwischen Reichen und Armen zu schaffen. Die vergangene Dekade hat eine Rekordzahl an neuen Milliardären hervorgebracht, und an Menschen, die mit einem Dollar oder weniger pro Tag auskommen müssen. Man befaßt sich mit Krankheiten und Umweltproblemen der Reichen, aber es wird wenig in Bemühungen um geeignete Lösungen für die Armen investiert. Die Prioritäten der Pharmakonzerne, die gegen Aids kämpfen, zeigen dies anschaulich. Wohingegen die wesentlichen Wachstumstrends wie jene, die Bevölkerung und Energieverbrauch steuern, derzeit nicht sehr rasch zurückgehen.

Deshalb kam es zu einer dritten Phase der Debatte, die an der Bewältigung der sozialen Probleme des Wachstums verzweifelt. Dies wird deutlich an dem Bemühen, die Probleme in isolierte Sachverhalte aufzusplitten. Politiker und Ökonomen streben nach der Schaffung immer größerer Handelsblöcke, doch ohne jegliche Überzeugung, daß diese das Leben jener paar Milliarden Menschen konstruktiv beeinflussen wird, welche in Wahrheit außerhalb des Marktes leben. Sie haben jeglichen Kontakt zu den realen Konsequenzen ihrer Handlungen verloren. Unterdessen bauen Wissenschaftler immer größere Computermodelle, um die Umweltaspekte des Wachstums zu verstehen, wie beispielsweise die Klimaveränderung, aber sie haben den Menschen als handelndes Wesen aus ihren Studien ausgeschlossen. Sie haben die sozialen Konsequenzen ihres Handelns aus den Augen verloren.

Phase drei wird der globalen Gemeinschaft keinen besseren Plan in die Hand geben, um mit den Grenzen des Wachstums umzugehen, als wir Phase ein oder zwei verdanken. Somit ist es also Zeit, Phase vier einzuleiten – die grundlegende Untersuchung der den Wachstumskräften zugrundeliegenden Ursachen, die uns in den katastrophalen Kollaps des globalen Ökosystems treiben, welches wir zur Erhaltung der Menschheit benötigen.

In diesem Zusammenhang stellen die von Professor Rupert Riedl und seinen KollegInnen präsentierten 17 Kapitel einen hochbedeutsamen Beitrag dar. Drei Jahre lang wurde im Rahmen des Projektes „Ursachen des Wachstums", das zahlreiche innovative Denker und Praktiker zusammenführte, die schwierige und wichtige Frage bearbeitet: „Welche Kräfte in der globalen Gemeinschaft sind verantwortlich für das zwingende Bestreben, die Bevölkerung und ihre Ökonomie einem beständigen Wachstum zu unterwerfen?" Die Beschäftigung mit dieser Frage erfordert einen interdisziplinären, umfassenden, synergistischen Zugang, sie bedarf einer langfristigen Perspektive, die sowohl historisches Verständnis als auch die Konsequenzen heutiger Politik einschließt.

In optimaler Ausnutzung ihrer bemerkenswerten Fähigkeiten hat Prof. Riedl und sein Team diesen Anforderungen entsprochen. Und ich glaube, daß sie einige nützliche Fortschritte in der Suche nach Antworten gemacht haben. Wenn andere auf dem aufbauen könnten, was hier berichtet wird, und es weiterentwickeln, dann beginnen wir vielleicht mit der vierten Phase, der Debatte um die „Grenzen des Wachstums". Diese Phase wird Wachstum eher als ein Symptom denn als das zentrale Problem betrachten. Sie wird hinter den Wachstumstrends nach den zugrundeliegenden Ursachen und nach politischen Hebeln suchen, welche die expansionistischen Tendenzen der heutigen Gesellschaft fundamental ändern. Dann können wir die Menschen wieder in die Gleichung hineinnehmen und beginnen, realistische Pläne zu schmieden, um vom Wachstum zum Gleichgewicht zu gelangen. Einige Male hatte ich das Vergnügen, an den „Ursachen des Wachstums"-Seminaren teilzunehmen. Passenderweise fanden diese zumeist im Konrad-Lorenz-Institut oberhalb von Wien an der Donau statt. Lorenz lieferte uns tiefschürfende neue Einsichten in unbewußte soziale Bindungen und Wahrnehmungen. Wir werden erneut mit jener Schärfe und Kreativität, die auch Lorenz' Arbeit auszeichnete, ausgehen müssen, um zu verstehen, welche inneren Triebe das explosive Wachstum unserer Spezies Mensch produzieren. „Die Ursachen des Wachstums" sind ein guter Start.

Vorwort

Fast täglich erfährt die industrialisierte Welt, welche Sorgen sich Wirtschaftsexperten und Politiker um das Wachstum machen. Das ist legitim; denn das Wachstum, dort die Bevölkerung, da der Ansprüche, ist längst zum Zentralproblem dieser Menschheit geworden.
Was man erfährt, ist gewiß beunruhigend. Nicht nur, daß das Wachstum exponentiell weitergeht; vielmehr, daß ohne zureichendes Wachstum nichts mehr funktioniert. Man erfährt, daß das Wachstum 5% pro Jahr, oder zumindest 3% erreichen müßte, um Standards und Beschäftigung zu erhalten.
Das bedeutet in jeweils 15 bis 25 Jahren eine Verdopplung, Vervierfachung, Verachtfachung. Und gleich, was da immer wachsen mag, der Rohstoffumschlag, der Energiebedarf, das Kapital, es liegt auf der Hand, daß wir uns auf diese Weise ruinieren.
Nun ist nicht zu bezweifeln, daß Wirtschaftsexperten und Politiker wissen, wie exponentielle Kurven aussehen und auf welch ausweglosen Weg sie unsere Gesellschaft manövrieren. Wir wissen, daß sie das wissen. Aber sie sind von Zugzwängen dominiert. Der Arbeitslosigkeit muß morgen begegnet werden – nicht in einer Generation. Das würden andere tun müssen.
Nun hat diese Gesellschaft schon längst „die Grenzen des Wachstums" vor Augen geführt bekommen. Aber das Wachstum ging exponentiell weiter. Die Energieproduktion ist aufgrund der Industrie gewachsen, diese aufgrund der Bedürfnisse, diese wiederum aufgrund der Werbung, des Verkehrs, des Kapitals, der Vollbeschäftigung, des Energiebedürfnisses usf. – ein Teufelskreis der Zugzwänge?
In dieser Situation hatten wir das Glück, jene wichtigen Persönlichkeiten für eine Zusammenarbeit zu gewinnen, deren Expertise und Motivation es erstmals erlaubt, „die Ursachen des Wachstums" in ihrer ganzen Breite zu untersuchen. Vielleicht können wir uns dem Wirbel entwinden, wenn wir wissen, wo welche Ursachen stecken.
Oder ist in unserer Zivilisation nur mehr das erhalten, was schneller wuchs als seine Nachbarn? Großindustrien, Supertanker, schnelle Brüter, Weltbanksysteme, Megakonzerne, Supermärkte und Supermächte, in einem Übergang von Landraub und Kolonisation in unserer Geschichte zum Kapitalraub unserer Moderne?
Das aber ist schon unser Thema. Und auch dieses Thema ist erst ein Anfang. Wir sind uns im klaren darüber, daß noch vieles im dunkeln liegt, überhaupt erst erforscht werden muß. Aber auch um das zu erfahren haben wir uns zusammengetan. Und noch eins: Wir wollen noch keine Lösungen anbieten. Wir arbeiten erst an diesen.
Dankbar gedenken wir der Geduld und Umsicht aller MitarbeiterInnen. Der wirtschaftlichen Hilfe durch die Stadt Wien, der Anregungen Dennis Meadows', der Lektoratsarbeit von Mag. Karola Stotz und Sabine Wimmer, und besonders Leo Mazakarini, dem Verlagsleiter, der sich auf dieses Abenteuer eingelassen hat.

Wien, im August 1996 *Rupert Riedl und Manuela Delpos*

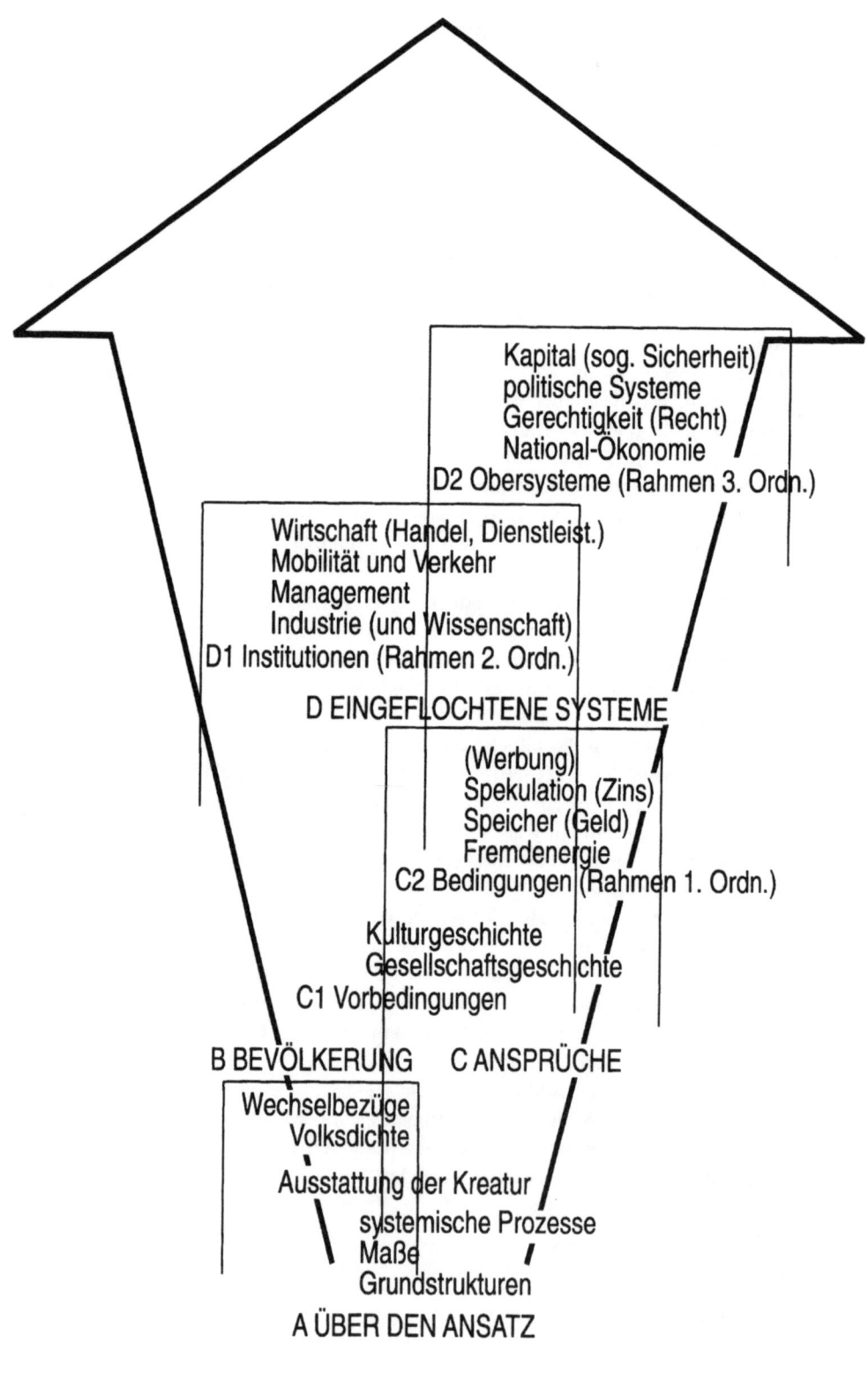

Zur Einführung
Rupert Riedl

Seit fast zwei Jahrzehnten kennt man das Buch „Die Grenzen des Wachstums", und die gewonnenen Einsichten haben sich bestätigt. Die Wirkung auf die Gesellschaft blieb aber gering. Das Wachstum hat weiterhin exponentiell zugenommen. Im Gegenzug ist lediglich die Sensibilität in der Bevölkerung gestiegen. Begriffe wie Umwelt und Ökologie haben sich verbreitet, Umweltorganisationen haben sich zahlenmäßig vermehrt. Darin mag man eine gewisse Hoffnung sehen.

Die Gründe für die Untersuchung
Gibt die Sensibilität in der Öffentlichkeit auch Grund zur Hoffnung, so erscheinen die Steuerungsergebnisse der meisten „Entscheidungsträger" wenig begeisternd. Dabei liegt es nicht daran, daß diese Persönlichkeiten die Situation nicht realistisch einschätzen können, es ist vielmehr so, daß sie von der Struktur unserer Gesellschaft in Verantwortungen gebunden sind, die auf Kurzzeitökonomie hinauslaufen. Dahinter stehen wirtschaftliche und persönliche Interessen.
Entscheidungen, die nun entgegen besseres Wissen getroffen werden müssen, führt man bekanntlich auf Zugzwänge zurück, in welchen sich freilich auch eine geringe Risikobereitschaft dieser Intellektuellen verbirgt, Unbeweglichkeit, teils auch Autoritätsgläubigkeit, die sich bis auf die Berufung auf den sogenannten Befehlsnotstand verlängern kann. Dabei darf keinesfalls übersehen werden, daß diese Zugzwänge genauso real sind wie jene auf schnelle Lösungen eingestellten Entscheidungen, die getroffen werden. Es kollidieren Strukturen zivilisatorischer und ökologischer Fakten.
Freilich ist durchaus noch nicht alles sichtbar. Der Filz der Zusammenhänge ist so dicht, daß er keineswegs leicht durchschaubar ist. Die Wechselbezüge zwischen den Einzelwirkungen, die Kohärenzen der Terme, die rekursive Kausalität der Funktionen entziehen sich weitgehend der Optik. Das gilt für die Kompetenzen der Ressortministerien, die Funktions- und Verantwortungsbereiche der Einzelinstitutionen der Gesamtwirtschaft und nicht minder für die Forschungs- und Universitätsinstitute.
Denn im Grunde steht die ganze Bildungsstruktur dem Zugang zu unserem Thema entgegen. Und das nicht von ungefähr. Denn es erweist sich, daß wir für das Verstehen komplexer, systemischer Zusammenhänge mit der Ausstattung unserer Sinne und unseres Denkens gar nicht vorbereitet sind. Wir besitzen keinen Sinn für Phasenübergänge, keine Anschauungsform für das Entstehen neuer Qualitäten.
Schon das ist der Grund, warum sich Forschung und Unterricht fast ausschließlich auf jeweils einzelne „Gegenstände" aus den Schichten des komplexen Baues dieser Welt beschränkt, beispielsweise auf Physik, Chemie, Biologie oder Psychologie. Zudem besitzen wir einen angeborenen Hang, unsere Lösungssuche auf regelhaft-deterministische, funktional-lineare Zusammenhänge zu beschränken. Die Forschung ist erst in jüngster Zeit, da auf die Querverbindungen, dort auf unsere kognitiven Mängel eingegangen. Und zusammengenommen wird man verstehen, wieviel erst noch sichtbar gemacht werden muß.
Denn tagtäglich wird der Bürger über die Wachstumstendenzen der Wirtschaft informiert, wobei als selbstverständlich gilt, daß abnehmendes Wachstum negativ bewertet wird, zu-

nehmendes Wachstum positiv. Das ergibt sich aus den Bemühungen, den Geldwert hoch und die Arbeitslosenraten nieder zu halten, wichtiges Anliegen aller nationalen und internationalen Wirtschaftsgipfel. Daß Wachstum der herkömmlichen Art, noch dazu in seiner exponentiellen Form, zur Katastrophe führen muß, wird verdrängt oder verschwiegen. Keine Alternative scheint möglich oder greifbar.

Wovon die Rede sein soll
Der Gedanke, nun „Die Ursachen des Wachstums" zu erforschen, geht von der Pattstellung aus, daß die zivilisatorischen Strukturen der Lösungsfindung so wenig auf die langzeitökonomischen passen, so wenig sie sich den Zugzwängen, in die sie geraten sind, zu entwinden vermögen. Wenn es möglich werden sollte, nicht nur die Grenzen, sondern auch die Ursachen des Wachstums aufzuklären, so scheint Aussicht gegeben, den einzelnen Verursacher auf seinen Beitrag zur Eskalation des Schadverhaltens aufmerksam zu machen.

Aussicht dazu geben zwei Entwicklungen: Da ist einmal der Umstand, daß die „Systemtheorie" ihren Gegenstand zu umfassen beginnt und es bereits Persönlichkeiten in den einschlägigen Gebieten gibt, die bereit und in der Lage sind, sich kooperativ mit der Struktur komplexer Systeme auseinanderzusetzen. Ein andermal ist es die „Evolutionäre Erkenntnistheorie", die einen empirischen Zugang zur Erfassung auch der Mängel der sozialen und kognitiven Ausstattung des Menschen anbietet, womit die Grundlagen seines Verhaltens und Fehlverhaltens prüfbar werden.

Nun soll nicht nur allgemein von „den Ursachen des Wachstums" die Rede sein. Daß so gut wie alle Systeme auf Wachsen angelegt sind, ist trivial. Schädliches Wachstum ist das Thema. Aber ein Titel wie „Die Ursachen schädlichen Wachstums" wäre zu eng gefaßt, denn naturgemäß kann die Schädlichkeit von Wachstumsprozessen nur im Rahmen von Wachstum verstanden werden.

Es muß also wohl von den Systemzusammenhängen der Wachstumsursachen die Rede sein. Aber es wird darauf ankommen, innerhalb dieser Vorgänge jeweils jene herauszuschälen, welche uns direkt oder indirekt bedrohen. Es soll dabei im Auge behalten werden, über welche Möglichkeiten der Gegensteuerung diese Gesellschaft verfügt und wo deren Grenzen liegen. Das gilt für den normativen, gesetzgebenden, genauso wie für den kognitiven Bereich, also jenen, der Menschen plausibel gemacht werden kann.

Was das Ergebnis sein kann
Letztlich geht es um eine entscheidende Frage, die über jene nach den „Grenzen des Wachstums" hinausgeht: Es ist die Frage, ob sich überhaupt Steuermechanismen vorsehen lassen, die das schädliche Wachstum im Ganzen vermeiden können. Drei Szenarien können vorhergesehen werden.

(1) Zunächst hat es sich ja noch gar nicht herausgestellt, ob Systeme, die das Chaos, das sie erzeugen müssen und nicht zureichend abzuführen vermögen, normativ steuerbar bleiben. Mit den geläufigen Vorschriften für Müll- und Emissionsbegrenzungen, nachhaltiger Verwaltung und bürgerlicher Vernunft allein kann das Ziel vielleicht gar nicht erreichbar sein.

Denn eine anspruchsvolle und träge Familie, deren Kräfte nur mehr dazu reichen, ihren Abfall auf die Straße zu werfen, kann durch Vorschriften der Straßenreinhaltung nicht verändert werden. Sie muß ihren Abfall in den Hinterhof werfen. Mit anderen Worten: Sollte es gelingen, etwa die CO_2- und die NOx-Emissionen normativ drastisch zu reduzieren, so muß sich der chaosproduzierende Dampfkessel ein anderes Ventil finden, um seine Abfälle loszuwerden.

Wäre das so, dann reduzierten sich alle geläufigen Umweltbemühungen auf Kosmetik und Vertuschung. Die Wurzel des Problems wäre nicht gefunden.

(2) Im Rahmen eines zweiten Szenarios muß mit der Möglichkeit gerechnet werden, daß ein System des gegebenen Komplexitätsgrades über die Grenzen dessen gerät, was sich mit klassischen Funktionen noch darstellen läßt. Schon die strategische Entscheidungsfindung der Industrie kann an der Rechenbarkeit scheitern. Die kleinste Bewegung an einer der vielen Funktionen kann unvorhersehbare, katastrophal ausbrechende oder aber völlig blockierende Folgen haben.

Das hieße: Prognostik könnte im Ganzen, und zwar prinzipiell, nicht möglich sein. Nun ist unsere Untersuchung nicht auf Prognostik angelegt, aber jede zureichende Beschreibung eines Systems müßte Aussagen über dessen Verhalten zulassen. Und diese Erwartung könnte grundsätzlich enttäuscht werden.

Wäre das so, dann müßte unsere Gesellschaft darauf aufmerksam gemacht werden, daß sie „die Geister, die sie rief" konventionell nicht mehr loswerden kann. Sie müßte sich ihre Situation als Ensemble von Zauberlehrlingen eingestehen.

(3) In einem dritten Szenario muß bedacht werden, daß die Lösungen 1 und 2 möglicherweise nicht ganz, nur in engen Grenzen, oder gar nicht zutreffen und daß es vielleicht doch einige Schrauben im System gibt, deren Handhabung verläßlich regulierende Konsequenzen haben.

Das gilt allerdings unter der entscheidenden Voraussetzung, daß es sich um Handhabungen handelt, die von unserer Gesellschaft noch als sanft und mit dem bestehenden gesellschaftlichen Gefüge verträglich empfunden werden. Man erkennt, daß sich in diesem Szenario das Problem von der kognitiven auf die soziologische Ebene verlagert. Es ginge in diesem Szenario um die Bereitschaft der Gesellschaft, Veränderungen hin zu einem nachhaltigen wirtschaftlichen und ökologischen Gleichgewicht zu akzeptieren und auch durchzuführen.

A
ÜBER DEN ANSATZ

Zunächst ist wohl anzumerken, daß wir mit komplexen Systemen nur schwer umgehen können. Schwierigkeiten behandelt *Kapitel 1*. Aber selbst die Frage, was wir erfassen und was wir mit dem Erfaßten anfangen können, will sorglich betrachtet sein. *Kapitel 2* wird das darstellen. Und all das hängt mit unserer Ausstattung zusammen, den Möglichkeiten und Fehlern unserer angeborenen Leistungen, und damit, wie wir aus dieser Haut, wenn auch schlecht, doch herauskönnen; *Kapitel 3*.

KAPITEL 1

Das Umgehen mit komplexen Systemen
*Rupert Riedl**

Wir sind nicht darauf vorbereitet, uns mit komplexen Systemen auseinanderzusetzen. Das gilt für alle drei Ebenen unserer kognitiven Zugänge: für unsere erbliche Ausstattung, also unsere Anschauungsformen (a) (Lorenz 1973, Riedl 1980 und 1989) ebenso wie für den Zustand unserer Wissenschaften, den „state of the art" (b) und für die philosophischen oder doch erkenntnistheoretischen Hintergründe (c), die unser Suchen nicht davor bewahrt, in empiristische oder aber rationalistische Fallen blind hineinzulaufen.

Unsere kognitive und soziale Adaptierung (a) ist für eine ungleich einfachere Lebenswelt entwickelt worden als für jene, die zu beherrschen wir uns anmaßen; und wir haben das nicht bemerkt. Die Wissenschaften (b) sind zerteilt und haben sich jeweils auf die Erforschung von Einzelschichten dieser komplexen Welt beschränkt; wir sind längst an diesen Partikularismus gewöhnt. Und die Philosophie (c) hat es bei den Widersprüchen der Empirismus-Rationalismus-Debatte belassen und verhält sich so, als ob wir mit ihren Widersprüchen leben müßten.

Wir haben's uns zu einfach gemacht. Was also jetzt?

Die Welt ist nun komplex, und jeder kennt schon die Worthülse: „ein vernetztes System". Aber im Grunde verstehen wir sie nicht. Das geht schon aus der Tatsache hervor, daß wir ihre einzelnen Vernetzungen erst aus den Umweltkatastrophen begreifen, die unsere Planer angerichtet haben. Und das gilt für unsere darin eingeflochtenen Erfolgszivilisationen nicht minder. Denn wer wüßte die Verwüstung dieses Planeten aufzuhalten, oder auch nur unsere Zivilisation aus der Schere zwischen Geldverfall und Arbeitslosigkeit herauszuführen?

Es ist darum zu erwarten, daß wir sie auch nach dieser gemeinsamen Bemühung, in der wir alle nur mögliche Kompetenz vereinigen, noch nicht verstehen werden. Was also können wir tun? Davon die Finger lassen? Das freilich, denn das tun fast alle. Aber es gehörte sich nicht. Und zwar deshalb nicht, weil uns die versammelte Expertise jedenfalls ein Stückchen weiterbringen kann im Verständnis der „Ursachen des Wachstums", und weil das entscheidend sein kann für die Wohlfahrt unserer Gesellschaft. Was also läßt sich angeben:

Über das Umgehen mit Systemen überhaupt

Ein System ist bereits selbst ein Zusammenhang, bei dem es gleich schlecht ist, wo man mit der Beschreibung beginnt. Allein unsere Sprache zwingt, linear aufzufädeln, was line-

---

* **Rupert Riedl** ist Biologe, 1925 in Wien geboren, Studium der Zoologie und Anthropologie in Wien, Prof. für Biology und Marine Sciences an der Univ. of North Carolina USA, dann abwechselnd Vorstand des Instituts für Zoologie und für Humanbiologie der Univ. Wien, Gründer des „Konrad Lorenz Instituts für Evolutions- und Kognitionsforschung" in Altenberg bei Wien, und dessen Zeitschrift „Evolution and Cognition".
Zugang zum Thema über Anregung seiner Lehrer Ludwig von Bertalanffy und Konrad Lorenz, sowie seines Kollegen Howard Tom Odum USA, und seine Bücher und Einzelarbeiten über Meereskunde, Evolutionstheorie und Evolutionäre Erkenntnistheorie.

ar nicht ist. Auch im einfachsten Fall eines Dreiecks-Zusammenhangs von A, B und C müssen wir uns zunächst etwa auf die A-B-Wechselwirkung beschränken, abbrechen, und, wie wir uns ausdrücken, „den Faden an anderer Stelle", etwa an der A-C-Wechselwirkung wieder aufnehmen. Dazu kommt die Auflage, A aus B zu verstehen und gleichzeitig B aus A, was lästig ist, ja, unmöglich erscheinen kann.

(a) Unsere Psyche neigt dazu, unter Alternativen positiv lineare, funktional-deterministisch regelhafte Zusammenhänge zu erwarten und gegebenenfalls zurechtzuinterpretieren. Allem Negativen und Rekursiven, Nichtfunktional-Probabilistischen und Unregelhaften wird ausgewichen (Brehmer 1980). Das ist aus unserer Ausstattung zu verstehen, aus unserem daraus folgenden Umgehen mit der Welt und aus dem monumentalen Irrtum, die Weise, in der wir mit der Welt umzugehen verstehen, mit der Welt zu verwechseln (Riedl 1992). Dieser Verwechslung muß man entgehen.

(b) Unter den Wissenschaften kommt der Aufgabe die Kybernetik mit den Begriffen Sensor, Stellglied und Regelkreis in die Nähe (z. B. Hassenstein 1977). Aber die Kybernetik interessiert sich wenig für das Zustandekommen der Zusammenhänge und kann sich daher so verhalten, als wären sie aus der Verwandlung von Kräften zureichend zu verstehen. Von den dahinter stehenden Selektions- und Zweckbestimmungen des Entstehens wird abstrahiert, denn man ist gewohnt, dasselbe aus Artefakten abzuleiten und dem Planer zuzudenken. Aber in der Welt haben alle Systeme Geschichte und sind nur aus dieser zu verstehen.

(c) Erkenntnistheoretisch ist der bekannte Vorwurf, man könne nicht A aus B erklären, wenn B aus A erklärt werden soll (Stegmüller 1979), mit dem Problem der Hermeneutik oder „wechselseitiger Erhellung" verknüpft. Von den philosophischen Hermeneutikern als unentwirrbarer Zirkel gehegt, ist er von der „kritischen Philosophie" wie dem „logischen Empirismus" zum „circulus viciosus" deklassiert. Und diese letzteren Richtungen dominieren heute das Paradigma der Wissenschaften. Dementgegen läßt die systemtheoretische Betrachtung erkennen, daß es sich um eine ebenso begründbare wie unvermeidliche Methode handelt, wenn immer es darum geht, Systeme zu entflechten. Der Gegenstand ist zu technisch, um ihn hier auszuführen (man findet ihn in Riedl 1985 entwickelt). Die Begründung der Methode beruht jedoch darauf, daß die Entwicklung der Theorie B aus Fällen von A aus einem anderen Theoriensystem folgt als die Entwicklung der Theorie A aus Fällen von B. Etwas, das wir schon bei der Entzifferung jeder Handschrift tun. Hier vertraue man in der Praxis also nicht den Paradigmen, sondern der Entschlüsselungskunst des gesunden Menschenverstands.

Über das Umgehen mit Ursachen
Die Naturwissenschaft hat sich die Welt vereinfacht; zunächst mit der Annahme, die Welt könne zureichend aus dem Fluß der Kräfte verstanden werden. Man pflegt sich darin auf die Galileische Revolution des Meßbaren zu berufen. Gravierender aber als der Ausschluß des Qualitativen aus der Wissenschaft ist ihre Beschränkung auf die Kräfte, die „causa efficiens". Nun kannte Galilei die vier Formen der Ursachen des Aristoteles. Aber die „causa materialis" und „formalis" konnte er ausschließen, weil er selbst die Ursache seiner Kugeln und Hebeln war. Die „causa finalis" mußte er ausschließen, um die Kirche nicht noch mehr herauszufordern. Dabei ist's geblieben; auch gestützt durch Übersetzungsmängel. Wie im Englischen „efficient" eben auch „genügend" und „zureichend" bedeutet und „efficient cause" als „that which makes a thing what it is" dargestellt wird, wohingegen „power" die richtige Übersetzung wäre.

Die Geisteswissenschaften haben sich dagegen auf die „causa finalis" zurückgezogen. Im wesentlichen mit der Begründung, daß all ihre Gegenstände, die Artefakte, dem absichtvollen Handeln des Menschen entspringen. Auf die philosophischen Hintergründe dieser Haltung komme ich zurück.

Was also ist verlorengegangen? Mit der „causa materialis" geht die Einsicht verloren, daß mit Kräften ohne Materialien nichts zu bauen ist, deren Verfügbarkeit ein eigenes Selektionsprinzip darstellt und die Art der gegebenen Konstituenten selbst eine entscheidende Wirkung tut auf die mögliche Struktur der Konstruktion. – Mit der „causa formalis" geht die Sicht auf die selektiven und formgebenden Prinzipien verloren, wie sie letztendlich über die Erhaltungsbedingungen aller Systeme entscheiden, was sich seit Darwin hätte allgemein verbreiten sollen. – Und mit der Verdunkelung der „causa finalis" sieht man nicht mehr, daß es, weit über die dem Menschen bewußten Zwecke hinaus und diese vorbereitend, Programme gibt, die ihr Ziel in sich tragen; wie jedes Hühnerei zum Küken wird und jede Henne ihre Eier brütet.

Das alles zum Schaden des Zusammenhangs der Wissenschaften. Die durch die doppelte Symmetrie der Ursachenformen mögliche Synoptik ist zerstört. Die Anorganiker halten den Zweckbegriff für Literatur, die Geisteswissenschaftler alle übrigen für materialistische Invasion, und die Biowissenschaften fallen in ihren Kernen auseinander. Und alles zusammen behindert den Durchblick durch Systeme, wie dieselben eben stets durch mehrere Schichten der Komplexität, im Falle unseres Themas sogar duch alle Fächer hindurchreichen.

(a) Unsere Anschauungsformen sind die ersten, die uns in jener Synoptik behindern. Wir möchten die Welt aus einer einzigen Ursache entstanden denken und haben nicht bemerkt, daß es unser Vorstellungsvermögen ist, das diese Ursache in vier Formen teilt. Die Eigentümlichkeiten dieser Unsachenvorstellung beschreibe ich in Kapitel 3. Und kennt oder anerkennt man diesen zweifachen kognitiven Dualismus nicht, dann besteht zunächst die Tendenz, eine dieser Ursachen als eine Art Ur-Ursache den übrigen voranzusetzen, um schließlich dieselben ganz zu übergehen. Das ist unserer Geistesgeschichte geschehen. Tatsächlich benötigen wir aber zum Systemverständnis alle vier in gleicher Weise. Jede bietet eine unverzichtbar notwendige Erklärung, keine von ihnen eine zureichende.

(b) Das ist nun der „state of the art". Die anorganischen Wissenschaften trachten mit der „causa efficiens", die Geisteswissenschaften mit der „causa finalis" auszukommen und haben einander im Grunde nichts mehr zu sagen. Die Biowissenschaften sind nach demselben Schema in Physiologen und Morphologen gespalten, der angebotenen Synthese (Riedl 1985) wird mißtraut, die Spaltung in zwei Kulturen hingenommen. Und Lord Snows (1967) Einsicht, daß die Naturwissenschaften die Welt bedenkenlos verändern und die Geisteswissenschaften außer Lamenti nichts beigetragen haben, hat nicht Nachdenken, sondern Empörung ausgelöst. Wir werden uns von keiner der beiden Doktrinen einengen lassen dürfen.

(c) Natürlich hat das Schisma geistesgeschichtlich philosophische Hintergründe. Seit den Vorsokratikern haben die Denker entweder dem begrenzten Verstand, oder aber der Begrenztheit der Sinne mißtraut. Wissen käme darum von den Sinnen oder aber vom Verstand. Sie begründeten da die empiristische, dort die rationalistische Achse durch die Zeit. Ihnen schlossen sich die parallelen Achsen, da des Materialismus, dort des Idealismus an, die wir heute noch in dem Schisma zwischen den kausalistischen Natur- und den finalistisch orientierten Geisteswissenschaften um uns haben (Riedl 1994). Zum Systemverständnis benötigen wir beider „Wahrheiten", sowohl die Erfahrung als Übereinstimmung unserer Prognosen mit der Welt als auch die innere Widerspruchsfreiheit von Denken und Methode.

Das Umgehen mit der Komplexität
Der Begriff entbehrt einer anerkannten näheren Bestimmung. Gemeint ist aber ein geschlossener, vielfältig differenzierter Struktur- und Funktionszusammenhang. Etwa im Unterschied zu einer Bibliothek, deren Funktion zusammenhängend, aber nicht geschlossen ist, oder einer Mülldeponie, die geschlossen ist, aber ohne Funktionszusammmenhang. Wesentlicher aber ist noch die innere Vielfältigkeit, wie die einer zusammengesetzten chemischen Verbindung, eines Organismus, einer Stadt. Und diese weisen alle eine hierarchische Gliederung ihrer Strukturen und Funktionen auf. Untersysteme bilden die Konstituenten von Systemen, die selbst wieder Obersysteme konstituieren.

In Organismen erreichen solche Systeme über ein Dutzend hierarchischer Ebenen, Verbindungen und Sozialsysteme: Individuum – Familie – Arbeitsgruppe – Betrieb – Konzern – nationale und internationale Wirtschaft. Zudem finden sich Individuen in ihrer Sippe, Sportorganisation, im Wehrdienst oder Versicherungsverbund, also in mehreren Hierarchien eingereiht und stets nach- und umgerangt.

Diese Universalität hierarchischer Gliederung von den Quanten oder Quarks bis zu den Staatenbünden hat die Bio- und Sozialwissenschaften lange kritisch beschäftigt. Heute ist man der Ansicht, daß sich die anorganischen Hierarchien durch Stabilitätsvorteile gegenüber stochastischen Störungen (Simon 1965), die organischen durch Informationsökonomie (Riedl 1975 bzw. 1976), in Tierpopulationen aus Überlebensstragegien durchsetzen (Lorenz 1978), in Sozietäten und Kulturen aus Gründen der angestrebten Zahl an Kontaktpersonen (Rohracher 1946), der Einnischung und sozialen Operationalität. Und in letzeren erweist sich die Steilheit hierarchischer Gliederung mit dem Alter des Systems korreliert (Tannenbaum et al. 1974) und nicht, wie man vermuten mochte, mit der Art des politischen Systems. Flach bleiben die sich erneuernden Rekrutensysteme, steil wurde die Gliederung der Britischen Admiralität. Ein Zusammenhang zwischen Informationsoptimierung und Erhaltungschance mag dahinterstecken, der sich aber noch nicht fassen läßt.

Drei Prinzipien kann ich jedoch schon hier beschreiben, die hierarchische Gliederungen kennzeichnen. Ein viertes werde ich anschließen.

(1) „Entstehungsweise": Die Schichtsysteme entstehen nicht, wie man erwarten könnte, dadurch, daß sich die komplexeren Schichten auf die weniger komplexen türmen, vielmehr durch Einschübe zwischen die Konstituenten des jeweiligen Untersystems und einem stets schon vorgegebenen, selektiv wirkenden Obersystem oder Milieu, in dem sich der Prozeß abspielt. Ersteres wird trivial erscheinen, letzteres weniger.

Man wird mir aber in der Beobachtung zustimmen, daß alle sozialen Systeme zwischen den konstituierenden Individuen und den Selektionsbedingungen der jeweiligen Kultur entstanden sind. Familien zwischen Individuen und Sippe, Legionen zwischen Centurien und Rom, Banken zwischen Sparern und Kapital. Ebenso wie Organe die Funktionsbedingung sich differenzierender Gewebe und Organismen der sich differenzierenden Organe sind. In der Biologie hat dies zur Diskussion um die Systembedingungen geführt, in den hier interessierenden Sozialwissenschaften zu gegenläufigen Paradigmen.

Beispielsweise hat man dem Typus einer „Geschichte von oben", in dem die großen metaphysischen Ideen, Christentum, Islam, die tragenden Achsen wären (Toynbee 1979) und der Rest über die Haltung der Staats- und Glaubenslenker zu verstehen wäre, eine „Geschichte von unten" (Ehalt 1984) entgegengestellt. Nämlich mit dem Nachweis, daß die Befindlichkeit einer Bevölkerung, das Heer der kleinen Leute, eine nicht minder tragende Achse einer Kulturgeschichte sein muß. Richtig sind erst beide zusammen. Die festen Achsen liegen außen, die Dynamik liegt im Strome der sich dazwischenschiebenden Institutionen.

(2) „Symmetrien": Dieses Prinzip der zweiseitigen Bedingung von Differenzierung läßt noch eine Eigenschaft der Symmetrie der Ursachenformen beleuchten. Aristoteles erkannte in seiner Ursachengliederung eine der beiden Symmetrien. Er trennt in etwas, was man innere und äußere Ursachen nennen könnte. Ich werde eine Oben-Unten-Symmetrie hinzufügen.

Aristoteles stellt die *causa materialis* und *formalis* zu den inneren Ursachen, *efficiens* und *finalis* zu den äußeren. Heute zeigt die Betrachtung, daß uns die „äußeren" in einheitlicher Begrifflichkeit durch alle Schichten hindurchreichen. Kräfte wie Zwecke reichen uns von der Quantenkräften bis zum Kapital, und die Zwecke von den Erbmolekülen bis zu den Zwecken einer Kultur. Betrachtet man Zwischensysteme, so kommen sie tatsächlich von außen.

Betrachtet man den Fluß der Ursachen in Bezug auf den hierarchischen Bau der Systeme, so ergibt sich die zweite Symmetrie. *Causa efficiens* und *materialis* wirken von den den jeweils geringsten Konstituenten, „von unten" in die Systeme, causa formalis und finalis von den jeweils übergeordneten Milieus, „von oben". Beide Symmetrien sind auch für unsere Untersuchung sozialer Systeme aufschlußreich, weil sie den Arten unserer Ursachenbegriffe zudem die Wirkungsrichtung und, worauf ich gleich zurückkomme, ihre Dimensionen hinzufügen.

(3) „Wirkungen und Dimensionen". Wir besitzen eine eingängige Vorstellung von der Tatsache, daß alle Gestzlichkeit der Schichten durch alle höheren hindurchreichen, auch wenn man das nicht immer bedenkt. Aber es ist nicht zu zweifeln, daß die Quantengesetze auch in den Zellen, die der Physiologie in einer Sozietät und die der Psychologie in den Kulturen tätig wirken. Das vor Augen zu haben ist ebenso wichtig wie die Tatsache, daß in jeder Schicht neue Schichtgesetze auftreten, die auch in Spuren in den Konstituenten nicht enthalten sind.

Beachtet man diesen Umstand nicht, dann ist die Gefahr gegeben, das Lebendige ganz aus der Physik, die Kultur ganz aus der Biologie oder Psychologie erklären zu wollen. Der Vorwurf des Physikalismus, Biologismus und Psychologismus wäre dann gerechtfertigt; nicht aber, wenn auf das Hindurchreichen dieser Gesetze bestanden wird. Denn alle tieferen Schichtgesetze sind notwendig zur Systemerklärung jeder Schicht, keines aber ist zureichend.

Anders verhalten wir uns hinsichtlich der Wirkung aus den Obersystemen. Es kann zwar nicht bezweifelt werden, daß das jeweilige Milieu einen entscheidenden Einfluß auf das sich in ihm konstituierende System getan haben muß. Aber es müssen einmalige, also historische, sich nicht wiederholende Entscheidungen gewesen sein, die sich der ursächlichen Aufklärung nicht leicht zu stellen scheinen. Das ist eine kognitiv wie wissenschaftstheoretisch interessante Situation. Denn wir erweisen uns hinsichtlich der historisch ebensowenig wiederholbaren Entscheidungen, welche für den Bau der Materie Quanten, für den der Organismen Zellen und für jenen der Kulturen menschliche Individuen vorgesehen haben, ganz unbefangen. Was an Eigentümlichkeit aus den Untersystemen verstanden werden soll, nehmen wir an den Reduktionismus Gewöhnten als selbstverständlich, was die Obersysteme selegieren, verwundert uns.

(a) Unsere Ausstattung macht uns in diesem Zusammmenhang deshalb Schwierigkeiten, weil das Entstehen neuer Qualitäten (wir sagen: wie aus dem Nichts) bildlich nicht vorstellbar ist. Selbst der Umstand, daß allein quantitative Änderungen notwendigerweise zu neuen Qualitäten führen müssen, bildet sich in in unserer Erwartung nicht ab. Das hat auch unsere Sprachentwicklung zu einer definitorischen Semantik gelenkt, wo eine transitive diese komplexe Welt eher abzubilden vermöchte (Riedl 1987). Das führt schon die klassische Frage vor: „Wieviele Körner machen einen Haufen?" (Ich komme bei der Darstellung der Vorbedingungen unserer Ausstattung, in Kapitel 3, darauf zurück.)

(b) Was die Schwierigkeiten aus dem „state of the art" betrifft, so ist es das die Wissenschaften dominierende Paradigma eben desselben Reduktionismus, das uns hier mißleitet. Es suggeriert die Vorstellung, daß sich auch komplexe Systeme im Sinne eines Baukastens aus vorgegebenen Steinchen zusammensetzen, beziehungsweise rückstandslos auf solche Konstituenten zurückführen, also reduzieren ließen. Tatsächlich ist dies niemals geglückt und muß auch, wie schon zu erkennen sein wird, prinzipiell unmöglich sein.

(c) Das wissenschaftstheoretische Problem dahinter wurde schon erwähnt. Es ist das die Perspektive des Materialismus mit der Reduktion der Betrachtung auf die Wirkungen „von unten", die causa efficiens, namentlich bezogen auf die starken- (die Kernkräfte) und die schwachen Wechselwirkungen, aus welchen nun die „exakten Naturwissenschaften" meinen, auch die komplexen Systeme zusammensetzen zu können; die causa materialis gewissermaßen unausgesprochen einbezogen. Die Humanwissenschaften, idealistisch orientiert, haben dem kein gleichermaßen definiertes Paradigma entgegengesetzt. Es sei denn im Ansatz zu einer hermeneutischen Methodenlehre wie von Goethe (1795) und von dem Philologen Boeckh (1966), was aber sogleich mißverstanden und bald vergessen wurde.

Erkenntnis-, Erklärungs- und Entstehungsweg
Die drei Wege bilden noch einen symmetrischen Zusammenhang und damit eine Hilfe zur Orientierung für das Verständnis komplexer Systeme. Dieser Zusammenhang, wie ich ihn darstelle, geht auf das „Subsumptionsschema" der Wissenschaftstheoretiker Hempel und Oppenheim zurück (1948, weiterentwickelt von Riedl 1985).

Er gründet auf der Einsicht, daß Theorien, wie wir diese induktiv aus bekannten Fällen bilden und deduktiv an neuen Fällen prüfen, selbst wieder zu den Fällen einer Obertheorie, dieser also subsumiert werden. Aus dieser Perspektive zeigen sich unsere Theorien in einem hierarchichen System. So werden die Fall- und Hebelgesetze zu Fällen Galileis „irdischer Mechanik", die Kometen- und Planetengesetze, um je nur zwei zu nennen, zu Keplers „Himmelsmechanik", diese zu Newtons Gravitationstheorie, usf., bis zu Einsteins Relativitätstheorie. – In gleicher Weise entwickelte sich aber aus dem mittleren Größenbereich unserer irdischen Wahrnehmungen eine ebensolche Theorienpyramide in den Bereichen der Mikrophysik bis zu den Quantengesetzen (ausgeführt in Riedl 1985). Es ist also mit einer Doppelpyramide von Gesetzen zu rechnen.

Der geschichtliche Weg der Erkenntnis führt damit von den komplexen Dingen, die uns in unserer Lebenswelt umgeben, zweiseitig in immer übergeordnetere oder übergreifendere Zusammenhänge: Im obigen Beispiel vom unmittelbar Beobachtbaren in die Gesetze des Mega- und des Mikrokosmos. Der Erklärungsweg führt nun umgekehrt von diesen zu den komplexen Gegenständen, von welchen die Forschung ausging. Und parallel mit diesem muß der Weg der Entstehung verlaufen sein. Zweiseitig von der Vorgabe der Gravitations-Felder des Kosmos und von den Quantengesetzen, bis Steine auf die Erde fallen und Hebel bewegt werden konnten.

Das muß für unsere Untersuchung zivilisatorischer Strukturen bedeuten, daß es einen Schichtzusammenhang gibt, der vom Individuum bis in die Tiefe seiner ratiomorphen, physiologischen und energetischen Ausstattung reicht und hinauf in die Hierarchie, beispielsweise der Produktionsstätte, Industrie, Staat und Zivilisation. Vor der Theorien-Hierarchie gegen die Untersysteme haben Psychologen und Biologen eine gewisse Vorstellung. Daß aber ein Theorienbau gegen die Obersysteme zum Verständnis etwa des Kaufverhaltens erforderlich ist, ahnen wir zwar, haben diesen aber nicht explizit formuliert.

(a) Unsere Ausstattung mag uns den Theorienzusammenhang gegen die Untersysteme nahelegen. Gegen die Obersysteme tut sie das nicht so ohne weiteres. Man muß sich die Schichten, hier des Wirtschaftssystems, einzeln vor Augen halten, um den Zusammenhängen reflektierend nachzugehen. Und noch weniger ist in uns die Erwartung vorbereitet, daß der Weg, den wir im Erklärungszusammenhang beschreiten, den Entstehungsweg sozialer Systeme rekapituliert.

(b) Derlei ist auch im „state of the art" noch nicht sichtbar. Das Subsumptionsschema ist in den Biowissenschaften noch kaum, in den Sozialwissenschaften meines Wissens noch nicht angewendet worden.

(c) Und die erkenntnistheoretischen Hintergründe dieses Zusammenhangs wurden schon dargestellt. Grob gesagt äußern sie sich hier im Theorienmangel vieler Wissenschaften.

Kohärenz und Korrespondenz

Dieses Begriffspaar stellt die inneren Wechselabhängigkeiten eines Systems den Übereinstimmungen gegenüber, die es mit seinem Milieu eingehen muß. Beide haben mit seinen Erhaltungsbedingungen zu tun. Im ersteren Fall spricht man von den Bedingungen seiner Organisation, im letzteren von jenen seiner Adaptierung. Betrachtet man die Entwicklungsbedingungen eines Systems, so erweist sich der Unterschied als fundamental. Während nämlich die Bedingungen der Anpassung einseitig vom Milieu auf das System wirken und sich von Milieu zu Milieu ändern, bedeutet Organisation eine Wechselwirkung zwischen zwei bis vielen Komponenten im System, die vielfach unveränderbar an diesem haften.

Evolutionsprozesse werden zwar in der Regel von Notwendigkeiten der Adaptierung angetrieben, aber es ist die Organisation des Systems, die darüber entscheidet, ob und auf welche Weise dem Adaptierungsdruck entsprochen werden kann. Das ist der Grund dafür, daß Libelle und Schwalbe das Flugproblem unterschiedlich, die Flughunde schlecht gelöst haben, es ist der Grund dafür, daß die Zikaden mit den Beinen, die Vögel mit der Kehle schrillen, die Franzosen fortgesetzt französisch und die Deutschen deutsch sprechen.

Diese Art von „constraints" oder Zwängen, die aus der Organisation eines Systems folgen, zu verschiedenen Lösungen führen oder jede Lösung verhindern, obwohl der Adaptierungsdruck derselbe sein kann, sind auch für unsere Untersuchung von Interesse. Zwänge unter Entscheidungsdruck pflegen wir Zugzwänge zu nennen. Und diesen begegnen wir unter sozialen Bedingungen auf Schritt und Tritt. Sie werden in ihrem Ursachenzusammenhang dann verständlich, wenn man den Adaptierungsdruck ebenso aufklärt wie die Möglichkeiten und Freiheitsgrade, welche die Organisation eines Systems besitzt.

(a) Gefühlsmäßig sind wir auf derlei Bedingungen freilich vorbereitet, erleben sie an uns selbst als Dilemmata oder schwierige Entscheidungen, an anderen eher mit Überraschung

oder Befremden. Aber wir sind uns der Unvermeidlichkeit der vorliegenden Anagonisma nicht immer bewußt.
(b) Ähnlich ist die Lage in den Wissenschaften. In der Theorie der Evolution verhalten sich noch heute viele Biologen so, als ob deren Produkte zureichend aus der Adaptierung an das Milieu zu verstehen wären. Daß der Milieuselektion innere Selektionsbedingungen entgegengestellt werden müssen (Riedl 1975), umfaßt eine Debatte von bereits mehreren Dezennien. Wechselseitig, antagonistischen Ursachenbezügen geht man gern aus dem Wege.
(c) Die Wissenschaftstheorie hatte an diesem Gegenstand noch wenig Interesse. Er ist wahrscheinlich zu neu.

Indetermination und Unschärfe
Von einem „Laplace'schen Geist" wurde angenommen, daß er die Bewegung aller Teilchen im Kosmos kennt. In einem solchen Kosmos reisender Teilchen hätte er alles voraussagen können. Er hätte auch gewußt, daß mein nächster Satz mit dem Buchstaben A beginnen wird. Aber diese Welt ist nicht völlig determiniert. Im Bereich der Mikrophysik hat er ein indeterministisches Loch.
Das führt dazu, daß schon nach längeren Kausalketten der Indeterminismus im Makrobereich unserer Beobachtungen in Erscheinung treten muß. Selbst in einem mathematisch idealen Billard (Sexl 1982) muß die siebente die achte Kugel nicht mehr treffen, wenn diese 1 m auseinanderliegen. Die Unschärfe der Lage der Oberflächenmoleküle siebenmal mit sich selbst multipliziert wird schon größer als eine Billardkugel. Kausalketten dieser bescheidenen Länge umgeben uns überall. Nun wird Billard gespielt, aber man ist schon zufrieden, wenn die zweite Kugel die dritte, oder gar die dritte die vierte in die richtige Richtung sendet. So geht es uns überall. Man gibt sich mit dem Erreichbaren zufrieden. Denn weder gibt es in der komplexen Welt mathematisch ideale Dinge, noch sollte sich jemand für einen idealen Beobachter halten. „Nothing and nobody is perfect".
Nicht anders ist das mit der Präzision möglicher Beobachtung. Wieviel Dezimalen sind für Exaktheit erforderlich? Sieben? Gut, dann stellen wir die erforderliche Genauigkeit nur um eine Dezimale weiter, und schon führt der Rundungsfehler dazu, danebenzutreffen. Und das ist der Grund, warum wir in allem nur in kurzen Distanzen direkt treffen. Auf lange Distanzen müssen wir die Bahn immer wieder korrigieren, „Corriger la fortune".
All das trifft in komplexen Systemen immer zu. Nicht nur sind die Kausalzusammenhänge lang, sie verlängern sich auch noch beliebig durch ihre Verflechtung. Und was die Verhältnisse noch mehr kompliziert: Mehrere Ebenen von Begrifflichkeit berühren einander. Schon die semantischen Ungenauigkeiten unserer Begriffe laufen Gefahr, sich zu potenzieren, sobald wir sie in Beziehung setzen. Und sie tun das erst recht, sobald wir über die Phasenübergänge zwischen Ebenen der Komplexität hinweg argumentieren, psychische, soziale und kulturelle Daten zueinander im Beziehung setzen.
Besteht unter solchen Auspizien überhaupt noch Aussicht, komplexe Systeme beschreiben oder gar verstehen zu können? Ganz gewiß. Wir gehen ja fortgesetzt mit ihnen um. Wir reparieren Computer, heilen Kinder und schaffen es sogar manchmal, kranke Ökosysteme wieder in Ordnung zu bringen. Wir probieren herum, halten uns an Syndrome, also ganze Komplexe von Merkmalen, so unscharf sie uns auch faßbar sind, und müssen zufrieden sein, ein komplexes System auch nur in dem Maße verstanden zu haben, daß uns seine Steuerung annähernd gelingt. Das muß unbefriedigend klingen. Aber wir täuschten uns in

gefährlicher Weise, würden wir diese Umstände nicht beachten. Kapitel 2 wird dies ausführen.

(a) Hinsichtlich unserer Ausstattung sind wir auf diese Bedingungen gar nicht vorbereitet. Die Gründe wurden schon dargelegt und folgen im Kapitel 2 nochmals unter spezieller Perspektive. Diese Mängel werden auch noch durch Übung verstärkt. Das mag paradox erscheinen. Aber man erinnert sich, daß wir eben nur das Handhabbare handhaben, im Alltag wie in der experimentellen Forschung, und dann leicht dem gefährlichen Irrtum unterliegen, das Einfache, das wir handzuhaben vermögen, für den Nachweis einer ebenso einfach handhabbaren Welt zu halten. Und, scheinbar noch paradoxer, diese Mängel werden auch noch durch unsere Sprache verstärkt. In der Art ihrer definitorischen Semantik verleitet sie uns zur Annahme, auch Begriffe komplexer Dinge scharf fassen zu können.

(b) Wissenschaften, die hierin Einsichten gewannen, sind die Kognitive Psychologie und noch mehr die Sozialpsychologie (Dörner 1975). Sie liefern überzeugend empirische Daten darüber, wie unbeholfen wir uns gegenüber komplexen Systemen anstellen. Auch sind die Aufgaben vielfach aus dem soziobiologisch kulturellen Bereich entnommen. Das hat den Vorteil, daß sie in diesem sehr glaubwürdig sind; aber den Nachteil zu glauben, daß sie nur in diesem typisch wären, in dem wir uns erfahrungsgemäß ohnedies nicht auskennen. Daß das für alle komplexen Systeme gilt, ist noch nicht deutlich geworden.

(c) In der Wissenschaftstheorie fehlt es nicht an Bemühungen, dem Problem der Unschärfe zu begegnen. Im Rahmen der gängigen Paradigmen, etwa der Kritischen Philosophie und des Logischen Empirismus, ist man wohl zu Recht von einer Kritik unseres Sprechens ausgegangen, gewissermaßen in einem zweiten Anlauf. Die Entwicklung der Klassischen Logik war bekanntlich von dem Wunsch beflügelt, aus unserer Sprache die Widersprüche zu entfernen und ihr eindeutige Schärfe zu geben. Das hat die Logik von der realen Welt entfernt. Nun ist man bemüht, ihr wieder die der Realität entsprechende Unschärfe zu applizieren. Eine Logik der Unscharfen Mengen (fuzzy logic, McNeill/Freiberger 1994) und neue Formen der Mathematik sind in die Diskussion getreten (vergl. Kap. 2). Es läßt sich voraussehen, daß das Thema auf eine evolutionäre Lösung des Induktions-Problems hinauslaufen muß. Diese ist aber noch nicht zur Hand.

Die Fallen des Empirismus und des Rationalismus
Die Problematik unseres Umgehens mit komplexen Systemen läßt sich nun auf den Punkt bringen, wenn man die Hindernisse untersucht, welche sich aus den alternativen Rahmenparadigmen unserer Kultur ableiten. Hier werde ich die für das Thema einschlägigsten zusammenstellen.

(1) „Die Falle des Empirismus" leitet sich aus dem Umstand ab, daß das Paradigma des Empirismus, wie seine Erfolge, auf die Struktur unserer Sinne und angeborenen Anschauungsformen zurückgehen (Riedl 1994). Es sind das kybernetische, iterativ optimierende Prozesse. Sie suggerieren die Erwartung, daß wir uns mit dem Wachsen einer Kette lückenlos bestätigter Prognosen einer Befindlichkeit nähern, die wir als den Besitz Empirischer Wahrheit erleben.

Wir finden uns in dieser Haltung, wie schon Russell bemerkte, in der Lage jenes Huhnes, das mit jedem Tag seiner Fütterung seinen Fütterer mehr für seinen Wohltäter halten muß, ohne wissen zu können, daß es gefüttert wird, um in des Wohltäters Suppentopf zu landen. Also: Einzelne, auch beliebig lange Reihen von Bestätigungen müssen nicht zur Wahrheit führen, sondern auch zu der Paradoxie, den Zusammenbruch der Erwartung am Höhepunkt

seiner Überzeugung zu erleben. Das muß sogar für ganze Gebiete unserer Kultur gelten, soferne die Konsequenzen der Erwartungen über das Gebiet der Erfahrung hinausgreifen.
Derlei wird uns bei der Untersuchung komplexer Systeme immer wieder begegnen. So kann die Erwartung von den Segnungen der Atomenergie am Höhepunkt dieser Segnungen in die Katastrophe fallen. Denn es war nicht Sache der Atomphysiker, sich mit Utopien internationaler Atomkriminalität zu befassen. Ebensowenig konnten sich frühe Missionare die Massenmassaker als Folge entstehender Überbevölkerung ausmalen, da sie sich nicht für die Boten Hiobs, sondern für Boten christlicher Nächstenliebe halten mußten. Es ist folglich nicht auszuschließen, daß auch die Wohlfahrtstheorie des Kapitalismus am Gipfel der Wohlfahrt in die Katastrophe mündet. Empirischer Wahrheit werden wir uns erst dann nähern, wenn das doppelhierarchische Netz unserer Theorien die beobachtbare Welt ausreichend deckt, nichts durch ihre Maschen läßt und sich die Prognosen aus ihnen widerspruchsfrei bestätigen. Wir werden das in der Übersicht dieses Bandes nicht erreichen, wollen aber an diesen Umstand denken.
(2) „Die Falle des Rationalismus", wie seine Erfolge, gehen auf die Strukturen unseres Sprachdenkens zurück (Riedl 1994). Die Säuberung dieses Sprechens führte, vom Wunsch nach Widerspruchsfreiheit beflügelt, zu einem definitorisch extrapolativen Prinzip. Und die entstandene Klassische Logik suggeriert die Erwartung, daß erreichte Widerspruchsfreiheit in Semantik und Syntax zu einer gewissermaßen „inneren", nunmehr Rationalen Wahrheit führt.
Wir befinden uns damit in der Lage von Nachbarinnen des Russell'schen Huhnes, die vereinbarlich einen Tag „dann und nur dann" als glücklich definieren, wenn an ihm gefüttert wird – und so fort. Oder als Schußformel: Alle Fütterer sind Wohltäter, Max ist ein Fütterer, ergo ein Wohltäter. Also: Auch beliebig große, definitorische und in sich widerspruchsfreie Systeme können, sollen sie uns das Verständnis der realen Welt erleichtern, dieser nicht besser entsprechen als die Syntax und Semantik, von welchen sie ausgehen.
Auch dieses Problem wird uns in komplexen Systemen immer wieder begegnen. Vor allem im Rahmen des Wunsches, die Zusammenhänge formal und quantitativ zu behandeln. Auch ein Mehr des definiert Guten, das zum Besseren führen müßte, soll uns nicht am Höhepunkt des Besten in die Katastrophe führen. Leicht ist es, die Notwendigkeit der Adaptierung logischer und mathematischer Algorithmen vorauszusehen, viel schwerer die Art, in der das geschehen muß. So ist auch nicht zu erwarten, daß das in diesem Übersichtsband schon befriedigend geschehen kann, aber wir wollen uns den Irrglauben ersparen zu meinen, daß die Welt dort endet, wo es die geläufigen Algorithmen tun, so überraschend und verläßlich unsere Mathematik eine Vielfalt der Phänomene dieser Welt auch schon zu prognostizieren erlaubt.
Ich halte dafür, daß wir den Fallen beider Typen am ehesten dann entgehen dürften, wenn wir die Fallen des Empirismus mit rationalen Methoden kritisch prüfen und die des Rationalismus mit empirischen. Bei gefahrvollen Unternehmungen, wie einen Mann auf den Mond zu setzen und ihn wieder heil zurückzubringen, empfiehlt es sich, die empirisch gewonnenen Gravitationsgesetze mathematisch rational geprüft zu haben und die rational entwickelten Algorithmen des Bordcomputers empirisch. Ähnliches mag auch für unsere Unternehmung gelten.

Literatur

BOECKH, A (²1966) Enzyklopädie und Methodenlehre der philologischen Wissenschaften. I. Formale Theorie der philologischen Wissenschaften. Neuausgabe (von 1877). Wiss. Buchgesellschaft, Darmstadt.

BREHMER, B. (1980) „In one word: not from experience". Acta Psychologica 45 (1980): 223–241.

DÖRNER, D. (1975) Wie Menschen eine Welt verbessern wollten und sie dabei zerstörten. Bild der Wissenschaft (1975): 298–253.

EHALT, H. (Hrsg; 1984) Geschichte von unten. Böhlau, Wien/Köln.

GOETHE, J. W. v. (1795) Morphologische Schriften. Böhlau, Weimar.

HASSENSTEIN, B. (⁵1977) Biologische Kybernetik. Eine elementare Einführung. Quell und Meyer, Heidelberg.

HEMPEL, C./OPPENHEIM, P. (1948) Studies in the logic of explanation. Philosophy of Science 15: 135–175

LORENZ, K. (1973) Die Rückseite des Spiegels. Versuch einer Naturgeschichte menschlichen Erkennens. Piper, München/Zürich.

LORENZ, K. (1978) Vergleichende Verhaltensforschung. Grundlagen der Ethologie. Springer, Wien/New York.

MCNEILL, D./FREIBERGER, P. (1994) Fuzzy Logic. Droemer Knaur, München.

RIEDL, R. (1975) Die Ordnung des Lebendigen. Systembedingungen der Evolution. Hamburg/Berlin, Parey.

RIEDL, R. (1976) Die Strategie der Genesis. Naturgeschichte der realen Welt. Piper, München/Zürich.

RIEDL, R. (1980) Biologie der Erkenntnis. Die stammesgeschichtlichen Grundlagen der Vernunft. Parey, Hamburg/Berlin.

RIEDL, R. (1985) Die Spaltung des Weltbildes. Biologische Grundlagen des Erklärens und Verstehens. Parey, Hamburg/Berlin.

RIEDL, R. (1987) Begriff und Welt. Biologische Grundlagen des Erkennens und Begreifens. Parey, Hamburg/Berlin.

RIEDL, R. (1989) Anpassungsmängel der menschlichen Vernunft. In: Bauer L./Matis H., (ed) Evolution, Organisation und Management, Duncker und Humbolt, Berlin: 39–54.

RIEDL, R. (1992) Wahrheit und Wahrscheinlichkeit. Biologische Grundlagen des Für-Wahr-Nehmens. Parey, Berlin/Hamburg.

RIEDL, R. (1994) Mit dem Kopf durch die Wand. Klett-Cotta, Stuttgart.

RIEDL, R./LÜFTENEGGER, P. (1991) Umweltbildungscharta unter besonderer Berücksichtigung der kurz-, mittel- und langfristigen Ziele der ökologischen Entwicklung im Rahmen der Bildungspolitik. Typoscript, Wien

ROHRACHER, H. (1946) Einführung in die Psychologie. Urban u. Schwarzenberg, Wien/München/Berlin.

SEXL, R. (1982) Was die Welt zusammenhält. Deutsche Verlagsanstalt, Stuttgart.

SIMON, H. (1965) The architecture of complexity. General Systems 10 (1965): 63–76.

SNOW, C. (1967) Die zwei Kulturen. Klett-Cotta, Stuttgart.

STEGMÜLLER, W. (1979) Rationale Rekonstruktion von Wissenschaft und ihrem Wandel. Reclam, Stuttgart.

TANNENBAUM, A./KAVCIC, B./ROSNER, M./VIANELLO, M./WIESER, G. (1974) Hierarchy in organizations. Jossey-Bass, San Francisco/Washington/London.

TOYNBEE, A. (1979) Menschheit und Mutter Erde. Claassen, Düsseldorf.

KAPITEL 2

Um welche Maße geht es?
Peter Kotauczek*

Wovon reden wir, wenn wir von Wachstum reden?
Wir reden von Beobachtungen und Messungen, die uns zeigen, daß ein Zustand im Wachsen ist. Von der Art des Beobachteten hängt es ab, ob wir das Wachstum als positiv oder negativ werten. Dabei spielt unsere evolutionäre Ausstattung im Denken ebenso eine Rolle wie unsere Kulturtraditionen und unsere Weltanschauung. Dazu kommt, daß unser Wahrnehmungsvermögen für Wachstumsphänomene denkbar schlecht adaptiert ist; insbesonders dann, wenn Wachstum sich in der Zunahme von Parametern manifestiert, für die wir keine Sinnesorgane haben. In solchen Fällen kann Wachstum nur über logische Schlußfolgerungen aus indirekt wahrgenommenen Beobachtungen abgeleitet werden. Der Mangel an direkter Wahrnehmungsfähigkeit von Wachstum scheint mir eine wesentliche Ursache unerwünschten Wachstums zu sein.

Wie schon in Kapitel 1 erwähnt, ist für die Feststellung, ob Wachstum vorliegt, zweierlei notwendig: die Messung von Variablen und die Feststellung von Zeitreihen. Wachstum heißt in seiner allgemeinsten Bedeutung, daß eine variable Größe mit der Zeit zunimmt. Meist ist aber nicht eine Variable maßgeblich, sondern ein Bündel von Variablen, die sich nicht gleichmäßig ändern. Es kommt sehr oft vor, daß einige Variablen sogar abnehmen, obwohl wir, bezogen auf das Gesamtphänomen, von Wachstum sprechen.

In ökologischen Systemen sind immer sehr große Mengen von Variablen meßbar. Die Zeitreihen, die gemessen werden, können sehr oft als Funktionen dargestellt werden. Wenn wir eine Funktion erkannt haben, neigen wir dazu, zu glauben, wir hätten ein „Gesetz" entdeckt. Dabei vergessen wir regelmäßig, daß schon der nächste Meßwert das Gesetz falsifizieren könnte. Dies hat Popper klar erkannt, haben Riedl/Ackermann/Huber (1991) empirisch nachgewiesen. Wir sollten daher immer sehr vorsichtig sein, aus einer endlichen Anzahl von Meßbeobachtungen endgültige Schlüsse zu ziehen. So kann sich ein als positives Wachstum eingestuftes Phänomen plötzlich als negativ für die Welt herausstellen und umgekehrt. Scheinbar sichere Korrelationen können sich als reine Zufälligkeiten erweisen.

Ist es also sehr problematisch, Zeitreihen von Einzelvariablen als Beleg für Wachstum per se heranzuziehen, so zeigt sich immer deutlicher, daß die Betrachtung von Mustern oder auch „biologischen Feldern", die aus sehr vielen Variablen bestehen, von unserem Weltbildapparat zu viel besseren Interpretationen führen könnten (Fischer 1994). Fehler in der Beobachtung einzelner Variablen wirken sich bei dieser Methode viel weniger auf die Richtigkeit der Schlußfolgerung aus, als bei der spezialisierten „wissenschaftlichen" Me-

---

* **Peter Kotauczek** ist Unternehmer, Maler, Systemtheoretiker, 1939 in Wien geboren, Studium des Maschinenbaus, Informatik bei IBM, Gründer und Direktor der Fa. BEKO (Betriebskoordination) Software-Produktion, Aufbau einer eigenen Forschungsstelle.
Zugang zum Thema über Studien und berufliche Anwendung von formaler Logik, Informationstheorie, fuzzy logic und Systemanalytik, die Aufgabe „Realität" abzubilden, die Beziehung zwischen Ikonologie und Naturwissenschaften und deren Auseinandersetzung mit dem Komplexitätsproblem. Dazu Fachpublikationen und die Mitwirkung an einschlägigen Büchern.

thode der Beobachtung. Leider hat die Methode der Musterbeobachtung („pattern recognition") erst eine sehr junge Tradition in der Wissenschaft, weil sie ohne leistungsstarke Computer und hochentwickelte Matrizenrechnung nicht vollziehbar ist.

Eine zweite Neuerung im Methodendiskurs der jüngsten Zeit ist die Verlagerung des Interesses von den Funktionen zu den Algorithmen. Die Funktionen gaben dem Wissenschaftler ein Gefühl der Gottähnlichkeit. Hatte er einmal eine Funktion definiert, konnte er beliebig jede Entwicklung der Variablen in die Zukunft und in die Vergangenheit errechnen. So ist es erklärlich, daß Funktionen als die Grundlage der exakten Wissenschaften schlechthin galten und leider noch gelten, obwohl sie nur für sehr idealisierte Vorgänge definierbar sind. Noch immer steht die Wissenschaft im Banne von Leibnitz und Newton und sucht fieberhaft nach Formeln zur Erklärung der Phänomene.

In aller Stille sickert aber die Erkenntnis ein, daß Algorithmen (logische Vorgangsanweisungen) ein viel besseres Mittel der Wirklichkeitsdarstellung sind. Diese Änderung im wissenschaftlichen Denken ist ebenfalls eng mit der Entwicklung der Informationswissenschaften verbunden. Ein Algorithmus entwickelt eine Historie und ist für die Zukunft offen. Er kann Entwicklungssprünge und Verknüpfungen besser abbilden als eine Schar von Funktionen. Und der Algorithmus kann, und das erscheint mir die wichtigste Eigenschaft zu sein, Muster von Variablen und deren Veränderungen nach der Zeit wie einen „Film" darstellen.

Gelingt es uns, „gute" und „böse" Wachstums-„Filme" zu definieren, und das fällt jedem Menschen leichter, als Formeln zu postulieren, dann könnten wir gemessene Variablen und deren individuelle Änderungen in Cluster zusammenfassen und die entstehenden Muster bewerten. Die Muster könnten wir nach ihrer Geordnetheit im Sinne ihrer Übereinstimmung mit unserer Auffassung von einer „guten" Diagnose reihen und den Grad der Übereinstimmung als Negentropie-Gehalt auffassen. Je weiter der Zustand vom wünschenswerten Muster abweicht, desto größer wird die Entropie. So könnte die Entropie, bzw. deren Mangel, ausgedrückt als Negentropie, ein Maß für die Erwünschtheit von gemessenen Zustandsänderungen (Wachstum) eingeführt werden.

Was heißt messen?

„‚Messen' (gemeingerm.): das quantitative Verhältnis einer physikalischen Größe zur zugehörigen Maßeinheit bestimmen; allgemeiner: einer Eigenschaft (Meßgröße) eines Gegenstandes (Meßobjektes) durch Vergleich mit einer geordneten Menge gleichartiger Eigenschaften einen Meßwert zuordnen. Lassen sich die Elemente der Vergleichsmenge als Reihe anordnen, so kann man sie durch Zahlen benennen. Vergleichsmengen und Vergleichsverfahren definieren die Meßgröße (Maßsystem), während der durch den Vergleich ermittelte Ort innerhalb der geordneten Menge den Meßwert ergibt. Die Vergleichsmenge kann verkörpert (z. B. Farbtafel zur Bestimmung eines Farbtons, Gewichtssatz zur Messung der Masse) oder durch eine Vorschrift herstellbar sein (z. B. Stimmvorschrift für ein Klavier). Oft ist ein bestimmtes Element (z. B. Kammerton a, Nullpunkt der Temperaturskala) vor den anderen ausgezeichnet, vor allem dann, wenn die Elemente der Vergleichsmenge durch Teilen und Zusammensetzen aus einem Grundelement erzeugbar sind (Maßeinheiten von additiven Größen, zu denen z. B. Länge und Kraft, aber nicht die Temperatur gehören). Der Vergleich kann unmittelbar mit den Sinnesorganen (z. B. Helligkeitsmessung mit dem Fettfleckphotometer) oder mittelbar unter Zwischenschaltung eines geeigneten Gerätes durchgeführt werden (z. B. Waage zum Massenvergleich; unmittelbar wird nur die Koinzidenz des Zeigers der Waage mit der Gleichgewichtsmarkierung festgestellt).

Das mittelbare Verfahren muß gewählt werden, wenn der unmittelbare Vergleich zu ungenau, nicht objektiv oder nicht reproduzierbar ist (z. B. Gewichtsvergleich durch Schweregefühl)." (Brockhaus Enzyklopädie 1972)
Das obige Zitat zeigt die übliche Art des Verständnisses über den Begriff des Messens. Für einfache Objekte der Erkenntnis mag diese Auffassung ausreichen. Zur Beurteilung komplexerer Sachverhalte reicht sie sicherlich nicht aus. Sie muß erweitert und tiefer strukturiert werden.

Eindimensionale Maße
Die „normalen" Maße sind immer eindimensional. Dem Gegenstand, den wir messen wollen, wird ein einziges Attribut beigemessen, wie z. B. die Länge, das Gewicht, der Preis, und dieses wird mit einem geeichten, definierten Referenzmaß verglichen. Das Verhältnis zwischen den beiden Vergleichsgrößen nennen wir Maß. Wachstum ist in diesem Sinne die Zunahme des Maßes eines Attributs in einer bestimmten Zeitspanne.
Wir können nur dann von Wachstum sprechen, wenn mindestens ein Attribut des untersuchten Objekts in seiner Größe zunimmt. Das untersuchte Objekt muß aber keineswegs ein körperlicher Gegenstand sein, sondern es kann sich durchaus auch um ein Abstraktum wie eine Menge oder einen Prozeß handeln. So kann die Anzahl einer Menge von Dingen genauso wachsen wie der Stoffstrom durch eine Zellmembran. In vielen Fällen des praktischen Lebens im Alltag reicht das Prinzip der eindimensionalen Messung aus. Ob ein Kind wächst, ist durch periodisches Messen seiner Körpergröße ausreichend bestimmbar. Will man jedoch das Wachstum der Umweltbelastung einer Region feststellen, versagt die eindimensionale Messung meist vollständig.
Wenn ein Untersuchungsgegenstand mit einem Attribut nicht ausreichend beschreibbar ist, was immer von der Verwendung der Meßergebnisse abhängt, dann müssen weitere Attribute zur Messung gefunden werden. Alle anderen möglichen, aber nicht gemessenen Attribute werden von uns unbewußt als konstant angenommen. Diese Annahme wird von unserem angeborenen Weltbildapparat erzwungen und kann daher nur mit einer trainierten, bewußten Willensanstrengung durchbrochen werden.

Mehrdimensionale Maße
Werden mehrere Meßverfahren auf ein und denselben Gegenstand angewandt, erhält man eine Gruppe zusammengehöriger Meßdaten, die gemeinsam den Zustand des Objekts zum Zeitpunkt der Messung beschreiben. Bei schnell veränderlichen Objekten führt die Synchronbedingung oft zu enormen praktischen Problemen. Diese können durch Rückrechnung der Maße auf einen gemeinsamen Referenzzeitpunkt gelöst werden.
Man kann sich die zusammengehörigen Maße als Koordinaten in einem gedachten mehrdimensionalen Raum denken, so daß jeder Gruppe von Meßergebnissen ein Punkt in diesem Raum zugeordnet ist. Man spricht dann von einem Zustandsraum. Dabei ist es von großer Wichtigkeit, sich daran zu erinnern, daß alle Dimensionen in dem gedachten Vektorraum Maßskalen entsprechen, die sich auf ein und dasselbe Objekt beziehen. So ist beispielsweise ein Rechteck durch zwei Maße definiert: die Höhe und die Breite. Alle anderen Informationen wie Rechter Winkel, Gerade als Begrenzung, dichte Flächendeckung durch Punkte, scharfe Begrenzung, Schichtdicke Null, Liniendicke Null, ideale Ebene und viele andere Grundannahmen stecken in der durch Tradition festgelegten Begriffsverwendung (vgl. Riedl 1987). Will man nun feststellen, ob ein Rechteck Wachstum aufweist,

kommt man in ein Dilemma: ohne willkürliche Festlegung einer Definition des Wachstums ist dieses nicht eindeutig feststellbar! Man könte das Wachstum durch das Messen der Länge, der Breite, dem Produkt aus Länge mal Breite, der Differenz zwischen Länge und Breite, dem Mittelwert der beiden Maße und deren Quotient definieren, man käme immer wieder zu unterschiedlichen Ergebnissen in der Beantwortung der Frage nach dem Wachstum des untersuchten Objektes.

Natürlich hat sich für einfache Systeme wie das Rechteck eine „usability" in der umgangssprachlichen logischen Behandlung der Fragestellung „wächst das Objekt?" herausgebildet, es ist aber darauf hinzuweisen, daß die übliche Festlegung für die Größe des Objektes „Rechteck" auf das Produkt aus Länge mal Breite als Kriterium der Größe nur ein Ergebnis tradierter Verhaltensweisen darstellt. Will man zum Beispiel einen Roboter mehrere Rechtecke nach Größe sortieren lassen, indem man ihm aufträgt, sie durch eine enge Öffnung zu schieben (das sogenannte Möbelpackerproblem), dann wird er ganz eindeutig nach der Länge der kleineren Seite sortieren, ohne auf die Fläche zu achten.

In komplexeren Systemen der Ökologie ist nie bekannt, wie viele maßliche Dimensionen ausreichend wären. Die Anzahl der Dimensionen richtet sich einfach nach den technischen Möglichkeiten des Standes der Meßtechnik und nach den vorhandenen Budgets an Zeit und Geld.

Trotzdem sind Zustandsräume mit mehreren hundert Dimensionen an der Tagesordnung und werden zwanglos miteinander verglichen und als Nachweis eines behaupteten Wachstums herangezogen, ohne auf die Art und Weise hinzuweisen, wie der Zustandsraum im einzelnen strukturiert wurde. Hier wäre anzusetzen, wenn die Wissenschaft weiter Anspruch auf Glaubwürdigkeit in Wachstumsfragen erheben möchte.

Maß-Cluster

Nicht immer ist es möglich, zu erkennen, ob ein wichtiges Maß direkt zum betrachteten Objekt gehört. Trotzdem kann es wichtig sein, das betreffende Maß irgendwie dem Objekt zuzuordnen. Dies kommt immer dann vor, wenn das Objekt ein Prozeß ist oder es sich um selbstreferenzielle Meßergebnisse handelt. Zum Beispiel gibt es bei der Feststellung des Bevölkerungswachstums, das theoretisch ein eindimensionales Maß ist, weil es nämlich die abzählbare Anzahl der Menschen zu einem bestimmten Zeitpunkt als Grundlage hat, das Problem, daß es unmöglich ist, die Zahl der Population zu einem Zeit-Punkt festzustellen, weil die Zählung oft Jahre dauert. Da man Korrekturmaße einführen muß, die sich auf den Zählvorgang beziehen, bringt man neue Dimensionen in den Zustandsraum hinein, die die strenge Eindimensionalität durchbrechen. Da sich diese Maße aber auch nicht unmittelbar auf das Untersuchungsobjekt beziehen, also auf den gezählten Menschen, sondern auf das Zählsystem selbst, kann man im strengen Sinne nicht mehr von einem mehrdimensionalen Maß für *ein* System ausgehen, sondern muß man in diesem Falle von einem Maß-Cluster sprechen.

Ein Maß-Cluster ist daher eine Anzahl von Meßergebnissen, die zwar an verschiedenen Meßobjekten ermittelt wurden, die aber in einem thematischen Zusammenhang stehen. Solche Cluster können nicht einfach in einen gedachten Vektorraum eingegliedert werden, ohne daß klare Aussagen über die logischen Beziehungen zu den anderen objektzugehörigen Maßen gemacht wurden.

Maß-Hierarchien
Eindimensionale, mehrdimensionale Maße und Maß-Cluster haben eines gemeinsam: Sie sind hierarchisch flach, das heißt, sie weisen nur eine Hierarchiestufe auf. Das Maß für die Größe eines Rechtecks, wenn man die Größe über die Fläche begreift, ist zweidimensional. Jedes der zwei Submaße ist direkt mit dem Zielbegriff „Größe" verknüpft. Die Inferenzregel ist die Produktbildung der beiden Dimensionen. Anders wäre es, wenn der Zielbegriff „Größe der roten Rechtecke" wäre. Dann hinge die hierarchische Gliederung bereits von der Definition des „Universe of Discourse" ab, der Grundgesamtheit des untersuchten Systems. Sind nur Rechtecke im System zugelassen, die aber verschiedenfarbig sein können, dann könnte man eine flache Hierarchie mit den drei Dimensionen Länge, Breite, Farbe verwenden. Man hätte dann ein dreidimensionales Maß für die „Größe": je röter und flächengrößer das Rechteck, desto „größer". Ein Wachstum könnte dann auch durch „röter werden" erzielt werden.
Maße sind Begriffen zugeordnet. Sie sind daher hierarchisch einzuordnen. Je grundlegender ein Begriff besetzt ist, desto tiefer und eindeutiger ist das zugehörige Maß. So sind physikalische Grundmaße wie Anzahl, Masse, Entfernung und Zeit in der untersten Hierarchieebene angesiedelt. Begriffe wie Energie, Kraft, Geschwindigkeit u. ä. sind aus einfacheren Begriffen zuammengesetzt und daher in einer höheren Hierarchieebene angesiedelt. Noch höher sind fachübergreifende Maße, wie Produktionsziffern oder Populationsgrößen, einzustufen, und Meta-Maße sind in der obersten Hierarchieebene den Zielbegriffen zugeordnet. „Wachstum" als Phänotyp kann nur mit einem Meta-Maß dargestellt werden.
Die Begriffsverwendung ist ein essentielles Thema für alle Meßvorgänge. Jede Änderung der Verwendung des Begriffs für ein meßbares Phänomen zieht unweigerlich eine adäquate Änderung des Meßverfahrens nach sich. Wenn zum Beispiel die Größe eines Menschen nicht mehr in der Höhe des auf den Fersen stehenden Körpers ausgedrückt würde, sondern in der Druckauflage der von ihm verfaßten Bücher, oder des ihm gehörigen Geldvermögens bzw. der Volumensverdrängung seines Körpers, dann wären jeweils andere Meßverfahren notwendig, die jeweils andere Wachstumsraten für den gleichen Menschen ergeben würden, obgleich jede Messung für sich seriös wissenschaftlich begründbar ist. Es ist daher evident, daß Begriff und Messung untrennbar verbunden sind und nicht jeweils für sich verwendet werden dürfen.
Die Attributcharakteristik ist eine wichtige Information über die Art der Eigenschaft, die es beschreibt. Grundsätzlich lassen sich alle Attribute auf zwei Klassen zurückführen: Höhe und Güte. Die Höhe ist eine Quantität in der Höhe der Zahl gemessen, die der Einheit beigegeben ist. Die Güte ist ein Maß für alle qualitativen Eigenschaften, die sich nicht direkt durch Zahlenwerte ausdrücken lassen. So wäre die Attributzuweisung zur Wasserqualität: „sehr gut" eine Gütekategorie, die Angabe der Wassergüte auf einer numerischen Skala eine Höhenangabe. Immer wenn es eine Maßeinheit, ein Meßverfahren gibt, sind die Attribute Höhenangaben. Liegt nur eine begriffliche Attributbeschreibung vor, ist man auf Gütewerte angewiesen, die in Zugehörigkeitsklassen im Sinne der Fuzzy-Logik verwandelt werden müssen, um sie berechenbar zu machen (vgl. McNeill/Freiberger 1993).
Um mehrere unabhängige Maße logisch zu verknüpfen, braucht man die Methode der Inferenz im Modus Ponens. Dieser postuliert: Wenn eine bestimmte Voraussetzung gegeben ist, tritt eine bestimmte Folge ein. Dabei ist aber die Voraussetzung keineswegs die Ursache der Folgerung, sondern nur die logisch notwendige Bedingung. Die klassische Logik fordert, daß der Antezedent (so nennt man den Bedingungsteil im Modus Ponens) absolut

exakt gegeben sein muß, um die Schlußfolgerung zuzulassen (Tertium non datur, der Satz vom ausgeschlossenen Dritten). Dies alles gilt jedoch nur unter den Bedingungen der Identität und der Konstanz.

Unsichere Maße, Vagheit
Unsicherheiten aus dem Messen entstehen durch unerkannte Meßfehler, unklare Abgrenzbarkeit des Objektes, Heterogenität der Tessellation (Zusammensetzung aus Modulen) durch die Elemente der Unterstruktur, unbekannte Lakunarität (Löchrigkeit) innerhalb des gemessenen Objektes, durch die Einwirkung des Multisensorproblems, Vagheit von Definitionen und vieles andere.
Direkt ermittelte Maße liegen dann vor, wenn das Untersuchungsobjekt unmittelbar einer Messung zugänglich ist, oft ist das aber nicht der Fall, wie beispielsweise bei soziologischen Messungen, wo Meinungen oder Vorstellungen über das Erkenntnisobjekt durch Befragungstechniken ermittelt werden, hier erhält man abgeleitete Maße. Dann sind die Meßergebnisse vage oder „weiche" Maße. Dies ist insbesondere bei Tessellations-Phänomenen wie Schadstoffverteilungen über größere Regionen mit heterogener Topologie der Fall, wo scheinbar exakte Meßergebnisse an Einzelstellen zu stark verfälschten Resultaten an anderen Punkten führen können.Unter Tesselation versteht man das Unterteilen größerer Bereiche in kleine Module, für die dann das jeweilige Meßergebnis genauer ermittelt werden kann. Setzt man dann die Module mosaikartig zusammen, erhebt sich die Frage, wie man die Übergänge der punktuellen Messung den einzelnen Bereichspunkten zuordnen kann.
Da die Meßgenauigkeit in ihrer Maßstäblichkeit und Zeitlichkeit beschränkt ist, sind unbedingt Toleranzangaben für jedes Meßverfahren festzuhalten und bei der Vektorbildung zu berücksichtigen, weil sonst die Gefahr besteht, Scheinwachstum durch Toleranzaddition zu diagnostizieren. In der Meßtheorie wird unter einem Vektor jenes Bündel an Meßergebnissen und dazugehörigen Meßmethoden verstanden, das einem Untersuchungsgegenstand zugeordnet ist, dabei bildet sich die Methodik in der Dimension und der Meßbefund im gedachten Abstand vom Ursprung (Nullpunkt) ab. Auf diese Weise entstehen multidimensionale Vektoren und Zustandsräume, die rechnerisch sehr gut zu verarbeiten, aber sinnlich sehr schwer vorstellbar sind.
Die logische Verknüpfung verschiedener Maße erfordert die Normalisation der Meßwerte auf das Einheitsintervall [0,1], um die verschiedenen Größenverhältnisse aufeinander abzustimmen. Die Normalisation ist ein mathematischer Kunstgriff, der die großen Skalenunterschiede in Befunden über natürliche Systeme vereinheitlicht. Die Gewichtung der einzelnen Parameter kann über die Inferenzregel erfolgen und ist, wenn diese fachübergreifend ist, durch ein Außerstreitstellungsverfahren zwischen den wissenschaftlichen Fächern zu ergänzen.

Meta-Maße
Meta-Maße bewirken eine Verdichtung von Information durch Defuzzifikation. Darunter versteht man das logische Zusammenführen einer Menge von an sich disjunkten Informationen, die aber logisch zusammengehören, unter einen einzelnen Überbegriff, der mit den hierarchischen Unterbegriffen durch klar definierte Inferenzen verknüpft ist. Dabei können beliebig viele Ebenen rekursiv eingeführt werden. Metamaße sind keine Maße im engeren Sinn, sondern logische Konstrukte aus Meßvorgängen und Schlüssen.
Die meisten realen dynamischen Systeme entsprechen, wenn sie überhaupt beinflußbar

sind, dem Modell eines multiparametrischen Steuerkreises. Dieser unterscheidet sich wesentlich von der gängigen Vorstellung des rückgekoppelten Regelkreises, wie er in den Lehrbüchern dargestellt wird. Der Steuerkreis berücksichtigt die Tatsache, daß in realen Systemen keine Rückkehr zu einem früheren Zustand möglich ist. Außerdem gibt es keine Gleichzeitigkeit zwischen Messung und Eingriff in das System. Darüber hinaus interagieren die Parameter zwischen Messung und Eingriff, so daß der Meßwert immer nur näherungsweise für den steuernden Eingriff maßgeblich sein kann. Komplexe Systeme können daher nur über Meta-Maße in Verbindung mit linguistischen Inferenzregeln gesteuert werden. Allerdings ist das den Menschen nicht bewußt, weil die Erfolge der Wissenschaft und Technik bei genügend standardisierten Systemen eine trügerische Machbarkeitsillusion erwecken. Meta-Maße sind wahrscheinlich das einzige Mittel, in einer demokratischen Gesellschaft Verständnis für notwendige Entscheidungen zu schaffen, die in ihrer Qualität über reine Durchsetzungsstrategien eigenständiger wissenschaftlicher Fachmeinungen hinausgehen.

Eine denkbare Vorgangsweise könnte sein: Maße und Interpretation sowie Normalisierung ([0,1]) werden von den Fachwissenschaften erstellt, Inferenzen mit fachfremden Maßen werden von Inferenz-Komitees an einer anerkannten Institution (Lorenz Institut, Joanneum, Seibersdorf, BA.f. Statistik o. ä.) ausgehandelt und mit regelmäßiger Veröffentlichung und Kritik (im Sinne Poppers) etabliert. Das Begriffshierarchie-Gerüst etwa nach dem REBUS-Verfahren müßte von politisch durchsetzungsfähigen Institutionen getragen werden. Immerhin ist in jedes Meta-Maß implizit ein bestimmtes Weltbild integriert, das bewußt diskutiert und immer wieder dem Erkenntnisfortschritt angepaßt werden muß. Dies ist beileibe keine utopische Forderung, sondern wird im Wirtschaftsbereich seit vielen Jahren (z. B. Ermittlung des Wirtschaftwachstums) weltweit so gehandhabt.

Ein weiteres stark vereinfachtes Beispiel für ein Meta-Maß stellt die Messung der Inflation dar. Dort werden verschiedene Preisentwicklungen, die aus verschiedenen Bereichen der Wirtschaft stammen und die nicht linear verknüpft werden können, unabhängig gemessen und in einem „Warenkorb" verdichtet (defuzzifiziert). Damit entsteht schließlich *ein* Meßwert für den Oberbegriff „Inflation". Ein anderes Beispiel wäre das Maß für den Begriff „Gewässergüte". Hier verdichtet man die verschiedenen Einzelmessungen in sogenannte Güteklassen, was ein sehr unscharfes, aber allgemein akzeptiertes Verfahren darstellt.

Für die Frage nach den Ursachen des Wachstums ist die Feststellung, ob überhaupt Wachstum vorliegt, von ausschlaggebender Bedeutung.

Die Entwicklung geeigneter Meta-Maße könnte sich als eine unabdingbare Vorbedingung für jede sinnvolle öffentliche Diskussion und Willensbildung erweisen. Versuche, formallogische Systeme von Rahmenmodellen und Metamodellen zur Modellierung natürlicher Systeme durch formalisierte Theorien zu schaffen, müssen gemacht werden und wären wünschenswert, stoßen aber auf fast unüberwindliche Schwierigkeiten.

Allerdings haben sich im Laufe der menschlichen Geschichte zwei Maßsysteme herausgebildet, die durchaus Chancen hätten, brauchbare Meta-Maße für die Frage nach den Ursachen des Wachstums zu werden: Negentropie und Geld. Letzteres als Hilfsmaß für die Negentropievermutung, das heißt jener Größe der in einem Gut steckenden unsichtbaren Ordnung (Negentropie), die vom Markt in dem Gut vermutet und daher honoriert wird. Je höher die Negentropievermutung, desto höher der Wert des Gutes ausgedrückt in Geldeinheiten.

Negentropie
Boltzmann legte den Grundstock. Er erkannte als erster, daß die Entropie, wie sie Clausius definierte, nämlich als jenen Betrag der Veränderung der freien Energie bezogen auf die absolute Temperatur des Systems, nicht die einzig mögliche sei. Er sah die Clausius-Entropie als eine „makroökonomische" Zusammenfassung von vielen, auf tieferen Schichten ablaufenden Prozessen. Das Ergebnis seiner Überlegungen ist bekannt:

$$\text{Entropie} = k \log W$$

wobei „k" die berühmte Boltzmann-Konstante = $3{,}2983 \times 10 - 24$ cal/°C ist.
„W" ist für Boltzmann ein Maß für die Wahrscheinlichkeit von Mikrozuständen der Gasmoleküle.
An dieser Stelle setzte Schrödingers Überlegung an. Er postuliert, daß Ordnung der Reziprokwert der Unordnung sei. Dann setzte er Boltzmanns Wahrscheinlichkeitsfunktion „W" mit dem Äquivalent „Unordnung" „D" gleich.
Wenn „D" ein Maß der Unordnung sei, so Schrödinger, dann könne der reziproke Wert 1/D als ein direktes Maß der Ordnung betrachtet werden. Deshalb schrieb er Boltzmanns Gleichung um:

$$-(\text{Entropie}) = k \log (1/D)$$

„Die Entropie ist in Verbindung mit dem negativen Vorzeichen selbst ein Ordnungsmaß" (Schrödinger 1987, 129).
Nach den meisten gültigen Definitionen ist Information mit Ordnung in direktem Zusammenhang. Ordnung hat etwas mit Organisation zu tun. Jeder empfindet einen Eiskristall als geordnet, als organisiert. Man kann ihn beschreiben. Man findet in ihm Klassen von Eigenschaften, geometrische Muster, Teilungs-Verhältnisse, Winkel, Symmetrieachsen und noch viel mehr Strukturen. Kurz, der Kristall enthält Information. Er enthält die Information unabhängig davon, ob sie ein Mensch entdeckt und beschrieben hat oder nicht. Es gibt wohl in der Philosophie die Ansicht, daß die Information erst durch die Untersuchung entstünde; im Gehirn des Menschen nämlich, der die Untersuchung vornimmt. Doch diese Auffassung würde nur zu einer immer weiteren Aufsplitterung des Informationsbegriffs führen, der in einem endlosen Regreß mündet. So reizvoll das für die Philosophie sein mag, so wenig ist ein solcher Informationsbegriff für eine Ingenieursdisziplin geeignet. Für uns ist Information existent, meßbar und unteilbar. Wenn Information in den Menschen gelangt, wird sie zur Informiertheit, zum Wissen, und das ist etwas anderes.
Stonier stellt in direkter Ableitung aus den Überlegungen Schrödingers drei Axiome auf:
1. Alle organisierten Strukturen enthalten Information, und daraus folgt: Es kann keine organisierte Struktur geben, die nicht irgendeine Form von Informationen enthält.
2. Wenn man einem System Information hinzufügt, nimmt das System eine höhere oder andere Form der Organisation an.
3. Ein organisiertes System ist in der Lage, Informationen freizusetzen oder zu übertragen.
Information ist eine Größe, die sich in verschiedene Formen verwandeln läßt. Konkretere Begriffe wie Ordnung, Muster, Struktur, Organisation, Regelmäßigkeit sind unmittelbar sinnlich erfaßbar und verschwinden, wenn Transformations-Prozesse auf sie angewendet werden. So ist ein Telefongespräch nach Passieren der Hörmuschel eindeutig sinnlich erkennbar, eine Stufe davor, in der Leitung, ist die Ton-Struktur nicht vorhanden, die Information aber schon.
Ähnlich ist es mit der Energie, sie ist nicht unmittelbar wahrnehmbar, aber vorhanden. Sie

manifestiert sich in der unterschiedlichsten Art und Weise, zum Beispiel als Wärme. Energie ist eine Grundeigenschaft des Universums. Sie ist meßbar, wie die Materie, in die sie umgewandelt werden kann.

Wir müssen unser Weltbild erweitern. Wir haben es nicht mit einem bipolaren Grundeigenschaftssystem des Universums zu tun, sondern mit einem tripolaren:

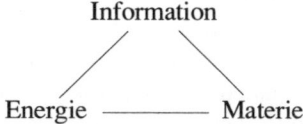

Wenn Energie mit Materie interagiert, entsteht Wärme. Wenn Materie mit Information interagiert, entsteht Struktur. Wenn Energie mit Information interagiert, entsteht strukturierte Energie, wie wir sie aus Elektrotechnik und Elektronik kennen. Schrödingers Einführung der negativen Entropie – an dieser Stelle sollte darauf hingewiesen werden, daß der in der Nachrichtentechnik verwendete Entropie-Begriff dem physikalischen nur metaphorisch folgt – hat viele Forscher zu weiteren Erkenntnissen angeregt. Die ingenieursmäßige Wissensverarbeitung baut auf diesem grundlegend erweiterten Weltbild auf.

Ein wichtiger Beitrag kam durch Ilya Prigogine in die Entropie-Diskussion. Er unterscheidet in einem offenen System zwischen der Entropieänderung durch die irreversiblen Prozesse im System und dem Anteil zugeführter Entropie. Dabei kann letztere positiv oder negativ sein. Oder wie es schon Schrödinger ahnte: Der lebende Organismus nährt sich von negativer Entropie.

Im Jahre 1965 hielt Popper an der Washington University seine legendäre Vorlesung „Über Wolken und Uhren". Er forderte seine Hörer auf, sich ein Schema von Systemen vorzustellen, in dem links eine sehr ungeordnete Wolke steht. Rechts am anderen Ende der Anordnung sollten sie eine Pendeluhr setzen, ein Chronometer, als Beispiel einer regelhaften, geordneten Struktur, die in hohem Maße voraussagbare Abläufe erkennen läßt.

Popper zeigt, daß in der Wissenschaftsgeschichte diese beiden Extrempositionen unvereinbar einander gegenübergestanden sind: die deterministische Position, die die Welt als Uhrwerk sieht, in der alles nach berechenbaren Regeln abläuft, die wir vielleicht nur noch nicht kennen, und die indeterministische Position, die alle Systeme der Welt als mehr oder weniger scharf geformte Wolken sieht, die letztendlich dem Gesetz des blinden Zufalls unterworfen sind. Er stellt diesem Dualismus einen dritten Entwurf entgegen: ein Weltbild, in dem die physikalische Welt ein offenes System ist. Glauben die (physikalischen) Deterministen, daß alle Wolken bei genauerer Betrachtung Uhren sind, so sind die Indeterministen überzeugt, daß alle Uhren eigentlich Wolken sind. Popper löst diesen Konflikt, indem er die Systeme als „offen" ansieht. Offen wofür? Für eine weitere Eigenschaft, die die Wolken- oder Uhrenhaftigkeit der verschiedenen Systeme ausdrückt – Schrödingers Begriff der Ordnung – und davon abgeleitet: Information.

Die Welt der Boltzmann-Entropie ist die der Wolken. Gase sind Molekülwolken, die nach den Gesetzen der Statistik Ordnung aufweisen, aber nicht auf einer höheren sinnlich wahrnehmbaren Ebene. In solchen Wolken ist die Information gering. Dabei darf man nicht vergessen, daß auf niedrigerer Ebene, auf jener der Moleküle, Atome, Elementarteilchen bis hinunter zum Elektronenspin, ebenfalls Information in den Strukturen steckt, die im Universum seit dem Urknall aufgebaut wurde. Man hat sich nur offenbar daran gewöhnt, diese Informationen nicht mehr als solche zu sehen, weil sie sich nicht mehr sehr verän-

dern. Da diese „Grundinformationsbestände" in allen Stoffen unveränderlich gespeichert sind, werden sie gewissermaßen herausgekürzt. Auf diese Weise sind gigantische Informationsmengen im Universum versteckt. Stonier und andere haben errechnet, daß eine Entropieeinheit (1 J/K) ungefähr 10^{23} Bits Information entspricht (Stonier 1991).
Man muß sich das vorstellen: Ein Joule pro Grad Kelvin Entropie entspricht
$$100\ 000\ 000\ 000\ 000\ 000\ 000\ 000\ \text{Bits} -$$
eine Informationsmenge, die millionenmal größer ist als die gesamte Information, die in allen derzeit auf der Welt befindlichen Computern zusammengerechnet abgespeichert ist. Allerdings muß an dieser Stelle darauf hingewiesen werden, daß die Äquivalenz nicht als Konstante darstellbar ist, sondern eine logarithmische Kurve ist. Die obige Äquivalenz gilt nur im Bereich hochorganisierter Strukturen.
Diese Größenordnungen geben ein Gefühl, warum der Einfluß der Information auf die Systeme der klassischen Physik immer übersehen wurde. Weder gab es eine Meßmethodik für Informationen, noch hat die Informationsänderung von einigen Megabyte einen meßbaren Einfluß auf die physikalischen Zustandsgrößen eines Systems. So konnte es geschehen, daß Information bis heute nicht als dritte Konstituente des Universums angesehen wird und daher über philosophische Hintertüren („offenes" System) wieder hereingebracht werden muß. Jeder Vorgang im Universum ist daher nicht nur als Änderung des Materie-Energiegefüges zu sehen, sondern als Änderung des Materie-Energie-Informations-Gefüges.
Die Welt des Lebendigen ist am Gesamtenergieumsatz des Universums nur unmerklich beteiligt. Dafür ist der Informationsinhalt und Umsatz in lebenden Systemen höher als im gesamten unbelebten Universum. Von Konrad Lorenz stammt der Gedanke: das Leben sei ein erkenntnisgewinnender Prozeß.
Und tatsächlich findet der meiste Aufbau von negativer Entropie in lebenden Systemen statt. Und dort vor allem nicht nur in den Einzelwesen, sondern in Form von Evolution der Gattungen im überindividuellen Bereich. Lorenz und seine Schüler haben klar herausgearbeitet, daß über evolutionäre Vorgänge sich massive Bestände an geordneten Strukturen in zahlreichen Schichtungen aufbauen, deren negative Entropie von Generation zu Generation weitergegeben und erweitert wird. Auf Lorenz geht auch die Vorstellung vom angeborenen Weltbildapparat zurück, der eine der Säulen der evolutionären Erkenntnistheorie ist. Außerdem erkannte Lorenz: Jede Erbänderung, die dem Organismus eine neue Möglichkeit bietet, mit seiner Umwelt fertig zu werden, bedeutet nicht mehr und nicht weniger, als daß neue Information über diese Umwelt in das organische System hineingelangt ist. Anpassung ist ein essentiell kognitiver Vorgang (vgl. Lorenz 1977).
Damit ist aber jeder Systemfortschritt eine Zusammenklumpung von Ordnung, also von negativer Entropie. Es ist formal richtig zu behaupten, die Evolution gehe nach den Prinzipien des Zufalls und der Ausmerzung vor; diese Aussage erscheint jedoch als unwahrscheinlich, weil die wenigen Milliarden Jahre der Existenz unseres Planeten nicht ausgereicht hätten, um die Entstehung höherer Lebewesen und des Menschen aus virusähnlichen Vor-Lebewesen auf diesem Wege zu ermöglichen (vgl. Lorenz 1977).
Es muß also in jeder Stufe der Evolution auf „Vor"-Information zurückgegriffen werden. Das, was Lorenz als „Fulguration" bezeichnete, entsteht offensichtlich dann, wenn genügend große Blöcke von mit sehr großen Informationsmengen ausgestatteten Materie-Energie-Strukturen zur Interaktion kommen und damit selbst wieder einen eigenen Informationsbestand begründen. Dabei kommt es nicht darauf an, ob wir diese Strukturen als lebendig, individuell oder als Mengenphänomen wahrnehmen.

Geld

Der Begriff „Wachstum" ist in die Kritik geraten. War er bis vor kurzem einschränkungslos positiv besetzt, wird er zunehmend als potentiell zerstörerisch empfunden. Das ist genauso falsch wie die Wachstumseuphorie. Es wäre wichtig, eine Gesetzmäßigkeit zu definieren, die „gutes" von „schlechtem" Wachstum unterscheidet. Der Boltzmann-Schrödinger-Ansatz über die negative Entropie scheint der vernünftigste zu sein (Schrödinger 1987).

Man könnte postulieren:

i) Jedes Wachstum, das einen Zugewinn an negativer Entropie bewirkt, ist positiv.

ii) Bei konkurrierenden „Wachstümern" sollte jenem der Vorzug gegeben werden, bei dem der höhere Neg-Entropie-Betrag entsteht.

iii) Es gilt immer die gesamte Entropieveränderung in einem System im Sinne Prigogines (Prigogine/Stengers 1990).

Die Schwierigkeit in der praktischen Anwendung obiger Postulate wird sein, daß noch kein entwickeltes System an Meßmethodik für Entropie besteht. Lediglich in der Thermodynamik existieren verläßliche Theorien über das Messen von Entropieänderungen. Eine „Entropiebuchhaltung" für die wichtigsten industriellen und wirtschaftlichen Prozesse aufzubauen, könnte eine lohnende wissenschaftliche Aufgabe sein, weil sie viele Mißentwicklungen verhindern oder wenigstens abschwächen könnte.

Das enorme Größenverhältnis zwischen Information (in den von uns derzeit benutzten Größen) und deren äquivalenten Energie- und Materieänderungen läßt erahnen, welche Reserven an Negentropiewachstum möglich und notwendig wäre, um unsere derzeitige Weltwirtschaft auf ökologische Effizienz umzustellen.

Friedrich von Hayek hat immer wieder auf die Wichtigkeit von Information in wirtschaftlichen Prozessen hingewiesen, und daß die materiebezogenen Geld-Deckungs-Theorien zu kurz greifen. Inzwischen hat die Volkswirtschaftslehre längst erkannt, daß Information neben den anderen Produktionsfaktoren eine zunehmend wichtige Rolle spielt. Auch als Währungsdeckung spielt der Faktor Information eine immer größere Rolle. Allerdings vorerst nur in impliziter Form.

Die Negentropie (Information) als Geld-Deckungs-Faktor wäre eine reizvolle Idee, zur Organisation einer ökologisch orientierten Wirtschaft. Allerdings müßte seitens der Wissenschaft dem Begriff der Entropie ein wesentlich höherer Stellenwert eingeräumt werden als bisher und das so festgefügte dipolare Weltbild der Materie-Energie-Welt auf ein tripolares Universum aus Materie-Energie-Information erweitert werden.

Das Maßsystem „Geld" hat sich weltweit für wirtschaftliche Prozesse durchgesetzt. Um soziale Systeme wie Firmen, Gemeinden und Staaten in ihrer Dynamik zu beschreiben, kommt man um Geldmaße nicht herum. Was die Negentropie für Ordnungsänderungen ist, ist das Geld für Wertänderungen. Beide sind allerdings nur verwendbar über Begriffe. Begriffe teilen die denk- und wahrnehmbare Welt in Objekte der Erkenntnis. Allerdings sind Begriffe nie klar definierbar im Sinne einer formalen Logik.

„Es ist ein ausgesprochen schwieriges, um nicht zu sagen hoffnungsloses Unterfangen, beschreiben zu wollen, mit welchen Methoden Menschen im Alltag mit ihrer Umwelt zurechtkommen und welche Rolle der Gebrauch natürlicher Sprachen dabei spielt. Nachweislich differieren diese Methoden erheblich von jenen, die von der klassischen Logik oder der mathematischen Wahrscheinlichkeitstheorie beschrieben werden. Sowohl die konzeptuellen Rahmen, die der Bildung von Systemen, von Vermutungen und Hypothesen außerhalb des Bereiches wissenschaftlicher Theoriebildung unterliegen, als auch die Veränderungen des Vertrauens in Vermutungen als Resultat individueller Erfahrung sind in einer evolutionären Theorie kognitiver Mechanismen beschreibbar und erklärbar." (Dieses Zitat stammt aus einer nichtveröffentlichten Studie von Peter Krall.)

Der Meinungsäußerung ist lediglich hinzuzufügen, daß sich auch im wissenschaftlichen Bereich die Klarheit der Begriffsdefinitionen in ihrer Einhelligkeit und Eindeutigkeit in Grenzen hält.

Es wäre daher zu erwägen, die Erfahrungen der Betriebswirtschaftslehre im Umgang mit unklaren Geschäftsfällen zu beherzigen und eine Art von Begriffs- und Bewertungsbuchhaltung zu versuchen. Ein Weg von vielen sei nun vorgestellt:

REBUS-Perzeptron (REBUS = Rekursive begriffsuntergliedernde Semantik)

Unter einem Perzeptron versteht die Literatur eine kybernetische logische „Maschine", durch die über Schlußfolgerungsketten indirekte Wahrnehmungen (Beobachtungen, Messungen) in sogenannte „Sympathievektoren" verwandelt werden, die eine Aussage über die „Neigung" des Perzeptrons darstellen, eine Aussage zum angegebenen Grad als zutreffend zu erachten. REBUS ist ein begriffsorientiertes, computerbasiertes Unterstützungssystem aus der wirtschaftlichen Praxis für Entscheidungsalternativen in komplexen Systemen.

Aufgabe des Systems ist, Entscheidungsgrundlagen vorzubereiten und für gegebene Alternativstrategien nach systemischen Prinzipien Handlungsempfehlungen abzugeben. Da in Zukunftsentscheidungen mit sehr vielen Einflußfaktoren zu rechnen ist, die mit unsicheren, ungenauen und vagen Daten unterlegt sind, haben wir uns entschlossen, die Bewertungsmethode nach der Theorie der unscharfen Logik (Fuzzy Logic) zu konzipieren. Kennzeichnend für diese Logik ist die Verwendung linguistischer Variablen und des verallgemeinerten Modus ponens.

Der Grundgedanke von FDSS (Fuzzy Decision Support System) ist die möglichst wirklichkeitsähnliche Abbildung eines komplexen Systems (Ökologischer Zustand einer Region, Thema, Entscheidungssituation, Handlungsalternative) aus der Sicht eines erfahrenen Experten oder Teams (Manager, Wissenschaftler, Praktiker, Nutzer) im Rechner zu etablieren. Durch Eingeben der Beobachtungen, Messungen, historischen Daten etc. wird die Reaktion des Systems angeregt und aus den Ergebnissen des Verdichtungsprozesses eine Handlungsempfehlung abgeleitet. Das FDSS trifft also keine Entscheidungen, es unterstützt nur die Entscheidungen des verantwortlichen Menschen. Das ist der Unterschied zu Fuzzy-Control-Systemen in der Technik.

Grundlagen

Jede Sozietät hat eine Strategie, aber nur wenige haben sie systematisch erstellt und explizit formuliert und damit prüf- und anpaßbar gemacht.

Warum ist das so? Wahrscheinlich deshalb, weil die Entscheidungsgrundlagen im Gegensatz zu betriebswirtschaftlichen Geldflüssen nicht in Form einer „Entscheidungs-Buchhaltung" erfaßt werden. Ein Decision-Support-System DSS ist nicht zuletzt eine solche Entscheidungs-Buchhaltung, die nicht nur die Daten, auf der die Entscheidungen basieren, aufzeichnet, sondern auch die meist selbstgewählten Regeln.

Es gilt daher, solche Regel-Datensysteme zu organisieren, die praxisbezogene, typische strategische Situationen abbilden und Empfehlungen auf der Basis festgestellter Daten und selbstgewählter Regeln abzugeben.

Wir brauchen zur Konstruktion solcher Daten-Regel-Strukturen ein Modell des beobachteten Geschehens. Unser Modell stammt aus der Kybernetik.

Die klassische Auffassung geht von einem monoparametrischen Modell aus. Im stetigen Fluß des Systemgeschehens wird ein Parameter physischer oder betriebswirtschaftlicher Natur mit irgendeiner Art von Sensor erfaßt und einem Steuerungssystem zugeführt. Dieses bewertet nach festgelegten Regeln den Sensor Input und veranlaßt einen Aktor, auf das Systemgeschehen einzuwirken. Zwischen dem Sensor-Input und dem Aktor-Impuls vergeht eine bestimmte Zeit, dieses Phänomen wird als Trägheit der Steuerung bezeichnet. Der Sensor-Input und der Aktor-Impuls stehen in einem funktionalen Zusammenhang. Die Funktion dieses Zusammenhangs kann im einfachsten Fall linear sein, ist aber in der Praxis fast immer nichtlinear. Trotzdem ist das Modell einfach zu rechnen, wenn die Funktion bekannt und über die Zeit unveränderlich ist.

Wesentlich wirklichkeitsnäher ist das Modell des multiparametrischen Steuerungskreises.Wie die Abbildung zeigt, sind mehrere Sensor-Inputs und Aktor-Outputs gleichzeitig vorhanden, und die Steuerung ist eine Black-Box, in der nicht gewährleistet ist, daß ein bestimmter Sensor mit einem bestimmten Aktor verknüpft ist. Außerdem ist ersichtlich, daß zwischen der Sensor-Abtastung und dem Aktor-Angriff das System strukturelle Veränderungen erfährt, daß sich der Prozeß während der Steuerungsträgheit „verwickelt". Es ist daher praktisch unmöglich, auf der Basis determinierter Funktionen das System ausreichend zu beschreiben.

Hier tritt die Fuzzy-Logic auf den Plan. Es ist möglich, für jeden Sensor-Input einen passenden Begriff festzulegen, der geeignet ist, den systemischen Effekt zu charakterisieren. Genau das tut der erfahrene Praktiker. Diesem Begriff wird ein Attribut zugewiesen, das aussagt, ob es sich um ein qualitativ oder quantitativ meßbares Attribut handelt. Geschmack wäre beispielsweise ein typisch qualitatives Attribut, Temperatur dagegen ein typisch quantitatives.

Mehrere Sensor-Inputs können in der nächsten Stufe auf einer höheren Ebene mit einem neuen Begriff verknüpft werden, was einer Verdichtung des Bedeutungsinhalts gleichkommt. Die Verknüpfung erfolgt über eine typische logische Prozedur, den Modus Ponens.

„Es gibt keine Logik ohne Schlußfolgerung, und die Haupt-Meta-Regel der Schlußfolgerung ist der Modus Ponens."

Modus Ponens: Nach Zadeh (1985) schreiben wir diese Meta-Regel als Gleichung und das ist, historisch gesehen, eine neue Einführung in der Logik. Diese Gleichung ist die Grundlage aller Expertensysteme, daher auch aller DSS.

Fuzzy Modus Ponens:
(Fuzzy Syllogismus)
Regel: Wenn „$x = P$", dann „$y = Q$"
Beobachtung: „$x = P^*$"
_____
Schlußfolgerung: „$y = Q^*$"

Der Stern symbolisiert die Unvollkommenheit der Identität zwischen Regel-Element und wahrnehmbarer Wirklichkeit, ausgedrückt als Verletzung des logischen Prinzips des Satzes vom ausgeschlossenen Dritten.

Der Fuzzy Modus Ponens erlaubt uns, für unsere Entscheidungsfindung „auf den Punkt zu kommen", das heißt jenen Begriff zu finden, an dem sich unsere strategische Entscheidung aufhängt. Dieser Begriff ist es auch, der dann in der Praxis den Schlüssel für Rechtfertigungen und Überprüfungen einer getroffenen Entscheidung bildet.

Wie aus obigem hervorgeht, folgt der Entscheidung nicht unmittelbar der Aktor-Output, sondern es vollzieht sich ohne Einflußnahme des Entscheidungsträgers ein Auffächerungsprozeß, der in der Fuzzy-Logic als Fuzzifizierung bekannt ist.

Unsere Erfahrungen mit bisherigen Projekten haben gezeigt, daß es unabdingbar ist, eigene Begriffe und zugehörige Fuzzy-Rules zu definieren und für eine leichte standardisierte Anpassungsmöglichkeit an das reale Systemverhalten zu sorgen, weil Expertensysteme dieser Art extrem empfindlich auf Parameter-Struktur-Änderungen reagieren und daher einen hohen Tuningaufwand erfordern. Verfügt man in so einer Situation nur über ein ideologisch vorstrukturiertes Tool, dann ist man vom Hersteller dieses Werkzeugs extrem abhängig.

Systementwicklung

Die Systementwicklung wird in mehrere Phasen gegliedert:
1. Erstellung der Begriffshierarchie
2. Aufstellen der Fuzzy Quantifier und Qualifier
3. Definition der Eingangsgrößen
4. Ermittlung der K.-o.-Kriterien
5. Festlegen der Verknüpfungsregeln (IF – THEN Rules)
6. Schreiben der Funktions-Makros
7. Test der Einzelverknüpfungen
8. Systemtuning
9. Test mit Praxisdaten
10. Implementation

Grundsätzlich empfiehlt sich in diesem Fall die Projektstrategie des „Prototyping", da mit ständig neu hinzukommenden neuen Informationen aus den verschiedensten Wissensgebieten zu rechnen sein wird, die sich ändernd auf die Struktur der Regeln, der Quantifier und der Begriffe auswirken wird. Auch das ist wieder ein Grund, auf ein möglichst bewegliches, aber mächtiges Tool zurückzugreifen und nicht in klassischer Weise ein Programm zu schreiben. Die Interdisziplinarität des Projekts bringt mit sich, daß nur sehr wenig Einfluß auf das Timing der Informationsgewinnung genommen werden kann, wodurch das REBUS-Expertensystem einer Dauerwartung bedarf. Man kann REBUS durchaus als „lernendes" System auffassen (jedoch nicht als „selbstlernendes"), das daher nie endgültig fertig werden kann. Erst der jeweilige praktische Einsatz wird zeigen, in welchen Abständen neue Versionen des Systems freigegeben werden. In der ersten Phase muß das System mit einer wirklichkeitsnahen Versuchsanordnung interagieren, um ein Grundtuning zu ermöglichen.

1. Erstellung der Begriffshierarchie

REBUS bietet einen Entscheidungsbaum zur stufenweisen Klärung und Verfeinerung der verwendeten Begriffe an. Ausgehend vom Zielbegriff wird eine fixe Hierarchie der abgeleiteten Unterbegriffe abgeklärt. Um eine praxisnahe Vorgangsweise zu erleichtern, enthält REBUS ein Formular: das Begriffsblatt. Dieses wird vom Projektkoordinator unter Beiziehung der erforderlichen Fachleute ausgefüllt und gesammelt. Mit dem Vorliegen aller Begriffsblätter ist die Begriffshierarchie festgelegt und kann in den Computer eingegeben werden.

2. Aufstellung der Fuzzy Quantifier und Qualifier

Für jeden Begriff muß am Begriffsblatt eine Reihe von Informationen festgehalten werden. Zur eindeutigen Identifikation erhält jeder Begriff eine Nummer, die so aufgebaut ist, daß die Position des Begriffs innerhalb der logischen Entscheidungsstruktur aus der Nummer ersichtlich ist.

Der Name ist die Kurzbezeichnung des Begriffs und muß gegebenenfalls noch näher erläutert werden. Computertechnisch gesehen ist jeder Begriff eine Variable. Die Fuzzy-Logic unterscheidet linguistische und fokale Variable. Linguistische Variable sind ihrer Natur nach fuzzy, fokale Variable (diese sind in der normalen Datenverarbeitung die einzigen) müssen erst fuzzifiziert werden, um nach linguistischen Regeln verknüpft werden zu können (siehe Pkt. 5.).

Jeder Begriff ist mit qualitativen oder quantitativen Attributen zu versehen, die es ermöglichen, die Wirklichkeit auf ihn abzubilden. Da REBUS so aufgebaut ist, daß immer nur ein Attribut dem Begriff zugewiesen werden kann (Prinzip der Eindimensionalität), müssen Begriffe, die eine größere Anzahl von Attributen verlangen, in ein System von abgeleiteten Unterbegriffen aufgelöst werden. Dieser Vorgang ist so lange rekursiv zu wiederholen, bis alle erforderlichen Attribute an ihren Begriff angebunden sind.

Für jedes Attribut ist ein Minimum und ein Maximum zu definieren. Auch hier gilt wieder, daß diese Grenzen fokal oder linguistisch definiert werden können. Im Diagrammfeld des Begriffsblattes ist der Verlauf des Membershipdegrees für jeden Qualifier/Quantifier graphisch festzuhalten. Auf diese Weise kann sichergestellt werden, wie der Begriff qualifiziert/quantifiziert wird.

Bezieht sich die Begriffsverwendung auf verfügbare Quellen, wie wissenschaftliche Werke oder anerkannte Regeln u. ä., dann ist die Quelle auf dem Begriffsblatt zu vermerken.

3. Definition der Eingangsgrößen

Ist die Begriffsstruktur festgelegt, wird für die Begriffe der untersten Hierarchiestufe der jeweils gemessene, angenommene oder allgemein anerkannte Eingangswert ermittelt und in das System eingegeben. Diese Werte ergeben die Parameter für die zu entscheidende Situation. Auch hier gibt es wieder die Möglichkeit exakt meßbarer (fokaler) Variabler oder von Auskunftspersonen (Experten) genannter linguistischer Größen (z. B.: Boden – fett, mager; Frost – streng, mild; Vertrieb – regional, überregional etc.).

4. Ermittlung der K.-o.-Kriterien

Gibt es Attribute, die, wenn sie vorliegen, zum Abbruch aller weiteren Entscheidungsverdichtungs-Schritte führen müssen, dann spricht man von K.-o.-Kriterien. Diese müssen besonders hervorgehoben werden, damit sie bei der Festlegung der Verknüpfungsregeln und der Programmierung der Funktionsmakros besonders berücksichtigt werden können.

5. Festlegen der Verknüpfungsregeln (IF-THEN-Rules)

Dies ist der schwierigste Teil des Prozesses. Wenn erfahrene Experten verfügbar sind, werden sie zur Definition der Regeln herangezogen. Im Verknüpfungsblatt ist für jeden Knoten des Begriffssystems anzugeben, welchem Begriff die Konklusion zugeordnet wird und welchem die Antezedenzen. Außerdem ist festzuhalten, welche Art der Implikation verwendet werden soll (UND, ODER bzw. andere). Für jede Implikation, die von den einfachen Bool'schen Formen abweicht, muß die Quelle festgehalten werden, um eine Überprüfung sicherzustellen.

6. Schreiben der Funktions-Makros
Hier erfolgt die eigentliche Programmierarbeit. Für jede Verknüpfungsstruktur muß ein eigener Makrosatz vorhanden sein. Durch die Wiederverwendung vorhandener Makros und den Aufbau einer Makrobibliothek können immer neue Verknüpfungsstrukturen abgearbeitet werden, wodurch das System zum „lernenden" wird.

7. Test der Einzelverknüpfungen
Jede einzelne Verknüpfung muß getrennt ausgetestet und auf Plausibilität untersucht werden, bevor sie in das Gesamtsystem integriert wird. Damit wird sichergestellt, daß jeder Entscheidungsschritt für sich allein plausibel und logisch vertretbar ist.

8. Systemtuning
Sind alle Einzelkomponenten zusammengefügt, sollte das Gesamtsystem getuned werden, indem man verschiedene Szenarios mit Extremwerten durchrechnet und auf Widerspruchsfreiheit und Wirlichkeitsnähe testet. Dabei ist zu bedenken, daß Expertensysteme mit Fuzzy-Logic unmöglich formal völlig widerspruchsfrei sein können. Dies unterscheidet Systeme dieser Art von herkömmlichen Computerprogrammen. Sie verhalten sich wie menschliche Experten, die manchmal besser, manchmal schlechter entscheiden. Der Prozeß des Tunings entspricht daher dem des Lernens und Erfahrungsammelns eines menschlichen Experten, mit dem wichtigen Unterschied, daß der Computer ein perfektes Gedächtnis hat und keinen einmal ausgemerzten Fehler wiederholt.

9. Test mit Praxisdaten
Der letzte Test erfolgt mit Praxisdaten eines bereits vollzogenen Projekts, von dem die Ergebnisse bereits bekannt sind, z. B. Weinbauwirtschaft nach dem derzeitigen Stand der Entwicklung, strategische Planung der Vergangenheit und Vergleich mit der tatsächlichen Entwicklung.

10. Implementation
Nach Abschluß aller Vorarbeiten wird das System in die Praxis eingeführt. Das heißt im konkreten Fall, daß verschiedene Alternativen dem System zur Entscheidung vorgelegt und dessen Entscheidungsvorschläge in Versuchsprojekten verwirklicht werden. Die Ergebnisse werden analysiert und zum weiteren Tuning des Systems benutzt. Sind die Projekterfahrungen positiv, werden größere Projekte daraus abgeleitet und in ausgewählten Projekten ausgewertet.
Entscheidungsunterstützende Systeme sind ein Werkzeug, die adaptiven Mängel unseres Denkens und Erkennens in die Richtung eines bewußteren Umgangs damit zu verbessern. Der Zustand eines Ökosystems ist aber nicht nur von den „großen" Entscheidungen abhängig, deren Entstehung uns zwar beschäftigt, deren Grad der Richtigkeit uns aber immer erst viel später erkennbar wird. Trotzdem sollte uns die Frage interessieren, wie weit überhaupt unsere menschlichen Entscheidungen maßgeblich für das Überleben unserer Art sind. Dabei könnte das folgende Denkmodell helfen:

Die „Kotauczek-Kurve"

Man denke sich ein Koordinatensystem mit den Achsen „Fitness" und „Weltbild". Die „Fitness" sei jene Summe von Fähigkeiten, die ein System oder eine Gattung haben muß, um zu überleben. Unter „Weltbild" verstehe ich die Spannweite zwischen reduktionistischer Vorgangsweise, die auf eine Partitionierung des Erkennbaren abzielt und der holistischen, die versucht, das „Wesen" des Erkennbaren ganzheitlich zu verstehen. Dabei ist nicht nur die jeweils bewußt erkenntnistheoretische Verwendungsweise der Begriffe „holistisch" und „reduktionistisch" gemeint, sondern auch durchaus primitive Entscheidungsweisen für einfache Problemlösungen, wie das Erreichen von Gegenständen mit Hilfe von Werkzeugen, oder Entscheidungen zwischen zwei manifesten Antrieben in der Reihenfolge der Befriedigung. Immer stoßen wir auf die Pole der Zerteilung des Problems versus die Gesamtbetrachtung.

Stellen wir uns ein Diagramm vor mit einer Glockenkurve, deren Scheitel etwa in der Mitte der x-Achse liegt. Die dargestellte Kurve soll einen Eindruck davon geben, daß die extrem reduktionistische Entscheidungsvorbereitung genauso wie die holistische zu einer Lähmung der Entscheidungsfähigkeit führt. Dies wird ausgedrückt durch die bereits klassische Redensweise von Wissenschaftlern, Managern und Politikern, sowie vom einfachen Normalmenschen: „... Ich kann hier und jetzt keine Entscheidung treffen, weil ..." Der Unterschied liegt nur in der Begründung: Die holistische Lähmung kommt vom Argument „... weil ich (wir) das Systemganze noch nicht völlig verstehen", und die reduktionistische: „... weil ich (wir) die grundlegenden Einzelheiten (noch) nicht ausreichend erforscht haben". Es ist leicht einzusehen, daß beide Lähmungen zum Nichtentscheid und damit zum Sichselbstüberlassen des Systems führen.

Wenn man aber davon ausgeht, daß die Entscheidungsfähigkeit eines Systems überhaupt zur Fitness (Überlebensfähigkeit) beiträgt, muß zwischen den beiden Lähmungen ein Maximum liegen. Dies ist durch die Kurve symbolisiert. Es ist uns nicht bekannt, welche Form die Kurve im Detail annehmen kann, aber sie muß sicher den dargestellten Charakter haben. In Hinblick auf die Arbeit von KRALL sei vermerkt, daß die Trajektorien-Methode der Reduktionisten und das Mengen-Kalkül der Holisten in der Reinform ebenfalls zur Entscheidungslähmung führen müssen.

Es ist mittels Diagramm darstellbar, daß die Summe aller tatsächlich getroffenen Entscheidungen in einem System evolutionär entstanden ist, und, ob richtig oder falsch, so und nicht anders erfolgt ist (Evolutionärer Pragmatismus). Wenn das System noch lebt, müssen die Entscheidungen in Summe ausreichend richtig gewesen sein. Egal, ob sie im einzelnen richtig oder falsch waren.

Es gibt für jeden Zeitpunkt der Entwicklung eines Systems ein bestimmtes Niveau an Fitnessanforderungen, das nicht unterschritten werden kann, wenn das System (die Art, die Firma, das Land) überleben soll: die „Überlebensschwelle".

Es gibt verschiedene Levels von Überlebensschwellen, die teilweise vom System selbst ohne bewußte Entscheidungsvorgänge verändert werden (durch Wachstum der Population, der Ansprüche, Effizienz, Entscheidungsfolgen). Solange die Überlebensschwelle niedrig ist (Level 1), dann ist es eigentlich egal, welche Entscheidungen im System getroffen werden, es überlebt als Systemganzes ohnehin. Fehlentscheidungen treffen nur Einzelindividuen (Teilsysteme). Die nächsthöhere Überlebensschwelle (Level 2) geht davon aus, daß die Summe der Entscheidungen in jenem Bereich liegen muß, wo ihre Auswirkungen die Fitness höher heben als sie ohne getroffene Entscheidungen erreichbar wäre. Dies ist der

Entscheidungsspielraum der Art. Ist allerdings das Toleranzfeld ausreichend groß, um ein sehr breites pragmatisches Spektrum an Entscheidungen zuzulassen, dann ist das Überleben trotzdem nicht gefährdet. Dies dürfte dem Zustand der Menschheit bis zum heutigen Tag entsprechen.

Sollte die Überlebensschwelle (Level 3) eine Höhe erreichen, die bewußte Entscheidungshandlungen der Menschheit in einem engeren Bereich verlangen, als er in der langsamen kulturellen Evolution möglich ist (die genetische Evolution fällt hier als Verbesserungsfaktor ohnehin bereits aus, weil sie eindeutig zu langsam ist), dann wird eine Einengung des Bereichs durch neue Entscheidungsmethodiken überlebenswichtig. Solche Methodiken müssen aber überindividuell, fachübergreifend und hochgradig multiparametrisch sein. Sie können daher weder sehr reduktionistisch noch holistisch sein, sollten aber doch logisch fundiert sein.

Ein Versuch, eine solche Methodik zu finden, sind die FDSS (Fuzzy Logic Decision Support Systeme) als Gattung von entscheidungsunterstützenden Systemen im allgemeinen und REBUS als Beispiel eines begriffsbasierten Systems im besonderen, weil Begriffe besser als reine Zahlenwerke geeignet sind, das menschliche Denken und Entscheidungsverhalten abzubilden.

Steigt schließlich die Höhe der Überlebensschwelle auf den Level 4, dann ist ein Einfluß menschlicher Entscheidungen auf jeden Fall nicht mehr ausreichend und daher irrelevant. Ob dieser Zustand demnächst eintritt oder gar schon erreicht ist, wissen wir nicht, wie wir überhaupt die Höhe des Levels ex ante nicht feststellen können. Wir sind daher auf Verdacht hin gezwungen, unser Entscheidungsverhalten zu verbessern.

Literatur

BROCKHAUS (1972) Enzyklopädie. Brockhaus Verlag, Mannheim
FISCHER, G.(1994) Wachstum aus feldtheoretischer Sicht. TU Illmenau, 39. Wiss. Kolloquium, Illmenau.
KOTAUCZEK, P. (1994) REBUS. TU Illmenau, 39.Int. Wiss. Kolloquium, Illmenau.
LORENZ, K. (1977) Die Rückseite des Spiegels. dtv, München.
MCNEILL, D./FREIBERGER, P. (1993) Fuzzy Logic. Simon & Schuster, New York.
POPPER, K. R. (1973) Objektive Erkenntnis. Hoffmann & Campe, Hamburg.
PRIGOGINE, I./STENGERS, I. (1990) Dialog mit der Natur. Piper, München.
RIEDL, R. (1987) Begriff und Welt. Paul Parey, Berlin.
RIEDL, R./ACKERMANN, K./HUBER, L. (1991) Rational vs. ratiomorphic strategies. Springer, Berlin.
STONIER, T. (1991) Information und die innere Struktur des Universums, 1991, Springer, Berlin
SCHRÖDINGER, E. (1987) Was ist Leben? Piper, München.
ZADEH, L. (1985) Fuzzy Sets, Usuality and Commonsense Reasoning. University of Berkeley, Berkeley.

KAPITEL 3

Bedingungen aus der Ausstattung der Kreatur
Rupert Riedl

Die physische Ausstattung des Menschen hat, wie man sich denken kann, eine lange Geschichte. Sie steuert die physiologischen Abläufe, die unsere Species seit Jahrmillionen am Leben erhalten haben. Neuer ist die Einsicht, daß auch unsere psychische Ausstattung eine millionenalte Geschichte hat. Konrad Lorenz (1973) spricht von einem vernunftsähnlichen, „ratiomorphen Apparat", der uns mit angeborenen Anschauungsformen (angeborenen Hypothesen; Popper 1935, Vollmer 1979, Riedl 1980) noch ganz unreflektiert und dennoch ebenso erfolgreich durch einfache Aufgaben des Lebens steuert.
Diese Einsicht hat die „Evolutionäre Erkenntnistheorie" entstehen lassen und löst damit einige philosophische Rätsel, wie es beispielsweise kommt, daß unsere Sinne und unser Verstand in diese Welt passen. Sie löst auch eine der fundamentalen Fragen der Psychologie, ob denn die dem Menschen gegebenen Strukturen an Verstand und Vernunft „teriomorph" oder „kulturomorph", also entweder aus seiner Säugetiergeschichte ererbt, oder aber aus seiner Kultur appliziert wären (Foppa 1965, Bower & Hilgard 1983). Sie haben teriomorph eine unreflektierte, ratiomorphe Grundlage und kulturomorph einen reflektierten, rationalen Überbau.
Bis heute hat die Theorie bereits eine ganze Reihe von Wissenschaften beeinflußt (Riedl und Delpos 1996) und veranlaßt, über die Fachgebiete hinauszugreifen und sie zu verbinden, auch zu der Möglichkeit beigetragen, diesen Band zu verfassen.
In einem weiteren Rahmen ist diese Erfahrung in der Einsicht eingebettet, daß alle Gesetze der tieferen Schichten unserer komplexen Zusammensetzung, durch die höheren hindurchreichen: die der Chemie in die Lebensprozesse, die der Biologie in die der Psyche, die der Psychologie ins Sozialverhalten, und bis in die Konditionen einer Kultur. Freilich kann die Psyche nicht zur Gänze biologisch erklärt werden, und auch die Biologie nicht ganz aus der Chemie. Denn in jeder Schicht kommen neue Systembedingungen hinzu. Aber der biologische, also ererbte Hintergrund ist, wenn auch keine zureichende, so doch eine notwendige Erklärung, für menschliches Handeln.
Damit sind wir an einer interessanten Konsequenz angelangt, welcher die folgende Überlegung zugrundeliegt. Wir haben Grund zur Annahme, daß der frühe Mensch, so wie jede Art, die überlebte, in seinem kognitiven und sozialen Verhalten zureichend angepaßt war. Und zwar unter den Bedingungen „eliminativer Selektion", das heißt, daß alle Nichtangepaßten aus dem Strom der Evolution auch sogleich ausgeschlossen wurden. Betrachtet man diese Ausstattung näher (Riedl 1980, 1985, 1987, 1992), so wird man über die Höhe der Leistungen, die uns schon unbewußt steuern, erstaunt sein.
Die Verankerung erblicher Leistungen ist aber ein sehr langsamer Prozeß. Man muß ihn mit dem Maßstab vieler Jahrtausende messen. Solche Anlagen der Kreatur sind in der kurzen Zeit kultureller Prozesse nicht zu verändern; zumal wir unsere kulturellen Veränderungen und Sorgen in Jahrhunderten und sogar schon in Jahrzehnten messen.
Sie haften, auch in ihren Auswirkungen auf unser Weltverständnis und unser Sozialverhalten, an uns wie ein Schicksal. Und sie sind von den neuen Anforderungen, die unsere Zivilisation stellt, überrannt worden. Genauer: Sie sind in dem Umfange, in dem wir uns heute

anmaßen in die Welt einzugreifen, überfordert. Und wir täuschten uns in gefährlicher Weise, würden wir mit ihnen nicht rechnen. Veränderbar sind diese Anleitungen nicht. Sie lassen sich nur durch Erfahrung übersteigen (Riedl 1995). Nützen wir diese Anlagen, wo immer sie das Humanum fördern, aber achten wir darauf, wo immer wir mit unseren Prognosen an der Erfahrung scheitern.

Eine Hypothek, der wir uns schon als Kreaturen nicht entwinden können, sei gleich vorausgeschickt: Wir können nur von Zerstörung von Ordnung existieren. Daß in diesem Kosmos, dem Entropiesatz entgegen, immer wieder Ordnung und Differenzierung entsteht, Himmelskörper, Leben und Kultur, beruht auf „offenen Systemen". Von Energie und Materie durchflossen, können sie in sich Ordnung aufbauen, wenn sie eine größere Menge an Unordnung in ihr Milieu abführen (Schrödinger 1944). Das ist ein Balanceakt, dem alle Kreatur und die ganze Biosphäre unter natürlichen Wachstumsbedingungen unterworfen war und bleibt. Und das bedeutet, daß das erzeugte Chaos ebenso reibungslos abgeführt, wie fortgesetzt Ordnung nachgeschaffen werden muß; keine Staus von gefährdendem Abfall sind erlaubt, dagegen ist stete Wertschöpfung erforderlich. Im künstlichen Wachstum unserer Gesellschaft wird das auf die Probe gestellt.

Was die Wirkung auf die Prozesse gefährlichen Wachstums betrifft, so haben wir die Erfahrung gemacht, daß das Wachsen der Bevölkerung von dem der Ansprüche der Individuen getrennt zu untersuchen ist. Denn man kann von der Annahme ausgehen, daß eine Verdoppelung der Weltbevölkerung die Produktion von Gefährdungen in etwa demselben Maße erhöht, wie bei gleichbleibender Bevölkerung und einer Verdoppelung deren Ansprüche. Wenden wir uns zunächst dem Bevölkerungswachstum zu.

Die Biologie des Wachsens der Populationen
In diesem Zusammenhang lohnt es, zunächst die allgemeinbiologischen, prähumanen Vorbedingungen zu betrachten. Dabei stellt sich heraus, daß in Bezug auf die Körpergröße den meisten Pflanzen und Tieren ein Limit gesetzt ist; seien es Grenzen der Statik, der Stofftransporte oder der Ressourcen.

Das ist in bezug auf das Wachsen der Populationen anders. Schon die Entdeckung der Selektionsgesetze durch Alfred Russel Wallace (1855) und Charles Darwin (1859), angeregt durch die Perspektiven von Malthus (1817) und Spencer (1850), geht von der Einsicht in die im Prinzip ungebremste Reproduktionsrate der Arten aus. Die physischen Grenzen dieser Reproduktionsprozesse hängen mit der Beschränkung der Reproduktionszeiten zusammen und mit dem Aufwand an „Ausfertigung", beziehungsweise dem der Hege, welche das Weibchen beziehungsweise das Elternpaar und die Sippe den Nachkommen appliziert. Im Grunde sind es zwei Strategien: Entweder werden ungeheure Zahlen an Nachkommen pro Generation produziert, für die wenig vorgesorgt wird, oder kleinere Mengen mit Zunahme an Aufwand und Pflege (Pianka 1974). Man wird leicht erkennen, daß beide Strategien mit dem Lebens- und somit Reproduktionserfolg der Nachkommen zu tun haben. Ist die Erfolgschance gering, wie bei den frei ins Meer abgegebenen Gameten oder den Nachkommen von Parasiten, die geeigneten Wirte und Zwischenwirte zu treffen, muß die Reproduktionsrate besonders hoch sein. Aber selbst die Ablage befruchteter Eier erreicht bei manchen Fischen fünf bis neun Millionen im Jahr (Zahlen in Flindt 1985). Werden die Nachkommen weitgehend ausgeformt und gehegt, wie bei Vögeln und Säugern, können und müssen auch sehr viele Nachkommen nicht produziert werden. Dennoch: Die Reproduktion bliebe noch immer so enorm, daß, wäre sie nicht durch äußere Bedingungen eingebremst, die Biosphäre schon in Jahrzehnten in Organismen erstickt wäre. Diese Bremse ist ausschließlich durch Bedingungen des Milieus gezogen. Das Mehrfache bis Millionenfache an Nachkommen geht zugrunde (Übersichten z. B. in Odum 1989 und Cockburn 1991). Angesichts solcher Fakten ist die Frage naheliegend, welche Umstände eine derartige „Verwüstung" an immerhin geschaffener Ordnung in der Natur begründen. Das schon deshalb, weil, wie zu zeigen sein wird, diese Gründe auch noch die Reproduktion des Menschen antreiben.

Die Mechanismen der Evolution sind auf Arterhaltung angelegt. Die Erhaltung der Individuen ist ein Mittel zu diesem Zweck. Im Grunde ein grausames Spiel, betrachtet man es im Hinblick auf die Individuen unserer Species, in die sich dasselbe tatsächlich auch noch fortgesetzt hat. Obwohl man einräumen muß, daß mit der Zunahme der Organisationshöhe die Verluste, eben mit der Ausreifung und Pflege, abnehmen und mit dieser Vorsorge auch die anziehendsten Produkte der Evolution vorbereitet werden, die man ausgeformt Mutterliebe, Familie, und in der Folge Freundschaft nennen wird. Auch dies ein arterhaltendes Prinzip, das zu den besten Dingen gehört, die sich in unseren Anlagen erhalten hat.

Die Ursache des Wachstums der Populationen und dessen Grenzen

Wie schon im Zusammenhang mit den Reproduktionsstrategien zu erwähnen war, steckt die Ursache der Überproduktion in der Unsicherheit des Reproduktionserfolges selbst, nämlich dem der jeweiligen Folgegeneration. Die Erhaltung des Lebens ist eine unsichere Sache. Dies mag dem verwöhnten Menschen nicht so erscheinen, beziehungsweise aus seinem Verständnis verdrängt sein, denn er mag sich mit seinen Unfalls- und Brandschadenversicherungen, Haftpflicht, Gurt und Sturzhelm reichlich sicher fühlen. Aber was sich als „Lebensversicherung" so trefflich ausnimmt, ist bekanntlich nichts anderes als Geldaushilfe für Erben, anläßlich eines durch Versicherung durchaus nicht vermeidbaren Ablebens.

Leben, eine Materiekonstruktion so ferne vom „physikalischen Gleichgewicht", bleibt, seit der Erfindung der geschlechtlichen Fortpflanzung, nicht nur „totgeweiht", es bleibt auch innerhalb der Lebensspannen den unvorhersehbarsten, „stochastischen Störungen" ausgeliefert. Unfälle, Unbillen, Verstümmelung, alle Formen „personeller Elimination" stehen bereit. Seit der Erfindung des Tierreichs, mit dem Vorteil, vorgeformte Energie zu beziehen, ist auch das Gefressenwerden eine wohleingerichtete Konsequenz. Allein was man in unserem Lebensbereich Isolation, Vereinsamung, Ausschluß aus der Gruppe nennen würde, verhindert den Reproduktionserfolg. So mag die solitäre Kreatur, wie das vaginalose Huhn, ein durchaus glückliches Leben führen, aber sie ist genetisch tot.

Dabei gehört das so gräßlich wirkende Räuber-Beute-Verhältnis durchaus nicht zu den biologischen Grenzen, die das Populationswachstum im Zaume halten. Individuen werden personell eliminiert, aber die Dezimierung der Beutetiere führt zu einer drastischen Reduktion der Anzahl der Räuber, denn die letzten Beutetiere werden nicht mehr gefunden. Das Zahlenverhältnis der Räuber- und Beutetiere pendelt sich ein. Zum definitiven Aussterben einer Art, und damit zur personellen Elimination aller Individuen, führt dagegen die so harmlos wirkende Konkurrenz; sei es um identische Ressourcen, Licht, Futter, Beutetiere, um sichere Lebensräume, oder was immer die tüchtigeren oder aggresiveren Individuen der einen Art auch dem letzten Individuum der untüchtigeren entziehen können.

Um es auf den Punkt zu bringen: Katastrophen aller Art, Hunger, Vertreibung, Unterdrückung sind die Hauptgründe, welche nicht nur die Größe der Populationen stabilisieren. Es sind auch die Hauptgründe, die zum Aussterben ganzer Populationen und Arten führen. Unsere Art existiert noch – ansonsten könnten diese Zeilen weder geschrieben noch zur Erbauung von Lesern dienen –, aber Hunger, Vertreibung, Unterdrückung und das Aussterben ganzer Populationen hat auch unsere Species stets erlebt, und wir erleben das auch heute.

Populationswachstum fortgesetzt in den soziokulturellen Bereich
Es ist nicht zu leugnen, daß Bedingungen, wie wir sie aus dem Tierreich kennen, im Lebensbereich des Menschen fortwirken (Eibl-Eibesfeldt 1970, 1984, 1992). Es muß im Übergang zum Menschen der Reproduktionserfolg sogar eine besondere Rolle gespielt haben, wie man das aus der Erweiterung der Reproduktionsfähigkeit und -bereitschaft des menschlichen Weibchens ablesen kann. Es wird auch angenommen, daß die Erhaltung der vollen Brüste über den ganzen geschlechtsreifen Lebenszyklus zu dem Zweck entwickelt wurde, die fortgesetzte Paarungsbereitschaft anzuzeigen (Morris 1968, F. de Waal 1982).

Daß gerade der frühe Mensch unter beträchtlichem Eliminationsdruck gestanden haben muß, wird allgemein angenommen, was die Notwendigkeit zureichender Vermehrung verständlich macht. Aber auch die Differenzierung der Kommunikation und Kooperation, und damit der sozialen Gruppe, wird unter diesem Druck gefördert worden sein. So daß unter solchen Bedingungen erklärlich wird, wodurch sich sexuelle Verhaltensweisen, wie das Genitalpräsentieren beider Geschlechter, zunächst mit rangschlichtenden Funktionen, bis in heutige Naturvölker erhalten haben, und wie es kommt, daß die physische Liebe ganz allgemein die stärksten Bindungen sichern kann.

All das mag das Wachsen der Bevölkerung gefördert haben. Aber auch die soziale Struktur der Gruppen wird ihren Beitrag geleistet haben. Naturgemäß läßt sich aus der fossilen Dokumentation nur weniges über soziale Zusammenhänge rekonstruieren. Aber die Ähnlichkeit der Rangstrukturen über alle Primatenpopulationen läßt darauf schließen, daß diese auch den Tier-Mensch-Übergang begleitet haben.

Zu den Einflüssen auf die Reproduktionsbedingungen zählt das Begattungsprimat der höchstgerangten Männchen, das Element eines Ehrenkodex werden konnte, wie sich ein solcher wohl noch in den Vorrechten griechischer Götter, in Harems und im „jus primae noctis" gehalten haben mag. Dabei muß nicht vorausgesetzt werden, daß jene Hochgerangten große Wirkung auf die Gesamtreproduktionsrate einer Population taten. Es genügt zu erkennen, daß Paarung wie Kinderschar vom Privileg zur Paradoxie von „Massenprivilegien" werden konnten, was die Reproduktionsrate nun gewiß anheben mußte. Der Begriff des „Kindersegens" selbst mag so tiefe Wurzeln haben (Betzig 1986, Hernegger 1982).

Ein solcher Begriff hat selbst wieder mit einem aufschlußreichen Element menschlicher Befindlichkeit zu tun; dem Selbstwertgefühl, aus dem wieder allerlei Wirkung auf die Reproduktion folgen muß. Aber freilich reicht das schon in den Kulturbetrieb. Kindersegen, nicht nur aus Gründen des Prestige, sondern auch als Arbeitskraft oder erstrebte Versorgung ist schon Thema einen späteren Kapitels.

Die Biologie des Wachsens der Ansprüche und dessen Grenzen
Ganz anders als das Wachsen der Populationen stellt sich im vormenschlichen Bereich das Wachsen der Ansprüche der Individuen dar. Wo das Bevölkerungswachstum biologisch mit einem ungeheuren Verschleiß an organischer Ordnung beginnt und sich spät in die

Richtung auf Pflege und Mutterliebe „humanisiert", aus unserem Erbe also gewisse Hoffnungen bietet, ist im Hinblick auf das Wachsen der Ansprüche der Fall nachgerade umgekehrt. Das Wachsen der individuellen Ansprüche ist fast allein Merkmal der Menschen, eigentlich nur der Menschen der Hochkulturen (Lorenz 1973).

Im Bereich der Tiere ist das Wachsen der Ansprüche sehr begrenzt. Das ist wohl deshalb so, weil die Ansprüche überwiegend physiologischer Art sind, und in diesem Rahmen Kohärenzen sogleich wahrnehmbar sind: Kohärenzen im Sinne von Wechselbezügen zwischen Bedürfnis und Bedürfnisbefriedigung. Das ist besonders für die Nahrungsaufnahme evident. Freilich überfressen sich Tiere. Das gilt von den Hohltieren über manche Schlangen bis zu den Großkatzen. Also überwiegend für räuberischen Beuteerwerb, denn der immer relativ großen Beute wird man selten habhaft. Aber ganz entsprechend werden auch lange Ruhepausen eingelegt.

Verwüstung von Nahrung kommt vor, ist aber selten (Stephens u. Krebs 1986). Gewissermaßen sind es Unfälle und Versehen. Bekannt ist die „feeding frency" beispielsweise bei Haien, die bei Blutgeruch alles zerreißen, was ihnen in den Weg kommt (Hass 1986). Bekannt ist auch der Umstand, daß für die nahrungsarme Zeit vergrabenes Futter, wie bei Eichhörnchen und manchen Vögeln, nicht mehr gefunden wird. Aber auch derlei ist durch eine Kosten-Nutzen-Relation gut eingebremst.

Dasselbe gilt für die Vergrößerung von Bauten (Frieling 1939), oder die Erweiterung der Reviere. Denn gewiß können größere Bauten und weitere Einzugsgebiete von Nutzen sein, aber mit ihnen vergrößern sich auch die Aufwände, so daß ein Optimum bald eingestellt ist. All das wird sich beim Menschen ab der Hochkultur als völlig anders erweisen.

Das einzige Prinzip, das sich im Tierreich vorbereitet und sich sogar direkt in die Populationen des Menschen fortsetzt und dort sehr auf die Hebung der Ansprüche wirkt, ist auch in diesem Falle das der Rangordnungen (F. de Waal 1982). Der hochgerangte Affe kann gewiß als erster ans Futter, und es wird in der Auseinandersetzung auch einiges verwüstet werden, aber es ist nicht nachgewiesen, daß die übrigen der Gruppe deutlich weniger anstellen.

Das Umschlagen in den soziokulturellen Bereich

Im Übergangsbereich zum Menschen müssen die Ansprüche des Individuums bereits zugenommen haben. Jedenfalls wird mit der Erfindung der Waffe und später der Bekleidung, schon mit einem guten Steinbeil oder Fell so etwas wie nicht sofort konsumierbarer Besitz entstanden sein. Und bereits dies geht über die Ansprüche eines Tieres hinaus.

Was das Steigen der Ansprüche im Grunde beflügelt haben muß, ist die psychische Ausstattung dieser Kreatur. Was man als Umtriebigkeit, Neugier und das Beschäftigtsein von unseren „haarigen Vettern" so gut kennt, mag, ausgedrückt für den frühen Menschen, bereits das gewesen sein, was uns als unsere eigene Betriebsamkeit so vertraut ist. Man mag dabei auch das Positive dieser Wortbedeutung beachten. Er setzt sich der Trägheit, Faulheit gegenüber, selbst der Interesselosigkeit und mangelnden Vitalität, Begriffe, die alle deutlich negativ besetzt sind. Gewiß mag diese Eigenschaft arterhaltende Bedeutung besessen und bis in die Neuzeit behalten haben. Erst jüngst wird bemerkt, wie sie schaden kann.

Nun soll ein Phänomen nicht unbeachtet sein, das dieser Tüchtigkeit gegensteuert. Es ist ein Mechanismus, der den Überausbeuter, genauer: jene Rassen ausschaltet, die ihre Ressourcen zerstören (Shaw u. Carter 1980, Lubin et. al. 1977) . Man pflegt das auch eine

„Selektion auf Mittelmäßigkeit" zu nennen. Besser wäre: „moderierte Tüchtigkeit". Aber das ist ein genetisch gesteuertes Adaptierungsprinzip; und solange die Ressourcengrenzen einer Population nicht erreicht sind, drängen auch die genetischen Adaptierungsmechanismen auf eine Zunahme individueller Tüchtigkeit.

Damit sind wir, und immer noch im frühmenschlichen Bereich, an einem entscheidenen Punkt der Antriebe individueller Ansprüche angelangt. Er ist in der Rangordnung in der Primatengruppe gegeben. Es besteht kein Zweifel, daß alle Individuen einer Gruppe, sofern sich nur eine Möglichkeit andeutet, sogleich auf das Erreichen eines höheren Ranges drängen. So befremdlich uns dieses fortgesetzte Gezänk bei den Affen auch erscheint, die dahinterstehende Aggressivität hat sehr deutlich ihre artfördernde Funktion und konnte von den Evolutionsmechanismen auch nicht ungenützt bleiben (Lorenz 1963). Grund: Die Tüchtigeren sollen sich reproduzieren.

Solch einen höheren Rang zu erreichen und zu erhalten bedarf fortgesetzter Umsicht und Auseinandersetzung, also beträchtlicher physischer und psychischer Aufwände. Derlei genetisch als eine Ausstattung der Kreatur durchzusetzen bedarf der Belohnung. Diese mag im Genuß der häufigeren Kopulation vorgesehen sein, obwohl wenig aus dem Verhalten der Tiere auf ein solches Genießen hindeutet. Dieses Belohnungsprinzip mag erst viel später in der Geschichte unserer Vorfahren eingesetzt worden sein. Die kompensatorische Belohnung im Ergebnis dieses Triebes scheint mehr in dem Erlebnis zu liegen, zu dominieren, sich das bessere Futter, die bessere Umsicht, den besseren Schlafplatz sichern zu können.

In einer wohl auch schon für den Frühmenschen passenden Terminologie ist uns eine solche Eigenschaft als Possessivität, als Begehrlichkeit vertraut. Und auch in diesem Falle wird man verstehen, daß wir sie aufgrund ihres Alters und somit sehr wahrscheinlich genetischen Verankerung, selbst wenn wir das Störende dieser Ausstattung schon wahrnehmen, nicht leicht ablegen können.

Später, in den frühen Kulturen, läßt eine solche Anlage aus Rangstreben und Begehrlichkeit einen Mechanismus verstehen, der dann erst wirklich effektiv die Ansprüche der Individuen nun ganzer Populationen immer wieder hochgetrieben hat. Es liegt in der Natur menschlicher Populationen, daß sich einige beträchtlich höhere Ansprüche durchsetzen, und daß in der Folge der Zusammenhalt ganzer Gruppen diese Privilegien selbst zu erobern trachten. Sind solche wenigstens teilweise erreicht (egalisiert), wird für einige wieder Anlaß sein, sich eine weitere Ebene der Ansprüche einzurichten, und so fort.

Damit verlassen wir aber die Frühgeschichte menschlicher Ausstattung, soweit diese das Wachsen der Ansprüche betrifft, und überlassen die Untersuchung der Folgephänomene auch dem folgenden ethnologisch-ökologischen Kapitel.

Die psychische Ausstattung und deren Herkunft
Es muß aber noch von einer psychischen Ausstattung die Rede sein, deren Wirkung sich in der Dokumentation über Frühmenschen kaum zeigt, aber zweifellos aus dieser Zeit stammen muß. Das betrifft unsere Ausstattung für das Umgehen mit Menschen und mit der Welt um uns überhaupt.

Daß von solchen Ausstattungen die Rede sein kann, ist auf zwei Einsichten zurückzuführen. Ich habe dieselben schon eingangs erwähnt: Es handelt sich um die „evolutionäre Erkenntnistheorie" und die Erfahrung, daß die Gesetzlichkeit der tieferen Schichten im Bau eines hierarchisch organisierten Systems durch alle höheren Schichten hindurchreichen (Riedl 1980).

Die „evolutionäre Erkenntnistheorie" weist nach, daß die Fähigkeit, mit welcher unsere Sinne und unser Gehirn uns auf diese Welt vorbereitet sein lassen, um schon unreflektiert in dieser erfolgreich zu agieren, auf Anpassung zurückgeht. Im Lernprozeß der Evolution mußten sich jene „Weltbildapparate" (Lorenz 1973, 1992) durchsetzen, die in dieser Welt noch am besten funktionieren. Die Lernergebnisse sind genetisch verankert und in der kurzen Zeit der Kulturentwicklung nicht änderbar.

Das bringt einen für unser Thema wichtigen Gesichtspunkt zu Tage. Zum einen gewinnen wir eine natürliche Erklärung für das Philosophenproblem, wie es kommt, daß wir diese Welt verstehen. Zum anderen wird damit aufgedeckt, daß es Grenzen dieser Adaptierung geben muß und wo diese Grenzen liegen (Riedl 1995). Dies ist für unser Verständnis der Verhaltensmängel des Menschen gegenüber gefährlichen Wachstumsprozessen wichtig.

Daß es Anpassungsmängel im Produkt eines Anpassungsprozesses geben kann, ist, wie erwähnt, darauf zurückzuführen, daß der außerordentlich langsame Prozeß genetischer Adaptierung von der Entwicklung der Zivilisation überrannt worden ist. Was in den Jahrmillionen der Geschichte unserer Vorfahren in hundert, bestenfalls in jeweils zehn Jahrtausenden an Adaptierungen gelungen ist, zeigt sich in Maßen von Jahrhunderten als unbewegt. Und was für einen Menschen der Bronzezeit noch zureichende Adaptierung sein mochte, ist für den Einfluß, den wir uns in dieser Welt heute anmaßen, bereits unzureichend.

Wo unsere soziale Adaptierung überfordert ist
Schon die Hilflosigkeit unserer Säuglinge und Kleinkinder führt vor Augen, daß Programme, die deren Hege garantieren, von arterhaltender Bedeutung sein mußten. Von vergleichbarer Bedeutung muß es in sozial operierenden Gruppen sein, sich aufeinander verlassen zu können und deren hierarchische Struktur, von deren Nutzen die Rede war, wahrzunehmen.

Das Pflegeprogramm funktioniert fast perfekt. Von Naturvölkern kennt man Säuglingsaussetzung von Müttern als Regulativ der Populationsstruktur (Schiefenhövel 1978). In unseren Kulturen ist es eher Verzweiflung und psychische Störung, welche Mütter Säuglinge weglegen oder Kleinkinder quälen läßt.

Beim Kooperationsprogramm ist das schon weniger eindeutig. Zwar werden dadurch Freundschaft, Ehe, Treue und Gefolgschaft gestiftet, aber allein die notwendige Nachordnung der Gruppenhierarchie relativiert die noblen Stiftungen, auch wieder zum Nutzen der Arterhaltung.

Die Voraussetzung für das Funktionieren dieser Programme ist das persönliche Gegenüber. Im Rahmen des Pflegeprogramms etwa wirkt zudem das sogenannte Kindchenschema (Lorenz 1978, Eibl-Eibesfeldt 1987), das unseren Pflegeinstinkt auch gegenüber Tieren, und besonders dann auslöst, wenn diese mit großen Augen, Köpfen und gerundeten Formen dem Schema nahekommen.

Was diese Programme stört, ist im Grunde immer die Anonymität in der Massenkultur. In der Masse wird die Kreatur anonym und belanglos. Mit seinen hierarchischen Positionen, die er im Betrieb, im Club, in der Sippe haben mag, durchquert er volle Straßen oder Bahnhofshallen, für sich allein und für alle anderen ohne Belang.

Drei Beispiele sollen dies mit Fällen belegen. Erstens die Tötungshemmung: Vielen Menschen scheint es schwierig, ihr Gegenüber zu töten. Für einen psychisch gesunden Mann ist es sogar kaum möglich, ein weinendes Kind zu schlagen; vorausgesetzt, daß er das verzweifelte, tränenüberströmte Gesicht direkt vor sich hat. Die Fernwaffen schalten diese

Hemmung aus (Lorenz 1978). Vom Bombenflugzeug aus kann er beliebig viele zu Tode kommen lassen. Nun kann fast jeder zum Töten angeleitet werden. Die Täter bleiben so anonym wie ihre Opfer. Zweitens das Feindbild: Ein Volk kann leichter angegriffen werden, wenn es zu Untermenschen stilisiert wird. Eine bewährte Praxis, zumal sie auch die Gruppe eint. Die Unkenntnis der anderen erleichtert die Indoktrination. Drittens die Berufung auf den Befehlsnotstand. Die persönliche Ferne des Befehlsgebers verhindert, aber erspart auch die Verhandlung über Verantwortlichkeit.

Dies sind aber nur Fälle, um das Thema plausibel zu machen. Viel universeller wirkt die Anonymität im Alltag. Nur sind wir diese so gewohnt, daß uns deren dramatische Folgen eben schon undramatisch, weil alltäglich sind. Der kleine Handwerker kann Marie nicht entlassen, weil sie schwanger ist, Franz nicht, weil er weiß, daß dieser Schulden abzahlt. Aber die „Stockholder" in New York können die Entlassung Tausender entscheiden, wenn ihre Firmen in London oder Hongkong rote Zahlen schreiben. Hier ist die Anonymität in Wahrheit die grausamste, denn vor dieser Belanglosigkeit finden wir uns wehrlos.

Es sieht sogar so aus, als ob die ganze, uns bekannte Geschichte der Menschheit von einer Klassenteilung in „Lenker" und auswechselbar Anonymer heimgesucht gewesen und geblieben wäre. Schon in den antiken Demokratien ist die Teilung in Bürger und ein Heer von Sklaven selbstverständliche Gepflogenheit gewesen. Bis über das Mittelalter war dieses Heer von den Leibeigenen gestellt. Und auch heute noch, wenn auch durch das Wirken der Gewerkschaften gemildert, stehen die Arbeitgeber einem Heer austauschbarer Arbeitnehmer gegenüber.

Worin unsere kognitive Adaptierung irrt
Ähnlich den sozialen Überforderungen sind auch die erblichen Ausstattungen unseres Verstandes an das einfache Milieu weit zurückliegender Vorfahren adaptiert. Man kann diesen „ratiomorphen", in seiner Funktion vernunftsähnlichen Apparat (Lorenz 1973), nach vier uns angeborenen Erwartungen oder Hypothesen beschreiben (Riedl 1980), welche, ähnlich den Apriori Kants (1781), sich als Vorbedingungen jeder Auseinandersetzung mit dieser Welt erweisen.

Hinzu kommen angeborene Deutungen von Raum und Zeit, die sie uns als voneinander unabhängige Größen erscheinen lassen; die Zeit eindimensional, so wie unsere physiologische Uhr eben tickt, den Raum, entsprechend den Symmetrieachsen unseres Körperbaus, dreidimensional. Beide erscheinen uns dabei offen, insofern wir uns keine Größe oder Zeitspanne vorstellen können, die groß genug wäre, um ihr nicht noch etwas hinzufügen, und keinen Teil, der klein genug wäre, um ihn nicht nochmals teilen zu können. Mit der beginnenden Reflexion kommen beide Anschauungsformen mit dem Umstand in Konflikt, daß sie zwar das Infinitesimale suggerieren, wir uns aber weder das Unendliche, noch ein Ende des Raumes oder der Zeit vorstellen können. Die Schwierigkeiten treten erst, im rationalen Bereich auf; beim Versuch, die Widerspruchsfreiheit der Mathematik zu begründen. Die Irreleitungen durch die nun zu beschreibenden vier Hypothesen wirken dagegen dimensionslos und plagen uns daher in allen Größenordnungen.

(1) Die „Hypothese vom anscheinend Wahren" läßt uns annehmen, daß mit der Bestätigung einer Reihe von Prognosen die Bestätigung der Folgeprognose wahrscheinlicher werden müßte. Dieses Programm ist unverzichtbar, denn es leitet zur Wahrnehmung von Gesetzlichkeit. Und zwar deshalb, weil sich wiederholende Koinzidenzen tatsächlich selten von zufälliger Art sind.

Dieselbe Anlage lenkt aber gleichzeitig in die wesentlichste Falle des Empirismus; sie leitet in die Irrungen des Verstands (Riedl 1992), die unerlaubte Extrapolation aus der „empirischen Wahrheit". Das beginnt schon mit der „Konditionierung", der Grundlage allen assoziativen Lernens, und setzt sich bis in den Alltag von Forschung und Wirtschaft fort. Denn wenn sich Prognosen über das Ergebnis eines Experimentes oder eines wirtschaftlichen Erfolges fortgesetzt bestätigen, führt uns das nicht nur zur Ansicht, einen Realzusammenhang aufgedeckt zu haben, sondern verleitet zu nachgerade beliebigen Extrapolationen.

(2) Die „Hypothese vom Vergleichbaren" läßt erwarten, daß man im Gleichen bestimmter Objekte das Ungleiche weglassen, das gedacht Gleiche aber hinzufügen dürfe. Das ist für unsere Art zu verallgemeinern und die Bildung der Kategorien- oder Klassenbegriffe erforderlich. Und das Programm gründet auf dem Faktum, daß sich die Merkmale komplexer Systeme als nicht beliebig kombinierbar erweisen (Riedl 1987.).

Das schließt aber aus, uns Phasenübergänge zwischen Qualitäten vorstellen zu können, selbst den Umstand, daß schon quantitative Änderungen zum Auftreten neuer Qualitäten führen müssen. Ersteres hat uns verleitet, die Welt fast nur zerteilt zu betrachten; zerschnitten nach den Phasenübergängen zwischen den Ebenen der Komplexität: physikalisch, chemisch, bio-, psycho- oder soziologisch. Von dem Wechselzusammenhang hat man keine geläufige Vorstellung. Letzteres läßt uns erwarten, daß dieselben logischen Operationen, gleich in welcher Größenordnung, zu demselben Resultat führen. Und es ist leicht zu übersehen, daß das nicht für die Folgen gilt. Eine Verzehnfachung, sagen wir des Energiebedarfes der Welt heute und vor zweihundert Jahren, müßte sehr verschiedene Konsequenzen haben. Wirtschaft und Industrie haben das folglich lange ignoriert.

(3) Die „Hypothese von den Ursachen" suggeriert uns, daß gleiche Phänomene dieselbe Ursache haben werden. Dieses Vorurteil ist zunächst, und in den meisten Fällen, wieder jeder alternativen Hypothese überlegen. Es schließt aber Vereinfachungen ein, die zu dreierlei Formen desselben Fehlers verleitet (Riedl 1985).

Erstens sind wir nicht darauf vorbereitet, Systemzusammenhänge vorherzusehen. Wir meinen sie aus ihren Konstituenten verstehen zu können. Zweitens sprechen wir von Ursache und Wirkung und verhalten uns so, als ob die Vorbedingungen der Ursachen und die Folgen der Wirkungen vernachlässigt werden dürften. Und drittens haben wir keinen angeborenen Sinn für rekursive Kausalität, daß im Systemzusammenhang jegliche Wirkung auf ihre eigene Ursache zurückwirken muß. Das haben auch die Experimente von Dörner (1975) und die Spiele von Vester (1994) deutlich gemacht.

Das hat den Irrtum angeleitet, Kausalketten linear und begrenzt zu sehen und, noch gefährlicher, zu meinen, sie geraderichten und begrenzen zu können. Darunter leidet, wie zu zeigen sein wird, unsere ganze Zivilisation. So gut wie alle Industrie hat Materialien und Energie am einen Ende in den Prozeß der Produktion hineingeführt und über ein Jahrhundert nicht in Betracht genommen, wie die Produkte aus dem Ausstoß auf jene Materialien und Energie zurückwirken.

(4) Die „Hypothese vom Zweckvollen" schließlich läßt vermuten, daß gleiche Zustände oder Ereignisse demselben Zweck entsprechen werden. Das ist der Hypothese 3 verwandt, wieder jeder alternativen Annahme überlegen, schließt aber der Vereinfachung wegen nochmals Irreführungen ein; nun ganz anderer Art.

Erstens macht sie glauben, daß Zwecke nicht in den Kreis der Ursachen zählten. Und das zweitens deshalb, weil es so aussieht, als ob Zwecke aus der Zukunft wirkten. Tatsächlich aber wirkt jedes Ziel von morgen aus der gestrigen Absicht auf das Handeln heute. Drittens aber, und das führt zu gefährlichen Irrtümern, ist unser Zweckbegriff rein anthropomorph. Wir betrachten alles zwecklos, außer unserem Handeln und was sich mit diesem vergleicht. Das führt dazu, die Hierarchie der Zwecke zu verkennen. Denn im Grunde geht es um die Erwartung, ob Subfunktionen oder Substrukturen zum Aufbau und der Erhaltung einer Oberfunktion oder Oberstruktur erfolgreich beitragen würden. Erkennt man das nicht, so folgt der kolossale Irrum zu erwarten, daß nicht die Menschheit die Erhaltung der Biosphäre verantwortet, vielmehr die Erde für unsere Zwecke geschaffen sei. Die Ignoranz gegenüber dem Umwelt- und Wachstumsproblem ist die Folge.

Das alles wird aber auch noch durch die „exakten Wissenschaften" angeleitet, da man sich, seit der sogenannten Galileischen Revolution, später verstärkt durch Aufklärung, Positivismus und den modernen szientistischen Reduktionismus versucht, die Welt allein aus Kräften verstehen zu wollen. Man hat weithin übersehen, daß ein doppelter, kognitiver Dualismus unsere Begrifflichkeit von den Ursachenzusammenhängen dieser Welt vierteilt; daß die Kräfte zwar eine notwendige Erklärung darstellen, eine zureichende aber nicht. Dazu bedürfte es noch der Einsicht in die jeweils selektiven Material-, Form- und Erhaltungsbedingungen, die ebenso alle Systeme lenken (Riedl 1978, 1985).

Die Irreleitung durch unsere Sprache
Es mag überraschen, nun noch die menschliche Sprache unter den problematischen Ausstattungen der Kreatur zu finden. Dazu ist erstens festzustellen, daß alle menschlichen Sprachen auf eine ihnen gemeinsame Struktur zurückgehen (Lenneberg 1972). Immer eingehender werden sprachliche Universalien aufgedeckt, die darauf hinweisen, daß ihre Grundformen ein gemeinsames Erbe sein müssen. Zweitens ist die Einsicht nützlich, daß Kommunikation unter anderen Selektionsbedingungen entstanden sein muß als die oben besprochenen sozialen und kognitiven Anlagen (Riedl 1994).

Während nämlich diese Anschauungsformen primär unter einem Selektionsdruck auf Korrespondenz mit dem Milieu entstanden, was man Anpassung nennt, ist das schon bei den Vorstadien der Sprache anders. Kommunikation entsteht primär über einen Selektionsdruck auf Kohärenz mit dem Artgenossen, was man wechselseitiges Erkennen oder Mitteilen nennt; und zwar geht es vom wechselseitigen Erkennen der Einzeller (auch von Ei und Samenzelle) bis zu den Formen der Körper- und Lautsprache, um Eindeutigkeit und um Widerspruchsfreiheit im System. Und während die Korrespondenz-Bedingungen wechseln können, haften Kohärenzen schicksalshaft am System.

Dabei haben die Mitteilungen nur Symbolcharakter. Sie bilden Situationen nicht ab, sondern kodieren nur für diese. So haben die Buchstabenreihen b-a-u-m oder w-a-l-d keinerlei Ähnlichkeit mit jenen Gegenständen und stehen doch, nach Art unserer abstrahierenden Gestaltwahrnehmung, für Klassen solcher Dinge. Selbst in Serien, wie Bach-Fluß-Strom oder Hütte-Haus-Palast, gibt es keine sprachlichen Übergänge. Wir helfen uns mit Diminuativen und Adjektiven, ohne daß wir über die Grenze zwischen einem „kleinen Wäldchen" und einer „großen Baumgruppe" sprachlich hinwegkämen.

Dieses Sprachdenken macht uns glauben, auch den Gegenständen der komplexen Welt dann nahezukommen, wenn wir die Begriffe scharf definieren, wo ihnen doch nur eine transitorische Sprechweise, welche die vielfältigen Übergänge ausdrückt, entsprechen könnte. Unser sprachgelenktes Denken ist in ein Schachtelsystem geraten (Riedl 1987).

Das hat überraschende Konsequenzen. Es erlaubt zunächst die Bildung der „copula", der Wörtchen „ist" und „sein", die („Sokrates ist ein Mensch") vorsehen, daß über alle Repräsentanten einer Klasse etwas angegeben werden kann. Dieser Spezialfall ist den Sprachen aus der Tradition des Griechischen gegeben und führt in diesen weiter zum Sylogismus, zum logischen Schluß, der auch noch die Eigenschaften solcher Klassen angibt („alle Menschen sind sterblich"), schließlich zu einer definitorischen Logik. Und diese suggeriert die Erwartung, Wahrheiten gewinnen zu können, die über die im Schluß angenommenen Voraussetzungen hinausgehen.

Das leitet nun eine grundlegende Falle des Rationalismus an; die unerlaubte Extrapolation, zu welcher uns solcherart „rationale Wahrheit" verleitet, nunmehr als Irrungen unserer Vernunft. So sind Vernunft und Verstand so ungleich in ihrer Herkunft und ihren Hindernissen, wie sie widersprüchlich werden in ihrer Konfrontation. Einmal operiert unsere Kultur empirisch einmal rational, ohne aus den Fallstricken der beiden herauszukommen. Wir reißen auseinander was ineinander übergeht, werfen zusammen, was sich sprachlich nahelegt, lassen uns glauben machen, daß unser Weltverstehen überhaupt erst mit der Sprache begonnen hätte, und übersehen, daß das lineare Auffädeln ihrer Strukturen, zu der sie uns zwingt, in sie nicht paßt. So gehen wir auch mit dieser Welt um.

Und da wir instinktiv fühlen, daß uns weder die empirische, noch die rationale Wahrheit verläßlich durch unsere Tage lenkt, haben wir uns in den meisten unserer Entscheidungen einer dritten, einer „kollektiven Wahrheit" verschrieben. Sie tritt am reinsten in allen jenen Fällen auf, in denen niemand etwas wissen kann; und man richtet sich nach der Meinung aller.

Literatur

BETZIG, L. (1986) Despotism and differential reproduction: a Darwinian view of history. Aldine, Hawthorne.

BOWER, G. H./HILGARD, E R. (^{5}1983) Theorien des Lernens I. Klett-Cotta, Stuttgart.

COCKBURN, A. (1991) An introduction to evolutionary ecology. Blackwell, London.

DARWIN, Ch. (1859) The origin of species by means of natural selection; or the preservation of favoured races in the struggle of live. John Murray, London.

DÖRNER, D. (1975) Wie Menschen eine Welt verbessern wollten und sie dabei zerstörten. Bild der Wissenschaft (1975) 298–253.

EIBL-EIBESFELDT, I. (1970) Liebe und Haß. Piper, München.

EIBL-EIBESFELDT, I. (1984) Die Biologie des menschlichen Verhaltens. Piper, München.

EIBL-EIBESFELDT, I. (^{7}1987) Grundriß der vergleichenden Verhaltensforschung. Piper, München.

EIBL-EIBESFELDT, I./SÜTTERLIN, Ch. (1992) Im Banne der Angst. Piper, München.

FLINDT, R. (1985) Biologie in Zahlen. G. Fischer, Stuttgart/New York.

FOPPA, K. (1965) Lernen, Verhalten, Gedächtnis. Ergebnisse und Probleme der Lernpsychologie. Kiepenheuer & Witsch, Köln.

FRIELING, H. (1939) Tiere als Baumeister. Kosmos/Ges. d. Naturfreunde, Franckh'sche Verlagsbuchhandlung, Stuttgart.

HASS, H. (1986) Abenteuer unter Wasser. F.H. Herwig, München/Berlin.

HERNEGGER, R. (1982) Psychologische Anthropologie. Von der Vorprogrammierung zur Selbststeuerung. Beltz, Weinheim/Basel.

KANT, I. (A: 1781, Ausgabe B: 1787) Kritik der reinen Vernunft. Abgedruckt in: I. KANT, Werkausgabe Bd. III u. IV. Suhrkamp, Frankfurt/M.

LENNEBERG, E. (1972) Die biologischen Grundlagen der Sprache. Suhrkamp, Frankfurt/M.

LORENZ, K. (1963) Das sogenannte Böse. Zur Naturgeschichte der Aggression. Borotha-Schöler, Wien.

LORENZ, K. (1973) Die Rückseite des Spiegels. Versuch einer Naturgeschichte menschlichen Erkennens. Piper. München/Zürich.

LORENZ, K.: (1973a) Die acht Todsünden der zivilisierten Menschheit. Piper, München.
LORENZ, K. (1978) Vergleichende Verhaltensforschung. Grundlagen der Ethologie. Springer, Wien/New York.
LORENZ, K. (1992) Die Naturwissenschaft vom Menschen. Piper, München.
LUBIN, Y. D./MONTGOMERY, G. G./ORREY, P. Y. (1977) Food resources of anteaters (Edentata, Myrmecophagidae): I. A year's census of arboreal nests of ants and termites on Barro Colorado Island, Panama, Canal Zone. Biotropica, 9 (1): 26–34.
MALTHUS, Th. R. (²1817) An Essay on the Principle of Population. Murray, London.
MORRIS, D. (1968) Der nackte Affe. Drömer-Knaur, München/Zürich.
ODUM, E. (1989) Ecology ; and endangered life-support systems. Sinauer Ass., Sunderland (Mass.).
PIANKA, E. R. (1974) Evolutionary ecology. Harper & Row, New York.
POPPER, K. (1935) Logik der Forschung. Springer, Wien.
RIEDL, R. (1978/79) Über die Biologie des Ursachen-Denkens – ein evolutionistischer, systemtheoretischer Versuch. Mannheimer Forum 78/79: 9–70.
RIEDL, R. (1980) Biologie der Erkenntnis. Die stammesgeschichtlichen Grundlagen der Vernunft. Paul Parey, Hamburg/Berlin.
RIEDL, R. (1985) Die Spaltung des Weltbilds. Biologische Grundlagen des Erklärens und Verstehens. Paul Parey, Hamburg/Berlin.
RIEDL, R. (1987) Begriff und Welt. Biologische Grundlagen des Erkennens und Begreifens. Paul Parey, Hamburg/Berlin.
RIEDL, R. (1992) Wahrheit und Wahrscheinlichkeit. Biologische Grundlagen des Für-Wahr-Nehmens. Paul Parey, Hamburg/Berlin.
RIEDL, R. (1994) Mit dem Kopf durch die Wand. Die biologischen Grenzen des Denkens. Klett-Cotta, Stuttgart.
RIEDL, R. (1995) Deficiencies of adaptation in human reason; A constructivistic extension of evolutionary epistemology. Evolution and Cognition 1 (1): 27–37.
RIEDL, R./DELPOS, M. (Hrsg.) (1996) Die EE im Spiegel der Wissenschaften. Vienna Univ. Press, Wien
SCHIEFENHÖVEL, G. und W. (1978) Vorgänge bei der Geburt eines Mädchens und Änderung der Infantizid-Absicht. Homo 29 (2): 121–138.
SCHRÖDINGER, E. (1944) What ist life? The physical aspect of the living cell. Cambridge Univ. Press, Cambridge.
SHAW, J. H./CARTER, T. S. (1980) Giant anteaters. Nat. Hist., 89 (10): 62–67.
SPENCER, H. (1850) A system of synthetic philosophy.
STEPHENS, D./KREBS, J. (1986) Foraging Theory. Princeton Univ. Press, Princeton.
VESTER, F. (1994) Ökolopoly. Das kybernetische Umweltspiel (mit Diskette). Studiengruppe für Biologie und Umwelt.
VOLLMER, G. (²1979) Evolutionäre Erkenntnistheorie. Hirzel, Stuttgart.
WAAL, F. de (1982) Unsere haarigen Vettern. Harnack, München.
WALLACE, A. R. (1855) On the law which has regulated the introduction of new species. Annals and Magazine of Natural History 16: 184–196.

B
Das Bevölkerungswachstum und dessen Ursachen

Wachstumsprobleme entstammen zwei Quellen: dem Wachsen der Bevölkerung und dem der Ansprüche. Wir stellen das Bevölkerungswachstum zuerst dar, weil seine Problematik kürzer wiederzugeben ist, und behandeln das Verhältnis zwischen Ausstattung und Einsicht in *Kapitel 4,* im Anschluß die Wechselwirkungen zwischen sich industrialisierenden und Industrieländern in *Kapitel 5*. Mit dem Wachsen der Ansprüche befaßt sich der nächste Abschnitt.

Kapitel 4

Bevölkerungswachstum – zwischen Erbe und Erkenntnis
*Helmut Markus Knoflacher**

Einleitung

Das Wachstum der menschlichen Bevölkerung ist – speziell in unserer Zeit – Gegenstand vieler Diskussionen. Neben der weitgehend akzeptierten Feststellung, daß die Weltbevölkerung global in bisher noch nie beobachteten Ausmaßen zunimmt, führen die Meinungen über die davon zu erwartenden Wirkungen zu heftigen Kontroversen zwischen Vertretern unterschiedlicher Weltregionen. Vordergründig besteht ein größerer Zusammenhang zwischen den wirtschaftlichen Gegebenheiten einzelner Staaten und deren vorherrschenden Meinungen über die Wirkungen des Bevölkerungswachstums als mit deren aktuellen Besiedlungsdichten. In Staaten mit einem hohen Bruttonationalprodukt pro Kopf überwiegen, mit dem Hinweis auf schwerwiegende Folgewirkungen des globalen Bevölkerungswachstums, die Tendenzen zu rigorosen Einschränkungen der Geburtenraten. Darunter finden sich Staaten mit 3 bis 450 Einwohnern pro Quadratkilometer. Staaten mit niedrigen Pro-Kopf-Raten des Bruttonationalprodukts tendieren hingegen stärker zur Verteidigung des Rechtes auf Wachstum. Unter dieser Gruppe finden sich Staaten mit Bevölkerungsdichten zwischen 2 und 940 Einwohnern pro Quadratkilometer (World Resources Institute 1994). Die nähere Analyse der verschiedenen Standpunkte zeigt, daß die Diskussionen praktisch nie losgelöst von Interessen der jeweils vertretenen globalen Populationsgruppen stattfinden. Hinter Begriffen wie etwa Umweltzerstörung oder Armut werden vielfach Argumente pro oder kontra der Erhaltung des bestehenden Ungleichgewichtes in der Verteilung materieller Ressourcen verborgen (Bongaarts 1994; Dasgupta 1995).

So spektakulär und politisch brisant solche Diskussionen auch sein mögen, sie helfen nur wenig bei der Suche nach den Ursachen des Bevölkerungswachstums. Diese Aufgabenstellung ist weitaus schwieriger zu lösen als die Erstellung von Prognosen über die Wirkungen unbegrenzten Bevölkerungswachstums. Zum einen geht es um die Offenlegung unterschiedlicher Zusammenhänge. Von besonderem Interesse ist dabei, in welchem Ausmaß singuläre Ursachenfaktoren identifizierbar und wie weit systembedingte Faktorenkonstellationen für das Wachstum von Populationen bedeutsam sind. Wegen systembedingter Einflüsse sind auch keine Identifikationen singulärer Kausalfaktoren zu erwarten. Ein Ergebnis, welches unbefriedigend erscheinen mag, das jedoch der Realität komplexer Systeme näherkommt als die oft spektakuläre „Entdeckung" einzelner Ursachenfaktoren als Konsequenz reduzierter Sichtweisen. Zum anderen stellt die Suche nach den Ursachen auch einen Akt der Selbsterkenntnis dar, bei dem die Angst vor der Wahrheit des Ichs oder

---

* **Helmut Markus Knoflacher** ist Bauingenieur und Biologe, 1948 in Kärnten geboren (Bruder des Hermann K.), nach der Ausbildung als Ingenieur, Studium der Zoologie und Botanik an der Univ. Wien. Infrastrukturplanung und -forschung in der Privatwirtschaft und außeruniversitären Forschungseinrichtungen, derzeit am Forschungszentrum Seibersdorf, Lektor an der Techn. Univ. Wien. Zugang zum Thema über Studien und Publikationen zur Umweltwirkung von Wirtschafts- und Industrieplanungen, Grundprozessen und Prozeßkonstellationen. Im Zentrum stehen kritische Auseinandersetzungen mit dem Umweltproblem durch Bevölkerungswachstum und materielle Ansprüche mittels systemwissenschaftlicher Ansätze.

der angestammten Gesellschaft vielfach zur Ablehnung der Ergebnisse oder der Diskussion über bestimmte Themenbereiche führt.

Zahlen und Individuen
Die Suche nach „Ursachen" des Bevölkerungswachstums kann auf unterschiedlichen Erkenntnisebenen ansetzen:
a) auf der Ebene der abstrakten, vorwiegend quantitativen Kenngrößen für Populationsentwicklungen und
b) auf der Ebene der individuellen Entscheidungen, welche die grundlegenden populationsdynamischen Prozesse wie Geburt und Tod beeinflussen.
Wie groß die Unterschiede zwischen den beiden Erkenntnisebenen sein können, kann jede Person nachvollziehen, welche die Geburt oder den Tod im Rahmen einer engen Beziehung bewußt miterlebt und versucht, dieses Ereignis mit dessen Bedeutung auf der abstrakten Populationsebene zu vergleichen.
a1) Die überwiegend angewandte Methodik zur Untersuchung von Phänomenen des Bevölkerungswachstums setzt an den „zahlenmäßig darstellbaren Mengen" und deren Veränderungen von größeren Populationsgruppen an. Durch die Anwendung statistischer Verfahren lassen sich so wesentliche Kennzahlen für die deskriptive Darstellung gewinnen. Die Schwäche dieser Methoden liegt in der relativ kurzen Zeitspanne systematischer Bevölkerungszählungen, welche im günstigsten Falle nur wenige Jahrhunderte zurückreichen (Mitchell 1978). Längerfristig zurückreichende Darstellungen von Populationsentwicklungen (Ehrlich et al 1975) beruhen deshalb vorwiegend auf Schätzungen. Solche Darstellungen haben deshalb vor allem einen illustrativen Charakter und sind nicht mit Darstellungen wissenschaftlich belegter Untersuchungen gleichzusetzen.
a2) In abstrakter Weise, jedoch „unter Einbeziehung funktioneller Wechselbeziehungen" werden durch verschiedene Modellansätze die Auswirkungen verschiedener Faktoren auf das Bevölkerungswachstum untersucht. Zu den bekanntesten Frühwerken zählt dabei die 1798 publizierte Arbeit vom Malthus „Essay on the Principles of Population" (Giddens 1993). Die verschiedenen Modellansätze für die Beschreibung von Faktorenzusammenhängen liefern nicht Erklärungen über die tatsächlichen Wirkungen von realen Faktoren, sondern nur über die Wirkungen der jeweils im Modell berücksichtigten Faktoren. Ihre Ergebnisse können deshalb nur so weit zum Erkenntnisgewinn beitragen, als auch die zugrundegelegten Prämissen offengelegt und in die Ergebnisdiskussion einbezogen werden. Zu dieser Gruppe sind auch die „konzeptionellen Modelle" über das Bevölkerungswachstum „geisteswissenschaftlicher Disziplinen" zu zählen, welche oft nicht mathematisch formalisiert sind. Ihr Wert für den Erkenntnisgewinn hängt ebenfalls von der Offenlegung der zugrundegelegten Prämissen und der Gedankenkonstruktionen ab.
b) Die „Ebene der individuellen Entscheidungen" stellt gleichzeitig die „Handlungsebene" für die relevanten Prozesse der Bevölkerungsdynamik dar. Die evolutionäre Entwicklung des Menschen (Riedl 1982; Riedl 1984) führt dazu, daß die Entscheidungsprozesse von Faktoren unterschiedlicher Zuordbarkeit beeinflußt werden. Neben den biologischen Wurzeln der Fortpflanzung (Grammer 1995) spielen verschiedenste soziologische Faktoren (Viazzo 1989) und Faktoren anderer Art (UNFPA 1991) wesentliche Rollen bei den individuellen Entscheidungen über die Realisierung oder Unterlassung populationsdynamisch relevanter Handlungen. Auf dieser Ebene ist die überwiegende Anzahl jener Faktoren zu vermuten, welche die realen Prozesse der Bevölkerungsdynamik beeinflussen. Für

das Verständnis der Bedeutung einzelner Faktoren ist es wesentlich, nicht nur ihre spezifische Eigenart, sondern auch die Strukturen ihres Zusammenwirkens zu erkennen. Die enge Durchmischung der unterschiedlichen Faktoren erschwert auch die wissenschaftliche Durchdringung der Zusammenhänge, da laufend die selbstdefinierten Grenzen der verschiedenen Wissenschaftsdisziplinen überschritten werden müssen. Hilfreich sind dabei offen geführte Diskussionen mit Vertretern unterschiedlicher Wissenschaftsdisziplinen, erschwerend hingegen puristisches Verharren auf langgepflegten Paradigmen.

Für das Verständnis populationsdynamischer Probleme ist es notwendig, die Unterschiede zwischen den Erkenntnisebenen a) und b) zu berücksichtigen. Beide Ebenen bestehen in wesentlichen Bereichen isoliert nebeneinander, wobei die Isolation letztendlich auch die Umsetzung von Vermeidungsstrategien verhindert. So sind beispielsweise statistische Kennzahlen auf der Erkenntnisebene a) erlebte Einzelschicksale auf der Ebene b), wobei viele als wesentlich angesehene Faktoren der Ebene b) auf der Ebene a) nicht berücksichtigt werden. Die Ursachen dafür können beispielsweise in der fehlenden Auseinandersetzung mit den Gegebenheiten auf der Handlungsebene b) oder in zu hohen Abstraktionsgraden der Darstellungen in der Ebene a) liegen. In Verbindung damit bestehen auf beiden Ebenen auch unterschiedliche Rahmenbedingungen für die Umsetzung der jeweiligen Erkenntnisse. Eine auf Ebene a) gewonnene Erkenntnis zur notwendigen Eindämmung des Bevölkerungswachstums kann weitgehend losgelöst von individuellen Einschränkungen in Überlegungen zur Bewältigung des Problems umgesetzt werden. Die Realisierung der Überlegungen wird jedoch mit großer Sicherheit scheitern, wenn die wirksamen Rahmenbedingungen auf der Ebene b) nicht berücksichtigt werden. Die Rahmenbedingungen können unterschiedlichster Natur sein und sich zusätzlich von Region zu Region unterscheiden.

Wenn die Suche nach Ursachen des Populationswachstums erfolgreich sein soll, so dürfen dabei auch jene Bedingungen nicht außer acht gelassen werden, welche eventuell durch ihr Nichtvorhandensein oder durch Maßstabsunterschiede gerade jene Störstellen bilden, welche zu fatalen Folgewirkungen führen. Es ist jedoch auch denkbar, daß menschliche Populationen gleiche Gesetzmäßigkeiten aufweisen wie alle lebenden Systeme (Jorgensen 1992) und grundsätzlich nach der Beherrschung des maximalen Anteils der jeweils verfügbaren Energie streben, um im intra- und interspezifischen Konkurrenzkampf nicht zu unterliegen. Teil einer solchen Strategie wäre auch die grundsätzliche Tendenz zur Zeugung möglichst vieler erbverwandter Nachkommen. Obwohl viele Indizien diese Theorie zu unterstützen scheinen, könnte sie jedoch auch Teil jener Herausforderungen sein, welche der Mensch auf dem Wege zum Menschsein zu meistern hätte. Es ist deshalb notwendig, neben solchen Ansätzen auch die Bedeutung anderer Faktoren zu untersuchen. Dazu werden die Einflüsse von Einflußfaktoren der abstrakten Betrachtungsebene a) gesondert von den Einflußfaktoren der individuellen Betrachtunsgebene b) behandelt.

Wachstum von Populationen

Wachstumsfunktion
Ohne Berücksichtigung von Rahmenbedingungen wird für einen definierten Zeitabschnitt die Wachstumsrate (r) einer abgeschlossenen Population der Größe N durch die Anzahl der in dieser Zeit auftretenden Geburten (B) und Sterbefälle (D) bestimmt:

$$r = (B - D)/N$$

Die Größe einer abgeschlossenen Population bleibt unter stabilen Rahmenbedingungen also dann konstant, wenn im Durchschnitt gleich viele Geburten wie Sterbefälle auftreten. In realen Populationen ist die Reproduktionsfähigkeit nicht gleich verteilt. Nur der weibliche Teil der Population kann innerhalb eines abgegrenzten Lebensabschnittes Nachkommen produzieren. Der männliche Teil der Population ist für die Reproduktion von untergeordneter Bedeutung, er spielt jedoch eine Rolle für die Erhaltung bzw. Entwicklung der genetischen Vielfalt einer Population.

Die Verteilung der Sterberaten auf die Geschlechter und deren Altersklassen spielt also eine wesentliche Rolle für die Auswirkungen auf die Entwicklung der Populationsgröße. Sind beispielsweise von einer erhöhten Sterberate nur die männlichen Teile und die nicht mehr reproduktionsfähigen Altersklassen der weiblichen Teile einer Population betroffen, so ist keine nachhaltige Auswirkung auf die numerische Populationsgröße zu erwarten[1]. Grund dafür sind folgende Zusammenhänge der Nettoreproduktionsrate (R_o) (Krebs 1994):

$$R_o = \sum_{x=0}^{\tilde{N}} l_x \cdot b_x$$

Die Ermittlung der Nettoreproduktionsrate erfordert eine Unterteilung der Population in einzelne Altersklassen und die Bestimmung der Anzahl der jeweils überlebenden Individuen (l_x). Zusätzlich ist in den Altersklassen die durchschnittliche Anzahl der Nachkommen pro weiblichem Individuum (b_x) zu bestimmen. Die Anzahl der männlichen Individuen in einer Population ist (solange die Reproduktion gewährleistet werden kann) für die Nettoreproduktionsrate ohne Bedeutung. Die Anzahl der geborenen bzw. überlebenden Nachkommen pro weiblichem Individuum wird von verschiedenen Faktoren beeinflußt. Obwohl bei Frauen potentiell eine zyklisch kurzfristig wiederkehrende Empfängnisbereitschaft besteht, können verschiedene äußere Einflüsse (z. B. zeitliche Verteilungen der Arbeitslast, saisonale Wanderungen von Ehepartnern) die jahreszeitliche Verteilung der Geburten beeinflussen (Chaunu 1966; Viazzo 1989). Durch die lang andauernde Abhängigkeit der Nachkommen von der mütterlichen Zuwendung (Lethmate 1994) beeinflussen verschiedene Faktoren (z. B. Art und Zusammensetzung der Ernährung) die postnatale Überlebenswahrscheinlichkeit der Nachkommen (Viazzo 1989). In agrarisch dominierten Gesellschaften lag aus diesen Gründen die Anzahl der überlebenden Nachkommen in der Regel unter 10, während die Zahl der Geburten deutlich darüber liegen konnte (Chaunu 1966).

Wird hingegen der potentiell reproduktionsfähige weibliche Populationsteil (einschließlich der Altersklassen im vorreproduktiven Alter) von der erhöhten Sterblichkeit betroffen, so tritt (wegen Verringerung von l_x) bei gleichbleibender Fruchtbarkeit eine Verkleinerung der Populationsgröße ein. Die gleiche Wirkung ist zu erwarten, wenn, aus welchen Gründen auch immer, nur geringe Anteile der weiblichen Population in den vorreproduktiven Altersklassen enthalten sind. Bei grafischen Darstellungen in den sogenannten Alterspyramiden sind diese Voraussetzungen durch „Einschnürungen" in den unteren (vorreproduktiven) Altersklassen der weiblichen Population erkennbar.

---

1 In Humanpopulationen liegen meist komplexere Bedingungen vor, da gesellschaftliche Regeln für die Gründung von Fortpflanzungsgemeinschaften (z. B. Ehen) zumindest relative Abhängigkeiten der Nettoreproduktionsraten von den Geschlechterverhältnissen des potentiell zeugungsfähigen Populationsanteils bedingen.

Eine gegenteilige Wirkung tritt ein, wenn große Anteile der weiblichen Population in den vorreproduktiven Altersklassen vertreten sind. Populationen mit solchen Merkmalen zeigen bei der grafischen Darstellung der weiblichen Population eine ausgeprägte breite Basis der Alterspyramide. In diesen Fällen ist (bei gleichbleibender Überlebenswahrscheinlichkeit und gleichen Reproduktionsraten) eine starke Zunahme der Population ab dem Zeitpunkt zu erwarten, ab dem diese Altersklassen in das reproduktionsfähige Alter eintreten. Aus den angeführten Gründen haben die Altersklassen- und Geschlechtsverteilungen der Sterberaten (D) große Auswirkungen auf die Entwicklungsdynamik von Populationen. Beispiele für populationsdynamisch wirksame Faktoren sind Pandemien, wie z. B. die Pest (Vasold 1991) oder Grippe (Alexander und Raettig 1981) welche unter bestimmten Bedingungen vor allem Kinder und Jugendliche erfaßt. Durch die hohen Mortalitätsraten der Pest wurden in der Folge Bevölkerungen großer Landstriche drastisch reduziert. So wird der Bevölkerungsverlust durch die Pestwelle der Jahre 1348/50 in Europa auf rund ein Drittel der Bevölkerung geschätzt (Vasold 1991). Populationsdynamisch sind auch die hohen Sterblichkeitsraten bei Säuglingen und Kleinkindern infolge von hygienischen Mißständen von Bedeutung. Für das Europa des Mittelalters wird die Mortalitätsrate der Kinder bis zum fünften Lebensjahr mit rund 50% angenommen (Shahar 1991, 178). Mit rund 30% bis 40% ähnlich hohen Mortalitätsraten werden für die fünziger Jahre dieses Jahrhunderts aus sich industrialisierenden Staaten (SIS) gemeldet. Durch medizinische und hygienische Maßnahmen konnten die Mortalitätsraten in diesen Staaten mittlerweile bis auf rund 10% gesenkt werden (UNO 1991). Insgesamt starben 1980 in den SIS jährlich rund 17 Millionen Menschen an infektiösen und parasitären Krankheiten (Hauchler 1993, 72), dies entspricht einem Anteil von rund 40% der Todesursachen in diesen Staaten (World Resources Institute 1988, 25). Im Vergleich dazu wurde die Säuglingssterblichkeit (im ersten Lebensjahr Gestorbene bezogen auf Lebendgeborene) im Industriestaat Bundesrepublik Deutschland von 5,5% im Jahre 1950 auf 0,8% im Jahre 1988 gesenkt (Gundermann 1991, 495).

Von völlig anderer Bedeutung für die Populationsdynamik sind hingegen Krankheiten, welche vor allem höhere Altersklassen betreffen, wie z. B. Krebs-, Kreislauf- und Stoffwechselerkrankungen, welche in Industrieländern rund 73% (ca. 7,7 Millionen Todesfälle) ausmachen (World Ressources Institute 1988, 25). Bei diesen Erkrankungen nimmt die Zahl der altersklassenspezifischen Todesfälle erst ab 35 Lebensjahren deutlich zu (Prescott et al. 1990, 26). Komplexer sind die Wirkungen der Erworbenen Immunschwäche (AIDS) einzuschätzen. Während in Industrieländern vor allem höhere Altersklassen und Bevölkerungsgruppen mit geringer populationsdynamischer Bedeutung betroffen sind, liegen die Verhältnisse in den SIS anders (Anderson and May 1992). Für Afrika wird, durch die Todesfälle jüngerer Altersgruppen infolge von AIDS-Infektionen, in der Periode 1987 bis 1997 eine Reduktion des Populationswachstums in Städten um rund 36% im Vergleich zu einer Entwicklung ohne Infektionen vermutet. Falls die Zunahme der Neuinfektionen weiter anhält, wird längerfristig eine Abnahme der städtischen Bevölkerung in diesen Gebieten erwartet. Die Auswirkungen der AIDS-Infektionen auf das Wachstum der ländlichen Bevölkerung werden hingegen gering eingeschätzt (UNO 1990, 291).

Auswirkungen des Energiehaushaltes auf das Populationswachstum
Eine Kompensation numerischer Populationsverluste kann theoretisch durch die Erhöhung der Fruchtbarkeitsraten erreicht werden. Ihr sind dabei nach oben hin Grenzen gesetzt, da je-

de Reproduktion mit energetischen Aufwendungen verbunden ist. Für die Mutter wirken sie als Verluste (Bildung von zusätzlicher Biomasse während der Schwangerschaft und während der Stillperiode), welche durch erhöhte Nahrungsaufnahme kompensiert werden müssen. Durch den energetischen Zusammenhang zwischen Stoffwechsel und Reproduktionsrate hängt die Reproduktionsrate in der allgemeinen Form vom potentiellen Energieaufwand der Mutter ab. Der (ohne zusätzliche Unterstützung, wie z. B. künstliche Ernährung) potentielle Energieaufwand kann über eine allometrische Funktion (Blaxter 1989) durch das Körpergewicht (W_M) des Mutterindividuums beschrieben werden. Damit läßt sich auch ein Zusammenhang mit der potentiellen Anzahl überlebensfähiger Nachkommen darstellen:

$$n . E_I \_ Ó a . W_M{}^b$$

Die Anzahl der Nachkommen (n) hängt, gemeinsam mit der für die einzelnen Nachkommen zur Verfügung stehenden Energie (E_I), direkt vom Körpergewicht der mütterlichen Individuen ab. Die Konstanten (a, b) werden vor allem durch die Dimensionen der Körpergewichte bestimmt. Das Ausmaß des erhöhten Energiebedarfes läßt sich durch den durchschnittlichen täglichen Energiebedarf von Frauen darstellen (Flindt 1986): Er liegt im Normalfall und in den ersten fünf Schwangerschaftsmonaten bei 9.200 kJ, ab dem 6. Schwangerschaftsmonat steigt der Bedarf auf 10.900 kJ und in der Stillperiode auf 11.700 kJ. Zusätzlich verschiebt sich während der Schwangerschaft und Stillperiode das Bedarfsspektrum an Nährstoffen, Spurenelementen und Vitaminen. Überdurchschnittliche Erhöhungen der Nachkommenszahl gehen dadurch zwangsläufig zu Lasten der (in der ersten Lebensphase) verfügbaren Energie für die Nachkommen. Die Absenkung der verfügbaren Energie für die Nachkommen reduziert jedoch deren Überlebenswahrscheinlichkeit und damit auch deren Reproduktionsraten.

Beispiele für die Auswirkung der Änderung energetischer Versorgung auf die Populationsdynamik liefert in historischer Zeit die Einführung der Kartoffel in ländlichen Gebieten Europas. Es wird dabei vermutet, daß die verbesserte energetische Versorgung gegenüber der vorherrschenden Getreidenahrung um den Faktor von rund 3,3 : 1 in vielen ländlichen Gebieten zu einem Rückgang der Sterblichkeitsraten bei populationsdynamisch relevanten Altersklassen und auch zu Erhöhungen der Fruchtbarkeitsraten führten (Netting, 1981). Als Folge davon trat in weiten Gebieten Europas bereits vor der Industrialisierung und der Einführung von Hygienemaßnahmen eine deutliche Zunahme der Bevölkerung auf. Die Auswirkungen auf die Bevölkerungsdynamik waren dabei selbst in Gemeinschaften mit strengen sozialen Regeln und intensiver sozialer Kontrolle zur Eingrenzung des Bevölkerungswachstums feststellbar (Viazzo 1989). Die Auswirkungen der Unterernährung sind hingegen nach wie vor in den SIS beobachtbar, in denen jährlich rund 12,5 Millionen Kinder an deren Folgen sterben (Hauchler 1993, 72).

Genetische Vielfalt in Populationen
Andere Zusammenhänge ergeben sich bei Berücksichtigung der genetische Variation von Populationen in Verbindung mit evolutiven Entwicklungsmöglichkeiten. Durch die Einschränkung der genetischen Vielfalt in Populationen erhöht sich das Risiko des Aussterbens bei veränderten Umweltbedingungen. Reicht jedoch die genetische Variabilität von Populationen aus, um unter neuen Umweltbedingungen regenerationsfähige Teilpopulationen zu bilden, so können größere Umweltveränderungen zu selektiven Begünstigungen eben dieser Populationsteile führen. Genetisch nicht adäquat ausgestattete Teile der Popu-

lation gehen hingegen verloren. Die effektive Populationsgröße (N_e) erlaubt die Einschätzung der genetischen Vielfalt einer Population:

$$N_e = 1 / (1/4 \cdot N_m + 1/4 \cdot N_f)$$

Das Verhältnis der an der Fortpflanzung beteiligten weiblichen Individuen (N_f) zu männlichen Individuen (N_m) bestimmt demnach die effektive genetische Populationsgröße. Bei gleichen Anteilen weiblicher und männlicher Individuen ist die effektive genetische Populationsgröße gleich hoch wie die numerische Anzahl der Individuen. Wird hingegen durch ein Ereignis die Zahl der an der Fortpflanzung beteiligten männlichen Individuen beispielsweise halbiert, so beträgt die effektive genetische Populationsgröße nur mehr rund 89% der numerischen Populationsgröße.

In den meisten heute lebenden Humanpopulationen besteht aufgrund der intensiven genetischen Durchmischung (Cavalli-Sforza 1992) kein ernsthaftes Risiko der genetischen Verarmung. Es ist jedoch auffällig, daß in der Folge von kriegerischen Auseinandersetzungen (wie es in einem hohen Ausmaß bei den Auseinandersetzungen auf dem Gebiet des früheren Jugoslawien beobachtet wurde) Vergewaltigungen von Frauen der jeweils unterlegenen Gruppe stattfinden (Hauchler 1993, 185). Die Ausschaltung sozio-kultureller Rahmenbedingungen in Verbindung mit kriegerischen Ereignissen führt offenbar zu einem Hervorbrechen archaischer Verhaltensmuster, wie auch dem weitgehenden Verlust der Tötungshemmung (wie die jüngsten Beispiele aus dem ehemaligen Jugoslawien und Ruanda zeigen).

Im übertragenen Sinne wirken vermutlich die archaischen Muster der Sicherung der Weitergabe genetischer Erbsätze in politischen Zielsetzungen, welche das Überleben eines Volkes als zentrales Anliegen propagieren. Die archaischen Muster der Forcierung von genetischer Dominanz stellen in solchen Fällen sicher nicht die einzigen Antriebsfaktoren für die Förderung des Bevölkerungswachtums durch Regierungen und Herrscher dar. So ist beispielsweise zu berücksichtigen, daß die Durchsetzung politischer Regeln leichter erfolgt, wenn die damit Betrauten den gleichen kulturellen und sprachlichen Wurzeln entstammen. Aus dem Faktorenkomplex des Machtstrebens und des biologischen Antriebs zur Fortpflanzung entwickelten sich gesellschaftliche Rahmenbedingungen, welche (ungeachtet der individuellen ökonomischen und sozialen Rahmenbedingungen) Eltern verstärkt zur Zeugung von männlichen Nachkommen für „den Kaiser" oder „den Führer" motivierte. Der erhöhte Bedarf an männlichen Nachkommen für kriegerische Zwecke und die damit verbundene Steigerung der Geburtenraten führte infolge des natürlichen Geschlechterverhältnisses und der fehlenden Möglichkeit zur Vorherbestimmung des Geschlechtes der Nachkommen zwangsläufig auch zu einer Zunahme der Anzahl weiblicher Nachkommen. Für die langfristige Populationsentwicklung konnten solche Impulse nur dann ohne längerfristige Wirkung sein, wenn eine ausreichende Zahl von Personen während der Kriegsereignisse zu Tode kam und die dadurch hervorgerufenen Geschlechterungleichgewichte durch zölibatäre Lebensführungen der partnerlosen Frauen bewältigt wurden. Ein Beispiel für Bevölkerungsreduktionen als Folge kriegerischer Ereignisse bietet der Dreißigjährige Krieg, durch dessen Auswirkungen die Bevölkerung in Deutschland (Kleindel 1978, 136) von rund 18 Millionen auf 7 Millionen (Bevölkerungsverlust rund 61%) reduziert wurde. Im Vergleich dazu waren die kriegsbedingten Bevölkerungsverluste für Österreich im Ersten Weltkrieg (Kleindel 1978, 303) mit rund 2,2% und im Zweiten Weltkrieg (Kleindel 1978, 371) mit rund 5,6% deutlich geringer. Global forderte der Zweite Weltkrieg ca. 55 bis 60 Millionen Todesopfer. Im Vergleich dazu sind seit 1945 weltweit rund 25 bis 30 Millionen in oder an den Folgen von Kriegen gestorben (Hauchler 1993, 183–184). Neben Kriegsereignissen können sich auch hohe Kriminalitätsraten schichtspezifisch auf die Lebenserwartungen auswirken. So ist beispielsweise die Lebenserwartung von männlichen Afro-Amerikanern in Harlem niedriger als die der Bevölkerung von Bangladesh (Sen 1993).

Einflüsse von Tragfähigkeitsgrenzen
Systembezogene Betrachtungsweisen erfordern die Berücksichtigung von Wechselwirkungen zwischen der betrachteten Population und seiner Umgebung. Für eine abgeschlossene Population läßt sich unter der Annahme bestimmter Bedingungen (s. unten) das Wachstum durch die logistische Wachstumsfunktion (nach Verhulst, 1838) beschreiben (Krebs 1994):

$$dN/dt = r N (K - N) / K$$

Dabei wird durch K die maximale Populationsgröße dargestellt, welche unter den bestehenden Umweltbedingungen existieren kann; N beschreibt die aktuelle Populationsgröße, r die Wachstumsrate und t die jeweils betrachtete Zeitspanne. Die Funktion ist jedoch nur gültig, wenn
– gleiche Bedingungen für alle Individuen der betrachteten Population herrschen,
– r_{max} und K unveränderbar sind und
– sich die Zunahmerate ohne Zeitverzögerung an die Zunahme der Populationsgröße anpaßt.
Trotz der eingeschränkten Gültigkeit kann durch die Funktion gezeigt werden, daß bei stabilen Umgebungsbedingungen hohe Zunahmeraten der Population nur weit unterhalb von Tragfähigkeitsgrenzen die Stabilität der Wechselbeziehungen zwischen Population und Umwelt nicht gefährden. Mit zunehmender Annäherung an die Tragfähigkeitsgrenzen müssen hingegen zur Sicherung der Stabilität die Wachstumsraten der Population gegen Null sinken (sogenannte K-Strategie). Verhält sich hingegen die Wachstumsrate weitgehend unabhängig von den Tragfähigkeitsgrenzen, so wird von einer r-Strategie gesprochen (Stern/Tigerstedt 1974, 53). Unter stark variierenden Rahmenbedingungen erweist sich die r-Strategie gegenüber der K-Strategie überlegen, da die Population sich rasch an neue Gegebenheiten anpassen und eingetretene Verluste ausgleichen kann. Unter potentiell stabilen Rahmenbedingungen führt hingegen die r-Strategie zu katastrophenartigen Populationszusammenbrüchen und zu Veränderungen der Rahmenbedingungen.
Für relativ isolierte Lebensgemeinschaften in alpinen Gebieten konnte gezeigt werden, daß durch strenge soziale Regelungsfaktoren und interaktive soziale Kontrolle die Populationsentwicklung relativ langfristig an bestehende Tragfähigkeitsgrenzen angepaßt wurde (Viazzo 1989; Netting 1981). Solche Regeln bildeten sich offenbar nur in agrarischen Gemeinden aus, deren Tragfähigkeitsgrenzen deutlich erkennbar und negative ökonomische Folgewirkungen bei Überschreiten der Grenzen zu erwarten waren. Gemeinschaften mit anderen ökonomischen Bezügen (z. B. Bergbau) zeigten hingegen keine Anpassungen an Tragfähigkeitsgrenzen (Viazzo 1989).
Im globalen Zusammenhang liegen für gesicherte Untersuchungen zwischen Tragfähigkeitsgrenzen und Populationsentwicklungen zu wenig vergleichbare Daten vor. Hingegen sind zahlreiche Daten mit verwaltungstechnischen Bezügen (z. B. Staaten) verfügbar. Trotz der verschiedenen Schwächen der Daten (z. B. nicht idente Erhebungsverfahren,

keine Bezüge zu regionalen Tragfähigkeitsgrenzen etc.) erlauben Analysen eine grobe Überprüfung von Hypothesen. Im Zusammenhang mit den r- bzw. K-Strategien ist zu überprüfen, wie weit bei menschlichen Populationen Zusammenhänge zwischen Populationsdichten und wichtigen populationsdynamischen Faktoren bestehen. Die Auswertung globaler Daten (Baratta 1993) nach den Populationsdichten zeigt keine Korrelationen zwischen Populationsdichten und Sterberaten bzw. dem Bevölkerungswachstum (n=160, r=0,05 bzw. n=189, r=0,09). Demnach besteht kein Zusammenhang zwischen den Populationsdichten und Faktoren der Populationsdynamik. Entsprechend den r/K Merkmalen sind beim Wachstum menschlicher Populationen der Jetztzeit keine Bezüge zu dichteabhängigen Limitierungen zu erkennen. Eine erste Interpretation läßt deshalb auf das Vorherrschen von r-Strategien in Humanpopulationen schließen.

Asynchrone Veränderungen, demographische Übergänge
Bei der Beurteilung populationsdynamischer Entwicklungen ist zu beachten, daß die Entwicklung über Ackerbau- und Industrie- zur Informationsgesellschaft in der ausgeprägten Form und häufig verwendeten zeitlichen Zuordnung nur für rund 20% der derzeitig lebenden Weltbevölkerung, also eine Minderheit, zutrifft. Die überwiegende Mehrheit der derzeitigen Weltbevölkerung weist demgegenüber zum Teil stark abweichende geschichtliche Entwicklungen auf, ebenso waren für sie idente geschichtliche Ereignisse mit anderen Folgewirkungen verbunden. Für die Populationsentwicklung wesentliche Ereignisse, wie z. B. die Entkoppelung der Gesellschaft von der regionalen Nahrungsmittelproduktion durch die Industrialisierung oder die Veränderung von Sterberaten durch hygienische und medizinische Versorgung, stehen deshalb für verschiedene Teile der Weltbevölkerung unter völlig unterschiedlichen zeitlichen und inhaltlichen Rahmenbedingungen.

Für das Bevölkerungswachstum sind Veränderungen von großer Bedeutung, bei denen ein relativ rasches Absinken der Sterberaten erfolgt, während die Geburtenraten länger auf dem vorhandenen Niveau verbleiben. In Verbindung mit der Industrialisierung ist in skandinavischen Ländern ein sinkender Trend der Sterberaten bereits seit dem 18. Jahrhundert festzustellen, während in Österreich erst seit 1880 ein kontinuierlicher Abwärtstrend zu beobachten ist. Kurzfristige Abweichungen sind für die Perioden größerer Seuchenzüge (z. B. Cholera) zu beobachten. Die Geburtenraten begannen hingegen erst seit dem Beginn des 20. Jahrhunderts deutlich abzusinken. Eine Stabilisierung beider Raten auf niedrigem Niveau begann in den dreißiger Jahren dieses Jahrhunderts (Mitchell 1978; Buchheim 1994).

Es ist dabei festzuhalten, daß der statistisch erfaßte Gesamteffekt auf der Überlagerung verschiedener Prozesse beruht. Neben den Verhaltensänderungen der im Industriebereich beschäftigten Bevölkerung als Folge der unmittelbaren Lebensbedingungen verringert sich in diesen Zeiträumen laufend der Anteil der landwirtschaftlich tätigen Bevölkerung. Beide Gruppen weisen in der Regel jedoch unterschiedliche Geburtenraten auf. Der Rückgang der Geburtenraten führt in ökonomischer und sozialer Hinsicht jedoch zu Problemsituationen (z. B. Mangel an Arbeitskräften, Sicherung der Altersversorgung), welche vielfach nur durch Zuwanderungen aus anderen Staaten gelöst werden können (Birg 1994).

Veränderungen dieser Art werden nach Thompson, 1929 als demographischer Übergang bezeichnet (Giddens 1993, 599). Für die Geschichte der Menschheit werden zumindest drei demographische Übergänge angenommen (Nentwig 1995, 79–81). Der erste wird der Entwicklung der Jäger- und Sammlergemeinschaften, der zweite der Entwicklung der Ackerbau- und Viehzuchtgemeinschaften und der dritte der Entwicklung der Industrialisierung zugerechnet. Speziell die zeitliche Zuordnung des letzten demographischen Übergangs zeigt (wegen der Veränderung der Bedeutung der Entwicklung der europäischen Population für das globale Bevölkerungswachstum, welche um etwa 1850 ihr Maximum erreichte (McNaughton/Wolf 1979, 607)) eine starke eurozentrische Orientierung[2]. Ebenso berücksichtigt die Hypothese nicht die Auswirkungen der Abspaltung des modernen Menschen (Homo sapiens) von den Abstammungslinien vor rund 100.000 Jahren auf die Populationsdynamik der Hominiden. Trotz dieser methodischen Schwächen liefert der Ansatz Hinweise darauf, daß Populationsentwicklungen nicht als kontinuierliche Prozesse, sondern als Folgen diskontinuierlicher Ereignisse, ausgelöst durch Änderungen der Rahmenbedingungen (z. B. Veränderungen der Überlebensraten durch bessere medizinische Versorgung) ablaufen.

Demnach würde die Humanpopulation, bei ausreichend langen Stabilitätsphasen der Rahmenbedingungen, im Sinne der K-Strategie reagieren. Die Ursachen für die Änderungen der Rahmenbedingungen sind jedoch vorwiegend in der permanenten Suche des Menschen nach der Überwindung von wahrgenommenen Engpässen zu vermuten. Die Manifestation der Veränderungen erfolgt dabei in Form von Makrozyklen, welche im Gegensatz zu den Kondratieffschen Zyklen (Bühl 1988, 99–101; Beenstock 1984, 137–159) neben den technologischen und ökonomischen Veränderungen auch grundsätzliche gesellschaftliche Wandlungen umfassen. Die Wurzeln des Bevölkerungswachstums würden demnach in der geistigen Entwicklung des Menschen, verbunden mit einer Fehlorientierung bei der Suche nach Lösungen von erkannten Problemen liegen. Der Hauptdefekt liegt vermutlich darin, daß die Lösungen nicht im intraspezifischen Bereich (z. B. Eingrenzung des Populationswachstums unterhalb der Tragfähigkeitsgrenzen), sondern im extraspezifischen Bereich vor allem in Form von Erweiterungen der Tragfähigkeitsgrenzen gesucht werden.

Individuelle Einflußfaktoren der Populationsdynamik
Unter den individuellen Einflußfaktoren der Populationsdynamik werden hier die Faktoren der direkten Entscheidungsprozesse von Individuen und die direkt auf die Individuen wirkenden Faktoren zusammengefaßt. Konkret geht es dabei um die Entscheidungen für oder gegen eine Zeugung von Nachkommen und die Entscheidungen zur Tötung von Individuen. Entscheidungen für oder gegen Migrationen sind für die globale Populationsdynamik von untergeordneter Bedeutung. Sie werden deshalb nur am Rande mitbehandelt. Ungeachtet von der populationsdynamischen Bedeutung können jedoch Migrationsbewegungen von eminenter Bedeutung für die politische und ökonomische Entwicklung einzelner Staaten sein (Adams, 1977; Cornelius et al. 1995).

Zeugung von Nachkommen
Auf biologischer Ebene wird die Zeugung von Nachkommen alleine durch die weibliche Empfängnisbereitschaft und die Gelegenheiten zum Sexualverkehr bestimmt. Diese allein auch auf der Instinktebene funktionierenden Verhaltensmuster (Barnard 1983; Austin and

---

2 Geschichtlich weiter zurückliegende Unterschiede der Entwicklung können wegen der unzureichenden Dokumentation nicht weiter berücksichtigt werden. Die vorliegenden Beispiele zeigen jedoch, daß eine größere Anzahl von Diskontinuitäten in der Entwicklung zu erwarten ist, als hier dargestellt. Beispiele dazu: Ancient Cities. 1994.; Seipel W.: Ägypten. 1989.; Inka-Peru. 1991.; Vergessene Städte am Indus. 1987.; Lutz A.: Dian-Ein versunkenes Königreich in China. 1986.; Land des Baal. 1982.; Die Welt der Maya. 1993.

Short 1985; Rubenstein/Wrangham 1986; Dunbar 1988) werden beim Menschen durch gesellschaftliche Regeln überformt (Eibl-Eibesfeltd 1984; Giddens 1993). Die Regeln beeinflussen sowohl die Auswahl der Sexualpartner als auch die soziale Anerkennung oder Ablehnung der Zeugung von Nachkommen unter verschiedenen Rahmenbedingungen.
Die Relevanz der Rahmenbedingungen wird auch daran erkennbar, daß für die Folgewirkungen der Zeugung, d. h. für das weitere Schicksal der Nachkommen und das eigene Schicksal, keine sicheren Prognosen möglich sind. Potentielle Eltern können nur aus den Erfahrungen der Vergangenheit und deren Projektion in die erwartete Zukunft den Entschluß für die Zeugung fassen. Soferne sie vorhanden ist, kann die Verantwortung für die Zeugung nur aus der individuellen Kenntnis der Vergangenheit und Gegenwart abgeleitet werden. Wie bedeutsam die individuelle Wahrnehmung ist, zeigt sich an der Bereitschaft von Eltern mit Zeugungsproblemen zur Durchführung von künstlichen Befruchtungen. Aus der abstrakten Sicht der Populationsdynamik ist speziell den künstlichen Befruchtungen mit Hilfe eines fremden Erbguts vor dem Hintergrund zahlreicher Waisen eine gewisse Skurrilität nicht abzusprechen. Der Wunsch, individuell die Zukunft durch die Gegenwart zu bestimmen, wird hingegen an den intensiven Bemühungen zur Bestimmung und Beeinflussung des Erbgutes der Nachkommen erkennbar. Für die Eingrenzung des Bevölkerungswachstums sind durch diese Bemühungen keine substantiellen Lösungen, sondern nur Problemverlagerungen zu erwarten.
Gesellschaftlich akzeptierte Rahmenbedingungen bewirken dabei eine Entlastung von den Verantwortungen bei der Entscheidung zur Zeugung von Nachkommen. Neben den bereits angesprochenen staatlichen Faktoren können andere gesellschaftliche Faktoren, wie z. B. Religion, das Zeugungsverhalten beeinflussen. Der Versuch einer Analyse des Einflusses der Religionszugehörigkeit, als Beispiel gesellschaftlicher Rahmenbedingungen, auf Basis der als vorherrschend angegebenen Religion des jeweiligen Staates (Barrata 1993) zeigt folgende Ergebnisse (die Klassifikation „Christen" erfolgte, wenn christliche Religionsgemeinschaften vorherrschen, jedoch keine eindeutige Zuordnung zu einer der großen christlichen Gemeinschaften möglich war):

Vorherrschende Religion	Bevölkerungswachstum	
Islam	3,02	45
Buddhismus	1,89	12
Christen	1,71	47
Katholizismus	1,60	49
Protestantismus	0,72	13

In verschiedenen Kulturen wurde die Sicherung der zukünftigen Entwicklung der Nachkommen durch das Vorliegen bestimmter Voraussetzungen angestrebt. In agrarischen Gesellschaften war die Möglichkeit für eine Verehelichung an das Vorliegen entsprechender ökonomischer Voraussetzungen geknüpft. Gleichzeitig war die gesellschaftliche Anerkennung für die Nachkommen nur bei ehelicher Geburt gegeben (Viazzo 1989; Netting 1981). Infolge der damit verbundenen späten Verehelichungen wurde dadurch auch die Zahl der Nachkommen zwangsläufig eingeschränkt. Die strukturellen Gesellschaftsänderungen in Verbindung mit der Umwandlung zur Industriegesellschaft brachten auch weitgehende Änderungen der Rahmenbedingungen für die Partnerbindung und die Zeugung von Nachkommen. Der individuelle Entscheidungsspielraum und die Verantwortung wurden dadurch wesentlich vergrößert.

Die Vermeidung überhöhter Geburtenraten kann unter solchen Bedingungen nur durch eine bewußte Empfängnisverhütung erreicht werden. Hier stellt sich jedoch das Problem gesellschaftlicher und religiöser Ablehnung verschiedener Formen der Empfängnisverhütung. Vergleichende Studien (UNO 1991a; UNO 1991b; World Resources Institute 1988) zeigen, daß die Anwendung empfängnisverhütender Maßnahmen zunimmt. Dabei ist jedoch zu beobachten, daß mit zunehmender Anwendungsdauer die Versagensrate bei den empfängnisverhütenden Maßnahmen aus unterschiedlichen Gründen steigt (z. B. durch irrtümliche Nichtanwendung, Fehler in der Methode selbst). In den SIS bestehen zusätzlich große Unterschiede in den Anwendungsraten, wohingegen in den industrialisierten Ländern allgemein zwischen 2/3 bis 3/4 der verheirateten Frauen empfängnisverhütende Maßnahmen treffen.

Von großer Bedeutung für die Zeugungsbereitschaft sind die individuellen Lebenszielsetzungen und die verfügbaren Freiheitsgrade für deren Verwirklichung. Zu dieser Faktorengruppe sind Parameter wie z. B. Bildung, ökonomische und gesellschaftliche Abhängigkeiten zu zählen. Veränderungen dieser Faktoren wirken sich, wegen der großen populationsdynamischen Bedeutung, speziell bei Frauen deutlich aus. Vergleichende Untersuchungen aus SIS (World Resources Institute 1994, 33) zeigen, daß enge positive Zusammenhänge zwischen dem Grad der Schulbildung und der Anwendung empfängnisverhütender Mittel bestehen[3]. In Verbindung mit der Hypothese der demographischen Übergänge ist der zuletzt genannten Faktorengruppe ein hoher Stellenwert für die Beeinflussung der Populationsdynamik beizumessen.

Tötung von Individuen

Die Bereitschaft zur Tötung von Individuen bzw. deren Realisierung ist untrennbarer Bestandteil fast aller menschlichen Kulturen. Unterschiedlich ist jedoch die gesellschaftliche Akzeptanz der Rahmenbedingungen, unter denen solche Ereignisse stattfinden. Am weitesten verbreitet ist die Akzeptanz im Falle von Kriegen. Im Regelfall werden dafür Altersgruppen vorbereitet und eingesetzt, welche unterhalb des Durchschnittsalters für dauerhafte Paarbindungen (z. B. Ehen) liegen. Der Tod solcher Individuen bei kriegerischen Auseinandersetzungen hat (aufgrund spezifischer Merkmale der menschlichen Sozialstruktur, siehe auch Kap. 2.1) zwangsläufig Folgewirkungen auf die Dynamik der davon betroffenen Populationen bis hin zu deren Verlöschen. Es wird deshalb auch vermutet, daß kriegerische Auseinandersetzungen unter bestimmten Bedingungen für die regionale Populationsregulation eingesetzt werden (Eibl-Eibesfeldt 1984, 531). Auf die populationsdynamische Wirkung früherer Kriege wurde bereits in Kapitel 2.3 hingewiesen. Es ist jedoch auch zu beobachten, daß nach Kriegen zeitlich begrenzte Perioden erhöhter Zeugungsbereitschaft („baby boom") auftreten. So stieg beispielsweise in England die Geburtenrate von 17/1000 in der Zeit vor dem Zweiten Weltkrieg auf 22/1000 in den fünfziger Jahren (Giddens 1993, 601).

Eine andere Form der Populationsregulation stellt die Kindestötung oder der gezielt eingeleitete Schwangerschaftsabbruch dar. Die Kindestötung kann aktiv (Eibl-Eibesfeldt 1984, 531), aber auch passiv durch den Entzug ausreichender Pflege erfolgen. Der Entzug ausreichender Pflege kann entweder in der Familie selbst oder durch Weglegung des Kindes erfolgen. Für die Frühzeit der menschlichen Geschichte wird die Rate der aktiv getöteten

---

3 Die Verhältnisse der Anwendungsraten zwischen der Gruppe ohne Schulbildung und jener mit höherer Schulbildung liegen bei ca. 1 : 2–3.

Neugeborenen auf 15–50% geschätzt, ähnlich hohe Zahlen werden auch für Naturvölker vermutet. In Industrieländern werden hingegen vorwiegend vorgeburtliche Tötungsverfahren (Abtreibungen) zur Vermeidung unerwünschter Nachkommen eingesetzt. Die tatsächlichen Zahlen sind schwer abzuschätzen, da auch bei Verboten illegale Abtreibungen stattfinden. Für Japan wird berichtet, daß nach der Legalisierung der Abtreibung im Jahre 1948 die Geburtenrate innerhalb weniger Jahre von 34/1000 auf 14/1000 sank (Nentwig 1995).

Zölibatäre Lebensführung
Die zölibatäre Lebensführung bestimmter Personengruppen dient in verschiedener Weise zur Regulation der Bevölkerungsdynamik. Über den Druck gesellschaftlicher Reglementierungen können Teile der Bevölkerung zu dauernder Ehe- und damit auch Kinderlosigkeit angehalten werden. In Agrargesellschaften des 18. und 19. Jahrhunderts blieben die nicht erbberechtigten Nachkommen in der Regel von der Verheiratung ausgeschlossen. Vielfach war damit auch eine Kinderlosigkeit verbunden, in den Ost- und Südalpen führte diese Regelung jedoch zu erhöhten Zahlen außerehelicher Geburten (Viazzo 1989; Netting 1981). In höheren sozialen Schichten wurde hingegen die zölibatäre Lebensführung und die (zumindest offizielle) Kinderlosigkeit durch die Eingliederung der betroffenen Personen in religiöse Gemeinschaften erzwungen. Die Änderungen der sozialen Strukturen in den Industriegesellschaften (Giddens 1993, 409–410) hat die ursprünglichen Wirkungen dieser gesellschaftlichen Rahmenbedingungen weitgehend außer Kraft gesetzt. Wesentliche Auswirkungen der zölibatären Lebensführung auf die Populationsdynamik sind deshalb nicht mehr feststellbar. Trotz der grundsätzlichen Akzeptanz der nichtzölibatären Lebensführung sind Familien mit nur einem Elternteil durch die bestehenden gesellschaftlichen Rahmenbedingungen jedoch in einem hohen Ausmaß von sozio-ökonomischen Benachteiligungen bedroht (Bassuk 1991).

Zusammenfassung
– Die Untersuchung der Ursachen des Bevölkerungswachstums zeigt, daß Humanpopulationen unter den Bedingungen regional erkennbarer Tragfähigkeitsgrenzen zur Eingrenzung der Vermehrungsraten in der Lage sind. Es bestehen also potentielle Voraussetzungen zur Eingrenzung der biologischen Vermehrungspotentiale durch gesellschaftliche Regeln.
– Längerfristig zeigt sich jedoch ein Versagen der Regelungsprozesse vermutlich auf Grund kognitiver Defekte und davon beeinflußter gesellschaftlicher Faktoren. Indizien dafür sind
+ Verzögerungen bei der Anpassung gesellschaftlicher Regeln an reale Entwicklungen der Gesellschaft; beispielsweise durch den Versuch der Anwendung von Regeln der Agrargesellschaft auf Industriegesellschaften.
+ Aufrechterhaltung der intraspezifischen Konkurrenz; beispielsweise zwischen verschiedenen „Nationen".
+ Weitreichende, zumindest latente gesellschaftliche Ablehnung der Geburtenplanung mit Hilfe von Empfängnisverhütung.
+ Konstante Entwicklung von Ansätzen zur Lösung des Problems Populationsdichte/Tragfähigkeitsgrenzen in Form von Erweiterungen der Tragfähigkeitgrenzen (z. B. technologische Entwicklungen, Ausdehnung der Zugriffsmöglichkeiten auf Ressourcen) anstelle von Ansätzen zur globalen Begrenzung des Bevölkerungswachstums.

Literatur

ADAMS, W. P. (1977) Die Vereinigten Staaten von Amerika. Fischer Weltgeschichte, Bd. 30, Frankfurt.
ALEXANDER, M./RAETTIG, H. (1981) Infektionskrankheiten. Thieme, Stuttgart.
ANDERSON, R. M./MAY, R. M. (1992) Understanding the AIDS pandemic. Scientific American 266 (5): 20–26.
AUSTIN, C. R./SHORT, R. V. (1985) Reproductive fitness. Reproduction in mammals 4. Cambridge University Press, Cambridge.
BARATTA, M. v. (1993) Der Fischer Weltalmanach 1994. Fischer Taschenbuch Verlag, Frankfurt.
BARNARD, C. J. (1983) Animal Behaviour; Ecology and Evolution. Croom Helm, London.
BASSUK, E. L. (1991) Homeless Families. Scientific American 265 (6): 20–27.
BEENSTOCK, M. (1984) The World Economy in Transition. G. Allen & Unwin, London.
BIRG, H. (1994) Lebenserwartung, generatives Verhalten und die Dynamik des Weltbevölkerungswachstums. In: Schiefenhövel, W./Vogel, C./Vollmer, G./Opolka, H. (Hrsg) Vom Affen zum Halbgott. Trias, Thieme, Stuttgart.
BLAXTER, K. (1989) Energy metabolism in animals and man. Cambridge University Press, Cambridge.
BONGAARTS, J. (1994) Can Growing Human Population Feed Itself? Scientific American, Mar. 1994, 270 (3): 18–24.
BUCHHEIM, C. (1994) Industrielle Revolution. DTV Wissenschaft, München.
BÜHL, W. L. (1988) Krisentheorien; Politik, Wirtschaft und Gesellschaft im Übergang. Wissenschaftliche Buchgesellschaft, Darmstadt.
CAVALLI-SFORZA, L. L. (1992) Stammbäume von Völkern und Sprachen. Spektrum der Wissenschaft 1992 (1): 90- 98.
CHAUNU, P. (1966): Europäische Kultur im Zeitalter des Barock. Büchergilde Gutenberg, Frankfurt.
CORNELIUS, W. A./MARTIN, P. L./HOLLIFIELD, J. F. (1995) Controlling Immigration; A global perspective. Stanford University Press, Stanford.
DASGUPTA, P. S. (1995) Population, Poverty and the Local Environment. Scientific American Feb. 1995, 272 (2): 26–31.
DUNBAR, R. I. M. (1988) Primate Social Systems. Croom Helm, London.
EHRLICH, P. R./EHRLICH, A. H./HOLDREN, J. P. (1975) Humanökologie. Springer-Verlag, Berlin.
EIBL-EBESFELDT, I. (1984) Die Biologie des menschlichen Verhaltens. Piper, München.
FLINDT, R. (1986) Biologie in Zahlen. Gustav Fischer Verlag, Stuttgart.
GIDDENS, A. (1993) Sociology. Polity Press, Cambridge.
GRAMMER, K. (1995) Signale der Liebe. DTV, München.
GUNDERMANN, K.-O./RÜDEN, H./SONNTAG, H.-G. (1991) Lehrbuch der Hygiene. Gustav Fischer Verlag, Stuttgart.
HAUCHLER, I. (Hrsg) (1993) Globale Trends 93/94. Stiftung Entwicklung und Frieden. Fischer, Frankfurt.
JORGENSEN, S. E. (1992) Integration of Ecosystem Theories: A Pattern. Kluwer Academic Publishers, Dordrecht.
KLEINDEL, W. (1978) Österreich; Daten zur Geschichte und Kultur. Ueberreuter, Wien.
KREBS, C. J. (1994) Ecology. Harper Collins, New York.
LETHMATE, J. (1994) Die Besonderheiten des Menschen. In: Schiefenhövel W./Vogel C./Vollmer G./Opolka H. (Hrsg) Vom Affen zum Halbgott. Trias, Thieme, Stuttgart.
MCNAUGHTON, S. J./WOLF, L. L. (1979) General Ecology. Holt, Rinehart and Winston, New York.
MITCHELL, B. R. (1978) European Historical Statistics 1750–1970. Macmillan Press, London.
NENTWIG, W. (1995) Humanökologie. Springer, Berlin.
NETTING, R. McC. (1981) Balancing on an Alp; Ecological change and continuity in a Swiss mountain community. Cambridge University Press, Cambridge.
PRESCOTT, D. M./FLEXER, A. S. (1990) Krebs; Fehlsteuerung von Zellen, Ursachen und Konsequenzen. Spektrum-der-Wissenschaft-Verlagsgesellschaft, Heidelberg.
RIEDL, R. (1982) Evolution und Erkenntnis. Piper, München.

RIEDL, R. (1984) Die Strategie der Genesis. Piper, München.
RUBENSTEIN, D. I./WRANGHAM, R. W. (1986) Ecological Aspects of Social Evolution. Princeton University Press, Princeton.
SEN, A. (1993) The Economics of Life and Death. Scientific American 268 (5): 18–25.
SHAHAR, S. (1991) Kindheit im Mittelalter. Artemis & Winkler, München.
STERN, K./TIGERSTEDT, P. M. A. (1974) Ökologische Genetik. Gustav Fischer Verlag, Stuttgart.
UNFPA (1991) Population, Resources and the Environment; The Critical Challenges. United Nations Population Fund, London.
UNITED NATIONS (1990) Global Outlook 200. United Nations Publications, New York.
UNITED NATIONS (1991a) Child Mortality in Developing Countries. United Nations, New York.
UNITED NATIONS (1991b) Measuring th Dynamics of Contraceptive Use. United Nations, New York.
VASOLD, M. (1991) Pest, Not und schwere Plagen; Seuchen und Epidemien vom Mittelalter bis heute. Beck, München.
VIAZZO, P. P. (1989) Upland communities; Environment, population and social structure in the Alps since the sixteenth century. Cambridge University Press, Cambridge.
WORLD RESOURCES INSTITUTE (1988) World Ressources 1988–89. Basic Books, New York.
WORLD RESOURCES INSTITUTE (1994) World Ressources 1994–95. Oxford University Press, New York.

Weiterführende Literatur
Die Welt der Maya. Verlag Philipp von Zabern, Mainz am Rhein, 1993.
Inka-Peru, Indianische Hochkulturen durch drei Jahrtausende. Imschoot, Gent 1991.
Land des Baal. Verlag Philipp von Zabern, Mainz am Rhein, 1982.
Vergessene Städte am Indus. Verlag Philipp von Zabern, Mainz am Rhein, 1987.

KAPITEL 5

Wechselwirkungen zwischen sich industrialisierenden und Industrieländern
Manuela Delpos*

Einleitung
Dieser Beitrag betrachtet die Ursachen des Wachstums als globales Phänomen und will aufzeigen, warum es ein solches darstellt und wie es zu einem solchen wurde.
Die dabei eingenommene Perspektive ist eine entwicklungssoziologische. Das heißt, es wird von Differenzierungen in der Entwicklung zwischen „politisch-staatlich, geographisch oder kulturell abgrenzbaren Regionen" ausgegangen. Sie fokussiert die Problematik zwischen den sich industrialisierenden und den Industrieländern, die darin besteht, daß bei den sich industrialisierenden Ländern „im Vergleich zu industriegesellschaftlichen Regionen" von „Rückstände(n) in der Entwicklung bestimmter Strukturfaktoren der wirtschaftlichen, politischen, kulturellen und technischen Lebensbedingungen" gesprochen wird (Hartfiel/Hillmann 1972, 174), was aber hinsichtlich der bisherigen Entwicklungskonzeptionen und dem Grundverständnis von Entwicklung im allgemeinen in Frage gestellt wird.
Als Anregung, die Ursachen des Wachstums als entwicklungssoziologisches Thema aufzugreifen, diente der Vorwurf einer eurozentristischen Perspektive, der Dennis Meadows bezüglich seines Beitrages im Club of Rome Bericht gemacht wurde, und da lautet:
„Meadows rief zu einem weltweiten Halt für industrielles Wachstum innerhalb der nächsten dreißig bis sechzig Jahre auf. Das ist lang bevor die meisten Dritt-Welt-Länder auf einen einigermaßen annehmbaren Lebensstandard hoffen können, geschweige denn auf einen solchen westlichen Ausmaßes. Dies wurde ihm als ... Unterstützung der Reichen ausgelegt. Als wäre es ein Fortschritt, den weltweiten sozialen und politischen status quo mit seiner immer größer werdenden Kluft zwischen den Habenden und den Habenichtsen zu erhalten und letztere für immer in ihrer gegenwärtigen Misere und zweitklassigen Staatsbürgerschaft zu belassen. Meadows hat diese Folgerungen heftigst geleugnet und zitierte seine ganz gegenteiligen eigenen Schriften, aber ohne Erfolg." (Neurath 1994, 94)

Historischer Abriß – oder: Am Anfang war Europa
Die Geschichte der Industrie- und der sich industrialisierenden Länder ist eine Geschichte der „Kolonisation" bzw. des „Imperialismus". Der Bezug zu den Ursachen des Wachstums nimmt hier seinen Ausgang im Sinne der Expansion der Europäer in „neu erschlossene Welten".
Die Entdeckung Amerikas und Australiens nach dem afrikanischen und asiatischen Raum

---

* **Manuela Delpos** ist Soziologin, 1963 in Wien geboren, Studien in den Grund- und Geisteswissenschaften, insbesonders der Wissenschaftstheorie- und -forschung. Promovierte in Soziologie, war Assistentin am Inst. für Soziologie der sozialwissenschaftlichen Fakultät d. Univ. Wien, später Mitglied und Assistentin des Konrad Lorenz Instituts für Evolutions- und Kognitionsforschung in Altenberg.
Der Zugang zum Thema erfolgte über Tätigkeit am Institut für Zoologie und Anregungen von Rupert Riedl, daran schließen sich Arbeiten über Entwicklungssoziologie und Evolutionäre Erkenntnistheorie, Mitherausgabe des Bandes „EE im Spiegel der Wissenschaften" gemeinsam mit R. Riedl, ferner über Studien zu interdisziplinären und systemtheoretischen Ansätzen.

befriedigte nicht nur die Neugier der Pioniere, sondern weckte sehr bald auch deren materielles Interesse.

Beispiel Australien. Die Aborigines, seine Ureinwohner, hatten vor 1788 mit einer Population von einer Million einen durchaus im modernen Sinn gemeinten hohen Lebensstandard. Mit der Ansässigkeit der europäischen Siedler wandelte sich jedoch das Bild. Eine Art Koexistenz zwischen den beiden Populationen wäre möglich gewesen, hätte nicht der europäische Pastoralismus unerbittlich Landforderungen gestellt. Die darauffolgenden Guerilla-Kriege führten neben Krankheiten und massiven Zwangsumsiedlungen zu einer drastischen Dezimierung der Aborigines. Ihre Population sank bis zum Jahr 1901 auf weniger als 95.000 (ist aber heute wieder auf ca. 225.000 angewachsen). Dabei erging es ihnen besser als den benachbarten Tasmaniern, von denen nach 1860 zwar noch wenige überlebten, die heute jedoch ausgestorben sind (Encyclopaedia Britannica 14, 443).

Beispiel Afrika und Lateinamerika. In Afrika wurde mit der Kolonialisierung vom Beginn des 16. Jh.s bis 1840 rund 30 Millionen Schwarze als Arbeitskräfte für die neugegründeten Kolonien nach Nord- und Südamerika verschleppt, da sich die dortige indigene Bevölkerung nicht für den Sklavenhandel eignete. Damit wurden die Afrikaner ihrer Familien, ihrer historischen Wurzeln und ihrer Identität beraubt. Der indigenen Bevölkerung erging es ähnlich wie den Aborigines in Australien, indem ihre Population dezimiert wurde und die europäischen Siedler sich ihres Landes bemächtigten.

Aber nicht nur die kolonialisierten Völker litten, sondern auch ihr okkupiertes Land. Kaum ließen sich die Eroberer nieder und betrieben Ackerbau und Viehzucht, überweideten sie die Landstriche und führten exotische Pflanzen und Tiere ein, was die heimische Vegetation größtenteils zerstörte, ebenso wie der Aufbau der Straßen- und Schieneninfrastruktur. Diese u. ä. Maßnahmen waren zwar im Sinne des Fortschritts getroffen worden, führten jedoch zu Bodenerosionen im besonderen und ökologischen Instabilitäten im allgemeinen. So setzten die europäischen Siedler in Australien fort, was sie in vielen Teilen Westeuropas im 18. Jh. und seit dem 19. Jh. in vielen Teilen des amerikanischen Westens bereits taten (vgl. Encyclopaedia Britannica 14, 419).

Damit einhergehend wurden die Rohstoffe der eroberten Länder ausgebeutet, um die „Mutterländer" der Kolonialmächte bis Mitte des 20. Jh. damit zu versorgen. Solchermaßen wurde die sogenannte industrielle Revolution der heutigen Industrieländer finanziert, „während die heutigen Entwicklungsländer besetzt waren und Rohstoffe und billige Arbeitskräfte stellen mußten" (Grießhammer/Burg 1989, 31). Dann zogen sie sich zwar zurück, ihre Spuren blieben aber bis heute erhalten. Der Weg der Entwicklung in Richtung Industrieländer war eingeschlagen worden, auf dem die ehemaligen Kolonien ihnen hinterherhinkend als sich industrialisierende Länder folgen.

Entwicklungskonzeptionen

Entwicklungskonzeptionen gibt es seit dem Rückzug der Mutterländer aus ihren Kolonien. Je nachdem, von wem bzw. wo sie entwickelt wurden, sind sie „politisch" ausgerichtet und von Ideologien getragen, die sich grob in kapitalistische und marxistisch-leninistische unterscheiden.

Daneben gibt es den „christlichen Missionsgedanken", der die Entwicklungskonzepte als „abendländische Verpflichtung", die den Noch- oder Nicht-mehr-Kolonien gegenüber wahrzunehmen sei, darstellt. So rief beispielsweise die Deutsche Bischofskonferenz 1958 die Aktion „Misereor" ins Leben, um damit zur Linderung der Not und des Elends der Bevölkerung in Afrika und Asien beizutragen und erinnerte damit gleichzeitig die Industrieländer an ihre moralischen Verpflichtungen „ihren" ehemaligen Kolonien gegenüber (vgl. Engeland/Daffa 1990).

„Wirtschaftliche Eigeninteressen" wurden bereits 1913 („Die Akkumulation des Kapitals") von Rosa Luxemburg hinsichtlich der Entwicklungsmaßnahmen für Afrika und Asien seitens der sogenannten Geberländer ausgemacht. Sie beschrieb sie als „verhüllten ökonomischen Expansionsdrang" in Form einer dynamischen kapitalistischen Expansion in unterentwickelte Regionen der Welt.

Jedenfalls waren die ersten mit der Ablösung der Kolonialherrschaft und des Imperialismus entstandenen Entwicklungskonzeptionen die Grundlage für die darauffolgenden Programme der „Entwicklungshilfe".

Diese waren zunächst konzipiert als Modernisierungsmaßnahmen zur Förderung des Wirtschaftswachstums und der Lebensbedingungen der „Entwicklungsländer" nach westlichem Vorbild. Sie sollten „Hilfe von oben" gewährleisten, womit die Vorstellung eines „Trickle-down-Effekts" verbunden war, bei dem die Hilfe bis zur Massenbevölkerung durchsickern und sich in Kapitalinvestitionen für Großprojekte niederschlagen sollte.

1951 wurde anläßlich des UN-Berichtes die Forderung nach einer „Internationalen Entwicklungspolitik" laut. Ihr lag die Formel „Entwicklung ist gleich Wachstum" als ideale Problemlösungsstrategie im Rahmen der Entwicklungsproblematik zugrunde. Sie ging davon aus, daß „wenn das wirtschaftliche Wachstum nur ausreichend groß sei, dann sind auch die sozialen und politischen Probleme eines Landes lösbar" (Nohlen 1980, 196) und ein Strukturwandel eine notwendige Folge wirtschaftlichen Wachstums.

In den *60er Jahren* wandelte sich das Verständnis der Entwicklungshilfe von der „Hilfe von oben" zur „Hilfe von unten", in dem sich die Förderung kleinerer Projekte bzw. des „kleinen Mannes" durchsetzte. Es wurden grundbedürfnisorientierte Strategien und angepaßte Technologien erarbeitet, um sich einer integrativen, regionalen Entwicklung zuzuwenden (vgl. Bouke 1961).

Zur selben Zeit wurden die von Wirtschaftswissenschaftlern getragenen mit dem Wachstum einhergehenden Entwicklungskonzeptionen um die Dimension des „sozialen Wandels" ausgeweitet. „Mit Wandel wurden Veränderungen in den Wertsystemen und Verhaltensweisen der Bevölkerung (Kulturwandel), politisch-institutionelle Modernisierungen in Richtung auf eine größere Leistungsfähigkeit der politischen und administrativen Systeme (Modernisierungstheorien), aber auch Investitionen im sozialen Bereich (Ernährung, Gesundheit, Bidlung, etc.) und gerechtere Verteilung (Agrarreform, Einkommensverteilung) angesprochen." (Nohlen 1980, 196)

Mit Beginn der *70er Jahre* sind weitere Indikatoren in die Entwicklungskonzeptionen aufgenommen worden, die sich mit den Begriffspaaren „Arbeit/Beschäftigung, wirtschaftliches Wachstum, soziale Gerechtigkeit/Strukturwandel, Partizipation sowie politische und wirtschaftliche Unabhängigkeit" (Nohlen 1980, 196) umfassen lassen.

In dieser Zeit wurde mit Galtung (1975) die „Idee einer autozentrierten Entwicklung" lanciert, die Vorstellung einer Selbstverwirklichung der sich industrialisierenden Länder, die sich in der Befreiung von den Formen eines ökonomischen, politischen, militärischen, Kommunikations- und kulturellen Imperialismus seitens der Industrieländer fand, einhergehend mit der Idee des Austritts derselben aus der Weltwirtschaftsordnung, um die Kooperation untereinander zu stärken (was am Beispiel der OAU = Organisation für Afrikanische Einheit hätte gezeigt werden sollen (vgl. Kabou 1993, Senghaas 1977)).

Dieser Ansatz rührte aus der Kritik an den bisherigen Entwicklungsmaßnahmen, die sich vor allem als Katastrophenhilfe ausnahmen und deshalb als menschenfeindliche Politik angegriffen wurde. Forderungen nach Alphabetisierung und Bewußtseinsbildung der armen Bevölkerung in den sich industrialisierenden Ländern wurden im Rahmen der Entwicklungshilfe als Grundlage für selbstbewußtes Handeln laut (vgl. Freire 1974). Damit wurde eine Politik, die Entwicklungshilfe in allen politischen Bereichen integriert und sich nach den Grundbedürfnissen der sich industrialisierenden Länder richtet, angestrebt. Also eine „Entwicklungspolitik", die über die reine Entwicklungshilfe hinausgeht, unter Einsatz der „Summe aller Mittel und Maßnahmen . . ., die von Entwicklungsländern und Industrieländern eingesetzt und ergriffen werden, um die wirtschaftliche und soziale Entwicklung der Entwicklungsländer zu fördern" (Nohlen 1989, 205f).

Ende der 70er Jahre wurde Entwicklungshilfe und -politik unter das Motto der „Hilfe zur Selbsthilfe" gestellt, um Betroffene als gleichwertige Partner bei Planung und Durchführung von Projekten miteinzubeziehen (vgl. Finking/Daffa 1990, Hyden 1991, 133–158). In dieser Zeit kam auch das Schlagwort „integrierte ländliche Entwicklung" auf, und wurde durch den besonderen Aspekt der Frauenförderung ergänzt (vgl. Nohlen & Nuscheler 1992).

In dieser Zeit hat im übrigen der „Club of Rome Bericht" auf die „Grenzen des Wachstums" (Meadows/Meadows/Randers/Behrens 1972) hingewiesen. Es wurde darauf aufmerksam gemacht, daß mit dem Wirtschaftswachstum die Ausbeutung der natürlichen Ressourcen und damit auch das Entstehen von Umweltschäden, wie die Erwärmung der Erde, Erosion der Böden, Zerstörung der Regenwälder, Zerstörung der Ozonschicht, Vergiftung der Luft, Verschmutzung der Meere und der Artenverlust einhergeht (vgl. Dritte Welt Haus Bielefeld 1992, 24f.). Diese Einsicht wurde in „Die neuen Grenzen des Wachstums" (Meadows/Meadows/Randers 1993) von denselben Autoren noch schärfer formuliert und damit die „Vorbildwirkung" der Industrieländer für die sich industrialisierenden Länder in Frage gestellt.

In den *80er Jahren* kam es zu Konzeptionen für eine „positive Entwicklung der Dritten Welt", in denen neben der Hilfe für Notbedürftige und Verbesserungen der lebensnotwendigen Bedingungen die „Förderung von Gerechtigkeit, Würde, Sicherheit und Gleichheit" für alle Menschen bestimmt wurde (vgl. Brandt 1980).

Außerdem wurde mit dem Global 2000 Report (1980) an den US-Präsidenten Jimmy Carter dem „Faktor der Ökologie" Rechnung getragen, der in den darauffolgenden Entwicklungskonzeptionen Berücksichtigung fand (vgl. Weizsäcker 1993). Entwicklung hieß dann „die eigenständige Entfaltung der Produktivkräfte zur Versorgung der gesamten Gesellschaft mit lebensnotwendigen materiellen, sowie lebenswerten kulturellen Gütern und Dienstleistungen im Rahmen einer sozialen und politischen Ordnung, die allen Gesellschaftsmitgliedern Chancengleichheit gewährt, sie an politischen Entscheidungen mitwirken und am gemeinsam erarbeiteten Wohlstand teilhaben läßt" (Nohlen 1992, 73).

Mit Beginn der *90er Jahre* setzt sich das „Konzept der Nachhaltigkeit" (sustainability) – um zukünftige Generationen mitzuberücksichtigen – durch. Investitionen in Bildung, Gesundheit, etc. sind unter diesem Gesichtspunkt einzuordnen. Ressourcen dürfen nur mehr so genutzt werden, daß deren Ausbeutung keine ökologischen Defizite verursacht. Es handelt sich um eine Entwicklungskonzeption, die mit den Schlagworten „Pro-Jobs", „Pro-People", „Pro-Nature" umrissen werden kann.

Heute sind die Begriffe Entwicklungshilfe und -politik überholt und zum Teil auch verpönt, um den Forderungen der letzten Jahrzehnte gerecht zu werden. Man spricht nunmehr von „finanzieller und technischer Zusammenarbeit" als Sammelbezeichnung für Leistungen materieller und nicht-materieller Art von privaten und öffentlichen Stellen in Industrie- und sich industrialisierenden Ländern (vgl. Nohlen 1989, 199).

Zusammenfassend kann gesagt werden, daß die bisherigen Entwicklungskonzeptionen über ihre Bezeichnungen – von der Entwicklungshilfe über die Entwicklungspolitik zur Entwicklungszusammenarbeit – auch veränderte Inhalte transportieren. Sie stellen sich ideologisch heterogen dar und besitzen bis heute keine universellen „Entwicklungsparameter". Dies liegt vor allem daran, daß sich die Entwicklungskonzeptionen nicht nur als Handlungsinstrumentarien gewandelt haben, sondern deren Verständnis von Entwicklung selbst. Entwicklung wird heute allgemein als ein vielschichtiger Komplex begriffen, der differenziert zu betrachten ist. Er umfaßt ökologische, demographische, bildungs-, gesundheits-, sozialpolitische und -kulturelle Aspekte und läßt sich als breites Spektrum verstehen, für das es kein einheitliches bzw. einziges Orientierungsmaß gibt, sondern das in seiner Vielschichtigkeit seine Ganzheit ausdrückt. Die Ambiguität zwischen Globalisierung und Lokalität kommt darin zum Ausdruck.

Wachstum als globales Phänomen
Ist im vorherigen davon ausgegangen worden, daß die bisherigen Entwicklungskonzeptionen sich sehr heterogen darstellen, so ist hier festzuhalten, daß es einen ihnen allen zugrundeliegenden Motor gibt, nämlich die Vorgabe der Entwicklungsrichtung. Schon die Bezeichnung der angesprochenen Regionen legt sie nahe: von den „sich industrialisierenden Ländern" hin zu den „Industrieländern".
Tatsache ist, daß die seitens der Industrieländer über die Wirtschafts- und Finanzwelt unterstützten Entwicklungsprogramme das Wirtschaftswachstum zum Schwerpunkt haben – und dieses wird seit der industriellen Revolution mit Industrialisierung verbunden. Dabei wird immer wieder auf das Pro-Kopf-Einkommen für die Einteilung in arme, mittlere und reiche Länder Bezug genommen (nach dem Pearson-Bericht (1969)). Das heißt, daß aus der Sicht der Industrieländer in den sich industrialisierenden Ländern Entwicklungsmaßnahmen gesetzt werden, um sie den Welt-Standards – die nach den Industrieländern definiert werden – anzupassen. Diesem Konzept liegt die Struktur von Nehmerländern seitens der sich industrialisierenden und Geberländern seitens der Industrieländer zugrunde. Daran ändert auch nichts ein Human Development Report (1994) – der immerhin neben finanziellen auch soziale und Umweltaspekte in Entwicklungsfaktoren mitzuberücksichtigen versucht – ebensowenig wie die seitens der sich industrialisierenden Länder entwickelten Autonomiekonzeptionen. Denn letztere haben als Maßstab ihres Wegs zur Selbständigkeit ja wiederum die Industrieländer herangezogen, in dem Glauben, sich von ihnen abgrenzen zu müssen, wo doch der Entwicklungswunsch durch diese in ihren Konzeptionen schon implementiert worden war.
Entwicklungskonzeptionen werden hier also als Instrumentarien der Industrieländer, denen ihre jeweiligen Wertvorstellungen zugrundeliegen, angesehen. Sie bedingen den Transfer der ihnen inhärenten Werte mittels der getroffenen Maßnahmen in den sich industrialisierenden Ländern und betten damit den Entwicklungsgedanken in einen globalen Zusammenhang. Dieser kann darin gesehen werden, daß vormals europäische sozio-kulturelle Elemente nunmehr weltweit vorzufinden sind. Die den Entwicklungskonzeptionen vorausgegangenen Motive stellen sich diesbezüglich unterschiedlich dar.

So spielten, wie bereits dargestellt, nach der Kolonialzeit bzw. dem Imperialismus missionarische Anstrengungen ebenso wie Schuldgefühle eine Rolle (die bis heute fortwirken), um Entwicklungskonzepte als moralische Verpflichtung zu generieren. Die daraus resultierende Entwicklungshilfe führte allerdings dazu, daß es nunmehr sehr spezifische Erwartungshaltungen seitens der sich industrialisierenden Länder gegenüber den Industrieländern und umgekehrt gibt, die dem Gedanken einer „selbständigen Entwicklung" in jedem Fall widersprechen.

Bei der Verteilung von finanziellen Zuwendungen der Industrie- an die sich industrialisierenden Länder stehen mitunter auch politische Interessen Pate. Zur Zeit des Kalten Krieges etwa dienten sie quasi der Unterstützung des West-Ost-Konflikts. Heute sind dafür „befreundete Regierungen" oder „Länder in strategisch wichtigen Gebieten", etc. kennzeichnend (Dritte Welt Haus Bielefeld 1992, 161). Damit ist auch eine Aufteilung der weltweiten politischen Machtverhältnisse den Entwicklungskonzeptionen inhärent.

Schließlich konstituieren sich wirtschaftliche Interessen und „Planungsenthusiasmus" in sog. Modernisierungstheorien, in denen die Moderne wiederum nach dem Vorbild der Industrieländer gestaltet wird als Maßstab für die Entwicklungsrichtung.

Die mangelnde Selbstreflexivität der Industrieländer bezüglich ihrer Entwicklungskonzeptionen, womit die mangelnde Bewußtheit über die ihnen inhärenten Werte und Mechanismen angesprochen wird, äußert sich zum Teil auf drastische Art und Weise für die sich industrialisierenden Länder. Beispielsweise darin, daß Entwicklungsprogramme, die die unterschiedlichen sozio-kulturellen Gegebenheiten nicht berücksichtigen, mitunter zur „Tödlichen Hilfe" (Erler 1990) für sie werden: etwa beim Aufbau einer Rinderfarm in Lateinamerika, wo das dort eingeführte europäische Rind den klimatischen Bedingungen nicht standhält; oder beim Aufbau einer weißen Hühnerzucht in Indien, die wieder abgebrochen werden muß, weil weiße Hühner tabu sind und daher nicht gegessen werden dürfen, ebensowenig wie deren Eier. Dabei sind dies Entwicklungsmaßnahmen, bei denen die Eigeninteressen der Industrieländer bewußt zurückgesetzt werden – und dennoch zum Nachteil der sich industrialisierenden Länder gereichen.

Geraten nämlich die Eigeninteressen der Industrieländer bei den Entwicklungskonzeptionen in den Vordergrund, kommen neue Dimensionen zum Tragen: So wurde beispielsweise 1954 in den USA ein Gesetz erlassen, das den Namen „Food for Peace" trägt, „das man am besten mit „Hilfe zur Abhängigkeit" übersetzen sollte", denn die Beweggründe dafür liefert einer der Initiatoren des Gesetzes, nämlich der demokratische Senator Humphrey, in folgendem Statement:

„Ich habe gehört, daß Leute von unseren Nahrungsmitteln abhängig werden können. Ich weiß, daß das als schlechte Nachricht galt. Für mich war das eine gute Nachricht, denn bevor jemand irgend etwas unternehmen kann, muß er erst einmal essen. Und wenn wir nach einem Weg suchen, wie man andere dazu bringen kann, sich an uns anzulehnen, von uns abhängig zu werden im Sinne einer Zusammenarbeit mit uns, dann scheint mir Abhängigkeit von Nahrungsmitteln ausgezeichnet zu sein." (Grießhammer/Burg 1989, 186f).

Ein konkretes Beispiel dafür liefert Japan, das als typisches Reisland gilt. Es wurde unter der amerikanischen Besatzung mit Brot und Milch „durchgefüttert" und „auf eine generelle Veränderung der Ernährungsgewohnheiten gedrängt.... Heute ist Japan der größte Weizenkunde der USA, dafür exportiert es Reis nach ganz Südostasien" (Grießhammer & Burg 1989, 186f).

Wiederum andere Ausmaße haben Entwicklungsmaßnahmen, die bewußt in die Natur eingreifen. Beispiel „Grüne Revolution". Sie setzte mit der Einführung nach westlichen wissenschaftlichen Erkenntnissen hergestellten Saatguts samt technischem Know-How in den armen Regionen der Welt ein, weil indigene Anbaumethoden und -pflanzen als für die Bedürfnisse der Bevölkerung inadäquat empfunden wurden und werden. Die Folgen sind vielfältig und -schichtig, jedoch in den seltensten Fällen dermaßen, daß sie den Hunger der armen Bevölkerung lindern (vgl. Tiles/Oberdiek 1995). Ganz im Gegenteil brachten diese Maßnahmen neue Probleme mit sich, die sich darin äußern, daß das neue Saatgut Unmengen Düngemittel, Pestizide und Maschineneinsatz bedarf und in wachsender Verarmung von Kleinbauern, zunehmender Einkommensungleichheit, einer Konzentration der Landbesitzer und zunehmender Abhängigkeit von Nahrungsmittellieferungen resultiert. In diesem Sinne resümiert Griffin (1979): „The story of the green revolution is the story of a revolution that failed".

Im Prinzip gehen sämtliche Entwicklungsmaßnahmen mit Weltmarkt-Überlegungen einher, die am Beispiel des Baumwollanbaus gezeigt werden können. In den sich industrialisierenden Ländern leben etwa 140 Millionen Menschen vom Anbau der Baumwolle und ihrer Verarbeitung, vor allem um damit der Nachfrage der Industrieländer gerecht zu werden. Bei der Baumwolle handelt es sich größtenteils um als Monokultur gezogene Pflanzen auf Plantagen, die meist im Besitz von Großkonzernen sind. Ihr Anbau hat den für den Eigenbedarf notwendigen Anbau von Grundnahrungsmitteln zurückgedrängt, die Bodensubstanz verändert und damit einen Umstieg auf eine alternative agrarische Kultivierung nahezu unmöglich macht, ganz abgesehen von den diesbezüglichen Interessensdivergenzen zwischen den Großplantagenbesitzern und der für sie arbeitenden Bevölkerung.

Mitunter äußern sich Entwicklungsmaßnahmen auf dem Weg der sich industrialisierenden Länder nach dem Prinzip: Arbeit für sie, Gewinn für die Industrieländer. Dies läßt sich im Rahmen der Gründung sog. „Freihandelszonen" in sich industrialisierenden Ländern zeigen. In solchen etablieren sich ausländische Unternehmen – bringen also Arbeitsplätze – dafür werden ihnen Sonderregelungen eingeräumt (wie etwa Zollfreiheit, Befreiung von Devisen- und Steuerauflagen, unbeschränkter Gewinntransfer, etc.). „Frei ist an diesen vor allem der Profit, die Arbeiter dagegen werden mit Antistreikgesetzen und schlechten Löhnen geknechtet. Notfalls wird – wie bei Adler (einem deutschen Textilunternehmen) – die Militärpolizei geholt." (Grießhammer & Burg 1989, 35)

Mit den Worten Kennedys läßt sich das heutige Ergebnis 40jähriger Entwicklungsprogramme schließlich folgendermaßen zusammenfassen:

„Im Moment . . . weist das übliche Bündel von Faktoren, welche die relative ökonomische Leistungsfähigkeit beeinflusse – kulturelle Haltungen, Bildung, politische Stabilität, die Fähigkeit, langfristige Planungen durchzuhalten – darauf hin, daß sich eine kleine, aber wachsende Zahl von Ländern von Habenichtsen zu Besitzenden wandelt, eine weit größere Zahl indessen zurückbleibt." (Kennedy 1993, 294f.).

Mit dieser Feststellung weist er zwar auf die kontinuierlich voranschreitende Dichotomisierung der Welt in Arme und Reiche hin, macht aber gleichzeitig auf die weltweit unterschiedlichen Entwicklungsprozesse aufmerksam. Er beschreibt sie bei den sich industrialisierenden Ländern und greift dabei auf die Kategorisierung von Ravenhill (1990) zurück, der sie unterteilt in:

- *ölexportierende Länder mit hohem Einkommen* (Kuweit etc.);
- *industrialisierende Ökonomien mit starker Staatsautorität* und relativ niedriger Verschuldung (Taiwan etc.);

- *industrialisierende Ökonomien mit schwachen Staatsapparaten oder Schuldenproblemen* (Argentinien, Polen);
- *potentielle neue industrialisierende Länder* (Malaysia, Thailand)
- und *rohstoffproduzierende Länder* (Subsahara-Afrika, Zentralamerika).

Damit wird der heterogene Charakter des Entwicklungsprozesses in den verschiedenen Ländern unterstrichen, der in den dichotomierenden Bezeichnungen (wie Industrieländer einerseits und sich industrialisierende Länder andererseits) kaum wahrgenommen werden kann. Die Heterogenität des Entwicklungsprozesses wurzelt in der Heterogenität der einzelnen Länder, die sich etwa nach rohstoffreichen und -armen unterscheiden, die einen sind ethnisch vielfärbig und kulturell vielfältig, die anderen nicht. Sie sind sozio-ökonomisch unterschiedlich strukturiert und innen- und außenpolitisch verschieden orientiert (vgl. Nohlen 1989, 14).

Eine solchermaßen differenzierte Betrachtungsweise wie sie hier nach Ravenhill für die sich industrialisierenden Länder eingenommen wurde, wäre nun auch für die Industrieländer zu erwarten. Dieser Ansatz wurde dafür aber noch nicht aufgegriffen. Er könnte darin bestehen, die o. a. Kategorien um die für Industrieländer typische zu erweitern. Ein solcher Raster wäre insoferne sinnvoll, als er hinsichtlich neuer Entwicklungskonzeptionen den Bewußtseinsgrad dafür erhöhen könnte, daß auch die Industrieländer selbst sich in unterschiedlichen Entwicklungsstadien befinden und sich die von ihnen eingeschlagenen Wege ebenso unterscheiden wie die jeweiligen länderspezifischen Gegebenheiten.

Beispiel Albanien. Aufgrund seiner geographischen Lage zählt es zu Europa und wird daher nicht mit den sich industrialisierenden Ländern Afrika, Asien und Lateinamerika assoziiert, obwohl es *in realita* in bezug auf Analphabetenrate, Bruttosozialprodukt, Lebenserwartung, Gesundheit und Wohlfahrt, Ernährung etc. große Ähnlichkeiten mit ihnen aufweist.

Entwicklungsunterschiede zeigen sich aber nicht nur auf internationaler, sondern auch auf intranationaler Ebene. Man denke hier beispielsweise an das Problem der Stahlindustrieregionen in den Industrieländern, wo hohe Arbeitslosigkeit herrscht und der Lebensstandard dementsprechend niedrig ist, im Gegensatz zu prosperierenden Regionen in ein und demselben politischen Land. Der Trend zur 2/3-Gesellschaft, in der die Zahl der Armen und der Sozialhilfeempfänger wächst, zeichnet sich in den Industrieländern ab (vgl. Dritte Welt Haus Bielefeld 1992, 63). Ungleichheit tritt dort stärker hervor, wo „Disparität in den Lebenschancen zu Frustration, Unzufriedenheit, Terror ... führt" (Human Development Report 1993). Die Dichotomisierung in Arme hier und Reiche dort läßt sich also in der Kategorisierung Industrie- und sich industrialisierende Länder nicht mehr aufrecht erhalten.

Aber nicht nur „Differenzierungen" sind beim Thema Entwicklung von Belang, sondern auch „Relationierungen" gerade im Zusammenhang mit künftigen Problemstellungen von Bedeutung, die als „globale Zusammenhänge" zu sehen sind.

Die Problematik von Entwicklungskonzeptionen liegt nämlich darin, daß es erstens „keine einheitliche Konzeption" – passend für alle – geben kann. Zweitens die Konzeptionen „einseitig" – nämlich im Interesse der Industrieländer sind. Drittens Entwicklung „mit Wachstum" gleichgesetzt wird, obwohl gezeigt werden kann, daß z. B. Wirtschaftswachstum kein hinreichender Faktor für Lebensqualität ist, sondern „it is also the use that is made of this income" ... „What is decisive is not the process of wealth maximization but the choices that individuals make" (Human Development Report 1994, 17).

Außerdem dominierte in den bisherigen Entwicklungskonzeptionen der Glaube, daß der

Weg der Entwicklung, den die Industrieländer gegangen sind, richtig und daher erstrebens- und nachahmenswert ist. Deshalb wurde er ja auch bedenkenlos in die Entwicklungskonzeptionen eingearbeitet und dem Rest der Welt (wohl oder übel) aufoktroyiert.
Nun aber zeigt sich, daß die Industrieländer mit dem Entwicklungsfortgang, wie er sich mit dem Ozonloch, Klimaverschiebungen, Wüstenfortschreitungen, etc. darstellt, doch nicht wirklich zufrieden sind. Und seine Tragweite läßt sich im Hinblick auf die sich industrialisierenden Länder, wenn sie denselben Spuren der Industrieländer auf dem Weg der Entwicklung gemäß den Entwicklungskonzeptionen folgen, abschätzen:
Die Bevölkerung der Industrieländer macht derzeit 23% der weltweiten Population aus und
– ist zu 75% für die Emittierung jener Treibhausgase verantwortlich, die zur Erderwärmung führen.
– trägt zu 95% zur Zerstörung der schützenden Ozonschicht in der Stratosphäre bei.
– verbraucht 70% der Erdölvorräte, die Millionen von Jahren im Falle einer möglichen Regeneration brauchen.
Die Schadstoffemmissionen sind die Hauptursache für den Treibhauseffekt mit den Konsequenzen weiterer Umweltkatastrophen, wie etwa Desertifikation (z. B. in der Sahelzone) und Überschwemmungen, die vor allem sich industrialisierende Länder treffen. Das heißt, daß im Rahmen der Entwicklungskonzeptionen unter Einbezug der Umweltdimensionen nicht nur die Verschwendung von bzw. der Umgang mit Ressourcen problematisiert werden muß, sondern auch die begrenzte Aufnahmekapazität der Biosphäre für Schadstoffe.
Ein Entwicklungsverlauf, der in obigem Sinne also von nur einem knappen Viertel der Weltbevölkerung eingeleitet worden ist und nun weltweite Verbreitung finden soll, scheint unter diesen Bedingungen wohl nicht möglich, will man einen ökologischen Kollaps verhindern. Es kann daher kein ernsthaftes Interesse der Industrieländer sein, daß sich die industrialisierenden Länder nach demselben Prinzip entwickeln bzw. dasselbe Entwicklungsniveau erreichen, zumal Klimaveränderung, Waldzerstörung, Artentod etc. sich nicht auf geographische Einheiten beschränken (vgl. Roberts 1994).
Und das spiegeln die Daten zum Wirtschaftswachstum auch wider, das nicht „nur" auf die Kosten der weltweiten natürlichen Ressourcen geht, sondern auch auf die der Bevölkerung der sich industrialisierenden Länder. Sie können so interpretiert werden, daß Entwicklung so aufgefaßt zu sein scheint, daß die Industrieländer ihr eigenes Entwicklungsniveau damit erhalten, daß sie in Richtung Wirtschaftswachstum (als Entwicklungsformel) hindrängen. Um dieses für die Industrieländer gewährleisten zu können, muß der Markt der sich industrialisierenden Länder dafür präpariert werden. Dabei ist allerdings darauf zu achten, daß das dortige Angebot sich für die Industrieländer vielfältig und reichlich ausnimmt, jedoch das Verbraucherverhalten der sich industrialisierenden Länder seinen vorindustriellen Charakter beibehält. Damit soll den Industrieländern der dominante Zugriff auf die Welt-Ressourcen weiterhin eingeräumt werden einhergehend mit Macht- und Kontrollfunktionen, die im Rahmen der Entwicklungsmaßnahmen den nach diesen Prinzipien wirkenden Wirtschaftskreislauf gewährleisten.
Beispiel Darlehen, die von internationalen Organisationen der Industrieländer den sich industrialisierenden Ländern im Rahmen der Entwicklungsprogramme gewährt werden. Sie schlagen sich mit Zins und Zinseszinsen in diesen Organisationen gut zu Buche, wohingegen sie die sich industrialisierenden Länder zu einer immerwährenden Schuldentilgung

verpflichten und damit prägende Abhängigkeitsstrukturen schaffen (vgl. The World Bank Annual Report 1995, 140–221).

Weltwirtschaftliche Mechanismen kommen hier also derart zum Tragen, daß die sich industrialisierenden Länder im Rahmen des Schuldendienstes an die Industrieländer auf große Exporte angewiesen sind. Dabei erlaubt ihnen das Weltwirtschaftssystem (mit Ausnahmen) lediglich den Export von Rohstoffen, wie Rundhölzer, Erze, Futtermittel, etc., „sodaß pro Dollar Exporterlös ein ganz besonders hoher Prozentsatz Naturzerstörung anfällt. Und indem sie hektisch immer mehr Rohstoffe auf den Markt werfen, fallen die Marktpreise (und wachsen unsere Abfallhalden)." (Weizsäcker 1993, 142; zur Schuldenkrise und Umwelt vgl. Sabet 1992)

So kommt es, daß der Anteil der sich industrialisierenden Länder am weltweiten Außenhandel relativ gering ist. Ein Drittel aller ihrer Exporte wird behindert und zwar in den Bereichen, in denen sie mit kostengünstigeren Produkten eine Konkurrenz für die Industrieländer darstellen. Diese Vorkehrungen werden als Schutzmaßnahmen für die Landwirtschaft, Textil- und Bekleidungsindustrie, die Stahlbranche und Werftenindustrie, u. a. der Industrieländer dargestellt. Konkret handelt es sich dabei um Einfuhrzölle, Mengenbegrenzungen, „Freiwillige Beschränkungen", qualitative Standards, Verpackungsvorschriften, Anti-Dumping-Verfahren, etc. (Dritte Welt Haus Bielefeld 1992, 119).

Solchermaßen getroffene Entwicklungsmaßnahmen geben zwar den Anschein, Kontrolle darüber zu haben, wo sie eingesetzt werden, wobei im obigen bereits darauf eingegangen wurde, daß sie bei den Initianden zu unerwarteten Effekten in den sich industrialisierenden Ländern führten, sollten aber nicht darüber hinwegtäuschen, daß sie auch Effekte für die Industrieländer selbst haben.

Im Rahmen der Globalisierung, die über Entwicklungskonzeptionen voranschreitet, kommt das Prinzip der Wechselwirkungen zum Tragen. Es zeichnet sich dadurch aus, daß Eingriffe von einer Seite nicht nur auf der anderen Seite zur Wirkung kommen, sondern sie von dort auch wieder zurückwirken. Die Welt wird damit als interrelatives und -dependentes Gefüge dargestellt. Konkret stellt sich das im Rahmen eines Ungleichgewichts auf der einen Seite – nämlich der Armut der Länder Afrikas, Asiens und Lateinamerikas – als ein ebensolches auf der anderen – nämlich den Industrieländern – früher oder später dar. Denn Entwicklungsmaßnahmen gehen Hand in Hand mit „ökologischen", „ökonomischen", ebenso wie „demographischen" Auswirkungen, die sich nicht auf geographische Einheiten beschränken.

Beispiel Dürrekatastrophe im subsahariellen Afrika. Es gibt theoretische Ansätze, die Klimaveränderungen und die zunehmende Desertifikation in Zusammenhang bringen (vgl. Schulz 1994). Und für Klimaveränderungen wird u. a. die Vergrößerung des Ozonlochs (hervorgerufen u. a. durch FCKW-Sprays), zu dessen Verursachung größtenteils Industrieländer beitragen, verantwortlich gemacht (vgl. Roberts 1994). Die afrikanische Bevölkerung wird daraufhin Überlebensstrategien entwickeln, die sich in Migration, Kriegen, etc. unter Konfrontationen zunächst mit Nachbarländern bis hin zu den Industrieländern niederschlagen werden (vgl. Spittler 1989).

Das Thema „Migration" erhält hier neue Aktualität im Zusammenhang mit Fragen der sozialen Ungleichheit und Sicherheit in bezug auf Industrie und sich industrialisierende Länder (vgl.: Human Development Report 1993). Inge Kaul (Vorsitzende der Abteilung Human Development in den UN) hat in diesem Zusammenhang anläßlich der Konferenz zum Thema Entwicklungshilfe im Juni 1993 im Wiener Parlament davon gesprochen, daß es

bislang noch keine systematische Chance für Entwicklungmaßnahmen gab und im Hinblick auf „globale Sicherheit" eine Nord-Süd-Kooperation heute dringlicher denn je ist.
Bei diesem Beispiel sind die Wechselwirkungen zwischen Industrie- und sich industrialisierenden Ländern von zentralem Stellenwert. Im besonderen ist es die „Wechselseitigkeit", die hier fokussiert wird und mit den Entwicklungskonzeptionen in Bezug gesetzt wird. Es wird davon ausgegangen, daß die über sie transportierte Dominanz der Industrieländer über die sich industrialisierenden nicht ohne Auswirkung für die Industrieländer selbst bleibt. Indem dieser Prozeß „unreflektiert" abläuft und Wechselwirkungen „nicht bewußt" mitberücksichtigt werden, treten sie unerwartet ein und es muß darauf dann „reagiert" werden. Dabei spielt v. a. der „Zeitfaktor" eine wesentliche Rolle und ist ausschlaggebend dafür, inwieferne (noch) adäquat reagiert werden kann – anstelle „planvoller Voraussicht", die Selbstreflexivität zur Bedingung macht, um damit die aus der Globalität resultierende Komplexität so gut wie möglich in den Griff zu bekommen.

Literatur
BOUKE, J. H. (1961) Village Reconstruction. In: WESTHEIM, W. F. (Hrsg) Indonesian Economics. The Concept of Dualism in Theory and Policy. Selected Studies on Indonesia by Dutch Scholars, The Hague.
BRANDT, W. (1980) Das Überleben sichern – Gemeinsame Interessen der Industrie- und Entwicklungsländer. Bericht der Nord-Süd-Kommission. Kiepenheuer u. Witsch, Köln.
CLUB OF ROME (Hrsg. 1990) Die Herausforderung des Wachstums. Globale Industrialisierung: Hoffnung oder Gefahr? Zur Lage der Menschheit am Ende des Jahrtausends. Berichte internationaler Experten an den Club of Rome. Scherz, Bern/München/Wien.
DAS MODERNE LEXIKON (1984) Bd. 19 Trier – Walh. Bertelsmann, Gütersloh.
DRITTE WELT HAUS BIELEFELD (Hrsg, 1992) Atlas der Weltverwicklungen. Hammer, Wuppertal.
ENCYCLOPAEDIA BRITANNICA (1995) Bd. 14.
ENGELAND, M./DAFFA, P. (1990) Entwicklungshilfeprogramm der kirchlichen Organisationen „Brot für die Welt" und „Misereor". In: FINKING, R./DAFFA, P. (Hrsg.) Entwicklungshilfe – wohin? Eigenverlag, Münster.
ERLER, B. (1990) Tödliche Hilfe. Dreisam, Köln.
FINKING, R./DAFFA, P. (Hrsg. 1990) Entwicklungshilfe – wohin? Eigenverlag, Münster.
FREIRE, P. (1974) Erziehung als Praxis der Freiheit. Kreuz, Stuttgart.
GALTUNG, J. (1975) Strukturelle Gewalt – Beiträge zur Friedens- und Konfliktforschung. Rowohlt, Hamburg.
GLOBAL 2000 (1980) Report to the President. Eigenverlag, Frankfurt.
GRIESSHAMMER, R./BURG, C. (1989) Wen macht die Banane krumm. Kolonialwarengeschichten. Rowohlt, Reinbek b. Hamburg.
GRIFFIN, K. (1979) The Political Economy of Agrarian Change: An Essay on the Green Revolution. Mcmillan, London.
HANAK, I. (1993) Frauen in Afrika: „. . . ohne uns geht gar nichts!" Südwind, Wien.
HARTFIEL, G./HILLMANN, K.-H. (1972) Wörterbuch der Soziologie. Kröner, Stuttgart.
HUMAN DEVELOPMENT REPORT (1993) Oxford University Press, New York.
HYDEN, G. (1991) The role of aid and research in the political restructuring of Africa. In: Chr. Michelsen Institute, Report Bd. 1: 133–158.
INTERNATIONAL LABOUR ORGANISATION (1992) World Labour Report. Genf. In: Hauchler, I. (Hrsg, 1993) Globale Trends 93/94. Fischer, Frankfurt a. M.
KABOU, A. (1993) Weder arm noch ohnmächtig. Lenos, Basel.
KENNEDY, P. (1993) In Vorbereitung auf das 21. Jahrhundert. Fischer, Frankfurt a. M.
LUXEMBURG, R. (1913) Die Akkumulation des Kapitals.
MEADOWS, D. H./MEADOWS, D. L./RANDERS, J./BEHRENS, W. (1972) Die Grenzen des Wachstums. DVA, Stuttgart.

NEURATH, P. (1994) Models of the world's problems and problems with the world models. In: ders.: From Malthus to the Club of Rome and back. Sharpe, London et al.

NOHLEN, D. (1989) Lexikon Dritte Welt. Rowohlt, Reinbek b. Hamburg.

NOHLEN, D. (Hrsg, 1980) Lexikon Dritte Welt. Länder, Organisationen, Theorien, Begriffe, Personen. Rowohlt, Reinbek b. Hamburg.

NOHLEN, D./NUSCHELER, F. (Hrsg, 1992) Handbuch der Dritten Welt. Grundprobleme, Theorien, Strategien. Dietz, Bonn.

O'BARR, J. (1984) African Women in politics. In: HAY, M. J./STICHTER, S. (Hrsg.). Aus: HANAK, I. (1993) Frauen in Afrika: „... ohne uns geht gar nichts!" Südwind, Wien.

RAVENHILL, J. (1990) The North-South Balance of Power. International Affairs 66 (4).

ROBERTSON, C./BERGER, I. (Hrsg, 1993) Women and Class in Africa. New York 1986. In: HANAK, I. Frauen in Afrika: „... ohne uns geht gar nichts!" Südwind, Wien.

ROBERTSON, C. (1993) Women in urban economy. In: HAY, M. J., STICHTER, S. (Hrsg). Aus: HANAK, I. (1994) Frauen in Afrika: „... ohne uns geht gar nichts!" Südwind, Wien.

ROBERTS, N. (ed., 1994) The Changing Global Environment. Blackwell, Oxford/Cambridge.

ROSENMAYR, L. (1993) Generationenbeziehungen im Entwicklungsprozeß Schwarzafrikas. Unveröff. FWF-Projekt, Wien.

SABET, H. (1992) Die Schuld des Nordens – Der 50 Billionen Dollar Coup. Horizonte, Frankfurt a.M.

SCHISCHKOFF, G. (Hrsg, 1982) Philosophisches Wörterbuch. Kröner, Stuttgart.

SCHULZ, E. (1994) Changing Use of the Sahara Desert. In: ROBERTS, N. (ed.) The Changing Global Environment. Blackwell, Oxford/Cambridge, 371–396.

SENGHAAS, D. (1977) Weltwirtschaftsordnung und Entwicklungspolitik. Plädoyer für Dissoziation. Suhrkamp, Frankfurt a. M.

SPITTLER, G. (1989) Dürren, Krieg und Hungerkrisen bei den Kel Ewey (1900–1985). Franz Steiner Verl., Wiesbaden/Stuttgart.

TILES, M./OBERDIES, H. (1995) Living in a technological culture. human tools and human values. Routledge, London.

UN-BERICHT (1951) Eigenverlag, New York.

UN-BERICHT zum Internationalen Jahrzehnt der Frau (1985) Eigenverlag, New York. In: Dritte Welt Haus Bielefeld (Hrsg, 1992) Atlas der Weltverwicklungen. Hammer, Wuppertal.

UNESCO WORLD EDUCATION REPORT (1991). Eigenverlag, Paris. In: HAUCHLER, I. (Hrsg, 1993) Globale Trends 93/94. Fischer, Frankfurt a. M.

THE WORLD BANK GROUP (Hrsg, 1995) The World Bank Annual Report. Eigenverlag, Washington D.C.

WEIZSÄCKER, E. U. (1993) Wachstum und Umwelt. In: GÖHNER, R. (Hrsg) Die Gesellschaft für morgen. Piper, München/Zürich, 139–151.

WORLD DEVELOPMENT REPORT (1992). In: Dritte Welt Haus Bielefeld (Hrsg, 1992) Atlas der Weltverwicklungen. Hammer, Wuppertal.

C

AUFBAUKETTE UND ENTWICKLUNG DER ANSPRÜCHE

Das Wachsen der Ansprüche ist in seinen Ursachen sehr differenziert. Das ist wohl auch der Grund dafür, daß sein Ursachengeflecht noch kaum durchschaut ist. Und das ist auch Anlaß für einige Umsicht. Darum ist es geraten, so gut das gehen mag, (C1) die *Vorbedingungen* von (C2) den *Bedingungen,* das kaum mehr Beeinflußbare unserer Geschichte, von dem zu trennen, was noch beeinflußt werden könnte. Um erst dann (C3) jene *Institutionen* zu untersuchen, wie Industrie, Handel und Verkehr, welchen wir das Wachstum üblicherweise zuschreiben, um erst zuletzt (C4) die *Obersysteme* zu bedenken, deren Wirkung – wie über den Institutionen schwebend – dennoch mit diesen vernetzt sind.

C1
Vorbedingungen

Kapitel 6 behandelt die Vorbedingungen; einmal die Geschichte unserer Sozialstrukturen, die über das Entstehen und Wachsen der Hochkulturen und deren Hierarchien das Wachsen der Ansprüche angetrieben haben, ein andermal den kulturgeschichtlichen Wandel der Begriffe und der Auffassung von Natur und Kultur, der dafür verantwortlich ist, in *Kapitel 7.*

KAPITEL 6

Die Politik der Evolution – Die Evolution der Politik
Das Wachstum sozialer Systeme und seine Regulation: Gesellschaftliche Ursachen und Dynamiken

*Ernst Gehmacher**

Die Problematik des Wachstums menschlicher Gesellschaften soll in diesem Essay (also: Versuch) in ein kraß vereinfachendes und verallgemeinerndes Denkmodell gefaßt werden, das auf drei Axiome aufbaut:
- Wachstum ist sozialen Systemen inhärent, stößt aber immer an Grenzen systemischer Regulation.
- Regulationen sind außengesteuert „hart" oder innengesteuert „sanft", sanfte Regulation erspart Leiden und Energie, macht überlebenstüchtiger.
- Sanfte Regulation setzt Selbsterkenntnis (kulturelle Reflektivität) und Lernfähigkeit des Systems voraus, produziert aber dann eher eine dominante Kultur im Evolutionsprozeß.

Dieses Modell ist der soziologischen Systemtheorie und der Theorie einer kulturellen Evolution verpflichtet und läßt sich weder pessimistischen Doomsday-Prognosen noch optimistischem Fortschrittsglauben zuordnen: Es tendiert zu zyklischen Regelungsprozessen mit evolutionären Schüben zu gesteigerter Komplexität.

Einige Definitionen und Grundannahmen sollen den Überlegungen vorangestellt werden. So trocken solche Erklärungen sind, scheinen sie für so neue Gedankengänge dennoch geboten, um weiterhin Unklarheiten oder wiederkehrende Erläuterungen zu vermeiden.

Soziale Systeme lernen langsam
Sozietäten (Verbände, Firmen, Organisationen, Nationen, Kulturkreise) sind lernende (adaptive, autopoietische) Systeme. Ihre konstitutiven Elemente sind an der Basisebene einzelne Menschen, darüber bilden enger verbundene Personengruppen kleinere Subsysteme.
Doch die Elemente (Personen, Teilgruppen) gehören nicht in ihrer Ganzheit dem System an, sondern nur mit bestimmten Funktionen (Ideen, emotionalen Einstellungen, Identifikationen und Loyalitäten, Handlungsweisen; Rollen, Lebensbereichen) und in bestimmten Relationen von Kommunikation, Kooperation und Konflikt.
Die Gesamtheit dieser Funktionen und Relationen kann man als *Kultur* bezeichnen (Unternehmenskultur, Subkultur, politische Kultur). Kultur umfaßt auch Wissen und Know-how sowie die Regeln (Normen, Ethik, Verhaltensmuster, Habits, „Programme") des Systems.

---

* **Ernst Gehmacher** ist Soziologe, 1926 in Salzburg geboren, zunächst Guts-Adjunkt in der Landwirtschaft, dann Redakteur der Wiener „Arbeiter-Zeitung", Konsulent der „General Teaching Corporation", Mitbegründer und wissenschaftlicher Leiter sowie Geschäftsführer des IFES (Institut für empirische Sozialforschung), Lektor an der Techn. Univ. Wien und der Univ. Wien. Zuletzt Gründer des BOAS (Büro für die Organisation angewandter Sozialforschung) in Wien.
Zugang zum Thema über Forschung, Einzelpublikationen und Bücher zum Umweltproblem und den Themen Lebensqualität, Modellierung sozialer Systeme, Policy Research und Umfrageforschung, als Agraringenieur neuerdings mit starkem Bezug zur Evolutionstheorie und der Ambition zur Entwicklung einer evolutionären System-Soziologie.

Aus letzteren ergibt sich in der jeweiligen Situation (Milieu, Zeitgeist, Dynamik) die Anpassungsleistung, das heißt, die Überlebensfähigkeit; diese läßt sich auch als „Effizienz" eines Systems verstehen. Die Anpassungsleistung kann nur mit Bezug auf einen fixen Zeitraum definiert werden. Kurzfristig sehr erfolgreiche Systeme können sich auf längere Frist zu Tode siegen, in Nischen abgedrängte Verlierer-Systeme mögen dort sehr lange überleben und eventuell unter geänderten Verhältnissen eine große Karriere haben.

Für soziale Systeme sind allgemeingültige Gesetzmäßigkeiten zu postulieren (Regelmäßigkeiten mit sehr hoher Wahrscheinlichkeit). Soziale Systeme lassen sich aber nicht auf völlig deterministische Kausalitäten reduzieren, wie es mit den „Naturgesetzen" der Naturwissenschaften versucht wird. Als wesentliche Gesetzmäßigkeiten seien angeführt:
- Lerntheorie der Erfahrungsnähe
- Zwei-Kräfte-Theorie von Interessen und Werten
- Gewinner-Verlierer-Theorie der Kulturellen Evolution
- Gleichgewichts-Postulat zwischen Kohärenz und Innovativität

Aus diesen Gesetzmäßigkeiten läßt sich ein wesentlicher Teil gesellschaftlicher Phänomene erklären.

Lerntheorie der Erfahrungsnähe

Menschen lernen (erwerben/entwickeln in der Anpassung neue „Programme") um so mehr/schneller/besser, je direkter (an biologisch-psychische-soziale Betroffenheit gebunden) die Erfahrungen sind. Unmittelbare Erlebnisse wirken bei gleicher Intensität und Dauer stärker als mediale Bilder und sprachlich/gedankliche Repräsentationen.

Langdauernde indirekte Eindrücke können trotzdem die Persönlichkeit stärker formen als schwache und kurze Eigenerfahrungen. Das gilt besonders für innere Ideenwelten und Glaubenssysteme, die eine fortdauernde Realität im Kopf bilden, doch auch diese werden zuweilen durch ein direktes Schock-Erlebnis übertönt.

Als Maß für die Direktheit von Erfahrungen kann die emotionale Berührtheit (Schmerz/Lust, Angst/Hoffnung, Stimulation/Langeweile) angesehen werden. Was stärker anregt und aufregt, prägt sich besser ein. Lernerfolg äußert sich in Veränderungen von Ideen, Einstellungen und Verhalten.

Das Lernen des Systems ist mehr als die Summe des individuellen Lernens innerhalb des Systems. Es gibt dabei noch folgende zusätzlichen Effekte:
- Zugang/Abgang von Elementen (Personen, Teilgruppen) mit ihrem eigenen Repertoire (Migration, Drop-out, Brain-Drain);
- Speicherung von individuellem Know-how in den Wissensreservoiren des Systems (Bibliotheken, Organisationen, Maschinen);
- Veränderung des Systemverhaltens (Innovation von Strukturen und Prozessen) durch Anwendung von systemimmanentem Wissen (Heranziehung von Experten/Spezialisten, Forschung).

Personen wie Systeme können auch Gelerntes verlieren (vergessen, aus der Übung geraten) oder kontraproduktive Inhalte überhand nehmen lassen (Verdummung).

Die zwei großen Kräfte: Interessen und Werte

Der Mensch wird durch emotionale Antriebe zur Aktivität motiviert; diese kann man nach ihrer Zielgerichtetheit in Interessen und Werte unterteilen.

Beides sind gedankliche Konstrukte, die sich auch weit von der Realität entfernen (auch

„kontraproduktiv" sein) können. Durch ihre emotionale Ladung widerstehen sie sehr zäh der Änderung, insbesondere durch bloße kognitive Informationen.

Interessen sind Zielorientierungen, die sich auf die eigene Bedürfnisbefriedigung, auf Lustgewinn und Leidvermeidung (psychischen Nutzen), beziehen – also egoistisch sind. Interessen können diese Ziele unmittelbar („triebhaft") oder über komplexere Strategien („kalkulierend") ansteuern.

Gruppen (Systeme und Subsysteme) haben „kollektive" Interessen, die von den Repräsentanten der Gruppen vertreten werden sollen. Individuelle Interessen und Gruppeninteressen stimmen oft nicht überein. Neben den unvermeidlichen Interessenskonflikten zwischen konkurrierenden Elementen gibt es potentielle Diskrepanzen in einer Gruppe zwischen Eigeninteressen und Gruppeninteressen.

Werte sind emotionale Orientierungen, die auf Interessen übergeordnete (und von Interessen unabhängige) Ziele gerichtet sind. Werte gehen (als Normen, Ideale, Vorbilder, Stile, Moden) aus der Gesellschaft hervor und werden über Erziehung, Bildung, Kunst und erlebte soziale Gegenwärtigkeit weitergegeben – großteils unbewußt.

Werte sind schwer zu verändern, nicht einmal in der individuellen „Selbsterziehung" ist das leicht. Kulturen halten sehr zäh an ihren „Grundwerten" fest, welche wesentliche Bestandteile der eigenen Identität sind.

- Interessen und Werte sind die beiden großen Triebkräfte der Gesellschaft.
- Interessen motivieren und bewegen das Individuum wie die Gruppe unmittelbar und „triebhaft". Werte wirken langsam und stetig.
- Treten Interessen und Werte in Widerspruch, so siegen im Augenblick immer die Interessen. Längerfristig setzen sich aber Werte durch – oft, indem allmählich die Interessen-Strategien verschoben werden.
- Harmonie von Interessen und Werten befriedigt nicht nur, sondern bündelt auch die Antriebskräfte. (Große Leistungen setzen voraus, daß die „Pflicht" auch tatsächlich „Freude" macht.)

Gewinner und Verlierer

Evolution bedeutete Innovation, getrieben von Interessen und Werten, und Selektion des effizienteren Systems. Dabei muß es Gewinner und Verlierer geben.

In der kulturellen Evolution gehen aber nicht immer und unbedingt Menschen zugrunde (als Kriegsopfer, Verzweifelte und Zermürbte) oder ganze Systeme (im Firmenbankrott oder durch „Eroberung"). Oft werden nur Programme verdrängt (Theorien, Sitten, Normen, Stilrichtungen, Maschinen und Marken). Größere Kulturen verschwinden auch in der Niederlage nicht, sie überdauern Eroberung und Revolution durch Anpassung.

Gewinn und Verlust müssen nicht nur Gesundheit, Einkommen und Ansehen betreffen – schon Verlust des Gewohnten, Unsicherheit der Zukunft werden oft als Streß und Belastung empfunden. Hoffnung und Angst, Optimismus und Pessimismus beeinflussen nicht nur die Stimmung des Menschen, sondern färben auch die öffentliche Meinung.

Bei starker Systemdynamik (wie sie heute gegeben ist) bilden sich aus Modernisten und Antimodernisten abgegrenzte Teil-Kulturen heraus.

Kohärenz und Innovativität

Ein soziales System ist um so kohärenter, je mehr das systembezogene Handeln der Akteure (Elemente des Systems) koordiniert (gleichartig oder aufeinander abgestimmt) ist. In-

strumente der Koordination sind sozialisierte, also anerzogene und durch Gewohnheiten fixierte Verhaltensweisen und Werte, Normen (ethische Regeln und gesatztes Recht), bestärkende Kommunikation mit einigender Emotionalisierung, kognitive „Glaubenslehren", positive und negative Sanktionen (Belohnung und Bestrafung).
Begleiterscheinungen der Kohärenz sind Identifikation und Bindungsgefühle, aber auch gemeinsame Feindbilder und Aggressionen – sehr allgemein: gemeinsame Emotionen.
Je geschlossener und intensiver (überzeugter) die „Kultur" des Systems ist, um so mehr wird koordiniertes (systembezogenes) Handeln und Fühlen evoziert.
Auf der individuellen Ebene: Je stärker der „Glauben" an die „Kultur", der man sich zuzählt, um so höher die persönliche Motivation. Motivation bedarf aber auch der persönlichen Energie (Lebenskraft, Gesundheit) und Lust (durch Selbstrealisierung und Kreativität). Ein soziales System ist um so innovativer, je mehr es selbst neue Ansätze (Überlegungen, Ideen, Analysen, Regulationen, Verhaltensweisen) zur Behandlung (Problemlösung, Verbesserung, Stärkung) des Systems hervorbringt.
Es ist an sich unmöglich, vorher völlig und genau zu wissen, wie effizient (erfolgreich) die einzelnen Ansätze sind, da andere Systeme (soziale und nichtsoziale) auch reagieren. Doch mehr Innovativität erhöht die „Treffer-Chancen". Innovativität steht aber auch im Gegensatz zur Kohärenz. Jede Erneuerung der „Kultur" verringert Identifikation und Glauben für die „alten" Teile und mindert die Kohärenz. Kohärenz wiederum behindert das Abweichen vom Bestehenden und damit die Innovation.
Kohärenz steigt mit der:
- Motivation der Mitglieder zum systembezogenen Handeln,
- Disziplin und Funktionalität der Normen und Sanktionen des „Ordnungssystems",
- Pflege des „System-Glaubens" durch Rituale und Symbole,
- Kommunikationsintensität im Beziehungsnetz des Systems.

Offene und verborgene Konflikte in Interessen und Werten zwischen Systemen erhöhen die Kohärenz der gegnerischen (opponierenden) Gruppen, stören aber die Kohärenz des Supersystems (Beispiele: Parteien und Staat, Minderheiten und Staatsnation). Supersysteme können Verfahren zur Konfliktdämpfung entwickeln und den Subsystemen „einpflanzen" (Gerichte, Interessenvertretungen). Soziale Systeme in Überschneidung (z. B. Beruf und Freizeit, Schule und Freundeskreis) entwickeln Konflikte, die quer durch individuelle Personen gehen. Solche Konflikte sind nicht endgültig zu lösen, andererseits lassen sie sich eher dämpfen, da die „Spaltung" der Persönlichkeit seltener destruktive Formen (zerstörende Aggressivität) erreicht als die Spaltung in getrennte Personengruppen.
Aus solchen grundsätzlichen Regularitäten sozialer Systeme läßt sich eine Dynamik erklären und ableiten, die zur kulturellen Evolution führt – also zur Selektion von „Kulturen" aufgrund ihrer Anpassungsfähigkeit.

Wachstum ist triebhaft
Man vergleicht Wachstum, insbesondere das moderne Wirtschaftswachstum, aus kritischer Sicht gern mit einem Krebsgeschwulst, also einem krankhaften und destruktiven Prozeß. Das mag als diagnostische Einengung und Argumentation für eine sanftere Regulation durchaus Sinn haben. Doch verschließt das den Blick auf die Einsicht, daß auch ein gesunder menschlicher Körper ständig Zellen produziert – sogar oft viel mehr als in einem Krebsgeschwulst, nur in einer Selbstregulation, die über lange Perioden formerhaltend ist (obwohl ohne reflexive Selbststeuerung physisch wenig angestrengte Bürger einer Wohl-

standsgesellschaft auch gewichtsmäßig zu Wachstumsraten neigen, die denen eines üppigen Wirtschaftswachstums nicht nachstehen). Das vorliegende Modell geht von der grundlegenden Annahme aus, daß alle sozialen Systeme wachsen, solange sie nicht an Grenzen und Regulationen stoßen, die dem entgegenwirken. Das Wachstum menschlicher sozialer Systeme (im wesentlichen hier und in den weiteren Betrachtungen: ganzer Gesellschaften, Ethnien, Religionsgemeinschaften, Kulturen) sei als naturgesetzlicher Prozeß verstanden, sowohl in seiner Expansivität wie in den Begrenzungen.

Die Wachstumstendenzen umfassen alle wesentlichen Aspekte einer Sozietät:
- Population
- Güterproduktion (kulturelle Hardware)
- Kultur: Normen, Sprache, Wissen, Techniken (kulturelle Software)
- Organisation (Komplexität, Kohärenz des Systems)
- Dominanz: Herrschaft über und Einfluß auf andere Sozietäten, bis zur Einverleibung (Systemexpansion)

In stärker konzentrierter Definition läßt sich auch von drei großen Wachstumsbereichen Population, Produktion und Information sprechen. Diese Aspekte hängen zusammen, wirken aufeinander ein. Gerade diese Korrelationen gehören zu den Schlüsselfragen einer soziologischen Wachstumstheorie.

Die originären Triebkräfte der Wachstumstendenzen sind biologische Mechanismen des Individuums:
- Sexualität und Kleingruppenbindung
- Selbstbehauptung und Sicherheitsstreben
- Revierverhalten und Besitztrieb
- Tätigkeitslust und Neugier
- sozialer Identifikationsbedarf aufgrund semantischer Symbolisierung

Diese Antriebe sind beim einzelnen Menschen ständig wirksam und expansiv, fundamental nicht über den Augenblick hinaus sättigbar. (Saturation oder Umlenkung dieser Antriebe durch Sublimation und Affektkontrolle beruhen schon auf Gesellschaft und deren Regelprozessen.) Erst das Anstoßen an natürliche Grenzen wie Krankheit, Alter, Schwäche, Tod und die damit verbundene lähmende – also akute – Angst erzwingt auf der biologischen Ebene die Rücknahme oder das Verschwinden dieser individuellen Antriebe.

Soziale Systeme akkumulieren auch die Ergebnisse dieser Wachstumsantriebe, wenn der Zuwachs größer ist als der Verlust. Daraus ergibt sich das Anwachsen der Bestände über die Generationen hinweg. Ohne Bremsung verläuft Wachstum immer exponentiell, und zwar in allen Sektoren: Die Verdopplungszeit des akkumulierten Wissenschafts-Wissens liegt in der Modernisierungsphase der letzten hundert Jahre bei 20 Jahren, das bedeutet mit jährlich etwa 4 Prozent eine Wachstumsrate, die auch für das Wirtschaftswachstum im Konjunkturaufschwung normal ist – und von expansiven Bevölkerungen ebenfalls erreicht wird. Dominanz- und Organisationswachstum sind noch wenig gemessen worden – intuitiv scheinen dort aber ähnliche Expansionsraten (wenn nicht noch größere) vorzukommen.

Ein Ende des Wachstums tritt erst ein, wenn ein kontraproduktiver Regelprozeß stark genug geworden ist, wobei durch die Trägheit solcher Regelmechanismen selten ein ausgeglichener Gleichgewichtszustand erreicht wird, sondern eher Oszillation oder Zusammenbruch. Diese Eigenheit der Regelprozesse stellt für die Menschen in den sozialen Systemen, insofern sie dabei negativ betroffen, sozusagen „Verlierer" sind, das Wachstumspro-

blem an sich dar. Daraus ergibt sich, ebenfalls naturgesetzlich, eine stete Bemühung in allen sozialen Systemen,
- das Wachstum so lange wie möglich aufrecht zu erhalten,
- unvermeidliche Regelungsprozesse möglichst sanft verlaufen zu lassen,
- Wachstumsregelung „bewußt" zu steuern.

Diese drei Ziele stehen in einem graduellen Konflikt. Wenn bewußt gewordene Interessen Wachstumszügelung aufhalten, „schlittert" die Gesellschaft leicht in eine „harte" Regulation. Sanfte Regulation braucht Wertekonsens.
Eine Analyse des Wachstums muß daher zweierlei leisten:
- die Ursachen, also die Triebkräfte des Wachstums, zu verstehen suchen, praktisch: unter den jeweiligen Gegebenheiten quantitativ schätzen;
- sich um das Verständnis wirksamer und potentieller Regelmechanismen, harter und sanfter Art, bemühen.

Für eine tiefergehende Analyse erscheint eine definitorische Dreiteilung der Regelungsprozesse praktisch. Es sei dabei unterschieden zwischen externen (von außen auf das System wirkenden) und internen (im System selbst auftretenden) Regelprozessen – wobei sich die externen Regelungseffekte wiederum differenzieren lassen in solche nichtsozialer Natur und solche, die auf dem Impakt anderer, also fremder sozialer Systeme (Konkurrenten) beruhen. Die drei Typen könnte man mit den Wortmarken Naturregelung, Fremdregelung und Selbstregelung charakterisieren. Naturregelung und Fremdregelung sind vorwiegend hart, also mit Leiden für die Menschen und mit Einbußen für Gesellschaft und Kultur verbunden. Selbstregelung zielt auf sanfte Methoden, da sie eben von den Sozietäten angestrebt wird, die selbst von den „Kosten" der Wachstumsbeschränkung betroffen sind. Eine quantifizierbare Grenze zwischen harter und sanfter Regulation läßt sich nicht angeben, solange keine akzeptierten Indikatoren für persönliches Wohlbefinden (Glück und Leid) bestehen – das Pro-Kopf-Nationalprodukt kann das sicher nicht leisten. Da aber die extremeren Ausprägungen harter Regulation so drastisch und humanitär erschreckend sind, ist die Unterscheidung für eine große theoretische Betrachtung kein Problem, in der angewandten Wissenschaft und in der gesellschaftlichen Praxis aber sehr wohl.
Die drei Arten von Wachstumsregelung seien schlagwortartig für die großen Wachstumsbereiche exemplifiziert.

Population
- Naturregelung

Seuchen, Hungersnöte, endemische Krankheiten, Vergiftung durch Emisionen, psychosomatischer Fruchtbarkeitsrückgang
- Fremdregelung

Krieg, Versklavung, Demoralisierung
- Selbstregelung

Eheverbote, Geburtenregelung, Frauenemanzipation, wirtschaftlicher Vorteil geringer Kinderzahl, Intensivierung der Kindererziehung

Güterproduktion
- Natur

Ressourcen-Erschöpfung, Leistungsrückgang durch Hunger und Krankheiten, Umweltzerstörung (Boden-Erosion, Waldsterben)

- Fremd

Erobert werden, Verwüstungen und Zerstörungen, Boykotte, Wirtschaftskrieg
- Selbst

interne soziale Konflikte, „Zunftordnungen", legistische Normen, ökologische Auflagen, „Konsumverzicht", Ersatz von Gütern durch Do-it-yourself und Dienstleistungen

Kultur
- Natur

Lernfähigkeitsgrenzen („Turmbau von Babel"), Finanzierungskollaps, Verarmung durch Umweltwirkungen
- Fremd

Beeinflußung durch „stärkere" Kulturen, Missionierung durch dominante Kulturen
- Selbst

Fixierung in Normen und Traditionen, ideologisch-religiöse Kulturaskese, Kulturdemokratisierung (Massenmedien, Popularisierung)

Organisation
- Natur

Versagen der Organisation durch „Overload" und Hierarchisierung, Erstarrung in Überorganisation
- Fremd

Niederlage im Konkurrenzkampf, Fusion mit effizienterer Organisation
- Selbst

Spaltung und Filiation, Normen der Selbstbeschränkung

Dominanz
- Natur

wirtschaftliche Erschöpfung, personelles „Ausbluten" und „Aussterben" (von Eliten)
- Fremd

Niederlage, Unterjochung, Eingliederung
- Selbst

Rebellion, Demokratisierung, ideologischer Paradigmenwechsel, Ausdruck von Dominanz durch Altruismus („Entwicklungshilfe", „Nothilfe")

Es sei noch einmal betont, daß es keine Art von Wachstumsregulierung ohne Widerstände und Schwierigkeiten gibt.

Die Unterdrückung von Wachstumstendenzen, also naturgegebener Antriebe, ist primär (ohne kompensatorische Gratifikationen) für die Menschen in dem sozialen System unangenehm und ein „Opfer" – auch bei sanfter Regelung, die zusätzliches Leiden (durch Naturgewalten, Aggression, Zwang, „Bestrafung", nachteilige Folgen, Demoralisierung und Erniedrigung) weitgehend vermeidet. Wachstumstendenzen sind lustbestärkt. Bloße moralische Appelle kommen dagegen kaum auf.

Noch dazu waren bisher Gesellschaften dergestalt formiert, daß die Wachstumsprozesse noch ermutigt wurden, um die Naturregelung zumindest zeitweilig zu überwinden (oder hinauszuschieben) und im Konkurrenzkampf der sozialen und kulturellen Evolution zu „siegen". (Sanfte Regelung war, spieltheoretisch ausgedrückt, keine evolutionär stabile „Strategie" gegenüber Wachstumskonkurrenz und grober externer Wachstumsregulierung.)

Eine effiziente, „schonende" Selbstregelung kommt nur zustande,
- wenn die Vorteile des Wachstumsverzichtes (für eine große Mehrheit) größer sind als das Opfer
- und wenn Kooperation (zur Selbstregulierung) im allgemeinen günstiger ist als Defektion (Non-Compliance, Trittbrettfahren, Schmarotzen, Rebellion).

Beide Bedingungen sind offenbar beim Bevölkerungswachstum in modernen Sozialstaaten erfüllt. Wenige Kinder zu haben bringt, wenn man gegen Not, Krankheit und Alter vom System sozial abgesichert ist und Kinder viel Geld und Zeit kosten, mehr Vorteile als eine große Kinderzahl. Dazu kommt aber noch ein Rechtssystem und eine fortgeschrittene weibliche Emanzipation, die es einem sexuellen „Schmarotzer" schwer machen, mit mehreren Frauen Kinder in die Welt zu setzen. Wesentlich dafür sind aber auch die modernen Techniken der Geburtenregelung und eine Kultur, die Kinderreichtum eher als „Sünde" stigmatisiert als die Wachstumsimpulse zu idealisieren.

Es gibt auch Beispiele für effiziente „sanfte" Wachstumsregelungen in den anderen Bereichen, aber nur in partiellen, meist kleineren sozialen Systemen mit einer spezifischen „Kultur". Die Regelung beruht dabei meist auf religiös-ideologischen Gemeinschaftsnormen (Bettlerorden, bescheiden lebende Sekten, bäuerliche oder nomadische Lebensformen) oder elitären Gruppierungen („Heilige", politische Kader, Kibbuzzim, Öko-Alternative der modernen Bildungsschicht).

Wie hart ist „harte Regulation"?
Die soziale Selbstreflexion historischer und prähistorischer Gesellschaften tendierte dazu, Naturregelung als „Strafe Gottes" zu interpretieren und Fremdregelung als „Sieg des Bösen" zu fürchten. Das hat einerseits der psychologischen Verarbeitung gedient, andererseits soziale Mechanismen von Anpassung und Kampf verstärkt, die im Wettlauf der Kulturen funktional waren. Eine Versachlichung solcher emotionaler Interpretationen kennzeichnet die Methode wissenschaftlicher Objektivierung und damit das Kulturelement des Rationalismus.

Damit stellt sich auch die Frage, ob heute und in absehbarer Zukunft durch die Wachstumstendenzen auch schon die Existenz der Spezies Mensch bedroht sei. Als aufwühlende Warnung steht die Selbstzerstörung der Menschheit an die Wand geschrieben. Und in einem Weltbild, das durchaus die Möglichkeit vieler anderer belebter Planeten im Universum offen läßt und auch die Wiederholung des Kreationsexperiments Mensch auf der Erde nicht ausschließt (gegen Radioaktivität resistentere Tiere hätten nach dem großen Atomkrieg noch hunderte Millionen Jahre Zeit, Computerintelligenz zu entwickeln), würde das nichts anderes bedeuten, als daß eine äußerst harte Regulation den Entwicklungsast Homo Sapiens sowohl in der biologischen wie der kulturellen Evolution als gescheitert beendet. Undenkbar ist das nicht. Doch deutet der bisherige Verlauf der kulturellen Evolution auch mit beachtlicher Wahrscheinlichkeit auf ein rechtzeitiges Einschwenken der Menschheit in einen dauerhaften Pfad der sanften Wachstumsregulierung durch Selbststeuerung. Rechtzeitig heißt in diesem Fall ja nur, daß die sanfte Regelung den Wettlauf mit den Wachstumstendenzen gewinnt, bevor die harte Regulierung die gesamte Menschheit zerstört. Das schließt nicht aus, daß zum Erreichen sanfter Regelungen noch bitteres Leiden großen Maßstabs erst zum Lernen nötigen muß.

Für ein solches Lernen muß man die Vorgänge aller Arten von Wachstumsregulation sehr gut verstehen lernen. Hier seien in dieser Richtung nur einige Ideen skizziert.

Harte Regulation kann sehr hart sein. Sozietäten können dabei ihr Ende finden. Das muß nicht das biologische Aussterben ihrer menschlichen Konstituenten bedeuten. Gesellschaften lösen sich oft auch in konkurrierenden Sozietäten auf, ihre Kultur (Sprache, Sitten, Normen, Religion, politische Form, Identität) wird von dominanten Kulturen überlagert. Auch dramatische selbstinduzierte Veränderungen (Revolution, Umbruch) können das Wesen einer Sozietät so destruktiv (und „leidvoll") verändern, daß man sie zur „harten" Regulation zählen kann.

Beispiele:
- Aussterben: Wikinger in Grönland, Azteken nach Conquista, Tasmanier rezent
- Auflösung: antike griechische Stadtstaaten, Kelten in Mitteleuropa, viele Indianerkulturen Nordamerikas.
- Umbruch: Römisches Reich in Völkerwanderung, Byzanz, Europa nach der großen Pest und dem Dreißigjährigen Krieg, Rußland durch den Kommunismus.

Firmen, die zu rasch und ohne Bremsung wachsen, gehen nicht selten in Konkurs. Das Sterben größerer sozialer Systeme, wie politischer Parteien, oder das Zugrundegehen kleinerer regionaler Gemeinschaften, ist schon sehr selten. Und es gibt nur wenige Beispiele, daß eine ganze Ethnie, ein Volk oder eine Kultur, in harter Regulation völlig, sozusagen spurlos, verschwindet.

Den Wikingersiedlungen in Grönland, die nach vierhundert Jahren Bestand um 1200 unserer Zeitrechnung verschwanden, wurde eine klimatische Abkühlung zum Verhängnis. Die Wikinger insgesamt starben nicht aus, sondern lösten sich in anderen Kulturen auf – was Völkern, die Wachstum in Eroberung umsetzten, immer wieder zum Schicksal wurde.

Bemerkenswert ist, daß nach der „Entdeckung" und Eroberung Amerikas durch die Europäer nur die am höchsten entwickelten, in ihrem demographischen und kulturellen Wachstum expansivsten Zivilisationen der Ureinwohner ausstarben – es gingen die mexikanischen und Anden-Hochkulturen zugrunde, nicht die voragrarischen Urwald- und Arktisbewohner, die über Jahrtausende stabile Wachstumsregulationen gefunden hatten und damit nicht unmittelbar in Konkurrenz mit den erobernden Hochkulturen traten.

In jüngster Zeit sterben nun allerdings auch einzelne jener bewundernswert überlebensfähigen und relativ sanft regulierten Kulturen der für die Agrargesellschaften unwirtlichen Regionen aus – wie die Tasmanier oder einzelne Urwaldstämme. Die meisten dieser uralten Kulturen (der ethnozentrische Ausdruck „Primitivkulturen" erscheint angesichts der über Jahrtausende reichenden Überlebensfähigkeit dieser Sozietäten eher selbst „primitiv") passen sich aber an, verändern sich zwar einschneidend, lösen sich eventuell auch auf, bilden dabei aber neue Kulturen und Minderheiten eigener Prägung. Oft wächst dann ihre Population wieder.

Das verbreitetste harte Regulativ an den Grenzen des Wachstums ist aber wohl der Umbruch, die Revolutionierung und massive Veränderung der bestehenden Verhältnisse einer Kultur – meist im Gefolge zunehmenden Leidens und innerer Unruhe.

Die großen Umbrüche ganzer Zivilisationen am Limit einer imponierenden Wachstumsperiode waren zwar Regulationen brutaler Härte, wahre Katastrophen, leiteten aber dann neue Kulturen ein.

Die europäische Geschichte läßt sich in großen Zügen als eine Folge solcher Umbrüche skizzieren. Das römische Imperium ging in der ökologischen und demographischen „Implosion" der Völkerwanderung unter; die aus den Ruinen langsam heranwachsende christlich-mittelalterliche Kultur wurde zum Kern der europäischen Zivilisation. Byzanz brach nach einer Blütezeit des Wachstums etwas später und etwas langsamer in sich zusammen und wurde von den arabischen und türkischen „Wachstums-Neulingen" erobert. Daraus ging eine islamische Kultur hervor, die am Höhepunkt ihres Wachstums die europäische Zivilisation übertraf und noch kurz vor ihrem Niedergang Wien im Jahre 1683 belagerte. Das Wachstum der europäischen Kultur, die vom frühen Mittelalter an ganz Europa dicht besiedelte, stieß an die harten Regulatoren der großen Pest und des Dreißigjährigen Krieges; beide verringerten die Bevölkerung gerade der reichsten Regionen in grauenhafter Weise. Beide wurden aber auch Keimboden von kultureller Evolution. Und jeweils beschleunigte sich nachher, in der neu entstandenen Kultur, das Wachstum enorm: Die Neuzeit brachte ein so effizientes kulturelles System hervor, daß sich neue Möglichkeiten und Freiräume des Wachstums ergaben.

Wachstum wurde schließlich zur Religion der Moderne.

Die Geschichte wird auf dieser Erklärungsebene zum Geschehen kultureller Evolution – und die großen Männer (und seltener große Frauen) sowie die Entscheidungsschlachten und denkwürdigen Friedensschlüsse der traditionellen Historiographie werden degradiert zu einem Gemisch von Kulturkräften („jede Sozietät hat die großen Männer, die sie verdient") und Zufall, der Streuung von mehr oder weniger wahrscheinlichen „Outcomes".

Soziale Systeme sind aber eben auch – mehr oder weniger – lernfähig. Sie passen sich unter „Leidensdruck" negativer Einflüsse allmählich (in einer Serie von „Lernschritten") so weit in ihren Reaktionen an, daß sie ihre Wachstumstendenzen zügeln. Das erfordert ebenfalls Regulation, die aber dem sozialen System intrinsisch ist (Selbst-Regulation) und darauf abzielt, das Leiden der „harten" Regulation zu vermindern.

Zu solcher Selbstregulation gelangt eine Sozietät relativ rasch, wenn ein wesentlicher Teil der Menschen in der Sozietät daran direkt interessiert ist. Das ist der Fall, wo der Schaden der harten Regulation durch die „Naturgesetzlichkeit" oder die soziale Konkurrenz Personen und Gruppen im Sichtkreis der eigenen Interessen bedroht. Dann sind Mitglieder der Sozietät bereit, eigene Wünsche und Antriebe zurückzuhalten und auch bei anderen auf „Opfer" zu drängen. Allerdings setzt auch das – oft länger dauerndes – individuelles Lernen voraus; die längerfristige Bedrohung und die Möglichkeiten kollektiven Handelns zu deren Vermeidung müssen ja erst erkannt und begriffen werden. Und je mehr man dabei von anderen auch Opfer verlangen muß, also ihnen nicht auch ein direktes und unmittelbares Interesse klarmachen kann, um so schwieriger wird die Durchsetzung einer sanften Regulation. Sie erfolgt dann nicht mehr spontan, sondern bedarf der gezielten Politik.

Beispiele:
- In Notzeiten gehen die Raten von Familiengründungen und Geburten zurück, die Menschen haben weniger Mut und Kraft zur Expansion.
- Im Gefolge der Erfahrungen mit Lawinen und Muren entstehen in Gebirgsgebieten Bannwälder, selbst wo die Waldnutzung sonst bis an die Grenzen der Ressourcenausschöpfung getrieben wird.
- Die bäuerliche Landwirtschaft entwickelt Selbstbeschränkung gegenüber Übernutzung, um die Ertragssubstanz zu erhalten; etwa im Verzicht auf Kalkdüngung mit dem Sprichwort „Kalk macht reiche Väter und arme Söhne".

Der weitaus größere Teil der sanften Regulationen bezieht sich aber auf Wachstumsbeschränkungen, die der Erhaltung und Stärkung des sozialen Systems als Ganzes dienen – also nicht individuelle, sondern gesellschaftliche Interessen berühren. Das heißt, daß von

Mitgliedern der Sozietät Wachstumszügelung verlangt wird, wo ihre eigenen unmittelbaren Interessen auf dem Spiel stehen. Sie sollen also gegenwärtige Antriebe reduzieren, um Nutzen für die Zukunft und für ihnen fremde Mitmenschen zu erzielen. Die Zukunft, für die damit gesorgt werden soll, kann näher oder ferner sein. Auch die fremden Nutznießer können näher oder ferner stehen. Es liegt auf der Hand, daß man für das Fernere weniger gern sorgt oder gar Opfer bringt als für das Nähere.

Solche Regulationen können nur über einen mühsamen Vorgang der Meinungsbildung und Normensetzung Gültigkeit gewinnen. Ein solcher Prozeß in einem sozialen System läßt sich als ein Nacheinander und Nebeneinander von mehreren Teilprozessen verstehen:

1. Erkenntnis der Gefährdung durch das Wachstum (Bedrohung durch die „harte Regulation") und Abschätzung des Risikos (kognitiver Prozeß);
2. Erfindung und Entwicklung von Verfahren der „sanften Regulation" mit Minimierung von Leiden und Interessenkonflikten (innovativer Prozeß);
3. Etablierung und Stabilisierung der neuen Regeln in der Sozietät in verträglichem Tempo und breitem Konsens (normativer Prozeß);
4. Anpassung der Regulation an die Veränderungen im Milieu und im System selbst (adaptiver Prozeß).

Der Gesamtvorgang unterliegt vielfältigen Effizienzkriterien. Im wesentlichen hängt der Erfolg aber davon ab, inwieweit Wachstum gestoppt und Leiden (einschließlich der Regulations-Opfer) vermieden wird. Optimum bedeutet dauerhafte Stabilität auf dem höchsten erreichbaren Wohlstandsniveau unter den gegebenen Verhältnissen, auf dem Stand der kulturellen Evolution des sozialen Systems.

Beispiele:

● Hygiene der antiken Städte: Gegen die Geißel von Hungersnot und Seuchen wurden als Regulationen Nahrungsmittelabgaben, Aquädukte und Abfallentsorgung entwickelt, die Eliten schützten sich durch Absonderung. Das System stabilisierte sich durch Geburtenbeschränkung (Reproduktionsmöglichkeiten auf Haushalte begrenzt) in vielen Stadtstaaten über Jahrhunderte, brach aber bei wachsender Bevölkerung und zunehmender Verarmung auch wieder zusammen, bis zum Verschwinden oder zur drastischen Verkleinerung vieler großer Städte.

● Hygiene der Moderne: Die medizinischen Entdeckungen (Bakteriologie) führten zur Bekämpfung der Infektionskrankheiten und der Säuglingssterblichkeit durch eine breite Palette von Hygienemaßnahmen und bestärkten damit das Bevölkerungswachstum. Die besser gesicherte Langlebigkeit trug aber zu einer Lebensplanung bei, die eine geringere Kinderzahl vorteilhafter macht. Mit der Modernisierung tendiert das Bevölkerungswachstum zu einer Stabilisierung – auf hohem Niveau der Bevölkerungsdichte (also schon knapp an der Begrenzung) –, doch die anderen Wachstumsimpulse werden davon nicht gebremst.

Der kritische Faktor: Reflektivität

Aus den hier skizzierten Axiomen der Beziehung zwischen Wachstum und den harten und sanften Regulationen läßt sich ein Modell eines historischen Entwicklungsprozesses ableiten. In ihm greifen als große Kräfte ineinander:

● die Innovations-Schübe der kulturellen Evolution,
● die Wachstumsimpulse des sozialen Systems,
● Realität und Drohung der externen (harten) Regulation,

- die „Reflektivität" des sozialen Systems,
- Effizienz der internen (weichen) Regulation.

Unter Reflektivität sind alle Kapazitäten zur Selbststeuerung („Autopoiesis") zusammengefaßt, die in einer Sozietät vorhanden sind. Je höher diese Reflektivität entwickelt ist, um so rascher und erfolgreicher wird die Gesellschaft sanfte Wachstumsregulation hervorbringen und anwenden – und damit die eigene Kultur perpetuieren und eventuell auch ausbreiten. Reflektivität erfordert die denkende Beteiligung der Mitglieder des sozialen Systems am Schicksal des Gesamtsystems. Instrumente (und Indikatoren) der Reflektivität sind in Demokratie und Bürgerbeteiligung zu sehen, in Rechtsstaatlichkeit (Niveau des „Ordnungssystems") und Bildungsniveau, in der Gewichtigkeit gesellschaftlicher Werte und der Rationalität des öffentlichen Diskurses.

Die Grundidee einer kulturellen Evolution zu höheren Formen der Rationalität und Finalität ist nicht neu, sie begleitet in verschiedenen Ideenkonstellationen die Geschichtsphilosophie seit ihren Anfängen. In sehr treffender Weise hat etwa Norbert Elias (1988) von der „Verlagerung des Fremdzwangs zum Selbstzwang" als Kern der Kulturentwicklung gesprochen.

Durch die Selektion in der kulturellen Evolution überleben nur soziale Systeme, die ihre Wachstumsimpulse durch ein genügendes Maß an Reflektivität soweit in den Griff bekommen, daß unter den waltenden Umständen ein stabiles Gleichgewicht erhalten bleibt. Das muß nicht immer eine Fixierung der Größen bedeuten, es wird Oszillationen geben. Doch eine Gesellschaft, die ständig wieder in die harten Regulationen hineinläuft, wird jenen Gesellschaften unterlegen sein, die materielle Ressourcen und psychische Energie frei haben, für Reflexion und für Innovationen – und auch im Konkurrenzkampf, sei er kriegerischer, wirtschaftlicher oder kultureller Natur.

Plateaus und Schübe

Auf einem solchen stabilen Plateau einer etablierten Zivilisationsstufe kann eine Gesellschaft mit angepaßter Kultur und sanften Wachstumsregulierungen lange existieren. Wenn nicht ein nächster starker Innovationsschub das Gleichgewicht umwirft oder ein „moderneres" System in den Lebensraum eindringt und zur Auseinandersetzung herausfordert, ist – nach bisheriger Erfahrung – die Fortdauer in historischen Zeiträumen nicht begrenzt.

Beispiele:
- Bis in die Neuzeit überlebende Steinzeitkulturen von Sammlern und Jägern in Australien, Neuseeland, Südafrika, Südamerika, in der Arktis, mit hoch entwickelter Anpassung an extreme Lebensverhältnisse.
- Über Jahrtausende bestehende Agrarkulturen mit relativ sanfter Regulation in peripheren Regionen Ostasiens, Nordeuropas, Äthiopiens.

Welche Umstände lösen einen neuen „Schub" an Wachstum aus? Als direkte Ursache ist ein Verlust der systemimmanenten Harmonie zu sehen, der aber Ursachen der Destabilisierung vorangehen müssen. Das können systemexterne Ereignisse und Entwicklungen sein, von Klimaänderungen und (akzidentiellen, nicht regulatorischen) „Naturkatastrophen" (wie Vulkanausbrüchen) bis zur Eroberung durch andere – dominierende oder „räuberische" – Sozietäten. Für die Analyse der kulturellen Evolution am interessantesten sind jedoch die systeminternen Triebkräfte eines neuen Wachstumsschubs.

Das sind im wesentlichen innovative Denkmuster, bislang nicht verfügbare Einsichten und Erkenntnismethoden, die dann neue Techniken hervorbringen. Neue Ideen und neue Tech-

niken regen einander interaktiv an – und aus dieser Eskalation entsteht der umfassende Innovationsschub. Er berührt dann alle Lebensbereiche und verändert das soziale System.
Die Schlüsselfrage ist, wie aus bloßen Anpassungen so umfassende Innovationen hervorgehen, daß ein gewaltiger Evolutionsschub wie eine Rakete startet. Es sind hier („chaostheoretische") Schwellenphänomene zu vermuten.
Beispiele:
● Einer der großen Innovations-Schübe war der Übergang zur Landwirtschaft. Er trug sich, nach heutigem Wissen, dreimal zu: zuerst im südlichen Ostasien (Reis-Kultur), um Jahrtausende später im „Goldenen Halbmond" des Nahen Ostens (Getreide-Kultur), und wieder stark verzögert in der warmen Zone Amerikas (Mais-Kultur). Auch die Haustiere dieser drei Entwicklungen waren verschieden.
● Der Kenntnisstand über nutzbare Pflanzen und Tiere war nun sicher schon in den Sammler- und Jägergesellschaften sehr hoch. Aber erst der Klimadruck zum Ende der günstigen Nacheiszeit drängte hochentwickelte Wildbeutergesellschaften mit relativ dichter Bevölkerung dazu, „im Schweiße ihres Angesichts" Landwirtschaft zu betreiben. Die neue Technologie breitete sich aus, weil sie größeres Bevölkerungswachstum nährte und damit die agrarischen Sozietäten im Konkurrenzkampf potenter machte. Das dadurch angeregte Wachstum stieß nach wenigen Jahrhunderten vielfach an die harte Regulierung (mit Bodenerschöpfung, Verkarstung, Wüstenbildung und Konkurrenzkampf mit organisierten Kriegern). Doch bildeten sich auch gleichzeitig religiös fundierte Normen einer sanften Regelung zur nachhaltigen Bewirtschaftung. Sie bestehen bis heute als Regeln des sorgsamen und nachhaltigen („bäuerlichen") Landbaus.
In der Zusammenschau ergibt sich ein Phasenmodell der kulturellen Evolution, das in starker Vereinfachung folgenden Zyklus ergibt:
Innovationsschub – Wachstum – Druck der Grenzsituation (Einsetzen der harten Regelung) – akute Reflexion – Entwicklung weicher Regulation – Stabilität (Wachstumsplateau) – Wissensakkumulation (Zunahme latenter Reflektivität) – Fixierung der Stabilität – Streß und Evolutionsdruck – nächster Innovationsschub.
Die Evolution geht dabei zu größerer Komplexität der sozialen Systeme, zu immer größeren Systemen (von Stämmen zu Nationen und zu Kulturräumen) und zu längeren zeitlichen Regulationshorizonten (von der reaktiven Politik zur Langfrist-Politik). An sich gilt dieses Modell für alle Subsysteme, also auch für Clans, Wirtschaftsunternehmen, Institutionen, Religionsgemeinschaften, lokale Kulturen. Für die makrosoziologische Betrachtung interessieren jedoch vor allem die größten Einheiten der menschlichen Gesellschaft, also die Supersysteme der großen Kulturräume – beziehungsweise die Menschheit insgesamt.

Ein Modell der Zivilisation
Im folgenden sei versucht, dieses Modell in einem kursorischen Überblick auf die großen Entwicklungslinien unserer Zivilisation anzuwenden.
Die paläohistorischen Sozietäten vor Beginn der neolithischen „Revolution" durch die agrarische Innovation dürften klein gewesen sein: Stammeskulturen und regional begrenzte Ethnien, wie sie noch bis heute in Neuguinea oder im Amazonas-Urwald existieren. Wir bewundern heute die langdauernde Stabilität solcher Sozietäten. Ihre gleichgewichtsbewahrenden Regulationsmechanismen werden oft als Vorbild zitiert.
Diese Wachstumsregulationen waren in sakrosankten kultischen Normen fixiert, deren

Übertretung mit Tabu belegt war. Die damit verbundenen Vorstellungen, daß sie aus dem (besseren) Wissen der Ahnen stammten, scheint uns heute durchaus begründet, wurde aber noch vor kurzem von der dominanten europäischen Kultur als „Aberglauben" abgetan.

Man muß auch nicht annehmen, daß die Reflektivität dieser Gesellschaften völlig in der „magischen" Normenfixierung aufgegangen und beendet gewesen sei. Die Eliten dieser Kulturen („Medizinmänner", „Schamanen") dürften durchaus Einsichten in die Gefahrenzusammenhänge (Übernutzung und Ressourcenerschöpfung) besessen haben und auch zu adaptiven Normenänderungen fähig gewesen sein (wenngleich nicht leichtfertig, sondern mit starken Traditionsbindungen). Sonst wäre eine so langdauernde (vielfach wohl über Jahrtausende währende) Stabilisierung der sanften Regulierung kaum denkbar. Die Dauerhaftigkeit dieser „Plateaus" beeindruckt. Allerdings bewundern wir eben nur die erfolgreichen überdauernden Kulturen – die verschwundenen sind uns weniger bewußt, freilich auch sehr oft kaum mehr zu eruieren.

Der gewaltige Innovationsschub zur Landwirtschaft wurde durch eine Klimaschwankung ausgelöst und dauerte insgesamt im Westen etwa von 6000 vor der Zeitrechnung bis ins zweite Jahrtausend vor der Zeitrechnung. Nach einer Ausbreitungsphase von etwa 2000 Jahren griffen die neuen Technologien voll und führten zu einem Bevölkerungswachstum, das in den für den Landbau geeigneten gemäßigten Zonen die Menschenzahl um eine Zehnerpotenz vermehrte und die Bildung von Städten erlaubte. Gleichzeitig wurden die Sozietäten größer, bis hin zu den ersten nennenswerten Staaten (im Westen Mesopotamien, Ägypten, Kreta; in der Reiskultur China, in der Maiskultur Inka und Azteken).

Nachhaltige Bewirtschaftung und Wachstumslimitationen bildeten sich im Verlauf von Jahrhunderten aus, nach schweren Verlusten an kultivierbarem Land (Wüstenbildung in ariden Zonen, Verkarstung durch Abholzung). Ein langfristiges Stabilitätsniveau im Bevölkerungswachstum und in der Produktionsausweitung wurde fast nie erreicht. Dazu gab es zu viele Möglichkeiten, die agrarische Produktion noch in neue Gebiete zu tragen oder zu intensivieren.

Und der Konkurrenzkampf der Sozietäten steigerte sich ebenfalls durch die neuen Techniken: Es wurde für ganze Gesellschaften möglich, durch Eroberung und Exploration das eigene Wachstum länger durchzuhalten.

Die kulturelle Selbsteinsicht setzte nur langsam Regeln der Wachstumsbeschränkung durch, vorwiegend über (jeweils der Gesellschaft verbundene) Religionen mit Priesterschaften.

Die harte Regulation durch Hungersnöte und Seuchen blieb wesentlich und stellte eine Geißel dieser Gesellschaften dar. Die sanfte Regulation betraf vor allem die Eliten und Begünstigten, die aus direktem Interesse ihre Population konstant hielten, nicht aber ihre Ansprüche.

Der nächste Innovationsschub kam aus den Eliten (Adel und Stadtbewohner), die auf überschaubare Frist Leid vermeiden und mehr Lebensqualität erreichen wollten. Sie entwickelten rationale Hochkulturen. Neue Techniken waren das Schrifttum (die Buchstabenschrift wurde um 1700 vor der Zeitrechnung in Palästina „erfunden"), die Wissenssammlung in Bibliotheken, planendes Regieren mit „Beamten" und „Klerikern", Administration und Großbauten, sich um Wahrheit bemühendes Philosophieren.

Zum ersten Mal installierten soziale Systeme das bewußte und gezielte Forschen und Lernen. In dieser Phase ist die Reflektivität voll „zum Bewußtsein" gekommen, planende Überlegungen über die Zukunft wurden möglich und normal – allerdings in dieser ganzen Epoche nur für eine elitäre Minderheit.

Dieser Innovationsschub erfolgte in den Hochkulturen von der Antike bis ins europäische Mittelalter – schon nicht mehr völlig getrennt für die großen Kulturräume in Europa, Afrika und Asien. Nur das präkolumbianische Amerika nahm daran nicht teil; es verharrte bis zur Conquista durch Europa auf den vorangegangenen Stufen (Plateaus) der kulturellen Evolution.

Der Wachstumsschub dieser Epoche war wiederum gewaltig. Es entstanden mit den Imperien sehr große soziale Systeme und Bevölkerungsballungen von Millionen Menschen in den Zentren. Die Geschichte rühmt die militärischen „Großveranstaltungen" und die bis heute beeindruckenden Großbauten dieser mehr als zwei Jahrtausende dauernden Kulturphase. Sie dienten allerdings fast ausschließlich den Wachstumsimpulsen von Eliten, deren Anspruchs-Wachstum in dieser Expansionsperiode zu einem Luxus- und Prestigekonsum überdimensionalen Ausmaßes führte.

Die Selbsteinsicht nahm ebenfalls zu. Es gab fortdauernd religiös und rational fundierte Warnungen vor der Hybris, die Predigt der Selbstbeschränkung wurde zum festen Bestandteil der Riten und der Philosophie. Doch an der Durchsetzung mangelte es oft.

Nicht immer. Es gab einige Stabilitäts-Plateaus, freilich kaum je länger als zweihundert Jahre: die guten Jahre der römischen Kaiserzeit, periodenweise Byzanz, das Bagdad der Kalifen, das Maurenreich in Nordafrika und Südspanien, das europäische Hochmittelalter vor der Großen Pest. Auch im chinesischen und indischen Kulturraum erzielte eine parallele Sammlung der kleineren Fürstentümer und Königreiche zu legistisch regierten Imperien einige Plateaus nachhaltiger sanfter Regulation.

Das Bevölkerungswachstum bremste man dabei durch die Reduktion der Fruchtbarkeit bei bestimmten sozialen Gruppen. Das Zölibat des Klerus und der Mönche, das Eheverbot für Sklaven und Personen ohne Bauernhof oder Handwerkshaus und andere Regelungen zielten darauf, die Bevölkerung nicht über die Zahl der Verdienstmöglichkeiten hinaus wachsen zu lassen. Mit weniger Erfolg predigten alle großen Religionen Bescheidenheit und Demut gegen die Unersättlichkeit des Besitz- und Machtstrebens.

Man könnte meinen, daß diese zweitausend Jahre währende Entwicklung zu wenig Zeit gehabt hätte, auf ein länger währendes Plateau sanfter Regulation zu gelangen. Eine allmähliche Verbesserung zeichnete sich zweifellos ab. Doch der nächste Schub kam, bevor der vorangegangene Zyklus noch ganz durchlaufen war: die Autonomie des urbanen Bürgertums und der Protest des Protestantismus signalisierten den Beginn der europäische „Modernisierung" der Neuzeit, mit ihren rapid beschleunigten Entwicklungen aller Techniken, mit ihren Entdeckungen und Erfindungen. Diese Modernisierung versprach, das erste Mal in der Geschichte der Reflektivität, schon im Diesseits Glück und Wohlstand für alle.

Auch sonst berührte dieser Innovationsschub die Mechanismen der sanften Regulation selbst, wie das nie zuvor geschehen war. Die Reflektivität nahm nun immer mehr rationalen Charakter an. Der Wachstumsprozeß ließ die europäische Bevölkerung Amerika besiedeln und rund um die Erde Kolonien kultureller Dominanz wachsen – und das unter der Flagge der Marktwirtschaft und später der Demokratie, also rechenhafter Ordnungen. Die religiös kultischen Normen traten dagegen in den Hintergrund. Alle diese neuen rationalistischen Selbstregelungsmechanismen bedurften der Information. Und das wissenschaftliche Denken akkumulierte in eigener Sache ebenfalls Wissen und Daten. Und so kam es bei diesem Innovationsschub zum erstenmal auch zu einem rapiden Wachstum der Information in den sozialen Systemen.

Die kulturelle Reflexion, nun schon bewußt, wurde planerisch und statistisch. Die semirationale Mystik der Weisheit der Vorfahren und der göttlichen Gebote wurde verdrängt durch die rationale Mystik des Glaubens an die Machbarkeit der Gesellschaft.

An sich sollte ein Mehr an Rationalität und Information – ceteris paribus – die Reflektivität verbessern. Doch der Innovationsschub ließ die Bedingungen nicht gleich, er veränderte die sozialen Systeme in einer Richtung, die sehr gefährlich war (und bis heute noch gefährlich ist). Die Makro-Sozietäten, die sozialen Supersysteme, wurden kleiner – der europäische Kulturraum zerfiel in selbst-zentrierte Nationalstaaten. Und Kolonialisierung wie Zivilisations-Dominanz zerstörten und zertrennten auch die übrigen großen (religiös-kultischen) Kulturräume. Damit nicht genug, setzte sich dieser Differenzierungseffekt auch noch innerhalb der so stark auf Einheitlichkeit angelegten Nationalstaaten fort. Krisenhaft zeigte sich das im „Klassenkampf" und in der Verfolgung von „Minderheiten". Doch dahinter steht eine längerfristig wirksame Aufspaltung der modernen Gesellschaften in eine zunehmende Zahl von Subkulturen und Lifestyles – die Soziologie diagnostiziert das neuerdings als „Hyperdifferenzierung".

Das widerspricht der Modell-Annahme, daß die kulturelle Evolution zur steten Vergrößerung der sozialen Systeme führen müsse, bis hin zur Weltgesellschaft der gesamten Menschheit. Tatsächlich laufen diese beiden entgegengesetzten Vorgänge, die Hyperdifferenzierung und die Unifizierung der sozialen Systeme, nun seit dem Beginn der Neuzeit nebeneinander her.

Dementspechend widersprüchlich ist auch das Bild der Wachstumsregulation in dieser Neuzeit.

Es gab eine Reihe von Ansätzen zur sanften Regulation. Die Normen einer langen und aufwendigen Ausbildung der Kinder unterstützten eine Einschränkung der Kinderzahl. Auch wirkten die steigenden Ansprüche in wohlhabenden Gesellschaften der Gebärfreudigkeit entgegen. In den reichsten Zonen der Erde kam es dadurch zu einem Abbremsen des Bevölkerungswachstums. Es entstanden auch immer wieder Normen der Bescheidenheit und der freiwilligen Begrenzung der expansiven Konsumwünsche (als Beispiele könnte man etwa die Quäker oder die sozialistischen Ethiknormen nennen).

Bestimmend für die Epoche wurden solche Ansätze nie. Der harten Regulation suchte man viel eher durch weitere Innovationen zu entgehen: dem Hunger durch Steigerung der agrarischen Produktion unter gesteigertem Einsatz von Ressourcen und Energie, den Seuchen durch Hygiene und Medizin, dem Krieg durch Konventionen und abschreckende Aufrüstung. Um die Motivation für diese Anstrengungen zu schaffen, wurde ein neuer Kult erfunden: die Wachstumsgläubigkeit. Der Wettlauf der nationalen Sozietäten, mit immer mehr Volk, mehr Produktion und mehr Wissensanhäufung, nahm religiösen Charakter an: der Sieger sollte dann die Weltgesellschaft ordnen, sich um die Regulation kümmern. Bis zum Beginn des zwanzigsten Jahrhunderts glaubte man, der Sieg stünde unmittelbar bevor – „la grande nation", „Albion", das neue Byzanz des Kommunismus, das „Tausendjährige Reich", das „Land der unbegrenzten Möglichkeiten" lösten einander in diesem chiliastischen Glauben ab.

Wenn die vorliegenden Modellannahmen gelten, so konnte das nur in die harte Regulation münden. Und davon gab es mit der Ausbreitung dieses Innovationsschubs mehr und mehr. Die sanften Regulationen kamen nicht schnell genug. Weder der Wiener Kongreß noch der Völkerbund konnten verhindern, daß immer noch verheerendere Kriege kamen. Hunger und Krankheiten schlugen, insbesondere in Verbindung mit den Kriegen und mit dem Zusammenbrechen sozialer Ordnungen, weiterhin zu – und betrafen immer mehr Menschen. Die optimistischen Erwartungen der „Aufklärung" und des „Fortschritts-Optimismus" endeten endgültig in der ersten Hälfte des zwanzigsten Jahrhunderts.

In der Enttäuschung darüber ist die Behauptung modisch geworden: das Projekt der Moderne sei gescheitert. Doch wird dabei übersehen, daß auch die Reflektivität der sich anbahnenden „Weltgesellschaft" zugenommen hat und daß es beeindruckende Entwicklungen in der sanften Wachstumsregulation gegeben hat. Sie waren nur nicht ausreichend, die entfesselten Wachstumsimpulse dieser Epoche zu kompensieren.

Inzwischen ist aber, nach dem vorliegenden Modell, eine nächste Phase angebrochen, gekennzeichnet durch einen neuen Innovationsschub und neue Formen der Reflektivität.

Weltgesellschaft

Die neue Phase ist durch die rapide Entwicklung von technischen Innovationen gekennzeichnet, die endültig das soziale System Weltgesellschaft hervorbringen müssen:

● Die Verkehrsmittel Automobil, Flugzeug, Motorschiff und (neuerdings) Hochgeschwindigkeitsbahn, die Kommunikationsmittel Telephon und Funk lösen die lokale Geschlossenheit der Kontaktnetze auf und führen zu Weltwirtschaft und Weltpolitik.

● Die Computertechnik beschleunigt das Informationswachstum exponentiell und schafft durch die Automation vieler Routinearbeiten den modernen Menschen mehr und mehr Freizeit. Unterhaltungsindustrie (mit Fernsehen an der Spitze) und Konsumgüterproduktion (inklusive der Tourismusindustrie) füllen diese Freizeit wiederum mit Wachstumsprodukten einer Weltkultur.

● Supermedizin, Biotechnologie, Gentechnik und Psychotherapie versprechen dem „Freizeitmenschen" ein langes Leben in Fitneß und ein selbstgestaltetes Innenleben, ja, die selbstgestaltete Persönlichkeit (den Gipfel persönlicher Selbststeuerung).

● Neue Energietechniken, an der Spitze die atomare Kernspaltung (mit der Erwartung, diese noch mit der Kernfusion zu überbieten), bieten vielen (und versprechen allen) Menschen ein Maß an Komfort und Verfügbarkeit über Maschinenkraft, wie sie in den früheren Perioden nur eine winzige Elite zur Verfügung hatte. Gleichzeitig erzwingen diese Techniken aber auch eine großräumige, ja, weltweite Vernetzung von Energietransport.

Tatsächlich bewirkt dieser Innovations-Schub die Etablierung einer Weltgesellschaft. Heute ist das schon viel deutlicher sichtbar als in den ersten hilflosen Versuchen eines Völkerbundes, den Zweiten Weltkrieg zu verhindern. Starke Signale auch einer gewaltigen sozialen Innovation in dieser Richtung sind der relativ weniger destruktive „friedliche Wirtschaftskrieg" zwischen den großen Kulturräumen, die Implosion des Kommunismus ohne großen Krieg, das erstmalige Entstehen eines „Imperiums" ohne Eroberung im freiwilligen Zusammenschluß der Europäischen Union.

Sowohl dieser alles bisherige übertreffende Innovationsschub wie die Bildung einer Weltgesellschaft werfen einige schwerwiegende Fragen auf – folgt man dem vorliegenden Modell.

● Wenn harte Regulation immer auch die Gefahr beinhaltet, daß ein soziales System dadurch sein Ende findet, was würde das regulative Ende dieses Weltsystems bedeuten – das Aussterben der Spezies oder nur die Reduktion zu einer Vielzahl von weniger komplexen (also „primitiveren") sozialen Systemen, ähnlich der Implosion der römischen Antike ins frühe feudale Mittelalter?

● Wenn das Weltsystem die harte Regulation „überlebt" oder ihr sogar (großteils oder überhaupt) auszuweichen imstande ist, wie kann die weitere kulturelle Evolution erfolgen, mit nur einem einzigen sozialen Supersystem, also ohne Konkurrenz? Können und werden Subsysteme (Kulturräume, Wirtschaftsräume, alternative Kleingesellschaften) genügend Freiheitsgrade erhalten, um im Wettbewerb divergierende Entwicklungspfade zu erproben? Oder muß sich die weitere kulturelle Evolution auf den internen Wettbewerb in der Weltgesellschaft konzentrieren, etwa auf die Konkurrenz von Ideengemeinschaften religiöser, politischer und philosophischer Natur? Oder kann die Menschheit dann, mit sanfter Regulation, auf ein über Jahrtausende dauerndes Plateau eines stabilen Gleichgewichtes hoffen, ihrem Traum vom verlorenen Paradies am ehesten entsprechend?

• Wie soll aber das neue Weltsystem sanfte Regulation hervorbringen, wenn die Wachstumsimpulse auf der Weltebene wirken, die Regulationen aber noch vorwiegend an die Nationalstaaten oder bestenfalls an die Kulturräume (Europa, Nordamerika, Ostasien) gebunden sind? Kann und wird die Weltgesellschaft rasch genug globale Harmonisierung in den sanften Regulationen hervorbringen?

• Reicht die Reflektivität der Weltgesellschaft aus, rechtzeitig sanfte Regulationen hervorzubringen? Und was ist „rechtzeitig" – vor oder nach der großen atomaren Kontamination, vor oder nach einer Periode von Kriminalität und Terrorismus, vor oder nach einer Senkung der Lebenserwartung um Jahrzehnte durch drastische Verschlechterungen der Umweltbedingungen, vor oder nach der Massenwanderung infolge einer Klimaverschiebung, vor oder nach dem Massenselbstmord aus Depression?

Die Antwort darauf ist ganz einfach (immer unter der Prämisse, daß man dem vorliegenden Modell zu folgen gewillt ist): Wir wissen es nicht. Wir können es nicht wissen, weil es dem Naturgesetz der kulturellen Evolution entspricht, daß man den besten Entwicklungspfad von vornherein nicht mit Sicherheit kennen kann, da ihn sonst alle einschlagen würden – was wiederum den Innovationspfad verhindern oder zumindest völlig verändern würde. Kurz: Wir beeinflußen durch unser Tun in unbekannter Weise die Evolution des sozialen Systems.

Doch es gibt eine Art es zu beeinflussen, die auf jeden Fall die Wahrscheinlichkeit sanfter Regulation erhöht: das ist die Verbesserung der Reflektivität des globalen sozialen Systems. Nachdenklichkeit, wie sie hier geübt und angeregt wird, ist ein kleiner, sehr früher Schritt dazu.

Gesellschaftliche Prozesse haben immer auch eine politische Dimension. Einige Überlegungen zu dem Zusammenhang zwischen Wachstum, Regulation und kultureller Evolution scheinen daher angebracht – im vollen Bewußtsein, daß dieses Thema eine viel breitere und tiefere Behandlung verdiente.

Evolution und Politik

Nach dem furchtbaren Mißbrauch biologischer Evolutionstheorien durch Rassismus, Nationalismus und Faschismus waren evolutionäre Theorien aus dem politischen Denken weitgehend verbannt. Die ausschließliche Interpretation politischer Entwicklungen als bewußte Planung und Gestaltung von Mensch und Gesellschaft in den linken progressivistischen Ideologien hat nun aber auch Schiffbruch erlitten. Das systemtheoretische Denken der Computergesellschaft bestärkt in letzter Zeit den Mut zu komplexeren Modellen politischen Geschehens, die den neueren Evolutions-Paradigmen neben den kurzfristigeren Betrachtungsweisen Raum geben. Ein Versuch in dieser Richtung ist dieser Aufsatz.

Die evolutionäre Psychologie hat deutlich gemacht, daß die menschlichen Modalitäten der Wahrnehmung und die davon abgeleiteten Prozeduren (Gehirn-Programme) der inneren

Abbildung und erklärenden Verknüpfung sich genetisch aus den Anforderungen des Sammler- und Jägerdaseins in kleinen Sippen- und Stammesgemeinschaften über hunderttausende von Generationen entwickelt haben. Die menschliche „Geschichte" seit der jungsteinzeitlichen Erfindung der Landwirtschaft und der nachfolgenden Entfaltung der Zivilisationen war zu kurz und in den Milieu-Anforderungen viel zu wechselhaft, als daß sich genetische Adaptationen durch Selektion in entscheidendem Umfang hätten realisieren können. Die Bemühungen aristokratischer Zuchtwahl, nach dem Vorbild der Tierzüchter neue (Über-)Menschen hervorzubringen, sind überall an der Komplexität der Humangenetik gescheitert; haben ja selbst die viel länger dauernden Aufsplitterungen der Spezies Homo Sapiens in den Klimazonen der Erde zu keiner Artentrennung geführt und nur sehr geringfügige Differenzierungen (eben nur in der klimatischen Anpassung von Pigmentation und einzelnen physischen Merkmalen) produziert.

Daraus wird vielfach der fatalistisch-pessimistische Schluß gezogen, der Mensch in der modernen Gesellschaft sei „für dieses Leben" eben „nicht klug genug" und das explosive Wachstum von wissenschaftlich-technologischer Macht führe unweigerlich in die Katastrophe der „harten Regulation" durch die Natur. Dem steht der Glaube gegenüber, es komme nur auf politisches Handeln an, Wohlstand und Glück hier und jetzt, insbesondere für die eigene Sozietät, herzustellen. In solchem Glauben mischen sich (in individuell und ideologisch unterschiedlichen Mixturen) der Pragmatismus der Praxis-Rezepte mit dem Radikalismus der Gesellschaftsplaner. Man sieht wohl mit einiger Berechtigung hinter dem pessimistischen Fatalismus eine biologistische Weltsicht, hinter dem politischen Aktionismus die Paradigmen der Management- und Kommunikationstechniken. Der fatalistische Optimismus des marxistischen (das heißt, des aufklärerisch frühbürgerlichen) Fortschrittsglaubens, der sich vorwiegend soziologischer Denkmuster bediente, ist dagegen in den Hintergrund gedrängt.

In einer Betrachtung, die sowohl evolutionär wie aktionswissenschaftlich sein will, stellt sich die Frage: Welche Rolle – und welche Chance – hat politisches Handeln in der Evolution als Promotor und Träger von Regulation und Innovation?

Klar ist: Im steten Wettbewerb zwischen Sozietäten – gleich, wie aggressiv-destruktiv oder wie normengeleitet sich dieser abspielt, ob Menschen, Völker, Staaten, Kulturen dabei zugrundegehen oder nur Firmen, Parteien oder Moden Pleite machen – setzen sich erfolgreiche „Informationspakete" (seien das nun Religionen, Ideologien, Sprachen, Wissenschaften, Kunststile) durch und verdrängen weniger erfolgreiche.

Evolution ist das erst, wenn dabei im Zeitverlauf die Komplexität der Systeme (entgegen dem Entropiegesetz) zunimmt und diese Tendenz naturgesetzlich, also notwendig und fortdauernd ist (was „Sackgassen" der Evolution keineswegs ausschließt, ja, im Trial-and-Error-Mechanismus sogar unvermeidlich macht).

Das kann man als gegeben annehmen. Komplexere Kulturen haben bisher primitivere immer noch überwältigt und dominiert – entweder direkt durch Eroberung und Penetration oder indirekt durch Infiltration. Auch erobernde „Barbaren" übernahmen die „verfeinerten" Kulturen der Unterlegenen, wenngleich oft nicht mit allen ihren „Informationspaketen". Es wäre eine wissenschaftliche Aufgabe herauszufinden, in welcher Weise bei derart „freiwilliger" Übernahme die Selektion stärker wirkt – hin zu mehr Komplexität oder zugunsten des Lustprinzips?

Wenn die Gesetzmäßigkeiten der kulturellen Evolution solcher Art sind, läßt sich von der Evolution kaum ein linearer Fortschritt erwarten, damit auch nicht der (End-)Sieg einer einzigen Gesellschaftsordnung oder „Weltmacht". Politik wie Management können nur über das Risiko des steten Versuches reüssieren. Doch gerade das gibt, im historischen Maßstab, der Evolution eine gute Chance. Freilich kann keine Gesellschaft (die ihre Mitglieder selbst reproduzieren und erziehen muß, Organisationen, die sich ihre Mitarbeiter selbst aussuchen können, haben es da leichter) sich so rasch anpassen, daß sie allen Krisen rechtzeitig begegnen kann – es wird noch lange beim Lernen aus dem Leiden bleiben. Aber es werden dabei jene Gesellschaften die Oberhand gewinnen, die am schnellsten die objektiv besten Lösungen hervorbringen. Und es werden sich jene Lösungen durchsetzen, die längerfristig der Gesellschaft am meisten nützen und gleichzeitig die dafür nötige Motivation maximieren (das bedeutet auch; den Widerstand minimieren). Über historische Zeiträume sollte das auch das allgemeine Wohl der Menschen verbessern – doch dieser Zusammenhang führt über viele Ecken.

Für eine solche langfristige, in ihrem detaillierten Verlauf jedoch völlig unabsehbare Evolution können einige Gesetzmäßigkeiten in der Form von „Trends" als Hypothesen postuliert werden.

• Sozietäre Leistung: Wenn für die evolutionäre „Fitneß" die „Intelligenz" und die Anpassungsqualitäten des sozialen Systems (im Wettlauf mit anderen Sozietäten und in der Relation zur Umwelt) zählen – oft in schwierigen Verknüpfungen mit den biologisch angelegten Reaktionsmustern –, so müssen die Leistungen der Sozietäten gegenüber den individuellen Leistungen immer dominanter werden.

Zum Beispiel: Der Nutzungsgrad von Datenbanken und Informations-Netzen in einer Gesellschaft wird bedeutsamer, während das Vorhandensein einzelner fachlicher Koryphäen an Gewicht verliert. Das flüssige Zusammenspiel zwischen Basisdemokratie und Expertenrationalität entscheidet immer mehr, das Lobbying von Interessengruppen und die einsamen Entschlüsse von Spitzenpolitikern treten dagegen im Entscheidungsprozeß zurück.

• Flexible Sozialisation: Wenn, ceteris paribus, jene Sozietäten siegen, in denen soziale Werte und individuelle Interessen besser harmonisiert sind, so werden Sozialisationstechniken Oberhand gewinnen, die flexibel „umerziehen", gegenüber den beiden heute vorherrschenden Techniken der permanenten Persönlichkeitsprägung in der Jugend und der Persuasion durch Charisma, Wort- und Bildgewalt oder auch durch Gesetzgebung und „Terror".

Zum Beispiel: Lebenslanges Lernen zu (jeweils nach Lebenszyklus, Neigung und Bedarf) angepaßten Berufs- und Gesellschaftsrollen verbreitet sich, die Vererbung der Profession von den Eltern auf die Nachfahren wird unüblich. Neue Normen, wie die sorgsame Abfallentsorgung oder gesundheitsfördernde Körperbewegung, werden zunehmend durch positive Anreize (Belohnung, Vergnügungsangebote) zur Geltung gebracht, die Berufung auf Disziplin und Pflichtbewußtsein, aber auch die heute noch dominanten Methoden plakativer Werbung verlieren an Attraktivität.

• Reflektivität: Wenn Einsicht in die komplexen, insbesondere auch langfristigen Zusammenhänge nur durch stetes reaktives Probieren – verbunden mit steter wissenschaftlich objektivierter Beobachtung zu erlangen ist –, so werden im Wettlauf der Kulturen Sozietäten vorne liegen, deren Wissenschaft und deren Wissenschaftsanwendung einander befruchten, befördern und in ihrer Selbsterkenntnis verbessern.

Zum Beispiel: Zukunftswissenschaft und Science-fiction verbinden sich enger und werden immer ernster genommen; auch das Interesse von Publikum und Medien wendet sich von den ideologischen Konflikten um Tagesfragen eher ab und den Diskussionen um die Entwicklungen zu (die bei der allgemeinen langen Lebenserwartung auch durchaus noch persönliche Erwartungen und Pläne berühren – während die ökonomischen Verteilungskonflikte der Tagespolitik bei steigendem Wohlstand einen großen Teil der Bürger nicht mehr aufregen).

• Die Evaluation von Hochschulen und Politik wächst sich zu einem unabhängigen interdisziplinären Wissenschaftszweig aus, der aber von allen Betroffenen beachtet, diskutiert und gefördert wird. Als eigene Vertreter der kommenden Generation werden Abgeordnete gewählt, die über ein Budget für die Förderung von wissenschaftlichen Projekten mit Zukunftsbezug verfügen.

Nun zur Frage: Was bedeutet das für die Politik? Die Funktion von Politik läßt sich unter dem evolutionären Aspekt in eine Reihe von Rollen teilen:
1. die Erhaltung des Ordnungssystems, des sozialen Friedens und der politischen Kultur – eine mit der Komplexität der Sozietäten und der Dynamik der Entwicklungen wachsende Aufgabe („man muß schon sehr schnell laufen, um auf der Stelle zu bleiben");
2. die steten Experimente mit hoffnungsvollen und überzeugenden Innovationen und Verbesserungen – so weit nötig als notwendige Reaktionen auf Herausforderungen, darüber hinaus aber mit dem Blick auf evolutionäre Ziele (mit „Fortschritts-Programmen");
3. die Reflexion der Gesellschaft, in der Förderung objektiv-rationaler Wissenschaft und progressiver Kultur, in der politischen Erziehungstätigkeit der Parteien und in der öffentlichen Darstellung und Diskussion von Politik.

Es ist nicht leicht, diese fundamentalen evolutionären Rollen von Politik mit der generellen Aufgabe demokratischer Politiker unter ein Dach zu bringen, die Interessen von Individuen (politischen Klienten) und die Interessen einzelner sozialer Gruppen (Anhänger und „Stammwähler") und die Werte der Gesellschaft („nationale" und „ideologische" Interessen und „Visionen") zu vertreten. Dennoch liegt gerade im Gelingen solcher Harmonisierung und Equilibrierung von divergenten Zielen das wesentliche Kriterium politischer Effizienz.

Die evolutionären Gesetzmäßigkeiten werden immer wieder jene politischen Systeme und jene Politiken (wenngleich nicht notwendigerweise in ihrer Lebenszeit alle jene Politiker) mit Mißerfolg bestrafen, denen es nicht gelingt – oder die gar nicht darauf Bedacht nehmen –, Interessen und Werte ihrer Gesellschaft zu harmonisieren und gleichzeitig den Gesetzmäßigkeiten der kulturellen Evolution zu folgen. Die jeweiligen Geschichtsschreibungen und Politikdeutungen spiegeln das allerdings nur bedingt; sie sind selbst nur instrumentell. Evolution ist so schwer zu beobachten und zu objektivieren wie alle anderen Naturprozesse.

Literatur

ALBERNATHY, V. D. (1993) Population Politics. The Choices that Shape Our Future. Plenum Press, New York.
BROWN, D. E. (1988) Hierarchy, History, and Human Nature. The Social Origins of Historical Consciousness. The University of Arizona Press, Tucson.
DESMOND, A./Moore, J. (1992) Darwin. List, München/Leipzig.
DURHAM, W. H. (1991) Coevolution. Genes, Culture and Human Diversity. Stanford University Press, Stanford, California.
ELIAS, N. (1988) Über den Prozeß der Zivilisation, Soziogenetische und psychogenetische Untersuchungen. Suhrkamp, Frankfurt/M.

FASCHING, G. (1993) Sprengsatz Wissenschaft. Vom Ende unserer Zivilisation. Edition Va Bene, Wien.
FUKUYAMA, F. (1192) The End of History and the Last Man. The Free Press Macmillan, New York.
GEHMACHER, E. (1991) Zukunft: Die Falle geht nur nach vorne auf/Jahrtausendwende – gesellschaftliche Trends. Peter Müller, Wien.
GEHMACHER, E. (1993) Katastrophe oder Quantensprung, Szenarios der Welt von morgen, Renner-Institut, Wien.
GEHMACHER, E. (1994) Erwarte das Schlimmste und freue dich darauf, Vorbereitung auf das Zeitalter der Illusionslosigkeit. Orac, Wien/München/Zürich.
KENNEDY, P. (1989) The Rise and Fall of the Great Powers. Vintage Books, Random House, New York.
MEADOWS, D./MEADOWS, D./RANDERS, J. (1992) Beyond The Limits, Confronting Global Collapse – Envisioning A Sustainable Future. Chelsea Green Publishing Company, Post Mills, Vermont.
RAPOPORT, A. (1989) The Origins of Violence. Approaches to the Study of Conflict. Paragon House, New York.
THUROW, L. (1992) Head to Head: The Coming Economic Battle Among Japan, Europe, and America. William Morrow and Company, Inc., New York.
VANHANEN, T. (1984) The Emergence of Democracy. Societas Scientiarum Fennica, Helsinki.

KAPITEL 7

Auf der Suche nach dem Humanum –
Die kulturgeschichtlichen Ursachen des Wachstums
*Elfriede Maria Bonet**

> *Die Natur ist ein schlechter Mensch –*
> *kein Satz von Nestroy.*

Einleitung: Die Methode

Die Kulturgeschichte, als Teil jener Universalgeschichte, von der schon Friedrich Schiller fragte, was sie wäre und „zu welchem Ende" man sie studiere, erscheint manchen als ungeeignetes Instrument, wenn es darum geht, systematische Zusammenhänge aufzudecken. Die Ursache hiefür liegt darin, daß die Geschichtsphilosophie, als jene Disziplin, die sich mit dem Auffinden von Mustern in historischen Abläufen beschäftigt, selbst eine Geschichte hat, in deren Verlauf eine Reihe unterschiedlichster Theorien aufgestellt wurden. Zunächst versuchte die Geschichtsphilosophie, wie sie mit der Reformation und insbesondere dem Calvinismus entstand, „Bewegungsgesetze" für geschichtliche Verläufe zu finden. Diese wurden entweder linear, zyklisch oder dialektisch gedacht. Den Anfang macht Giovanni Battista Vico, für den die Geschichte eine Abfolge von Epochen kulturellen Wachstums und Verfalls ist, die sich auf jeweils höherer Ebene wiederholt. In der Aufklärung wurde nicht nach solchen Gesetzen gesucht, sondern die Geschichte im allgemeinen als ein Fortschritt der Vernunft aus Aberglauben und Barbarei dargestellt. Auch Kant sieht die Geschichte als Fortschritt zu einer „vollkommenen bürgerlichen Vereinigung der Menschengattung". Als Hauptvertreter der idealistischen Geschichtsphilosophie stellte Hegel die Weltgeschichte als die in dialektischen Schritten sich vollziehende Selbstverwirklichung des Geistes zu immer größerer Freiheit (was immer das auch wäre) dar.

Nicht dialektisch, sondern als linearen Fortschritt ordnete Auguste Comte seine drei Stadien, die die Geschichte durchläuft, und eine solche lineare Entwicklung wurde von Herbert Spencer auf die Welt überhaupt bezogen. Infolge der sozialen, politischen und kulturellen Veränderungen am Ende des 19. und zu Beginn des 20. Jahrhunderts wurde der Fortschrittsgedanke (allerdings nur für die Geschichtsphilosophie) aufgegeben, und in der Folge aus dem Erbe Vicos und der Romantik wieder organische Gesetze von Wachstum und Verfall der Kultur formuliert, wie etwa bei Oswald Spengler und A.J. Toynbee. Alle diese Bewegungsgesetze dienten dazu, den weiteren Verlauf der geschichtlichen Entwicklung zu prognostizieren.

---

* **Elfriede-Maria Bonet** ist Philosophin, 1943 in Wien geboren, Studien in Wirtschaftswissenschaften, Philosophie und Biologie, sponsierte in Philosophie, Studien in „Cognitive Sciences" USA, Publikationen über biologisch-erkenntnistheoretische Themen, Mitherausgeberin der Serie „Wiener Beiträge zur Wissenschaftstheorie", Lehrtätigkeit an d. Univ. Wien.
Zugang zum Thema über Begegnungen mit Karl Popper und Rupert Riedl, Studien über biologische und philosophische Theoriebildung, über die strukturellen Grundlagen der Evolutionären Erkenntnistheorie und über Kulturgeschichte, namentlich den Wandel des Natur- und Kulturbegriffs, die gesellschaftlichen Entwürfe des Natur- und Kulturverständnisses.

Doch spätestens, seit Sir Karl Popper „Das Elend des Historismus" diagnostizierte und aus dieser Einsicht seine wissenschaftstheoretische Position entwickelte, steht die Geschichte, mehr oder weniger, am Pranger der – wissenschaftlichen – Nutzlosigkeit. Den Ausgangs- und Endpunkt dieser Kritik bildet die Einsicht, daß historische Abläufe nicht verallgemeinerungsfähig sind, d. h. im Sinne einer „Prognostik" unbrauchbar.

Will man *Ursachen*forschung betreiben, besteht nun die Gefahr, dies methodisch als eine Art von Prognostik „in die andere Richtung" zu tun, d. h. das, was man als Ursache für ein bestehendes Phänomen ansieht, nun, *ohne* eine qualitative Änderung anzunehmen, in die Vergangenheit zu projizieren und auf diese Weise zu verallgemeinern. Daher erscheint es als ein Gebot, von Verallgemeinerungen dieser Art abzusehen. Allerdings erhebt sich damit die Frage, welche Methode nun die geeignete wäre, so etwas wie „Ursachen des Wachstums" in dem uns vorliegenden (kultur)geschichtlichen Material aufzufinden.

Zum Zweck einer Annäherung ist es nützlich, eine Unterscheidung zu treffen: Eines ist es, eine „Ursache" für etwas anzugeben; ein anderes aber, einen „kausalen Zusammenhang" zu postulieren. Eine Ursache wird aus einer ihr zugeordneten Wirkung deduziert, um einen kausalen Zusammenhang herstellen zu können, ist hingegen eine „vollständige Theorie" erforderlich, d. h. es muß angegeben werden, welchen Status die aufgefundenen Gesetzmäßigkeiten haben, wodurch sie nun ihrerseits verursacht werden. Am Beispiel der „Bewegungsgesetze" der Geschichte läßt sich das wie folgt illustrieren: Diese werden als „Ursache" der Geschichte angesehen; der „kausale Zusammenhang" aber liegt – im Fall z. B. Vicos und der gesamten christlich-theologischen Geschichtsauffassung – in Gott. Nach Abschaffung dieses Paradigmas ist es nur noch Hegel, der, durch sein Postulat der „Selbstverwirklichung des (Welt)geistes", einen solcherart kausalen Zusammenhang herstellt. Mit einer gewissen Berechtigung ließe sich auch Spenglers „Morphologie" unter diesen Aspekt einreihen, insofern der Zyklus von Blüte, Reife und Verfall, den Kulturen durchlaufen, für sie „schicksalshaft" und damit nicht beeinflußbar ist.

Für das neuzeitliche Welt-, und damit Geschichtsverständnis war eine solche Annahme nicht haltbar; allerdings mußte der Verzicht auf Transzendenz und damit Letztbegründung durch eine Beschränkung auf jenen Bereich, der „Geltung" heißt, erkauft werden. Die „Begründung" für jene Gesetzmäßigkeiten, mit denen Wissenschaft jedweder Provenienz seither arbeitet, bleibt, bis auf weiteres, ausgespart.

Strukturalismus und Struktur

Zu Beginn dieses Jahrhunderts entstand, mit Ferdinand de Saussure (1931, ²1967) zunächst für die Sprachwissenschaft, ein neuer Ansatz, der sog. Strukturalismus. Die bahnbrechende Entdeckung de Saussures bestand in der Erkenntnis, daß die von einer Person *(parole)* bzw. einer Gruppe gesprochene Sprache *(langage)* von jener zu unterscheiden ist, die dieser – als ein relativ unbewußtes System *(langue)* – zugrundeliegt und den einzelnen Elementen ihre Funktion zuweist. Diese zunächst synchronische Betrachtungsweise ist durch eine diachronische, die den Wandel berücksichtigt, zu ergänzen.

Der Vorteil dieser Methode besteht darin, daß sie auf viele Bereiche übertragbar ist, denn eine Struktur läßt sich allgemein dahingehend formulieren, daß sie ein System von Beziehungen zwischen Elementen darstellt. Nach Jean Piaget sind ihre Merkmale Ganzheit, Transformation und Selbstregelung. Damit ist sie dem Vorgehen der Verallgemeinerung entgegengesetzt. Je nach Art des betrachteten Phänomens können sowohl die Elemente als auch deren Beziehungen sehr verschieden sein.

Die Fruchtbarkeit dieses Ansatzes zeigen u. a. die Arbeiten von Jean Piaget, der anhand der Ontogenie, der Entwicklung des Individuums, die Entstehung der logisch-mathematischen Strukturen aufzeigte.

Claude Lévi-Strauss führt diese Methode in die Ethnologie ein. In seinem Werk „Das wilde Denken" (^{4}1981) zeigt er auf, daß der Ur-Gegensatz, an dem sich Sprache und damit Kultur konstituiert, jener zwischen Natur und Kultur ist, zwischen der sinnlich wahrgenommenen und der sozialen Umwelt, und daß zwischen diesen beiden Reihen eine homologe Beziehung besteht (Bonet 1992, 331–352); sie werden aufeinander „abgebildet", und diese Beziehung liegt den Institutionen und Ritualen zugrunde. So gesehen, kann man die Struktur als „Ursache" der von ihr generierten Phänomene bezeichnen.

Will man nun einen „kausalen Zusammenhang" herstellen, wie es für das vorliegende Thema erforderlich ist, bedarf es einer übergeordneten Theorie, und zwar einer, die auf derselben Methode basiert. Eine solche ist heute mit der Evolutionstheorie gegeben, und zwar in der Fassung von Rupert Riedl (1990). Durch die Einführung eines „dritten Konstrukteurs", neben Mutation und Selektion, der „inneren Selektion", wird aus der „erklärenden" Theorie Darwins und Lamarcks eine *Struktur*theorie: Die „Richtung", die die Evolution nimmt, wird aus „Constraints" erklärbar. Und diese Constraints gehen auf homologe Strukturen, Beziehungen zwischen Elementen, die der Veränderung widerstehen, zurück, wie etwa das Haifischkiefer, das sich als die drei Ohrknöchelchen Hammer, Amboß und Steigbügel in unserem Hörorgan befindet oder die Knochen im Säugerschädel, die allesamt homolog sind.

Ein weiteres wesentliches Kennzeichen dieser Theorie besteht in der Annahme einer zweifachen Verursachung; darauf zurückzuführen, daß neue Systemeigenschaften immer als Einschübe zwischen bereits existierenden Entitäten entstehen und sich daher sowohl nach den sog. „Untersystemen" als auch nach den zugehörigen „Obersystemen" zu richten haben; denn nur in diesem mittleren Bereich ist das System noch „offen" für Veränderungen. (Siehe dazu den Beitrag von Rupert Riedl „Die Erforschung der Komplexität" in diesem Band.) Diese Einsicht ist insbesondere im Zusammenhang mit Überlegungen betreffend Regulationen von Bedeutung (siehe dazu den Beitrag von Ernst Gehmacher in diesem Band).

Mit einem solchen Werkzeug ausgerüstet, erscheint es nun möglich, nicht nur „Ursachen des Wachstums", sondern kausale Zusammenhänge aufzufinden, die zu jenem Wachstum geführt haben, das uns heute über den Kopf wächst. Das Vorgehen muß ein zweifaches sein: zum einen ist die „Ausstattung des Menschen" zu untersuchen; als jenes „Untersystem", das für das Handeln des Menschen konstituierend ist. Zum anderen aber sind jene Strukturen in der Kultur aufzudecken, die, als „Obersystem", einen ebenso wesentlichen Einfluß haben. Sinnvollerweise kann dies nur geschehen, wenn es gelingt, nachzuweisen, daß es kulturelle Strukturen gibt, die ebenso homolog sind wie jene, die der Ausstattung des Menschen zugrundeliegen, d. h. daß sie sowohl unveränderlich sind als auch, daß sie durchreichen.

Homologe Strukturen in der Kultur

Obwohl Kultur nicht erst dann beginnt, wenn darüber reflektiert wird, hat Reflexion, und vor allem die *Art* der Reflexion einen großen Einfluß auf sie; wenn nicht sogar den entscheidenden (siehe Beitrag Gehmacher in diesem Band). Daher ist es, für den Zweck dieser Arbeit, sinnvoll, die Kulturgeschichte danach zu gliedern, wie sie reflektiert wird. In einer solchen Gliederung werden zum einen die Veränderungen sichtbar, die diese Geschichte durchlaufen hat, zum anderen aber auch jene – mit Fug und Recht als „homolog" zu bezeichnenden – Strukturen, die sich in ihrem Verlauf nicht ändern. Und es zeigt sich, daß es jene Relation ist, die Kultur konstituiert, nämlich zwischen „Natur" und „Kultur", die auch weiterhin bestimmend bleibt. Sie erscheint als der eigentliche „Motor" der Kulturgeschichte, und ihre „Bewegung" erscheint jeweils als eine Verschiebung auf der „Natur-Kultur-Achse".

1. Kultur als Lebensform. In jener Zeit, deren Denken als ein „magisches" bezeichnet wird, „entsteht" Kultur als Relation zu Natur (Bonet 1992, 331–352). Es gibt noch keine Reflexion – und die Relation befindet sich im Gleichgewicht: Die Natur ist Partner. Dieses Gleichgewicht ist auch darauf zurückzuführen, daß Kultur als Lebensform noch drei Bereiche umfaßt, nämlich

a) das alltägliche Handeln, den Umgang mit Dingen und Gegenständen,
b) ein Denksystem, das durch verschiedene Mythen konstituiert ist und
c) das Ritual, das die Verbindung von Handeln und Denken herstellt.

Es entstehen Ackerbau, Viehzucht und (Geld)Wirtschaft und die zugehörigen Gesellschaftsformen.

2. Kultur als Begriff: Mit dem Aufkommen des „rationalen Denkens" wird die Lebensform Kultur um den mittleren Bereich des Rituals reduziert. Die Reflexion beginnt, und Kultur wird, nach und nach, allein eine Angelegenheit des Denksystems. Auf der „Natur-Kultur-Achse" findet allmählich eine Verschiebung von „Natur" zu „Kultur" statt. Ist Natur in der hellenischen Epoche noch Vorbild, wird sie mit dem Aufkommen des Christentums zum Symbol, mit Beginn der neuzeitlichen Naturwissenschaft wird sie zum Mittel, bis sie schließlich zum Gegensatz mutiert. Ab Descartes gilt: Der Grad der Kulturhöhe ist gleich dem Grad der Naturbeherrschung. Und dies auf zweierlei Weise. Zum einen betrifft dies die „äußere" Natur, als „Herrschaft des Menschen über die Naturstoffe und Naturkräfte". Zum anderen aber die „innere", die „Natur des Menschen". Kultur wird zur „Bezeichnung für die Gesamtheit aller derjenigen Leistungen und Orientierungen des Menschen, die seine „bloße" Natur fortentwickeln und überschreiten". Diese beiden Anliegen laufen nun nicht getrennt nebeneinander, sondern haben „ein gemeinsames Ziel". Das Ziel der Kultur, so Johann Gottfried Herder, ist die „Humanität".

Bezogen auf die „Ursachen des Wachstums" scheint hier jener Bereich vorzuliegen, der den meisten Einfluß hatte: das Ordnungsprinzip „Natur" wird sukzessive durch das Ordnungsprinzip „Kultur" ersetzt, mit dem Ergebnis, daß der Mensch sich heute anschickt, „Naturgeschichte" zu schreiben; allerdings ohne mit dem Prinzip „Natur" hinreichend vertraut zu sein.

3. Kultur als (theoretisches) System/Konstrukt: Diese Phase erscheint als die logische Fortführung des bis dahin entwickelten Kulturbegriffs: Kulturen werden als autonome Gebilde betrachtet; Natur wird, in den Theorien des zyklischen Typs, lediglich als Analogie oder Metapher verwendet; bzw. in den linearen völlig ausgeblendet.

Auch der vorliegende Band, ebenso wie sein Vorläufer über „Die Grenzen des Wachstums" (Meadows u. a. 1972), gehören zu dieser Kategorie der Systembeschreibungen. Allerdings tritt hier eine neue Methode auf den Plan. Auf der Basis von statistischen Zeitreihen werden Trends erarbeitet und wahrscheinliche Entwicklungen extrapoliert. Wesentliche Neuerung war die Vernetzung dieser Trends und die Berücksichtigung ihrer Wechselwirkungen.

Die Frage, inwieweit solcherart Theorien Einfluß auf die konkreten Abläufe haben oder auch haben könnten, ist noch weitgehend ungeklärt, mag aber in einer weiterführenden Bearbeitung des Projekts ausführlicher zur Sprache kommen. Es scheint aber doch so zu sein, daß der Bericht des „Club of Rome" zu einer Bewußtseinsveränderung geführt hat. Um nun auch Veränderungen im Konkreten erreichen und durchführen zu können, mögen die vorliegenden Überlegungen einen Beitrag zu leisten imstande sein. Denn wenn es gelingt, in der Problematik des Wachstums kausale Zusammenhänge aufzuzeigen, hat man auch die Möglichkeit zu „qualitativen" Veränderungen.

Als ein Sukkus der vorhergehenden Überlegungen ist zu sagen, daß eine kritische Untersuchung des Themas es erforderlich macht, die Kulturgeschichte „verkehrt herum" zu lesen, nicht als eine solche des „Fortschritts", des zunehmenden Gewinns, sondern als eine solche des zunehmenden Verlusts. Und das ist ziemlich schmerzhaft. Aber erst aus dieser Perspektive wird sichtbar, daß es genau das ist, was den Menschen zum „Menschen" machen sollte, die Suche nach dem „Humanum", was ihn heute bedroht. Denn wir waren so sehr mit der Suche nach diesem Humanum beschäftigt, daß wir das, was dieses Humanum ermöglicht, nämlich die „Natur", vergessen haben.

Die Natur als Partner – ein Modell?
Dies ist die erste Sichtweise, die der Mensch entwickelt. Entsprechend der Ausweitung seines Lebensraumes und damit seines Denkhorizonts, entstehen verschiedene Bezugssysteme und damit Denkformen. Diese sind vor allem auch deshalb von Interesse, weil es diese Denkformen sind, die uns auch heute noch zur Lösung unserer Probleme zur Verfügung stehen. Ihr „Durchreichen" durch die Geschichte soll hier zunächst nur kurz anklingen.

Gemeinsam ist ihnen, daß der Bezug zum jeweiligen Ausschnitt der Natur jeweils als „Solidarität" gedacht wird. Das bedeutet die Vorstellung, daß dort, wo etwas entnommen wird, in irgendeiner Form auch Ersatz geleistet werden muß.

a) Mensch/Tier. Dieses Bezugssystem ist männlich dominiert; es ist eine „Solidarität mit Gleichem", daher erfolgt der Ausgleich auch direkt: das Ritual leitet das „Handeln" an. Hier ist vermutlich die Wurzel für die abendländischen Identitätsphilosophien zu suchen, mit der Vorstellung, daß sich letztlich alles als miteinander identisch herausstellen würde. (So gesehen gehört auch die physikalische „Urknalltheorie" zu dieser Kategorie.) Die zugehörige logische Figur ist die der „Kohärenz".

Die Ausbildung dieser Solidarität erfolgt während der etwa zwei Millionen Jahre dauernden Zeit, in der der Altsteinzeitmensch von der Jagd lebte. „Das fortwährende Verfolgen und Töten des Wildes ... führte", nach Mircea Eliade (1978, Bd.I, 16), „zur Herausbildung eines Bezugssystems eigener Art zwischen Jäger und getötetem Tier", da das im Akt des Tötens vergossene Blut in jeder Hinsicht dem des Menschen gleicht. In den Jägerkulturen gibt es daher spezifische Verhaltensweisen: „Das Töten des Tieres erfolgt nach einem Ritual, ist also von dem Glauben an einen Wildgeist getragen, der darüber wacht, daß der Jäger nicht mehr Tiere tötet, als zum Lebensunterhalt nötig sind, und daß die Nahrung nicht vergeudet wird." (Eliade 1978, Bd.I, 19)

Diese erste Solidarität wird, als die älteste, auch zur wirkmächtigsten. Sie prägt für Jahrtausende nicht nur die soziale, sondern auch die politische Struktur. „Denn die Invasionen und Eroberungen der Indoeuropäer und der Turk-Mongolen stehen unter dem Zeichen des Jägers schlechthin, nämlich des Raubtiers", dessen Verhalten sich der vorbildliche Krieger (rituell) anzueignen hatte. „Die Mitglieder der indoeuropäischen Männerbünde und die Nomadenreiter Mittelasiens verhielten sich hinsichtlich der von ihnen angegriffenen seßhaften Völker wie Raubtiere, die die Pflanzen der Steppe oder das Vieh der Bauern jagen, töten und fressen" (Eliade 1978, Bd.I, 44).

„Auf der anderen Seite wird die Verfolgung und Tötung des Wildes zum mythischen Modell für Landeroberung und Staatsgründung." Jagd- und Kriegstechniken sind einander zum Verwechseln ähnlich, und „in der ganzen euroasiatischen Welt vom Auftauchen der Assyrer in der Geschichte bis zu den Anfängen der Neuzeit gilt die Jagd als Erziehung schlechthin und ist zugleich der Lieblingssport der Herrscher und der Militäraristokratien." Das höhere Ansehen gegenüber der Lebensweise der Bauern schlägt sich letztlich auch im ökonomischen Bereich nieder.

b) Mensch/Pflanze. Dieses Bezugssystem ist weiblich dominiert. Die „Solidarität" ist eine „mit dem Ungleichen", was zum Entstehen des Symbols führt. Der Ausgleich kann nicht mehr direkt erfolgen, denn was aufrechterhalten werden muß, ist nun Periodizität, der Kreislauf der Fruchtbarkeit. Das Ritual wird zu einem eigenen Bereich, das Opfer, als „verkleinerter Ausgleich", gewinnt an Bedeutung.

Dies führt späterhin, so ist zu vermuten, zur Problematik der Erkenntnistheorie, mit der Frage, wie denn das, was sich von uns unterscheidet, erkannt werden könnte. Die zugehörige logische Figur ist jene der „Korrespondenz".

Im Mesolithikum kommt es erstmalig zur Zähmung von Tieren und den Anfängen von Akkerbau, die Beziehungen mit der Tierwelt werden durch eine gewissermaßen „mystische Solidarität zwischen Mensch und Vegetation" ersetzt. Über Jahrtausende hinweg ist es nun die Mutter-Erde allein, die auf dem Weg der Parthenogenese gebiert, und, aus der Erde geboren, kehrt der Mensch nach seinem Tod wieder zu seiner Mutter zurück (Eliade 1978, Bd.I, 47); eine Vorstellung, die uns auch heute noch vertraut ist. Im Gegensatz zum gejagten und getöteten Tier aber ist die „Nutzpflanze" in der Welt nicht vorgegeben. Daß hier ein quasi unberechtigter Eingriff in das bestehende System vorliegt, wird offenbar so stark empfunden, daß die Ursprungsmythen, die mit dem Aufkommen des Ackerbaus einhergehen, dessen Beginn mit einem „Ur-Mord" oder einem „Ur-Raub" an einem Gott in Verbindung bringen. Deshalb müssen dem „Beraubten" Opfer gebracht werden.

Die unmittelbaren Folgen des Anbaus von Gräsern zeigen sich im Wachstum der Bevölkerung und in der Entwicklung des Handels.

Neben dem Ackerbau wurden im Mesolithikum auch andere Entdeckungen gemacht, deren bedeutendste der Bogen und die Herstellung von Schnüren, Netzen und Angelhaken waren, sowie die Fertigung von Booten, die lange Fahrten ermöglichten. Mit der Erfindung der Wurfwaffe aber wird der Mensch zum „Beherrscher der Distanz", was sich wieder in vielen Vorstellungen niederschlägt.

c) Mensch/Kosmos. Durch einen weiteren Abstraktionsschritt wird die Periodizität zur „unendlichen Wiederkehr des Gleichen"; die Zeit wird zirkular, der Zyklus kosmisch. Diese Denkfigur umfaßt die beiden anderen, die für ihre jeweiligen Bereiche weiter bestimmend bleiben. Die Solidarisierung findet nun mit dem gesamten Kosmos statt. Die sprachliche und gedankliche Bewältigung erfolgt durch die Metapher. Das Anliegen auf dieser Ebene ist nicht mehr – punktueller (wie in a)) bzw. periodischer (wie in b)) – Ausgleich, sondern die „Aufrechterhaltung des Systems". Dieses umfaßt den gesamten Bereich des Wahrnehmbaren ebenso wie den Bereich des Denkbaren, und leitet damit zur nächsten Phase über.

Es ist die Denkfigur der „Dialektik", die ihren Einzug hält, die Verbindung des Ungleichen unter dem Aspekt des Gleichen.

Mit der Seßhaftigkeit wird die Wohnstätte zum „Mittelpunkt der Welt" – „My Home is my Castle"! – Die Welt bekommt dadurch eine Nabe, um die sie sich drehen kann. Es ist die Zeit, in der Altäre und Heiligtümer entstehen.

Dies ermöglicht den Ackerbaukulturen, nun eine Religion zu entwickeln, die – *erstmals* – als „kosmisch" bezeichnet werden kann, denn ihre religiöse Aktivität kreist um das zentrale Geheimnis der „periodischen Erneuerung der Welt". Wie das menschliche Dasein, so werden auch die kosmischen Rhythmen in Begriffen aus dem Bereich des pflanzlichen Lebens ausgedrückt. Der kosmische Baum wird als im Mittelpunkt der Welt befindlich vorgestellt; er verbindet die drei kosmischen Regionen, denn seine Wurzeln reichen in die Unterwelt, und sein Wipfel berührt den Himmel. Das Universum ist konzipiert als ein Organismus, der periodisch, d. h. alljährlich erneuert werden muß.

Auch in den Mythen der Eisenzeit ist diese Figur noch anzutreffen: Die Erze wachsen im Schoß der Erde, und die aus den Bergwerken geförderten Erze sind gewissermaßen Embryonen. Ihre Entnahme aus dem Schoß der Erdmutter ist ein vorzeitiger Eingriff; hätte man ihnen genügend Zeit gelassen, wären die Erze zu reifen, „vollkommenen" Metallen geworden.

Der Handwerker nimmt nun den Platz der Erdmutter ein, um das „Wachstum" zu beschleunigen und zu vollenden. Der Metallarbeiter, ebenso wie der Schmied und vor diesem der Töpfer, ist ein „Meister des Feuers". Durch das Feuer, das er zum Schmelzen verwendet, bewirkt er den Übergang der Materie von einem Zustand in den anderen. Er erzeugt eine „andere" Wirklichkeit als die schon in der Natur vorhandene, und zwar – erstmals – eine Wirklichkeit, die nicht mehr in ihren Ursprung rückführbar ist. Zu dieser Zeit beginnt der Mensch, „die Verantwortung für die Veränderung der Natur" zu übernehmen und „an die Stelle der Zeit" zu treten. Im Unterschied zum Nachfolgenden ist er sich dieser Verantwortung allerdings voll bewußt – was in entsprechenden Ritualen zum Ausdruck gebracht wird (Eliade 1978, Bd.I, 60)

Dieser Tradition folgend, nehmen das Feuer, und in seiner Nachfolge das Licht, im Verlauf der weiteren Geschichte des Denkens einen sehr wichtigen Platz ein.

In dieser ersten Phase, in der die Natur als Partner gesehen wird, ist die Beziehung zwischen „Natur" und „Kultur" sowohl homolog als auch äquivalent. Das bedeutet zum einen, daß jedes Element der einen Reihe mit einem entsprechenden der anderen mittels einer Transformation verknüpft ist – beispielsweise werden die Namen der Clans aus den natürlichen Arten gewonnen, die mit Hilfe eines Mythos in ein „Totemtier" transformiert werden. Zum anderen können diese Elemente auch miteinander vertauscht werden, und zwar ebenfalls in steigenden Graden der Abstraktion, mit der zunehmenden Entfernung der „Natur" vom Handeln des Menschen. Es beginnt mit der Möglichkeit der Verwandlung: eines Menschen in ein Tier, wie auch umgekehrt die Seele eines Toten in ein Tier eingehen kann; weiters der Möglichkeit einer Simultanexistenz zwischen einem Menschen und einem einzelnen Tier.

In der „vegetabilen" Phase ist die Äquivalenz symbolisch, die Fruchtbarkeit der Erde entspricht der Fruchtbarkeit der Frau, und die homologe Beziehung zwischen diesen beiden Ebenen leitet die Fruchtbarkeits- und Erneuerungsriten an. In der „kosmischen" Phase ist die Äquivalenz metaphorisch, der „heilige Ort" wird zur *imago mundi*. Die Wohnstätte, als Mittelpunkt der Lebensinteressen, ist homolog dem Mittelpunkt der Welt, und ihre Struktur entspricht der Struktur des Kosmos.

Die Erfahrung der kosmischen Zeit, und zwar vor allem im Rahmen der landwirtschaftlichen Arbeiten, führt schließlich, nach Eliade „zwangsläufig", zur Idee der „zirkularen Zeit" und des „kosmischen Zyklus", eine unendliche Wiederholung des immer gleichen Rhythmus von Geburt, Tod und Wiedergeburt.

Diese Welt und ihre Struktur darf und soll sich nicht verändern, ihr Ablauf soll und muß immer gleich bleiben. Der Mensch, der sich selbst als Mittelpunkt dieser Welt sieht, hat dafür die Verantwortung. Und dieser Verantwortung kann und muß er nachkommen. Das „Erneuerungs-Ritual", dem (punktuellen) Kanon des Alltäglichen entnommen, stellt, im allgemeinen durch Wiederholung einer bestimmten Handlung, die Verbindung mit dem (zeitlich übergeordneten) Denksystem her.

Die Figur der periodischen Erneuerung der Welt wird später durch die Figur des Kreises „eingefroren". Die Kreisbewegung ist ewig, bedarf also keinerlei Erneuerung. Damit fällt die „mittlere Ebene" von Ritual und Opfer weg – was ja auch Sinn und Zweck der Übung war. In der Literatur wird dieser Schritt als Übergang „vom Mythos zum Logos" beschrieben und bildet die Basis des abendländischen Denkens.

Es ist die Zeit, die Karl Jaspers (1957), wenn auch unter anderem Vorzeichen, die „Achsenzeit" nennt. Die geistige Entwicklung geht mit der sozial-politischen Hand in Hand, d. h. sie schaukeln einander auf: „. . . der politische Prozeß war die Vergrößerung der Kleinen durch Unterwerfung anderer Kleiner". „Es entstehen gewaltsam durch Eroberung große, allbeherrschende Reiche fast gleichzeitig in China, in Indien und im Abendland (die hellenistischen Reiche und das Imperium Romanum)." Und diese „am Ende der Achsenzeit erwachsenen Universalreiche hielten sich als für die Ewigkeit gegründet" (Jaspers 1957, 19). – Daß dieserart Träume trotz der hinlänglichen Bekanntheit ihres Scheiterns noch immer nicht ausgeträumt sind, zeigt sich leider immer wieder.

Vor diesem Hintergrund stellt sich die weitere Philosophie- und Wissenschaftsgeschichte als ein Ringen dar: zuerst als Verlust bzw. Einschränkung jener „mittleren Ebene" des Rituals (auf den religiösen Bereich; dieser ist der einzige, in dem das Ritual zunächst erhalten bleibt) und dann als Wiedergewinn. Denn erst die neuzeitliche Naturwissenschaft wird es dem Menschen wieder möglich machen, durch Handeln die beiden Ebenen, die materielle und die ideelle, miteinander zu verbinden; das ist das Zeitalter des Experiments. Da haben sich allerdings die Vorzeichen schon verkehrt.

Am Ende dieser Phase bleibt nur mehr „Die Natur als Metapher" übrig. Als diese allerdings durchzieht sie jahrtausendelang die Dichtung und beflügelt die philosophische Reflexion. Noch Johann Gottfried von Herder (1744–1803), der in seinen „Ideen zur Philosophie der Geschichte der Menschheit" (1784–1791) den modernen Kulturbegriff entwickelt, versucht, die Kategorien zu dessen Bestimmung aus dem Vergleich mit der Natur, ihrem Wachsen, Blühen, Fruchtbringen und Vergehen zu gewinnen.

Die Elimination der „mittleren" Ebene des Rituals hat weitreichende Konsequenzen: Das Band der Solidaritäten wird zerrissen, die ursprüngliche Harmonie zwischen den drei Ebenen von Handeln, Denksystem und Ritual beginnt, verlorenzugehen. Diese Harmonie ist aber nicht nur Voraussetzung für die Stabilität eines sozialen Systems, sondern auch für die Stabilität des Gesamtsystems. Denn offenbar kann und will der Mensch nur dann und dort Verantwortung übernehmen, worauf sich sein Handeln bezieht. Da er seine „Mittlerrolle" verliert, hat der Mensch in dem nun entstehenden System keine Funktion mehr. Er bleibt zwar im Mittelpunkt dieses Systems, zumindest solange die Erde im Mittelpunkt des Kosmos angesiedelt ist, die Reichweite seines Handelns aber wird radikal eingeschränkt. Er gewinnt diese seine Mittlerroller, als *copula mundi*, erst wieder in der Zeit des Humanismus und der Renaissance, allerdings – wie schon erwähnt – unter anderem Vorzeichen.

Die weitere Entwicklung der abendländischen Kulturgeschichte beginnt mit dem Versuch, einen neuen „Fixpunkt" zu finden, von dem aus die Welt erklärt und beschrieben werden kann. Dadurch entsteht ein nicht nur inhaltlich, sondern auch „funktionell" neuer Begriff:

Physis – Die Natur als Vorbild
Durch die Elimination der mittleren Ebene bleiben nur mehr die beiden anderen Ebenen, die materielle und die ideelle, jene der Dinge und jene des Denksystems, übrig und werden Ansatzpunkt der weiteren Entwicklung. Sie werden erstmals als solche reflektiert, und hier setzt auch die Suche nach Neuorientierung an.

Das Hauptanliegen bleibt dasselbe: es bedarf eines Systems, das erklärt, wie die Dinge entstanden sind, aber auch, in welchem Zusammenhang sie stehen, wie sie funktionieren. Zugleich ist aber auch in irgendeiner Form Sorge dafür zu tragen, daß dieses System bestehen bleibt. Beide Funktionen müssen nun auf der begrifflichen Ebene bewältigt werden: Es beginnt die Suche nach dem, was man ein Prinzip nennt.

Allerdings ist die Welt kein einheitliches Ganzes mehr, sie besteht aus zwei Bereichen: einem materiellen und einem ideellen. Die ersten Versuche gehen nun dahin, entweder den einen oder den anderen Bereich soweit zu vervollständigen, daß er diese Funktion erfüllen kann. Als Schöpfung der ionischen Wissenschaft entsteht der Begriff der *Physis,* der, so unterschiedlich seine Inhalte auch sein mögen, nur dem einen und einzigen Zweck dient, die Destruktion des Systems zu verhindern. Seine Funktion ist „normativ", d. h. das Denken und Handeln des einzelnen Menschen hat sich an ihm zu orientieren. Die Norm übernimmt die Funktion des Rituals, die Äquivalenz zwischen „Natur" und „Kultur" wird in dieser Phase *zugunsten* der „Natur" verschoben.

Entsprechend der Zweiteilung der Welt führt diese Suche zu einer Polarisierung, die uns auch heute noch begleitet und als Gegensatz von Materialismus versus Idealismus in den verschiedensten Spielformen unsere Ideenwelt begleitet und durchzieht. Für unser Thema ist dies auch insofern von Bedeutung, weil diese beiden unterschiedlichen Paradigmen Anlaß zu völlig unterschiedlicher Weltkonzeption geben. Während mit all jenen Bemühungen, die unter „Materialismus" subsumierbar sind, immer eine „monistische" Weltsicht verbunden ist, leiten jene, die dem „Idealismus" zuzuordnen sind, zu einem „dualistischen" Weltverständnis an. Dieses sieht die Welt geteilt in einen Bereich, der unveränderlich, ewig, damit aber auch unerschöpflich ist, und einen, der veränderlich ist – und auch ungestraft nicht nur verändert werden kann, sondern späterhin sogar verändert werden soll. Die eternale Instanz ist Garant dafür, daß nichts „passiert".

Die Bemühungen um eine neue Weltsicht beginnen mit der Suche nach dem „Urstoff", dem gemeinsamen materiellen Substrat aller Dinge. Der erste Philosoph, Thales, bezeichnet das Wasser als den Urgrund, durch den die Vielheit der Dinge auf ein einziges Sein zurückgeführt wird – die Idee des Prinzips ist geboren.

Aber schon mit dem nächsten Denker ändert sich das Szenario: Mit dem *Apeiron* des Anaximander tritt ein rein begriffliches Prinzip auf den Plan, das in der Lage ist, den gesamten Weltzusammenhang zu generieren und zu strukturieren. Das gelingt ihm durch Übernahme jener Prädikate, die vorher nur den Göttern zukamen: es ist unsterblich und unvergänglich, vor allem aber unerschöpflich. Es sondert immer wieder jene Gegensätze aus, aus denen die Welt besteht. Damit, wie Aristoteles berichtet, das Werden keine Unterbrechung erleide. Entstehen und Vergehen halten einander die Waage, sind im Gleichgewicht. Um dieses Gleichgewicht aufrechterhalten zu können, bedarf es einer weiteren Zuschreibung: das Prinzip ist zutiefst moralisch, eine Art von Rechtsprinzip, das per se für Ausgleich und damit für Gerechtigkeit sorgt.

Wichtig ist weiter, anzumerken, daß es sich um ein „qualitatives" Prinzip handelt, d. h. daß die zugrundeliegenden Elemente voneinander in einer Weise unterschieden sind, daß sie nicht ineinander übergehen können.

Anaximenes nimmt als „Urstoff" wieder ein bestimmtes Element an, die Luft, allerdings als ein Aggregat, das den ganzen Kosmos umfaßt und durch Sich-Verdichten und Sich-Verflüchtigen die Periodizität von Werden und Vergehen ermöglicht. Bei Heraklit nimmt das Feuer eine adäquate Stellung ein, in Verbindung ebenfalls mit einem Rechtsprinzip.

Mit Xenophanes und seiner Scheidung des einen, unwandelbaren Gottes von der sich wandelnden Wirklichkeit des Weltgeschehens wird die Periode des Dualismus eingeläutet, die mit Parmenides und den Eleaten ihre endgültige Ausformung erhält.

Mit Pythagoras und seinen Nachfolgern, wie bekannt, wird die Zahl zum (Form)prinzip. In Verbindung mit der Atomlehre, die mit Demokrit ihren Anfang nimmt, ist der Grundstein für unser derzeitiges – quantitatives – Weltbild gelegt.

Doch alle diese Programme, so anspruchsvoll sie auch auftreten mögen, können die anstehenden Probleme nicht rückstandslos lösen. Es bleiben „Restbestände", und zwar sowohl auf der Ebene des materiell-dinglichen Handelns als auch auf der ideellen Ebene. Und zwar interessanterweise genau dort, wo das Ritual seine genuine Funktion erfüllte. Der, wenn auch normative, Physis-Begriff erweist sich hier als unzureichend.

Auf der „ideellen" Ebene wird diese Problematik praktisch von Anfang an sichtbar als die Diskussion über

Physis und Nomos

Hier sind es drei Bereiche, die betroffen sind: jener der Erziehung bzw. Bildung, jener der Gesetzgebung und jener der „Namen"sgebung – der Beziehung von Sprache und „außersubjektiver Wirklichkeit".

Und diese Problematiken bleiben bis heute erhalten, zum einen mit der Frage, ob es nun die „Naturanlage" wäre, der der Primat gegenüber der Erziehung einzuräumen wäre – heute noch als Diskussion um „Nature-Nurture" erhalten; zum zweiten mit der Frage, auf welche Weise einerseits Gesetze, andererseits Ethik und Moral zu legitimieren wären; und zum dritten die endlosen Debatten um Ursprung und Status der menschlichen Sprache – als Beispiel sei hier nur der Universalienstreit genannt.

An dieser Stelle findet sich nun auch erstmals der Begriff „Kultur". Er geht zurück auf eine metaphorische Übertragung der *agricultura,* der Pflege des Bodens, auf die *cultura animi,* die Pflege der Seele. Zurückgehend auf M.T. Cicero wird Kultur dann bis zum 18. Jahrhundert vornehmlich als die Ausbildung der leiblichen, seelischen und geistigen Fähigkeiten bzw. Tugenden des – einzelnen!- Menschen verstanden: Sie ist ein „Individualunternehmen"; „Glück" und „Glückseligkeit" sind der „Tugend" zugeordnet, egal, ob der Naturanlage oder der Erziehung der Primat zur Erlangung eingeräumt wird. Wesentlich für unser Thema ist: „Glück" ist „weltimmanent"., mit den Mitteln dieser Welt und in dieser Welt erreichbar.

Erst mit Herder wandert das Humanum vom Individuum in die Sozietät.

Physis und Techne
Auf der materiell-gegenständlichen Ebene zerfällt die Diskussion in zwei Bereiche: Technik und Kunst.
Ist bei Plato die – menschliche – *Techne* der demiurgischen untergeordnet, rückt für Aristoteles der Physisbegriff in den Vordergrund: Menschliche Techne hat sich an der Physis zu orientieren und kann sie nur noch ergänzen.
Sowohl die Antike als auch das Mittelalter werden von diesem Physis-Begriff geprägt. Noch bei Bonaventura (1221–1274) ist das, was nicht von einer geschaffenen Intelligenz produziert wird, *naturale*. Das Erzeugnis der Kunst hingegen ist *artificiale,* und die *artificialia* erreichen nie die Vollkommenheit der *naturalia*.
Diese Wertigkeit wird sich allerdings in der Renaissance umkehren.

Die Natur als Symbol
Mit dem Aufkommen des Christentums wiederholen sich, mit Modifikationen, die Anfänge. Die Beziehung zwischen Natur und Kultur ist wieder äquivalent, allerdings nur „im Auge Gottes", da er beide erschaffen hat. Im Unterschied zum demiurgischen „Gestaltergott", der ein vorgefundenes Material lediglich ordnet, ist der „Schöpfergott" *natura naturans,* „schaffende" Natur. Das von ihm Geschaffene ist *natura naturata;* Sein Wort ist in der Bibel festgeschrieben, und von dort sind die für den Menschen und sein Handeln notwendigen Gesetze und Normen direkt zu entnehmen. Anders hingegen seine Beziehung zur Natur. Sie kann nur indirekt hergestellt werden, und dies geschieht mit Hilfe des Symbols. Und so werden die Phänomene der Natur – wie z. B. auch schon bei Heraklit – zum Verweis auf eine „tiefere" Wirklichkeit. Natur und Bibel sind zwei Bücher, die parallel geschrieben sind und auch so verstanden werden müssen. Und es ist für lange Zeit die Aufgabe des Menschen, diese Beziehung zu entschlüsseln. Ein weiteres Problem bildet der für das Christentum so wesentliche Bereich des Wunders, der ebenfalls angemessen untergebracht werden muß, was in einem rein normativen Weltbild, einem Weltbild der direkten Übertragung vom Prinzip zum Phänomen, nicht möglich ist. Daher ist das Prinzip, das beiden „Büchern" nun zugrundeliegt und von Augustinus an das ganze frühe Mittelalter beherrscht, die *voluntas Dei*. Sie ist es, die entschlüsselt werden muß.

Vom Fortschritt oder: Das verlorene Paradies
Die Vorstellung eines „paradiesischen" Zustandes, der dem jetztzeitigen vorangeht, findet sich in den Mythen vieler Völker. Zumeist aber bleibt diese Zeit dem Dunkel der Vorzeit verhaftet. Und obwohl der Verlust dieses Paradieses auch im Judentum durch eine Art von „Ur-Raub" geschieht, ist dieser nicht durch ein (Erneuerungs-)Ritual kompensierbar. Er wird als „Erbschuld" tradiert, die nur durch „Erlösung" kompensierbar ist. „Glück" und „Glückseligkeit" aber werden damit „transzendent"; sie verlassen diese Welt: der Mensch findet sich eingespannt zwischen der *voluntas Dei* und einer – zunächst – „normativen" Natur. Die „Erlösung", die das Christentum anbietet, erscheint offenbar auf Dauer als nicht zureichend, und die weiteren Bemühungen sind darauf ausgerichtet, sich auch „weltimmant" von der Erbschuld zu befreien.
Mit der Heilsgeschichte wird aber auch zwischen Ewigkeit/Unveränderlichkeit und Veränderung eine neue zeitliche Dimension aufgespannt; eine Geschichte allerdings, die sich ausschließlich auf den Menschen beschränkt, in der Folge aber von ausschlaggebender Bedeutung wird. Die Natur bleibt vorerst „geschichtslos".

Und so gewinnt zunächst, im 12. Jahrhundert, innerhalb des großen, unveränderlichen Rahmens, die Natur eine gewisse Autonomie; und mit ihr die menschliche Vernunft. Denn durch die Wiederaufnahme platonischer und stoischer Themen wird ein weltimmanenter Zusammenhang postuliert, dessen Prinzip die Himmelskörper und das Feuer sind. Sie sind nun die Boten des göttlichen Willens und übersetzen die Pläne der Vorsehung in die Sprache der Physik und der Geschichte.

Die Naturwissenschaften beginnen zu entstehen: von der Astronomie bis zur Medizin, zur Magie und zur Technik. Sie sind einerseits die Mittel, durch welche die bürgerliche Gesellschaft heranwächst, anderseits aber auch die Werkzeuge, mit denen die *infirmitates peccati* geheilt werden sollen.

Und so entsteht – irgendwann und letztendlich – der (Trug-)schluß: Je mehr und umfassender dieses Mittel eingesetzt werden kann, desto größer die Befreiung. Und so entsteht eine neue Relation:

Die Natur als Mittel
Mit Nikolaus von Kues (1401–1464) strebt die Natur nicht mehr nur nach ihrer (aristotelischen) „Form", sondern nach „Vollkommenheit". Sie verbindet sich mit dem Schöpfergeist, und ihre Einheit wird erzeugt durch die *Convenientia,* eine Beziehung, die auf Ähnlichkeit beruht. Mit dem nächsten Schritt, mit Marsilius Ficinus (1433–1499), wird die Natur zu einem der Materie innewohnenden Werkmeister. Der Mensch wird zur *copula mundi,* der durch seine Fähigkeit, in die Beziehungen zwischen den himmlischen Kräften und der Materie einzugreifen, das Werk unterstützt und vervollkommnet. Arzt-Astrologe und Magier verstärken und bringen Wirkungen hervor, die andernfalls latent und unausgedrückt bleiben würden.

Die natürliche Magie wird zum göttlichsten Werk des Menschen, weil sie die *miracula Dei* zum Vorschein bringt. Und nicht nur das: Durch Kombination und Transformation der Materie wird die Natur zu einem Ort, wo dem Plan des Schöpfers Neues hinzugefügt werden kann. Das Wunder wandelt sich von einem übernatürlichen Eingriff, der die Ordnung der Natur übersteigt und verkehrt, zur Manifestation einer verborgenen Möglichkeit, die schon in der Ordnung eingeschrieben ist, oder zu einem kombinatorischen Kunstwerk, das durch den Menschen veranlaßt wird. Die Schöpferkraft der Natur wird potentiell unendlich, das System der Natur kann durch den Menschen erweitert werden.

Von Werten und Werken
Doch damit nicht genug: Die zunächst (z. B. bei Plato) gleichberechtigte bzw. (z. B. bei Aristoteles) den Werken des Menschen übergeordnete Physis gewinnt aus diesem Bezug auch ihren „Wert". Beginnend mit Plotin wird die Physis als allumfassendes Prinzip zunächst zur „zweiten unteren Weltseele" *ab*gewertet, und schließlich völlig *ent*wertet. Für Thomas von Aquin (1225/26–1274) beispielsweise ist Natur die Totalität der Dinge, insbesondere der vernunftlosen.

In der Renaissance setzt sich allmählich die Idee durch, daß die handwerkliche und poetische Tätigkeit des Menschen in sich die Macht hat, die Welt der Erscheinungen zu rekonstruieren und zu einer „zweiten Schöpfung" der Natur zu gelangen. Die Alchemie versucht und verwandelt die Natur in der Absicht, zum *magnum opus* der endgültigen Vervollkommnung zu gelangen. Für den Alchemisten ist die Natur jenseits der harmonischen Physis zu suchen, indem man bis zur letzten Stufe der Schöpfung vordringt, der chaotischen *sylva* des Mittelalters, der ersten und bloßen Materie, aus der man in einem freien und kombinatorischen Spiel neue Formen und neue Eigenschaften evozieren kann. Um die Natur, mit Paracelsus, zu „vollenden".

Dieser Auffassung folgen die Künstler, Architekten und Ingenieure. Der Mensch wird zum Demiurgen, und der Künstler-Demiurg (Leonardo) wird zum (symbolischen) Nachahmer der Natur.

Mit Georg Agricola (1494–1555) ist der Gebrauch der Natur die Verwirklichung des Zieles, zu welchem Gott die Welt geschaffen hat. Und nicht nur das: Durch die Erfindung der Maschinen, die der Mensch mit *ingenium* und *artificium* baut, kann die Natur – noch bei Agricola selbst „schlau" – überlistet, beherrscht und besiegt werden. Und Francis Bacon erstellt das Programm: das durch den Sündenfall verlorene Terrain ist wiederzugewinnen.

Die Berechtigung und sogar Aufforderung dazu gewinnt der Mensch aus der Vorstellung, daß seine diesbezüglichen Fähigkeiten als „geistige Keimkräfte" vom Schöpfergott im Schöpfungsplan vorgegeben sind. Die Natur ist (nur mehr) untergeordnete Kreatur, die Kultur übernimmt endgültig die Herrschaft. Denn mit Descartes schließlich wird der Gradmesser der Kulturhöhe der Grad der Naturunabhängigkeit bzw. Naturbeherrschung, und die Gesetze der Maschine werden zu jenen der Natur.

Diese Entwicklung leitet zu jenem Stadium über, in dem wir uns, allerdings in der Hoffnung auf Veränderung, immer noch befinden.

Die Natur als Gegensatz oder:
Von reiner Vernunft und reiner Wäsche

Auf der soziologischen Ebene geschieht Ähnliches: Mit dem Naturrechtslehrer S. Pufendorf (1632–1694) wird der Naturzustand nicht mehr theologisch als der paradiesische Urzustand Adams verstanden, sondern – in Anlehnung an Hobbes – als ein glückloser Zustand außerhalb der Gesellschaft. Diesem so verstandenen *status naturalis* setzte er den *status der cultura* entgegen. Auch für Kant ist die „ungesellige Geselligkeit des Menschen" ein Angelpunkt seines Denkens, der nur durch Vernunft und damit Kultur zu begegnen ist.

Mit der Trennung von „naturhaftem" und „sozialem" Sein wird die Verbindung bzw. Parallelisierung mit der Natur endgültig aufgehoben. Damit erfährt die Heilsgeschichte des Menschen eine Umkehrung: das „Ziel" liegt nicht mehr in der Vergangenheit, ist kein verlorenes, sondern es liegt in der Zukunft und kann durch menschliche Anstrengung erreicht werden. „Glück" wird wieder „weltimmanent". „Kultur" wird zum Gegenbegriff der „werklosen" Natur – damit der individuellen Sphäre des Einzelnen ent- und auf das Gruppenleben bezogen: Kultur wird zum „Solidarunternehmen" – und kann mit dem „Solidarunternehmen" Naturwissenschaft (nach F. Bacon muß die Naturwissenschaft nach „öffentlich anerkannten Regeln verfahren, statt in hermetischem Kreise privat gewonnene Praktiken zu üben") eine – unheilige – Allianz eingehen.

Solange Gott als verbindlich-transzendente Instanz fungiert, bleibt die Natur das „zweite Standbein Gottes", auf das sich der Mensch nicht nur beziehen kann, sondern beziehen muß. Mit Kant aber wird das transzendentale Ich zu jenem Fix- und Angelpunkt, von dem aus die Welt zu erklären ist. Es ist nicht mehr das – außerhalb des Subjekts gelegene – System, das die Normen und Gesetze vorgibt, es ist das – „transzendental" erstarkte – Subjekt. Und „Fortschritt" wird nun zu einem Kriterium der Natur selbst, da sich das Subjekt mit dieser ident erklärt. Damit wird er auch lückenlos mit den kulturellen, politischen und sozialen Bestrebungen vereinbar.

Dagegen wäre noch immer nicht allzuviel einzuwenden, wenn dieser „Fortschritt", wie er mit Bezug auf Qualitäten wie „Vollkommenheit" etc. auch ursprünglich gemeint war, „qualitativ" verstanden wird. Mit dem Übergang von der (qualitativen) Physik des Aristoteles aber zur (quantitativen) Physik des späten Mittelalters wird der Fortschritt, ehedem verstanden als Streben nach Vollkommenheit, gemäß der nun einzig legitimen Methode ebenfalls in seine quantitative Variante umgeschrieben, und die heißt „Wachstum". So daß sich diese Geschichte letztendlich nicht nur als eine des Verlustes erweist, sondern es zeigt sich auch, daß die „Ursachen des Wachstums", zumindest zum Teil, auf ein fundamentales Mißverständnis zurückzuführen sind.

Anhang:
Der Regelkreis als Real-Norm
Wenn man etwas verändern will, muß man handeln; soviel steht fest. Der Bericht des „Club of Rome" hat zwar die – quantitativen – Grenzen des Wachstums aufgezeigt, der Folgebericht über die „Neuen Grenzen des Wachstums" (Meadows u. a. 1992) hingegen besagt, daß sich (angeblich) seither nicht viel geändert hat. Der Aufruf zu Beschränkung, d. h. quantitativer Verminderung von Verbrauch, erscheint als zu schwach, der Ruf nach – möglichst sanften – Regulationen wird laut. Unsere – persönlichen und institutionalisierten – Gewohnheiten werden sich aber nur ändern, wenn sich unser Weltverständnis ändert, und zwar in einer Weise, daß die Regulative unseres Handelns den Regulativen des uns Umgebenden entsprechen. Das mag nun einfach klingen, ist es aber durchaus nicht. Denn, wie ausgeführt, leben wir in einer zweigeteilten Welt, die zweierlei Arten von Regulativen hervorgebracht hat und anwendet.
Jedes Handeln bedarf der Anleitung. Werden diese Anleitungen reflektiert, spricht man einerseits von Kategorien, andererseits von Normen. Sie verbinden die Ebene des (alltäglichen) Handelns mit jener des übergeordneten Systems, treten also funktionell und strukturell die Nachfolge des Rituals an. Im allgemeinen, und insbesondere seit Kant, versteht man unter Kategorien jene Denk- und Handlungsanleitungen, die dem Handeln gegenüber dem (wie immer gedachten) System zugrundeliegen, das das Funktionieren der Dinge zum Inhalt hat, während unter Normen jene Anleitungen zu verstehen sind, die sich auf das Handeln gegenüber (anderen) Menschen beziehen. Auch diesen liegt eine übergeordnete Instanz zugrunde, letztlich eine „Idee". Daher kann man diese Normen „Ideal-Normen" nennen.
Allerdings besteht zwischen diesen beiden Bereichen ein kategorialer Unterschied: Die Natur gilt als das „Reich der Notwendigkeit", was ein Synonym für „Unveränderlichkeit" und „Unerschöpflichkeit" darstellt, der menschliche Bereich als jenes der „Freiheit". Hier der Bereich des „Seins", dort jener des „Sollens". Und nur dort, wo es „Freiheit" gibt (was immer das auch wäre), gibt es auch „Werte". Und so erklärt sich auch die Unterscheidung zwischen der „wert-losen" Natur und den mit „Werten" behafteten Werken der Menschen. Es zählt also heute nur das als Norm, was aus dem Bereich der Kultur begründet und bewertet werden kann, und sich auch wieder auf Kultur bezieht. Für den Umgang mit der „wert-losen" Natur ist mit Kategorien vorlieb zu nehmen. Denn seit der antike Physis-Begriff aufgegeben wurde, ist es allein die Kultur mit ihren Interessen, die die Beziehung zur Natur regelt.
Die Einsicht, daß auch unser Verhalten gegenüber der Natur einer „werthaften" Regelung bedarf, setzt sich in den Versuchen zu einer „ökologischen Ethik" zwar durch, die Bemü-

hungen sind aber zur Zeit noch recht mangelhaft. Denn bisher, so Wilhelm Vossenkuhl (1993, 6–19), wurde versucht, die Ansprüche der Natur entweder „analog" oder „relativ zu den moralischen Ansprüchen der Menschen" zu verstehen.

Wie erinnerlich, war das nicht immer so: Das erste „vollständige" Weltmodell, jenes des Anaximander, gibt nicht nur an, wie der Kosmos entstanden ist, sondern auch, wie er funktioniert, und zwar auf der Basis eines „moralischen" Gesetzes. Die Stelle lautet (nach Simplicius Diels [6]1985): „Woraus aber die Dinge ihre Entstehung haben, darein finde auch ihr Untergang statt, gemäß der Schuldigkeit. Denn sie leisteten einander Sühne und Buße für ihre Ungerechtigkeit, gemäß der Verordnung der Zeit." Dieses moralische Gesetz setzt sich aus beiden Ebenen zusammen, es besteht – auf der materiellen Ebene – im „Ausgleich" der „Dinge", wodurch – auf der moralischen Ebene – „Gerechtigkeit" entsteht. Was auffällt, ist, daß die Verknüpfung der uns heute so verschieden erscheinenden beiden Ebenen völlig selbstverständlich erfolgt: nur, wenn die Dinge sich im „Ausgleich" befinden, d. h. sich in einem „Kreislauf" von Entstehen und Vergehen bewegen, herrscht Gerechtigkeit. Und diese Gerechtigkeit stellt den „Grundwert" dieser Kultur dar. Allerdings gilt diese Gerechtigkeit heute nur für das „Reich der Freiheit", wird der Natur also vorenthalten. Und genau hier liegt der Mangel.

Denn Zirkularität und Periodizität, die noch für Kepler eine wichtige Rolle spielen, werden, eben mit Kant, zugunsten einer linearen Beziehung zwischen dem „transzendentalen Subjekt" und der „Erscheinung" aufgegeben. Mit dem Verzicht auf diese Vorstellung wird die Natur zwar, ebenso wie das Subjekt, „autonom"; sie fällt damit aber aus der Moral, und damit aus der Verantwortung, heraus. Diese bleibt allein dem Subjekt zugeordnet. Daher können ihr auch keine „Werte" mehr zugeschrieben werden. Diese sind nun allein den „Werken" des Menschen vorbehalten. Und so nimmt der Fortschritt seinen Lauf.

Was wir brauchen, sind also Normen, die den Umgang mit der Natur regeln, und zwar auf der Basis eines ihr zugeschriebenen Wertes. Diese sollten daher den Namen „Real-Normen" erhalten – was im gängigen Sprachgebrauch als ein Widerspruch erscheint, aber keiner ist.

Mit der Evolutionstheorie und der daraus abgeleiteten „Evolutionären Erkenntnistheorie" steht uns heute ein Instrument zur Verfügung, von dem wir glauben, daß es einen adäquateren Umgang mit der Welt in ihrer heutigen Problematik ermöglicht. Im biologisch und ökologisch orientierten Weltbild, das die Evolutionstheorie anbietet, kehrt die Figur der periodischen Erneuerung, wenn auch in veränderter Form, wieder zurück.

Die Welt wird aus ihrer Statik erlöst. „Veränderung" ist nun nicht mehr Problem, wie bei beispielsweise bei Aristoteles, sondern das (Haupt-)Thema. Nicht mehr nur der Mensch, auch die Natur erhält eine Geschichte. Diese stellt sich als eine „Veränderung der Veränderung" dar: nicht mehr nur das Individuum, auch seine Umwelt, ist, und zwar nicht nur geschichtlich, sondern ebenso *„strukturell"*, veränderlich. Das ist nur möglich, wenn man *allen* Systemen gewisse „Freiheitsgrade" zuordnet – andernfalls ist ein Prozeß wie „Evolution" nicht denkbar. Damit erhält die Natur, ebenso wie der Mensch, Anteil an dem, was man „Freiheit" nennen könnte. Dennoch folgt auch diese „Bewegung" einer Regel: zwischen den beiden veränderlichen Polen Mutation (Individuum) und Selektion (Umwelt) entspinnt sich ein Geschehen, das sich zwar selbst immer wieder neue Regeln gibt, sich an diese dann aber auch zu halten hat. Die statische, „ewige" Kreisbewegung dadurch wird beweglich, wird zum „negativen Regelkreis", zu einem Kreislauf, der – „systemimmanten" – Regeln folgt.

Denn organische Prozesse folgen keinen absoluten Werten, sie bewegen sich um „Soll-Werte". An die Stelle von „Vollkommenheit" tritt das Gleichgewicht, die „Homöostase". Und nicht mehr nur der Mensch ist für das Funktionieren des Systems verantwortlich, sondern jedes einzelne Lebewesen, aber auch die anorganische Natur, tragen zur Aufrechterhaltung des Systems bei.

Diese Sicht ist zwar „monistisch", aber nicht materialistisch zu nennen, da von einem Schichtenbau sukzessive entstehender qualitativ neuer Strukturen ausgegangen wird. (Im sog. Materialismus hingegen setzt sich das System allein aus Strukturen zusammen, deren Verschiedenheit durch Form, Anordnung und Lage ihrer elementaren Bestandteile erklärt werden.)

Mit dem Verhalten, das sich ebenfalls als strukturell gegliedert und als in Anpassung an das außersubjektiv Gegebene entstanden erweist (Lorenz 1973), kehrt auch die „mittlere Ebene" wieder zurück, und das System wird wieder vollständig. Durch die Evolutionäre Erkenntnistheorie, die auf der Einsicht gründet, daß unsere Verhaltens- und Denkmuster aus der Auseinandersetzung mit der Natur entstanden sind, schreiben die Kategorien nicht mehr, wie bei Kant, der Natur die „Gesetze" vor, sondern sie werden als in Wechselwirkung mit ihr entstanden gedacht. Ebenso wie die Prozesse, auf die sie sich beziehen, sind diese Muster daher nicht starr, sondern bewegen sich ebenso um „Soll-Werte". Daher kann man sie legitimerweise als Normen bezeichnen. Im Gegensatz zur Tradition wird damit die Unterscheidung zwischen „Kategorien" und „Normen" hinfällig, und man könnte von „kategorialen Normen" sprechen. Diese können, je nach ihrem Bezug auf das soziale oder „natürliche" System, inhaltlich unterschiedlich ausformuliert sein, in ihrem Prinzip sind sie jedoch gleich.

Durch ihre spezielle Struktur sind es allerdings die Lebewesen, die am meisten zur „Veränderung der Veränderung" beitragen. Sie sind es, die im eigentlichen Sinn die Evolution vorantreiben, das Anorganische immer mehr umstrukturieren. Allerdings in einer Weise, daß sie ihre eigenen Erhaltungsbedingungen möglichst nicht gefährden. – „Denn: Wer am Spiel teilnehmen will, muß sich an die Regeln halten, sonst wird er ausgeschlossen". – Und es gilt: wer neue Bedingungen schaffen will, muß auch neue Regeln schaffen.

Quantitatives „Wachstum" aber folgt keiner Regel, sondern bricht sie. Denn es wird allein dadurch möglich, daß negative, homöostatische Regelkreise aufgebrochen, linearisiert werden. Das „natürliche" Wachstum, das letztendlich wieder zu Vergehen, zu Vernichtung, führt, und damit den Kreis schließt, wird als negativ empfunden. Es soll – und zwar mit allen Mitteln – verhindert werden: der Regelkreis soll „positiv" sein, d. h. immer weiter eskalieren. Erreicht wird das vor allem dadurch, daß der natürliche (negative) Regelkreis von Produzenten, Konsumenten und Reduzenten jeweils auf die Dualität von Produzent und Konsument eingeschränkt wird. Auf eine einfache Formel gebracht: das Ziel jedes Fortschritts ist die „Reduzentenreduktion", sei es in der Hygiene (Bakterien), der Medizin (Krankheitserreger), der Landwirtschaft (Schädlingsbekämpfung) oder der Technik (Herstellung von haltbareren Materialien). Der Einsatz von Energie und Rohstoffen ist, so gesehen, nur Mittel zu diesem Zweck. Was wir an Abfall und Müll produzieren, ist deshalb auch nur zum geringen Teil wieder in das System rückführbar. Und die Bevölkerungszahl explodiert.

Die „verborgenen Möglichkeiten" in Form der Ressourcen aber sind in keinen „ewigen Schöpfungsplan" eingesenkt, sondern beschränkt und endlich.

Literatur

BONET, E. M. (1992) Bewußtseinsentwicklung und magisches Denken. In: Das Bewußtsein. Springer-Verlag, Wien/New York: 331–352.

DIELS, H. (⁶1985) Die Fragmente der Vorsokratiker. In: Kranz, W. (Hrsg) Bd. 1. Weidmann, Zürich/Hildesheim.

ELIADE, M. (1978) Geschichte der religiösen Ideen. Bd. 1. Verlag Herder, Freiburg/Basel/Wien.

JASPERS, K. (1957) Vom Ursprung und Ziel der Geschichte. Fischer (Tb Nr. 91), Frankfurt/M.

LÉVI-STRAUSS, C. (⁴1981) Das wilde Denken. Suhrkamp, Frankfurt/M.

LORENZ, K. (1973) Die Rückseite des Spiegels. Piper, München/Zürich.

MEADOWS, D., u. a. (1972) Die Grenzen des Wachstums. Deutsche Verlagsanstalt, Frankfurt/M.

MEADOWS, D./D. MEADOWS/J. RANDERS (1992): Die neuen Grenzen des Wachstums. Deutsche Verlags-Anstalt, Stuttgart.

RIEDL, R. (1990) Die Ordnung des Lebendigen. Piper, München/Zürich.

SAUSSURE, F. de (1931, ²1967) Vorlesungen über allgemeine Sprachwissenschaft. De Gruyter, Frankfurt/M./Berlin.

VOSSENKUHL, W. (1993) Ökologische Ethik. Information Philosophie 1/93: 6–19.

C2
Bedingungen

Bedingungen, also jene Größen, die aller Differenzierung des Wachstums zugrundeliegen, und im Prinzip, aber wohl nur im Prinzip noch zu beeinflussen wären, kann man nach zwei Aspekten darstellen. Einmal ist es jene Eigendynamik, die den Verbrauch an Energie und materiellen Gütern in die Höhe treibt, und den man zunächst einmal nur mengenmäßig zur Kenntnis nehmen muß; *Kapitel 8*. Und davon abgesetzt ist es die Erfindung speicherbarer Macht, das Geld, und seine Folgen, Zins und Profit, die als ein in sich geschlossenes System das Wachstum angetrieben haben und weiter antreiben; *Kapitel 9*.

KAPITEL 8

Das Verbrauchswachstum der Menschheit
*Hans Peter Aubauer**

Wie keine Tierart verbraucht die Menschheit scheinbar unbegrenzbar mehr und immer mehr Energie, mehr Stoffe und beansprucht sowohl immer mehr des Lebensraumes als auch der Nahrungsbasis der übrigen Arten. Bereits 40% der Biomasse, die Pflanzen mittels Photosynthese und der Sonne produzieren, wird allein von der Menschheit genutzt (Vitousek 1986). Diese pflanzliche Produktion bildet die Basis der Nahrungsketten der alles Leben tragenden Ökosysteme. Ihre Begrenzung schränkte zunächst auch alles Leben ein.

Als sich daher die Menschheit vor 3 bis 5 Millionen Jahren aus dem Tierreich heraus entwickelte, blieb ihre *„Naturgesellschaft"* anfangs immer noch in die Natur und deren Grenzen eingebunden und auf eine Population von ca. 20 Millionen beschränkt (Livi-Bacci 1993, Ehrlich 1972). Erst die etwa 10.000 v. Chr. beginnende und ca. 1800 n. Chr. weitgehend abgeschlossene „Landwirtschaftliche Revolution" ermöglichte den Übergang von einer *„Natur-"* zu einer *„Agrargesellschaft"* von rund 1 Milliarde (Mrd.) Menschen. Wobei deren individueller Verbrauch immer noch weitgehend auf das Existenzminimum begrenzt blieb: Täglich verbrauchten sie nicht mehr als etwa 3 kg feste Stoffe, 12 kg Luft, 20 kg Wasser und eine energetische Leistung unter 300 Watt (IFF 1995). Ihr Gesamtverbrauch blieb im wesentlichen durch die Produktion an Biomasse sowie die Sonneneinstrahlung begrenzt. Die Ausbeutung begrenzter fossiler Energievorräte durchbrach diese Grenze: Seit der industriellen Revolution stieg in der *„Industriegesellschaft"* nicht nur die Anzahl an Menschen auf bisher 5,8 Mrd. Menschen (PRP 1996). Auch der mittlere zur Befriedigung ihres „Wohlstandes" erforderliche Verbrauch nahm in den reichen Industrieländern sehr rasch auf täglich etwa 100 kg fester Stoffe, 150 kg Luft, 1,5 Tonnen Wasser und eine energetische Leistung um 6 kW zu (IFF 1995, Simonis 1994). Weltweit ist der gesamte Energie- und Stoffverbrauch damit seit der Steinzeit um etwa vier Größenordnungen oder ca. einen Faktor von 10 000 gewachsen, und er nimmt rasch beschleunigend weiter zu.

Was sind die Ursachen für dieses in der Geschichte des Lebens außergewöhnliche Wachstum? Im folgenden soll gezeigt werden, daß für die Menschheit nach wie vor dieselben Grenzen der ökologischen Tragfähigkeit gelten, die die Natur bisher dem Wachstum jeder Art setzte. Wegen der erstmaligen massiven Ausbeutung begrenzt vorhandener natürlicher Vorräte, insbesondere fossiler und mineralischer Rohstoffe, und der Zeitverzögerung zwischen der menschlichen Einwirkung auf die Natur und deren Rückwirkung, kann die Menschheit diese Grenzen jedoch vorübergehend überschreiten. Dies sind die wesentli-

---
* **Hans Peter Aubauer** ist Physiker, 1939 in Graz geboren, aufgewachsen auf einem Bergbauernhof, Studium der Experimentalphysik an der Tech. Univ. Wien, der Theoretischen Physik an der Univ. Chicago USA, Forschungen am Max-Planck-Institut für Metallforschung in Stuttgart BRD, Habilitation über Festkörperphysik.
Zugang zum Thema über Erfahrungen in ertragsarmer Landwirtschaft und in lebensfeindlichen Großstädten, Forschung und Lehre an Univ. Wien über die komplexen Mensch-Natur-Wechselwirkungen, Zusammentreffen mit Konrad Lorenz in Tübingen und den Biologen in Wien, Engagement in österreichischen und internationalen Umweltkonflikten.

chen Ursachen des Wachstums ihrer Population und ihres mittleren individuellen Verbrauches an Energie und Stoffen sowie der Beanspruchung von Lebensraum:

Wachsen gegen und über die Grenzen der „ökologischen Tragfähigkeit"
Es kann in der Natur studiert werden: Um 1800 setzten australische Siedler Schafe auf der Insel Tasmanien aus. Solange deren Herde noch klein war, wuchs sie exponentiell oder so, als ob sie sich auf einer grenzenlosen Weide befände (Davidson 1938). Je größer die Schafherde aber wurde, umso mehr machte sich für jedes Schaf die Konkurrenz der anderen Schafe bemerkbar. Seine Nachkommenschaft verminderte sich, und das Wachstum der Herde nahm ab. Bei einer Herdengröße von 1,6 Mill. verschlechterten sich die Lebensbedingungen eines einzelnen Schafes schließlich so, daß es am Existenzminimum dahinvegetierte und im Mittel nur mehr einen Nachkommen hatte. Das Wachstum der Herde war zu Ende. Tasmanien konnte dauernd nicht mehr als 1,6 Mill. Schafe ernähren. Eine Herdengröße von 1,6 Mill. ist seine „ökologische Tragfähigkeit" für Schafe.
Wieso soll dann aber das doppelt so große Österreich mehr als das Vierfache seiner wesentlich weniger genügsamen Bürger dauernd und ohne Hilfe von außen ernähren können und das, obwohl 90% der Nahrung verloren gehen, wenn sie ausschließlich von Schafen lebten?
Wenn zu Beginn nicht nur wenige, sondern mehr als die 1,6 Mill. Schafe auf die tasmanische Weide gebracht worden wären, die die tasmanische Weide tragen kann, dann wären sie verendet, bis ihre Population wieder die Tragfähigkeit von 1,6 Mill. erreicht hätte.
Dementsprechend ist es möglich, daß die Population einer Tierart über die Tragfähigkeit ihres Biotopes hinaus wächst, jedoch nur vorübergehend. Dann, wenn die naturbelastenden Folgen des Wachstums erst mit einer Zeitverzögerung auf dieses zurückwirken (Haberl u. Aubauer 1992). Je größer diese Zeitverzögerung ist, umso weiter wächst die Population über die Tragfähigkeit hinaus, um danach umso tiefer unter diese zusammenzubrechen. Tatsächlich können die Zeitverzögerungen zwischen der Schadwirkung der Menschheit auf ihre Umwelt und deren Rückwirkung auf die Menschen ganz besonders groß sein: So könnten sich die Störungen des klimatischen Gleichgewichtes oder die Zerstörung der Biodiversität möglicherweise erst nach Jahrzehnten bis Jahrhunderten nachteilig auswirken. Das Überschreiten von Wachstumsgrenzen ist nicht direkt erfahrbar.
Beispielsweise vermehren sich die Lemminge Kanadas zunächst über die Tragfähigkeit der polaren Weide hinaus, um danach katastrophal innerhalb zirka eines Jahres unter ein Tausendstel ihrer ursprünglichen Population zusammenzubrechen (Shelford 1943). Erst etwa vier Jahre später, nachdem sich die Weide von ihrer Überweidung erholt hat, vermehrt sich die Lemmingpopulation wieder. Wieder wächst sie lawinenartig über die Tragfähigkeit hinaus, um danach abermals zusammenzubrechen und dies zyklisch wiederkehrend immer wieder (May 1980).
Nicht mehr und nicht weniger als die Existenz derartiger Wachstumsgrenzen innerhalb eines abgeschlossenen Biotopes hat Malthus schon im 18. Jh. vermutet (Malthus 1798). Dennoch wird ihm immer wieder entgegengehalten, daß sich seither nirgends Wachstumsgrenzen gezeigt haben. Seine Argumente trafen aber auf das damals wirtschaftlich abgeschlossene Irland vor dessen wirtschaftlicher Öffnung durch einen seither stetig anschwellenden Handel völlig zu. Seine Argumente stimmen aber auch heute für unseren nach außen abgeschlossenen Planeten, wie in den folgenden Abschnitten gezeigt werden kann.

Die natürlichen Grenzen des Naturverbrauches
Welche Tragfähigkeitsgrenze ist dem Leben auf diesem Planeten gesetzt? Ist die Menschheit an sie gebunden oder kann sie vorübergehend überschritten werden, wie von den Lemmingen?

Leben benötigt Sonnenlicht. Es dient Lebewesen, wie den Pflanzen (oder dem Phytoplankton) zum Wachstum. Mit seiner Hilfe binden sie mittels Photosynthese Stoffe, wie den Kohlenstoff der Luft, um ihre Biomasse aufzubauen. Menschen wie Tiere leben im Gleichgewicht indirekt von der Sonnenenergie, indem ihnen diese Biomasse oder von ihr lebende Tiere als Nahrung dienen. Der Biomassebildung und damit allem Leben auf diesem Planeten ist daher eine auf Dauer unüberwindliche Grenze gesetzt: Das durch Ökosysteme verwertbare Angebot an Sonnenenergie. Es bestimmt die ökologische Tragfähigkeit. Paradoxerweise war gerade die Existenz dieser engen Grenze eine wesentliche Ursache der Hochentwicklung des Lebens: Jede Art versuchte sich so weit als möglich zu vermehren und zu wachsen, wie die Menschheit derzeit auch. Nur wollten das die anderen Arten auch, so daß sie sich gegenseitig konkurrierten und damit begrenzten. Denn nach dem „Konkurrenzausschlußprinzip" der Ökologie können innerhalb eines Biotopes zwei Arten nicht dauernd überleben, wenn sie einander konkurrieren (Herder 1994).

Alle Arten zusammen stoßen damit an die Grenzen der Biomassebildung, die der ökologischen Tragfähigkeit zugrunde liegt. Riedl formuliert (Riedl 1993): „. . . keine Spezies, ob Tier oder Pflanze, ist auf die Grenzen ihres Wachstums ausgelegt. Im Gegenteil: Die Begrenzung der Vergrößerung der Populationen scheint lediglich durch die Grenzen der Ressourcen, durch spezifische Räuber beziehungsweise durch konkurrierende Arten gegeben zu sein . . 255.".

Die Vermehrung einer Tier- oder Pflanzenart bzw. das Wachstum ihrer gesamten arteigenen Biomasse kann daher nur auf zwei Weisen geschehen:

A) Entweder durch „siegreiche" Konkurrenz auf Kosten anderer Arten. *Dies verringert die Artenanzahl, ohne daß die Effizienz der Nutzung der Sonnenenergie zur Biomassebildung dabei zunimmt.*

B) Oder durch die Entdeckung zusätzlicher Möglichkeiten der Sonnenenergienutzung, ohne dabei mit anderen Arten in Konkurrenz zu geraten. Die Adaptation und Spezialisierung auf derartige Möglichkeiten war der Anstoß zur Entstehung neuer Arten in eigenen „ökologischen Nischen": *Die Artenvielfalt, die Symbiosen zwischen den Arten und damit die Effizienz der Sonnennutzung stieg dabei.*

Diese letztere Variante B dominierte die Geschichte des Lebens. Der nach Wachstum strebende „Gruppenegoismus" der Arten war damit die treibende Kraft hinter der wunderbaren Evolution einer großen Vielfalt aufeinander eingespielter Tier- und Pflanzenarten, die in weitgehender Symbiose miteinander leben und so zwischenartliche Konkurrenz vermieden. Nach Millionen von Jahren der Optimierung waren alle ökologischen Nischen weitgehend besetzt und die maximal mögliche Umwandlungseffizienz von Sonnenenergie in Biomasse praktisch erreicht. Es entstanden die vielfach miteinander vernetzten Ökosysteme. *Aber nur weil allem absolute Grenzen des Ressourcenangebotes, insbesondere des an Sonnenenergie gesetzt waren.*

Wie konnte die Menschheit dieses dynamische Gleichgewicht durcheinanderbringen und auf Kosten aller anderen Arten entsprechend der Variante A scheinbar grenzenlos wachsen? Vor allem weil sie nicht nur die momentan, sondern auch die in der Vergangenheit eingestrahlte Sonnenenergie in Form „fossiler Energie" nutzen lernte.

Die „Naturgesellschaft"
Als vor etwa vier Millionen Jahren die ersten noch affenähnlichen Primaten die Savannen Afrikas eroberten, erlangten sie mit der Entwicklung des Gehirnes, des Werkzeuggebrauches, mittels von der Fortbewegung befreiten Händen sowie mit der Sprache eine derartige Überlegenheit, daß sie allen anderen Arten Konkurrenz machen konnten, ohne daß dies ihr Überleben direkt gefährdete. Ihre Ausbreitung konnte durch tierische Konkurrenz nicht mehr begrenzt werden. In der Folge drangen sie seither in nahezu alle Biotope ein und verdrängten mehr oder weniger als Faunenverfälscher weitgehend die dort heimischen Arten.

Obwohl die Menschheit von ihrem Anfang an die Natur effizienter nutzte als die anderen Tierarten, war sie dennoch zunächst wie diese immer noch restlos in die ökologischen Systeme und deren Grenzen eingebunden. Die Naturgesellschaft der Jäger, Sammler oder Fischer konnte dementsprechend über eine Bevölkerungsdichte von 0,6 Personen pro Quadratkilometer kaum hinauswachsen (Cipolla 1972). Sie war unfähig, mehr als 3,2 Millionen der insgesamt vorhandenen 9,3 Millionen Quadratkilometer Festland zu nutzen. Ihre Gesamtgröße blieb auf 20 Millionen begrenzt.

Die Geburtenrate der Bevölkerung war hoch. Ihre Dichte war dennoch klein, denn ihr Wachstum wurde durch Hunger, Krankheiten, Kriege und Kindesmorde limitiert (Kuczynski 1934), wie dies Malthus beschrieb (Malthus 1798). Obwohl ansteckende Krankheiten wegen der niedrigen Bevölkerungsdichte noch selten waren, konnte die Bevölkerung nur soweit wachsen, als die durch sie genutzten Pflanzen und Tiere von selbst nachwachsen konnten.

Die „Landwirtschaftliche Revolution"
Diese Begrenzung wurde durch den Übergang zu Ackerbau und Viehzucht durchbrochen. Erstmalig griffen Menschen gezielt in ökologische Systeme ein, um sie sich dienlich zu machen. Ihr Gehirn befähigte sie zu beobachten, zu experimentieren und ihre Welt zu verstehen. Dies unterschied sie von den anderen Arten. Irgendwann nach dem zehnten vorchristlichen Jahrtausend begann diese „neolithische oder landwirtschaftliche Revolution" im Vorderen Orient und breitete sich zunächst in den Osten und schließlich über die ganze Welt aus.

Mit der Domestikation von Tieren und Pflanzen und ihrer Einbettung in künstliche Ökosysteme konnte der jährlich nutzbare Biomassezuwachs vermehrt werden. Dadurch stieg die Weltbevölkerung bis Christi Geburt auf einen Wert von ca. 300 Millionen, um danach nahezu eineinhalbtausend Jahre lang, bis etwa 1500 n. Chr., nur wenig um diesen Wert zu schwanken. Soweit feststellbar, waren sowohl die Geburten-, als auch die Todesraten dieser Agrargesellschaften sehr hoch: 35 bis 50 Geburten auf 1000 Einwohner standen 30 bis 40 Sterbefällen gegenüber (Sieferle 1982). Daß die Bevölkerung dennoch nicht anstieg, lag an immer wieder auftretenden Sterblichkeitsgipfeln mit 150 bis 300 und sogar 500 Todesfällen je 1000 Einwohner. Kriege, Seuchen und Hungersnöte, oft in der Folge klimatischer Schwankungen, reduzierten die Bevölkerung immer wieder, wenn sie zu weit über 300 Millionen hinauswuchs. Die Höhe und Häufigkeit der Todesgipfel regelte den Umfang der Agrargesellschaften, analog der Diskussion im zweiten Abschnitt. So etwa ergriff die Pest im 13. Jh. gleichzeitig alle dicht besiedelten Regionen, wie Europa, Indien und China und halbierte die Weltbevölkerung innerhalb weniger Jahrzehnte.

Zwischen 1500 und 1800 verdreifachte sich dann aber die Bevölkerung von 0,3 auf 1 Mrd.

Menschen. Wodurch? Um 1500 waren die Kulturen mit hoher Siedlungsdichte auch durch eine besonders weit entwickelte Pflug- und Dreifelderlandwirtschaft gekennzeichnet (Braudel 1985). Im dünn besiedelten Rest der damaligen Welt existierten primitive Kulturen der Nahrungserzeugung, wie Jäger, Fischer, Sammler, Nomaden und Hackbauern. Nach 1500 löste die „Eroberung der Meere" mit Segelschiffen, also die Nutzung der Windenergie, ein Wachstum des Handels aus. Er und der geistige Aufbruch durch die Renaissance und spätere Aufklärung förderten die Verbreitung des Wissens der fortschrittlichen Landwirtschaft über die ganze Welt. Wenn man dies berücksichtigt, kann sie bis 1800 etwa die 1 Mrd. Menschen ernähren. Möglicherweise war erst dann die um ca. 10 000 v. Chr. beginnende „Landwirtschaftliche Revolution" abgeschlossen.

Es ist nicht sicher, ob die dabei erreichte Steigerung der Nahrungsproduktion dauernd aufrecht erhalten werden kann, sobald die begrenzten Energievorräte nicht mehr ausgebeutet werden können. Denn die Zunahme des landwirtschaftlichen Ertrages baut auf intensiven Eingriffen, Zerstörungen und auf einer Zurückdrängung der ökologischen Systeme auf. Möglicherweise sind diese dadurch gar nicht mehr ausreichend anpassungsfähig bzw. „elastisch", um die künftigen wechselnden Anforderungen, wie Klimaänderungen, überleben zu können (Perrings 1995). So wurden beispielsweise schon frühzeitig Wälder zum Schiffbau und aus Energiemangel so weitgehend abgeholzt, daß die Epoche vom Spätmittelalter bis in das 18. Jahrhundert als Periode der Waldverwüstung gilt (Schubert 1989).

Vor allem läßt sich aber der landwirtschaftliche Ertrag vermutlich nicht dauernd oder nachhaltig über den Wert hinaus steigern, der um 1800 erreicht wurde. Denn alle danach erreichten landwirtschaftlichen Erntezuwächse erfordern Naturgüter, die nur begrenzt vorhanden sind, wie fossile oder mineralische Rohstoffe. Zukünftig stehen diese nicht zur Verfügung. Daraus läßt sich ableiten, daß die 1 Mrd. Weltbevölkerung um 1800 vermutlich auch die maximale Größe ist, die die Ökosysteme dieses Planeten dauernd tragen können, und zwar auf dem sehr niedrigen materiellen Niveau der damaligen Zeit. Diese Abschätzung der ökologischen Tragfähigkeit könnte eine sehr konservative sein: Denn die Tragfähigkeit wurde seither sicherlich vermindert, etwa über die Bodenversiegelung, Bodenerosion oder über die Verminderung der Biodiversität bzw. der Anzahl der Nutztierrassen und Nutzpflanzensorten, die ohne energie- und rohstoffintensive Pflege auskommen können.

Die „Industrielle Revolution"
Die weitgehende Beschränkung der Energiequellen auf Pflanzen und Tiere setzte jeglichem Wachstum in der Agrargesellschaft die Grenzen des Angebotes an Sonnenenergie und Bodenfläche. Diese Grenzen können in der Industriegesellschaft durch die Ausbeutung begrenzt vorhandener Energievorräte vorübergehend durchbrochen werden. Die periodischen Todesgipfel sind seither verschwunden. Hungersnöte sind durch energieintensive Landwirtschaft und Handel sehr selten geworden. Medizin und Hygiene dämmen Seuchen ein.

Der Beginn der Industriellen Revolution hängt eng mit dem Abbau von Kohle zusammen. Deren massive Ausbeutung begann etwa 1800 und verdoppelte sich etwa alle 25 Jahre. Das durch die Ausbeutung ermöglichte industrielle Wachstum nahm daher Ende des 18. Jh. aus vielerlei Gründen gerade in England seinen Ausgang (Durant 1967): England hatte große Kriege auf dem Kontinent gewonnen, ohne selbst verwüstet zu werden. Es sicherte sich die Herrschaft auf den Meeren und damit über Kolonien, die Rohstoffe lieferten und bearbeitete Güter kauften. Seine Heere, Flotten und die wachsende Bevölkerung stellten einen expandierenden Markt für industrielle Produkte dar. Das in einem ausgedehnten Handel verdiente Kapital suchte nach gewinnbringenden Investitionen. Die Verdrängung des Ackerbaus durch Weidewirtschaft trieb die Bauern in die Städte, wo sie zu billigen Arbeitskräften der Industrialisierung wurden.

Vor allem trafen gerade im damaligen England eine Verknappung von Holz (Mann 1986), die Verfügbarkeit großer Kohlelager und das Vorhandensein sehr aktiver Unternehmergruppen zusammen; Unternehmer, die aus einem Zeitalter des Handels und der Seefahrt hervorgegangen waren. Mitte des 19. Jh. erfaßte der durch den Kohleverbrauch ausgelöste Umbruch nicht nur Frankreich und Belgien, sondern auch Deutschland, die Vereinigten Staaten, Schweden und Norditalien. Rußland und Japan folgten bald nach. Heute erobert die von einem wachsenden Ölverbrauch abhängige Industrielle Revolution „Schwellenländer" in Asien und Südamerika.

Die industrielle Wende baute auf dem im 16. und 17. Jh. erworbenen Wissen auf und wurde vor allem durch die Entwicklung der Dampfmaschine ausgelöst (Sieferle 1982). Sie war zunächst angestrebt worden, um das bei der Förderung der Kohle mit zunehmender Tiefe in die Schächte dringende Wasser zu heben. Dies war mit Muskelkraft nicht mehr möglich. Zum Wasserpumpen sollte die in der Kohle enthaltene Wärmeenergie nach ihrer Umwandlung in mechanische Energie dienen. Aufbauend auf dem pneumatischen Tempeltüröffner des Heron von Alexandria aus dem 1. Jh. v. Chr. (Jischa 1993) wurde 1712 die „atmosphärische Feuermaschine" von Newcomens entwickelt. Ihr ging der Ruf voraus, zur Entwässerung einer Grube zwei weitere Gruben zu benötigen – eine Erzgrube, um sie zu bauen und eine Kohlengrube, um die enormen Brennstoffmengen zu liefern: Mit der Verfügbarkeit großer Energiemengen begann damit auch deren Verschwendung. Erst Ende des 18. Jh. entwickelte James Watt eine effizientere, „marktfähige" Dampfmaschine. Am Übergang zum 19 Jh. waren 181 Wattdampfmaschinen in Baumwollspinnereien und -webereien, in Kupfer- und Kohlengruben, Hüttenwerken und in Brauereien installiert (Sonnemann 1987).

In der Folge nahm der Kohleverbrauch rasch zu. Immer mehr ersetzte er Muskelkraft und erneuerbare Energiequellen und erschloß neue Quellen chemischer Energie. *Dies ermöglichte*

- *den bisher unbegrenzten Zuwachs der Weltbevölkerung:* Denn vor allem mit energieintensiven Agrarchemikalien und Bodenbearbeitungsmethoden konnte der landwirtschaftliche Ertrag vervielfacht werden. Zunächst „explodierte" die europäische Bevölkerung zwischen 1800 und 1930 von 200 Millionen auf 700 Millionen und steigerte ihren Anteil an der Weltbevölkerung damit von 20 auf 35% (Kuczynski 1934). Sie wurde zur Auswanderung gezwungen und förderte damit die weltweite Ausbreitung der Industriellen Revolution. Gegenwärtig findet die „Bevölkerungsexplosion" vor allem in „unterentwickelten" Ländern durch ein Absenken der Sterblichkeitsraten statt, ohne daß dort eine Auswanderung oder eine Begrenzung des Bevölkerungszuwachses durch eine Industrialisierung wie in Europa möglich wäre. Denn es existieren nicht genug Naturressourcen, um die Industrialisierung auch auf die Entwicklungsländer zu übertragen.
- *eine unbeschränkte Verschwendung von Stoffen und die Naturschädigung durch deren Emissionen:* Mit der „Befreiung" der Menschen aus der Arbeit in der überlebensnotwendigen landwirtschaftlichen Primärproduktion und mit dem scheinbar unerschöpflichen Energieangebot verschwanden die Beschränkungen, begrenzte Stoffressourcen aus der Natur abzubauen und sie nach ihrem „Verbrauch" als Schadstoffe oder Abfall wieder an sie zu-

rück zu geben. So lange beispielsweise ausschließlich Holz zur Eisenverhüttung eingesetzt werden konnte, war diese durch das Holzangebot begrenzt. Erst die Bewältigung der chemischen Probleme des Kohleeinsatzes zu diesem Zweck am Ende des 19. Jh. beseitigte diese Grenzen. Auch Stahl wurde weitgehend verfügbar und ermöglichte den Bau von Produktionsmaschinen und Fahrzeugen, die mit Dampfmaschinen in Bewegung gehalten wurden. Der Kohle- und der Stahlverbrauch jagten einander gegenseitig hoch.

• *einen ständig steigenden Verkehr von Gütern und Personen:* Beginnend mit der raschen Ausbreitung der Dampfeisenbahnen und Dampfschiffe sanken Aufwand und reale Kosten des energieintensiven Verkehrs durch den Energieüberschuß immer mehr ab. Verknappungen der Versorgung, die regional irgendwo auftraten, wurden durch vermehrten Transport ausgeglichen. Der regionale Verbrauch mußte nicht mehr an die ökologische Tragfähigkeit der Region angepaßt werden, wie dies für Ökosysteme charakteristisch ist. „Tragfähigkeit konnte und kann importiert" und „Umweltschäden exportiert" werden. Die Ökonomie löste sich immer mehr von ökologischen Begrenzungen. Die Massenproduktion und interregionale sowie internationale Arbeitsteiligkeit der Wirtschaft wuchsen, was die Mobilität weiter förderte. Die Ver- und Entsorgung wurde und wird immer mehr zentralisiert.

In dem Ausmaß, in dem ungestörte Naturlandschaften oder Naturprodukte selten wurden und werden, werden sie auch attraktiv und laufen Gefahr, „verbraucht" zu werden. Denn wegen der niedrigen Transportkosten werden sie einer sehr großen Konsumentenzahl zugänglich und wegen der Informationsexplosion bekannt: Die letzten intakt gebliebenen Landschaften werden durch Übernutzung zerstört – die letzte Schildkröte bis zur Ausrottung gejagt, um etwa in Nobelrestaurants verspeist zu werden.

• *den Wandel vom Tausch- zum Geldhandel:* Die Mobilitätszunahme und die „Monetarisierung" der Wirtschaft begünstigten einander. Geld war nicht nur für den rasch wachsenden Handel unentbehrlich. Seine Verzinsung beschleunigte die Akkumulation von Finanzkapital und dementsprechend Naturzerstörungspotential. Letzte Grenzen einer Naturausbeutung verschwanden. Zerstörungen von Naturkapital wurden und werden als belanglos eingeschätzt, da man es durch Finanzkapital ersetzbar hält.

Ein über alle Maßen gewachsenes finanzielles Kapital konnte und kann seinen Wert nur erhalten, wenn es „ausreichend gewinnbringend investiert wird", um so zumindest seine Inflationsrate zu erwirtschaften. Dies erzwingt eine ständige Ausweitung des Naturverbrauches, auch auf Kosten zukünftiger Gewinnmöglichkeiten.

Auch die Verzinsung entwertet die Zukunft: Es erscheint billiger, erst in die Beseitigung von Umweltschäden zu investieren, nachdem sich das dafür erforderliche Geld auf einer Bank ausreichend verzinst hat. Das Wachstum nicht behobener Schäden, aber auch die potentiell vieltausendjährige Zukunft der Menschheit werden in der Ökonomie ignoriert, wie die Existenz der Natur überhaupt. So werden nur Kapital und Arbeit als Produktionsfaktoren berücksichtigt, den knappsten, die Natur, kennt man nicht.

Zusammenfassend wurde die Industrielle Revolution und damit das in der Geschichte der Menschheit einzigartige Wachstum des Energie- und Stoffverbrauches, wie der Bodennutzung, durch die Ausbeutung begrenzter fossiler und mineralischer Vorräte möglich. Sie führte zu einem Wachstum der Bevölkerung wie ihres individuellen Verbrauches weit über die Grenzen der ökologischen Tragfähigkeit, aber auch zu deren Abbau. Dies löste einen „Erfolgsrausch" der industriellen Gesellschaft aus, der über seine zeitliche Endlichkeit hinweg täuscht: Sobald die begrenzt vorhandenen Naturgüter nicht mehr nutzbar sind, bricht das Produkt aus Bevölkerungszahl und individuellem Naturverbrauch auf diese immer weiter sinkende Tragfähigkeit zusammen. Bei einer Fortsetzung der gegenwärtigen Lebensweise kommen die „Todesgipfel" notwendigerweise wieder, nur in einem in der Menschheitsgeschichte bisher unbekannten Ausmaß an Schrecklichkeit. Die Ursachen des Wachstums weisen drohend auf dessen Endlichkeit. Eine Behauptung, die im folgenden genauer untersucht werden soll:

Die ökologische Tragfähigkeit und der Bodenertrag

Auf Dauer kann die Menschheit nur von dem leben, was der Boden bzw. die von ihm getragenen Ökosysteme liefern (Wackernagel 1994). Dieser dauernd mögliche Boden- bzw. Gewässerertrag ist der ökologischen Tragfähigkeit proportional. Denn die Ausbeutung begrenzt vorhandener Naturvorräte, wie fossiler oder mineralischer Rohstoffe, ist grundsätzlich nur vorübergehend möglich und sollte rasch beendet werden, da sie die Tragfähigkeit unabänderlich senkt. Wie hoch ist diese aber?

Allgemein wird angenommen, daß es der Menschheit wie in der Vergangenheit mit Hilfe von Wissenschaft und Technik auch in Zukunft gelingen werde, natürliche Begrenzungen der Naturausbeutung zu überwinden und damit die ökologische Tragfähigkeit mehr oder weniger beliebig weit anzuheben: Beispielsweise argumentiert Marchetti, daß unter Verwendung des verfügbaren Kernenergiepotentiales, der Stoffvorräte und zu erhoffender wissenschaftlicher „Fortschritte" auf der Erde 10^{12} oder tausend Milliarden Menschen „dauernd" bei einem Verbrauchsniveau leben könnten, das dem der USA entspricht (Marchetti 1978). Um den Lebensraum für Flora und Fauna zu bewahren, könnte diese Menschenmasse auf 10% der Land- oder Wasserfläche in Städten mit gigantisch in die Höhe und in die Tiefe gebauten Häusern konzentriert werden, sodaß die restlichen 90% der Fläche „unberührte" Landschaft/Gewässer bzw. praktisch ohne Umweltbelastung blieben.

Abgesehen davon, daß noch so große Kernenergievorräte dennoch endlich wären und sich Nahrung künstlich in Retorten sicherlich nicht lange herstellen ließe, ignoriert Marchetti vor allem folgenden gravierenden Widerspruch: Einerseits soll 90% der Erdoberfläche „unberührt" bleiben. Andererseits soll sie total und immer wieder umgegraben werden, um aus ihr jene unglaubliche Menge an Energie und Stoffen zu holen, die für die dauernde Versorgung von 1000 Mrd. Menschen erforderlich wäre.

Der massive Stoffumsatz und Kernenergieeinsatz würde die lebende Natur und damit die ökologische Tragfähigkeit allein mit Emissionen rasch und restlos zerstören. Eine Weltbevölkerung von 1000 Mrd. Menschen würde damit sicherlich wesentlich kürzer als ein Promille der Zeit überleben, die für 1 Mrd. Menschen zur Verfügung stünde – nur wäre deren Lebensqualität wesentlich niedriger. In der Summe würden daher bei einer Dichte von 1 Mrd. Menschen gewiß mehr Menschen überleben, als bei der tausendfachen Dichte, und dies mit einem wesentlich höheren materiellen Standard und mehr Lebensqualität.

Warum soll aber die landwirtschaftliche Ertragssteigerung der Vergangenheit und damit das Verbrauchswachstum nicht weitergehen? Die Industrialisierung der Landwirtschaft konnte den landwirtschaftlichen Ertrag während der „grünen Revolution" vervielfachen – aber um den Preis des Einsatzes nicht erneuerbarer fossiler Energie, einer hochentwickelten chemischen Kontrolle und hochgezüchteter und damit krankheitsanfälliger Pflanzensorten: Eine Verdopplung des Ertrages erforderte etwa die zehnfache Menge an Düngemitteln, Pestiziden und Energie (TWFP 1967). Beispielsweise erzielt die industrialisierte

Landwirtschaft (u. a. in Japan) den vierfachen Ernteertrag je Hektar der ausschließlich durch Mensch und Haustier betriebenen (wie in Indien), erfordert aber hundertmal so viel Hilfsmittel und Energie (Odum 1983). Wenn die zur Steigerung des landwirtschaftlichen Ertrages eines Hektars Boden erforderlichen Rohstoffe auf diesem Hektar selbst produziert werden müßten, wäre der Ertrag wesentlich niedriger, als wenn auf diese Rohstoffe von vorne herein verzichtet worden wäre! So benötigen in der Landwirtschaft eingesetzte Pferde große Flächen zur Gewinnung ihres Futters. Ein dabei verwendeter Traktor benötigt zur gleichen Arbeitsleistung jedoch wesentlich mehr Fläche zu seiner Herstellung, seiner Entsorgung und für seine Kraftstoffen.

Darüber hinaus sinkt der mit zusätzlicher Energie erreichbare Ernteertragsgewinn immer mehr, weil die Ökosysteme immer mehr beeinträchtigt werden. Schließlich wird der Ertragsgewinn sogar negativ, weil etwa die Böden degenerieren und dies unabänderlich. Sobald daher die begrenzte externe Energie nicht mehr verfügbar wäre, sänke der Ernteertrag unter ein Fünftel, oder unter den Ertrag zu Beginn des vorigen Jahrhunderts, als die Weltbevölkerung etwa 1/5 des gegenwärtigen Wertes oder 1 Milliarde Menschen betrug. Wenn die Energie- und Stoffvorräte nicht mehr genutzt werden können, müßte die Erdoberfläche, wie in der Agrargesellschaft, nicht nur die Nahrung, sondern auch alle Energie und alle Stoffe produzieren und es müsste genug davon als Lebensraum für die wildlebenden Arten vorhanden bleiben.

Aber die über den Wüsten- und Meeresflächen eingestrahlte Solarenergiemenge ist doch besonders groß und bisher ungenützt! Sie könnte doch ohne Beeinträchtigung von Ökosystemen genutzt werden und eine ertragreiche Intensivlandwirtschaft weiterhin und dauernd mit Energie versorgen! Es sind jedoch nicht genug Stoffe verfügbar, um diese großen Flächen mit geordneten technischen Strukturen überziehen und nutzen zu können. Überdies müßten diese Stoffe wiederum auf knappen Böden produziert werden.

Könnten die großen, mit sehr viel Sonnenenergie bestrahlten Meeresflächen aber nicht mit lebendigen Systemen, etwa Blaualgen genutzt werden? Dies scheitert an einer anderen Knappheit: Meere sind sehr nährstoffarm. Nachhaltig wären leider nicht genug Energie und Stoffe verfügbar, um Nährstoffe von den Küsten in die Meere zu transportieren, dort zu verteilen und an der lichtreichen Oberfläche zu halten.

In einer konservativen Annahme könnte daher davon ausgegangen werden, daß die ökologische Tragfähigkeit etwa um 1800 erreicht wurde. Damit ist gemeint, daß eine Weltbevölkerung von nicht mehr als 1 Mrd. Menschen beim damaligen materiellen Verbrauchsniveau auch ohne Ausbeutung begrenzter fossiler und mineralischer Rohstoffe dauernd überleben könnte – allein getragen von biogenen Rohstoffen. Konservativ, da der Eingriff in die Natur um 1800 möglicherweise bereits so groß war, daß die Weltbevölkerung wieder unter 1 Mrd. sinken würde, wenn sie wieder allein von Tieren und Pflanzen leben müsste. Übereinstimmen mit dieser Schätzung gibt Sabata die globale ökologische Tragfähigkeit mit den 870 Millionen Menschen des Jahres 1790 bei derem damaligen Verbrauch an (Sabata 1994).

Analoges folgt aus dem Konzept der „Ökologischen Fußabdrücke" (Wackernagel 1996): Ihnen zufolge wäre die zur dauernden Bereitstellung des Verbrauches der Holländer aus nachwachsenden Rohstoffen erforderliche Fläche etwa vierzehn Mal so groß wie die Fläche Hollands. Demnach müßten die Holländer entweder ihren Verbrauch oder ihre Anzahl auf ein Zehntel reduzieren, wenn sie dauernd überleben wollen (oder eine Kombination davon). Dabei geht Wackernagel von einer energieintensiven industriellen Landwirtschaft aus, die somit nicht völlig nachhaltig ist. Wenn dies korrigiert wird, ergibt sich wieder die obige Tragfähigkeit.

Ursache des in ihrer Geschichte einmaligen Wachstums der Menschheit und ihres Verbrauches seit der industriellen Revolution über die ökologische Tragfähigkeit ist daher vor allem die Steigerung des Bodenertrages mittels Ausbeutung erschöpflicher Naturgüter.

Optionen der Menschheit

Aus den Ursachen des vergangenen Wachstums der Weltbevölkerung läßt sich auf ihre mögliche zukünftige Entwicklung schließen: Entscheidend dabei ist der künftige Verbrauch begrenzter Energien, ob fossilen oder nuklearen Ursprunges. Je mehr die Energievorräte ausgebeutet werden und je weiter die Bevölkerung sowie ihr materieller Verbrauch über die ökologische Tragfähigkeit angehoben werden, umso katastrophaler brechen sie danach zwangsläufig zusammen, denn umso größer ist die dauernd wirksame Beeinträchtigung der Tragfähigkeit. Ein späterer, aber noch dramatischerer Zusammenbruch der Weltbevölkerung ergibt sich, wenn zusätzlich die im zweiten Abschnitt diskutierte Zeitverzögerung zwischen der Einwirkung der Menschheit auf die Natur und deren Rückwirkung wirksam wird. So wirken Störungen der Gleichgewichte der Atmosphäre, der Meere oder Böden ja erst nach vielen Jahrzehnten auf die Tragfähigkeit zurück.

Die durch die Ausbeutung beschränkt vorhandener Bodenschätze möglich gewordene industrielle Technik und Lebensweise hat die Relevanz ökologischer Gesetze für das menschliche Leben nur scheinbar und nur vorübergehend außer Kraft setzen können. Langfristig kann die Menschheit, wie jede andere Tier- oder Pflanzenart auch, nur in einer eigenen ökologischen Nische überleben. Denn auf Dauer kann sie ausschließlich von jener Flora und Fauna getragen werden, die sie gegenwärtig schädigt. Die Flora und Fauna können aber nur überleben, wenn ihnen die Menschheit keine Konkurrenz macht, also ohne fortgesetzte Beeinträchtigung ihrer ökologischen bzw. genetischen Vielfalt (Herder 1994). Rückzug in eigene ökologische Nischen bedeutet die rasche Absenkung des Verbrauches an Energie und Stoffen sowie der Bodennutzung bzw. Naturbelastung auf die ökologische Tragfähigkeit.

Nach der Periode des durch den Abbau begrenzter Naturgüter ermöglichten Konsumrausches wird die Menschheit, konkret die Menschen innerhalb der verschiedenen Regionen sonst wiederum auf die kärgliche Versorgung durch die lokalen Ökosysteme dieser Regionen zurückgeworfen werden. Die Versorgung von außen, wie auch die Entsorgung nach außen, werden wie vor der Industriellen Revolution wieder eine untergeordnete Rolle spielen. Denn der Warentransport benötigt relativ viel Energie. Das dann allein verfügbare sehr knappe Angebot an sich erneuernden Energiequellen würde allein zur Befriedigung wichtigerer menschlicher Grundbedürfnisse, wie der Herstellung von Nahrung oder einer ausreichenden Raumwärme zur Verfügung stehen. Warentransporte würde es wie in der menschlichen Geschichte auch über sehr lange Distanzen geben. Aber nur für sehr wertvolle Güter, die in keiner Weise in der eigenen Region hergestellt werden können.

Die Zukunft ist damit notwendigerweise wieder eine Agrargesellschaft, die sich von der geschichtlichen allein durch die Anwendung des seither gewonnenen und inzwischen wieder verschwindenden Wissens unterscheidet: Alle für eine nachhaltige Landwirtschaft und auch sonst erforderlichen Energien und Rohstoffe müßten von der Sonne bzw. aus dem Boden oder Gewässern kommen. Der Boden und unbeschädigte Ökosysteme würden damit langfristig zu knappsten Gütern. Der Gesamtverbrauch wäre sehr klein. Der mittlere individuelle Wohlstand könnte dennoch hoch und höher als gegenwärtig sein, wenn die Bevölkerungsdichte ausreichend niedrig und somit der auf einen einzelnen entfallende Naturraum ausreichend groß wäre.

Je länger damit der gegenwärtige Pfad des Verbrauchs- bzw. Wirtschaftswachstums fortgesetzt wird, umso tiefer ist das nachhaltige Niveau des Verbrauches, auf das die Menschheit entweder katastrophal heruntergezwungen wird, oder auf das sie sich geordnet zurückziehen muß. Daher bleiben nur zwei Optionen:

1. Option – der gezielte Übergang von der Industrie- in eine Agrargesellschaft: Konkret der geordnete Rückzug des gegenwärtigen Gesamtverbrauches an Energie und Stoffen, sowie der Bodennutzung auf ihre dauernd aufrecht erhaltbaren Werte innerhalb einer optimalen Periode. Optimal insofern, als gegenwärtige Gewinne maximiert werden, jedoch nicht auf Kosten künftiger. Dabei müßte auf die Nutzung der Kernenergie und eines Großteils der fossilen Energievorräte verzichtet werden.

2. Option – der katastrophale Zusammenbruch von einer dazwischen geschobenen Kernenergiegesellschaft in eine Agrargesellschaft: Das Beibehalten des Wachstums des Verbrauches durch vollständige Ausbeutung der fossilen und möglicherweise auch nuklearen Energievorräte und sein katastrophaler Zusammenbruch auf einen erzwungenen Wert sehr weit unter dem der ersten Option. Damit geht es gar nicht um die Frage, ob die Menschheit langfristig im Einklang mit der Natur leben bzw. überleben kann oder wird. Beides ist sicherlich der Fall. Fraglich ist nur auf welchem Niveau. Wäre es ein tierhaftes Dahinvegetieren einiger Überlebender in vereinzelten begünstigten Regionen nach einem katastrophalen Zusammenbruch, oder ein würdevolles Leben Weniger nach einem rechtzeitigen und damit naturschonenden Übergang in die Nachhaltigkeit?

Verschärfung der Situation durch zunehmende Ungleichheit

Als in der industriellen Revolution erstmalig auch der individuelle Naturverbrauch dramatisch zunahm, geschah dies keinesfalls in einer für alle Menschen gleichen Weise. Je mehr die einen verbrauchten, umso weniger blieb für die übrigen. Gegenwärtig verbrauchen 20% der Weltbevölkerung etwa 80% der Ressourcen, und die Kluft zwischen den „Armen" und den „Reichen" wächst: 1960 betrug das Einkommensverhältnis zwischen den 20% der „ärmsten" und den 20% der „reichsten" 1 zu 30. 1991 lag das Verhältnis bei 1 zu 60 (Bericht über die menschliche Entwicklung 1994). Beispielsweise liegt der Mittelwert des Energieverbrauches aller Menschen bei 2,1 Kilowatt/Kopf (kW/Kopf), der der meisten Staaten jedoch darunter. Die reichsten 5% der Weltbevölkerung verbrauchen über 10 Kilowatt, während die ärmsten 50% weniger als 1 Kilowatt pro Person verbrauchen. Weiters nehmen die 80% der „Armen" in den „Entwicklungsländern" wesentlich rascher zu als die „Reichen" in den „Entwickelten Staaten", wodurch die vorhandenen Konflikte rasch wachsen und Verteilungskriege drohen: So werden derzeit etwa zwanzigmal so viele Kinder in eine arme Umgebung hinein geboren als in eine reiche, wobei das Verhältnis rasch wächst.

Der Weltbevölkerungszuwachs von gegenwärtig (Mitte 1996) jährlich 1,5%/a findet damit vor allem in den armen Ländern statt, u. a. in Afrika mit seinem Zuwachs von 2,8%/a. Der Bevölkerungszuwachs kann aber in den armen nicht wie in den reichen Ländern durch Wohlstandswachstum während eines „demographischen Überganges" gesenkt werden. Dies zeigt eine einfache Überlegung: Ein Bevölkerungszuwachs von 0,1%/a und eine Bevölkerung von 1,171 Mrd. in den Industrieländern stehen einem Zuwachs von 1,9%/a und einer Bevölkerung von 4, 6 Mrd. in den Entwicklungsländern gegenüber (PRB 1996). Eine Anhebung des Bruttosozialproduktes pro Einwohner der Entwicklungsländer von 1 090 US$/C auf das der Industrieländer von 18 130 US$/C würde den Zuwachs der Weltbevölkerung im besten Fall erst bei einer Verdoppelung beenden. Dazu wäre aber eine Verachtfachung des weltweiten Bruttosozialproduktes erforderlich, aus der auch eine Verachtfachung der globalen Umweltzerstörung und Ressourcenverbrauches drohen. Denn überall sind die beiden bisher stärker gewachsen als die Wirtschaft. In den armen Ländern müßten sich das Bruttosozialprodukt und die Umweltzerstörung verdreißigfachen, was aber keineswegs ein Ende deren Bevölkerungszuwachses erzwingen müßte. Denn die weltweit höchsten Zuwachsraten finden sich gerade in reichen Ölstaaten, wie in Lybien mit 3,7%/a oder dem Oman mit 4,9%/a (PRB 1996). Nordamerika hat einen Zuwachs von 0,6%/a gegenüber Europa mit –0,1%/a, obwohl sein Bruttosozialprodukt pro Kopf doppelt so hoch wie das Europas ist. Die Übertragung des gegenwärtigen industriellen Wohlstandskonzeptes auf die ganze Menschheit würde diese zerstören.

Auswege
● *Eine gezielte rasche Absenkung des Naturverbrauches pro Kopf,* also des individuellen Energie- und Stoffverbrauches, sowie des individuellen Beitrages zur globalen Ökosystembelastung in den reichen „Industrieländern" zunächst auf den Weltdurchschnitt und dann auf Werte, die autark und allein von den heimischen Ökosystemen getragen werden können. Dies innerhalb einer optimalen Periode von nicht mehr als dreißig Jahren. Daraus folgt eine Absenkung des Energie- und Stoffverbrauches der Industrieländer um jährlich mindestens 5%/a und eine der Bodennutzung um mindestens 2%/a.
● *Eine gezielte Absenkung der Geburtenrate und Bevölkerungsdichte* dort, wo ein in die Welt gesetztes Kind während seines Lebens mehreren Kindern zukünftig die Existenzchance nimmt bzw. ein Mensch mehreren anderen die Daseinsmöglichkeit raubt. Dies trifft auf viele „arme", aber auch auf Industriestaaten zu. Daraus folgt eine Begrenzung der Bevölkerungsdichte und damit der Einwanderung, solange die regionale ökologische Tragfähigkeit durch zu viele Menschen sinkt (Milbrath 1989).
● *Ein Ersatz des bisherigen obersten Zieles der Wirtschaft,* ihres Wachstums durch eines des Wachstums des Bruttosozialproduktes pro Kopf und die Unterordnung dieses modifizierten Zieles unter die Naturverbrauchsreduktion als Restriktion oder Nebenbedingung.
● *Änderungen der finanziellen und rechtlichen Rahmenbedingungen,* damit es im individuellen und betrieblichen Eigeninteresse liegt, die angezielte Naturverbrauchsreduktion durchzuführen. Die Ausarbeitung der Details dieser Änderungen und die Weiterführung vielfach vorhandener Vorschläge (u. a. Aubauer 1995, Pernthaler 1992) wäre eine wertvolle Aufgabe für Ökonomen und Juristen. Denn die Reduktion des Naturverbrauches könnte auch dann Gewinn bringen, wenn sie von einem Staat allein durchgeführt würde. Ein gewinnbringender Alleingang eines Industrielandes würde international sicherlich nachgeahmt und könnte eine globale ökologische Evolution auslösen.

Literatur
AUBAUER H.P. (1995) „Eine natur- wie wirtschaftsverträgliche Energiesteuer", *Wirtschaftspolitische Blätter* **5**, 381–388.
Bericht über die Menschliche Entwicklung 1994 (Entwicklungsprogramm der Vereinte Nationen). Deutsche Gesellschaft für die Vereinten Nationen e.V.

BRAUDEL, F. (1985) „Sozialgeschichte des 15.–18. Jahrhunderts", **Bd 1,** Kindler Verlag, München
CIPOLLA, C. M. (1972) „Wirtschaftsgeschichte und Weltbevölkerung" Dtv Verlag, Wissenschaftliche Reihe, München.
DAVIDSON, J. (1938) „On the Growth of the Sheep Population in Tasmania" *Trans. Roy. Soc. S. Australia* **Bd. 62:** 342–346
DURANT, W. (1967) „Kulturgeschichte der Menschheit – Rousseau und die Französische Revolution" **Bd. 31:** 343–369 (Originalausgabe: The Story of Civilsation – Rousseau und Revolution) Verlag Edito-Service S. A., Genf.
EHRLICH, P., u. a. (1972) „Bevölkerungswachstum und Umweltkrise" Fischer Verlag, Stuttgart.
HABERL, H. u. AUBAUER, H. P. (1992) *J. theor. Biology* **Bd 156,** 499–511.
HERDER (1994) „Lexikon der Biologie". **Bd 5.** Spektrum Akademischer Verlag, Heidelberg, Berlin, Oxford UK.
IIFF (1995) Interuniversitäres Institut für interdisziplinäre Forschung und Fortbildung, Wien – Auskunft.
JISCHA, M. (1993) „Herausforderung Zukunft" Spektrum Akademischer Verlag, Heidelberg/Berlin/Oxford.
KUCZYNSKI, R. R. (1934) „Population" *Encyclopaedia of Social Sciences*
LIVI-BACCI, M. (1993) „A Concise History of World Population" Blackwell, Cambridge MA & Oxford, UK.
MALTHUS, T. H. (1798) „First Essay on Population" Nachdruck durch Macmillan & Co. Ltd. St. Martin's St, London (1926).
MANN, G. (1986) „Propyläen Weltgeschichte – Das neunzehnte Jahrhundert" **Bd. 8:** 281 – 336.
MARCHETTI, C. (1978) „On 10^{12}: A Check on Earth Carrying Capacity for Man" *Energy* **Bd. 4:** 1107–1117.
MAY, R. M. (1980) „Theoretische Ökologie" Verlag Chemie, Weinheim.
MILBRATH, L. W. (1989) „Envisioning a Sustainable Society" 304–318, State University of New York Press, Albany, NY. USA.
ODUM, E. P. (1983) „Grundlagen der Ökologie" Thieme Verlag, Stuttgart/New York.
PERNTHALER, P. u. a. (1992) „Umweltpolitik durch Recht – Möglichkeiten und Grenzen" Manzsche Verlagsbuchhandlung, Wien.
PERRINGS, u. a. (1995) „Biodiversity Conservation" 3–23, Kluwer Academic Publishers, Dordrecht/Boston/London.
PRB (1996), Population Reference Bureau, 1875 Connecticut Ave., Suite 520, DC 20009-5728 USA (202) 483–1100.
RIEDL, R. (1993) Besprechung zum Thema „Die Ursachen des Wachstums" am 19. Juli im „Konrad Lorenz Institut" in Altenberg NÖ.
SABATA, G. D. (1994) *Environmental Conservation* **Bd. 21: Nr. 4** 289–291.
SCHUBERT, E. (1989) „Der Wald: wirtschaftliche Grundlage der Stadt" In Herrmann, H. (Hrsg) „Mensch und Umwelt im Mittelalter" Fischer Verlag, Stuttgart.
SHELFORD, V. E. (1943) „The relation of snowy owl migration to the abundance of the collared lemming" *Auk* **Bd. 62:** 592–594.
SIEFERLE, R. R. (1982) „Der unterirdische Wald" Beck Verlag, München.
SIMONIS, U. (1994) Wissenschaftszentrum Berlin, Forschungsprofessur Umweltpolitik – Vortrag in Wien.
SONNEMANN, R. (Hrsg, 1987) „Geschichte der Technik" Aulis, Deubner & CO KG Verlag Stuttgart.
TWFP (1967) The World Foods Problem, „A Report of the President's Science Advisory Comittee" Panel on World Food Supply, the White House, **Bd. 3.**
VITOUSEK, P. M. u. a. (1986) „Human Appropriation of the Products of Photosynthesis" *BioScience* **Bd 36:** 368, Juni 1986.
WACKERNAGEL, M. u. a. (1996) „Our Ecological Footprint: Reducing Human Impact on the Earth" Gabriola Island, BC and Philadelphia, P: New Society Publishers.

KAPITEL 9

Zins, Geld, Profit und Kapital: Ein theoriegeschichtlicher Abriß
Heinz D. Kurz*

Der Zins – ein Streitgegenstand

Die Frage nach der moralischen Berechtigung, den Ursachen und der Höhe des Zinses ist alt. Mit einer gewissen Übertreibung kann gesagt werden, daß der Unterschied zwischen der modernen, auch „bürgerlich" oder „kapitalistisch" genannten Gesellschaft und der alten, antiken bzw. mittelalterlichen Gesellschaft sich darauf zuspitzen läßt, ob die Zinsnahme als billig und nützlich angesehen wird oder nicht. Während in der Antike und im Mittelalter die Auffassung vorherrschte, daß es sich beim Zins um eine widernatürliche bzw. Gott nicht gefällige Angelegenheit handelt, wird er in der modernen Gesellschaft gemeinhin als nicht weiter zu hinterfragende Selbstverständlichkeit akzeptiert. Bis es jedoch zur Hinnahme des Zinses als quasi naturwüchsiges Phänomen kam, war ein weiter, verschlungener Weg zurückzulegen. Seine Merkmale sind heftige Debatten und die gelegentliche Anwendung von Gewalt, wenn Argumente ihre Wirkung verfehlten, die Zuweisung besonderer sozioökonomischer Rollen an bestimmte Gruppen der Bevölkerung, die in Gestalt des Antisemitismus ihre Schatten bis in die Gegenwart wirft, soziale Umstürze und Revolutionen. Sozialismus und Kommunismus sind ein Versuch, sich dieser Tendenz der Moderne entgegenzustemmen. Gelegentlich wiederholt sich die Geschichte: Die in islamischen Ländern wiederbelebte Zinsgegnerschaft erinnert stark an die Zeit der Scholastik und das kanonische Zinsverbot.

Die für und wider den Zins ins Feld geführten Argumente besitzen daher eine lange Geschichte, und es ist vielleicht nicht uninteressant, einige der wichtigeren Stationen darin in Erinnerung zu rufen. Dies soll im folgenden geschehen. Angesichts der wenigen aufs Thema verwendeten Seiten wird der Leser weder Vollständigkeit noch Gründlichkeit der Darstellung der zur Sprache gebrachten Ansätze erwarten. Will er sich näher mit der Materie beschäftigen, kommt er um die Lektüre der einschlägigen, umfänglichen Literatur nicht herum.

Die ersten großen kritischen Gesamtdarstellungen der jeweils verfügbaren kapital- und zinstheoretischen Literatur in deutscher Sprache stammen von Karl Marx und Eugen von Böhm-Bawerk. Die Rede ist von dem von Marx ursprünglich als vierten Band des „Kapitals" konzipierten „Theorien über den Mehrwert" (1861–1863) sowie Böhm-Bawerks als Erste Abteilung von „Kapital und Kapitalzins" vorgelegten „Geschichte und Kritik der

---

* **Heinz D. Kurz** ist Wirtschaftstheoretiker, 1946 in Pfaffenhofen an der Ilm (Bayern) geboren, Studium der Volkswirtschaftslehre und der Politischen Wissenschaften an der Univ. München, Assistent am Inst. für Theoretische Volkswirtschaftslehre an der Univ. Kiel, Forschungen an der Univ. Cambridge England, Univ.-Prof. an der Univ. Bremen, derzeit an der Univ. Graz, Gastprofessuren in Europa und USA.
Zugang zum Thema über Forschungen, Einzelarbeiten und Bücher zu den Themen Wirtschaftstheorie, Theoriegeschichte, Theorie der Produktion, Beschäftigung und programmgesteuerte Arbeitsmittel, Kapital, Verteilung und Wachstum, zuletzt über erschöpfbare und erneuerbare natürliche Ressourcen im Rahmen dynamischer Input-Output-Modelle.

Kapitalzins-Theorien" (1884). Beide Autoren wurden jedoch nicht vorrangig von einem theoriegeschichtlichen Interesse angetrieben. Die Aneignung des historischen Materials war für sie lediglich der erste Schritt auf dem Weg der Entwicklung je eigener Erklärungen von Profit und Zins. Die eigenen Lehren färben auch ihre Einschätzungen früherer Autoren und verzerren deren Auffassungen gelegentlich bis zur Unkenntlichkeit. Trotz dieser Einseitigkeiten und Fehler zählen die beiden Werke bis auf den heutigen Tag zu den wichtigsten Stücken der kapital- und zinstheoretischen Literatur. (Vgl. jedoch auch Schumpeter 1954, Lutz 1956, Spiegel 1983 und Kurz/Salvadori 1995.)

Ich beginne mit einer kurzen Zusammenfassung einiger der Hauptargumente gegen den Zins, wie sie von Aristoteles und den scholastischen Autoren vorgetragen worden sind (Teil 2); die Aufmerksamkeit konzentriert sich auf die Sphäre der Zirkulation, des Umschlags von Waren, nicht auf diejenige ihrer Produktion, und auf das Konsumtivdarlehen. Danach wende ich mich den Gründen für die schleichende Erosion des kanonischen Zinsverbots zu (Teil 3). Es folgt eine kurze Skizze einiger in der frühen ökonomischen Literatur anzutreffenden Überlegungen über Zinsursache und -höhe (Teil 4). Im Anschluß daran kommt es zu einer ausführlicheren Diskussion der in der klassischen politischen Ökonomie vertretenen Auffassungen zum Thema (Teil 5), die die Sphäre der Produktion in den Mittelpunkt rücken: Zunächst wird das für die folgende Entwicklung zentrale Konzept eines gesellschaftlichen „Mehrprodukts" als stofflicher Grundlage aller Nichtarbeitseinkommen vorgestellt, wie es von den Physiokraten formuliert worden ist; dann werden nacheinander die Beiträge von Adam Smith und David Ricardo gewürdigt. Der folgende Teil gibt einen Überblick über „zinsfreundliche" Auffassungen im Anschluß an die ökonomische Klassik (Teil 6); zur Sprache kommt u. a. die „österreichische Kapital- und Zinstheorie" Eugen von Böhm-Bawerks. Der nächste Teil gilt den „zinsfeindlichen" Auffassungen verschiedener sozialistischer Strömungen (Teil 7); im Zentrum steht die Marxsche Mehrwert- und Profittheorie. Die Arbeit endet mit einigen abschließenden Bemerkungen (Teil 8).

Vorweg sind einige Klarstellungen vonnöten. Unter „Zins" versteht man die Vergütung, die ein Darlehensnehmer an den Darlehensgeber für die zeitweilige Benutzung einer Wertsumme zahlt. Die Wertsumme kann „Geld"form haben, sie muß es aber nicht. Sie kann auch Güterform haben; der Zins entspricht dann der Differenz zwischen der geliehenen Menge eines Gutes und der zurückerstatteten Menge desselben Gutes. In Geldwirtschaften, in denen eine spezifische Ware wie z. B. Gold oder Silber als Geld zirkuliert, ist der Geldzins gleich dem betreffenden Warenzins. Der „Zinssatz" ist gleich dem Verhältnis des Zinses zur fraglichen Wertsumme. Unter „Kapital" verstehen wir im folgenden produzierte Produktionsmittel im Unterschied zu den natürlich vorhandenen Produktionsmitteln wie z. B. Grund und Boden. Der Produktionsprozeß wird begriffen als die mittels menschlicher Arbeit unter Zuhilfenahme der beiden Arten von Produktionsmitteln erfolgende Erzeugung von Gütern bzw. Dienstleistungen. Dabei werden Güter (bzw. Waren) in Güter (bzw. Waren) umgewandelt. Da es sich beim Kapital um einen Komplex verschiedenartiger Produktionsmittel (Maschinen, Werkbänke, Computer usw.) handelt, kann man ein gegebenes Kapital, bestehend aus gewissen Mengen verschiedener konkreter Kapitalgüter, insgesamt nur als „Wert"summe ausdrücken, d. h. als Summe der mit ihren jeweiligen Preisen bewerteten physischen Kapitalgüter. Werden die Preise in einer Geldeinheit gemessen, dann kann das fragliche Kapital in einer Summe Geldes ausgedrückt werden. Unter „Gewinn" bzw." Profit" versteht man die Differenz zwischen Erlös und Kosten der Produktion. Bezieht man den Profit auf den Wert des eingesetzten Kapitals, so erhält man die „Kapitalertrags-" oder „Profitrate". Unter Geldkapital versteht man im allgemeinen eine Summe Geldes, die gehortet, verliehen oder angelegt, d. h. in physisches Kapital oder in Finanzaktiva (Wertpapiere, Schuldverschreibungen und dergleichen) investiert werden kann. Diese Bemerkungen deuten bereits an, daß die Frage nach Zins und Profit nicht unabhängig von derjenigen nach den Preisen der verschiedenen Waren beantwortet werden kann, und diese nicht unabhängig von der Frage nach den Gesetzen der Produktion. Die Aspekte der Produktion, der Zirkulation und der Verteilung des gesellschaftlichen Reichtums bilden daher eine unauflösbare Einheit. Die Einsicht in diese Tatsache sollte im Lauf der Zeit allerdings erst langsam reifen.

Zins und Wucher: Aristoteles und die Kirchenväter

Im mittelalterlichen scholastischen Denken wird „Wucher" begriffen als die Absicht des Geldverleihers, mehr an Geld zurückzuerhalten, als er im Darlehen hingegeben hat (vgl.: Spiegel 1983, 63 ff, Langholm 1984). Dies bedeutet, daß grundsätzlich jegliche positive Zinsnahme als Wucher aufgefaßt und als solche geächtet wurde. Das Zinsverbot betraf zunächst den Verkehr kirchlicher Institutionen untereinander und wurde schließlich auch auf den nichtklerikalen Bereich ausgedehnt.

Zur Begründung des Verbots berief man sich auf zinskritische Stellen in der Bibel, „Politik" und „Nikomachische Ethik" des Aristoteles' (384–322 v. Chr.) sowie das römische Recht. Im ersten Buch der „Politik" unterscheidet Aristoteles zwischen „naturgemäßer" und „unnatürlicher" Erwerbskunst. Letztere zielte auf den bloßen Handelsgewinn ab und sei gegen die Natur; ihre schlimmsten Formen seien das Wuchergeschäft und Zinswesen. Im einzelnen argumentiert er wie folgt. Die Kunst des Gelderwerbs entwickelt sich aus dem Tauschhandel, dessen Aufgabe darin besteht, für eine bessere Güterverteilung zu sorgen. Das Geld wird eingeführt, um die wirtschaftlichen Transaktionen zu erleichtern; es dient als Recheneinheit und als Tauschmittel. Bald jedoch „bildete sich eine andere Art der Erwerbskunst, das Handelsgeschäft, ... darauf gerichtet, wie und mit welchen Mitteln man beim Umsatz möglichst viel Gewinn machen könne" („Politik", I.9.3.(c)). Parallel hierzu entstand die Fehlmeinung, die Erwerbskunst schlechthin und nicht bloß ihre pervertierten Formen seien auf die Gewinnerzielung aus. Tatsächlich unterscheiden sich die beiden Typen von Erwerbskunst grundlegend: Während die eine in den Dienst der notwendigen Daseinsvorsorge als Voraussetzung für das „gute Leben" gestellt ist, also ein Ziel und eine Grenze vor Augen hat, ist das Ziel der anderen schrankenlos. Wer sich der widernatürlichen Erwerbskunst verschreibt, trachtet danach, sein Geld „bis ins Grenzenlose zu vermehren" („Politik", I.9.4.(b)). Aristoteles faßt zusammen:

„Wenn nun aber die Erwerbskunst, wie gesagt, eine doppelte ist, teils eine auf den bloßen Handelsgewinn, teils eine auf die Zwecke der Hausverwaltung berechnete, und nur die letztere notwendig und löblich ist, die erstere aus dem bloßen Umsatz gezogene dagegen mit Recht getadelt wird, weil sie nicht auf die Natur gegründet ist, sondern die Menschen diesen Gewinn voneinander ziehen, so ist mit dem größten Recht das Wuchergeschäft *(obolostatiké)* verhaßt, weil dieses unmittelbar aus dem Gelde selber den Erwerb zieht und nicht aus dem, wofür das Geld doch allein erfunden ist. Denn nur zur Erleichterung des Tausches kam es auf, der Zins *(tokos)* aber vermehrt es an sich selber. Daher denn auch der Name für „Zins" soviel wie „Junges" bedeutet, denn das Junge pflegt seinen Erzeugern ähnlich zu sein, und so ist auch der Zins wieder Geld vom Gelde. Und diese Art der Erwerbskunst ist denn hiernach die widernatürlichste von allen." (Politik, I.10.2).

Geld sei jedoch selbst „unfruchtbar", könne also keine „Jungen hecken". Was in einem Geldgeschäft der eine gewinne, sei daher immer der Verlust eines anderen. Zins bedeute notwendig Übervorteilung, Ausbeutung.

Das scholastische ökonomische Denken hat keine alle wirtschaftlich relevanten Aspekte umfassende, systematische und homogene Doktrin hervorgebracht. Ökonomische Fragen werden vielmehr eher beiläufig im Kontext theologischer und moral- sowie rechtsphilosophischer Untersuchungen erörtert. Gewisse Konzepte der Moderne sind im scholastischen Schrifttum gar nicht oder allenfalls in embryonaler Ausprägung anzutreffen, so das Konzept des „Fortschritts". Die damalige Gesellschaft war anders als die heutige vorwiegend auf „Status" und nicht auf „Vertrag" gegründet. Statt an einer besseren Zukunft orientierte sich das damalige Denken am mehr oder weniger großen Spannungsverhältnis zwischen der aktuellen geschichteten mittelalterlichen Gesellschaft einerseits und einem in der Vergangenheit georteten goldenen Zeitalter. Nicht eine neue Zukunft war zu gewinnen, sondern alle Anstrengungen des Christenmenschen sollten der Wiederherstellung dieser Vergangenheit gelten. Das Denken des Zeitalters kreiste um die Rettung der Seelen in der nächsten Welt und nicht um die Einrichtung der Gegenwart in möglichst paradiesischer Form: Für den gefallenen und von der Ursünde gezeichneten Menschen war Vollkommenheit keine diesseitige Angelegenheit.

Ein wesentlicher Unterschied zur Moderne zeigt sich im Umgang mit dem Problem der *Knappheit*. Hiermit angesprochen ist das (Miß-)Verhältnis zwischen menschlichen Bedürfnissen einerseits und den Mitteln zu ihrer Deckung andererseits. Während Aristoteles und mit ihm die scholastische Tradition Mäßigung als Beitrag zu dessen Lösung predigen, d. h. die Anpassung der Bedürfnisse an die vorhandenen Möglichkeiten ihrer Deckung, sieht die moderne Ökonomik als Lösung die Steigerung der Produktion von Gütern, d. h. die versuchte Anpassung des Güterangebots an die Bedürfnisse. Da letztere einer weitverbreiteten Auffassung nach jedoch unbegrenzt sind, bedeutet dies der Tendenz nach ständige wirtschaftliche Expansion, Wachstum. Der Mensch lebe, wie es ein neuzeitlicher Ökonom ausgedrückt hat, unter dem „kalten Stern der Knappheit". Diesem ist der genannten Sicht zufolge offenbar auch nicht dadurch zu entkommen, daß man es sich auf Erden warm – genauer: immer wärmer – einzurichten weiß.

Die Institution des *Privateigentums* war den Scholastikern selbstverständlich bekannt und wurde von ihnen bejaht. Allerdings unterschieden sie zwischen Eigentum einerseits und dessen Verwendung andererseits. Diese Unterscheidung kann zurückgeführt werden auf die Tradition gemeinschaftlichen Eigentums in der frühen Kirche. Von allergrößter Bedeutung war die Frage der Verwendung. Das Eigentum sollte so eingesetzt werden, daß es dem allgemein Guten diente. Mit anderen Worten, auf dem Eigentum des Einzelnen lastete eine soziale Hypothek. Der *Handel* wurde zunächst in Anlehnung an die Bibel und Aristoteles kritisch bzw. abschätzig beurteilt. Später setzte sich in Anlehnung an Augustinus (354–430) folgende Unterscheidung durch: Der Handel als solcher, weil grundsätzlich nützlich im Sinn des Transports und der Lagerung von Gütern, sei moralisch neutral. Anders verhalte es sich mit dem Händler, sofern er Gewinne macht und diese nicht für mildtätige Zwecke oder öffentliche Belange einsetzt. Gewinne aus Handelsgeschäften als solche waren danach zulässig, vorausgesetzt sie wurden nicht einbehalten.

Im Zentrum des scholastischen ökonomischen Denkens stand die Lehre vom „gerechten Preis" *(justum praetium)*. Da der Preis in einer arbeitsteiligen Wirtschaft das Medium ist, mittels dessen Einkommensansprüche durchgesetzt werden, enthielt die fragliche Doktrin vor allem eine Aussage über die rechtmäßige Verteilung des erzeugten Produkts auf die verschiedenen Mitglieder der mittelalterlichen Gesellschaft. Beim gerechten Preis handelt es sich um eine *Preisnorm*, wie sie von einer zu einem gerechten Urteil befähigten Person für einen gegebenen Ort zu einer gegebenen Zeit festgelegt werden würde. Da in einer arbeitsteiligen Gesellschaft die einzelnen Produzenten nicht alles selbst erzeugen, was sie in Form von Produktions- oder Unterhaltsmitteln benötigen, müssen sie zu anderen Produzenten in Tauschbeziehung treten. Gefragt ist daher nicht nach einem einzelnen Preis, sondern einem Satz von Preisverhältnissen zwischen verschiedenen Waren. Diese Preisverhältnisse haben ein Doppeltes zu erfüllen: Zum einen müssen sie den Produzenten erlauben, die Kosten ihrer jeweiligen Produktion zu decken; zum anderen müssen sie ihnen Einkommen in einer Höhe gewähren, die es ihnen erlaubt, ihrer gesellschaftlichen Stellung gemäß zu leben. Das Thema war – in der Terminologie Aristoteles' – die „kommunikative" oder Tauschgerechtigkeit. Die Tauschverhältnisse der Waren hatten in letzter Instanz der „goldenen Regel" zu gehorchen: Tue anderen nur das, was du selber willst, daß sie dir tun. Zur Erklärung aktueller Preise und ihrer Ursachen steuerten die Kirchenmänner nur wenig bei; das Konzept des *Wettbewerbs* ist ihrem Denken noch weitgehend fremd – wenig verwunderlich angesichts einer Welt, die charakterisiert ist durch Privilegien des Königs, Adels und schließlich auch der Kirche, auf Fürstengunst beruhende Monopole und Regalien sowie den Markt regulierende Zünfte und Innungen.

Die Doktrin vom *justum praetium* wird unter anderem von Thomas von Aquin (1225–1274) ausgebaut und vertreten, dem wohl bedeutendsten Theologen des Hochmittelalters. In der zwischen 1265 und 1273 geschriebenen „Summa Theologica" kommt er im Kontext von moralphilosophischen Überlegungen auch auf wirtschaftliche Fragen zu sprechen. Sein Augenmerk gilt den Regeln und Normen, die das Verhältnis zwischen den einzelnen Mitgliedern der Gesellschaft gestalten sollen, und der Verankerung der Normen in einem Konzept von Gerechtigkeit. Hinsichtlich des Geldes wiederholt Thomas im wesentlichen die Auffassung des Aristoteles, daß das Geld grundsätzlich nur zwei Funktionen habe, nämlich Recheneinheit und Tauschmittel zu sein. Den Zins begreift er als Vergütung für das bloße Verstreichen der Zeit. Da Gott letztere jedoch allen Menschen gleichermaßen geschenkt habe, die Zeit also nicht das alleinige Privateigentum der Geldverleiher sei, könne die Zinsnahme keine Billigung finden. Zins sei Wucher und daher zu verdammen. Thomas erkennt jedoch an, daß im Fall von mit Verspätung zurückerstatteten Gelddarlehen dem Gläubiger vom Schuldner eine Zahlung für möglicherweise entstehende Schäden gebührt. Die Behandlung des Problems der Rückerstattung und Kompensation ebnet den Weg für die von späteren Theologen vorgenommene Anerkennung des *lucrum cessans* und *damnum emergens* als Grundlagen für die rechtmäßige Einhebung eines positiven Zinses. Schließlich bezogen sich die kanonistischen Gegner des Zinses auf gewisse Traditionen des römischen Zivilrechts. Anknüpfungspunkt war der Unterschied zwischen vertretbaren und nicht vertretbaren Gütern. Bei ersteren handelt es sich um bewegliche Güter, die gewogen und gemessen werden können und im Verlauf ihrer Nutzung verbraucht werden. Das Hauptaugenmerk galt Konsumgütern wie z. B. Nahrungsmitteln oder Brennstoffen und entsprechend Konsumtivdarlehen. Die Kirchenväter verboten die Zinsnahme auf Darlehen für derartige Güter u. a. aus den folgenden Gründen. Wer sich derartige Güter ausleihe, trage bereits das volle Risiko des Verlustes der Güter, d. h. er müsse das Darlehen selbst dann in vollem Umfang zurückzahlen, wenn ihm die Güter ohne eigenes Verschulden gestohlen werden oder auf sonstige Weise abhanden kommen. Im Fall der vertretbaren

Güter fallen Gebrauch und Konsum der Güter zusammen; eine Vergütung der Nutzung über die Zurückerstattung der konsumierten Güter hinaus würde eine zweifache Bezahlung für ein und dieselbe Sache bedeuten. Schließlich: Wer sich derartige Güter ausleihe, tue dies im allgemeinen nur in einer Notlage, und es wäre seitens des Darlehensgebers unmoralisch, hieraus Vorteil zu schlagen. Die Zinsnahme laufe daher den christlichen Grundsätzen der Nächstenliebe und der Gerechtigkeit zuwider; obendrein befinde sie sich in Widerspruch zum Naturrecht.

Die schleichende Erosion des kanonischen Zinsverbots
Das kanonische Zinsverbot vermochte die Praxis des Zinsnehmens offenbar nicht zu unterbinden. Das Verbot setzte vor allem auf die Gewissenspein der Gläubigen, die fürchten mußten, in Sünde zu sterben und nicht kirchlich beerdigt zu werden. Doch trotz aller angedrohten himmlischen und irdischen Strafen wurde weiterhin Zins verlangt und entrichtet: Die wiederholten Proklamationen des Verbots legen beredt Zeugnis ab von der Kraft der Versuchung, denen der Christenmensch ausgesetzt war. Schlimmer noch, der Teufel in Menschengestalt tat auch in diesem Fall, was man von ihm aus anderem Zusammenhang her bereits kannte: Er zog alle Register seiner verderbten und verderbenden Raffiniertheit. So wird berichtet, daß ein Mitglied der Gemeinde, seine wahre Identität verbergend, den heiligen Bernhard von Siena inständig ersucht haben soll, noch inbrünstiger gegen den Wucher zu predigen. Wie sollte Bernhard ahnen, daß es sich bei dem gottesfürchtigen Mann um den größten Geldverleiher der Stadt handelte, der auf diese Weise seine Konkurrenten auszuschalten trachtete.

Unter den im großen und ganzen stationären wirtschaftlichen Bedingungen des frühen Mittelalters handelte es sich beim typischen Darlehen um ein *Konsumtivdarlehen*. Erst mit dem Aufblühen der Städte und dem damit einhergehenden wirtschaftlichen Aufschwung gewann das Darlehen für Produktions- und Investitionszwecke an Bedeutung. Wirtschaftliches Wachstum bedeutete zugleich, daß sich wegen des entstehenden und vergrößernden Mehrprodukts die Voraussetzungen dafür verbesserten, daß nicht nur das Darlehen, sondern ein Betrag darüber hinaus, Zins, zurückgezahlt werden konnte. Das kanonische Zinsverbot wurde immer weiter ausgehöhlt und blieb schließlich als leere Hülle zurück. Sein vollständiger Fall war nur eine Frage der Zeit. Einige der das Verbot unterminierenden Praktiken und Begründungen verdienen es kurz erwähnt zu werden.

In Kriegszeiten wurde es seit alters her als erlaubt angesehen, Zins sozusagen als Waffe gegen den Feind, zumal den un- oder andersgläubigen Feind – einzusetzen. So wurden zur Zeit der Kreuzzüge den Sarazenen nach ihrer Unterwerfung für gewährte Darlehen grundsätzlich Zinsen abverlangt. Im normalen Geschäftsleben bürgerten sich Zinsen auf Darlehen zunächst als eine Art angedrohte Strafe ein, die den Schuldner davon abhalten sollte, das Darlehen nicht oder nicht rechtzeitig zurückzuzahlen. Ein weiteres Argument zugunsten von Zinsen lautete, daß der Gläubiger bei Zahlungsunfähigkeit des Schuldners einen Schaden erleide, der ihn möglicherweise dazu zwinge, sich selbst bei Dritten zu verschulden; der Zins sei nichts anderes als die Kompensation des möglichen Schadens. Durch die Vereinbarung sehr kurzer Laufzeiten der Darlehen, die vom Schuldner im Bewußtsein in Kauf genommen wurden, daß er den Rückzahlungstermin nicht würde einhalten können, kam es zur Vortäuschung von Vertragsbrüchen und der Verhängung von Konventionalstrafen. Bei diesen handelte es sich indes um nichts weiter als um eine verdeckte Form der Zinszahlung, die jedoch allmählich dazu beitrug, den Zins gesellschaftsfähig zu machen.

Ein wieder anderer Grund zugunsten von Zinsen lautete, daß der Geldverleiher während der Verleihfrist keine einträglichen Geschäfte machen könne. Der Zins sei die Vergütung für entgangene Vorteile. So konnte jemand, der eine Summe Geldes alternativ an andere verleihen oder in seinem eigenen Gewerbe investieren konnte, argumentieren, daß der bei der ersten Alternative verlangte Zins nichts anderes darstelle als einen Ersatz für die dadurch entgangenen Gewinne. Alternativ zur Aufnahme eines Darlehens konnten andere Formen finanzieller Transaktionen gewählt werden, die in der einen oder anderen Form faktisch die Existenz von Zins beinhalteten, ohne daß dies unmittelbar sichtbar war. So konnte sich beispielsweise der Darlehensgeber für eine bestimmte Zeit, nämlich für die Laufzeit des Kredits, als legaler Partner am Geschäft des Darlehensnehmers beteiligen, mit genau festgelegter Aufteilung der entstehenden Gewinne (bzw. Verluste). (Von einigen Autoren wird die Auffassung vertreten, daß eine der bedeutenden Wirkungen des kanonischen Zinsverbots darin bestand, Geldmittel in Beteiligungsinvestitionen statt in Darlehen zu lenken und auf diese Weise zur Herausbildung von unternehmerischem Geist und Wagemut beizutragen, welche den Gang in den Kapitalismus erleichterten und den Fall des Zinsverbots beschleunigten.) Da jedes Darlehen in gewissem Umfang riskant ist, konnte der Zins als generelle Risikoprämie begründet werden. Was das Bankgewerbe anbelangt, so wurden Zinsen auf Spareinlagen in der Anfangszeit des Depositengeschäfts häufig als „Geschenke" getarnt. Schließlich konnten Zinsen auch über dazwischengeschaltete Auslandsgeschäfte ins Spiel gebracht werden. So konnte ein Wechsel auf einen Ort im Ausland ausgestellt und ein Wechselkurs zwischen heimischer und fremder Währung vereinbart werden, der dem Darlehensgeber einen finanziellen Vorteil verschaffte.

Im Lauf der Zeit wuchs die Gegnerschaft der kanonistischen Lehre. Mit der Verbreitung des *Laisser faire*-Gedankens wurde letztere schließlich obsolet. Die zu Beginn des neunzehnten Jahrhunderts vom irischen Klerus von Rom erwünschte Auskunft darüber, was mit Gläubigen zu geschehen habe, die – im Einklang mit den geltenden weltlichen Gesetzen ihres Landes – Zinsen genommen hatten, wurde dahingehend beantwortet, daß man es ohne Strafe auf sich beruhen lassen solle. Priester, die gegen diesen Spruch aufbegehrten und auf der Befolgung der alten Gesetze gegen den Wucher beharrten, wurden von ihrem Dienst suspendiert. Im Jahr 1917 wurde die Zinsnahme im Kodex des Kanonischen Gesetzes für rechtens erklärt; 1983 schließlich wurde sogar verfügt, daß eine Pflicht zur Zinszahlung für Verwalter von Kirchengütern bestehe, auf denen Schulden lasten.

Seit der Mitte des sechzehnten Jahrhunderts wurde die weltliche Gesetzgebung immer laxer. Nach dem Bruch mit Rom wurden zum Beispiel in England per Gesetz im Jahre 1546 Zinssätze von bis zu zehn Prozent erlaubt. Später wurde die gesetzliche Zinsobergrenze allmählich gesenkt. Im Jahr 1854 wurden die Gesetze gegen den Wucher schließlich samt und sonders abgeschafft. Katholische Länder hinkten im allgemeinen hinter der englischen Entwicklung her. Die staatliche Zinsgesetzgebung Frankreichs stand lange Zeit hindurch im Ruf, die strengste in Europa zu sein. Noch Ludwig XIV erneuerte das Zinsverbot und dehnte es auf Handelszinsen aus. Nur der Lyoner Markt war von dieser Maßnahme ausgenommen. Erst die Französische Revolution räumte damit auf: Per Gesetz wurde im Oktober 1789 das Zinsverbot aufgehoben und ein Zinssatz von fünf Prozent festgelegt.

Die vorstehende Skizze ist um folgenden Aspekt zu ergänzen. Die christliche Gesellschaft des Mittelalters diskriminierte Juden bekanntlich in vielfältiger Weise. Sie beschränkte insbesondere deren Möglichkeiten des Einkommenserwerbs, indem sie sie von zahlreichen Berufen ausschloß. Da die Juden nicht vom kanonischen Gesetz betroffen waren, bedeutete dies zugleich, daß sie in das Geldgeschäft gedrängt wurden – als Besitzer von Pfandhäusern oder als Financiers von Königen und Päpsten.

Die frühe ökonomische Literatur

In seiner 1769 verfaßten, aber erst zwei Jahrzehnte später publizierten Schrift „Mémoire sur les prêts d'argent" sowie dessen 1766 geschriebenen und 1769–1770 veröffentlichten „Réflexions sur la formation et la distribution des richesses" verteidigt Robert Jacques Turgot (1727–1781) den Darlehenszins und spricht sich für die Abschaffung der Gesetze gegen den Wucher aus. Eines seiner Argumente lautete, wer Privateigentum befürworte, könne nicht gegen den Zins sein. Das Eigentumsrecht des Geldbesitzers an seinem Geld berechtige diesen, die Konditionen, eventuell einschließlich eines Zinses, zu fixieren, zu denen er es auszuleihen bereit ist. Finde sich jemand, der diese Konditionen akzeptiert, ohne getäuscht oder zum Vertrag gezwungen worden zu sein, dann handele es sich offenbar um ein für beide Parteien vorteilhaftes Geschäft, gegen das sich schwerlich einwenden lasse, daß der Gläubiger den Schuldner übervorteilt. Ein weiteres Argument besagt, wer den Zins ablehne, müsse konsequenterweise auch die Grundrente ablehnen. Denn wie kann dem Darlehensgeber die Zinsnahme verboten werden, wenn der Darlehensnehmer sich mit dem geliehenen Geld ein Stück Land kaufen und dies verpachten kann? Während der Laufzeit des Darlehens erzielt letzterer ein Einkommen in Form von Grundrente; gegen Ende der Frist kann er das Land wieder verkaufen und seine Schuld zurückzahlen. Was schließlich die Zinshöhe anbelangt, gibt Turgot zu bedenken, daß das Zinsverbot genau das Gegenteil von dem bewirke, was es beabsichtige: Dadurch, daß es das Geld- und Kreditangebot verringere, treibe es den Zinssatz in die Höhe, trage also erst zu den Wucherzinsen bei, die die Befürworter des Zinsverbots beklagen. Mit der Aufhebung des Verbots verschärfe sich der Wettbewerb unter den Geldverleihern, was eine zinssatzsenkende Wirkung habe.

Im Jahr 1787 veröffentlicht Jeremy Bentham (1748–1832) seine in der Form von Briefen verfaßte Streitschrift „Defence of Usury". Die Schrift richtet sich vor allem gegen die Auffassung von Adam Smith, des führenden Ökonomen der Zeit, der sich in seinem Hauptwerk über den „Wohlstand der Nationen" (1776) dafür ausgesprochen hatte, eine gesetzlich festgelegte Obergrenze für den Zinssatz beizubehalten. Smith begründet die Zinsobergrenze damit, daß ohne sie vor allem Hasardeure die knappen Mittel erhalten würden, die über hohe Zinsversprechen streng kalkulierende Geschäftsleute aus dem Markt verdrängen und das Kapital fehllenken würden. Bentham geht jedoch auch auf Aristoteles, den Erfinder der Lehre von der Sterilität des Geldes ein, und macht sich im zehnten Brief über diesen wie folgt lustig: Aristoteles habe trotz größter Anstrengung und forscherischer Gewissenhaftigkeit bei der Untersuchung von Geldstücken an diesen „niemals irgendwelche Organe entdecken können, die zur Erzeugung anderer solcher Stücke hätten dienen können." Substantiell greift Bentham die bei Aristoteles und in der kanonistischen Lehre anzutreffende Vorstellung von der Neutralität der Zeit an. Es sei falsch, anzunehmen, daß die Bedeutung einer gegebenen Gütermenge für einen Menschen unabhängig vom Zeitpunkt der Verfügbarkeit sei. Vielmehr sei mit der gleichen Gütermenge im allgemeinen ein umso geringerer Nutzen verbunden, je später sie verfügbar sei. Der „Wert" von Lustgefühlen sinke mit der zeitlichen Entfernung ihres erwarteten Auftretens. Dieses Argument sollte später vom österreichischen Nationalökonomen Eugen von Böhm-Bawerk (1851–1914) aufgegriffen und mit anderen Argumenten zu einer Doktrin verwoben werden, die als „österreichische Kapital- und Zinstheorie" bekannt ist (vgl. Abschnitt 6(e)).

Die klassische politische Ökonomie
Die klassische politische Ökonomie mit ihren bedeutendsten Repräsentanten Adam Smith (1723–1790) und David Ricardo (1772–1823) baut vor allem auf den Arbeiten von William Petty (1623–1687), John Locke (1632–1704), Richard Cantillon (1697–1734) und der Lehre der Physiokraten, zumal eines François Quesnay (1694–1774), auf. Zu ihren charakteristischen Merkmalen zählen: Im Brennpunkt des Interesses steht die Sphäre der *Produktion*, die im scholastischen und merkantilistischen Schrifttum mit dessen Konzentration auf die Sphäre des Tausches und der Zirkulation weitgehend vernachläßigt wurde. Das zentrale Konzept der Analyse ist dasjenige des gesellschaftlichen Überschußprodukts oder *Surplus*. Letzterer ist gleich der Differenz zwischen der während eines Jahres in einer Wirtschaft insgesamt erzeugten Menge an Waren abzüglich der in ihrer Erzeugung aufgewendeten Produktionsmittel (Rohstoffe, Abnutzung von Maschinerie usw.) einerseits sowie der notwendigen Unterhaltsmittel der dabei beschäftigten Arbeitskräfte andererseits. Produktions- und Unterhaltsmittel bilden die *physischen realen Kosten* der Produktion. Das Überschußprodukt stellt die stoffliche Grundlage für alle in der Wirtschaft gezahlten Nichtarbeits- oder *Besitzeinkommen* dar. Während in früheren Analysen noch nicht streng zwischen verschiedenen Arten von Besitzeinkommen unterschieden wird, finden wir im klassischen Schrifttum eine funktionale Scheidung in Grundrente, Profit (bzw. Gewinn) und Zins. Angesprochen sind damit die unterschiedlichen Rollen der Bezieher der verschiedenen Einkommensarten im Prozeß der Produktion, Verteilung und Verwendung des gesellschaftlichen Reichtums. Die genannten Autoren waren darüber hinaus übereinstimmend der Auffassung, daß es sich beim Zins um ein vom Profit *abgeleitetes* Einkommen handelt und folglich beim Zinssatz um eine der Profitrate untergeordnete Größe. Die Erklärung der letzteren steht daher im Vordergrund der klassischen politischen Ökonomie. Ich beginne mit einer knappen Zusammenfassung der *physiokratischen* Doktrin, von der zahlreiche klassische Überlegungen ihren Ausgang nehmen.

(a) Das „produit net" der Physiokraten: ein Geschenk der Natur?
„Physiokratie" bedeutet „Herrschaft der Natur". In dieser Bezeichnung drückt sich die Vorstellung eines François Quesnay und seiner Anhänger aus, daß ein Mehrprodukt als Grundlage aller Besitzeinkommen ein *pur don de la nature* sei – ein reines Geschenk der Natur. Diese Vorstellung bildet das Herzstück der Analyse. Es findet seinen Ausdruck im berühmten „Tableau Économique" (1758), dem ersten systematischen Versuch der Abbildung des Prozesses der Produktion, Verteilung und Verwendung des gesellschaftlichen Reichtums in einem Kreislaufschema der Erzeugung von Waren mittels Waren. Das *Tableau* enthält eine zusammenfassende Darstellung der quantitativen Verhältnisse in einer Wirtschaft mit den beiden Wirtschaftszweigen Urproduktion (insbesondere Landwirtschaft) und Verarbeitendes Gewerbe. Besonderes Augenmerk gilt den verschiedenen, in jeder Produktion erforderlichen Vorschüssen an mehr oder weniger dauerhaften produzierten Produktions- und Subsistenzmitteln, d. h. dem „fixen" und „zirkulierenden Kapital". Ersteres umfaßt alle Investitionen in die Verbesserung des Bodens, darüber hinaus landwirtschaftlich genutzte Gebäude sowie Arbeitstiere und Werkzeuge, letzteres Roh- und Betriebsstoffe sowie die Unterhaltsmittel der Landarbeitskräfte. Das System werfe wegen der mehr oder weniger ausgeprägten Großzügigkeit der Natur ein mehr oder weniger großes Mehrprodukt ab: In der Landwirtschaft werde mehr an landwirtschaftlichem Produkt (z. B. Getreide) erzeugt, als landwirtschaftliches Produkt direkt oder indirekt – in Form von Saatgut und als Lebensmittel der in

der Landwirtschaft Beschäftigten – in seiner Erzeugung aufzuwenden sei. Nur die Natur, d. h. die Landwirtschaft (und andere Sparten der Urproduktion), sei produktiv, während die Industrie die von der Urproduktion netto gelieferten Stoffe nur weiterverarbeite, d. h. in eine Fassung bringe, die auf die menschlichen Bedürfnisse zugeschnitten sei. Handwerk und Handel seien deshalb „unfruchtbar", d. h. trügen nicht zur wirtschaftlichen Wertschöpfung bei. Das Mehrprodukt bildet die stoffliche Basis der Grundrente. Letztere geht – den Bodenbesitzverhältnissen des damaligen Frankreich gemäß – an König, Adel und Klerus.

Der zuvor erwähnte Turgot ist, wie bereits gesagt, ein Autor des Übergangs von der Physiokratie zur ökonomischen Klassik. Seine Idee, daß unter Bedingungen der freien Handelbarkeit von Grund und Boden die Besitzer von Geldvermögen durch den Erwerb von dann verpachteten Grundstücken einen Teil des Surplus an sich ziehen können, führt schließlich zur Vorstellung, daß unter Wettbewerbsbedingungen alles Kapital, einschließlich des in Grundstücken angelegten, zu tendenziell einheitlicher Rate verzinst werde. In dieser Deutung ist die Grundrente nur eine der Formen, in der das gesellschaftliche Mehrprodukt angeeignet werde.

(b) Adam Smith

Diese Sicht wird von Adam Smith kritisch aufgegriffen und weiterentwickelt (vgl. Kurz 1991, sowie den zweiten Beitrag von Kurz in diesem Band über die Theorie des wirtschaftlichen Wachstums, Teil 2a). Seine vielleicht wichtigste Korrektur: Er weist den eingeschränkten Produktivitätsbegriff der Physiokraten zurück. Was für die Landwirtschaft gesagt werden könne, gelte auch für das Verarbeitende Gewerbe: Es erzeuge mehr als es verbrauche. Jedenfalls *wertmäßig,* und nichts anderes könne von der Landwirtschaft gesagt werden: Da die Landwirtschaft vom Verarbeitenden Gewerbe u. a. Werkzeuge (z. B. Pflüge) beziehe, sei eine Behauptung ihrer Produktivität nur wertmäßig, nicht aber rein physisch zu fassen. Der Wert bzw. Preis des Produkts müsse größer sein als die in seiner Erzeugung insgesamt anfallenden Kosten. Profit und Zins treten fortan an die Seite der Grundrente und teilen sich mit dieser das gesellschaftliche Mehrprodukt. Was bestimmt dessen Höhe und was seine Verteilung?

Die Quelle allen gesellschaftlichen Reichtums ist produktive menschliche *Arbeit* – nicht der Handel, wie die Merkantilisten behauptet hatten, und auch nicht die Natur, wie die Physiokraten lehrten. Dies ist eine der Kernthesen in Adam Smiths epochalem, 1776 veröffentlichtem Werk über den „Wohlstand der Nationen". Der nationale Wohlstand ist das Produkt des Fleißes und der Geschicklichkeit der *Klasse* der Arbeiter. Gleichwohl ist ihre eigene Situation eher beklagenswert: Sie sind auch in der von den Fesseln des Feudalsystems befreiten, sich allmählich herausbildenden liberalen Gesellschafts- und Wirtschaftsordnung gezwungen, das Produkt ihrer Arbeit mit den besitzenden Klassen, den Grundherren und Kapitaleignern, zu teilen. Die Hauptursache hierfür ist folgende: Steigt der Lohn über ein historisch und sozial gefaßtes Minimum hinaus, dann beginnt die Arbeitsbevölkerung wegen der verbesserten medizinischen und sonstigen Versorgung zu expandieren (Verringerung der Kindersterblichkeit, Erhöhung der Lebenserwartung). (Diese Formulierung drückt bereits aus, daß Smiths Lohnkonzept sehr flexibel war und keinesfalls mit einer physiologisch gefaßten Existenzminimumthese des Lohnes identifiziert werden darf. Wir werden weiter unten sehen, daß Smith zufolge ein geschwindes Wachstum der Wirtschaft vorteilhaft für die Löhne ist.) Mit einer gewissen zeitlichen Verzögerung führt dies zu einer Ausweitung des Arbeitsangebots, welche eine senkende Wirkung auf den Lohnsatz ausübt. Die über die skizzierte Bevölkerungsdynamik sich ergebende Tendenz zum Angebotsüberschuß auf dem Arbeitsmarkt verhindert also, daß die Löhne solange steigen, bis sie das gesamte Produkt der Arbeit ausschöpfen. Ein zweites Argument lautet: In Arbeitskämpfen und Lohnkonflikten sitzen die Arbeiter am kürzeren Hebel. Die Unternehmer, gering an Zahl, können sich nicht nur leichter organisieren und absprechen, im Unterschied zu den mittellosen Arbeitern erlaubt es ihnen ihr Vermögen auch, in derartigen Auseinandersetzungen länger durchzuhalten. Schließlich ist die (damalige) Gesetzgebung und Politik ganz der unternehmerischen Seite verpflichtet. Wir wissen nun, warum gemäß Smith ein Mehrprodukt und damit Besitzeinkommen anfällt. Wir wissen noch nicht, wie es sich auf Grundrente und Profit (bzw. Zins) verteilt.

Über die Grundherren weiß Smith wenig Erfreuliches zu sagen: „Sie ernten, wo sie nie gesät haben," und verlangen für die Nutzung des Bodens eine Art Monopolpreis: die Grundrente. Diese sei um so höher, je „freigiebiger" die Natur – ein fernes Echo der physiokratischen Lehre im Smithschen Werk – und je konzentrierter der Grundbesitz seien. Bei der Grundrente handelt es sich um Besitzeinkommen pur – um einen ersten „Abzug" vom Ertrag der Arbeit. Obendrein neigten die Grundbesitzer dazu, die Rente in feudaler Manier zu verprassen, statt zu sparen und in Bodenverbesserungen zu investieren. Sie vereitelten damit Chancen für Wachstum und Entwicklung.

Smiths Einschätzung der aufstrebenden Klasse der Geld-, Handels- und Industriekapitalisten ist ambivalent. Einerseits sieht er in ihnen die eigentlichen Triebkräfte des wirtschaftlichen und gesellschaftlichen Fortschritts. Andererseits warnt er vor ihrer Selbstsucht. Der Gesetzgeber müsse sich hüten, ihnen zuviel Gehör zu schenken. Ihre Vorschläge kommen von einer „Gruppe von Menschen, deren Interesse niemals genau mit dem öffentlichen Interesse übereinstimmt und die im allgemeinen darauf aus sind, die Öffentlichkeit zu täuschen". Hinsichtlich des Einkommens der Kapitaleigner, des Profits, räumt Smith mit der gängigen Vorstellung auf, es handele sich dabei um eine Art Unternehmerlohn. Tatsächlich stelle der Profit „etwas völlig anderes dar" und werde unter den Bedingungen freier Konkurrenz, d. h. der Abwesenheit nennenswerter Markteintritts- und Marktaustrittsschranken, „ganz und gar durch den Wert des angelegten Kapitals bestimmt und ist im Verhältnis zum Umfang dieses Kapitals größer oder kleiner". Die Suche nach den gewinnträchtigsten Anlagemöglichkeiten des Kapitals führt Smith zufolge unter Wettbewerbsbedingungen der Tendenz nach zu einer *einheitlichen* Profitrate. Die Untersuchung der Bestimmungsgründe dieser „allgemeinen Profitrate" und des ihm zugeordneten Systems der „natürlichen" oder „normalen" Preise sollte im Zentrum der gesamten folgenden ökonomischen Theoriebildung stehen.

Smith verstrickt sich beim Versuch der Bestimmung der Profitrate und der Erklärung ihrer langfristigen Tendenz in mehrere Widersprüche, auf die wir nicht eingehen müssen. Wir wenden uns vielmehr gleich seiner Begründung dafür zu, warum Profit und Zins keine an sich verdammenswerten Tatsachen der modernen Gesellschaft sind. Kapitalprofit ist, wie wir gehört haben, gleich der Grundrente Besitzeinkommen und basiert wie diese auf einem Abzug vom Arbeitsertrag. Aber anders als im Fall der Grundrente ist der zur Debatte stehende Besitz, das Kapital, nicht natürlich vorhanden, sondern das Ergebnis eines sozial nützlichen Tuns: des Sparens und Investierens. Und der Profit ist seinerseits die Hauptquelle weiterer Kapitalbildung mit dem Ziel noch größerer Profite. „Der Profit ist Stachel wie Treiber der Akkumulation", liest man später bei Marx. Den Kapitaleignern kommt der Smithschen Vorstellung zufolge vor allem wegen ihrer Art der Einkommens*verwendung* die nützliche Rolle zu, über die Anhäufung von Kapital den nationalen Wohlstand zu mehren, an dem alle, auch die Arbeiter, teilhaben.

Dem Schicksal der Arbeiter gilt Smiths besondere Aufmerksamkeit. Denn worin sollte der Beweis für die Überlegenheit der modernen, kapitalistischen Gesellschaft gegenüber anderen sozialen Organisationsformen bestehen, wenn nicht in einer Verbesserung der Lage der zahlenmäßig bei weitem größten Klasse, der sich „abrackernden Armen"? Außer ihrer Arbeitskraft besitzen sie (fast) nichts. Ihre Teilhabe am gesellschaftlichen Reichtum hängt daher davon ab, ob und zu welchem Preis sie das einzige, was sie besitzen, verkaufen können – ob sie Beschäftigung finden und zu welchem Lohn. Zu zeigen ist daher, daß die kommerzielle Gesellschaft genügend Beschäftigungsmöglichkeiten bei ausreichend hohen und gegebenenfalls steigenden Lohnsätzen bereitstellt.

Dreh- und Angelpunkt von Smiths Theorie der ökonomischen und sozialen Dynamik ist die *Arbeitsteilung*. Sie mehrt den nationalen Wohlstand, international ist sie der Schlüssel zu einer prosperierenden Weltwirtschaft. Arbeitsteilung ermöglicht Spezialisierungsgewinne und induziert technologische Neuerungen: neue Produktionsverfahren und neue Produkte. Sie steigert die Produktivität der Arbeit und bewirkt einen Anstieg im durchschnittlichen realen Pro-Kopf-Einkommen – Smiths Maß für gesellschaftlichen Reichtum. Arbeitsteilung ist für ihn gleichbedeutend mit ökonomischem Fortschritt schlechthin. Wie sie fördern?

Die gesellschaftliche Teilung der Arbeit wird von der Größe des belieferten Marktes beschränkt. Der erste und wichtigste Schritt zu dessen Ausweitung besteht im Abbau von Handelshemmnissen aller Art: Freihandel lautet die Devise. Sodann hängt die Größe des Marktes aufs engste mit der Güte und Sicherheit des Kommunikations- und Transportsystems zusammen. Öffentliche Investitionen haben eine funktionstüchtige Infrastruktur (Straßen, schiffbare Flüsse, Hafenanlagen usw.) bereitzustellen, eine effiziente Polizei und Justiz die Eigentumsrechte der Bürger zu schützen. Sind diese Bedingungen erfüllt, so bestimmt die private Kapitalakkumulation das Wachstum der Märkte. Je mehr in einer Nation gespart und investiert wird, desto schneller wächst der Kapitalstock und mit ihm der Markt, um so größer sind die Chancen für eine immer tiefer gegliederte Teilung der Arbeit und um so schneller steigen das durchschnittliche Pro-Kopf-Einkommen und schließlich auch der Reallohn. Ein schnelles Kapitalwachstum ist jedoch nicht nur vorteilhaft für die Lohnentwicklung, es wirkt sich auch positiv auf die Beschäftigung aus.

Alles hängt also von der Geschwindigkeit ab, mit der Kapital akkumuliert wird. Smith vertritt die Auffassung, und fast alle Ökonomen folgen ihm darin, daß deren Hauptbestimmungsgrund die Höhe der Profitrate ist: Je größer diese, desto größer jene. Um über die langfristige wirtschaftliche Dynamik eines ökonomischen Systems Aufschluß zu erhalten, ist zu untersuchen, wie sich die Kapitalverzinsung säkular entwickelt. Sie ist eine der Schlüsselgrößen der modernen Gesellschaft. Ihre Bestimmungsgründe sollten fortan im Zentrum des Interesses der politischen Ökonomie stehen.

(c) David Ricardo

David Ricardo folgt Smith zwar in wichtigen Bezügen, weist jedoch zugleich mehrere von dessen Auffassungen zurück (vgl. Kurz 1993, 1995a, sowie den zweiten Beitrag von Kurz in diesem Band über die Theorie des wirtschaftlichen Wachstums, Teil 2b). In seinen erstmals 1817 veröffentlichten „Grundsätzen der politischen Ökonomie" (Riedl 1995) benennt er als Hauptaufgabe des aufblühenden neuen Faches das Studium der Gesetze, die langfristig die Verteilung des Jahresprodukts auf Grundrente, Kapitalprofit und Löhne regulieren.

Das „natürliche" Lohnniveau sieht Ricardo, der sich auf die Malthusianische Bevölkerungslehre stützt, ähnlich wie Smith durch ein historisch und sozial gefaßtes Unterhaltsminimum bestimmt: Es ermöglicht der Arbeitsbevölkerung gerade, sich und ihre Arbeitskraft zu reproduzieren. Damit die Arbeitsbevölkerung wächst, muß der Lohnsatz über dieses Minimum steigen, und er tut dies, wenn die Wirtschaft und mit ihr die Nachfrage nach Arbeitskräften schnell expandieren. Die Erklärung der Nichtarbeitseinkommen (Rente und Profit) kreist, wie in der Physiokratie und bei Adam Smith, um das Konzept des gesellschaftlichen Überschußprodukts.

Die Smithsche Erklärung der Rente als Monopolpreis lehnt Ricardo ab. Genauer: Seiner Auffassung nach gibt es Rente selbst dann, wenn der Bodenbesitz hinreichend zersplittert ist und unter den Eigentümern Wettbewerb herrscht. In diesem Fall entsteht eine Rente nur dann, wenn der Boden bester Güte *knapp* ist, d. h. der gesellschaftliche Bedarf an landwirtschaftlichem Produkt (z. B. Getreide) größer ist als jener, der mittels der Bewirtschaftung nur des besten Bodens gedeckt werden kann. Der beste Boden ist dabei jener, dessen Bewirtschaftung mit den geringsten Kosten je Einheit des erzeugten landwirtschaftlichen Produkts verbunden ist. Unter Konkurrenzbedingungen, so die klassische Lehre, sind die einzelnen Produzenten zur *Kostenminimierung* gezwungen, wollen sie im Geschäft bleiben.

Sehen wir zunächst von der Grundrente ab, unterstellen also der Einfachheit halber, daß Boden bester Güte in ausreichender Menge vorhanden ist. Dann kann, so Ricardo, keine Grundrente entstehen – „aus demselben Grund, aus dem nichts für den Gebrauch von Luft und Wasser oder jedes andere Geschenk der Natur bezahlt wird, das in unbeschränkter Menge vorhanden ist." Die Bodenbesitzer, um Pächter bemüht, würden sich wechselseitig unterbieten und so die Pacht gegen Null hinunterkonkurrieren. Nehmen wir des weiteren (äußerst) vereinfachend an, daß mittels des Bodens nur ein Produkt, Getreide, erzeugt wird, und zwar durch Aufwendung von Arbeit und Getreide als Saatgut und sonst nichts. Bei dieser Konstruktion handelt es sich um Ricardos „Kornmodell". Gesetzt, um 10 Doppelzentner (dz) Getreide zu erzeugen, seien insgesamt 2 dz Getreide als Saatgut und insgesamt 6 Arbeitsstunden von der Aussaat bis zur Ernte nötig. Nehmen wir schließlich an, daß der Lohn, in Getreide bemessen, am Anfang der Produktionsperiode entrichtet wird und pro Arbeitsstunde 0,5 dz Getreide beträgt. Dann beläuft sich der gesamte Kapitalvorschuß des Farmer-Kapitalisten auf 5 dz = 2 dz (Saatgut) + 3 dz (Löhne). Zieht man diesen Betrag vom Produktionsergebnis (10 dz) ab, so verbleiben als Überschuß bzw. Profit 5 dz. Setzt man den Profit (5 dz) ins Verhältnis zum Kapitalvorschuß (ebenfalls 5 dz), so erhält man die Profitrate, die in unserem einfachen numerischen Beispiel gleich 1 bzw. 100% ist.

Auf diese höchst einfache Weise gelingt es Ricardo, die beiden seiner Auffassung nach wichtigsten Bestimmungsgründe der Profitrate aufzudecken: die Lohnhöhe und die verfügbare Technik. Zunächst zum Lohn. Nehmen wir an, der Stundenlohn betrage nicht 0,5, sondern 1 dz je Stunde. In diesem Fall wäre der Kapitalvorschuß ingesamt gleich 8 dz = 2 dz (Saatgut) + 6 dz (Löhne), der Überschuß bzw. Profit betrüge nur noch 2 dz und die Profitrate 2/8 = 1/4 oder 25%. *Je höher für gegebene technische Bedingungen der Produktion der reale Lohnsatz, desto niedriger die Profitrate, und umgekehrt,* lautet Ricardos erste bedeutsame Schlußfolgerung. Nun zur Technik. Angenommen, mit den genannten Aufwänden an Saatgut (2 dz) und Arbeit (6 Stunden) können nicht 10, sondern auf Grund eines verbesserten technischen Verfahrens 20 dz Getreide erzeugt werden. In diesem Fall ergäbe sich bei einem

Lohnsatz von einem halben (bzw. einem ganzen) dz Getreide eine Profitrate in Höhe von 300% (bzw. 150%). *Je höher für gegebenen realen Lohnsatz die Produktivität der Arbeit, desto größer die Profitrate,* lautet Ricardos zweite bedeutsame Schlußfolgerung. Und da der Geldzinssatz der Profitrate folgt, ist auch er innerhalb gewisser Grenzen bestimmt.

Bisher haben wir von der Knappheit natürlicher Ressourcen wie Grund und Boden abgesehen. Sie wird in einem zweiten Schritt der Ricardoschen Überlegungen ins Spiel gebracht. Sieht man von technischem Fortschritt ab, so kommt es im Zuge der Akkumulation von Kapital und des Wachstums der Bevölkerung notwendig zu einer Situation, wo der gesamte Boden bester Güte zur Gänze bewirtschaftet wird. Eine Ausdehnung der Produktion ist nur dann möglich, wenn schlechterer Boden unter den Pflug genommen wird. (Alternativ hierzu könnte der beste Boden intensiver bewirtschaftet werden, ein Fall, den Ricardo gleichfalls diskutiert. Wir werden auf diesen Fall in Abschnitt 6(a) kurz zu sprechen kommen.)

Auf letzterem sind jedoch die je dz Ertrag an Getreide nötigen Aufwendungen an Saatgut und/oder Arbeit höher. Die mit dem schlechteren Boden für gegebenen Reallohnsatz vereinbare Profitrate ist entsprechend niedriger. Und da unter Bedingungen der Konkurrenz eine Tendenz zum Ausgleich der Profitrate über alle Kapitalanlagen in der Wirtschaft besteht, können auch die Pächter des Bodens bester Qualität nur die neue, niedrigere Profitrate erzielen. Die verbleibende Differenz zwischen dem auf dem Boden bester Güte anfallenden Überschußprodukt und den daraus jetzt fließenden Profiten wird zur Grundrente der Eigentümer des besten Bodens. Allgemeiner gesagt, ist die Grundrente Ausdruck der Knappheit der besseren Böden und hängt für jeden derartigen Boden von der Differenz zwischen den Produktionskosten je dz Getreide auf dem schlechtesten aller bebauten Böden, dem sogenannten *Grenzboden,* und jenen auf den besseren Bodenqualitäten ab. Die Existenz von Grundrente sei kein Zeichen der „Freigiebigkeit der Natur", wie Adam Smith meinte, sondern im Gegenteil ein Zeichen ihres „Geizes".

Dies ist Ricardos Theorie der Grundrente, die aufs engste mit seiner Sicht der langfristigen Entwicklung der Profitrate bei Abwesenheit von technischem Fortschritt verbunden ist. Wird die Getreideproduktion ausgedehnt, so steigt zwar das gesamtwirtschaftliche Überschußprodukt, aber ein wachsender Teil davon fließt an die Grund-, ein schrumpfender an die Kapitaleigentümer. Es kommt zum Fall der Profi*trate*. Sie ist die Schlüsselgröße des Systems und entscheidet über die Akkumulationsdynamik.

Wie Smith vor ihm und zahlreiche Autoren nach ihm sieht Ricardo Tendenzen am Werk, die über den Fall der Profitrate zu einem stationären Endzustand des Systems führen. Er sieht indes auch gegenläufige Momente. So könne dem Profitratenfall kurzfristig durch die Beseitigung aller Beschränkungen der Einfuhr billiger Subsistenzmittel entgegengewirkt werden. Ricardo verficht daher vehement den Abbau der zur Zeit der Napoleonischen Kriege in England eingeführten (und erst 1846 wieder aufgehobenen) Getreidezölle. Beseitigt man diese, so sinken die Preise der Grundnahrungsmittel und in Folge davon die Geldlöhne (ohne daß die realen Löhne fallen müssen); die schlechtesten der genutzten inländischen Böden können aufgegeben werden, die Grundrenten fallen; die Profitrate steigt, und mit ihr die Neigung und Fähigkeit zu weiterer Akkumulation. Wie Ricardo betont, laufen die Interessen der Grundbesitzer denjenigen der anderen Klassen zuwider: „Für die einen ist es von Vorteil, wenn die Nahrungsmittel teuer sind, für alle anderen, wenn sie billig sind." Längerfristig könne der Fall der Profitrate nur durch stetige Innovationen in jenen Sektoren abgewendet werden, die direkt oder indirekt (über Vorleistungen) an der Produktion von Lohngütern beteiligt sind. Ob es dazu komme, darüber lasse sich a priori nichts sagen.

In kritischer Auseinandersetzung mit den Schriften der ökonomischen Klassiker kommt es im neunzehnten Jahrhundert zur Herausbildung verschiedener kapital- und zinstheoretischer Erklärungen, die nach einer Systematik Eugen von Böhm-Bawerks (1884) wie folgt eingeteilt werden können. Auf der einen Seite finden sich Profit- und Zinstheorien, die dem Kapital bzw. seinem Bildner – ganz analog zur Arbeit bzw. dem Arbeiter – wertschöpfende Potenz zusprechen, welche im Profit bzw. Zins ihre Vergütung finde: Die „Produktivitätstheorien" versuchen das Kapitaleinkommen aus der die Produktivkraft der Arbeit steigernden Wirkung des Kapitals abzuleiten. Die „Nutzungstheorien" begreifen den Zins als Preis eines neben dem Kapitalgut selbst verfügbaren gesonderten Gutes, welches in der Nutzung des Kapitalgutes bestehe. Für die „Abstinenztheorien" stellt der Zins die Entschädigung für ein gebrachtes „Opfer", den Konsumverzicht bzw. -aufschub, dar. Die „Arbeitstheorien" schließlich deuten den Zins als besonderen Lohn für eine vom Kapitaleigner bzw. Unternehmer geleistete Arbeit. Die „Agio-Theorie" Böhm-Bawerks schließlich führt den Zins auf die Nichtneutralität der Zeit zurück. Auf der anderen Seite finden sich jene Theorien, die den Zins als Ausdruck gesellschaftlicher Machtverhältnisse – als „Ausbeutung" – begreifen. Die bedeutendste darunter ist die Marxsche Mehrwerttheorie.

Im folgenden Abschnitt soll von der ersten Gruppe von Theorien die Rede sein, im nächsten dann von der zweiten; Böhm-Bawerk spricht von „zinsfreundlichen" bzw. „zinsfeindlichen" Ansätzen. Knappe Skizzen des Kerns des jeweiligen Arguments müssen genügen (vgl. zum folgenden auch Kurz 1994).

„Zinsfreundliche" Lehren

(a) Produktivitätstheorien
Sie basieren auf der Beobachtung, daß die Arbeit unter Zuhilfenahme von produzierten Produktionsmitteln im allgemeinen ein größeres Produktionsergebnis zustandebringt, als ohne diese. Genauer gesagt, handelt es sich hierbei um die Verallgemeinerung des klassischen Prinzips der intensiv abnehmenden Ertragszuwächse und der damit begründeten Intensitätsrente. Dieses Prinzip besagt in seiner einfachsten Variante, daß der Ertrag je Hektar innerhalb gewisser Grenzen um so größer ist, je intensiver der Boden bewirtschaftet wird, d. h. je mehr Arbeit je Hektar von der Aussaat bis zur Ernte aufgewandt wird. Steigert man den Arbeitsaufwand, so steigt das Produktionsergebnis, aber jede zusätzliche Einheit Arbeit bringt einen immer geringeren Ertragszuwachs. Diese Vorstellung wird von Autoren wie Johann Heinrich von Thünen (1785–1850) auf die Produktion von Waren mittels Arbeit und „Kapital" übertragen (vgl. hierzu Kurz 1995c): Eine Erhöhung des Einsatzes von Kapital je Arbeiter erhöhe den Ertrag, aber mit abnehmendem Zuwachs. Der Zins, so Thünen, sei gleich jenem Produktionszuwachs, der dem „zuletzt angelegten Kapitalteilchen" geschuldet sei. Später bürgert sich der Begriff der „Grenzproduktivität" des Kapitals ein.

Von hier ist es nur ein Schritt zur Behauptung der *universellen* Anwendbarkeit des klassischen Prinzips der Intensitätsrente zur Erklärung *aller* Arten von Einkommen, egal, ob es sich dabei um Lohn, Profit (Zins) oder Grundrente handelt. Dieser Schritt wird in der Folgezeit von Autoren wie Léon Walras (1834–1910), Alfred Marshall (1842–1924) und Irving Fisher (1867–1947) getan. Das klassische Prinzip wird zum einen von der Landwirtschaft auf die Sphäre der Produktion schlechthin und schließlich alle zur Produktion beitragenden Faktoren übertragen. (Es ist zu erwähnen, daß das Prinzip der intensiv sinkenden Ertragszuwächse schließlich auch auf die Sphäre der Konsumtion übertragen wird und dort in Analogie zum Begriff des Grenzprodukts zu demjenigen des „Grenznutzens" führt [vgl. hierzu Kurz 1995d, 166.]) Auf diese Weise kommt es zur Behandlung der Arbeit und des Kapitals in völliger Analogie zu homogenem Boden. Lohn, Zins (Profit) und Grundrente werden unterschiedslos auf intensiv sinkende Erträge zurückgeführt, wie sie sich unterstelltermaßen bei einer isolierten Ausdehnung der Einsatzmenge des jeweiligen Faktors – Arbeit, Kapital bzw. Boden – und Konstanz der Einsatzmengen der beiden anderen ergeben. Der Endpunkt dieser Entwicklung ist die „Grenzproduktivitätstheorie" der Einkommensverteilung.

Diese Theorie besticht durch ihre scheinbare logische Geschlossenheit und die Erklärung aller Verteilungsgrößen aus einem einzigen Prinzip heraus: demjenigen der relativen *Knappheit* eines Faktors. Lohnsatz, Profitrate und Grundrente wurden so in *symmetrischer* Weise bestimmt: Je reichlicher eine Wirtschaft mit einem Faktor im Verhältnis zu den beiden anderen ausgestattet sei, desto geringer das Grenzprodukt dieses Faktors und desto geringer die Vergütung der Faktorleistung an den Eigentümer des Faktors.

Angesichts dieser Vorzüge verwundert es kaum, daß der Grenzproduktivitätstheorie ein schneller Siegeszug in unserem Fach beschieden war. Verwunderlicher ist die Tatsache, daß sie bis auf den heutigen Tag die meisten Ökonomen zu ihren Anhängern zählt, obgleich seit Knut Wicksell (1851–1926) bekannt ist, daß ihre Behandlung des Kapitals in völliger Analogie zur Arbeit und zum Boden unhaltbar ist. Wie eingangs festgestellt, können heterogene Kapitalgüter nur als *Wert*summe dargestellt werden – anders als die Arbeit und der Boden, die in ihren jeweiligen technischen Einheiten gemessen werden können. Zur Bewertung der verschiedenen Kapitalgüter benötigt man Preise, die jedoch im allgemeinen nicht unabhängig von der Profitrate (bzw. dem Zinssatz) sind. Will man nun letztere über die Grenzproduktivität des Kapitals bestimmen, so unterliegt man – worauf Wicksell hinweist – unweigerlich einem Zirkelschluß: Um die Profitrate zu bestimmen, muß ich die Preise kennen, ohne die die „Kapitalmenge" nicht zu ermitteln ist, deren relative Knappheit über die Höhe der Profitrate entscheidet, die Kenntnis der Preise setzt aber die Kenntnis der Profitrate voraus – das Argument dreht sich im Kreis.

(b) Nutzungstheorien

Sie unterstellen, daß das Kapital zwei voneinander getrennte Güter mit Wert darstelle: zum einen die konkreten Kapitalgüter selbst, zum anderen deren Gebrauch oder Nutzung. Die Preise der mittels produzierter Produktionsmittel erzeugten Produkte umfassen demnach sowohl den Wert der aufgewendeten Mittel als auch den Wert der „Kapitalnutzung". Letzterer entspreche dem Zins. Diese Auffassung wurde in verschiedenen Fassungen u. a. von Jean Baptiste Say (1767–1832), Lord Lauderdale (1759–1839), Friedrich Benedikt Wilhelm Hermann (1795–1868) und dem Begründer der sogenannten „Österreichischen Wirtschaftstheorie", Carl Menger (1840–1921), vertreten. Gegen diese Theorien wurde eingewandt, daß sie auf einer Doppelzählung beruhen. Tatsächlich sei der Preis eines Kapitalguts, von der Seite seiner Verwendung her betrachtet, gleich dem Wert aller zukünftigen Nutzungen desselben. Für die Erklärung des Zinses sei somit nichts gewonnen.

(c) Abstinenztheorie

Diese vor allem vom englischen Ökonomen Nassau William Senior (1790–1864) verfochtene Theorie sieht den Zins als Vergütung der konsumtiven Enthaltsamkeit des Kapitalisten. Die *abstinence* trete als dritter ursprünglicher Produktionsfaktor zur Arbeit und zu den Naturkräften hinzu, während das Kapital selbst als Resultat des Zusammenwirkens dieser drei Faktoren zu begreifen sei. Die Entschädigung für das „Opfer", das angeblich im Genußverzicht bzw. -aufschub liegt, sei Bestandteil der Produktionskosten und letztlich des Preises eines Gutes. Gegen diese Lehre ist u. a. folgendes vorgebracht worden. Wer spare und Kapital bilde, verzichte nicht auf Genuß schlechthin, sondern entscheide sich nur für eine andere Art von Genuß: Er finde Gefallen daran, vermögend und mächtig zu werden. Ein „Lohn der Enthaltung" lasse sich somit nicht begründen. Überdies komme es nicht auf die Empfindungen der Kapitalbildner an, sondern auf das wirtschaftliche Ergebnis ihres Tuns. Aber selbst wenn man die Abstinenzidee als solche gelten lassen wollte, sei die Theorie abzulehnen: Eine Erklärung der allgemeinen, tendenziell einheitlichen Kapitalertragsrate könne sie schon aus dem Grund nicht leisten, weil sich schwerlich argumentieren lasse, daß das „Opfer" proportional dem erzielten Profit (bzw. Zins) ist. Die Theorie tauge also nichts. Sie diene – so der Vorwurf der Sozialisten – keinem wissenschaftlichen, dafür aber einem apologetischen Interesse.

(d) Arbeitstheorien
Nicht viel besser bestellt ist es um die Arbeitstheorien, die den Kapitalzins als den Lohn einer besonderen, vom Kapitalisten geleisteten Arbeit auffassen. Hinsichtlich der Spezifikation dieser besonderen Arbeit weichen die Deutungen verschiedener Autoren voneinander ab. Aber was immer diesbezüglich gesagt wird, die Ansätze kranken an derselben Schwäche wie die Abstinenztheorie: Profit bzw. Zins wird unter Wettbewerbsbedingungen im Verhältnis zum Wert des eingesetzten Kapitals gezahlt. Dieser Wert steht indes in keiner erkennbaren Beziehung zur vom Kapitaleigner oder Unternehmer erbrachten Arbeit. Profit und Zins sind daher weder das Entgelt einer spezifischen „funktionellen Leistung" des Kapitalisten noch eine Art Unternehmerlohn. Der Kapitalzins ist, wie Böhm-Bawerk in Übereinstimmung mit Marx insistierte, kein Arbeits-, sondern ein Besitzeinkommen.

(e) Die „österreichische" Kapital- und Zinstheorie
Die von Böhm-Bawerk in der „Positiven Theorie des Kapitales" (1889) gegebene eigene Zinserklärung kreist um die Vorstellung der Nichtneutralität der Zeit. Der Zeitfaktor betreffe sowohl die Seite des Konsums als auch diejenige der Produktion. Auf der Konsumseite sprechen Böhm-Bawerk zufolge zwei Gründe für einen positiven Zinssatz: (a) die Verschiedenheit des Verhältnisses von Bedarf und Deckung in verschiedenen Zeiträumen, wobei im allgemeinen mit günstigeren Verhältnissen, d. h. einem höheren Einkommen in der Zukunft gerechnet werde; (b) die Kurzsichtigkeit des Menschen, der wegen der Endlichkeit seines Lebens und Unsicherheit bezüglich seiner Zukunft ein heute verfügbares Gut einem erst morgen verfügbaren vorzieht. Aus diesen beiden Gründen folge eine positive *Zeitpräferenz* der Konsumenten: die „Höherschätzung der Gegenwartsbedürfnisse gegenüber den Zukunftsbedürfnissen". Dies bedeutet, daß eine gegebene Gütermenge heute nur gegen ein Aufgeld – ein *agio,* d. h. eine größere Gütermenge morgen – hingegeben werde. Dieses Aufgeld sei der Zins. Bei ihm handele es sich um jenen Preis, der zu zahlen ist, um ein Individuum dazu zu veranlassen, sein Einkommen nicht gänzlich für Gegenwartskonsum zu verausgaben, sondern wenigstens zum Teil zu sparen, d. h. für Zukunftskonsum vorzuhalten. Da jedoch mit jeder zusätzlichen Einkommenseinheit, die gespart werde, ein höherer gegenwärtiger Nutzenentgang verbunden sei, als mit der jeweils davorliegenden, sei nur mit einem höheren Zinssatz eine höhere Sparsumme möglich.
Der dritte Grund (c) bezieht sich auf die Produktionsseite. Die Produktion sei ein zeitrau-

bender Prozeß der Umwandlung von Leistungen der ursprünglichen Faktoren, Arbeitskraft und Natur- bzw. Bodenkraft, in genußreife Güter. Während der Produktion müssen die Besitzer dieser Faktoren, zumal die Arbeiter, unterhalten werden. Böhm-Bawerk ist nun der Auffassung, daß das physische Resultat der Produktion, der Output, um so größer sei, je länger unter sonst gleichen Umständen die von Beginn des Produktionsprozesses bis zu dessen Ende verstreichende Zeitspanne ist. Er spricht vom „Gesetz der Mehrergiebigkeit längerer Produktionsumwege". Die zugrundeliegende Idee veranschaulicht er an Beispielen wie dem folgenden: Ein Fischer kann ohne jegliche Hilfsmittel, d. h. „kapitallos", Fische fangen; der tägliche Fang wird entsprechend dürftig ausfallen. Er kann statt dessen aus wildwachsendem Hanf zunächst ein Netz knüpfen und mit diesem dann Fische fangen. Setze man den sich dann ergebenden Fang ins Verhältnis zur gesamten, also auch für die Netzerzeugung aufgewendeten Arbeitszeit, dann werde sich zeigen, daß sich der Produktionsumweg über das Netz gelohnt hat: Die Fangleistung je Stunde sei im Fall der „kapitalistischen" Produktion größer als im Fall der „kapitalosen". Allgemeiner gesagt, sei das Produktionsergebnis je geleisteter Arbeitsstunde umso größer, je kapitalistischer die Produktion, d. h. je länger der Produktionsumweg. Allerdings nehme der Ertragszuwachs mit jeder weiteren Verlängerung des Produktionsprozesses ab. Es gelte ein Gesetz sinkender Ertragszuwächse.

Diese beiden Momente – die Zeitpräferenz im Konsum und die zeitbedingte Mehrergiebigkeit in der Produktion – bilden die beiden Pfeiler der Böhm-Bawerkschen Kapitalzinserklärung. Während die Konsumenten auf Grund ihrer positiven Zeitpräferenz grundsätzlich eine Vorliebe für kurze Produktionsprozesse haben, in denen die aufgewendete Arbeit schnell zu genußfähigen Produkten ausreift, sind die am Gewinn interessierten Produzenten für möglichst lange und ertragreiche Produktionsprozesse. Der Zinssatz hat Böhm-Bawerk zufolge die Aufgabe, die beiden einander zunächst widersprechenden Interessen zum Ausgleich zu bringen: Dieser habe sich auf einer solchen Höhe einzustellen, daß die bei ihm getätigten Ersparnisse genau so groß sind, wie sie von den Produzenten zum Einschlagen eines Produktionsumwegs benötigt werden, dessen Mehrergiebigkeit an der Grenze gerade gleich dem Zinssatz ist. Der „gleichgewichtige" Zinssatz spiegelt demnach sowohl psychologische als auch technische Faktoren wider. Das letzte Glied in Böhm-Bawerks Konstruktion ist der Versuch des Nachweises, daß in einer Wettbewerbswirtschaft der Marktzins die Tendenz habe, zu diesem gleichgewichtigen Niveau hinzustreben.

Die „österreichische" Zinstheorie hat um die Jahrhundertwende zahlreiche Ökonomen beeindruckt und wurde von ihren Anhängern, darunter Friedrich August von Hayek (1899–1992), als große Errungenschaft gefeiert (vgl. Kurz 1995b). Die genauere kritische Beschäftigung mit ihr ergab indes, daß keiner der von Böhm-Bawerk genannten Gründe einer Überprüfung standhält. Der erste Grund (vgl. (a)) lag mit der Annahme eines wachsenden Pro-Kopf-Einkommens, was nur unter Bedingungen technischen Fortschritts möglich ist, quer zur ansonsten unterstellten Bedingung gegebener technischer Alternativen der Produktion. Den zweiten Grund (vgl. (b)) klassifizierte bereits Böhm-Bawerks Lehrer Carl Menger als auf einer unzulässigen Annahme beruhend. Der dritte Grund schließlich (vgl. (c)) wurde von Joseph Alois Schumpeter (1883–1950) als „schlichter Unsinn" abgetan (Schumpeter 1954).

Böhm-Bawerk hatte seine eigene Kapital- und Zinstheorie ausdrücklich als Gegenentwurf zur sozialistischen „Ausbeutungstheorie" konzipiert, was ihm bei Schumpeter den Titel eines „bürgerlichen Marx" eintrug. Wie steht es nun um die Lehre der Sozialisten und vor allem um diejenige von Marx?

„Zinsfeindliche" Lehren

(a) Die Ricardianischen Sozialisten

Die Vorstellung, daß Profit und Zins auf „Ausbeutung" beruhen, läßt sich – wie gezeigt – auf Aristoteles zurückführen und findet im scholastischen Schrifttum ein Echo. Gründlichere Versuche, den „ausbeuterischen" Charakter aller Besitzeinkommen nachzuweisen, finden sich bei den sogenannten „Ricardianischen Sozialisten" in der Mitte des vorigen Jahrhunderts. Ausgangspunkt von Autoren wie William Thompson (1785–1833) und Thomas Hodgskin (1787–1896) ist die Lehre Ricardos, daß sich der Wert einer Ware nach der zu ihrer Produktion direkt und indirekt notwendigen Arbeitsmenge bestimmt, bekannt auch als „Arbeitswertlehre". Arbeit, so die daraus gezogene Schlußfolgerung, sei die einzige wertschaffende Potenz (eine Auffassung, die man bei Ricardo vergeblich suchen wird). Wenn der Arbeiter mittels des ihm gezahlten Lohns nicht das gesamte Produkt erwerben könne, so werde ihm offenbar ein Teil des von ihm geschaffenen Werts vorenthalten, er werde ausgebeutet. Die kapitalistische Wirtschaftsordnung verletze das Recht der Arbeiter auf den vollen Arbeitsertrag. Diese Auffassung begegnet uns im Lauf der Zeit in wechselnden Formen. Einmal in die Welt gesetzt, scheint sie über ein langes Leben zu verfügen: Die „utopischen Sozialisten" Frankreichs hängen ihr ebenso an wie zahlreiche Vertreter „anarchistischer" Vorstellungen, und auch in der Gegenwart ist die Auffassung keineswegs nur noch von ideengeschichtlichem Interesse.

(b) Karl Marx

Karl Marx (1818–1883) lehnt die These vom Recht auf den vollen Arbeitsertrag in der genannten Deutung ab und distanziert sich von den Ricardianischen und utopischen Sozialisten. Er verwirft auch die Lehre des deutschen Sozialisten Johann Karl Rodbertus (1805–1875). Gleichwohl geht auch Marx im 1867 veröffentlichten ersten Band von „Das Kapital" von der Arbeitswerttheorie aus, wenngleich er eine andere Begründung hierfür liefert als Ricardo. (Die beiden anderen Bände werden posthum von Friedrich Engels herausgebracht.) In gut aristotelisch-scholastischer Tradition wirft Marx die Frage auf, worauf sich die im Tausch bestimmter Mengen zweier Waren zum Ausdruck kommende Gleichsetzung beziehe, worin das „Gemeinsame" der beiden Warenmengen bestehe. Seine Antwort lautet, daß Waren Arbeitsprodukte seien und im Tauschakt gleiche Quanta „abstrakt menschlicher Arbeit" zum Austausch kämen. Der nächste Schritt führt Marx von der Werttheorie zu seiner Lehre vom „Mehrwert" (Marx 1968). Hervorstechendes Merkmal der kapitalistischen Gesellschaft sei der *Warencharakter der Arbeitskraft*. Der Arbeiter sei in einem doppelten Sinne „frei": Er unterliege keinen feudalen Banden mehr, die ihn, wie z. B. im Fall der Leibeigenschaft oder der Schollenpflicht, an seinen Herrn bzw. dessen Grund ketten, und er sei frei von Arbeitsmitteln wie Boden und Werkzeugen, die es ihm wie dem mittelalterlichen Handwerker oder Bauer erlauben würden, sich selbsttätig seinen Lebensunterhalt zu sichern. Er müsse das einzige, was er besitze, verkaufen: seine Arbeitskraft. Der Wert dieser besonderen Ware unterliege indes dem gleichen Gesetz wie der Wert aller anderen Waren und richte sich nach den Produktions- bzw. Reproduktionskosten der Arbeitskraft. Der Wert der Ware Arbeitskraft – der Lohn – ist demnach gleich dem Wert der zu ihrer Reproduktion notwendigen Lebensmittel. Der Arbeiter erhalte genau das, was in einer kapitalistischen Warengesellschaft normalerweise für eine Ware gezahlt werde: deren Wert. Insofern gehe alles mit rechten Dingen zu.

Der springende Punkt kommt im Anschluß daran. Er besteht – so Marx – im Unterschied zwischen dem „Gebrauchswert" der Ware Arbeitskraft einerseits und ihrem Wert andererseits. Der Gebrauchswert sei jener Wert, den der Arbeiter während eines Tages schaffe, und der in das Eigentum des Kapitalisten übergehe. Stecken in den pro Tag vom Arbeiter (und seiner Familie) konsumierten Lebensmitteln z. B. sechs Stunden Arbeit (gleich dem Wert der Arbeitskraft), arbeite der Arbeiter jedoch pro Tag insgesamt zehn Stunden (gleich dem Gebrauchswert der Arbeitskraft), so erzeuge er einen „Mehrwert" in Höhe von vier Stunden. Dieser Mehrwert bilde die Grundlage von Nichtarbeitseinkommen: Profit (Zins und Grundrente). Dann und nur dann, wenn der Arbeiter über die Zeit hinaus arbeite, die nötig sei, um seine notwendigen Lebensmittel zu reproduzieren, könne Profit entstehen. Die Existenz von „Mehrarbeit" ist demnach die Voraussetzung für die Existenz von Profit.

Was aber zwingt den Arbeiter dazu, länger zu arbeiten als es nötig wäre, um einen Wert zu erzeugen, der dem Wert seines Reallohnwarenkorbs entspricht? Marx zufolge sind es die Verhältnisse auf dem Arbeitsmarkt. Ähnlich wie vor ihm die klassischen Ökonomen sieht er eine Tendenz zu einem Überschußangebot: Die Konkurrenz der Arbeiter um einen Arbeitsplatz zwinge diese, ungünstige Arbeitsbedingungen zu akzeptieren, darunter einen langen Arbeitstag. Die Begründung jedoch, die Marx zugunsten asymmetrischer Verhältnisse auf dem Arbeitsmarkt anführt, sind nicht die gleichen wie bei den klassischen Ökonomen. Das Malthusianische Bevölkerungsgesetz verwirft er als groben Unfug. Der Angebotsüberschuß auf dem Arbeitsmarkt sei nicht die Folge einer angeblichen Neigung der Arbeitsbevölkerung, sich grenzenlos zu vermehren, sondern ein Ergebnis der kapitalistischen Dynamik. Der Wettbewerb zwinge die einzelnen Kapitalisten „bei Strafe ihres Untergangs" dazu, ständig organisatorische und technische Neuerungen durchzuführen, um die Kosten zu senken. In letzter Konsequenz laufe dies auf die Einsparung von Arbeit hinaus. Technischer Fortschritt habe unter kapitalistischen Bedingungen eine arbeiterfreisetzende Wirkung – er erzeuge eine „industrielle Reservearmee". Diese halte die Ansprüche der beschäftigten Arbeiter in Schach und sei die unmittelbare Ursache für die Existenz von Mehrarbeit.

Auf ein besonderes Problem des Marxschen Entwurfs ist abschließend kurz aufmerksam zu machen. Wie angedeutet, produziert lediglich die „lebendige" Arbeit Mehrwert, nicht jedoch die „tote" oder „vorgetane", in produzierten Produktionsmitteln aufgespeicherte. Für gegebenen Reallohnsatz und gegebene Länge des Arbeitstages wird Mehrwert direkt im Verhältnis zur in einem Wirtschaftszweig beschäftigten Arbeiterzahl erzeugt. Der Wert des je Arbeiter eingesetzten physischen Kapitals ist jedoch in verschiedenen Wirtschaftszweigen sehr unterschiedlich. Entsprechend unterschiedlich sind die Verhältniszahlen zwischen dem in einem Zweig erzeugten Mehrwert und dem darin eingesetzten Kapital. Dies bedeutet aber, daß sich auf der Grundlage der Marxschen Werttheorie sektoral *unterschiedliche* Profitraten ergeben würden. Dies widerspreche jedoch, wie Marx anmerkt, der sich unter Konkurrenzbedingungen ergebenden Tendenz zum Ausgleich der Profitraten. Die Preise der Waren müssen daher im allgemeinen von deren Arbeitswerten abweichen. Marx versucht dieser Notwendigkeit mittels des Konzepts der „Umwandlung der Werte in Produktionspreise" Rechnung zu tragen. Die Lösung dieses als „Transformationsproblem" bekannten Problems ist ihm jedoch nicht gelungen. Aus diesen und anderen Gründen ist sein arbeitswerttheoretischer Entwurf zurückgewiesen worden.

Schlußbemerkung
Es braucht kaum wiederholt zu werden, daß die kapital- und zinstheoretische Literatur mit dem Vorgestellten nicht erschöpfend behandelt worden ist. Gerade auch das zu Ende gehende Jahrhundert hat eine Fülle von Beiträgen und Kontroversen zum Thema beigesteuert, und es ist zu vermuten, daß es sich im nächsten Jahrhundert nicht anders verhalten wird. Auf die neuere Literatur kann aus Platzgründen nicht eingegangen werden (vgl. deshalb z. B. Kurz/Salvadori 1995, Kap. 14). Dies ist gewiß ein Versäumnis, das sich hinsichtlich des Adressatenkreises dieser Arbeit allenfalls wie folgt rechtfertigen läßt. Ohne größere Übertreibung kann behauptet werden, daß die in jüngerer Zeit vorgestellten kapital- und zinstheoretischen Ansätze nichts genuin Neues enthalten, sieht man von wenigen Ausnahmen ab. Man könnte sagen: Alte Bekannte kommen maskiert zum Feste. Geläufige Ideen werden neu und raffinierter gefaßt, logische Inkonsistenzen früherer Formulierungen vermieden, von der Mathematik wird als Hilfsmittel üppig Gebrauch gemacht. Der Gewinn an logischer Stringenz ist gewiß zu begrüßen und erleichtert die Kommunikation mit dem Experten, erschwert jedoch diejenige mit dem Laien. Festzustellen ist auch, daß sich die Diskussion auf einen kleinen Satz von Ideen konzentriert. So ist, wie bereits erwähnt, die in der Nationalökonomie heute dominierende Auffassung ein Abstämmling der Produktivitätstheorie und begreift den Profit bzw. Zins als Knappheitspreis eines Faktors, genannt „Kapital". Wie auch erwähnt, steht es um diese Theorie nicht besonders gut, aber da sie zahlreiche würdige Häupter zu ihren Anhängern zählt, wird sie so falsch nicht sein – so anscheinend der Glaube vieler. Selbst der mit überlieferten Denkgewohnheiten brechende John Maynard Keynes (1883–1946) hängt ihr bis zu einem gewissen Grad an.

Nur auf zwei Beiträge will ich abschließend kurz aufmerksam machen: zum einen auf den des gerade erwähnten Keynes, zum anderen auf denjenigen seines Cambridger Kollegen Piero Sraffa (1898–1983). Die Arbeiten der beiden haben wie wenig andere neue Wege beschritten und sich von der dominierenden Auffassung in der Wirtschaftstheorie, dem *mainstream,* abgewandt und diesen kritisiert. Die Diskussion über die Bedeutung ihrer Arbeiten hält an.

Interessanterweise lobt Keynes in seiner „General Theory of Employment, Interest and Money" (1936) die Kanonisten dafür, daß sie den Zins niedrig zu halten trachteten. Da seiner eigenen Auffassung nach mit zunehmender Reife einer Wirtschaft, gemessen an dem in ihr angehäuften Kapital je Kopf, die Kapitalertragsrate zu sinken tendiert, sind niedrige (genauer: sinkende) Geldzinsen die Voraussetzung dafür, daß weiterhin investiert wird. Die Höhe der Investitionen wiederum entscheidet über Einkommen und Beschäftigung (vgl. hierzu auch meinen anderen Beitrag in diesem Band). Was den Geldzins anbelangt, argumentiert Keynes wie folgt: Der Zins sei nicht der Preis, der die Nachfrage nach investierbaren Fonds mit dem Angebot an solchen (welches gleich der Ersparnis ist) zum Ausgleich bringt, wie traditionellerweise behauptet werde, sondern der Preis für die Aufgabe von Liquidität. Das Halten von Geld habe den Zweck, sich gegen Unwägbarkeiten der Zukunft zu schützen. Mit dieser Auffassung wendet sich Keynes gegen die seit David Hume und Adam Smith vertretene Auffassung, daß das Horten von Geld irrational sei: Statt es brachliegen zu lassen, könne das Geld mit der Aussicht auf Zinsen oder Dividenden in festverzinsliche Wert- oder Beteiligungspapiere investiert werden. Dies treffe zwar zu, so Keynes, aber ob die Anlage des Geldes in derartige Papiere von Vorteil sei, hänge nicht nur vom vereinbarten Zins oder der Dividende ab, sondern auch von der Entwicklung der Kurse der betreffenden Papiere. Erwarte der potentielle Anleger einen Kursfall, dann sei es ge-

gebenfalls von Vorteil, Kasse zu halten, d. h. das Geld nicht anzulegen. Die Liquiditätsvorliebe sei ein Versuch, sich vor möglichen Kursverlusten zu schützen. Herrsche in weiten Kreisen des Publikums eine pessimistische Sicht bezüglich der zukünftigen Kursentwicklung, dann sei die Vorliebe für Liquidität groß und der Geldzinssatz entsprechend hoch. Ein hoher Geldzinssatz wirke sich aber nachteilig auf die Investitionstätigkeit aus und habe daher eine geringe gesamtwirtschaftliche Aktivität mit niedriger Beschäftigung zur Folge. Die Pointe des Keynesschen Entwurfs besteht im Versuch der Integration real- und geldwirtschaftlicher Aspekte, eine Integration, die bisher noch keiner Theorierichtung erfolgreich gelungen ist und als Aufgabe fortbesteht.

Abschließend sei auf ein 1960 erschienenes Werk Piero Sraffas aufmerksam gemacht, das die klassische, insbesondere ricardianische Tradition aufgreift und weiterentwickelt. Sraffa (1960) gelingt der allgemeine und logisch konsistente Nachweis, daß für ein gegebenes System der Produktion von Waren mittels Waren die allgemeine Profitrate gegenläufig mit dem Reallohnsatz variiert: Steigt letzterer, so sinkt diese, und umgekehrt. Was schließlich die Höhe der Profitrate anbelangt, so vertritt er die Auffassung, daß diese als vom Niveau der vom Bankensystem festgelegten Geldzinssätze bestimmt begriffen werden kann. Betreibt die Notenbank eine persistente Niedrig- oder Hochzinspolitik, so paßt sich über kurz oder lang die Kapitalertragsrate an das vorgegebene niedrige oder hohe Zinsniveau an. Anders als bei Smith oder Ricardo reguliert demnach nicht die Profitrate den Geldzinssatz (auf langfristige Darlehen), sondern der Geldzinssatz reguliert umgekehrt die Profitrate. Sraffa verdanken wir auch eine (z. T. nur implizite) Kritik der Grenzproduktivitätstheorie der Einkommensverteilung, d. h. der dominierenden Lehre. Die Frage nach den adäquaten produktions-, preis- und verteilungstheoretischen Grundlagen der Nationalökonomie ist daher aufs Neue gestellt. Man wird sehen, welche Antworten hierauf die Zukunft bereithält.

Literatur
ARISTOTELES (1965) Politik. Rowohlt, München.
BÖHM-BAWERK, E. v. (1884) Geschichte und Kritik der Kapitalzins-Theorien. Erste Abteilung von Kapital und Kapitalzins. Wagner, Innsbruck.
BÖHM-BAWERK, E. v. (1889) Positive Theorie des Kapitales. Zweite Abteilung von Kapital und Kapitalzins. Wagner, Innsbruck.
KEYNES, J. M. (1936) The General Theory of Employment, Interest and Money. Macmillan, London.
KURZ, H. D. (1991) Adam Smith (1723–1790): Unparteiischer Beobachter und Erfinder. Wirtschaft und Gesellschaft, 16 (3): 321–332.
KURZ, H. D. (1993) Geiz der Natur. Die Zeit, Nr. 7 vom 12. Februar 1993.
KURZ, H. D. (1994) Auf der Suche nach dem „erlösenden Wort": Eugen von Böhm-Bawerk und der Kapitalzins. In: B. Schefold et al. (Hrsg.) Vademecum zu einem Klassiker der Theoriegeschichte. Verlag Wirtschaft und Finanzen, Düsseldorf, 45–110.
KURZ, H. D. (1995a) David Ricardo. In: Ricardo (1995): XI-LXII.
KURZ, H. D. (1995b) Über „natürliche" und „künstliche" Störungen des allgemeinen wirtschaftlichen Gleichgewichts: Friedrich August Hayeks monetäre Überinvestitionstheorie in „Preise und Produktion". In: Schefold, B. et. al. (Hrsg.) Vademecum zu einem Klassiker der Marktkoordination. Verlag Wirtschaft und Finanzen, Düsseldorf, 67–119.
KURZ, H. D. (1995c) Über die Knappheit und eine mißglückte Analogie zwischen Arbeit, Boden und Kapital: Thünens Theorie der Produktion und Verteilung. In: Rieter, H. (Hrsg.) Studien zur Entwicklung der ökonomischen Theorie XIV. Johann Heinrich von Thünen als Wirtschaftstheoretiker. Duncker und Humblot, Berlin, 115–151.
KURZ, H. D. (1995d) Thünen und die allmähliche Herausbildung der marginalistischen Theorie. In:

Rieter, H. (Hrsg.) Studien zur Entwicklung der ökonomischen Theorie XIV. Johann Heinrich von Thünen als Wirtschaftstheoretiker. Duncker und Humblot, Berlin, 165–180.

KURZ, H. D./Salvadori, N. (1995) Theory of Production. A Long-Period Analysis. Cambridge Univ. Press, Cambridge.

LANGHOLM, O. (1984) Wealth and Money in the Aristotelian Tradition. Universitetsforlaget, Oslo.

LUTZ, F. A. (1956) Zinstheorie. Mohr, Zürich/Tübingen.

MARX, K. (1967) Das Kapital. 3 Bde. Europäische Verlagsanstalt, Frankfurt am Main. (Bd. I erstmals 1867, Bd. II u. III posthum publiziert v. F. Engels 1885 u. 1894).

MARX, K. (1968) Theorien über den Mehrwert. 3 Bde. Europäische Verlagsanstalt, Frankfurt am Main. (Ursprünglich Teil des umfänglichen ökonomischen Manuskripts von Marx aus den Jahren 1861–1863.)

RICARDO, D. (1995) Grundsätze der Politischen Ökonomie und der Besteuerung. Dt. Übrsg. d. 3. Aufl. d. Principles of Political Economy and Taxation (1821) (1. Aufl. 1817), hrsg. v. H. D. Kurz unter Mitarbeit von Ch. Gehrke und O. Kotheimer. Metropolis Verlag, Marburg.

SCHUMPETER, J. A. (1954) History of Economic Analysis. Oxford Univ. Press, New York.

SMITH, A. (1976) An Inquiry into the Nature and Causes of the Wealth of Nations. 6. Aufl. 1791 (1. Aufl. 1776). Oxford Univ. Press, Oxford.

SPIEGEL, H. (1983) The Growth of Economic Thought. Duke Univ. Press, Durham.

SRAFFA, P. (1960) Production of Commodities by Means of Commodities. Cambridge Univ. Press, Cambridge.

C3
Institutionen

Die Institutionen der industrialisierten Wirtschaftswelt scheinen uns heute die sichtbarsten Antriebe des Wachstums. Aber sie bilden nur einen zentralen Knotenpunkt des Systems. Erstens sind sie befördert durch die besprochenen Bedingungen und Vorbedingungen, zweitens überbaut von den noch zu besprechenden Obersystemen, von welchen sie selbst wieder nur ein Teil sind. Diese Institutionen auseinanderzunehmen hat natürlich etwas Künstliches, denn sie sind auch miteinander verflochten. Dennoch kann es die Übersicht fördern, wenn zuerst die Antriebe durch die Industrie dargestellt werden, *Kapitel 10,* dann jene durch die unterlegte Wirtschaftstheorie, *Kapitel 11,* durch Mobilität und Verkehr, *Kapitel 12,* und endlich durch Management und Wirtschaftspolitik, *Kapitel 13.* Vielfach muß man auch zurück in die Geschichte greifen, um verständlich zu werden.

KAPITEL 10

Die Ursachen wirtschaftlichen Wachstums
*Klaus Woltron**

Ich verfolge in den nachstehenden Überlegungen das Ziel, die Ursachen für wirtschaftliches Wachstum ganzheitlich darzustellen. Die dargelegten Zusammenhänge gründen sich sowohl auf langjährige praktische Erfahrungen in Wirtschaft und Industrie als auch auf theoretische Studien und Überlegungen. Auf die Darstellung von Abhilfemaßnahmen für viele der aufgeführten Fehlentwicklungen wurde gemäß der Themenstellung des Projekts bewußt verzichtet.

Nomaden
Vor einigen zehntausend Jahren lebte der Mensch als Nomade; er versorgte sich aus den Vorräten einer stetig wechselnden Umwelt. Waren die Ressourcen eines Aufenthaltsortes erschöpft und die Aussicht auf Nachschub gering, so zog die Horde, mit geringem Gepäck, weiter. Eine solche Lebensweise gestattet weder die Anhäufung von Gütern noch eine besondere Spezialisierung einzelner Individuen. Arbeit war Jagd, Aufschlagen des Lagers, Verteidigung gegen wilde Tiere und feindliche Artgenossen (vgl. de Chardin 1964). Im wesentlichen mußte jeder Mann und jede Frau alles können, was mit Jagd, Waffen, Werkzeugen, Behausung sowie Nahrungszubereitung und Kinderpflege zu tun hatte. Es gab kein Geld, die Wirtschaft war auf Tauschhandel im engsten Umkreis limitiert (vgl. Binswanger 1991). Alles, was brauchbar erschien, wurde verwertet, ungenutzte Abfälle und bleibende Vergewaltigung der Umwelt gab es praktisch nicht. Macht hatte jener, der körperlich und geistig überlegen war, der die Rangordnungskämpfe in der Horde am besten bestehen konnte und in der Lage war, am effizientesten für Nahrung, Bekleidung und Wärme zu sorgen. Die materiellen Voraussetzungen für den Erwerb von Macht waren noch unwesentlich. Es gab das, was man heute Vermögen nennt, praktisch nicht. Jedes Individuum mußte seinen Platz in der Gesellschaft im Laufe seines Lebens für sich allein immer neu erkämpfen (vgl. Darwin 1856). Dies scheint unsere Vorfahren nicht wirklich zufriedengestellt zu haben. Denn schon bald änderten sich die Verhältnisse. Das Gepäck – im übertragenen Sinn – wurde so schwer, daß sie es nicht weitertragen wollten. Sie wurden seßhaft.

Seßhaftigkeit
Mit Beginn der Seßhaftigkeit ändern sich die Verhältnisse. In einem Dorf lebt es sich völlig anders als unterwegs als Jäger und Sammler. Man lebt lange, oft viele Generationen lang, an einem Ort. Hütten, Höhlen, Pfahlbauten werden kultiviert, Äcker angelegt, Haus-

---

* **Klaus Woltron** ist Verfahrenstechniker und Industriemanager, 1945 in Wels (Oberösterr.) geboren, studierte Montanistik, promovierte an der Univ. Leoben, arbeitete im Maschinenbau, Projektleiter in Nukleartechnik, und an der Space Simulations Chamber (Moskau), Produktionsleiter von Siemens (Rio), im Vorstand der Simmering-Graz-Pauker, Generaldirektor von ABB ASEA, Geschäftsführer der MINAS-Management.
Zugang zum Thema über Einzelpublikationen und Bücher zum Problem Industrie, Management und Umwelt, bemüht um sanfte Regulative, die Nützung überwindbarer Schwellen und die Pragmatik von Methoden der Gegensteuerung, Kolumnist des „New Business".

tiere gehalten. Güter häufen sich an, die Vorteile der Vorratswirtschaft werden genutzt. Der Winter verliert seine Schrecken, Kinder können in geschützter Atmosphäre aufgezogen, Nahrung gehortet werden. Das lang andauernde und organisierte Zusammenleben von mehreren Menschen schuf die Möglichkeit der Spezialisierung. Einzelne Talentierte entwickelten ihre Fähigkeiten besonders, wurden Spezialisten für die Errichtung von Bauten, Experten für die Herstellung von Waffen, Medizinmänner, Bauern, Krieger. Der Prozeß der Arbeitsteilung begann. Das Rad – als erstes Maschinenelement – wurde erfunden. Es vervielfachte mit einem Schlage die Möglichkeiten des Umganges mit Materie.

Akkumulation von Gütern
Mit diesem Prozeß konnte auch eine grundsätzlich neue Qualität in die Welt der Menschen kommen: Die Akkumulation von Arbeit und materiellen Gütern. Aufgesparte Anstrengung bietet eine erhöhte Chance zum Überleben, die Basis der materiellen Macht. Das Speichern von Nahrung und Gütern (Waffen, Bekleidung, Hausrat) in größerem Stil, und damit von Macht über die Elemente und andere Menschen, begann (vgl. Forrester 1969).
Im Tierreich wird diese Chance von vielen vorratshortenden Arten genutzt. Bienen, Hamster, Eichhörnchen, um nur einige zu nennen, sorgen für schlechte Zeiten vor und überleben so den Winter.
Diese Lebewesen neigen aber, im Gegensatz zum Menschen, nicht dazu, aus dem von den Jahreszeiten, begrenztem Aktionsradius und ihrem Instinktinstrumentarium limitierten Verhalten auszubrechen. Der Mensch ist anders. Er geht bis an die Grenzen des jeweils Möglichen, gleichgültig, ob die Spätfolgen seiner Handlungen für ihn günstig sind oder nicht. Er ist homo sapiens im Denken, homo ludens in der Tat (vgl. Riedl 1982). Während Denken meist ohne unmittelbare Folge bleibt, kann das Spielen oft auch recht prekär ausgehen. Spielen ist die Wurzel des Forschens. Forschen wiederum ist, verbunden mit Gedächtnis und systematischem Vorgehen, die Wurzel der zunehmenden Macht des Menschen über seine Umwelt. Die gezielte Anwendung dieses Forschens wurde vom Menschen aber erst viel später, im industriellen Zeitalter, in einer Weise genutzt, welche ihm Macht über Energie und Materie verlieh. Sehr lange blieb Forschen auf die Erkundung theoretischer Zusammenhänge, auf Gedankengebäude, beschränkt und hatte keine dinglichen Auswirkungen auf die Umwelt (vgl. Lorenz 1973).

Arbeitsteilung
Eine ganz wichtige und einschneidende Dynamisierung erfuhr der Arbeitsteilungsprozeß, als man dazu überging, den beschwerlichen und vielfach limitierten Tausch von Gütern gewissermaßen indirekt, über einen Wert-Mittler, eine neutrale Chiffre für Wert, ein Gleichnis für den Wert von Rohstoff und Arbeitsleistung abzuwickeln – als man das Geld einführte. Gleichgültig, ob es sich um materiell in sich werthaltige Chiffren – wie etwa Gold oder Kauri-Muscheln – handelt oder das für die Hintergründigkeit des ganzen Systems viel charakteristischere Papiergeld, Schecks, Schuldverschreibungen etc. – mit dem Geld erfolgte der endgültige Durchbruch zur langfristigen Speicherung von materiellen und immateriellen Gütern. Erst die Chiffre Geld ermöglicht den Super-Hamster, das Mega-Eichhörnchen, die effizienteste Machtakkumulations-Spezies: die Menschheit. Geld wurde zu gefrorener Macht.
Langsam begann der Güteraustausch zwischen Menschen großräumigere Dimensionen anzunehmen. Kurzlebige Gleichgewichte zwischen Anbot und Nachfrage entstanden, als

Produktion und Verbrauch örtlich auseinanderdriftete. Was mit den Möglichkeiten der Speicherung von Nahrung, Rohstoffen, Bekleidungsstücken, Waffen begonnen hatte, wurde über die zusätzlichen Akkumulationspotentiale der Seßhaftigkeit verstärkt und durch die Einführung einer universellen Chiffre für Wert – das Geld – perfektioniert: das System der Ansammlung von materieller und physischer Macht (vgl. Brown et. al. 1990).

Mit der Zunahme der Zahl von Individuen stieg auch die Wahrscheinlichkeit feindlicher Auseinandersetzungen. Zu Zeiten der Jäger und Sammler war jede Horde Todfeind der anderen. Die kleinen Gruppen waren in der Regel aber so weit voneinander entfernt, daß Kontakte sporadisch und selten blieben. Die Seßhaftigkeit vervielfachte die Wahrscheinlichkeit des Überlebens einzelner, die Bevölkerungszahl stieg, und damit auch die Wahrscheinlichkeit des Aufeinandertreffens von Feinden. Dazu kam, daß die Seßhaftigkeit noch den Zwang zur Verteidigung und zum Schutz des angesammelten Besitztums nach sich zog, das ja im Kriegsfall nicht mehr schnell in Sicherheit gebracht werden konnte.

Die Stadt
Diese Notwendigkeit schuf die Stadt: eine befestigte, leicht verteidigbare und durchorganisierte Ansammlung von Menschen und deren Behausungen. Die Stadt wiederum ist der ideale Nährboden und auch der Markt für weitere Spezialisierung. Die auf dem Dorf noch unvollkommene Arbeitsteilung wird weiter verfeinert. Das komplizierte Bauwesen einer befestigten Stadt verlangt nach lange und sorgfältig ausgebildeten Baumeistern und Maurern, die Notwendigkeit der schnellen Versorgung vieler Menschen und die Gefahren hygienischer Mißstände erzwingen die Herausbildung von Spezialisten in der Ernährung. Die Verteidigung braucht ausgebildete hauptberufliche Krieger, und die Zeit der Administration, der Verwaltung und damit der institutionalisierten Macht ist endgültig angebrochen.

Die Spezialisierung im Handwerk steigt weiter. Die Macht liegt in den Händen jener, die es verstanden haben, über lange Zeit hinweg materielle Güter anzuhäufen, Vasallen zu gewinnen, Soldaten zu bezahlen und damit aufgespeicherte Arbeit und Güter in Beherrschung des Produktions- und Verteilungsapparates umzusetzen. Macht kann über Generationen hinaus, ohne an individuelle Leistung gebunden zu sein, vererbt, verliehen, verkauft werden.

Menschliche Macht fußt auf Intelligenz, physischer Kraft und aufgehäuften materiellen Gütern sowie den damit gewonnenen Vorteilen in vielen Beziehungen:
- Informations- und Ausbildungsvorsprung
- Autorität
- Manipulationsmöglichkeiten
- militärische Macht
- Arbeitgebermacht
- Repressionsmöglichkeiten.

Nicht zu vergessen ist die erotische Anziehung von Macht, Geld und Ansehen und damit auch ein gewisser biologischer Vorteil für die Nutznießer materieller Güter. Kluge, phantasievolle und/oder reiche, mächtige Männer haben eine höhere Anziehungskraft für Frauen als dumme, stumpfe, arme und unterlegene – und umgekehrt.

Die treibenden Kräfte
Der wesentliche Motor für die steigende Spezialisierung, den zunehmenden Organisationsgrad, die immer stärker wachsende Interdependenz der Menschen, die zunehmende

Komplexität menschlichen Zusammenlebens ist daher, nach all dem bisher Gesagten, der Trieb zur Sicherung der eigenen Existenz mittels Speicherung materieller Güter, zur Umsetzung der in guten Zeiten erworbenen Mittel in langfristig gesicherte Macht.

Dieser Wille zur Macht entspringt sicherlich einer ganzen Reihe von Motiven. Paradoxerweise ist das Sicherheitsbedürfnis des einzelnen, der in guten Zeiten, in Perioden der Kraft und Fülle, so weit wie möglich für die Phasen des Mangels, des Alters, der Unsicherheit vorsorgen will, eine der Hauptursachen für Auseinandersetzung, Krieg und Zerstörung.

Für jede ausufernde, sich ins Extreme erstreckende Entwicklung gibt es in der Regel zwei Hauptmechanismen: eine starke, langanhaltende Ursachenkomponente und eine damit verbundene positive Rückkopplung, eine Selbstverstärkung der treibenden Kraft.

Im Falle des Wachstums ökonomischer Systeme liegt dies in höchstem Maße in dem Macht- und Sicherheitsstreben des Menschen, als einem zutiefst biologisch verwurzelten Antrieb, begründet. Machtakkumulation hat mehrere Ursachen:

- Streben nach Ansehen und Prestige
- Ausbreitung der eigenen Denk- und Handlungsmuster (Kulturdominanz)
- Sicherheitsbedürfnis
- Stabile Arbeitsteilung

Die für mich sichtbare tiefste Wurzel all dieser Antriebe liegt im Bedürfnis nach Sicherung der individuellen Existenz und – mittelbar – jener der menschlichen Gattung. Wie alle positiv rückgekoppelten Phänomene beginnt allerdings ab einer gewissen Entwicklungsstufe dieses Motivationsgefüge außer Tritt zu geraten und sich selbst zu gefährden, wenn nicht eine neue Komponente hinzukommt.

Industrialisierung und Fließbandarbeit

Im 19. Jahrhundert trat durch die Nutzbarmachung der fossilen Energie, der Wasserkräfte und die Verwendung von Maschinen in großem Stil eine massive Multiplikation der bisher geschilderten Effekte ein. Die Möglichkeiten des Menschen, aktiv zu werden, vervielfachten sich, ebenfalls die Zahl der Individuen. Alle die in den bisherigen Überlegungen angezogenen Erscheinung treten nun noch deutlicher hervor.

Die Anzahl der Individuen steigt weiter, damit auch die Zahl und Größe von Städten. Die gegenseitige Bedrohung und Aggressivität nimmt zu, Kriege werden immer furchtbarer und verlustreicher, damit auch das Sicherheitsbedürfnis und die Abhängigkeit von materiellen Gütern. Die Motivation, diese Spirale der gegenseitigen Abhängigkeit weiterzudrehen, wächst – eine typisch positive Rückkopplung, ein Teufelskreis.

Die Spezialisierung steigt weiter, denn innerhalb eines Spezialgebietes, einer perfekt erlernten Fertigkeit, wächst die Fähigkeit zu fehlerloser und höchst effizienter Produktion. Die Arbeit in den mittlerweile hoch spezialisierten Fabriken wird atomisiert, in einzelne Handgriffe zerlegt und für den Arbeiter in ihrer Gesamtheit nicht mehr überblickbar. Damit wird der notwendige logistische, wirtschaftliche und politische Organisationsgrad wiederum komplexer. Immer größere, geographisch umfassendere und kompliziertere Strukturen müssen funktionsfähig erhalten werden. Gleichzeitig steigt die Chance, immer mehr Mitarbeiter, Produktionsmittel und Informationen anzusammeln, für jene, die bereits Macht und materielle Güter angehäuft haben.

Durch diesen Prozeß entsteht ein neues Phänomen: das vom Kapital abhängige Proletariat. Die Arbeitsteilung schafft, neben zunehmendem Spezialistentum, auch eine auf Besitz und finanzieller Macht basierende Klassifikation von Menschen, welche jene aus der Tradition und feudalen Strukturen resultierende abzulösen beginnt (vgl. Lekachman 1966). Der individuelle Erfolg der Anhäufung von Gütern beginnt ins Riesenhafte zu steigen – auf Kosten vieler Ausgebeuteter und einer zunehmend beschädigten Umwelt.

Die Gefahren bei Destabilisation derartig umfassender Systeme sind natürlich unvergleichlich größer als in kleinräumigen Strukturen: Man vergleiche das Ausmaß der Katastrophe des Zusammenbruchs des kommunistischen Systems (Krieg am Balkan, in den Randgebieten Rußlands, Verelendung und Massenflucht in Kuba etc.) mit den Folgen einer Führungskrise einer urzeitlichen Horde!

Akkumulation von Gütern als kulturelles Phänomen

Eine der wichtigsten Fragen im Zusammenhang mit der Schicksalhaftigkeit der Wirtschaftsgeschichte der Menschheit ist die folgende:

Ist der Zwang zur Akkumulation von Gütern eine direkte und unvermeidliche Folge des individuellen Egoismus oder eine indirekte der Domestikation der Menschen und ihres Seßhaftwerdens?

Wie der Augenschein der Lebensweise von Indianern, Eskimos und frei lebenden Nomadenvölkern in Afrika lehrt, ist es offensichtlich nicht so. Jene nutzen nur diejenigen Güter aus ihrer Umwelt, die sie für ihr Überleben brauchen, sammeln nur das an, was sie transportieren können und betrachten Land keineswegs als persönliches Eigentum.

Erst das Seßhaftwerden und damit das Hervortreten der Möglichkeit, Güter dauerhaft und sicher anzuhäufen und die damit verbundene Entdeckung der Vorteile, die dann eintreten, schuf den Beginn des Kapitalismus. Er ist damit zum allergrößten Teil ein kulturelles Phänomen. Mit dieser Feststellung aber geht die Erkenntnis einher, daß er, so wie alle kulturellen Phänomene, abtrainierbar sein müßte. Alles, was einer Gesellschaft antrainiert werden kann – und dauert es auch Generationen – kann auch wieder abtrainiert werden.

Die Auswirkungen

Ursprünglich fand Konkurrenz zwischen Individuen im direkten physischen Kampf, im Wettbewerb um Nahrung und Sexualpartner statt. Erst in der arbeitsteiligen Gesellschaft tritt die Konkurrenz der Spezialisierten wesentlich hinzu, der Wettkampf um den Broterwerb verlagert sich auf Spezialgebiete. Der Bäcker wetteifert mit anderen Bäckern, um sein Einkommen zu sichern, um seine Werkstatt, die er, vielleicht mit geborgtem Geld, gebaut hat, auszulasten und seine Gesellen bezahlen zu können.

Aus dieser Wettbewerbssituation entsteht wiederum eine neue Qualität: Der Angebotsmarkt. Wenn nicht mehr Nachfrage allein die Produktion lebensnotwendiger Güter regelt, sondern die vom Verbraucher getrennten Produzenten auf den Verkauf derjenigen Produkte angewiesen sind, auf welche sie sich irgendwann einmal spezialisiert haben (ganz gleich, ob diese Produkte wirklich noch gebraucht werden), so entsteht Druck auf den Absatz. Unser Bäcker wird vieles unternehmen, um seine Waren an den Mann zu bringen: Er wird die Qualität verbessern, günstige Preise bieten, neue Backwaren erfinden, Reklame machen, die Herstellungsmethoden revolutionieren.

Die Produktion von Backwaren wird nach und nach, wegen des Drucks der Konkurrenz anderer Bäcker, eine eigene differenzierte Wissenschaft; Technologien entwickeln sich neu (Dampföfen, Treibmittel, Rührmaschinen); die Produkte werden verfeinert (Zuckergüsse, Brezel, Torten etc.) und die Verteilung raffiniert ausgefeilt (ausgeklügelte Vertriebssysteme, Werbesendungen in Radio und Fernsehen etc.). Dies alles kommt natürlich auch dem Verbraucher zugute, der sich einem steigenden Anbot an Waren gegenübersieht. Ohne die Konkurrenz zwischen vielen Spezialisten wäre all diese Vielfalt aber gar nicht zustandegekommen, wie uns die bereits gescheiterten Planwirtschaften ja drastisch vor Augen geführt haben. In diesen wurde durch den vollständigen Mangel an Konkurrenz letztendlich der ganze Produktions- und Innovationsprozeß paralysiert und brach vollständig zusammen.

Dies alles wäre niemals geschehen, wäre nicht die Bäckerkunst zu einem Spezialwissen, einem Beruf geworden. Die Absonderung aber zwingt zu steter Anstrengung. Der beste Bäcker wird sicher überleben, der zweitbeste auch. Die letzen paar aber werden immer vom Markt verschwinden, wenn eine Krise, ein Einbruch im Absatz oder Ähnliches sich ereignet. Und daher versuchen die meisten, vorne zu sein, größer zu werden, um Geld für schlechte Zeiten zu sparen oder ihre Konkurrenten unmittelbar zu überflügeln. Wer auf seinen Lorbeeren ausruht, seine Macht nicht relativ zu den anderen, Vorwärtsdrängenden zumindestens gleich erhält, fällt zurück, wird kleiner und schwächer und verschwindet letztendlich vom Markt. Damit verliert er seine Existenzgrundlage und kommt mitsamt seiner Familie in wirtschaftliche Probleme. Und wer will das schon? Hier sieht man den Zwang zum Wettbewerb, der zwangsläufig Wachstum erzeugt, wiederum sehr deutlich. Die Wurzel all dessen aber ist und bleibt der Drang zur Macht, zur Akkumulation von Kapital als der haltbarsten Konserve dieser Macht.

Verkehr
Die zunehmende Arbeitsteilung, die damit verbundene Konzentration von Arbeitsplätzen in Fabriken, die wachsende durchschnittliche Unternehmensgröße hat weitere Auswirkungen: Die Entfernung zwischen Arbeitsplatz und Wohnung wurde für Millionen Menschen immer größer. In der Ökonomie des Mittelalters wohnte man nicht mehr als einen Kilometer vom Arbeitsplatz entfernt, und den legte man zu Fuß zurück. Heute wälzen sich Menschenmassen von den Vorstädten in die Fabriken, Geschäfte und Büros, und am Abend wieder zurück. Ganze Stadtviertel sind zu gewissen Tageszeiten menschenleer oder überfüllt. Dazwischen sind die Straßen und Verkehrsmittel verstopft. Auch dieser Effekt ist zum großen Teil auf die Zerlegung des Arbeitsprozesses in Untereinheiten, die Arbeitsteilung, zurückzuführen. Umgekehrt ermöglichten erst die modernen Verkehrsmittel eine weitere Entwicklung der Arbeitsteilung – und jene ist durch die Einführung der Geldwirtschaft beschleunigt worden. Es nimmt nicht wunder, daß dieses Teufels- und Hexenelixier, welches alle diese Entwicklungen möglich machte, die gefrorene Macht: das Geld, für viele Menschen zum Maß aller Dinge wurde. Dies führt so weit, daß man heute schon selbstverständlicherweise versucht, für alles und jedes eine Investitionsrechnung, eine feasibility-Studie anzustellen und die Amortisation in Geldwert auszudrücken. Dies geht hin bis zur Festlegung des Wertes eines Menschenlebens in der volkswirtschaftlichen Gesamtrechnung.

Industrielle Landwirtschaft
Alle Entwicklungen, welche in der Güterproduktion zu Arbeitsteilung, Vergrößerung der Einheiten, zunehmendem Energieverbrauch und Entfremdung sowie Überangebot führten, sind auch in der Landwirtschaft zu beobachten. Die Konsequenzen sind dort ähnlich, haben aber noch zusätzliche Auswirkungen: Monokulturen führen zu Bodenverarmung und Erosion, der Einsatz von großen Mengen an künstlichem Dünger und Schädlingsbekämpfungsmitteln bewirkt langfristig Bodenverderbnis, Artensterben sowie eine Grundwasserverschmutzung höchsten Ausmaßes. Andererseits beginnt die um den Preis dieser Ausbeu-

tung erkaufte Überproduktion die Finanzsysteme ganzer Länder und die weltweiten Preisrelationen durcheinanderzubringen, denn die großen Mengen an Getreide und Fleisch müssen zu Schleuderpreisen verkauft, die urbar gemachten Flächen durch Einsatz von Sonderprämien stillgelegt werden. Die durch Massenproduktion erwirtschafteten Gewinne fließen zum Großteil in Preisstützung und Stillegungsprämien sowie in die Unterstützung verarmter Kleinbauern. Ein tatsächlich skurriler Umweg, der den kollektiven Unsinn anschaulich zeigt.

Konzerne
Logische Konsequenz des Zwanges zur Vergrößerung, der aus den Vorteilen der Kapital-, Wissens- und Ressourcenakkumulation erwuchs, war die Bildung weltumspannender wirtschaftlicher Einheiten, der internationalen Konzerne. Diese Einheiten erwirtschafteten zu Beginn der Entwicklung, als die puren economies of scale noch einer der wichtigsten Wettbewerbsfaktoren waren, enorme Gewinne. Sie erreichten einen wirtschaftlichen Einfluß, der es ihnen ermöglicht, Staaten unter Druck zu setzen mit dem Argument der Arbeitsplätze, Investitionen und Steuerleistungen (vgl. Postman 1992).

Das änderte sich aber, als es sich im Zuge einer Trendwende im Verbraucherverhalten, einer zunehmenden Marktsättigung für traditionelle Produkte und schnell variierender Rahmenbedingungen herausstellte, daß viele von ihnen zu träge waren, um sich schnell anzupassen. Es kommt in den letzten Jahren im Wettbewerb nicht mehr so sehr auf die Vorteile der puren Kostendegression in der Produktion (Schaffung größerer Produktionseinheiten, Standardisierung, hohe Stückzahlen), sondern zusätzlich noch auf eine hohe Innovationsfähigkeit, schnelle Anpassung an geänderte Marktverhältnisse und große Kundennähe an. Es schien über längere Zeit, als wäre die Zeit der Giganten vorüber und die Renaissance der Kleinen, die Phase des „small is beautiful" gekommen.

Auf vielen Gebieten – insbesondere dort, wo prinzipiell Neues geboten werden muß – stimmt das auch. Im überwiegenden Falle aber habe die Großen nach wie vor die Vorteile der Macht, wenn sie sich rechtzeitig im Inneren subsidiär organisieren. Die Klugen und Schnellen unter den Großen nutzen geschickt die Kombination einer limitierten inneren Flexibilisierung mit den Vorteilen einer – jetzt etwas verdeckten – Macht der Größe. Das System ist aber im Prinzip das gleiche geblieben. Es hat sich lediglich gegenüber einer kritischer werdenden Welt mündiger gewordener Mitarbeiter etwas besser organisiert.

Dezentralisation – Das Kleine im Großen
Um die Nachteile zentralistischer und damit starrer Strukturen zu mildern, werden profitcenters geschaffen, Kleinfirmen in den großen Multis, welche die Vorteile der Kleinheit (Flexibilität, Überschaubarkeit, Innovationskraft, Kundennähe) mit jenen der Machtkonzentration verbinden helfen. Durch diese Maßnahmen gelingt es tatsächlich, auch sehr große Organisationen, zumindestens eine Zeit lang, flexibel und schlank zu erhalten. Allerdings fällt dieses System sofort wieder in seinen alten, zentralistischen Zustand zurück, wenn es stärker unter äußeren Druck gerät oder Menschen an die Spitze gelangen, die den föderalistischen Gedanken nicht verstehen können oder wollen, und das ist recht oft der Fall. Daher ist die Domäne großer Konzerne in der Regel ein Portfolio reifer, nicht wesentlicher Innovationen bedürfender Produkte (Öl und Benzin, Elektrotechnik, Automobile etc.). Die innovationsträchtigen Sparten werden schwerpunktmäßig von kleinen, wendigen Firmen besetzt, die erst später entweder selbst wachsen oder von einem Großen übernommen werden.

Die Virtual Company
Moderne Konzerne umgeben sich mit einem Planetensystem von kleinen Zulieferfirmen, welche sie sich mit langfristigen Verträgen verpflichten und abhängig erhalten. Unwesentliche Aktivitäten werden ebenfalls an Dritte ausgelagert (Verpflegung, Transport, Halbfertigprodukte, Teile der Administration). Sie erweitern ihren Machtbereich, verfügen über schnell reagierende, innovative Zulieferer und verbinden so Größe mit Flexibilität. Ihre Macht wächst, ohne durch Schwerfälligkeit gefährdet zu werden.
Um jene Kombination von Größe und damit Macht mit der nötigen Beweglichkeit zu erzielen, nutzt man ein altbewährtes Prinzip, jenes der Subsidiarität. Die Leitung großer Konzerne erarbeitet ein Regelwerk für die wesentlichen Teile der Politik, überläßt aber im Rahmen dieser Richtlinien einen großen Teil des Handelns und der Disposition nachgeordneten Unternehmensstrukturen. Diese können weitgehend frei agieren und bieten daher auch kritischen und kreativen Mitarbeitern lohnende und interessante Betätigungsmöglichkeiten. Nach meinen Erfahrungen ist dieser Zustand vorübergehend, bald nisten sich in einer solchen Struktur wieder machtorientierte, den Föderalismus gefährdende Individuen ein und stören das Wechselspiel zwischen Orientierung und Freiraum. Föderalistische Strukturen geben großen Konzernen neue Möglichkeiten der Machtakkumulation, die aber wieder an Grenzen stößt. Wie diese neuen Grenzen bewältigt werden und man in neue Dimensionen der Machtentfaltung vorstößt, wird die Zukunft zeigen. Es wird aber mit ziemlicher Sicherheit geschehen.

Der Dimensionskonflikt
Jedes Organ eines Lebewesens und jede Organisation der Zusammenarbeit von Individuen muß in einer gewissen Weise ein Abbild der Aufgabe darstellen, die zu bewältigen ist. So wie das Auge sonnenhaft erscheint, weil es ein Bild der Sonne und der von ihr beschienenen Dinge erzeugt (Goethe), ist die Flosse des Fisches, der Flügel des Adlers und die Aufbauorganisation eines Konzerns ein Algorithmus der zu bewältigenden Aufgabe. Folgerichtig muß die Komplexität, die Vielschichtigkeit der Struktur menschlicher Organisationen stets jener der zu bewältigenden Aufgabe entsprechen (vgl. C. F. Weizsäcker 1972).
Je schneller sich die Umwelt und das Wirkungsfeld einer wirtschaftlichen oder politischen Einheit ändert, umso flexibler und vielschichtiger muß der Reaktionsapparat, die Struktur dieser Einheit reagieren und organisiert sein. Dem entgegen steht das instinktive Gruppenverhalten des Menschen. Dieses ist, abgesehen von dem vielfältigen anerzogenen und kulturell bedingten „Lack", in seinem tiefsten Grund aufgebaut auf dem Gesetz der Horde. Dieses wiederum ist letztendlich primitiv und zweidimensional; es spiegelt das Prinzip des Leithammels und der „Unterführer", das militärische Pyramidenprinzip wider, das für so viele menschliche, insbesondere männlich dominierte, Strukturen charakteristisch ist (vgl. Malik 1986). Vergleicht man die symbolischen Darstellungen für Aufgabe und Instrument, so leuchtet sofort ein, daß das relativ primitive Organigramm menschlicher Gruppen unmöglich ausreichen kann, um sehr komplexe Aufgaben dauerhaft und schnell zu lösen.
Dies ist wohl in kleinen, elitären, emotional sehr stark aufgeladenen Gruppen für eine kurze Zeit möglich (hochmotivierte Projektgruppen, politische Zellen, begeisterte Forschungsteams, religiös inspirierte Verbindungen), nicht aber in der jahrelangen Routine großer Firmen, politischer Parteien oder staatlicher Serviceorganisationen.
Obwohl große Organisationen versuchen, das Subsidiaritätsprinzip und dessen große Vorteile zur Überbrückung dieses Konflikts zu nutzen, bleibt der Ansatz Stückwerk.

Die Bewältigung der Komplexität gelingt nur ansatzweise (vgl. Beer 1979). Es tritt eher ein umgekehrter Effekt ein: Das Werkzeug wird zum dominierenden Element, die Wirklichkeit wird vergewaltigt. Das System zwingt der Umwelt seine relative Primitivität auf und macht sie dadurch selbst primitiv. Ein sehr gutes Beispiel hiefür ist das alleinige Diktat der Ökonomie, der Betriebswirtschaft, der Kosten, welches in hypertropher Form alle Lebensbereiche zu überwuchern beginnt und trotzdem von niemandem gebremst wird. Es ist dieser Effekt ein schönes Beispiel dafür, wie ein komplexes Werkstück durch Bearbeitung mit primitiven Werkzeugen beschädigt werden kann – als ob man ein feines Uhrwerk mit einem Hammer reparieren wollte.

Durch die mangelnde Fähigkeit der menschlichen Organisationsform, komplexere und schnell wechselnde Aufgaben wirkungsvoll lösen zu können, stellt sich weiterem materiallem Wachstum in zunehmender Intensität ein Faktor entgegen, der das System von innen her destabilisiert und hemmt. Der gleiche Faktor allerdings hindert es auch daran, sich an Ziele, die von Vernunft und Einsicht vorgegeben werden, rechtzeitig anzupassen. Welche der beiden Auswirkungen mehr Vor- oder Nachteile mit sich bringt, sei einmal dahingestellt.

Kreativitätsdefizit

Große wirtschaftliche Unternehmen – Konzerne – sind in der Regel wenig erfinderisch (vgl. Kohr 1986). Selten bringen sie fundamental neue technische Entwicklungen hervor. Ihre Innovationskraft wird in der Regel davon in Anspruch genommen, ihre Größe organisatorisch zu bewältigen und die Macht zu stabilisieren. Sie entwickeln auch beachtliche Leistungen in der Perfektionierung und Ausfeilung derjenigen Produkte, die sie groß gemacht haben. Dies gilt gleichermaßen für den organisatorischen, technischen und logistischen Bereich. Prinzipiell Neues hingegen wird von großen Konzernen fast nie hervorgebracht (vgl. Binnig 1989). Sie kompensieren diesen Mangel dadurch, indem sie versuchen, Innovationen und Neuentwicklungen anzukaufen oder anders zu übernehmen. In der Regel gelingt es ihnen dadurch, ihre fehlende Erfindungskraft soweit zu kompensieren, daß sie ihre dominierende Stellung aufrechterhalten und ausbauen können (vgl. Drucker 1985). Schiere Macht kann auch Kreativität schlicht und einfach kaufen. Geschieht es einem ganz Großen doch einmal, daß er an mangelnder Erfindungskraft wirtschaftlich schwer leidet, wird er von einem anderen, schnelleren, Großen übernommen und stärkt wiederum dessen Macht.

Motivationsvakuum

Ein ernstes Problem kann für große Konzerne die Motivationsfrage der Mitarbeiterschaft werden. Je besser ausgebildet und je selbständiger die Mitarbeiter sind, und das ist in steigendem Maße notwendig, je anspruchsvoller die Leistungen des Konzerns sein wollen, umso kritischer und distanzierter stehen sie einem zentralistischen, bevormundenden Moloch gegenüber. Längere Zeit litten internationale Großunternehmen unter diesem sehr hinderlichen Effekt, bis sie lernten, sich im Inneren aufzugliedern und föderalistisch zu organisieren. Diese Maßnahme fördert die Motivation außerordentlich und läßt die Mitarbeiter vergessen, in einer großen, nach einer gemeinsamen Idee gesteuerten Firma zu arbeiten; es kann sogar, wenn die Idee gut „verkauft" wird, zu einer Ersatzheimat und -ideologie werden, in einer derart geführten Firma zu arbeiten und zu leben.

Erosion der Disziplin und Verlust einer homogenen Kultur
Je komplexer und vielschichtiger die Aufgaben werden, desto wichtiger wären Verläßlichkeit, Disziplin und idealistische Grundeinstellung der Mitarbeiter gegenüber den Zielen und der Kultur einer großen Gemeinschaft. Steigender Ausbildungsgrad und Informationsstand, ein Rückgang an institutioneller Macht und die Zunahme des individuellen Egoismus bewirken, daß jeder sich selbst immer mehr der Nächste wird. Die Loyalität gegenüber Unternehmen, insbesondere gegenüber großen Unternehmen, sinkt. Hiedurch erodiert die Selbststeuerung wesentlicher Verhaltensweisen in den Organisationen, was zu einer bedeutenden Reduktion ihrer Verläßlichkeit und Belastbarkeit insbesondere in Zeiten des Wandels und der Krise führen kann. Dieser Effekt, den man zusammenfassend als eine relative Zunahme des Egoismus gegenüber idealistischen Grundhaltungen beschreiben kann, scheint mir der stärkste Faktor im Zusammenhang mit der Bremsung wachsender Strukturen zu sein. Außerdem nimmt seine Bedeutung stetig zu. Er kann allerdings auch in ganz anderer, durchaus altruistischer Form auftreten.

Abwendung von materiellen Werten
Das Anwachsen von Bewegungen, die sich zu geistigen Werten hinwenden, die Zunahme individualistischer Strömungen und eine starke Tendez zur „Selbstverwirklichung", zur Flucht vor dem Diktat rein ökonomischer Zwänge, ist unübersehbar. Diese Tendenzen treten überall dort besonders massiv auf, wo hoher Ausbildungsstand, ein hoher Sockel an materiellem Wohlstand und eine gute Gesamtinfrastruktur vorhanden sind. Sie gehen einher mit einem Aufblühen künstlerischer, ethischer und auch, im weitesten Sinne, spiritueller Aktivitäten. Diese Bewegungen sind Nährboden für eine Harmonisierung zwischen Arbeits- und Privatsphäre, einer Berücksichtigung von ökologischen Fragen in allen Bereichen der Gesellschaft und einer Umwertung der Werte in Richtung auf eine Betonung des Nicht-Ökonomischen.

Der Wachstumszwang im Kapitalismus
Relativ einfach nachvollziehbare theoretische Überlegungen erhellen zweifelsfrei, daß unser derzeitiges System von Kapital, Zins und Zinseszins sowie Gewinn nur dann reibungslos arbeiten und bestehen kann, wenn die Möglichkeit zu andauerndem Wachstum gegeben ist. Die diesem Mechanismus zugrundeliegende Ursachenkette lautet wie folgt:
Überschüssiger Wert (Gewinn) wird in Investitionsgüter investiert; deren gegenwärtiger Wert liegt in der zukünftigen Nutzung als Güterproduzent.
Investitionsgüter müssen sich rentieren, ansonsten wird ihr Wert Null und das eingesetzte Kapital wäre verloren.
Der Ertrag der Investitionsgüter muß die Abschreibungen (ihren Wertverlust durch Abnutzung), sowie den Zins für den Wert des Investitionsgutes als auch Gewinn erbringen.
Da Gewinne prozentuell im Durchschnitt etwas höher liegen als der Zinssatz für das Kapital, wird ein Teil des Gewinnes nicht entnommen und wieder in Investitionsgüter verwandelt, das gesamte Kapital wächst und muß sich weiter amortisieren.
Der Kreis ist geschlossen.
Die betriebswirtschaftlich-monetäre Ursache für Wachstum liegt also darin, daß der Kapitalist gezwungen ist – sollte er nicht gegenüber der Konkurrenz zurückbleiben wollen –, einen Teil sciner Gewinne zu reinvestieren und so das gesamte eingesetzte Kapital immer wieder zu vergrößern. Schon eine Stagnation auf einem einmal erreichten Niveau, ein so-

genanntes „Nullwachstum", würde einen Kapitalverlust (eine Abwertung des Wertes der Investitionsgüter) und damit eine sehr große Gefährdung der wirtschaftlichen Stabilität herbeiführen. Die Prämissen dieser Überlegungen umfassen aber nicht eine Verlagerung der Wertschöpfung auf immaterielle Güter, also auf Aktivitäten, die weniger ökologisch relevante Auswirkungen haben, sowie auf Effekte, die durch Verteuerung von Rohstoffen und Emissionen aller Art zurückzuführen sind. Sie sind aufgebaut auf der Extrapolation von Erfahrungen, die bisher in einer Ökonomie, die den Wert der Natur mit Null ansetzte, gemacht worden waren. Jene zusätzlichen Effekte sind zwar theoretisch angedacht, aber praktisch nicht erprobt und daher unerforscht. Zieht man die hohe Komplexität allen ökonomischen Geschehens ins Kalkül, muß man zugeben, daß die Auswirkungen einer Kombination von (z. B.)
- künstlicher Verteuerung von Rohstoffen
- Forcierung der Wiederverwertung von Abfallstoffen
- Subventionierung von erneuerbaren Energien und Rohstoffen
- Betonung immaterieller Leistungen
- stärkerer Einbindung von Arbeitskräften in soziale Dienste, Landschaftsschutz und ökologische Tätigkeiten

für das traditionelle fiskalische System eigentlich nicht wirklich vorausgesagt werden können.

Das Wachstum technischen und organisatorischen Wissens

Wachstum von menschlicher Macht über die Natur, Akkumulation von Gütern und „gefrorener Macht" – nämlich Geld – wurde in höchstem Maße möglich durch die Entwicklung der Technik (vgl. Forrester 1969). Dieses Faktum ist so klar, daß es einer auch nur phänomenologischen Beschreibung an diesem Orte nicht bedarf. Wo aber liegen die Ursachen, die treibenden Kräfte dieser Lust am Experimentieren, Forschen, Entwickeln? Woher kommt der Trieb, stets neue Methoden, Werkzeuge und Techniken zu finden, die einerseits bestehende Aufgaben lösen, andererseits aber viele neue schaffen?

Die Ursachen für diesen Effekt sind so alt wie das Leben selbst. An die Stelle ziellosen Probierens und des „Übrigbleibens" offensichtlich zweckmäßen Verhaltens (trial and error) trat nach und nach zielgerichtetes Versuchen und Forschen (vgl. Popper 1977).

Es liegt auf der Hand, daß ein Individuum, das ein Werkzeug entwickelt hat, welches anderen noch nicht zur Verfügung steht, Wettbewerbsvorteile besitzt, die ihm Überlegenheit geben. Dies gilt für einen Hakenpflug genauso wie für ein Kampfflugzeug. Auch in diesen Fällen bewahrheitet sich die oft und oft angetroffene Gesetzmäßigkeit, daß individuell erarbeitete Vorteile sich, werden sie exzessiv angehäuft, gegen das Kollektiv wenden können, wenn keine Stabilisationseffekte auftreten. Im Gegensatz zur Akkumulation von Gütern ist der Trieb zur Forschung, zur Anhäufung von Wissen ein zutiefst menschlicher, ja dem Leben selbst zugrundeliegender, und somit primär, also praktisch nicht beeinflußbar. Wird er in die richtige Richtung gelenkt, so vermag er sehr viel zu leisten, um dem Menschen aus so mancher Sackgasse herauszuhelfen und ist somit auch ein Leuchtturm der Hoffnung – obwohl gerade er es war, der uns in so manche dieser Sackgassen hineingeführt hat.

Forschung als Produktionsmittel

Ursprünglich war der ungesteuerte Spieltrieb und Wissensdrang Motor für Forschung und Entwicklung (vgl. Maturana/Varela 1980). Die Arbeitsteilung, der Zwang zur Auslastung großer Kapazitäten und des eingesetzten Kapitals weisen der Forschung aber nun völlig neue Aufgaben zu. Sie wird systematisiert und vom unmittelbaren Arbeitsleben abgetrennt. Sie erhält die Aufgabe, neue Produkte und Dienstleistungen zu entwickeln, und zwar nicht, um bestehende Bedürfnisse zu befriedigen, sondern neue zu erfinden und damit neue Geschäftsmöglichkeiten zu schaffen. Geld, das ursprünglich ein Hilfsmittel war, um den Güteraustausch zu erleichtern, erhält damit eine neue Qualität: Es spannt den schöpferischen Geist ein, um sich selbst zu vermehren. Ab einem gewissen Punkt wird aber insgesamt keine neue Wohlfahrt mehr geschaffen, sondern nur eineBeschleunigung der Zins- und Systemknechtschaft (vgl. Malik/Stelter 1990). Je perfekter und feiner das vom Menschen geschaffene System der Arbeitsteilung und Geldwirtschaft wird, desto weniger vermag er, aus dem selbstgesponnenen Netz ohne große Erschütterungen zu entkommen. Das Mittel wird zum Zweck (vgl. Meadows 1974).

Kollektivismus
Die Planwirtschaft sollte die von den Propheten des Kommunismus – Feuerbach, Marx, Engels, Lenin – und ihren politischen Jüngern vertretenen Idee der Verstaatlichung der Produktionsmittel und damit die Unterbrechung des Kreislaufes der Güterakkumulation verwirklichen. Der Grundgedanke war gut und das Ziel hehr. Der als Wurzel des Übels erkannte Anhäufungstrieb sollte durch die Regel, daß niemand außer seinen persönlichen Besitztümern Güter ansammeln darf, gebändigt werden. Diese Regelung zeitigte katastrophale Folgen und bewies schlagend, daß die positiven, lebenserhaltenden und auch sozial stabilisierenden Auswirkungen des Macht- und Sicherheitsstrebens im Kapitalismus grundsätzlich unentbehrlich, aber hypertroph waren, daß die seßhafte Gesellschaft keinesfalls auf Wettbewerb und Egoismus verzichten kann. Sind diese Antriebskräfte unterbunden oder zu stark gehemmt, so brechen die Motivationskräfte zusammen und das gesamte System versagt vollständig. Die Pleite des Kommunismus zu Beginn der 90er Jahre lieferte dafür den schlagenden und unwiderlegbaren Beweis. Eine erfolgreiche Modifikation des Zusammenlebens von Menschen im Einklang mit der Natur kann offensichtlich nur unter Beachtung und sinnvollen Nutzung seiner egoistischen Urinstinkte erfolgen.

Das Ende des traditionellen Kapitalismus
Der Kollektivismus kommunistischer Bauart hat ganz offensichtlich versagt. Der schrankenlose, nur durch grundlegende moralische Werte (die aber in einem Erosionsprozeß befindlich sind) gedämpfte Kapitalismus ist ganz offensichtlich auch nicht mehr in der Lage, die Folgeschäden seiner Erfolgsgeschichte selbst zu bewältigen. In wenigen Jahren werden die Nebenwirkungen des entfesselten Egoismus genau das zerstört haben, was er so effizient aufzubauen wußte: Sicherheit, Vorräte und Macht.
Insbesondere der weltweite Liberalismus im Handel, der nichts anderes bewirkt, als daß Güter – von wenigen Ausnahmen abgesehen – dort produziert werden, wo dies am billigsten möglich ist, wird weitere schwere soziale Konflikte in den entwickelten Ländern und Umweltprobleme in den Schwellenländern hervorrufen.
Dieses Prinzip besagt letztendlich nichts anderes, als daß jeder Mensch unabhängig von seiner sozialen Entwicklungsstufe, seiner Kultur, seinem Lebensstandard mit jenem Menschen ökonomisch konkurrieren muß, der gerade in der günstigsten Kostenstruktur arbeitet (vgl. ÖAF 1993). Transport-, Rohstoff- und Technologiekosten spielen fast keine Rolle gegenüber jenen der menschlichen Arbeitskraft. Was dieses Prinzip, wenn es nicht durch

höchst unliberale und dirigistische Maßnahmen gebändigt wird, anrichten wird, läßt sich leicht vorstellen: Ein Angestellter in München mit einer 100 m²-Wohnung, einem komfortablen mittleren BMW, einem Ferienhäuschen und zwei studierenden, stipendiumunterstützten Kindern hat nun einmal andere soziale Kosten als ein Koreaner, der auf 30 m² wohnt, dessen vier Kinder neben ihrem Studium noch abends Aushilfsarbeiten verrichten und der mit der Straßenbahn zur Arbeit fährt, die genauso qualifiziert ist wie jene des Münchners, nur um 75% billiger. Sie bauen aber beide vielleicht das gleiche Auto, das weltweit verkauft wird. Hier wird man mit Liberalismus allein, nur weil es angenehm gerecht klingt, nicht wirklich weiterkommen. Die durch eine derartige Konfrontation von Kulturen, geschoren über den monodimensionalen Kamm „Arbeitskosten" heraufbeschworenen sozialen und ökonomischen Konflikte werden weiter, in verschärfter Form, wesentlicher Bestandteil der weltweiten politischen Auseinandersetzung sein. Sie werden sich aber nicht verhindern lassen.

Es zeigen sich eine ganze Reihe von Problemen, die durch das Hauptprinzip des Kapitalismus grundsätzlich nicht lösbar sein können:
- Die Einstellung eines stabilen Fließgleichgewichtes zwischen Mensch und Natur.
- Das stabile friedliche Nebeneinanderleben verschiedener Kulturen.
- Die Hypertrophie alles Ökonomischen gegenüber kulturellen, zwischenmenschlichen, sozialen und künstlerischen Werten und Betätigungen.

Fünf grundsätzliche Fragen

I. Kann der Kapitalismus, als die derzeit einzig wirklich erfolgreiche Form des Wirtschaftens, so modifiziert werden, daß ein stabiler sozialer und ökologischer Zustand erreicht wird? Ist dies überhaupt möglich?

II. Werden die derzeit bestehenden Konflikte durch Zusammenbrüche von Teilsystemen (soziale Spannungen, Kriege, ökologische Katastrophen) und damit revolutionär, oder

III. durch einen evolutionären Selbstregelungsprozeß, von innen heraus, der eine Folge und Verarbeitung der früher geschilderten Bremseffekte darstellt, oder

IV. durch eine Umkehr im Grundsätzlichen, durch Begründung einer neuen Weise, zu wirtschaften und zu leben, gemildert?

V. Wie könnte eine derartige Form neuen Wirtschaftens beschaffen sein?

Versuch einer Antwort

Das Grundprinzip der Notwendigkeit des Wachstums (zwecks Aufrechterhaltung des Wertes des eingesetzten Kapitals) läßt erwarten, daß jeder künstliche abrupte Bremseffekt heftige und zum Teil unerwartete Reaktionen des Systems hervorrufen wird. Da die Interaktionen im wirtschaftlichen Geschehen aber außerordentlich komplex und multikausal sind, kann angenommen werden, daß eine stufenweise Abschnürung des Wirtschaftskreislaufes vom ökologischen Reservoir auf jeden Fall einen ersten und wirksamen Schritt darstellt, eine Systemänderung zu provozieren und daß das System „lernen" wird, sich mit den neuen Verhältnissen und Wettbewerbsbedingungen abzufinden. Voraussetzung ist, daß die Änderungen nicht allzu schnell eingeführt werden und berechenbar sind, sodaß sich das System langfristig darauf einstellen kann.

Es ist anzunehmen, daß die Kollision zwischen Ökonomie und den Rückwirkungen auf die Ökosphäre bereits in den nächsten zehn Jahren weitere Teilsystemzusammenbrüche auslösen wird, wenn nicht überlegte äußere Bremseffekte den inneren, selbststeuernden

Kräften überlagert werden. Es kann sicher nicht wünschenswert sein, diese Zusammenbrüche als alleiniges Regulans wirksam werden zu lassen, da viele ihrer Auswirkungen unumkehrbar sind.

Die inneren stabilisierenden Kräfte
- Dimensionskonflikt,
- Kreativitätsverarmung,
- Motivationsverlust,
- Loyalitätsabnahme und
- Abwendung vom Materialimus

müssen durch zusätzliche Mechanismen, welche den wirtschaftlichen Wettbewerb langsam vom Ressourcen- und Umweltraubbau ablenken und die Fähigkeiten und Randbedingungen hiezu zu einem neuen allgemein verpflichtenden Wettbewerbsfaktor machen, ergänzt werden. Als Maxime für alle in diesem Zusammenhang sinnvollen Maßnahmen muß gelten:
Jede Entnahme von Rohstoffen und Energie aus der Natur und jede Rückführung von Abfällen in die Natur muß mit einer, der Einzigartigkeit bzw. Schädlichkeit dieser Maßnahme angepaßten, Abgabe verknüpft werden.
Das Steuersystem muß stufenweise so entwickelt werden, daß eine Entlastung menschlicher Arbeitskraft durch eine Belastung von Ressourcenverbrauch und Umweltbelastung kompensiert wird. Dieser Prozeß muß, so weit irgend möglich, in Summe aufwandsneutral erfolgen.
Es ist offensichtlich, daß ein solcher Prozeß mit erheblichen Übergangsproblemen behaftet sein wird. Jeder Schritt in diese Richtung führt zu anderen Bewertungsmaßstäben für riesige bereits bestehende Investitionen und damit Änderungen in der Kapitalstruktur ganzer Volkswirtschaften. Insbesondere die Grundstoffindustrien, welche rohstoff- und kapitalintensiv sind (Stahl, Chemie, Papier, Zellstoff) werden von diesen Änderungen anfangs stark betroffen sein. Andererseits werden große Zweige der Wirtschaft und Gesellschaft (Informationstechnologie, Service, Software, Freizeit, Bildung, Ausbildung, Körperpflege, Touristik, Kunst, Literatur, soziale Dienste, Architektur, Altbausanierung), also alle Bereiche, die wenig Rohstoffe und Energie, aber viel menschliche Arbeit, insbesondere schöpferische und geistige, organisatorische Tätigkeiten verlangen, begünstigt werden. Wertschöpfung wird weiter möglich sein, aber mit stark reduzierten Auswirkungen auf die Ökosphäre. Das Kapital wird sich andere Wirkungsbereiche suchen, wo es sich weiter verzinsen kann. Dazu aber braucht es Zeit und eine rechtzeitige Indikation, wohin es sich zu orientieren hat. Es ist mit an Sicherheit grenzender Wahrscheinlichkeit anzunehmen, daß die Mechanismen der Geldwirtschaft sich nach einer Phase der Instabilität und Unsicherheit an die neuen menschengemachten Spielregeln gewöhnen und zu einem neuen Gleichgewicht finden werden. Diese Umstellung scheint weniger tief in gewachsene Strukturen einzugreifen als die Transformation des kommunistischen Systems zu einem marktwirtschaftlichen – eine Notwendigkeit, die heute jeder als selbstverständlich ansieht. Warum also nicht beginnen?

Die Vision eines ökologischen Kapitalismus
Die nachhaltige Wirtschaft im ökologischen Kapitalismus gehorcht folgenden Grundprinzipien:

- Sie erfolgt innerhalb einer demokratischen Staatsform.
- Die Wirtschaftsordnung ist durch klare Gesetze, die subsidiär geordnet sind, geregelt.
- Die Einhaltung dieser Gesetze wird sorgfältig und gerecht kontrolliert.
- Energieverbrauch wird, in Relation zum Schadstoffausstoß und proportional zur verbrauchten Menge, hoch besteuert. Diese Steuer wird periodisch erhöht, nach einem Plan, der über mehrere Jahrzehnte im voraus transparent ist.

Jede Entnahme von Rohstoffen aus der Natur wird, im Verhältnis zum Grad an Seltenheit des Rohstoffs und der Beschädigung der Ökosphäre, mit einer Abgabe besteuert. Dies gilt auch für den endgültigen Entzug von Grund und Boden aus der natürlichen Nutzung (Verbauung). Diese Steuern werden ebenfalls, nach einem langfristigen Plan, periodisch erhöht. Praktisch läuft diese Regelung darauf hinaus, daß die Wirtschaft der Natur, deren Treuhänder der Staat ist, Pacht für die Überlassung ihrer Nutzung bezahlt, die so hoch ist, daß
a) möglichst ökonomisch mit ihr umgegangen wird und
b) die Pacht zur Korrektur angerichteter Schäden verwendet wird.

Das Sozialsystem

Soziale Einrichtungen wie Krankenvorsorge, Spitäler, Schulen, Altenbetreuung werden, unter staatlicher Kontrolle der Grundprinzipien, privatisiert und damit neue, wirkungsvolle Arbeitsplätze geschaffen, die privater Initiative Raum geben.

Durch diese Parameter wird erreicht, daß einerseits ein Zuwachs an weiterer Wertschöpfung – Voraussetzung für das Funktionieren der Gesetze von Zins und Zinseszins – und andererseits eine Abwendung dieser Wertschöpfung vom rein Materiellen und Energetischen, vom Verzehr an Natur, erfolgt. Wachstum und die dahinterliegende menschliche Arbeit, die wiederum das Sicherheits- und Machtstreben als Motor besitzt, wendet sich anderen Zielen zu: Gestaltung, Erziehung, Weitergabe von Wissen, Pflege der materiellen Infrastruktur, Forschung, kultureller Betätigung, ästhetischen Anliegen, Reparatur von ökologischen Schäden, Wiederaufarbeitung von Abfällen.

Die Summe der Zugzwänge

Die langsame und in sich verfilzte Entwicklung einer myriadenfachen Vielfalt von inneren Zusammenhängen im wirtschaftlichen und kulturellen System hat im Laufe der Zeiten zu einer insgesamt gegenüber Reformversuchen sehr widerstandsfähigen Situation geführt. Das System scheint aufgrund seiner inneren Geschlossenheit im Detail nicht mehr angreifbar und einer Reform unzugänglich zu sein. Die Art, in welcher der Kommunismus trotz offensichtlichen Augenscheines des Verfalles nur durch einen Gesamtzusammenbruch beendet werden konnte, unterstützt diese Auffassung. Trotzdem scheint es möglich, durch ein Zusammenspiel von

- klaren langfristigen Zielsetzungen,
- unermüdlicher Arbeit im Detail des Systems, orientiert an den gemeinsamen Zielen und
- eiserner Konsequenz

eine langfristige Stabilisierung zu erreichen.

Die Kernfrage: Kann kulturelle Wertschöpfung materielles Wachstum ersetzen?

Zum ersten: Es wird auch in einer Gleichgewichtswirtschaft noch sehr viele Tätigkeiten geben, die sich in materiell relevanter Form manifestieren: Systemerhaltung, Landschaftspflege, Ersatz und Reparatur, Verschönerung und Verbesserung der Qualität.

Zum zweiten: Eine langsame Zunahme der Arbeitsplätze im Sozialsystem, der Ausbildung, in Lehre und Forschung, wird den Verlust jener in der reinen Produktionswirtschaft wettmachen können, wenn man dem System Zeit gibt, sich langsam anzupassen, wenn langfristige Rahmenbedingungen geschaffen werden, die man konsequent einhält, und wenn es möglich ist, den politischen Willen unabhängig von wechselnden Regierungen über viele Jahrzehnte in diesen für die Menschheit überlebensnotwendigen Fragen konstant zu halten. Die Aufgabe ist enorm schwierig, ihr Ausgang ungewiß. Der Ausgang unseres jetzigen Weges aber ist mit Sicherheit kein guter. Warum also nicht die günstigere Option versuchen?

Literatur
BEER, S. (1979) The Heart of Enterprise. Wiley & Sons, New York.
BINNIG, G. (1989) Aus dem Nichts. Piper, München/Zürich.
BINSWANGER, H. C. (1991) Geld & Natur. Edition Weitbrecht, Stuttgart/Wien.
BROWN, K. R. et al (1990) State of the world. Norton, New York.
CHARDIN, T. de (1964) Das Auftreten des Menschen. Walter, Oelen/Solothurn.
DARWIN, C. (1992) On the Origin of Species by means of natural Selection. Erstausgabe London, 1856. Wiss. Buchges., Darmstadt.
DRUCKER, P. F. (1985) Innovation and Entrepreneurship. Harper & Row, New York.
FORRESTER, J. W. (1969) Industrial Dynamics. Cambridge Mass.
KOHR, L. (1986) Das Ende der Großen. Orac, Wien.
LEKACHMAN, R. (1966) The Age Of Keynes. Random House, New York.
LORENZ, K. (1973a) Die acht Todsünden der zivilisierten Menschheit. Piper, München/Zürich.
MALIK, F. (1986) Strategie des Managements komplexer Systeme. Haupt, Bern u. a.
MALIK, F./STELTER, D. (1990) Krisengefahren in der Weltwirtschaft. Schäffer.
MATURANA, H. R./VARELA, J.F. (1980) Autopoiesis and Cognition. Reidel, Dordrecht.
MEADOWS, D. (1974) Wachstum bis zur Katastrophe? dva, Stuttgart.
ÖAF (1993) Entwicklungen im Management. Linde.
POPPER, K. R. (1977) The Self and its Brain. Springer, Berlin/Heidelberg/New York.
POSTMAN, N. (1992) Das Technopol. Fischer, Frankfurt/M.
RIEDL, R. (1982) Evolution und Erkenntnis. Piper, München/Zürich.
WEIZSÄCKER, C. F. (1972) Voraussetzungen naturwissenschaftlichen Denkens. Herder, Freiburg.
WOLTRON, K. (1992) Der Wald, die Bäume und dazwischen. Orac, Wien.

Weiterführende Literatur
BRIGGS, J./PEAT, D. (1990) Die Entdeckung des Chaos. Hanser, München/Wien.
DÜRR, H. P. (1989) Die Zeit der Natur. Berlin, Deutscher Evangelischer Kirchentag 1989.
DÜRR, H. P. (1989) Forschung und Ethik. FAZ 04.04. 1989.
DÜRR, H. P. (1990) Das Netz des Physikers. Dtv, München.
FERGUSON, M. (1982) Die sanfte Verschwörung. Sphinx, Basel.
FÖLDY, R. (1991) Allesmacher und Nichtskönner. Jugend & Volk, Wien u. a.
GRUHL, H. (1977) Ein Planet wird geplündert. Fischer, Frankfurt/M.
HAECKEL, E. (1899) Die Welträtsel. Friedrich Schiller Univ., Jena.
HAWKING, St. W. (1988) Eine kurze Geschichte der Zeit. Rowohlt, Reinbek bei Hamburg.
HAYEK, F. A. v. (1972) Die Theorie komplexer Phänomene. Walter Eucken-Institut, Tübingen.
HUBER, J. (1991) Unternehmen Umwelt. Fischer, Frankfurt/M.
KOESTLER, A. (1970) Das neue Menschenbild. Orac, Wien.
KÖLSCH, J./VEIT, B. (1983) Die sanfte Revolution. Ullstein, Hamburg.
KÖNIGSWIESER, R./LUTZ, C. (1990) Das systemisch- evolutionäre Management. Orac, Wien.
KROY, W. (1990) Szenario 2000. Schweizer Ingenieur und Architekt 32/10. Aug. 1990.
KROY, W. (1988) Phase vier. High Tech 1/88.

KUNZ, G. (1983) Die ökologische Wende. Dtv, München.
LORENZ, K. (1973) Die Rückseite des Spiegels. Piper, München/Zürich.
LORENZ, K. (1983) Der Abbau des Menschlichen. Piper, München/Zürich.
MANDELBROT, B. (1982) The Fractal Geometry of Nature. Freeman, New York.
MAYER, F. (1989) Kreativität. Europaverlag, Wien.
MEADOWS, D. & D. (1992) Die neuen Grenzen des Wachstums. Dva, Stuttgart.
MESAROVIC, M./PESTEL, E. (1974) Menschheit am Wendepunkt. Dva, Stuttgart.
MONOD, J. (1975) Zufall und Notwendigkeit. Dtv, München.
ODUM, H. T. (1970) Environment, Power and Society. Wiley & Sons, New York.
POSTMAN, N. (1988) Die Verweigerung der Hörigkeit. Fischer, Frankfurt/M.
PRIGOGINE, I./Stengers, I. (1984) Order out of Chaos. Heinemann, London.
RIEDL, R. (1980) Biologie der Erkenntnis. Parey, Hamburg/Berlin.
STIX, G. (1987) Die arbeitslose Gesellschaft. Orac, Wien.
VAK, K. (ed; 1988) Complexities of the human environment. Europa Verlag, Wien.
WEINMANN, A. (1983) Regelungen. Springer, Berlin/New York.

KAPITEL 11

Wirtschaftliches Wachstum – Fetisch oder Notwendigkeit?
Heinz D. Kurz

Zum Problem
Vor beinahe dreißig Jahren hielt Erich Preiser, einer der großen Nationalökonomen Nachkriegsdeutschlands, einen Vortrag zum Thema „Wirtschaftliches Wachstum als Fetisch und Notwendigkeit" (Preiser 1967). Ich habe den Titel mit zwei Änderungen übernommen: Aus dem „und" ist ein „oder" geworden und aus einer Feststellung eine Frage.
Ein derartig flagranter Diebstahl bedarf der Begründung. Diese ist recht einfach: Mir ist kein besserer Titel eingefallen. Die vorgenommenen Änderungen erklären sich wie folgt. Als Preiser seinen Vortrag hielt, war erst wenig Zeit verstrichen, seit das Ziel eines „angemessenen und stetigen" Wirtschaftswachstums Eingang in den Katalog wirtschaftspolitischer Zielsetzungen der Bundesrepublik gefunden hatte und fast gleichberechtigt an die Seite der drei Oberziele – Geldwertstabilität, Vollbeschäftigung und Zahlungsbilanzgleichgewicht – getreten war. Ähnliches trug sich annähernd zur gleichen Zeit in allen nichtsozialistischen Industrieländern zu. Diese holten in gewisser Weise nach, was in sozialistischen Ländern längst Praxis war: eine Politik mit dem ausdrücklichen Ziel der Forcierung des wirtschaftlichen Wachstums. Die Hoffnung darauf, daß die Verelendung der Arbeitermassen im Kapitalismus die Weltrevolution unausweichlich machen würde, hatte sich nicht erfüllt. Vielmehr durchlebte der Kapitalismus nach dem zweiten Weltkrieg eine anhaltende Phase ökonomischer Prosperität. Unter den geänderten Bedingungen mußte die Weltrevolution auf andere Weise angestrebt werden: durch den Nachweis der ökonomischen Überlegenheit des Sozialismus. Dieser Nachweis war letztlich nur an Hand einer Größe zu leisten: der Höhe der durchschnittlichen jährlichen Wachstumsrate des Sozialprodukts. Nach anfänglichen beachtlichen Erfolgen der sozialistischen Länder, zumal der Sowjetunion, nahm der Westen die Herausforderung an. Neben dem Rüstungswettlauf, dem Wettlauf in Raumfahrt und Sport trat er schließlich auch in den Wachstumswettlauf ein. Es war die Zeit, in der bereits die Verlangsamung der Zunahme der gesamtwirtschaftlichen Produktionstätigkeit und nicht erst deren absoluter Rückgang mit sorgenvoller Miene betrachtet wurde. Wachstumsraten, die einen bestimmten positiven Wert unterschritten, führten zu politischen Turbulenzen. So manch eine Regierung wurde zu Fall gebracht, weil sie dafür verantwortlich gemacht wurde, daß das Wachstumsziel verfehlt worden war, eine Verantwortung, die politische Parteien zu Wahlkampfzeiten gerne und leichtfertig auf sich nahmen. Kurzum: Es handelte sich um eine Zeit, in der Wachstum zugleich Fetisch *und* Notwendigkeit war.
Seither haben sich die Verhältnisse geändert. Die unerwünschten Nebenwirkungen des Wirtschaftswachstums – allen voran die Verschlechterung der Lebensbedingungen infolge verseuchten Bodens, verschmutzten Wassers und schadstoffhaltiger Luft – sind ins allgemeine Bewußtsein gerückt. Ehedem hehres Ziel, ist Wirtschaftswachstum heute in den Augen mancher nichts weiter als eine verdammenswerte Tatsache der Industriegesellschaft. Einst die Hoffnung der Armen und Einkommensschwachen, ist Wirtschaftswachstum heute für viele die Quelle allen Übels. Ginge es nach deren Meinung, so sollte die Devise nicht länger Beschleunigung des Wachstums lauten, sondern vielmehr Verringerung mit dem

Ziel seiner Beendigung. Und auch die internationale Situation hat sich zuungunsten des Wachstums geändert: Die Herausforderung durch den Sozialismus ist entfallen und eine neue Herausforderung des Kapitalismus durch eine andere Wirtschafts- und Sozialordnung ist nicht in Sicht. Die Zeichen, so will es scheinen, stehen nicht gut für Wirtschaftswachstum. Vor die Titelfrage gestellt, würde die Antwort zahlreicher Zeitgenossen wohl lauten: Fetisch ja, Notwendigkeit nein.

Die Wirklichkeit der letzten zwei- bis dreihundert Jahre weist demgegenüber das wirtschaftliche Wachstum als Tatsache aus, die allen politischen, sozialen und kulturellen Umbrüchen zu trotzen scheint. Auch gegenwärtig expandieren die meisten Ökonomien der westlichen Welt, wenn schon nicht in jedem Jahr, so doch im längerfristigen Trend. Und auch die postsozialistischen Länder bemühen sich mehr oder weniger erfolgreich darum, nach den tiefen Produktionseinbrüchen der letzten Jahre wieder auf einen wirtschaftlichen Expansionspfad zu gelangen. Wirtschaftliches Wachstum ist anscheinend gemäß weitverbreiteter Auffassung nach wie vor das angemessene Beförderungsmittel aus dem Reich der Notwendigkeit in dasjenige der Freiheit. Von Fetisch keine Spur.

Die Zunft der Wirtschaftswissenschaftler als Ganze gesehen tendiert wohl überwiegend zur letztgenannten Ansicht. Zwar ist der naive Wachstumsoptimismus der fünfziger und sechziger Jahre verflogen – allzusehr haben sich Fälle von Umweltzerstörung im Bewußtsein festgesetzt –, verblieben ist indes eine „aufgeklärte" Variante desselben. Betrachtet man jedoch die Vertreter des Spezialgebietes der Wachstumstheorie und empirischen Wachstumsforschung innerhalb der Nationalökonomie – eines Gebietes, das im letzten Jahrzehnt einen beachtlichen Wiederaufschwung erlebt hat, nachdem es im davorliegenden Jahrzehnt eine Randexistenz geführt hatte –, so stellt man fest, daß dort mehrheitlich eine betont wachstumsoptimistische Sicht anzutreffen ist. Angesichts des versammelten Expertenwissens dürfte die fragliche Sicht schwerlich als „naiv" bezeichnet werden, selbst wenn sie im Ergebnis einiges mit dem alten Wachstumsoptimismus gemein hat. Aber sie ist ungleich besser fundiert als dieser und daher auch schwerer anzugreifen.

Im folgenden werde ich versuchen, einen knappen theoriegeschichtlichen Abriß wachstumstheoretischer Vorstellungen seit der ökonomischen Klassik, d. h. seit Adam Smith, zu geben. Ich werde dabei, soweit dies möglich ist, auf Fachterminologie verzichten und mich auch nicht der Mathematik, einer unverzichtbaren Hilfskraft in wachstumstheoretischen Überlegungen, bedienen. Die Absicht besteht darin, dem Nichtfachmann wachstumstheoretische Überlegungen näherzubringen. Auf diese Weise, so ist zu hoffen, wird eine Brücke der Kommunikation zu den Vertretern anderer Disziplinen und zu interessierten Laien geschlagen. Ich beginne mit einem kurzen Überblick über die sehr reichhaltigen Überlegungen eines Adam Smith und David Ricardo zum Thema (Abschnitt 2), wende mich dann den von der „Keynesianischen Revolution" ausgelösten wachstumstheoretischen Vorstellungen zu (Abschnitt 3), gehe in der Folge auf die „neoklassische" Antwort ein (Abschnitt 4) und behandle danach die Ansätze der sogenannten „neuen" Wachstumstheorie, wie sie seit Mitte der achtziger Jahre entwickelt worden sind (Abschnitt 5); einige Schlußbemerkungen stehen am Ende der Arbeit (Abschnitt 6). (Vgl. hierzu auch Kurz/Salvadori 1995b.)

Wachstumstheoretische Vorstellungen in der ökonomischen Klassik

(a) Adam Smith

In der Einleitung zu seinem grandiosen Werk über den „Wohlstand der Nationen" (1776) schreibt Adam Smith, daß das Pro-Kopf-Einkommen – sein Maß für gesellschaftlichen Reichtum – von zwei Faktoren abhänge: erstens von den Fähigkeiten und Fertigkeiten sowie der Sorgfalt und Urteilskraft der Arbeitskräfte und zweitens vom Anteil der produktiv Beschäftigten an der Gesamtzahl der Arbeitsfähigen. Die Steigerung des Pro-Kopf-Einkommens setzt demnach die Steigerung einer der beiden oder beider Bestimmungsgründe voraus. Da langfristig gesehen der Erhöhung des zweiten Faktors Grenzen gesetzt sind, kommt alles auf die Erhöhung der Produktivkraft der Arbeit an. Eine Untersuchung der Ursachen der Steigerung der Arbeitsproduktivität rückt deshalb ins Zentrum der Smithschen Analyse.

In deren Verlauf stellt unser Autor fest, daß der Schlüssel zur Steigerung der Arbeitsproduktivität die *gesellschaftliche Arbeitsteilung* ist. Letztere hat Smith zufolge vor allem drei Wirkungen: (a) sie ermöglicht Spezialisierungsgewinne und erhöht so das Produktionsergebnis je Beschäftigten; (b) sie spart Zeit, weil der Wechsel von einer Tätigkeit zur anderen entfällt, und erlaubt gleichzeitig die bessere Nutzung dauerhafter Kapitalgüter (Werkzeuge usw.); und – auf längere Sicht wohl am bedeutendsten – (c) sie induziert die Erfindung neuer Maschinen, mittels derer Menschen- durch Maschinenkraft ersetzt werden kann. Die Neigung zur Arbeitsteilung sieht Smith dabei in der biologischen Erstausstattung des Menschen verankert – seiner Befähigung zu Vernunft und Sprache und damit zur Kommunikation –, einer Kommunikation, die sich u. a. der Institution des Marktes bedient. Auf die natürliche Erstaustattung des Menschen verweist Smith auch, wenn er auf die Ursachen des wirtschaftlichen Wachstums zu sprechen kommt. Alle Menschen seien bestrebt, „ihre Lebensbedingungen zu verbessern, – ein Verlangen, das uns vom Mutterschoß an begleitet und bis zum Grab nicht mehr verläßt." Während zu Zeiten des Feudalismus nur eine kleine Schicht der Gesellschaft diese angeborenen Neigungen und Fähigkeiten des Menschen ausleben konnte, schaffe die bürgerliche Gesellschaft, die Smith als *commercial society* begreift, die Voraussetzungen dafür, daß grundsätzlich alle Menschen sozusagen „artgerecht" leben können. Das Ergebnis ist ein auf wirtschaftliche Expansion hin konditioniertes Sozialsystem.

Smith ist nicht der Auffassung, daß der Mensch in der bedingungslosen Verfolgung seiner materiellen Interessen seinem Glück näher kommt. Er warnt vielmehr, daß derjenige, der in der Jagd nach Reichtum den Schlüssel zum guten Leben wähnt, letztlich einer Täuschung unterliege. Doch, heißt es weiter, „es ist gut, daß die Natur uns in dieser Weise betrügt. Denn diese Täuschung ist es, die den Fleiß der Menschen weckt und in steter Bewegung hält." In dieser Formulierung deutet sich ein Thema an, das zur Zeit Smiths weithin unter Moralphilosophen und politischen Ordnungstheoretikern diskutiert wurde und in Mandevilles berühmter Formel „privates Laster – öffentliche Wohltat" seinen kürzesten Ausdruck gefunden hatte. Ist individuell selbstsüchtiges Verhalten immer sozial schädlich, wie von weltlichen und kirchlichen Autoritäten behauptet wurde, oder gibt es Grund zur Annahme, daß es sozial nützliche Wirkungen zeitigt? Smith bejahte diese Frage und mit ihr die Frage danach, ob eine auf Selbstsucht gegründete Gesellschaft überhaupt lebensfähig sei. Zwar verlange ein wohlgeordnetes und prosperierendes Sozialwesen mehr als die Freiheit des einzelnen, sein Glück in der Anhäufung von Reichtum zu suchen, aber ohne diese Freiheit sei es um das Sozialwesen unter sonst gleichen Umständen gewiß schlechter bestellt.

Um die Smithsche Übersetzung individueller Selbstsucht in soziale Wohltat zu verstehen, müssen wir uns näher mit seiner Sicht der Kapitalakkumulation beschäftigen. Derjenige, der spare und investiere, d. h. Kapital akkumuliere, sei – ohne dies zu beabsichtigen und ohne sich dessen bewußt zu sein – ein „öffentlicher Wohltäter". Es ist darauf hinzuweisen, daß Smith sowohl die Akkumulation von *Real-* als auch diejenige von *Human*kapital im Auge hat. Beides ist für den Wachstumsprozeß wichtig.

Der Nichtverbrauch von Teilen des Einkommens erhöhe das individuelle Vermögen. Zugleich werde damit die Voraussetzung für die Erhöhung der Produktionskapazität und Vergrößerung der Märkte geschaffen. Letzteres sei indes die Vorbedingung für eine Ausdehnung und Vertiefung der Arbeitsteilung und damit eine Erhöhung der Arbeitsproduktivität. Damit schließe sich der Kreis zwischen den Vermögenden und den Vermögenslosen, d. h. insbesondere der großen Zahl der sich „abrackernden Armen", gemeint ist die „Klasse" der Lohnarbeiter. Für die Arbeiter bringe das Wachstum der Märkte und die zunehmende Arbeitsteilung steigende Löhne und steigende Beschäftigung. Im „System der natürlichen Freiheit", wie Smith es nennt, werde den Arbeitern, wie in anderen Gesellschaftssystemen auch, zwar ein Teil des Ertrags ihrer Arbeit vorenthalten und fließe in Form von Gewinnen (bzw. Grundrenten) an die Eigentümer von Kapital (bzw. Grund und Boden). Von diesem Teil werde indes relativ mehr zu neuem, zusätzlichem Kapital, und entsprechend schneller wachse das Gesamtprodukt: „Es ist die immense Vervielfachung der Produktion all der verschiedenen Wirtschaftszweige infolge der Arbeitsteilung, die in einer gut regierten Gesellschaft zu allgemeinem Wohlstand führt, der bis in die untersten Schichten des Volkes reicht." Den Arbeitern gehe es im Durchschnitt zwar schlechter als den Mitgliedern der anderen Klassen, aber unter den Bedingungen einer „liberalen Ordnung von Gleichheit, Freiheit und Gerechtigkeit" besser als in anderen Gesellschaftssystemen. Mit der materiellen Besserstellung eröffne sich ihnen zugleich eine Chance, die sonst einer kleinen Schicht von Aristokraten und Kirchenmännern vorbehalten bleibt: die der Verfeinerung der Lebensart und der ethischen Gefühle. So werde die Selbstsucht der Besitzenden wundersamerweise zur Quelle gesellschaftlichen Fortschritts.

Auf die Frage nach den Grenzen des wirtschaftlichen Wachstums gibt Smith keine eindeutige Antwort. Es finden sich in seinen Schriften jedoch Hinweise darauf, wo diese allenfalls zu suchen sind. Das Wachstum kann sich verlangsamen und schließlich ganz versiegen, (a) wenn das Arbeitsangebot nicht wächst bzw. schrumpft, (b) wenn sich die Endlichkeit der vom Menschen genutzten Natur bemerkbar macht, und (c) wenn der Akkumulationstrieb erschlafft.

Die erste Möglichkeit spielt bei Smith deshalb keine Rolle, weil er – wie zahlreiche seiner Nachfolger – der Auffassung war, daß sich das Arbeitsangebot endogen an die mit der Kapitalakkumulation steigende Arbeitsnachfrage anpaßt: Wächst die Nachfrage nach Händen schneller als das Angebot, so steigt der Reallohnsatz. Dies führt zu einer besseren medizinischen und sonstigen Versorgung der Arbeitsbevölkerung und senkt in der Folge die Kindersterblichkeit. Auf diese Weise kommt es zu einer Beschleunigung des Bevölkerungswachstums und Anpassung des verfügbaren Arbeitsvolumens an die Bedürfnisse der Kapitalakkumulation. Auch von der Begrenztheit der Natur rührt Smith zufolge – jedenfalls in der Zeit, in der er schreibt – keine merkliche Schranke des Wachstums her. Zwar sieht er, daß das Wachstum die allmähliche Ausbeutung von Rohstofflagern zur Folge hat und infolgedessen „nützliche Fossile und Mineralien der Erde usw. sich mit dem Fortschritt der Gesellschaft verteuern" können, aber dieser Effekt verlangsamt allenfalls die Rate der ökonomischen Expansion, nicht aber die Expansion als solche.

Es verbleibt die Schwächung des Akkumulationstriebs. Dieser ist umso stärker, je größer die bei Kapitalakkumulation winkenden Gewinne, d. h. je größer die zu erwartende Verzinsung des Kapitals – die „Profitrate" in der Terminologie der klassischen Ökonomen. Gerade aber letztere weist Smith zufolge mit dem Fortgang von Akkumulation und Wachstum eine sinkende Tendenz auf. Smiths Begründung eines Fallgesetzes der Profitrate braucht uns hier nicht weiter zu interessieren – sie enthält mehrere Widersprüche und Schwachstellen, auf die im einzelnen einzugehen hier kein Platz ist (vgl. deshalb Kurz/Salvadori 1995a, 469–472). Festzuhalten bleibt jedoch, daß Smith einer der ersten Autoren war, der das Versiegen der Wachstumskräfte als das endogen erzeugte Resultat der freien Entfaltung ebendieser Kräfte begriff: Die Befreiung des Prometheus von den Ketten der Feudalordnung emanzipiert diesen nicht von den Schranken seiner selbst. Die moderne Wirtschaft wächst, aber nicht grenzenlos. Über den Fall der Profitrate komme es auf lange Sicht zur Lähmung der ökonomischen Dynamik der bürgerlichen Gesellschaft.

(b) David Ricardo

David Ricardo greift in seinen „Grundsätzen der Politischen Ökonomie und Besteuerung" (1817) die Smithschen Überlegungen auf und versucht sie soweit nötig zu korrigieren und soweit möglich weiterzuentwickeln. Hinsichtlich der säkularen Entwicklungstendenzen konzentriert sich seine Aufmerksamkeit wie diejenige seines Vorgängers auf die langfristigen Bestimmungsgründe der Profitrate. Fällt sie, dann sei in der Tat mit einer Schwächung der Kapitalakkumulation und über diese einer solchen des ökonomischen Wachstums zu rechnen. Smiths Begründung einer fallenden Tendenz der Profitrate verwirft Ricardo aus insgesamt überzeugenden Gründen und stellt fest, daß die Profitrate nur dann falle, wenn einer der beiden folgenden Fälle gegeben sei: (a) für *gegebene* technische Bedingungen der Produktion *steigt* der Reallohnsatz und (b) für *gegebenen* Reallohnsatz *verschlechtern* sich die technischen Bedingungen der Produktion.

Der erste Fall spielt in der *kurzen* Frist eine bedeutende Rolle, wenn infolge großer Akkumulationstätigkeit die Arbeitsnachfrage das Arbeitsangebot übersteigt und der Reallohnsatz in die Höhe getrieben wird. Ein höherer Reallohnsatz bedeutet bei unveränderter Technologie jedoch notwendig einen Fall der Profitrate: Die Verteilung des erzeugten Kuchens ändert sich zugunsten der verknappten Arbeitskraft. Der zweite Fall hingegen betrifft die *lange* Frist, genauer: die Entwicklung auf lange Sicht unter der Annahme, daß von jedwedem Zuwachs des technischen Wissens abgesehen wird. Ricardo spricht diesbezüglich vom *natürlichen Lauf der Dinge*. Diese Konstruktion dient ihm lediglich dazu, analytisch die Wirkungen des technischen Fortschritts von denjenigen sich verknappender natürlicher Ressourcen zu trennen. Was also, so fragen wir mit Ricardo, wären die Folgen der Kapitalakkumulation, des wirtschaftlichen Wachstums und der Bevölkerungsexpansion, wenn keinerlei Produkt- und Verfahrensinnovationen stattfinden würden? Die Antwort liegt auf der Hand. Im Zuge der Expansion des ökonomischen Systems muß ein immer größerer Teil des einer Gesellschaft verfügbaren Bodens für landwirtschaftliche, industrielle und sonstige Zwecke genutzt werden und es müssen in immer größerem Umfang die verfügbaren Rohstofflager ausgebeutet werden. Unter der Annahme, daß die Konkurrenz die einzelnen Produzenten zur Kostenminimierung zwingt, werden zu Beginn der ökonomischen Entwicklung nur die besten Böden und die am leichtesten abzubauenden Rohstofflager genutzt werden. Später müssen hingegen auch schlechtere Böden und Lager bewirtschaftet werden, und dies bedeutet steigende Stückkosten und letztlich steigende Preise der landwirtschaftlichen Produkte und der Rohstoffe. Die Knappheit der besseren Böden und Lager bedeutet, daß die Produktionsbedingungen sukzessive ungünstiger werden. Für einen gegebenen Reallohnsatz verschlechtert sich die Profitabilität des Kapitaleinsatzes. Und da wegen der Konkurrenz der Tendenz nach überall die gleiche und jetzt niedrigere Kapitalverzinsung zum Tragen kommt, wird die Kostendifferenz zwischen der Produktion auf dem schlechtesten der jeweils genutzten Bodenqualitäten bzw. Rohstofflager und den besseren von den Besitzern der besseren Ressourcen in Gestalt einer Grund- oder Bergwerksrente eingestrichen. So ist der Fall der Profitrate im „natürlichen" Verlauf des Akkumulations- und Wachstumsprozesses unabwendbar: Der „Geiz der Natur" verhindert, daß Bäume und Wirtschaft in den Himmel schießen.

Ricardo gelingt es mit diesem Argument, Smiths Vorstellung von der endogenen Aufhebung der Voraussetzungen des Wachstums über den Fall der Profitrate auf eine solide Grundlage zu stellen. Das System stößt an seine natürliche Grenze – diese verhindert, daß sich der Prozeß des Wachstums unbehindert *ad infinitum* fortsetzen kann. Soviel zu den Verhältnissen, wie sie sich in der hypothetischen Situation eines über die Zeit *unveränderten* technischen Wissens ergeben würden. Die Wirklichkeit ist anders, was Ricardo nicht entgeht. Immer wieder kommt es zu technologischen Neuerungen, zu Innovationen. Tatsächlich fallen diese mit Fortgang der Entwicklung nicht zufällig an, sondern werden systematisch erzeugt, worauf bereits Smith aufmerksam gemacht hat. Die Wissenschaft wird im Zuge der industriellen Revolution allmählich in den Dienst der Wirtschaft gestellt. In Forschungs- und Entwicklungsabteilungen von Unternehmen und Universitäten wird rastlos nach ökonomisch Verwertbarem gesucht. Ricardo hat die sich allmählich herausbildende Symbiose von Wirtschaft und Wissenschaft selbst nicht mehr erlebt, aber ihm verdanken wir bedeutende Einsichten in deren Folgen. Wenn, wie Smith argumentiert hatte, im Zuge der Kapitalakkumulation über die sich verbessernde Teilung der Arbeit die Arbeitsproduktivität steigt, dann hat dies für gegebenen Reallohnsatz eine die Profitrate erhöhende Tendenz. Von einer steigenden Profitrate gehen jedoch akkumulations- und wachstumsstimulierende Wirkungen aus. Technischer Fortschritt stellt daher eine dem Geiz der Natur entgegenwirkende Ursache dar. Der eine Faktor erhöht die Profitrate der Tendenz nach, der andere senkt sie. Welcher Faktor in einer je gegebenen Situation überwiegt, ist eine empirische Frage. Jedenfalls ist nicht damit zu rechnen, daß die beiden Faktoren einander immer gerade die Waage halten, die allgemeine Profitrate damit konstant bleibt und sich in der Folge hiervon ein „angemessenes und stetiges" Wirtschaftswachstum einstellt. Historisch gesehen kam es tatsächlich zu einer Abfolge sich beschleunigenden und sich verlangsamenden Wachstums. Ebensowenig gibt es Grund zu der Annahme, daß der wachstumslähmende Faktor den Trend der Entwicklung bestimmt und das System in absehbarer Zeit in einen stationären Endzustand einmünden läßt. Die Zukunft ist offen, so lautet die Quintessenz der Ricardoschen Überlegungen. Welche Seite langfristig die Oberhand behält, ist nicht mit Bestimmtheit zu sagen. Wie es in einem arabischen Sprichwort heißt: Wer vorgibt, die Zukunft vorhersagen zu können, ist ein Lügner, selbst wenn ihm der Lauf der Dinge Recht geben sollte.

Bevor wir mit unserem theoriegeschichtlichen Streifzug fortfahren, sind folgende Ergänzungen des Gesagten angebracht. Ricardo begreift – ähnlich wie Smith – eine ökonomisch nutzbare neue Erfindung als „öffentliches Gut". Öffentliche sind im Unterschied zu privaten Gütern wie folgt charakterisiert: (a) Die Nutzung des Gutes durch eine Person rivalisiert nicht mit der Nutzung desselben Gutes durch eine andere (sogenannte „Nichtrivalität" im Konsum). Während ein von einem Konsumenten verzehrtes Mittagessen, ein privates Gut, von einem anderen Konsumenten nicht mehr verzehrt werden kann, handelt es sich beim Rad, der Dampfmaschine oder dem Bessemer-Verfahren um Erfindungen, die, einmal ins Leben gerufen, von beliebig vielen Personen beliebig oft genutzt werden können. (b) Einmal in der Welt, ist das Wissen um das Rad, die Dampfmaschine oder das Bessemer-Verfahren mehr oder weniger schnell Allgemeingut, d. h. andere können von diesem Wissen nicht dauerhaft ausgeschlossen werden („Nichtausschließbarkeit"). Eine in der Forschungs- und Entwicklungsabteilung einer Unternehmung gemachte, ökonomisch zu nutzende Erfindung verbessert danach zunächst zwar nur die Marktsituation der fraglichen Unternehmung, mehr oder weniger schnell steht das erzeugte zusätzliche Wissen jedoch (über Imitation usw.) auch vielen (im Extremfall: allen) anderen Unternehmungen zur Verfügung und erhöht auf diese Weise die Produktivität des Gesamtsystems. Individuell erzeugtes neues Wissen kommt über kurz oder lang allen zugute, wird zum öffentlichen Gut.

Die zweite Ergänzung betrifft die Tatsache, daß verschiedene Formen des technischen Fortschritts zu unterscheiden sind, von denen unterschiedliche Wirkungen auf Beschäftigung, Einkommensverteilung und Wachstum ausgehen. So gibt es Ricardo zufolge eine Form des technologischen Wandels, die kurz- und mittelfristig zu größerer Arbeitslosigkeit führen kann, weil sie die Arbeitsproduktivität merklich und sprunghaft erhöht. Abhilfe kommt wieder vor allem von der auf Grund der gestiegenen Profitabilität des Kapitaleinsatzes stimulierten Akkumulationstätigkeit: Das System beginnt schneller zu expandieren und beseitigt auf diese Weise die entstandene technologische Arbeitslosigkeit.

Drittens ist darauf hinzuweisen, daß Ricardo wie die meisten Ökonomen seiner Zeit nur einen Aspekt des Stoffwechsels zwischen menschlicher Wirtschaft und „Natur" thematisiert: die Entnahme von Rohstoffen aus der Natur, nicht jedoch (oder nur beiläufig) die Entsorgung von Schadstoffen in diese. Einer naiven Sicht zufolge, die in der Wirtschaftswissenschaft nicht wenige Anhänger hatte und hat, handelt es sich bei der Umwelt, der Natur, zugleich um ein „Füllhorn", das für den Menschen einen unerschöpflichen Fluß an nutzbaren Rohstoffen bereithält, und um ein „Faß ohne Boden", das in unbegrenzter Menge die „Exkremente der Produktion und Konsumtion" (Marx), Abfall, aufnimmt. Ricardo und seine Zeitgenossen haben den ersten Teil des Märchens verworfen, am zweiten hingegen implizit festgehalten. Die aktuellen Verhältnisse boten jedenfalls keinen Anlaß, der Fragwürdigkeit der betreffenden Annahme größere Aufmerksamkeit zu schenken. Es ergibt sich das Bild einer Wirtschaft, deren Expansionsdrang allenfalls von den versiegenden Geber-, nicht aber von den Nehmerqualitäten der Natur gezügelt wird.

Die klassische Analyse wird in der Folge u. a. von Karl Marx ausgebaut, der insbesondere der technologischen Dynamik der „bürgerlichen Gesellschaft" große Aufmerksamkeit schenkt und mit seinem Konzept der „sozialen Produktivkräfte" das Verständnis des technologischen Fortschritts als Angelegenheit mit öffentlichem Charakter vertieft. Zugleich macht Marx darauf aufmerksam, daß die Akkumulation von Kapital, das Wachstum der Wirtschaft und die Revolutionierung der Technologie nicht reibungslos und stetig und zum allseitigen Vorteil vonstatten gehen. Vielmehr erfolgt die Bewegung eruptiv und zyklisch, mit Phasen geschwinder Expansion, Krisen und anhaltenden Depressionen. Vor allem das letzte Thema wird später von Joseph Alois Schumpeter aufgegriffen, von dem auch der Begriff der „schöpferischen Zerstörung" stammt – gemeint ist die Tatsache, daß neues Wissen häufig der Feind des alten ist und daher im allgemeinen den von Innovationen profitierenden Akteuren solche gegenüberstehen, die dabei verlieren – ihren Arbeitsplatz, Teile ihres Einkommens, ihre Firma.

Wachstumstheorie nach Keynes
Um das Problem des wirtschaftlichen Wachstums ist es mit dem Siegeszug der Grenznutzentheorie im letzten Drittel des vorigen Jahrhunderts relativ still geworden. Die Aufmerksamkeit der großen Mehrheit der Ökonomen konzentrierte sich für beinahe sechs Jahrzehnte auf Fragen der Allokation gegebener produktiver Ressourcen auf alternative Zwecke, nicht auf solche des Wachstums der Ressourcen und des Sozialprodukts. Zwar gab es rühmenswerte Ausnahmen von der Regel, aber sie blieben zur damaligen Zeit weitgehend unbeachtet und wurden erst später wiederentdeckt. Zu einer intensiven Neubeschäftigung mit wachstumstheoretischen Fragen kam es erst wieder nach der Weltwirtschaftskrise und im Anschluß an die Veröffentlichung der „General Theory of Employment, Interest and Money" von John Maynard Keynes (1936). Die Erfahrung mit negativen Wachstumsraten des Sozialprodukts entfachte ein neues Interesse an den Ursachen und Bedingungen positiven Wachstums.

(a) John Maynard Keynes
Die Keynes'sche Erklärung von Prosperitäts- und Depressionsphasen zielt vorwiegend auf die kurze Frist ab, und deshalb ist seine Theorie nicht ohne jede Berechtigung als Theorie des Einkommens und der Beschäftigung, nicht aber der längerfristigen wirtschaftlichen Entwicklung und des Wachstums bezeichnet worden. Es sollte jedoch nicht übersehen werden, daß es ihm in letzter Instanz um die Überlebenschancen einer im Kern liberalen Wirtschafts- und Gesellschaftsordnung, basierend auf dem Privateigentum an Produktionsmitteln, ging. Diese Ordnung war zwei ernsthaften Bedrohungen ausgesetzt: durch die Weltwirtschaftskrise und ihre sozialen und politischen Folgen von innen, durch die russische Oktoberrevolution und den Aufstieg des Sozialismus von außen. Die Frage lautete, ob die liberale Ordnung überhaupt eine Zukunft besitze. Keynes bejahte diese Frage unter der Voraussetzung, daß es gelinge, das die Grundfesten der Ordnung erschütternde Beschäftigungsproblem zu lösen. Dies sei jedoch nur mittels gewisser institutioneller Reformen und einer aktiven Stabilisierungpolitik seitens der Notenbank und des Staates möglich. In traditionell liberaler Sicht waren Eingriffe vor allem des Staates in den Wirtschaftsablauf nicht nur verzichtbar, weil das privatwirtschaftliche System angeblich aus sich heraus zu einem Gleichgewicht bei voller Nutzung aller produktiver Ressourcen einschließlich der Arbeit strebte, sondern schädlich, weil sie das freie Spiel der Kräfte störten und knappe Ressourcen fehlleiteten.

Keynes hält diese Auffassung nicht nur für falsch, sondern für gefährlich, weil sie, wirtschaftspolitische Abstinenz predigend, die Existenz gerade jener Ordnung aufs Spiel setzt, die zu verteidigen sie vorgibt. Das privatwirtschaftliche System tendiert von sich aus nicht zur vollen Ausschöpfung seiner Produktionsmöglichkeiten, sondern läßt diese zum Teil ungenutzt. Es gibt einen wirtschaftspolitischen Handlungsbedarf, der sich wie folgt begründet. Wie wir gesehen haben, hatte Adam Smith denjenigen, der spart und damit Vermögen bildet, als „öffentlichen Wohltäter" bezeichnet. Hier hakt Keynes ein: Ersparnis bedeutet, daß Teile des Einkommens nicht zum Kauf von Konsumgütern verwendet werden. Wer spart, fragt keine Güter nach. Ersparnis bedeutet daher Nachfrageausfall und wirft das Problem eines ausreichenden Absatzes seitens der Unternehmungen auf. Eine privat nützliche Tätigkeit (im Sinne der angestrebten (Geld-)Vermögensbildung) – das Sparen – mag sich sozial als schädlich erweisen, weil wirksame Nachfrage ausfällt und die Wirtschaft in eine allgemeine Krise schlittern kann. Nicht der Sparer ist ein öffentlicher Wohltäter, sondern derjenige, der den durch die Ersparnis bedingten Nachfrageausfall wettmacht: der Investor. Er fragt Investitionsgüter nach und gibt den diese Güter erzeugenden Unternehmungen daher Absatzmöglichkeiten. Auf die Nettoinvestitionen kommt es daher vorrangig an, nicht auf die Ersparnisse.

In einem zweiten Schritt kehrt Keynes die Kausalität von Sparen und Investieren um: Nicht das Sparen geht der Investition voraus, sondern umgekehrt die Investition dem Sparen. Tatsächlich ist Keynes der Auffassung, daß sich die Investitionen die Ersparnisse „selbst schaffen". In einem modernen Geld- und Kreditsystem, so das Argument, können Investitionen finanziert werden, ohne daß vorgängig in entsprechendem Umfang Ersparnisse angesammelt worden sein müssen. Die dadurch entfaltete Nachfrage nach Investitionsgütern führt zu Produktion und Beschäftigung in den diese Güter herstellenden Industrien. In der Herstellung dieser Güter werden Einkommen gezahlt – Löhne, Gehälter, Gewinne usw. – die ihrerseits zum Teil nachfragewirksam werden: Es werden Konsumgüter nachgefragt. In deren Erzeugung wiederum kommt es zur Zahlung von weiteren Einkommen, die ihrerseits zum Teil nachfragewirksam werden, d. h. zu einer zusätzlichen Nachfrage nach Konsumgütern führen, usw. Kurzum: Eine gesamtwirtschaftliche Investitionsnachfrage einer gegebenen Höhe bewirkt eine ganze Reihe von Akten der Einkommens- und Nachfrageschöpfung und führt schließlich zu einem gesamtwirtschaftlichen Einkommen, das gerade so groß ist, daß die daraus getätigten Gesamtersparnisse gleich dem angenommenen Investitionsvolumen sind. Die Investitionen schaffen sich die entsprechenden Ersparnisse über die Bestimmung des gesamtwirtschaftlichen Produktionsniveaus bzw. Einkommens und der dazugehörigen Beschäftigung. Dies ist die der Keynes'schen Multiplikatortheorie zugrundeliegende Idee des *Einkommenseffektes* der Investitionen. Von den Investitionen hängt alles ab: Sind sie hoch (niedrig), dann ist die gesamtwirtschaftliche Nachfrage hoch (niedrig) und mit ihr die Auslastung der verfügbaren Produktionskapazitäten und der Beschäftigungsgrad. Die Investitionen sind das aktive Moment, die Ersparnisse das passive. „Es ist der langfristige Investor", nicht der Sparer, „der das Allgemeinwohl am meisten fördert".

Wovon hängt nun die Investitionstätigkeit ab? Keynes thematisiert im wesentlichen zwei Faktoren: die erwartete Profitabilität einer Investition – er spricht diesbezüglich von der „Grenzeffizienz des Kapitals" – und der Preis für die Aufnahme von Fremdkapital, sprich der Geldzinssatz. Je mehr Investitionsobjekte in einer gegebenen Situation eine Ertragsrate erwarten lassen, die größer ist als der Zinssatz, desto größer die gesamtwirtschaftliche Investitionstätigkeit, desto größer das sich ergebende Volkseinkommen sowie die Gesamtbeschäftigung. Sind die Profitabilitätserwartungen ungünstig und ist der Geldzinssatz hoch, dann sind die gesamtwirtschaftlichen Investitionen niedrig und mit ihnen Gesamteinkommen und Beschäftigung.

Soviel in aller Kürze zum investitionstheoretischen Kern der Keynes'schen Analyse. Wie sind nun Keynes zufolge die langfristigen Entwicklungschancen des ökonomischen Systems einzuschätzen? Keynes ist insgesamt gesehen der Auffassung, daß sich das Problem der Sicherung eines hohen Beschäftigungsgrads und Einkommens im Lauf der Entwicklung verschärft und zwar im wesentlichen aus drei Gründen: Erstens werde mit Zunahme des in einer Wirtschaft angehäuften Kapitalbestandes jede weitere Erhöhung dieses Bestandes immer schwieriger, weil die verbleibenden Investitionsprojekte immer weniger rentabel seien. In dem Maß, in dem der Faktor Kapital reichlicher verfügbar werde, büße er relativ zur Arbeit an „Knappheit" ein und entsprechend verringere sich seine Vergütung. Als Folge der sich verschlechternden Profitabilitätserwartungen sinke die Investitions*neigung*. Zweitens habe der Geldzinssatz nicht (zumindest nicht im gleichen Ausmaß) die Tendenz zu sinken, es sei denn es komme zu einer grundlegenden Änderung der Geldpolitik (was Keynes mit seinem Argument zu bewirken trachtet). Die Investitions*fähigkeit* im Sinne der Finanzierungsmöglichkeit von neuen Investitionen verbessert sich daher nicht in dem Maß, wie es nötig wäre, um die sich verringernde Investitionsneigung in ihrer lähmenden Wirkung auf die Investitionstätigkeit zu kompensieren. Die Lage wird Keynes zufolge durch einen dritten Faktor verschärft. Je höher nämlich das Einkommen einer Gesellschaft, desto größer im allgemeinen der Anteil des Einkommens, der gespart werde, desto größer also der sparbedingte Nachfrageausfall. Das System findet sich daher in der folgenden Zwickmühle: Die Investitionsneigung sinkt, nötig wäre aber gerade eine steigende Investitionsneigung, um der von einer Erhöhung der Spareigung ausgehenden depressiven Tendenz entgegenzuwirken. Die Schlußfolgerung lautet: Je reicher eine Gesellschaft potentiell ist, d. h. je mehr Kapital in ihr bereits angehäuft worden ist, umso schlechter steht es um die Realisation des Reichtums. Letztere hängt von den aktuellen Investitionen ab, d. h. der Bereitschaft, weiteres Kapital zu bilden, aber gerade hier hapert es zunehmend. Die Gefahr liegt darin, daß sich „zur Reichlichkeit des Kapitals diejenige des Outputs gesellt", – gemeint sind brachliegende, ungenutzte Teile des Kapitalstocks und eine wegen Absatzmangels gedrosselte Produktion. Es ergibt sich das Paradox einer (potentiell) reichen Gesellschaft, die arm ist. In der modernen Gesellschaft, so Keynes, sind starke Stagnationstendenzen am Werk, die nur durch eine geschickte Geld- und Fiskalpolitik überwunden werden können. Ziel dieser Politik ist in letzter Instanz die Stärkung der Investitionsneigung.

(b) Die Keynesianer
Keynes war, wie wir wissen, mit seinem Entwurf äußerst erfolgreich, und zwar sowohl was seinen Einfluß auf die Entwicklung der Wirtschaftstheorie als auch diejenige der Wirtschaftspolitik anbelangt. Hier soll uns nur ersterer interessieren. Wie wir gesehen haben, sind positive und ausreichend hohe Nettoinvestitionen nötig, um eine gesamtwirtschaftliche Nachfrage zu erzeugen, die ausreicht, um das bei Vollbeschäftigung sich ergebende Sozialprodukt abzunehmen. Investitionen haben, wie wir oben gesagt haben, einen Nachfrage- bzw. „Einkommenseffekt". Sie haben des weiteren einen *Kapazitätseffekt*. Wer investiert, der schafft neue Produktionsanlagen und erhöht auf diese Weise das Produktionspotential. Diesem Kapazitätseffekt der Investitionen hat Keynes in seiner kurzfristigen Analyse keine Aufmerksamkeit geschenkt. Erst die Nachfolger von Keynes haben diese Lücke geschlossen. Die Vernachlässigung des Kapazitätseffektes hat gravierende Folgen, wie sich an folgendem Gedankenexperiment zeigt. Würden die Nettoinvestitionen im Zeitablauf, d. h. von Jahr zu Jahr, auf gleicher Höhe verharren, so ergäbe sich die folgende unhaltbare Lage: Der Einkommenseffekt und mit ihm die Gesamtnachfrage blieben gleich, die Produktionskapazität und mit ihr das mögliche Gesamtangebot würden jedoch stetig

zunehmen. Die Folge hiervon wäre ein ständig sinkender Grad der Kapazitätsauslastung, – ein Sachverhalt, der von den Unternehmungen nicht tatenlos hingenommen werden würde. Ein Sachverhalt überdies, der dem Keynes'schen Menetekel einer reichen Gesellschaft in Armut nur noch grellere Züge verleiht: Die Gesellschaft ist nicht nur (potentiell) reich, sie wird sogar (potentiell) immer reicher, bleibt aber tatsächlich immer gleich arm. Sie ist zwar grundsätzlich zur Erzeugung eines immer größeren Sozialprodukts und damit zu einer immer besseren Güterversorgung fähig, verwirklicht aber stets das alte Niveau: Die Kluft zwischen Möglichkeit und Wirklichkeit wächst zusehends.

Um derartiges auszuschließen, genügt es offenbar nicht, daß die während eines Jahres gesamtwirtschaftlich getätigten Nettoinvestitionen positiv sind. Diese müssen von Jahr zu Jahr vielmehr *immer größer* werden, damit der wachsenden gesamtwirtschaftlichen Produktionskapazität eine gleichschrittig wachsende gesamtwirtschaftliche Nachfrage gegenübersteht. *Nur* wenn die Nettoinvestitionen und mit ihnen der Kapitalstock mit einer *genau* bestimmten Rate – gleichsam „auf des Messers Schneide" – *wachsen,* entwickeln sich Einkommens- und Kapazitätseffekt im Gleichklang. Die Rettung der liberalen Wirtschafts- und Sozialordnung – Keynes' Hauptanliegen – verlangt daher in dieser Perspektive zuallererst die Sicherung eines ausreichenden Wachstums der (privaten und öffentlichen) Investitionen. Wer diese Gesellschaftsordnung befürwortet, der kann sich der Forderung nach Schaffung eines wachstumsfreundlichen Klimas nicht verschließen. Aber selbst wenn ein derartiges Klima vorhanden sein sollte, so die Keynesianer, wäre im allgemeinen nicht damit zu rechnen, daß die unabhängig voneinander getroffenen, d. h. unkoordinierten Investitionsentscheidungen der vielen Unternehmungen einer Wirtschaft in jeder Periode genau jenes Investitionsvolumen ergeben würden, welches nötig wäre, um die wachsende Produktionskapazität stets voll auszulasten.

Letzteres wäre purer Zufall. Im allgemeinen werden die Unternehmungen insgesamt entweder weniger oder mehr investieren, als für eine gleichgewichtige Expansion von Produktionspotential und wirksamer Nachfrage gerade nötig wäre. In beiden Fällen würden die zum Zeitpunkt der Investitionsentscheidung bestehenden Erwartungen der Unternehmungen enttäuscht werden. Investiert wird ja nicht zuletzt in Erwartung wachsender Märkte, die man gewinnbringend bedienen will. Im ersten Fall, so läßt sich zeigen, bleibt der Einkommenseffekt der Investitionen hinter dem Kapazitätseffekt zurück, im zweiten Fall verhält es sich gerade umgekehrt. Entsprechend könnten die Unternehmungen angesichts unausgelasteter Kapazitäten der Auffassung sein, daß ihre Absatzerwartungen zu optimistisch waren, und angesichts von Überstunden und Extraschichten, daß sie zu pessimistisch waren. Sie könnten ihre Investitionsplanungen in Folge hiervon nach unten bzw. nach oben korrigieren. Diese einzelwirtschaftlich durchaus rationalen Reaktionen würden die Situation gesamtwirtschaftlich jedoch nur noch verschlimmern. Im ersten Fall käme es über kurz oder lang zu einem wirtschaftlichen Abschwung, und es ist nicht ohne weiteres klar, daß das System aus eigener Kraft einen Wiederaufschwung schafft. Im zweiten Fall käme es mehr oder weniger schnell zu einer konjunkturellen Überhitzung mit überausgelasteten Kapazitäten, Überbeschäftigung sowie auf breiter Front steigenden Preisen. Das System stößt an seine Grenzen und wird von diesen zurückgestoßen, wenn es nicht schon vorher von einer sich um die Geldwertstabilität sorgenden Zentralbank abgebremst und auf eine Talfahrt geschickt worden ist, deren Ende ungewiß ist – sieht man von finanz- und geldpolitischen Wiederbelebungsversuchen ab. Aktive Wirtschaftspolitik, und das heißt in letzter Konsequenz Wachstumspolitik, ist demnach eine ständige Aufgabe, um die von der

Instabilität der Marktwirtschaft für die liberale Ordnung ausgehenden Gefahren einzudämmen und stagnativen Tendenzen entgegenzuwirken.

Bevor wir zur „neoklassischen" Wachstumstheorie übergehen, ist folgendes festzuhalten. Im Ansatz von Keynes wie auch der Keynesianer ist die natürliche Umwelt als Voraussetzung menschlicher Produktions- und Entsorgungsprozesse weitgehend dem Blick entrückt. Selbst der von Keynes eingenommene säkulare Standpunkt ändert daran im Grunde nichts. Die langfristige Entwicklung des Kapitalismus – so der sich ergebende Eindruck – stößt auf gänzlich andere Hemmnisse als jene, die von Ricardo thematisiert worden sind, von dem Problem der Beseitigung unerwünschter Nebenprodukte ganz zu schweigen. Nicht anders verhält es sich hinsichtlich der neoklassischen Wachstumstheorie, wie sich gleich zeigen wird. Auch sie hält zumindest in ihrer am weitesten verbreiteten Variante – dem Modell Robert Solows (1956) – am Begriff der Natur als Füllhorn einerseits und Faß ohne Boden andererseits fest. Analytisch gesagt, bedeutet dies ein Doppeltes: (a) Produktions- und Konsumtionsprozesse werden als Aktivitäten begriffen, in deren Verlauf keinerlei Dinge entstehen, die niemand will und die sich gegebenenfalls schädlich auf zukünftige Produktions- und Konsumtionsprozesse auswirken. (b) Alle natürlichen Ressourcen mit Ausnahme der menschlichen Arbeit werden letztlich dem „Kapital" subsumiert und verlieren mithin ihre eigenständige Existenz. So kennt die neoklassische Wachstumstheorie des genannten Typs nur noch zwei sogenannte „Produktionsfaktoren": einen „originären" oder „primären" Faktor, menschliche Arbeit, und einen im Unterschied zur Arbeit akkumulierbaren Faktor, Kapital.

Die neoklassische Wachstumstheorie

Die neoklassische Wachstumstheorie ist in erster Linie eine Reaktion auf das von Keynes und den Keynesianern behauptete Funktionsversagen der marktwirtschaftlichen Ordnung. Die Marktwirtschaft, so die zentrale neoklassische Botschaft, sei von sich aus stabil, d. h. beseitige alle Abweichungen von einer gleichgewichtigen Entwicklung, es sei denn, sie werde von außen her daran gehindert. Komme es beispielsweise aus welchen Gründen auch immer zu Arbeitslosigkeit, so würde diese schnell beseitigt, vorausgesetzt, die Löhne seien flexibel. Die Arbeitswilligen, aber Beschäftigungslosen, würden in diesem Fall mit den Beschäftigten um den Arbeitsplatz konkurrieren und den geltenden Lohnsatz unterbieten. Die sinkende Tendenz des Lohnsatzes würde dazu führen, daß Unternehmungen zusätzliche Arbeitskräfte gewinnbringend einsetzen könnten. Die Folge wäre eine Steigerung der Beschäftigung bis hin zur Vollbeschäftigung. Sich selbst überlassen, so die Vorstellung, gravitiere das privatwirtschaftliche System um einen Pfad, charakterisiert durch Vollbeschäftigung der Arbeit *und* Vollauslastung des Kapitalstocks. Nur wenn die Löhne (oder Preise) nicht flexibel, sondern administrativ festgelegt seien, könne das System seine Koordinations- und Anpassungsleistungen nicht erbringen. Eingriffe von außen, vor allem staatliche, sind dieser Sicht zufolge die Quelle des Übels.

Es ist hier nicht der Platz, sich kritisch mit dieser Vision auseinanderzusetzen. Wir wenden uns vielmehr gleich der Frage zu, wodurch der neoklassischen Theorie zufolge die Wachstumsrate der Wirtschaft bestimmt wird. Wenn die beiden Faktoren Arbeit und Kapital immer voll in der Produktion Einsatz finden, dann muß man offenbar auf die zeitliche Entwicklung des gesamtwirtschaftlichen Arbeitsangebots einerseits und des Kapitalstocks andererseits achten, will man eine Aussage über die Veränderung des Produktionsvolumens treffen. Die Entwicklung des Arbeitsangebots wird von neoklassischen Ökonomen im allgemeinen von außen vorgegeben, d. h. als Datum behandelt, das der Bevölkerungs- und Arbeitsmarktstatistik eines Landes zu entnehmen ist. Zwar wird nicht bestritten, daß auf die Entwicklung des Arbeitsangebots neben anderen auch wirtschaftliche Faktoren einwirken, aber im allgemeinen behilft man sich mit der Annahme einer gegebenen durchschnittlichen Wachstumsrate des Arbeitsangebots, auch „natürliche Wachstumsrate" genannt. Die klassische Vorstellung eines sich an die Bedürfnisse der Kapitalakkumulation anpassenden Arbeitsangebots (vgl. Abschnitt 2) ist der konventionellen neoklassischen Theorie fremd. Über die Entwicklung des Kapitalstocks, des zweiten Produktionsfaktors, entscheidet die Sparquote, d. h. der Anteil des Volkseinkommens, der nicht zu Konsumzwecken verausgabt wird. Die Keynes'sche Frage nach dem Verhältnis zwischen Investition und Ersparnis wird nicht erörtert. Es wird einfach unterstellt, daß als Ausdruck der angenommenen Stabilität des Systems jedem Akt des Sparens ein volumenmäßig gleich großer Akt der Investition entspricht, so daß das Problem eines Mangels an wirksamer Nachfrage, der die Produktion beschränken könnte, nicht auftaucht. Die Investoren erscheinen somit als willfährige Erfüllungsgehilfen der intertemporalen, d. h. sich über die Zeit erstreckenden Wünsche der Konsumenten.

Von den beiden Faktoren Arbeit und Kapital wird angenommen, daß sie beliebig gegeneinander substituierbar sind, d. h. die gleiche Produktion mit unterschiedlichen Einsatzproportionen der beiden Faktoren hergestellt werden kann: Für gegebene technische Verhältnisse lasse sich ein Weniger von dem einen Faktor durch ein genau spezifiziertes Mehr des anderen Faktors wettmachen. Auf der Grundlage dieser Annahmen läßt sich zeigen, daß das System für eine gegebene Wachstumsrate der Arbeitsbevölkerung und eine gegebene Spar- alias Investitionsquote die Eigenschaft hat, allmählich zu einem Wachstumspfad hinzustreben, auf dem der Kapitalstock, das Sozialprodukt, der Konsum, die Ersparnis und die Investition *alle* mit *gleicher* Rate wachsen – und zwar mit der „natürlichen Wachstumsrate" der Arbeitsbevölkerung. Dies bedeutet aber, daß die langfristige Wachstumsrate des Systems *exogen* vorgegeben ist, d. h. das Sparverhalten der Akteure *keinerlei* Einfluß darauf hat. Egal, ob die gesamtwirtschaftliche Sparquote zehn oder zwanzig Prozent beträgt, in beiden Fällen würde die Wirtschaft langfristig mit zwei Prozent wachsen – vorausgesetzt, die Arbeitsbevölkerung nimmt jährlich um zwei Prozent zu. Dies ist ein auf den ersten Blick verblüffendes Resultat, selbst wenn man zur Kenntnis nimmt, daß es bis zum Erreichen dieses langfristigen Pfades ein weiter Weg sein kann, auf dem zwei Wirtschaften unterschiedlich schnell expandieren würden, und zwar die mit der höheren Sparquote zunächst schneller als die andere. Dies bedeutet eine schnellere Rate der Kapitalakkumulation, aber auch die schnellere Verringerung der relativen Knappheit des Kapitals. Die Kapitalerträge sinken schneller als im Fall einer niedrigeren Sparquote, und es ist dieses Sinken, das die Verlangsamung des Wachstums der Wirtschaft mit der höheren Sparquote bewirkt.

Sollte die Arbeitsbevölkerung über die Zeit hin unverändert bleiben oder gar schrumpfen, so ergäbe sich entsprechend eine langfristige Wachstumsrate von Null oder von kleiner als Null. Festzuhalten bleibt schließlich im Vorgriff auf den nächsten Abschnitt, daß das Modell jenseits des langfristigen Pfades eine umso höhere Wachstumsrate prognostiziert, je niedriger das Sozialprodukt pro Kopf einer Ökonomie in der Ausgangslage ist. Es prognostiziert mithin eine Tendenz zum Ausgleich des Pro-Kopf-Einkommens.

Der Versuch, das neoklassische Modell zur Deutung von tatsächlich beobachteten Wachstumsprozessen in einzelnen Ländern zu verwenden, führte zu einer großen Überraschung. Das auf der Grundlage von Daten über die Entwicklung der Arbeitsbevölkerung und des

Kapitalstocks geschätzte Wachstum des Sozialprodukts blieb um bis zu zwei Drittel hinter dem tatsächlich beobachteten Wachstum des Sozialprodukts zurück, d. h. das Modell unterschätzte die Schubkraft des Systems beträchtlich. Auf der Grundlage des Modells konnten sich beispielsweise zwei Prozent Wachstum des Sozialprodukts im Jahresdurchschnitt ergeben, tatsächlich wuchs die Wirtschaft aber um sechs Prozent. Worauf war diese „unerklärte Differenz" von vier Prozent zurückzuführen? Die Antwort ließ nicht lange auf sich warten. Die Schätzungen gingen von der Annahme gegebener und im Zeitablauf unveränderter technischer Verhältnisse aus, tatsächlich änderten sich diese aber infolge technischer und organisatorischer Neuerungen. Neben Arbeit und Kapital gab es doch noch einen „dritten Produktionsfaktor" – aber nicht den von den klassischen Ökonomen ins Spiel gebrachten Boden bzw. die natürlichen Ressourcen, sondern den *technischen Fortschritt*. Seine Vernachlässigung war verantwortlich für die unbefriedigenden Schätzergebnisse. Aber wie ihn berücksichtigen? Seine Wirkung bestand offenbar darin, daß er die Effizienz der eingesetzten Arbeit und/oder diejenige des Kapitals im Zeitablauf erhöhte. Aber wie? Die einfachste Annahme bestand darin, die unerklärte Differenz einfach seiner Wirkung zuzuschreiben und zu unterstellen, daß er mit konstanter Rate über die Zeit wie ein warmer, das Wachstum anregender Regen auf die Wirtschaft herniedergeht. Das Bild vom „Manna vom Himmel" machte die Runde. Kritische Zeitgenossen wandten ein, daß diese Art der Behandlung des technischen Fortschritts im Grunde nichts erkläre, sondern lediglich ein „Maß für unsere Ignoranz" darstelle. Gleichwohl basierte ein nicht unbeträchtlicher Teil des in den sechziger Jahren boomenden Gewerbes der empirischen Wachstumsforschung auf dieser Vorgehensweise. Genau gesehen, bestand der Unterschied zum alten neoklassischen Erklärungsansatz darin, daß sich die „natürliche Wachstumsrate" jetzt aus zwei Komponenten zusammensetzte: der Wachstumsrate der Arbeitsbevölkerung zuzüglich der Rate des technischen Fortschritts, der die Effizienz des Arbeitseinsatzes kontinuierlich erhöht. Würde nur die Arbeitsbevölkerung steigen, so ergäbe sich lediglich ein steigendes Volkseinkommen bei Konstanz des Einkommens pro Kopf. Erst der technische Fortschritt ermöglicht ein steigendes Pro-Kopf-Einkommen. Beide Komponenten wurden als *exogene* Daten behandelt, d. h. nicht weiter erklärt. Die Folge hiervon war, daß die langfristige Wachstumsrate der Wirtschaft (und auch diejenige des Pro-Kopf-Einkommens) nach wie vor von außen vorgegeben war. Die Höhe der Sparquote nahm wie bisher keinen Einfluß auf sie. Mit einer kleinen Änderung konnte die alte Geschichte aufs neue erzählt werden.

Sie überzeugte viele Ökonomen nicht, und so kam es zu zahlreichen Versuchen, die Ursachen und Folgen des technischen Fortschritts näher zu untersuchen. Auf die damals entstandene umfangreiche Literatur kann im Rahmen dieser Arbeit nicht näher eingegangen werden. (Vgl. deshalb in theoretischer Hinsicht Burmeister/Dobell 1970 sowie in empirischer Scott 1989.)

Trotz einiger vielversprechender Ansätze erschöpfte sich nach und nach das Interesse der Zunft an der Wachstumstheorie und wandte sich anderen Themen zu. Einer der Gründe für diesen Niedergang war eine in den sechziger und siebziger Jahren ausgetragene Kontroverse um das kapitaltheoretische Fundament der neoklassischen Theorie, die mit einer empfindlichen Niederlage der Vertreter dieser Theorie endete. Der Kaiser hatte keine Kleider, und man nahm Notiz davon. Um die Wachstumstheorie wurde es allmählich still. Relativ unbeeindruckt hiervon lief das Geschäft der empirischen Wachstumsforschung, wenngleich auf kleinerer Flamme und ein wenig verschämt, in alten Bahnen weiter.

Die „neue" Wachstumstheorie

An dieser Situation änderte sich nur wenig bis in die zweite Hälfte der achtziger Jahre hinein, als die Wachstumstheorie und empirische Wachstumsforschung einen plötzlichen und bis heute anhaltenden Wiederaufschwung erlebten. Tatsächlich kann gegenwärtig davon gesprochen werden, daß kaum ein anderes Problem in der Volkswirtschaftslehre eine ähnlich große Aufmerksamkeit auf sich zieht wie das Problem des wirtschaftlichen Wachstums. Tausende junger Wissenschaftler haben sich der Sache verschrieben, und die älteren kommen nicht umhin, sich damit auseinanderzusetzen, wollen sie der Gefahr vorbeugen, zum alten Eisen gezählt zu werden. In der Literatur hat sich der Markenname „neue" Wachstumstheorie eingebürgert. Die Rede ist auch von der Theorie des *endogenen* Wachstums – in Abgrenzung von der Theorie Solows, in der Wachstum, wie gesehen, ausschließlich auf exogene Faktoren zurückgeführt wird. Eine gründlichere Beschäftigung mit verschiedenen Varianten der „neuen" Wachstumstheorie ist in diesem kurzen Abriß allerdings nicht möglich (vgl. deshalb die umfangreiche Darstellung bei Barro/Sala-i-Martin 1995 sowie die kritische Einordnung bei Kurz/Salvadori 1994).

Als der preußische König Friedrich Wilhelm IV. einmal seiner Berliner Universität einen Besuch abstattete, wandte er sich leutselig an einen der anwesenden Historiker mit den Worten: „Was gibt es Neues, mein Guter?" Trocken fragte der Professor zurück: „Kennen Majestät denn schon das Alte?" Fragen wir also mit dem preußischen König nach dem Neuen der „neuen" Wachstumstheorie. Wir werden sehen, daß die Frage des namentlich nicht bekannten Berliner Wissenschaftlers auch im hier interessierenden Zusammenhang ihre Berechtigung hat.

Ausgangspunkt der neuen Wachstumstheorie ist die Unzufriedenheit mit der Erklärungskraft empirischer Wachstumsprozesse durch die Theorie Solows. Wie wir weiter oben gesehen haben, prognostiziert diese Theorie, daß die Wachstumsrate einer Wirtschaft umso größer ist, je niedriger das Sozialprodukt pro Kopf in der Ausgangslage ist. Diese Eigenschaft rührt von der Annahme sinkender Kapitalerträge bei Steigerung des Einsatzverhältnisses von Kapital zu Arbeit her: Wirtschaften mit weniger Kapital je Arbeitskraft weisen danach eine höhere Profitrate und eine höhere Wachstumsrate auf. Dies würde bedeuten, daß sich auf lange Sicht gesehen die Niveaus der Pro-Kopf-Einkommen international ausgleichen müßten. Zu dieser Konvergenz ist es jedoch insgesamt gesehen nicht gekommen. Zwar ist es verschiedenen wirtschaftlich ehedem wenig industrialisierten Ländern gelungen, den Abstand zu den westlichen Industrienationen zu verringern. Einigen wie Japan ist sogar ein vollständiges Einholen und dann Überholen einiger der angesprochenen Länder geglückt. Aber allgemein trifft die Voraussage des Solow-Modells nicht zu. So ist z. B. das Pro-Kopf-Einkommen der westeuropäischen Industrieländer, der USA, Kanadas und Australiens während des vergangenen Jahrhunderts mit einer durchschnittlichen jährlichen Rate von 1,9 Prozent gewachsen, dasjenige einer großen Gruppe von weniger industrialisierten Ländern Lateinamerikas und Asiens indes nur um 1,4 Prozent (vgl. Barro/Sala-i-Martin 1995, 6). Wäre das Pro-Kopf-Einkommen in den USA seit dem Jahr 1870 nicht um durchschnittlich 1,75 Prozent pro Jahr gewachsen, sondern um ein Prozent weniger, dann würden die USA heute nicht zu den reichsten Ländern der Welt zählen, sondern ein Pro-Kopf-Einkommen wie etwa Mexiko oder Ungarn aufweisen. Statt Konvergenz also vielfach Divergenz – ein immer weiteres Auseinanderklaffen im Wohlstand der Bevölkerungen verschiedener Länder. Ebensowenig trifft die Voraussage des Solow-Modells zu, daß die Kapitalertragsrate einer Wirtschaft umso kleiner ist, je größer das Verhältnis des akkumulierten Kapitalstocks zur Arbeitsbevölkerung ist, d. h. je reichlicher ein Land mit Kapital ausgestattet ist, oder anders gesagt: je weniger „knapp" das Kapital ist.

Es ist vor allem die zuletzt genannte Beobachtung, an der die Beiträge zur „neuen" Wachstumstheorie anknüpfen. Wieso sinkt die Profitrate nicht im Zuge der Akkumulation von Kapital? Die Vermutung lag nahe, daß mit der Akkumulation von Kapital im weitesten Sinne Wirkungen verbunden sind, die einer sinkenden Tendenz der Profitrate entgegenwirken. Zwei derartige Wirkungen stehen im Vordergrund und bei beiden handelt es sich, wie wir sehen werden, um alte Bekannte, die uns bereits in der klassischen politischen Ökonomie begegnet sind. Eine knappe Skizze der beiden vielleicht bedeutendsten Erklärungsversuche im Rahmen der „neuen" Wachstumstheorie muß genügen. Der eine stammt von Robert Lucas (1988) und stellt auf die Bildung einer besonderen Art von Kapital ab: des *Human*kapitals. Der andere wurde von Paul Romer (1986) entwickelt und rückt das Resultat von Forschungs- und Entwicklungsinvestitionen ins Zentrum der Erklärung: die Schaffung wirtschaftlich verwertbaren neuen Wissens, die Bildung von *Wissens*kapital. Beide Arten von Aktivitäten – die Bildung von Humankapital wie die Erfindung von neuen Produkten und Produktionsverfahren – erfolgen dabei annahmegemäß aus rein egoistischen Motiven. Wer eine Schule oder Universität besucht, tut dies, um eine Qualifikation zu erlangen, von der er sich verspricht, daß sie ihm im späteren Berufsleben ein höheres Einkommen beschert; er verzichtet während der Ausbildungszeit auf den Erwerb eines Einkommens in der Erwartung eines höheren zukünftigen Einkommens. Er verzichtet mithin zum Teil auf Konsum heute zugunsten eines höheren Konsums morgen. Ähnlich eine Unternehmung, die einen Teil ihrer Investitionsmittel nicht in die Vergrößerung der Produktionsanlagen steckt, sondern in ihre Forschungs- und Entwicklungsabteilung. Sie tut dies in der Hoffnung, daß sie infolge der dort gemachten Erfindungen in Zukunft auf bekannten Märkten ihren Marktanteil ausdehnen oder zumindest halten kann bzw. beim Erschließen von gänzlich neuen Märkten mit von der Partie ist. Sie gibt Expansionsmöglichkeiten heute zugunsten größerer Expansionsmöglichkeiten morgen preis.

Die beiden einzelwirtschaftlichen Kalküle gehen zwar nicht in jedem Einzelfall, aber doch in der überwiegenden Zahl der Fälle auf, so die Annahme: Der um den Aufbau seines Humankapitals bemühte Akteur wird im allgemeinen einen besser bezahlten Arbeitsplatz finden als der ungelernte, und die innovierende Unternehmung wird sich am Markt besser behaupten können als die technologisch stagnierende, die längerfristig Gefahr läuft, aus selbigem verdrängt zu werden. Aber dies ist nicht alles. Die beiden Arten von Aktivitäten weisen, wie der Nationalökonom sagt, „positive externe Effekte" auf: Sie erhöhen nicht nur die individuelle „Fitness" jener Wirtschaftseinheiten, die Humankapital bilden bzw. neues Wissen erzeugen und anwenden, sondern über kurz oder lang die Fitness bzw. Effizienz der Wirtschaft insgesamt. D. h. auch diejenigen, die in der genannten Hinsicht untätig sind, partizipieren von den Anstrengungen der anderen. So hat die selbst nicht innovierende Unternehmung gewisse technologische Vorteile von den Forschungs- und Entwicklungsanstrengungen ihrer Konkurrentinnen. Dies bedeutet indes nicht, daß diese Vorteile ausreichen, um sie langfristig im Markt zu halten: Gegenüber der innovierenden Konkurrenz fällt sie immer weiter zurück und muß schließlich aufgeben.

Positive externe Effekte sind zwar nicht gleichbedeutend mit, weisen aber eine enge Beziehung zu dem bereits in Abschnitt 2 angesprochenen Phänomen des *öffentlichen Gutes* auf. Es ist letztlich der Öffentliche-Gut-Charakter des technischen Wissens, der verhindert, daß im Zuge der Kapitalakkumulation die Profitrate fällt. Dies ist die Hauptbotschaft der „neuen" Wachstumstheorie – eine Botschaft mithin, die so neu nicht ist, sondern sich, wenngleich anders ausgedrückt, bereits in den Schriften der klassischen Ökonomen findet.

Eine zweite Botschaft der „neuen" Wachstumstheorie lautet, daß es wegen des Charakters des Wissens als öffentliches Gut auch in diesem Fall die Gefahr des *Marktversagens* gibt. Dieses wird mit folgenden eng miteinander verbundenen Argumenten begründet. Eigeninteressierte Akteure beziehen bei ihren Entscheidungen nur die durch ihre Handlungen zu erwartenden *eigenen* Vor- bzw. Nachteile, nicht aber die Vor- bzw. Nachteile, die anderen aus diesen Handlungen erwachsen, mit ein. Es kommt daher der Tendenz nach zu einer Unterversorgung mit Gütern, die positive externe Effekte aufweisen. Hier ist die Nichttrivialität im Konsum der Grund für die Unterversorgung. Das zweite Argument stellt auf die Nichtausschließbarkeit ab: wenn die Erträge der Anstrengungen eigeninteressierter Akteure nicht nur diesen zugutekommen, sondern ganz oder zum Teil an Dritte fließen, entfällt oder vermindert sich der Anreiz der ersteren, diese Anstrengungen auf sich zu nehmen. Folglich unterbleiben diese entweder ganz oder werden nur in geringerem Umfang unternommen. Genau diese Situation liegt aber im genannten Fall der externen Effekte vor, wo die gesamte Gesellschaft am Nutzen aus den Aktivitäten einzelner teilhat. Infolgedessen bestehe in einer Marktwirtschaft die Tendenz, zu wenig in die Bildung von Humankapital und die Entwicklung neuer Technologien zu investieren. Dem Staat komme folglich die Aufgabe zu, dieses Hemmnis zu verringern oder zu überwinden – durch öffentliche Ausbildungseinrichtungen (Schulen, Fachhochschulen, Universitäten), ein die Ansprüche der Erfinder zumindest zeitweise schützendes Patentwesen, technologiepolitische Maßnahmen usw. (Als Beispiel für den Erfolg einer derartigen Politik wird häufig das japanische Super-Ministerium MITI genannt.)

Fassen wir zusammen: Anders als im Modell Solows wird die langfristige Wachstumsrate in den Ansätzen der „neuen" Wachstumstheorie *endogen* bestimmt. Die Sparquote als Ausdruck der Neigung, zusätzliches Human- und Wissenskapital zu bilden, wird zu einem der Hauptbestimmungsgründe für wirtschaftliche Dynamik. Die Entscheidungen der einzelnen Akteure rücken ins Zentrum der Analyse. Gesellschaften sind und bleiben vor allem dann relativ arm, wenn und weil ihre Mitglieder wenig sparen, d. h. zu keinen größeren Konsumverzichten in der Gegenwart bereit sind. Die Akkumulationsneigung ist die Schlüsselgröße für wirtschaftliche Prosperität. Daneben sind die Effektivität, mit der jede Einheit Konsumverzicht in einen Zuwachs an Humankapital oder an technischem Wissen übersetzt wird, sowie die den Akkumulationsprozeß fördernde oder hemmende Politik des Staates von Bedeutung. Natürliche Ressourcen hingegen spielen in dieser Theorie keine oder allenfalls eine vernachlässigbar geringe Rolle. Das gesamte Augenmerk konzentriert sich auf akkumulierbare Faktoren der Produktion. Thematisiert werden des weiteren nur „positive" externe Effekte, nicht aber „negative", die mit der Produktion und erst recht mit einer wachsenden Produktion verbunden sind: die Veränderung bzw. -zerstörung der Umwelt und dergleichen. (Dies bedeutet nicht, daß negative externe Effekte von der ökonomischen Theorie überhaupt nicht erörtert werden. Tatsächlich kommt ihnen in der Umweltökonomik ein zentraler Platz zu. Das Konzept des *sustainable development* – der anhaltenden wirtschaftlichen Entwicklung – versucht gerade diesem Aspekt Rechnung zu tragen. Aus Platzgründen kann hierauf nicht näher eingegangen werden.)

Wirtschaftliches Wachstum, so das Ergebnis der Theorie des endogenen Wachstums, ergibt sich, wenn und weil die Mitglieder einer Gesellschaft dies wollen. Das Wachstum ist unter sonst gleichen Umständen umso größer, je größer die durchschnittliche Spar- und Akkumulationsneigung ist. Wirtschaftliche Expansion ist der in die Tat umgesetzte Wille von über Märkte miteinander kommunizierenden Wirtschaftssubjekten, – in einer privatwirtschaftlichen Ordnung mithin eine Notwendigkeit.

Schlußbemerkung

Die Absicht der vorliegenden Arbeit bestand darin, einen knappen kritischen Abriß der Theorie des wirtschaftlichen Wachstums seit der klassischen politischen Ökonomie bis heute zu geben. Dabei hat sich gezeigt, daß der Fortschritt dieser Wissenschaft seit ihren Anfängen weit weniger groß ist, als manche ihrer modernen Repräsentanten glauben. Für letztere gilt nicht selten, daß sie das Neue zu überschätzen geneigt sind, weil sie das Alte nicht mehr kennen. Tatsächlich sind wir über die Einsichten eines Adam Smith oder David Ricardo nicht nennenswert hinausgekommen. Es ist eine der Ironien der sogenannten „neuen" Wachstumstheorie, daß Wissen als eine auf einer Skala meßbare und – einmal vorhanden – in alle Zukunft hin verfügbare, d. h. nicht mehr zu verlierende Angelegenheit begriffen wird. Dabei zeigt gerade das Beispiel der „neuen" Wachstumstheorie, daß diese Annahme nicht zutrifft, denn was erstere zu bieten hat, ist im wesentlichen lediglich ein Satz alter Ideen in neuem Gewand. Die Ideen als solche sind nicht uninteressant, aber sie verweisen auf Sachverhalte von einer Komplexität, die das Leistungsvermögen der Nationalökonomie damals wie heute überfordert. Was letztere anzubieten hat, ist daher bestenfalls ein analytischer Rahmen, innerhalb dessen man vernünftig mit der Aussicht auf kleine Erfolge, d. h. Einsichten, diskutieren kann.

Es ist eine weitere Ironie der Geschichte unseres Faches, daß in einer Zeit, in der die negativen Begleiterscheinungen wirtschaftlichen Wachstums weithin wahrgenommen werden können, eine sich als „neu" gebende Theorie diesen Begleiterscheinungen und den sich daraus ergebenden Problemen keinerlei nennenswertes Verständnis entgegenbringt. Umso erstaunlicher ist die Weitsicht der klassischen politischen Ökonomen, die in einer Epoche, in der diese Begleiterscheinungen allenfalls erahnt, aber noch kaum auf breiter Front beobachtet werden konnten, der Endlichkeit der vom Menschen genutzten Umwelt große Aufmerksamkeit schenkten. Auch aus diesem Grund ist die Lektüre der alten Meister häufig ergiebiger als diejenige der neuen.

Literatur

BARRO, R. J./SALA-I-MARTIN, X. (1995) Economic Growth. McGraw-Hill, New York.
BURMEISTER, E./DOBELL, A. R. (1970) Mathematical Theories of Economic Growth. Macmillan, New York.
KEYNES, J. M. (1936) The General Theory of Employment, Interest and Money. Macmillan, London.
KURZ, H. D./SALVADORI, N. (1994) What is „New" in the New Theories of Economic Growth? Or: Old Wine in New Goatskins. Überarbeitete Version eines Vortrags gehalten anläßlich des Workshops „Endogenous Growth and Development" der International School of Economic Research, Universität Siena, 3.–9. Juli 1994; erscheint im Tagungsband.
KURZ, H. D./SALVADORI, N. (1995a) Theory of Production. A Long-Period Analysis. Cambridge University Press, Cambridge, Melbourne, New York.
KURZ, H. D./SALVADORI, N. (1995b) Theories of „Endogenous" Growth in Historical Perspective. Vortrag gehalten anläßlich des Elften Weltkongresses der International Economic Association, Tunis, 18–22 Dezember 1995; erscheint im Tagungsband.
LUCAS, R. E. (1988) On the Mechanics of Economic Development. Journal of Monetary Economics 22: 3–42.

PREISER, E. (1967) Wirtschaftliches Wachstum als Fetisch und Notwendigkeit. In: Preiser, E. (Hrsg.) Wirtschaftspolitik heute. Grundprobleme der Marktwirtschaft. Beck, München, 142–160.

RICARDO, D. (1995) Grundsätze der Politischen Ökonomie und der Besteuerung. Deutsche Übersetzung d. 3.Aufl. der Principles of Political Economy and Taxation (1821, 1.Aufl. 1817), hrsg. v. KURZ, H. D. unter Mitarbeit von Gehrke, Ch./Kotheimer, O. Metropolis Verlag, Marburg.

ROMER, P. M. (1986) Increasing Returns and Long-Run Growth. Journal of Political Economy 94: 1002–1037.

SMITH, A. (1976) An Inquiry into the Nature and Causes of the Wealth of Nations. (1. Aufl. 1776). Campbell, R. H./Skinner, A. S./Todd, W. B. (Hrsg.) Glasgow Edition of the Works and Correspondence of Adam Smith, Bd. II. Oxford University Press, Oxford.

SCOTT, M. F. (1989) A New View of Economic Growth. Clarendon Press, Oxford.

SOLOW, R. M. (1956) A Contribution to the Theory of Economic Growth. Quarterly Journal of Economics 70: 65–94.

KAPITEL 12

Ursachen für das Wachstum mechanischer Mobilität und seine Folgen
Hermann Knoflacher*

Wachstum und Mobilität zunächst aus eingeschränkter Sicht
Unter dem Obertitel „Verkehrstechnologie – Schlüsselrolle für die Mobilitätssicherung" und dem Untertitel „1. Wachstumsimpulse durch Basisinnovationen" beschreibt Professor Achim Dieckmann (1995) vor allem aus der Sicht der Automobilindustrie, die auch zur dominierenden Sicht vieler Verkehrswissenschaftler und der meisten Verkehrspolitiker geworden ist, dieses Problem wie folgt: „In Personen- und Tonnenkilometern ausgedrückt hat sich die Verkehrsleistung in Deutschland je Kopf der Bevölkerung seit Beginn dieses Jahrhunderts mehr als verzehnfacht. Obwohl die „Grundlast" dieser Raumüberwindungsleistung nach wie vor zu Fuß bewältigt wird, stützt sich der steigende Güteraustausch und das zeitweise exponentielle Mobilitätswachstum in diesem Zeitabschnitt auf den Einsatz von innovativen Verkehrstechnologien, die eine zunehmend arbeits- und standortteilige Produktionsweise ermöglichten. Die Innovation bei den Verkehrstechnologien und Produktionsprozessen hat die gesellschaftlichen Interaktionsspielräume weit über die Grenzen der zu Beginn dieses Jahrhunderts noch dominierenden Nationalstaaten hinaus ausgedehnt und damit die Grundvoraussetzungen für die wirtschaftliche und politische Integration in kontinentale Großräume geschaffen. Dabei haben sich Wirtschafts- und Mobilitätsentwicklung gegenseitig beflügelt und auf der Grundlage von Basisinnovationen in der Verkehrstechnologie Wachstumsschübe ausgelöst, die in langen Wellen der Wirtschaftsentwicklung moderner Industrienationen nachhaltig prägten. Zumindest lassen sich die Einführung verkehrlicher Basiserfindungen gut mit den Kontradieff-Zyklen verbinden. (Darunter versteht man formale Beschreibungen von Symptomen im Verkehrswesen, die zeigen, daß ca. alle 50 Jahre ein anderes Verkehrsmittel die größten Wachstumsraten aufweist.)
Die Anstoßwirkungen, die von neu aufkommenden und sich im Markt etablierten Verkehrsträger-Technologien und deren Lebenszyklen ausgehen, lassen sich an der Nachfrageelastizität, bezogen auf die Entwicklung des Bruttoinlandsproduktes, abgreifen. Dabei zeigen die diesen Prozeß tragenden Verkehrsträger ganz ähnliche Entwicklungsmuster. Der verkehrstechnische Fortschritt hat so das Mobilitätsniveau immer weiter nach oben verschoben. Unauflösbar verknüpft mit dem Prozeß der Industrialisierung ist die Nutzung der Dampfmaschine und der Eisenbahn. Mit fortschreitender Industrialisierung ist die Bahn, neben der Binnenschiffahrt als ein neues, eigenständiges Verkehrssystem hoher

---

* **Hermann Knoflacher** ist Stadt- und Verkehrsplaner, 1940 in Kärnten geboren (Bruder von Markus K.), studierte Bauingenieurwesen, Geodäsie und Mathematik, promovierte und habilitierte in Gebieten des Verkehrswesens an der Techn. Univ. Wien, Prof. für Verkehrsplanung und Verkehrstechnik, Gast an mehreren ausländischen Universitäten.
Zugang zum Thema über die Beobachtung einander ausschließender Denkmuster in den Wissenschaften, namentlich der Technik und der Evolutionsbiologie, die Notwendigkeit eines Verständnisses für komplexe Systeme, Kontakte mit Konrad Lorenz und Rupert Riedl, viele Forschungsprojekte, Einzelpublikationen, einschlägige Bücher.

Massenleistungsfähigkeit ausgebaut worden. Die neue Technologie „depossedierte" wie Neumark sich ausdrückte (Neumark 1948) den bis dahin dominierenden Landverkehr zu Fuß, per Pferd oder Kutsche auf der Straße. Sie schuf aber zugleich durch die von ihr ausgehenden Wachstumsimpulse die Grundlage für einen zweiten grundlegenden Wandel des Verkehrswesens, der die Straße nicht nur in ihre alte Bedeutung als der wesentliche Landverkehrsträger zurückführte, sondern ihr auf der Grundlage der in Europa nach dem zweiten Weltkrieg einsetzenden Massenmotorisierung die Rolle eines Wachstumssektors par excellence verschaffte." Dem ist nichts hinzuzufügen, die Sicht auf Mobilität ist hier eindeutig – es handelt sich um physische Bewegungen. Noch im alten Brockhaus 1954 findet man unter Mobilität noch nichts vom Autofahren. Mobilität ist definiert als die Zahl der Wohnortwechsel, die geistige und die soziale Mobilität. Von allen drei Mobilitätsbegriffen ist im obigen Zitat nicht die Rede, sondern offensichtlich ausschließlich die mechanische Mobilität angesprochen. Deren Wachstum scheint, wenn man den sogenannten „Prognosen" Glauben schenken will, ungebrochen zu sein und sich noch fast beliebig weiter fortzusetzen. Dieses Wachstum scheint nichts zu bremsen. Will man sich mit den Fragen der Mobilität auseinandersetzen, ist es notwendig einige Grundbegriffe und Wirkungsmechanismen im System näher zu beleuchten.

Daß Mobilität ein wesentlicher Bestandteil des Lebens überhaupt ist, dürfte kaum zu bestreiten sein, handelt es sich dabei nicht nur um Stoff- und Energieflüsse, sondern vor allem auch um Informationen. Im folgenden soll in erster Linie die physische Mobilität behandelt werden, wozu eine Reihe von elementaren Begriffen abzuklären ist.

Mobilität – was man darunter versteht
Im Sprachgebrauch versteht man heute unter „Mobilität" eine physische Form der Bewegung, die meist an das Fahrzeug gebunden ist. Diese wächst mit dem Fahrzeugbestand und scheint allen Prognosen Lügen zu strafen – der Autoverkehr entwickelt sich über alle Grenzen hinaus, die man vor Jahren als solche glaubte erkannt zu haben.

Nun ist Autofahren selbst ein Paradoxon bezüglich Mobilität, sitzt doch der Mensch meist festgeschnallt in einem Sitz in einer höchst immobilen Form und wird in einer „Blechdose auf Rädern" transportiert. Ebenso wenig ist das Automobil tatsächlich „Auto-mobil", also selbstfahrend. Jeder Esel, jedes Pferd, jeder Hund sind wesentlich automobiler – wer es nicht glaubt, soll die Probe aufs Exempel machen. Auch bedeutet Autofahren keineswegs geistige, soziale oder Wohnungsmobilität, sondern gerade das Gegenteil ist sehr häufig der Fall. Ein Arbeitspendler, der mit dem Auto zwischen Wohn- und Arbeitsort hin und her fährt erzeugt zwar eine Menge an Autofahrten, Umweltbelastungen und Lärm, ist aber weder sozial mobil, sonst würde er den sozialen Aufstieg möglicherweise in seiner Wohnumgebung schaffen, noch ist er geistig mobil, weil er dann seinen Bürgermeister mit Argumenten solange in den Ohren liegen würde, bis dieser dafür sorgt, daß Arbeitsplätze in seiner Wohnungsnähe entstehen. Diese „Inkarnation" von Immobilität wird im Verkehrswesen paradoxerweise als maximale Mobilität bezeichnet. Es ist daher durchaus sinnvoll sich um einen Mobilitätsbegriff zu bemühen, der etwas umfassender dieses Phänomen der physischen Mobilität beschreiben kann. Dazu verwendet die Mobilitätsforschung die sogenannte Mobilitätsrate, die die Zahl der Wege pro Person und Tag als Durchschnittswert angibt. Wir stellen dabei nun fest, daß sich an dieser Mobilitätsrate in den vergangenen Jahrzehnten nur unwesentliches geändert hat, d. h. man kann heute ziemlich sicher von der Annahme ausgehen, daß die Mobilitätsrate, also die Zahl der Wege pro Person und Tag unabhängig von der Art des Verkehrsmittels ist und auch durch die Motorisierung nicht beeinflußt werden kann. Mobilität ist daher weder steigerbar, noch wesentlich verminderbar, wenn die Zahl der Bedürfnisse und die Zahl der Aktivitäten des Menschen annähernd gleich bleibt. Wenn daher die Zahl der Autofahrer zugenommen hat, dann müssen andere Verkehrsteilnehmer weniger geworden sein. Wir wissen heute, daß jede Art von mechanischer Mobilität aus dem Fußgeherverkehr hervorgegangen ist und daher eine rapide Abnahme der Fußgehermobilität zur Folge hatte. Entdeckt wurde dieser Zusammenhang 1986 bei der Analyse des Fahrradverkehrs für Wien, als man feststellte, daß der Anteil der Radfahrten einer Population abhängig ist vom Angebot an Radwegen. D. h. die Außenwelt (Radwege) verändern das Verhalten (Anteil der Radfahrten an der Gesamtzahl der Wege). Da der Mensch seit jeher gewohnt war auf Außenreize zu reagieren, ist damit auch die Erklärung dafür geliefert, warum immer mehr Autofahrten entstanden sind: die gesamte Außenwelt im verbauten Gebiet wurde ja zu Fahrbahnen und privilegierten Räumen für die Autofahrer umgewandelt – jeder ist ein Narr, der sich noch in einer anderen Form fortbewegt. D. h. Mobilität in einer bestimmten Form ist kein Naturgesetz, sondern Mobilität wird gemacht und muß damit verantwortet werden von Technikern, Ökonomen und Politikern. Es gibt daher keine Prognose eines Mobilitätswachstums, sondern es gibt eine Eigendynamik, die, wenn man sie nicht beeinflußt, zu bestimmten Entwicklungen führt, wenn man sie beeinflußt, andere Entwicklungen ermöglicht. Vom konstanten Mobilitätskuchen kann man daher, je nach Gestaltung der Außenwelt, dem einzelnen Verkehrsteilnehmer (fast) beliebige Stücke zuteilen – man muß nur wissen, wie.

Es gibt keine Zeiteinsparungen durch Geschwindigkeitserhöhung im System
Selbstverständlich erlebt jeder von uns, wenn er sich schneller von A nach B bewegt, daß er weniger Zeit benötigt. Dies wird nun von Ökonomen, Technikern dazu benutzt, die Summe der Zeiteinsparungen mit bestimmten Geldbeträgen zu multiplizieren, um daraus den „Nutzen" jeder Investition für schnelle Verkehrssysteme zu begründen. Die Österreicher waren nach dem Krieg vorwiegend zu Fuß unterwegs, heute ist der Großteil unserer Bevölkerung im Auto mobil. Geschwindigkeiten sind damit auf mehr als das Zehnfache der seinerzeitigen Werte gestiegen, der Staat hat enorme Summen investiert, um schnellere Verkehrssysteme zu ermöglichen, jeder einzelne hat sich ebenfalls zum Teil sogar verschuldet, um an diesem schnellen Verkehrssystem teilzunehmen. Wir müssen uns daher fragen: „Wo ist denn die Summe dieser eingesparten Zeiten geblieben?". Außerdem müßte eine Gesellschaft, die über schnelle Verkehrssysteme verfügt, einen „Zeitüberschuß" haben, also immer gemütlicher werden. Dies widerspricht sowohl unserer Erfahrung, als auch unserem Gefühl. Wir haben uns daher zu fragen, wo denn die „durch Geschwindigkeitserhöhung eingesparte Zeit" geblieben ist? Auch darauf gibt uns die Mobilitätsforschung eine Antwort: Im System bleibt keine Zeit übrig. D. h., das Verkehrssystem als technisches System (als Zwischenschicht über den Menschen eingezogen) hat den Menschen zum reagierenden Teilchen gemacht, der innerhalb dieses Systems diesen Systemeigenschaften gehorcht – und die sind durch die Konstanz der Mobilitätszeiten bestimmt.
Nun ist der Glaube an die eigene Erfahrung auch bei den Fachleuten und in der Politik so groß, daß sie dem mehr vertrauen als der längst nachgewiesenen Systemwirkung. Schon 1889 hat der Oberinspektor Lill (1989) im Rahmen seiner Dissertation an der TU-Wien im Rahmen des weltbekannten Lillschen Reisegesetzes nachgewiesen, daß das Verkehrssystem die Zeitkonstanz aufweist (ohne es allerdings explizit anzugeben). Es werden daher

sämtliche Investitionen für schnelle Verkehrssysteme mit einer Größe begründet, die gar nicht existiert. Die Wirkungen dieses Irrtums sind allerdings erheblich.

Die Abhängigkeit des Menschen vom Auto
Warum sind Menschen so vom Auto abhängig? Würde man von Fußgängern verlangen, daß sie ebenso wie Autofahrer einen Rahmen mit sich herumschleppen, der ihnen den gleichen Anteil am öffentlichen Raum und ihre Privatsphäre garantiert, würde man dieses Unterfangen als völlig absurd und stumpfsinnig, unsozial und dumm bezeichnen.
Niemanden würde es einfallen, auch nur einen Groschen zur Förderung dieses Mobilitätsverhaltens auszugeben. Im Autoverkehr sind es hunderte Millionen ECU, die zur Verbesserung dieses Systems investiert werden, was nur das fundamentale Gesetz „Geld mal Geist ist eine Konstante" bestätigt bzw. die alte Volksweisheit, daß Dummheit keine Grenzen hat, in mathematisch eleganterer Form zum Ausdruck bringt. Der Erkenntnisweg zur Abhängigkeit des Menschen vom Auto führt über die Verkehrsplanung, die Bienenforschung und die evolutionäre Erkenntnistheorie. Aus der Verkehrsplanung ist bekannt, daß der Mensch Zeiten völlig unterschiedlich bewertet, je nachdem, wie er sie verbringt. Es wurde festgestellt, daß die Fußwegzeit gegenüber der Fahrzeit überproportional hoch eingeschätzt wird.
Der Reziprokwert dieses Zeitbewertungsfaktors würde von ihm als Attraktivität bezeichnet und zeigt eine mit zunehmender Fußwegentfernung abnehmende Akzeptanz dieses Fußweges.
Die gleiche Funktion konnte Karl von Frisch (1965) bei der Entzifferung der Bienensprache feststellen, da die Frequenz der Schwänzeltänze auf der Wabe mit zunehmender Flugentfernung zu den Futterstellen exponentiell abnimmt.
D. h. auch hier sinkt die Attraktivität. Beiden Funktionen liegt ein gemeinsamer Erklärungsansatz zugrunde (Knoflacher 1981) – der körpereigene Energieverbrauch. Im aufrechten Gang braucht der Mensch wesentlich mehr Energie, wie bei fast allen Formen mechanischen Transportes. Nun dürfte aber der Energieverrechnungsmechanismus einer der erfolgreichsten evolutionären Selektionsmechanismen sein und sehr alt. D. h. es ist ihm kaum durch kulturelle und rationale Argumente beizukommen, sondern lediglich durch eine Änderung der Umgebungsverhältnisse. Der Mensch hat sich mit dem technischen System Auto, das ihm pro Zeiteinheit die Hälfte seiner Körperenergie sparen hilft, ihm aber gleichzeitig um das Zehnfache oder mehr weiterbringt, in eine evolutionäre Falle begeben, aus der es keinen Ausweg gibt, solange es nicht gelingt, Systeme zu errichten, die den Menschen vor dem Zugriff des Auto schützen. Wenn man den öffentlichen Verkehr als Maßstab nimmt, dann ist diese Mindestforderung erst dann erfüllt, wenn die Entfernung zum geparkten Auto nicht kürzer ist als die Entfernung zur Haltestelle.
Damit kann ein Wachstumsregulator in die hemmungslose Zersiedlung unserer Strukturen bei gleichzeitiger Konzentration eingeführt werden. Die Ursache ist nicht das Auto, sondern das Defizit des Menschen in seiner Ausstattung gegenüber den Verlockungen dieser technischen Produkte.

Ursachen für das Wachstum

Ein evolutionär erfolgreiches Prinzip wird zur Falle
Mit dieser Analyse haben wir die Ursachen des Wachstums im heutigen Verkehrssystem aufgedeckt. Das Auto, ein sehr spätes Artefakt hoher technischer Entwicklung, verbindet

sich mit einer der ältesten Evolutionsschichten, die bisher immer erfolgreich agiert hat, nämlich dem Energieverrechnungsmechanismus des Körpers, in einer verhängnisvollen Art und Weise. Mit weniger als der Hälfte der Körperenergie kann die 10-, 20- oder 30fache Geschwindigkeit erreicht werden und damit in gleicher Zeit ein entsprechendes Vielfaches an Längen zurückgelegt werden. Diesem evolutionären Sprung ist kein Mensch gewachsen. Bisher mußte Einsparung der Körperenergie immer durch einen hohen Aufwand erkauft werden – mit der Nutzung der externen Energie ist für unsere Sinne mehr als das perpetuum mobile entstanden. Mit einem minimalen Aufwand der Körperenergie können wir eine Unmenge externer Energie kaufen, und damit sparen wir nicht nur Körperenergie, sondern vor allem geistige Energie, weil wir dieses Defizit durch entsprechende physische Mobilität in vielen Bereichen kompensieren können. (Wer hatte noch keinen Handwerker zu Hause, der mehrmals in die Werkstätte fahren mußte, um Werkzeug, Material und sonstige für seine Tätigkeit notwendige Dinge zu holen, die die Handwerker früher selbstverständlich immer mit hatten, weil sie sich vorher den Kopf zerbrechen mußten, was sie brauchen.) Auf dieser ältesten und stärksten Ebene, hat sich nun das Auto mit dem Menschen (sozusagen im Stammhirn) verbunden und wird durch alle späteren Schichten evolutionärer Entwicklung nicht gebremst, sondern ganz im Gegenteil verstärkt. Die Wissenschaftler haben dieses Dickicht nicht durchdrungen, weil sich fast keine der Wissenschaften (außer der Erkenntnistheorie) mit diesen alten Schichten beschäftigt, sondern suchen die Lösungen in viel späteren Evolutionsschichten, wo die Ursachen aber nicht zu finden sind. Auch die Therapie ist dort nicht zu finden, da der Lösungsweg dem Entstehungsweg folgen muß. Daher sind alle Ansätze in diesem Bereich bestenfalls Symptombeschreibungen.

Zweite Ursache – der Preis als treibende Kraft
Für Bequemlichkeit muß man normalerweise einen adäquaten Preis entrichten – nicht so derzeit im Verkehrswesen. Da die Menschheit der Faszination der technischen Verkehrssysteme seit über einem Jahrhundert unterliegt, hat sie in einer Art Loslösung von der physikalischen Realität die Transportkosten von diesem einmaligen „evolutionären Vergnügen" ferngehalten. Dies gilt für die Benutzung des öffentlichen Raumes ebenso wie für die kostenlose Lärmerregung, Vergiftung und Tötung anderer, wie auch für den immer wieder erwähnten Benzinpreis. Würde man nur die Einkommens-Preisrelation der 50er Jahre auf heute umlegen, müßte 1 Liter Normalbenzin rund öS 70,– kosten. Unter diesen Bedingungen hätten wir ein anderes Verkehrssystem, eine andere Wirtschaftsform, kaum Autoverkehrsprobleme, einen bessseren öffentlichen Verkehr, eine größere Vielfalt usw. Es ist etwa paradox, daß die am zweckmäßigsten nutzbare Energieform etwa der Treibstoff, spezifisch heute billiger ist als etwa elektrische Energie oder gar Körperenergie.

Dritte Ursache – Änderung des Wertesystems
Durch den „tiefen Zugriff" des Verkehrsmittels Auto auf unsere Evolutionsschichten sind auch späte „Wachstumshemmer", wie Wertesysteme, die das Zusammenleben regeln, sehr schnell außer Kraft gesetzt worden. Mit dem Auto darf man z. B. töten, wenn man sich nur an die Verkehrsregeln hält, man darf anderen Menschen beliebig Lebensraum und Lebensqualität wegnehmen, ohne dafür zur Verantwortung gezogen zu werden, man darf andere Menschen krank machen, in dem man kanzerogene, mutagene Stoffe in ihre Atemluft bläst – in jeder anderen Form ein kriminelles Vergehen.

Das Rechtssystem: wurde überrollt und kann der Entwicklung nicht mehr folgen
Da Rechtssysteme meist nur nach rückwärts gewandt sind, sind sie der rasanten Entwicklung der Technik auch in diesem Bereich nicht gewachsen. Dies zeigt am deutlichsten unser Verkehrsrecht, bei dem die Justiz noch mit dem „römischen Kurzschwert" unterwegs ist, die Realität aber längst mit dem Auto fährt. Verwaltungsgrenzen, also Fußgängerbereiche von früher, die die Kommunalstrukturen bestimmen, werden mit Leichtigkeit bei hohen Geschwindigkeiten überfahren – das Recht steht diesem Phänomen hilf- und verständnislos gegenüber. Das heißt, die Bewältigung dieser Entwicklung steckt noch nicht einmal in den Anfängen. Wir erkennen damit zwei Faktoren, die das ungehemmte Wachstum des Autoverkehrs und die damit zusammenhängenden übrigen Bereiche unseres Lebens beeinflussen:
a) das „evolutionäre Wunder", bei geringem Aufwand der Körperenergie eine höhere Leistung, Überlegenheit und gesellschaftliche Anerkennung bis hin zur Bewunderung zu erlangen, und
b) den durch diese Faszination entstandenen, in den meisten späteren Schichten der menschlichen Zivilisation, Kultur und Gesellschaft erfolgten Abbau aller wachstumshemmenden Größen. Unter diesen Bedingungen muß sich das System exponentiell entwickeln. So wurde (Knoflacher 1994, 1996) nachgewiesen, daß das Verfahren, das heute weltweit für die Bestimmung des Bedarfes durch Fahrbahnbauten eingesetzt wird, die Ursache exponentiellen Wachstums des Autoverkehrs bildet. Überstrukturen nützen diesen Defekt des Menschen. Industrie, Wirtschaft, Nationalökonomie, vor allem aber auch die Wissenschaften, wie das Verkehrswesen, aber auch die Politik haben damit scheinbar ein Eldorado unbegrenzten Wachstums gefunden, das durch zahlreiche Tabus nach allen Richtungen geschützt wurde. Mit dem Verkehrsmittel Automobil kann man kommunale Probleme leicht über die Gemeindegrenzen abschieben. Arbeitslose werden durch Verkehrslösungen in die nächste Gemeinde, in die nächst größere Stadt, in das nächste Land verschoben und abgeschoben – das Problem ist aus dem eigenen Verantwortungsbereich verschwunden. Über die Medien sorgen die Lobbys der Erdöl-, Automobil- und Bauwirtschaft für den nötigen Applaus für diese Art von Politik. Es ist erstaunlich, wie bescheiden der Fiskus bisher an diesem immer größer werdenden Kuchen „mitnascht". Jeder Finanzminister unserer hochmotorisierten Länder könnte in kürzester Zeit seine Budgetprobleme dadurch lösen, daß er jene Abgaben im Autoverkehr einführt, die dieser schon längst zu tragen hätte – er wagt es nicht: Tabus und die Drohung der Lobbys, ihn über die Medien „fertigzumachen" sorgen dafür, daß das ungehemmte und unkontrollierte Wachstum beliebig weitergeführt wird.
Der Automobilindustrie ist es gelungen, unter dem Begriff „Wirtschaft" sich selbst und sonst niemanden in Szene zu setzen. Die geistige Bequemlichkeit aller handelnden Personen wird durch diese Art von Überwindung von Raum und Zeit zu unechten Preisen nicht nur nicht erkannt, sondern sogar belohnt. Miserabler Städtebau, miserable Kommunal-, Regional- und Nationalpolitik und inferiore Umweltpolitik sind abhängig von einer möglichst hemmungslos wachsenden Mobilität, mit welcher man die Menschheit von den Problemen, die sie zu lösen hätte, jederzeit ablenken und wegführen kann. „Wer es nicht im Kopf hat, muß es in den Füßen haben", sagt der Volksmund und impliziert in dieser Wahrheit, daß mit 200 PS in den „Beinen", auch ein Hohlkopf in allen Gebieten reüssieren kann.
Das wohlige Gefühl der Einsparung von Körperenergie und das Eintreten in ein System jenseits der menschlichen Dimensionen, gepaart mit Prestige, der fehlenden Erfahrung und

zunächst positiven Erfahrungen und Effekten, erzeugen ein Gefühl der Überlegenheit und Unverzichtbarkeit. Gestützt wird dieses Empfinden noch dadurch, daß die Wissenschaften wegen ihrer Querschnittsorientierung für die Längsschnittwirkung keine Durchsicht haben. Der Blick ist hier nicht nur vernebelt, sondern durch eine solide Blechkiste, die das ehemalige Brett vor dem Hirn abgelöst hat, völlig verstellt.

Folgen des Wachstums

Zersiedlung und Konzentration
Der Effekt dieser die menschlichen Erfahrungen überschreitenden Systemausweitung über die Geschwindigkeit führt aufgrund der Zeitkonstanz zu einer Ausdehnung der Reiseweiten. Die Wege nehmen proportional zur Geschwindigkeitssteigerung zu mit zwei Effekten:
a) der bekannten Zersiedlung, insbesondere deutlich sichtbar bei der Wohnbautätigkeit im Umland bestehender Siedlungen und

b) gleichzeitig stattfindenden Konzentration bei gleichzeitiger Zerstörung aller kleinen Strukturen.

Die Konzentration findet vor allem im Handel statt, wo die Nahversorgung durch Supermärkte ersetzt wird, aber auch bei Arbeitsplatzstrukturen und sonstigen Wirtschaftskörpern. Den Preis dieser Entwicklung bezahlen sämtliche kleinen Strukturen, die keine Chancen haben, sich in diesem System zu behaupten, solange die Transportkosten entsprechend niedrig sind. Während im ökologischen System die Stabilität durch eine Reihe von hierarchisch aufgebauten Schichten gewährleistet ist, wurde durch das mechanische Transportsystem der Durchgriff durch viele ehemaligen Schichten möglich und das System immer zentralistischer und damit von immer weniger Megastrukturen abhängig. Konnte sich früher der Greißler noch aus dem Umfeld versorgen und damit die Summe der Greißler eine enorme Vielfalt an Vernetzungen mit den Produzenten herstellen, sind heute die Großstrukturen dabei, sich auf den Weltmärkten mit jenen billigen Waren zu versorgen, die sie dann um möglichst teures Geld an die Konsumenten weiterbringen und sie bezeichnen dies noch in geschickten Täuschungsmanövern als „Vielfalt des Marktes". Ein weiteres Phänomen ist außerdem festzustellen, nämlich das „Schrumpfen des Raumes". Da unsere Sinnesleistungen nicht mit den technischen Geschwindigkeiten, die wir heute fast allen Menschen zugänglich gemacht haben, Schritt halten, schrumpft daher der Eindruck eines Raumes.

Die Vielfalt der Lebensräume, insbesondere jener länger besiedelter Strukturen, ist ein Ergebnis des Fußgeherverkehrs, also unserer historischen Siedlungen und Städte. Ein Raum, zu Fuß durcheilt, ermöglicht den Menschen eine enorme Erlebnisvielfalt und kann bei ihm das in Bewegung setzen, was man unter geistiger Mobilität versteht. Mit den hohen Geschwindigkeiten verschwindet diese Vielfalt, und gleichzeitig wird der Raum wesentlich kleiner. Diesen Umstand machen sich nun jene Großstrukturen zunutze, die den „Nährwert" bestimmter Gebiete ausbeuten wollen. Sei es, daß sie die Arbeitskraft, die Ressourcen der Landwirtschaft, des Bodens oder der Natur nützen wollen, oder sei es daß sie einfach Macht über dieses Gebiet ausüben wollen. Um den Wert eines Gebietes zu nutzen, sei als Beispiel dargestellt, wie durch die „Mundöffnung" eines Konzernes jenes Gebiet charakterisiert werden soll, das „unter Kontrolle" gebracht wird. In einem langsamen System kann daher jemand, der Interesse hat, das Gebiet unter Kontrolle zu bringen, nur ganz kleine Teile „wirtschaftlich oder sonstwie okkupieren". Erhöht man die Geschwindigkeit, schrumpft der Raum, und er kann in der gleichen Zeit immer größere Räume für seine Zwecke nutzbar machen. Eine Art Neokolonialismus breitet sich auf diese Art und Weise aus. Allerdings nicht nur von den Nationalstaaten aus betrieben, sondern von den Großkonzernen, für die Nationalstaaten längst zu Beuteobjekten geworden sind. Was diese Großkonzerne noch am ungehinderten Zugriff zu den Brieftaschen der Bürger, ihrer Arbeitskraft und den Ressourcen gehindert hat, waren bisher nationalstaatliche Grenzen – diese müssen abgebaut werden, der Prozeß ist bekannt, man erfindet ein Synonym für das an sich lebensvernichtende Unterfangen ungehemmten Wachstums von Großkonzernen: die EU oder die NAFTA. Mit dem Hinweis auf Kriegsgefahren, die sich durch Nationalstaaten ergeben, werden naive Politiker zu Fürsprechern dieser zukunftsvernichtenden Ideologie.

Antriebe aus falschen ökonomischen Theorien
Angetrieben wird dieses System außerdem durch zwei fundamentale Irrtümer aus der Ökonomie:
a) Die „Economy of Scale", die besagt, daß man durch immer größere Produktionseinheiten die spezifischen Produktionskosten und damit die Produktkosten reduzieren könne. Dies stimmt nur dann, solange sämtliche Produkte, die an einem Standort erzeugt werden, aus Rohstoffen dieses Standortes stammen und von Konsumenten an diesem Standort restlos konsumiert werden. Will man hingegen größere Stückzahlen für einen größeren Raum produzieren, dann ist es notwendig dafür ein Transportsystem einzurichten. Transport kostet nun einiges, sowohl bei der Zulieferung wie auch bei der Ablieferung und schließlich auch bei der Müllentsorgung. Nur wenn es gelingt diese Transportkosten der Allgemeinheit anzulasten, kann Economy of Scale über natürliche und sinnvolle Grenzen hinaus betrieben werden. Gerade dies ist aber in den vergangenen Jahrzehnten durch ideologische Blockade gerade des kapitalistischen Wirtschaftssystems hervorragend gelungen. Der Verkehr bzw. das Transportsystem wurden aus marktwirtschaftlichen Prinzipien ausgeschlossen. Kein mechanisierter Verkehrsteilnehmer zahlt heute die echten Kosten seiner Tätigkeiten und seines Nutzens. Allein das Parken im innerstädtischen Gebiet würde bei Anwendung marktwirtschaftlicher Prinzipien DM 700,– bis DM 800,–, also öS 5.000,– bis öS 6.000,– pro Monat kosten – man zahlt gar nichts. Kein Wunder, wenn hier unbegrenztes Wachstum angesagt ist, wird es doch ständig durch massive Subventionen gefördert, die den Menschen überhaupt nicht bewußt sind. Erst wenn der Organismus in der Autoflut erstickt, beginnt man darüber nachzudenken.
b) Der zweite fundamentale Irrtum, der das wirtschaftliche Geschehen beeinflußt, ist die sogenannte Arbeitsteilung oder die dazugehörige Theorie von Ricardo, der sogenannten „komperativen Kostenvorteile". Auch diese Theorie enthält jene Elemente nicht, auf der sie beruht. Wenn man Arbeitsteilung nicht am gleichen Ort sondern an verschiedenen Stellen betreiben will, muß dazwischen ein Transportsystem errichtet werden und gerade auf dieses hat auch diese ökonomische Theorie vergessen.
Beide Theorien, die heute das wirtschaftliche Handeln mit dem wirtschaftlichen Erfolg des Systems bestimmen, stehen mit beiden Beinen fest in der Luft. Beide Theorien sind in der Form wie sie heute in Anwendung gebracht werden und mit allen Mitteln am Leben erhalten werden, glatter Unsinn. Damit sie sich in der Realität noch einigermaßen durchsetzen, müssen die Transportkosten künstlich niedrig gehalten werden. Die Ursachen des Wachstums sind daher auch in dieser Ebene darin zu finden, daß man um jeden Preis versucht, in

einem System der Marktwirtschaft die Transportkosten aus den Prinzipien der Marktwirtschaft auszugliedern. Über steigende Transportkosten wird nämlich ein Großteil jedes Wachstums reguliert und die Vielfalt, die gleichzeitig auch wachstumsbegrenzend wirkt, sowie die Konkurrenzfähigkeit geweckt. Die heutigen Systeme führen zu Weltmonopolen unbegrenzten Wachstums und damit völliger Abhängigkeit der Menschen von wenigen starken Produzenten. Bei zunehmenden Transportkosten wird allein der Transport landwirtschaftlicher Produkte über größere Entfernungen völlig unwirtschaftlich, weil dort, wo man diese Produkte hinliefert, in der Regel schon wesentlich billiger produziert werden kann. Der Tod unserer Bauern ist daher die Folge dieser absurden ökonomischen Theorien gepaart mit der künstlichen Verbilligung des Transportsystems, das jenseits der physikalischen Grenzen unseres Universums in einer eigenen „ökonomischen Physik" jenseits der Realität betrieben wird.

Folgen für die Landwirtschaft
Die Folgen für die Viefalt der Landwirtschaft und die Existenz bäuerlichen Betriebes, sind verheerend. Die hohen Geschwindigkeiten zu unechten Preisen ermöglichen eine konzentrierte Landwirtschaft einerseits und die fast unbegrenzte Verteilung der Produkte andererseits. Damit wird der traditionelle kleine Markt des Landwirtes durch große zentrale Einheiten systematisch unterboten und zerstört, weil immer weniger Konsumenten in der Lage sind, zwischen „Food" und „Lebensmittel" zu unterscheiden. Bei einer Kostenstruktur, die der realen Welt entspricht, wäre es kaum rentabel, Kartoffel über zig-Kilometer zu transportieren, wenn am Ende dieser Strecke wieder ein Kartoffelproduzent steht, weil dieser unter fairen Wettbewerbsbedingungen seine Ware bei gleicher Qualität wesentlich billger auf den Markt brächte. Die geringen Transportkosten sind daher jenes Instrument, mit welcher die Agrarindustrie ihren Erzfeind, den Bauern, liquidiert. Der Prozeß ist so einfach wie wirksam. Die physische Liquidation der Bauern ist derzeit nicht üblich, sondern muß indirekt erfolgen. Dies geschieht über von der Öffentlichkeit finanzierte, schnelle Verkehrssysteme einerseits und Markt-Randbedingungen andererseits, die man sich in zentralen, möglichst weit von den Betroffenen entfernten Entscheidungsgremien beschafft. Zu diesem Zweck braucht man nicht nur schnelle und billige Verkehrssysteme, sondern vor allem eine Befehlszentrale für die Ausrichtung nationaler Politiken nach den Wünschen und Befehlen der Großkonzerne. Das logische Ergebnis dieser Entwicklung ist Brüssel und die EU. Damit verbunden ist der Untergang der Vielfalt der europäischen Kleinstrukturen des Handwerks, die Entfaltungsmöglichkeit der Landwirtschaft. Gestützt durch ein weltweites Informationssystem und Netz kann damit Sorge dafür getragen werden, daß das ungehemmte Wachstum dieser Strukturen möglichst ungebremst und ungestört sichergestellt werden kann. Wenn Wachstumsbeschränkungen drohen, wie etwa in der Kuwait-Krise, schreckt man auch vor offener Gewalt nicht zurück. Mit der durch die schnellen Verkehrssysteme gewachsenen Entfernung ist es auch wesentlich leichter möglich, Entscheidungen über die Betroffenen hinweg zu fällen und damit Strukturen zu realisieren, deren Unmaßstäblichkeit von der lokalen Bevölkerung unter normalen und fairen Bedingungen niemals akzeptiert würde.

Die Wissenschaften im klassischem Sinne – kein wirksamer Regulator
Da es sich beim Phänomen der Mobilität um ein Längsschnittproblem handelt, ist der Zugang von den einzelnen Disziplinen dazu enorm erschwert. Gerade die evolutionäre Er-

kenntnistheorie, gemeinsam mit der Systemtheorie, ermöglichen es aber Wirkungsmechanismen, die bisher als unerklärliche Phänomene im System gegolten haben, aufzudecken und damit auch wirksam zu behandeln. Ursachen für das unbegrenzte Wachstum der Wirtschaft, aber auch der Mobilität findet man in fast allen Ebenen, die den Bereich der Mobilität beeinflussen:

a) Den unbegrenzten Wunsch, Körperenergie zu sparen – einer Ausstattung des Menschen, die durch die Technik fast beliebig gefördert werden kann – allerdings durch überproportionale Naturzerstörung – weil dieses Wachstum extern bezahlt werden muß.

b) Durch die völlige Verständnislosigkeit der Menschen, denen die sinnliche Ausstattung für Systeme fehlt, die über ihren Erfahrungshorizont hinausgehen.
Sämtliche Geschwindigkeiten, die die Fußgehergeschwindigkeit überschreiten, entziehen sich daher unserer sinnlichen Erfahrung und werden nicht verstanden. Dies führt zu völlig absurd begründeten Hypothesen, etwa für schnelle Verkehrssysteme, die auf Berechnungsannahmen basieren, die im realen System tatsächlich nicht vorkommen.

c) Weitere Antriebskräfte für unbegrenztes Wachstum sind fundamentale Fehler in grundlegenden Theorien unseres Wirtschaftssystems, die die Mobilität völlig vernachlässigen, obwohl sie auf Mobilität selbst aufgebaut sind.

d) Die Sozialisierung der Kosten im Verkehrswesen ist einer der größten Verstärker ungehemmten Wachstums. Es ist trivial, daß mit Erhöhung der Kosten die Menge der zurückgelegten Kilometer sehr schnell sinken würde.

e) Die Ausrichtung des Rechtes am Maschinenrecht gegenüber dem Menschenrecht. Im Bereich des Verkehrs hat sich das Recht längst gegen den Menschen und für die Fahrmaschinen entschieden. Ein erschütterndes Dokument in dieser Richtung stellt das Erkenntnis des österreichischen Verfassungsgerichtshofes zur Frage des Weiterbaus der Pyhrn-Autobahn dar.

f) Die Umkehr des Wertesystems. Vermutlich durch die Faszination der technischen Möglichkeiten im Transportwesen ist eine in der Menschheitsgeschichte wahrscheinlich einmalige Umkehr des Wertesystems entstanden. Der Lebensraum der Kinder wird dem Parkbedürfnis und dem Mobilitätsbedürfnis der Autofahrer untergeordnet. Die Lärmempfindlichkeit der Bevölkerung nimmt zu, während gleichzeitig ein Lärmterror im Autoverkehr unglaublichen Ausmaßes fast flächendeckend toleriert wird. Die Nutzung öffentlichen Raumes für das Auto ist noch kostenlos, während die Primärbedürfnisse des Wohnens immer teurer werden.
Während der Lebensraum des Fußgehers durch die Brutalität der Bordsteine laufend eingeengt wird, werden die technischen Hilfsmittel, mit denen der Autofahrer zum Einhalten einer auch für ihn nützlicher Geschwindigkeiten angehalten wird, als überflüssige und unzulässige Schikane empfunden. Systeme, die in einem solchen Umfeld entwickelt werden, müssen unbegrenzt wachsen, da der tief im Unterbewußtsein einsetzende positive Regelkreis durch alle darüberliegenden, bis in die kulturelle Ebene auftretenden Schichten, weiter verstärkt wird.

g) Die Vernetzung des Phänomens Mobilität ist mit allen Bereichen von der Biologie über die Physiologie zur Psychologie und zur Kultur offensichtlich und läßt sich eindrucksvoll im Wechselspiel zwischen geistiger und physischer Mobilität an vielen Beispielen demonstrieren. Da das „Fehlen im Kopf" grenzenlos ist, ist es nur naheliegend, daß dies allein ein unbegrenztes Wachstum physischer Mobilität auslösen muß. Um sich geistigen und eigenen körperlichen Aufwand zu sparen, hat daher die Menschheit heute ein Wachstum der physischen Mobilität ausgelöst, das von vielen als nicht mehr steuerbar betrachet wird und von der derzeit dominierenden Wirtschaftsform als eine Segnung und Voraussetzung angenommen wird, die jenseits aller realen Möglichkeiten und Grenzen unseres Planeten, selbst unseres Universums, liegt. Durch die Erfindung technischer Mobilitätssysteme und ihre unkontrollierte Nutzung ist der Mensch selbst in die Position einer „Unterschicht" gelangt, die natürlich die Gesetzmäßigkeiten der Oberschicht (Verkehrssystem) nicht verstehen kann, weil diese Eigenschaften aufweisen, die in der Unterschicht (Gesellschaft) bisher nicht bekannt waren. So ist die Menschheit im Enthusiasmus technischer Erfindungen in ihre eigene evolutionär bedingte Falle geraten, die – wenn sie von genügend Menschen erkannt wird – auch den Ausweg bietet. Der Ausweg führt über den Menschen und durch den Menschen. Nicht nur die Natur zieht durch den Menschen durch, auch seine künstliche Umgebung beginnt immer stärker durch den Menschen durchzuziehen – und damit wird er selbst zu seinem eigenen Modell. Im Verkehrssystem ist der Beweis erbracht, daß der Mensch sich in seinen eigenen technischen Modellen gefangen hat und – wenn er so weiter macht, das unkontrollierte Wachstum nie mehr unter Kontrolle bringen wird, so daß er gezwungen ist mit ihm selbst zugrunde zu gehen.

Literatur
DIECKMANN, A. (1995) Verkehrstechnologie – Schlüsselrolle für die Mobilitätssicherung. Zeitschrift für Verkehrswissenschaft, 66. Jg., 1:42–65.
FRISCH, K. v. (1965) Tanzsprache und Orientierung der Bienen. Springer-Verlag, Berlin/Heidelberg/New York.
KNOFLACHER, H. (1981) Human Energy Expenditure in Different Modes: Implications for Town, Planning. International Symposium on Surface Transportation System Performance, US Department of Transportation.
KNOFLACHER, H. (1994) Do we use the Level of Service Concept in the Right Way? 2nd International Symposium on Highway Capacity, Sydney.
KNOFLACHER, H. (1996) Exponentielles Wachstum des Autoverkehrs – die Folge der bisherigen Straßenbauentscheidungen. CIPRA. Vaduz, April 1996.
LILL, E. (1989) Die Grundgesetze des Personenverkehrs. Zeitschrift für Eisenbahn und Dampfschiffahrt der Österr.-Ungarischen Monarchie, Jg. II. (35): 697–706 u. II (36): 713–725.
NEUMARK, F. (1948) Zur Verkehrspolitik im Interventionsstaat der Gegenwart. Schweizerisches Archiv für Verkehrswissenschaft und Verkehrspolitik, Jg. 3: 193 ff.

KAPITEL 13

Wachstumsantriebe durch Management und Wirtschaftspolitik
*Manfred Sliwka**

Erhebliche Wachstumsantriebe gehen vom Wertesystem und dem wirtschaftlichen Verhalten von Führungskräften im Management und von den Verantwortungsträgern für die Wirtschaftspolitik aus. Die nachfolgenden Ausführungen basieren auf meiner 30jährigen Erfahrung als Berater von Unternehmen und als Dozent für Unternehmensphilosophie und Marketing. Beratung geht schon meist von dem Ziel aus – vor allem in der Marketing-Beratung – dem Unternehmen Wachstum zu verschaffen. Schon in der Ausbildungsphase wird zukünftigen Führungskräften der Wirtschaft, ob sie nun ins Management gehen oder in Institutionen und Behörden wirtschaftliche Prozesse beeinflussen werden, wirtschaftliches Wachstum als Segen und damit als Ziel dargestellt. In dem weltweit bedeutendsten Lehrbuch Samuelson/Nordhaus: Volkswirtschaftslehre (Samuelson ist Träger des Nobel-Gedächtnispreises für Wirtschaftswissenschaft 1970) heißt es: „Wirtschaftliches Wachstum gilt allen Ländern seit langem als zentrales wirtschaftspolitisches Ziel ..." und „nur wenige würden diese Ziele in Frage stellen und bestreiten, daß der wirtschaftliche Fortschritt die Mühe lohnt" (1987, Bd. 2: 564).

Dieses Ziel wird in der Wirtschaft mit Hilfe der Wachstumstheorie und der Wachstumspolitik angegangen, und auch die Theorie des Managements und des Marketings geht von dem Grundgedanken aus, den Unternehmen Wachstum zu verschaffen, neue Märkte zu gewinnen, Unternehmen größer werden zu lassen.

Bedeutende Denker der Nationalökonomie haben Wachstumstheorien entwickelt. Ich nenne nur zwei: Joseph Schumpeter (1883–1950) in seinem Buch „Die Theorie der wirtschaftlichen Entwicklung" (1987), in dem er vor allem die Rolle des innovativen Unternehmers im Wachstumsprozeß darstellt, oder John von Neumann (1903–1957), der die Spiele-Theorie begründete und ein Modell des wirtschaftlichen Wachstums entwickelt hat. Wachstum als Ziel ist in der traditionellen Wirtschaftslehre also kaum umstritten und ist fester Bestandteil der ökonomischen Theorie.

Auch in der wirtschaftspolitischen Wirklichkeit gilt wirtschaftliches Wachstum als erklärtes Wunschziel. Probleme des Ungleichgewichts und Probleme der Arbeitslosigkeit sollen durch wirtschaftliches Wachstum gelöst werden. Deshalb ist Wirtschaftswachstum auch eines der prominentesten Ziele jeder Wirtschaftspolitik. Man spricht zwar von dem Ziel des wirtschaftlichen Gleichgewichts mit Unterzielen, die man gleichrangig nebeneinander stellt:

1. Stabilität des Preisniveaus.

---

* **Manfred Sliwka** ist Unternehmensberater, 1930 in Kinheim an der Mosel geboren, studierte Betriebswirtschaft an den Univ. München und Köln. Promovierte über Meinungsmonopole in Nürnberg, praktizierte in der Markenartikelindustrie, Seminare für Führungskräfte, eigene Unternehmensberatung in Frankfurt, heute in der Vulkaneifel, Dozent a. d. Techn. Akad. Wuppertal.
Zugang zum Thema über das Studium evolutionärer Prozesse für das Verständnis von Unternehmens- und Wirtschaftsentwicklung, Evolutionsstrategien für das Management, Kontakte mit dem Altenberger Kreis, zahlreiche Studien und Publikationen in „Harvard business manager", „Die Absatzwirtschaft", „Industriekurier" und anderen.

2. Hoher Beschäftigungsgrad.
3. Außenwirtschaftliches Gleichgewicht.
4. Stetiges und angemessenes Wirtschaftswachstum.

Aber in der praktischen Politik hat Wachstum fast immer Vorrang vor den anderen Zielen. Vor allem dann, wenn es zu Zielkonflikten kommt. Symptomatisch dafür und entlarvend ist schon die Sprache. Begriffe wie „Nullwachstum" oder sogar „Minuswachstum" sind eigentlich semantischer Unsinn, aber von „Stagnation" oder von „Rückgang" wagt niemand zu sprechen. Die öffentliche Meinung und die veröffentlichte Meinung setzen auf Wachstum der Wirtschaft, wünschen Wachstum und erwarten von den Führungskräften der Wirtschaft, daß sie Wachstum produzieren. Wirtschaftswachstum wird mit Wachstum des Wohlstandes gleichgesetzt, wobei „Wohlstand" dann nur an wirtschaftlichen Daten gemessen wird.

Es ist natürlich nicht möglich, nur die Wirtschaft und damit ihre Führungskräfte zum Buhmann der Folgen wirtschaftlicher Wachstumsprozesse zu erklären. Die Frage ist zu vernetzt und die Forderung zu stellen, Wirtschaft muß aufhören zu wachsen, wäre zu einfach. Die Einflußfaktoren und die Probleme, die sich aus Management und Wirtschaftspolitik ergeben, möchte ich im nachfolgenden darlegen:

Problem: Die Messung der Wirtschaftsdaten

Ein erstes großes Problem ist die Problematik der Messung der Wirtschaftsdaten. Die Bedürfnisse der Menschen sind vielfältig und umfassen neben den wirtschaftlich erfaßten Gütern auch die reine Luft, das gute Wasser, den gesunden Wald. Aber wirtschaftsrelevant werden Bedürfnisse erst dann, wenn sie zu Umsätzen führen und nur dann werden sie in dem volkswirtschaftlichen Datensystem gemessen, erfaßt und als volkswirtschaftliche Wertschöpfung dargestellt.

Dabei werden eine Menge Wertschöpfungen nicht erfaßt. Zum Beispiel die Wertschöpfungen für den eigenen Verbrauch. Wer sich die Möhre im eigenen Garten zieht ohne Schädlingsgift und ohne Dünger und sie mit Genuß verzehrt, hat einen Wert geschaffen und ein Bedürfnis gestillt. Dieser Vorgang geht allerdings nicht in die wirtschaftlichen Daten ein.

Auch die sogenannte „Schwarzarbeit" ist nicht erfaßt, obwohl sie sehr viele Werte schafft. Ich denke, daß viele Häuser kaum gebaut würden, weil man sie sich nicht leisten könnte, wenn sie nicht durch Schwarzarbeit oder sogenannte „Nachbarschaftshilfe", ein Begriff in der Grauzone wirtschaftlichen Handelns, zustande kämen. Diese Wertschöpfung geht nicht in die wirtschaftliche Gesamtrechnung ein mit Ausnahme der gekauften Baumaterialien.

Eine Mutter, die tüchtige Kinder großzieht, trägt zum Wertesystem des Lebens ungeheuer viel bei. Ihre Leistung wird im wirtschaftlichen Prozeß nicht beachtet.

Ein schweizer Nationalrat hat einmal im Schweizerischen Parlament über die Problematik des Bruttosozialproduktes gesprochen und dabei gesagt: „Wenn ich eine Haushälterin habe und ich zahle ihr ein Gehalt, dann geht ihre Leistung in das schweizerische Bruttosozialprodukt ein. Wenn ich sie dann heirate, bekommt sie kein Gehalt mehr. Sie muß in der Regel noch mehr leisten, aber jetzt wird ihre Leistung im schweizerischen Bruttosozialprodukt nicht mehr erfaßt".

Sehr viele öffentliche Werte: reines Wasser, saubere Luft, gesunde Umwelt werden in den Meßsystemen der Volkswirtschaft als Wertschöpfung also bisher nicht gerechnet, obwohl es erste Ansätze dazu gibt.

Wir sind auch noch unfähig, die durch Steigerung des Bruttosozialproduktes eingetretenen

Schädigungen des Bruttosozialvermögens gegenzurechnen. Was kostet die Wiederherstellung von 100 ha geschädigten Waldes im Gebirge oder die Regenerierung eines vergifteten Flusses? Andererseits gehen viele subjektive Wertsteigerungen in die Wachstumsmessung der Wirtschaft ein. Wenn ein kleines blaues Papierblättchen, die Briefmarke „Blaue Mauritius", gehandelt wird und im Wert steigt, weil – bei dem beschränkten Angebot – die Zahl der wohlhabenden Liebhaber für diese Marke wächst, dann ist der Auktionspreis für die Berechnung der wirtschaftlichen Wertschöpfung relevant, obwohl kein wirklich neuer Wert geschöpft worden ist.

Steuerlich wird zwar manchmal versucht, den Eigenverbrauch zu erfassen, um ihn als Einkommen zu versteuern. Wir haben ein kleines Familien-Erb-Weingut an der Mosel, und wir müssen steuerlich den Wein angeben, den wir selbst trinken. Er wird unserem Einkommen zugerechnet.

Von dem Kabarettisten Emil Steinberger gibt es eine witzige Szene, wo er über seiner Steuererklärung grübelt und seinen „Eigenverbrauch" angeben soll. Er sinniert, ob, wenn er seine eigenen Texte liest, dies sein Eigenverbrauch sei und ob er das nun versteuern müsse.

Sie sehen an diesen Beispielen, wie problematisch diese volkswirtschaftlichen Wertrechnungen sind.

Wachstumsantriebe im Management: Die Notwendigkeit, Märkte zu schaffen

In einer offenen Marktwirtschaft kann ein Unternehmen nur existieren, wenn es Märkte hat. Märkte entstehen aus Bedürfnissen. Märkte sind Bedürfnisfelder. Marktbesitz ist eine existenzielle Notwendigkeit für ein Unternehmen in einer offenen Marktwirtschaft. Der amerikanische Unternehmensberater Peter F. Drucker (1970: 44) hat es so formuliert: „Es gibt aber nur einen einzigen richtigen Unternehmenszweck, nämlich die Schaffung von Absatzmärkten."

Jedes Unternehmen hat also die Aufgabe, Bedürfnisse zu entdecken, Bedürfnisse zu erschließen und – die Kritiker der Wirtschaft sagen – Bedürfnisse zu erzeugen. Bedürfnisse sind Ansprüche. Wenn Ansprüche wachsen, wachsen Märkte.

Die Wirtschaft hat sich mit der Marktforschung ein sehr effektives Instrumentarium geschaffen, Bedürfnisse und Ansprüche von Menschen zu untersuchen, um herauszufinden, wo es hier Verkaufschancen für neue Produkte oder neue Dienstleistungen geben kann.

Sie hat sich in dem Instrumentarium der Kommunikation, der Werbung, der Public Relations, der Markentechnik ein gewaltiges Arsenal an Darstellungsweisen und Verhaltensformen entwickelt, um diese Märkte zu pflegen und aus ihnen wachsende Umsätze herauszuholen. In der Bundesrepublik Deutschland wurden im Jahr 1994 ca. 53 Millionen DM für Werbung ausgegeben.

Ende der fünfziger Jahre entstand für diesen gesamten Komplex der Begriff „Marketing", der zu einem ganzen Theoriengebäude ausgebaut wurde und die Verhaltensweisen von Unternehmen äußerst stark beeinflußt hat. Marketing ist heute für fast alle Unternehmen eine zentrale Aufgabe. Also Märkte zu entdecken, zu pflegen, auszubauen, Produkte dafür zu entwickeln und mit Erfolg zu verkaufen (vgl. Meffert 1986).

Der „Deckungsbeitrag" ist zu einem entscheidenden Maß dieses Erfolges geworden. Der Deckungsbeitrag sagt aus, in welchem Maße ein Unternehmen einen Preis über seine Selbstkosten hinaus im Markt durchsetzen kann, wie es ihm also gelungen ist, die Bereitschaft des Kunden zu erreichen, für sein Produkt einen guten Preis zu zahlen. Und wieviele Kunden dazu bereit sind. Das ergibt dann den Summendeckungsbeitrag. John Kenneth

Galbraith hat in seinem Buch „Gesellschaft im Überfluß" schon 1958 zum ersten Mal darauf aufmerksam gemacht, daß aufwendiges Marketing den privaten Konsum anheize, während kein vergleichbarer Mechanismus die öffentlichen Güter unterstütze. Dabei bleibe die „soziale Symmetrie" auf der Strecke.

In einer sehr leistungsfähigen Wirtschaft gilt heute der Marktbesitz als der entscheidende Besitz. Das hat einer der stärksten Förderer des Marketing-Gedankens in Deutschland, Herbert Gross, in seinen Veröffentlichungen und Vorträgen bei Marketing-Clubs schon in den fünfziger Jahren besonders bewußt gemacht (Gross 1957).

Bis etwa 1870 (Gründerjahre) waren die Menschen, meist Adelsfamilien, reich, die Urproduktion besaßen: Wald, Landwirtschaft, Kohle- und Erzgruben.

Dann begann der Aufstieg der Fabrikanten. Es waren die Menschen reich, die Produktionsmittel hatten (die Krupps, die Wittgensteins, die Thyssens).

Seit den fünfziger Jahren dieses Jahrhunderts wurden die Menschen reich, die Märkte besaßen. Sie hatten oft keine eigene Fabrik, sondern sie begründeten riesige Handelsunternehmen, wie die Familie Schickedanz mit ihrem Versandhaus „Quelle" oder die Gebrüder Albrecht mit ihren „Aldi"-Läden.

Wachstumsantrieb: Wettbewerb

Der Kampf um diese Märkte ist hart. In diesen Märkten gibt es einen starken Verdrängungswettbewerb. Nicht wachsen wollen hieße, dem Wettbewerber das Feld zu überlassen und dabei relativ zu verlieren. Manager stehen unter einem permanenten Wachstumsdruck, der ihr entscheidender Wachstumsantrieb ist. Das wichtigste Ziel jedes Managers ist die Überlebenssicherheit des Unternehmens zu erhöhen. Und dieses Überleben sichern ihm nur starke Märkte.

Es ist aber keineswegs so, daß der Wettbewerb nur unter den gleichen Produkten herrscht. Die Marktforscher sprechen heute vom totalen Wettbewerb. Der Autohändler oder die Automarke steht nicht nur im Wettbewerb mit einer anderen Automarke oder einem anderen Autohändler. Das Auto steht im Wettbewerb mit vielen anderen Gütern. Es steht im Wettbewerb mit schönen Kleidern oder Möbeln, mit Diamanten und Nobeluhren, mit Weltreisen und Abenteuerurlauben. Die Bedürfnisse in der Familie sind groß, die Kaufkraft ist beschränkt. Da werden Kämpfe in den Familien ausgetragen: Bekommt er sein Traumauto oder sie ihr Brillantcollier? Oder machen sie beide zusammen eine schöne Weltreise und fahren das alte Auto noch zwei Jahre?

Besonders stark prägt sich die Wettbewerbssituation, der Kampf um die Märkte, im Lebensmittelhandel aus. Hier drängen eine Fülle von Produkten in eine hochkonzentrierte Handelslandschaft. Das führt zum Kampf um den Regalplatz. Das Schreckwort jedes Managers, der in diesem Marktfeld arbeitet, ist das Wort „Auslistung". Ein Produkt wird von den großen Handelsketten „ausgelistet", wenn es eine bestimmte Umschlagsgeschwindigkeit nicht mehr erreicht. Auslistung kann das Todesurteil für das Produkt bedeuten. Marktforschungsinstitute wie etwa die Nielsen-Organisation messen mit dem Nielsen-Index die Greif- und Abverkaufszahlen am Regal. Und das ist eine oft gnadenlose Meßzahl für den Produktanbieter.

Wachstumsantrieb: Freude am Erfolg

Es ist aber nicht nur der Druck des Wettbewerbes, der Manager animiert auf Wachstum zu setzen. Es gibt auch den Wachstumsantrieb „sportlicher Ehrgeiz". Die Wirtschaftspresse

veröffentlicht Daten über die Umsätze von Unternehmen und ihre Umsatzzuwächse, über ihre Beschäftigtenzahlen und ihre Gewinne. Die Antriebswirkung ist zum Teil ähnlich einer Sporttabelle oder des Oberliga/Unterliga-Spiels im Fußball.
Niemand will absteigen. Niemand will sich an den unteren Plätzen sehen. Jeder möchte einen guten Tabellenplatz haben und möglichst Sieger sein. Zeitschriften wie das „Manager-Magazin" stellen Manager an den Pranger, die ihrem Unternehmen kein Wachstum bescheren oder es in die Verlustzone fahren. Umgekehrt werden von den Wirtschaftsjournalisten „Manager des Jahres" gewählt. Zu den Managern des Jahres zu gehören, das heißt: auf dem Siegertreppchen zu stehen, wenn die Nationalhymne spielt.
Wir haben im Januar 1994 die motivierende und vielleicht auch narkotisierende Wirkung einer solchen „Erfolgstabelle" im Konrad-Lorenz-Haus selbst erlebt. Es war bei dem Fischereispiel mit Dennis Meadows – eine Art Monopoly unter Fischereiunternehmen – bei dem sich der Erfolg der einzelnen Spielergruppen in Form von Fischereierträgen, je nach Spielstrategie bis zur Vernichtung der Ressourcen (den Fischbeständen) steigerte. Dennis Meadows hat den „Erfolg" der einzelnen Spielgruppen in einer offenen Tabelle an der Tafel dargestellt und damit den Erfolgsehrgeiz erheblich angestachelt. Dieses Spiel war für uns eigentlich sehr entlarvend. Wir sind dem Reiz dieser Erfolgstabelle unterlegen und haben nicht mehr gemerkt, was Dennis Meadows uns beweisen wollte: Nämlich, daß unser Erfolgsstreben gefährliche Folgen für unsere Ressourcen haben kann und daß unser Verhalten – das bestätigt die These von Rupert Riedl – noch nicht genug adaptiert ist, die langfristige Folgewirkung unseres Handelns rechtzeitig zu erkennen und Konsequenzen zu ziehen. Wie die wirkliche Situation der Fischbestände in den Weltmeeren aussieht, wird in dem Buch „Die neuen Grenzen des Wachstums" (Meadows u. a. 1993, 224ff) geschildert. Rupert Riedl (1994:302) zeigt in „Mit dem Kopf durch die Wand" den Ausweg aus dem Dilemma auf, nämlich in einer dritten Evolution, durch die wir „die Limitationen unserer sensorischen wie sprachlichen Ausstattung durch Kenntnis übersteigen, um uns dadurch selbst aus der Falle zu befreien, in die wir geraten sind".
Dietrich Dörner (1975) hat in Versuchen mit Studenten, die er eine fiktive deutsche Kleinstadt regieren ließ, nachgewiesen, daß schon hier die Systeme so vernetzt sind, daß selbst hohe Intelligenz und auch Trainingskurse in Managementfähigkeiten und Kreativität das richtige Verhalten kaum, in jedem Fall nicht schnell und nicht tief genug beeinflußt haben. Ich möchte aber hier schon noch Wege aufzeichnen und damit Hoffnung, daß es auch der Wirtschaft gelingt, diese Barrieren zunehmend zu überschreiten, ähnlich wie es der Mathematik gelungen ist, mehrdimensionale Räume zu berechnen, die der unmittelbaren Anschauung unseres Gehirnes nicht vorstellbar sind.

Wachstumsantrieb: Angst
Es gibt eine hohe Spannung zwischen Erfolgsfreude und Angst, der Wirtschaftsmanager ausgesetzt sind. Es sind heute meist bei Großunternehmen angestellte Manager. Sie verwalten ein Kapital, das ihnen nicht gehört. Sie haben einen Aufsichtsrat, der ihnen Vorgaben macht, und ihre persönliche Existenz hängt an der Erreichung dieser Vorgaben. Ich weiß aus der Beratung und den Gesprächen mit diesen Managern, daß Angst für sie ein starker psychologischer Wachstumsantrieb ist. Nicht nur die Angst, die von Personen ausgeht, z. B. den Aufsichtsräten, die ihnen Wachstumsziele setzen und diese kontrollieren, sondern es gibt auch eine sehr reale Gefahr für jedes Unternehmen, das nicht wächst, weil die Kosten steigen.

Klaus Woltron und Mathias Binswanger, beide in diesem Band, machen auf den Zinsdruck aufmerksam. Die Gewinne müssen prozentual höher liegen als der Zinssatz für das Kapital. Gewerkschaften setzen auf permanentes Wachstum von Einkommen. Sie fordern höhere Löhne. Die Steuern steigen. Die politischen Einheiten von der kleinsten Kommune bis zur Republik brauchen immer mehr Geld. Die Staatsquote wächst. Die Preise steigen. In den wenigsten Volkswirtschaften auf der Erde gelingt es, die Inflation einzudämmen.
Sie sehen an diesen Beispielen, daß man das wirtschaftliche Wachstumsproblem nicht allein dem Management anlasten kann. Es ist ein sehr vernetztes Problem.
All diese Daten setzen das Unternehmen und seine Führung einem permanenten Kostendruck aus, dem es durch Wachstum nach vorn zu entkommen sucht. Ein ganz konkretes Beispiel: Wenn wir in unserer Praxis mit unserer Klientel über Wachstumsziel reden, dann steht am Anfang schon immer dabei eine Kernaussage: „Wenn wir nicht im nächsten Jahr mindestens um drei Prozent wachsen, sind wir nicht gewachsen, weil die Inflationsrate ca. drei Prozent sein wird". Ein nominales Wachstum von drei Prozent wäre also ein reales Wachstum von Null.
Manager fühlen sich also gejagt. Von der Politik, von den Gewerkschaften, von der Inflation. Wer diese wachsenden Kosten nicht auffangen kann, gefährdet das Unternehmen. Hierdurch haben die Chefs oft im Grunde gar keine Wahl, als auf Wachstum zu setzen.
Ich möchte ein Bild benutzen: Da laufen im Kreise die Manager, die Gewerkschaftsführer, die Funktionäre von Industrieverbänden, die Parlamentarier, die Chefs von Behörden. Einer jagt den anderen, und jeder fühlt sich gejagt. Vielleicht ist dieser Kreis im wahren Wortsinn ein Teufelskreis, weil jeder in dem anderen seinen „Teufel" sieht, der ihn jagt. Aber keiner weiß, wer der Jäger und wer der Gejagte ist.

Wachstumsantrieb: Politischer Einfluß und Macht
Das – man könnte fast sagen – darwinistische Selektionsinstrument im Überlebenskampf der Wirtschaft ist der Konkurs. Er funktioniert in der Regel im mittelständischen Bereich ziemlich exakt. Konkurs geht ein Unternehmen, dem es nicht gelingt, Produkte, Dienstleistungen, Verhaltensweisen, kurz ein unternehmerisches Konzept zu finden, eine Strategie, die ihm ein gesundes Kosten- und Ertragsverhältnis beschert und ihm damit sein Überleben im Wettbewerb der Märkte sichert. Ich halte die Konkursordnung für ein sehr wichtiges wirtschaftspolitisches Instrument. Sie hält die Wirtschaft gesund, weil sie ökonomisch vernünftiges Handeln erzwingt. Darin liegt ihr Wert und Vorteil für die Wirtschaft, aber auch für die Gesellschaft.
Nun hat sich in der Wirklichkeit der Wirtschaftspolitik der letzten Jahrzehnte zunehmend ergeben, daß Unternehmen einer bestimmten Größenordnung diesem Selektionsprinzip nicht mehr unterworfen sind. Wenn sie in Not kommen werden sie „politisch" saniert, meist weil Arbeitsplätze auf dem Spiel stehen und die Politik nicht mehr wagt, Arbeitsplätze zu gefährden.
In Bonn hat vor einiger Zeit ein Politiker sinniert, wie man wohl ein mittelständisches Unternehmen heute noch definieren könnte. Und er hat eine überraschende Antwort gegeben: „Ein mittelständisches Unternehmen ist ein Unternehmen, das noch in Konkurs gehen kann".
Zum Teil ist es sogar schon auf kommunaler Ebene so, daß durch die Politik versucht wird, im Einzelfall Konkursordnungen außer Kraft zu setzen und mit Bürgschaften und politischem Einfluß Unternehmen zu erhalten, deren Konzept nicht stimmt.

Hinzu kommt, daß Großunternehmen durch Lobbyismus Einfluß gewinnen können auf politische Entscheidungen und dadurch eine gefährliche Ebenenvermischung stattfindet: Das wirtschaftspolitische Spielregelwerk gilt dann nur noch für die, die keinen politischen Einfluß haben. Die Spielregeln werden punktuell außer Kraft gesetzt, wo es politisch opportun scheint. Hier ist die Verbindung zu ziehen zu den Arbeiten dieses Bandes von Werner J. Patzelt und Helmut Helsper.

Hinzu kommt das Spiel mit den Subventionen, manchmal auch der Forschungsgelder. Auch diese Gelder werden oft nicht nach für alle gültigen Spielregeln verteilt, sondern nach politischem Einfluß.

Je größer die Beschäftigtenzahl wird, um so eher kann die politische Ebene von den Unternehmen manchmal fast erpreßt werden: „Wenn ich das nicht bekomme, muß ich Leute entlassen". Am stärksten subventioniert werden meist die „Saurier" unter den Unternehmen. Wenn man vor 60 Millionen Jahren die Saurier subventioniert hätte, wäre der kleine Affe wohl nie zum Denken gekommen.

Das führt bis zu solchen Begriffen wie „Bestands- und Entwicklungsgarantie", die ich für gefährlich halte, weil sie wirtschaftliche Strukturen stabilisieren, die von ihrem Konzept her nicht überlebensfähig wären. Weil das so ist, kann ich Manager sogar verstehen, die ihre Unternehmen so groß und so einflußreich machen wollen, daß, wenn sie in Bedrängnis kommen, sie von der Politik nicht fallengelassen werden.

Konrad Lorenz (1983: 166 f) schreibt in seinem Buch „Der Abbau des Menschlichen": „Wie schon das Sprichwort sagt, ist dafür gesorgt, daß die Bäume nicht in den Himmel wachsen. Stammesgeschichtlich festgelegte Grenzen natürlichen Alterns sind nicht vonnöten; rein physikalische Umstände wie die wachsende Schwierigkeit des Flüssigkeitstransportes, der Winddruck u. a.m. begrenzen das Größenwachstum. Ein menschliches Unternehmen dagegen ist potentiell unsterblich; seinem Wachstum ist nicht nur keine Grenze gesetzt, es ist sogar um so weniger störungsanfällig, je größer es geworden ist. Weltumspannende Konzerne gehen selten in Konkurs."

Man kann natürlich die Frage stellen, ist das wirtschaftsimmanent? Müßte auch bei Wirtschaftsunternehmen nicht irgendwann der Punkt erreicht sein, wo die Vorteile der Größe sich schneiden mit den Nachteilen der längeren Leitungsbahn, der schlechteren Kommunikation, der größeren Verwaltung, der schwerfälligeren Entscheidungsprozesse?

Es wäre so, wenn Groß- und Kleinunternehmen und Kleinstunternehmen wirklich unter den gleichen politischen, wirtschaftspolitischen, administrativen Spielregeln leben würden. Es gäbe durchaus endogene Faktoren, die das Wachstum von Unternehmen bremsen! Größere Unternehmen haben mehr Verwaltungsaufwand, innerbetriebliche Informationsflüsse und die Kommunikation werden oft wirklich schwieriger. Es können sich Wasserköpfe an Führungen bilden, schwerfällige Führungshierarchien, Privilegien von Führungskräften und Mitarbeitern, die zu Grenzen des Wachstums werden (vgl. Klaus Woltron in diesem Band).

In der Realität des politischen Spiels bringt Größe dann aber die genannten Vorteile in Zugänge zu Subventionen, Forschungsgeldern, administrativen Privilegien.

Nur ein Beispiel: Unser Beratungsinstitut arbeitet mit sieben Mitarbeitern. Wir sind also ein kleines Beratungsinstitut. Ich habe einmal ausgerechnet, daß bei einem großen deutschen Konzern einige hundert Steuerprüfer ständig sitzen müßten – nicht mal kommen und wieder gehen –, wenn dieser Konzern in der gleichen Intensität steuergeprüft würde, wie unser Institut bisher steuergeprüft worden ist. Dieser Aufwand für die Steuerprüfung wächst für die Kleinen sogar überproportional weiter wegen der zunehmenden Unübersichtlichkeit der Steuervorschriften (vgl. Helmut Helsper in diesem Band).

Der Konzern hat also einem mittleren und kleinen Unternehmen gegenüber durchaus erhebliche administrative Privilegien. Und Subventions- und Forschungsgelder habe ich bisher auch noch nicht bekommen. Wir mußten uns bisher unsere Mittel im Markt selbst verdienen.

Wachstumsbremsen und Wachstumsgrenzen in der Wirtschaft
Die Grenzen des Wachstums eines Unternehmens werden im wesentlichen vorgegeben durch die Grenzen seiner Märkte und durch die Konkurrenz. Wachstumsgrenzen können auch Ressourcenknappheit sein, wobei eine wesentliche Ressource auch „Know-how" sein kann.

Wenn es ein funktionierendes staatliches Spielregelwerk gibt, begrenzen auch diese Spielregeln Wachstum. Als der Manchester- Liberalismus die soziale Frage geschaffen hat, war die soziale Antwort die Bildung von Gewerkschaften und das Formulieren von gesellschaftlich und staatlich gefundenen und kodifizierten sozialen Bedingungen.

Als die ökologische Frage aufkam, hat auch hier die öffentliche Meinung zur Bildung neuer politischer Kräfte geführt, wie z. B. der Partei „Die Grünen". Und der politische Einfluß hat auch hier mittlerweile Gesetze entstehen lassen, die für die Unternehmen Bedingungen schaffen, sich ökologischer zu verhalten. Etwa die Auflagen für Rauchgasentschwefelung und andere Emissionsgesetze oder die Abfallgesetze. Diese Auflagen verursachen Kosten, und Kosten sind Wachstumsbremsen, weil sie Gewinne minimieren, die man wieder für Wachstumsinvestitionen nutzen könnte. Das sind exogene Faktoren, die das Wachstum begrenzen.

Die Außenbedingungen, die die Gesellschaft oder der Staat den Unternehmen setzen, können aber, wie wir bei Betrachtung der Lobby und der Macht von Großunternehmen und Verbänden gesehen haben, von den Unternehmen selbst beeinflußt werden. Das ist diese gefährliche Ebenenvermischung, die Ungleichgewicht auslöst und eine schlecht strukturierte Wirtschaft zur Folge hat.

Ich habe bis hierhin versucht, die Antriebe und Mechanismen darzustellen, die in der Wirtschaft zu „Ursachen des Wachstums" werden. Gibt es Erkenntnisprozesse, in denen die Problematik dieses Wachstumsdenkens gesehen werden und gibt es Verhaltensänderungen im Management, die daraus Konsequenzen ziehen? Ich glaube ja. Zunehmend werden in den Unternehmen sogenannte „Unternehmensphilosophien" geschrieben, durch die gesellschaftliche und ökologische Werte neben den ökonomischen Wertvorstellungen zum Leitbild des Managementverhaltens werden. Manchmal sind es – zugegeben – ziemlich allgemeine Floskeln, die auch nicht viel bewirken. Aber es gibt durchaus eine zunehmende Zahl von Unternehmen, bei denen es nicht bei den Floskeln bleibt; wo die Unternehmensphilosophie zu konkreten Handlungen führt. Und bei denen Eigenverantwortung weit über das hinaus geht, was der Gesetzgeber erzwingt.

Ich habe selbst als Moderator mitgeholfen, die Forschungsleitlinien eines großen chemischen Unternehmens zu formulieren, das freiwillig auf die Weiterverarbeitung und den Einsatz von FCKW verzichtet hat, ehe das Gesetz es befahl. Hier wurde dann sehr viel Energie in die Forschung investiert, Substitutionsprodukte für FCKW zu entwickeln, die für die Ozonschicht unschädlich sind.

Ein Manager, der die langfristige Überlebenssicherheit seines Unternehmens zum Ziel hat und nicht den kurzfristigen Gewinn, hat bei diesen Leitlinien auch gar kein Problem, weil er weiß, daß es – in the long run – keinen Widerspruch gibt zwischen den egoistischen Zielen des Unternehmens und den Bedürfnissen der Gesellschaft. Die Autofabrik, die heute schon das schadstoffärmste Auto entwickeln könnte, das nur noch drei Liter Benzin auf 100 km braucht, würde ökologisch richtig handeln und sich gleichzeitig einen ungeheueren Wettbewerbsvorsprung im Markt sichern. Konrad Lorenz sagt, Leben sei ein erkenntnis- und ertragsgewinnender Prozeß in Rückkopplung. Manager erkennen zunehmend, daß auch das Leben des Unternehmens am stärksten gesichert wird, nicht nur durch Ertragsgewinn, sondern auch durch Erkenntnisgewinn, daß dies ein rückkoppelnder Prozeß ist (Lorenz 1980:45).

Ich halte es für eine sehr wesentliche Forschungsaufgabe der Zukunft, in Betriebswirtschaft und Nationalökonomie Meßsysteme für qualitatives Wachstum zu entwickeln. In immer mehr Unternehmen wird erkannt, daß man das Heil nicht nur im quantitativen Wachstum suchen kann. Qualitatives Wachstum wird zunehmend zum Unternehmungsziel. Das Problem ist auch hier, daß quantitatives Wachstum sehr viel leichter zu messen ist als qualitatives Wachstum. Aber auch hier entwickeln sich Instrumente. Wie z. B. das Instrument der „Ökobilanzen".

Frederic Vester (1980:454) sieht darin überhaupt die große Aufgabe, „in einem Umschwenken vom selbstzerstörerischen quantitativen Wachstum auf qualitative Umstrukturierung oder, wie es etwas unglücklich heißt, auf qualitatives Wachstum. Dieses Umschwenken entspricht in seinen Grundvorgängen (verglichen mit der Lebewelt) dem Umschalten von Zell*teilung* auf Zell*differenzierung;* ein Umschalten, das ... hier wie dort, durchaus nicht Verzicht auf Gewinn heißen muß, Verzicht auf Stabilität oder gar Verzicht auf Wohlbefinden". Man hat auch erkannt, daß Größe an sich nicht immer ein Segen ist. Es gibt auch Großunternehmen, die zu „kranken Riesen" geworden sind. Sie lösen sich heute organisatorisch in einzelne Aktionseinheiten, in sogenannte Profit-Centers auf, die wie mittelständische Unternehmen handeln sollen. Damit erhöhen sie ihre „Marktoberfläche", was einer sensibleren und diffizileren Anpassung an Veränderung in den Märkten dient.

Gefordert ist aber dann auch die Wirtschaftspolitik. Sie muß ihre Ziele überdenken und kann sicher nicht das Ziel „Quantitatives Wachstum" als Hauptziel halten. Für ein Unternehmen ist eben nicht nur sein Markt sein Lebensmilieu, sondern auch die Wirtschafts- und vor allem die Steuerpolitik schafft oder verändert heute in erheblichem Maße für das Unternehmen seine Milieubedingungen.

Ich möchte eine Analogie versuchen zu den Wachstumsprozessen in der Natur. In der Natur ist ein Biotop dann im Fließgleichgewicht, wenn die Nischen, die die größeren Lebenseinheiten lassen, von kleineren Lebenseinheiten besetzt werden. Die Nischen, die diese wiederum lassen, füllen sich mit noch kleineren Lebenseinheiten bis hin zu den kleinsten Lebensräumen für die kleinsten Mikroben.

In einem Gespräch mit einem Statiker hat er dieses Prinzip „die Sieblinie" genannt. Man kennt es also auch in der Bauwirtschaft. Ein Sand braucht um so weniger Bindemittel und führt doch zu einem festen Bau, wenn seine Körnungsstruktur einer guten Sieblinie entspricht. Das heißt: Er enthält große Körner, die, wenn sie sich zusammenlegen, Nischen lassen. In diesem Sand mit der idealen Sieblinie gibt es dann kleine Körner, die sich in diese Nischen setzen und wiederum noch kleinere Körner, die die Zwischennischen besetzen bis zu den kleinsten Staubkörnchen, die das System dicht machen. Die Statiker sagen von dieser Sandmischung, sie habe „die ideale Sieblinie".

Diese „Sieblinie" hat ein eindeutig ökologisches Äquivalent. Die gereifte Diversität der Biotope hat gegenüber den Monokulturen des Menschen viel stetigere Erhaltungsbedingungen. Sie ist viel elastischer, bei stochastischen Störungen ins Gleichgewicht zurückzukehren. (Vgl. dazu das Kapitel „Die Ökosystemforschung" in Rupert Riedl „Die Spaltung des Weltbildes" [1985: 193 ff].) Ich möchte diese beiden Bilder von dem idealen Biotop und von der idealen Sieblinie auf die Wirtschaft übertragen. Ich glaube, hier steckt eines der Kernprobleme heute. Die Sieblinie oder die Biotope unserer westlichen Wirtschaftssysteme stimmen nicht. Die großen Körner sind zu groß, und die Fülle der mittelständischen Unternehmen bis hin zum kleinsten einzelarbeitenden Handwerker ist nicht dicht genug, die Ressourcen an Arbeitskräften aufzunehmen und die Arbeitslosigkeit zu vermindern oder zu beseitigen. Die Lösung des Arbeitslosenproblems ist meines Erachtens nicht zu suchen durch noch größeres Mengenwachstum der Wirtschaft, sondern durch das dichtere „Biotop". Und das heißt: Es gilt Bedingungen zu schaffen und Spielregeln, in denen die kleinen und die kleinsten Wirtschaftseinheiten gleiche Gedeihensvoraussetzungen haben wie die großen. Man kann keine Gleichheit der Unternehmen schaffen, wohl aber eine Gleichheit der Spielregeln für alle Unternehmen. Unser Problem ist nicht eine Frage des Noch-mehr-Wachstums, sondern eine Frage des qualitativen Wachstums in die Dichte und in das Gleichgewicht. Nicht das Wachstum ist das Problem, sondern die Qualität des Wachstums. Das ist die eine Aufgabe der Wirtschaftspolitik: Die bessere Sieblinie – oder das bessere Biotop. Genau das ist die Spielregelfrage und eine Aufgabe der sogenannten Ordnungspolitik. Die Spielregeln können die Erhaltung oder die Wiedergewinnung der Werte fördern, die nicht allein ökonomisch meßbar sind. Ich bin überzeugt, daß dies marktwirtschaftlich zu regeln ist und vollkommen in das System der Marktwirtschaft paßt, wenn man die gesellschaftlichen und ökologischen Kosten erhebt, wo sie entstehen. Wir brauchen also keine Ökodiktatur und keine Abschaffung der Marktwirtschaft.
Auch das habe ich selbst erlebt: In einem Unternehmen hatte ein Produkt zwei Umverpackungen. Als in der Bundesrepublik die Verpackungsverordnung kam mit dem „grünen Punkt" und damit die Umverpackungen kostenpflichtig wurden, fiel die Entscheidung in der Geschäftsleitungssitzung – an der ich teilnahm – sehr schnell, eine der beiden Umverpackungen wegzulassen. Das Produkt hat nichts an Attraktivität im Markt verloren.
Vorher haben alle in dieser Branche für ihre Produkte diese Doppelverpackung gehabt und jeder hatte geglaubt, wenn er nur noch auf eine Umverpackung geht, wäre das für ihn ein Wettbewerbsnachteil, solange die anderen bei ihren beiden bleiben.
Es gab also bei diesen Geschäftsleitungssitzungen eigentlich das klassische Gefangenendilemma nach der Spieletheorie des John von Neumann. Da man nicht weiß, wie sich die Wettbewerber verhalten, wagt man nicht eine solche Entscheidung zu fällen aus Angst, Marktattraktivität zu verlieren.
Ich komme noch einmal auf das Fischerei-Spiel mit Dennis Meadows im Konrad-Lorenz-Institut zurück. Auch hier war jede Gruppe in einem Gefangenendilemma. Wenn sie sich zurückgehalten hätten, wer hätte sichergestellt, daß die anderen Gruppen nicht weiter ihre Schiffe auf das Meer schicken und bedenkenlos abfischen? Bei diesem Spiel gab es nur fünf Spielgruppen. Schon die konnten keinen Konsens zur Selbstbeschränkung finden. Normalerweise bestehen Branchen aus sehr viel mehr Unternehmenseinheiten. Es können hunderte und es können tausende sein. Und selbst wenn sich dann einige davon auf eine Selbstbeschränkung in Wachstum einigen würden, würden sich andere freuen und den Markt, den diese aufgeben, sehr gerne übernehmen.

Ich glaube also, das Problem ist durch unternehmerische Selbstbeschränkung nicht zu lösen. Was wir brauchen sind klare gesellschaftliche Spielregeln, die stringent durchgesetzt werden. Sie müssen aber ausgeglichene Lebenschancen für alle Unternehmen lassen. Sie müssen Gleichbelastung schaffen unabhängig von der Größe. Dann kann man auch die Kosten für die öffentlichen Güter festlegen und dort erheben wo sie entstehen.

Ganz wichtig ist aber dann, daß man den Unternehmen evolutionäre Anpassungszeiten läßt, in denen sie sich mit neuer Kreativität, neuen Ideen und neuen Wegen den neuen Lebensbedingungen, die die Gesellschaft ihnen setzt, anpassen. Und das werden sie garantiert mit großer Effizienz tun. Unternehmen sind enorm lernfähige Organisationen – wenn sie müssen! Da habe ich in den Jahren meiner Arbeit mit den Unternehmern eine ungeheuere Achtung gewonnen vor ihrer Anpassungsfähigkeit, vor ihrer Effektivität, der Effektivität ihrer Methoden und ihrer Kreativität. Vielleicht mache ich mir jetzt Ärger, aber ich bin überzeugt davon, daß es kaum sonst Systeme gibt, weder staatliche noch öffentlich-rechtliche, weder im Bildungswesen noch in der Verwaltung, die so kreativ, so effektiv und so schnell sich neuen Bedingungen anpassen können, wie gutgeführte Wirtschaftsunternehmen.

Die Lernfähigkeit ist die Kernfähigkeit. Aber: Lerndruck geht von den Außenbedingungen aus, ist also milieubedingt. Aber ich wehre mich vehement dagegen, Wirtschaftswachstum generell zu verteufeln und die Führungskräfte zu verdammen, die als Ziel das Wachstum ihres Unternehmens sehen und verfolgen. Wirtschaftswachstum hat neben den Schäden, die es durchaus angerichtet hat und die ich nicht verleugnen möchte, Wohlstand für viele Menschen gebracht. Alleine in Deutschland ist in den letzten hundert Jahren das Sozialprodukt um mehr als das Hundertfache gestiegen. Wenn man den Wohlstand und die hohe soziale Sicherheit heute mit der Armut und dem Elend zu Beginn des Jahrhunderts vergleicht, kann man nicht mehr sagen, daß Wachstum an sich von Übel ist. Daß etwas wachsen will und sich ausbreiten möchte, ist – das werden die Biologen mir bestätigen – einfach auch ein Naturgesetz. Biologen haben mir gesagt, daß ein Colibakterium in fünf Tagen die ganze Welt beherrschen würde und wohl auch wollte, wenn es keine Grenzen seines Wachstums in seinen Ressourcen und in seiner Wettbewerbssituation gäbe. In dem Wachstumsauftrag liegt also wohl nicht das Problem, sondern in den Rahmenbedingungen unter denen Wachstum geschieht. Das gilt auch für die Wirtschaft. Auch Wirtschaft unterliegt einem evolutionären Erkenntnisprozeß.

Ziel: Entwicklung einer evolutionären Ökonomie

Es gibt also durchaus Adaptionsmängel der wirtschaftlichen Vernunft. Aber es gibt auch Denkansätze, Hoffnungen, diese Adaptionsmängel zu mindern und die Grenzen unserer bisherigen wirtschaftlichen Vernunft zu übersteigen.

Einen der wichtigsten wissenschaftlichen Denkansätze dazu sehe ich in der Entwicklung einer evolutionären Ökonomie (vgl. Witt 1990). Weltweit bildet sich hier eine Schule, die an diesen Ideen weiterarbeiten wird. Bei der evolutionären Ökonomik werden Denkkategorien und Erkenntnisse aus der Evolutionstheorie hinzugezogen. Eines der wichtigsten Paradigmen dieser Denkschule ist, daß wirtschaftliche Prozesse analog oder sogar homolog evolutionärer Entwicklungsprozesse verlaufen.

Ich selbst bin durch meine Arbeit in Unternehmen und mit Führungskräften voll überzeugt, daß das Einbeziehen evolutionärer Denkkategorien in den Wirtschaftsprozeß mithelfen kann, das Wachstumsproblem anzupacken und neue Antworten zu geben. Das geht weit über die oft modischen Managementtheorien hinaus. Diese Suche hat mich ja auch in diesen Kreis um Rupert Riedl geführt, weil ich gespürt habe, daß der über die Wirtschaft hinausgehende systemische Denkansatz nötig wird, wie er im Konrad-Lorenz-Institut gepflegt wird.

Eigentlich ist die Evolutionstheorie ja die Urform jeder Managementtheorie (vgl. Sliwka 1992 a, b). Sie hat sich seit Milliarden Jahren bewährt. Die Natur hat bisher keinen Konkurs angemeldet. Sie hat zwar Geschäftseinheiten und Profit-Centers stillgelegt (z. B. die Saurier). Es ist auch nicht auszuschließen, daß die Gattung Mensch sich als Gattung zum Konkurs führt, wenn sie nicht begreift, daß es in der Evolution bei den immer limitierten Ressourcen stets um Optimierung des Energie-, um Minimierung des Materialumsatzes und um Kumulation von Information (Neg-Entropie) geht. Ich bin persönlich immer wieder überrascht, wie man mit solchen Gedanken bei klugen Managern und vor allem bei denen, die langfristig denken, offene Türen einrennt. Sie spüren schon, daß Führung ein evolutionärer Auftrag ist, eine Art „geplante Evolution" und daß nur dann, wenn sie das ist, sie dem Unternehmen langfristige Überlebenssicherheit gibt.

Auch wirtschaftliche Unternehmen und die Menschen, die sie führen und in ihnen arbeiten, sind Kinder der Evolution. Und die Evolution entläßt ihre Kinder nicht.

Literatur
DÖRNER, D. (1975) Wie Menschen eine Welt verbessern wollten und sie dabei zerstörten. Bild der Wissenschaft: 253–298.
DRUCKER, P. F.(1970) Die Praxis des Management. Droemer/Knaur, München/Zürich.
GALBRAITH, J. K. (1958/1976) Gesellschaft im Überfluß. Droemer/Knaur, München.
GROSS, H. (1957) Der Handel geht neue Wege. Econ, Düsseldorf.
LORENZ, K. (1980) Die Rückseite des Spiegels. Deutscher Taschenbuchverlag, München.
LORENZ, K. (1983) Der Abbau des Menschlichen. Piper, München.
MEADOWS, D./MEADOWS, D./RANDERS, J. (1993) Die neuen Grenzen des Wachstums. Rowohlt, Reinbeck bei Hamburg.
MEFFERT, H. (1986) Marketing. 7. Aufl. Gabler, Wiesbaden.
RIEDL, R. (1994) Mit dem Kopf durch die Wand. Die biologischen Grenzen des Denkens. Klett-Cotta, Stuttgart.
RIEDL, R. (1985) Die Spaltung des Weltbildes. Parey, Berlin/Hamburg.
SAMUELSON, P. A./NORDHAUS, W. D. (1987) Volkswirtschaftslehre. Grundlage der Makro- und Mikroökonomie. Bund-Verlag, Köln.
SCHUMPETER, J. (1987) Theorie der wirtschaftlichen Entwicklung. Duncker & Humblot, Berlin.
SLIWKA, M. (1992a) Wenn Manager bei der Evolution in die Lehre gehen. Harvard Business Manager 4: 87–96
SLIWKA, M. (1992b) Die Evolutionslehre im Management. Drei Artikel im Blick durch die Wirtschaft. Frankfurter Allgemeine Zeitung 1992 (23., 28. u. 30. Dezember)
VESTER, F. (1980) Neuland des Denkens. Deutsche Verlagsanstalt, Stuttgart.
WITT, U. (1990) Studien zur Evolutorischen Ökonomik I. Duncker & Humblot, Berlin.

C4
Obersysteme

Obersysteme, man könnte auch sagen „Klammersysteme", binden die geschilderten Institutionen und deren Wachstumsprozesse zusammen. Man kann sie aber wieder nicht als die Hauptverursacher des Wachstums bezeichnen; denn sie sind gleichermaßen eine Konsequenz oder Folge der Institutionen und deren Geschichte, die sie zusammenbinden. Ihren Inhalt gliedern wir nach einer heute geläufigen Terminologie, wie sie sich schon nach Universitätsinstituten und selbst nach Fakultäten trennt: in Nationalökonomie; *Kapitel 14,* Recht; *Kapitel 15,* Politik und Staat; *Kapitel 16,* und Kapital; *Kapitel 17.* Und nochmals übersehe man nicht, daß in unserer Gesellschaft keines der vier Systeme ohne die anderen existierte. Auch sie sind einander Ursache.

KAPITEL 14

Ursachen wirtschaftlicher Wachstumsprozesse
*Peter Hampe**

1. Zwischen Wachstumsoptimismus und Wachstumskritik

Wirtschaftswachstum – warum, wieviel, in welcher Form und zu welchem Ende: ein kontroverses Thema. Trotz aller wissenschaftlichen, zum Teil auch emotionalen Wachstumskritik besteht kein Zweifel daran, wer die überwältigende Mehrheit auf seiner Seite hat: es sind die Wachstumsbefürworter.

In vielen Ländern, insbesondere in den sich industrialisierenden Ländern, wird Wirtschaftswachstum als Synonym für Entwicklung angesehen. Entwicklung wiederum wollen bzw. benötigen sie einerseits, um mit den Problemen wachsender Bevölkerung fertig zu werden, andererseits, um Anschluß an die Industrieländer zu finden.

Die kommunistischen Länder wiederum wollten lange Zeit die Überlegenheit ihres Systems durch höhere Wachstumsraten demonstrieren. Das Scheitern des planwirtschaftlichen Wirtschaftsmodells hat aber deren Wachstumsinteressen keineswegs vermindert. Im Gegenteil: Da der Transformationsprozeß der osteuropäischen Staaten zu marktwirtschaftlichen Ordnungsformen zunächst mehr oder weniger dramatische Produktionseinbrüche, also Wachstumsverluste, zur Folge gehabt hat, erscheint ihnen Wirtschaftswachstum nun erst recht als Gebot der Stunde, um die materiellen bzw. sozialen Folgen der Transformation zu überwinden und den Abstand zu den Industrieländern zu reduzieren.

Aber auch in den letzteren gilt weiteres Wachstum als unverzichtbar, heute sogar verstärkt wegen der seit etwa zwei Jahrzehnten vielfach zunehmenden Massenarbeitslosigkeit.

Die Wachstumskritiker haben also – zumindest politisch gesehen – schlechte Karten. Ob Wachstumkritik berechtigt ist oder nicht, ist allerdings keine Frage von Mehrheiten. Für die Wissenschaft gilt schließlich die Suche nach Erkenntnis, nach Wahrheit als eigentliche Aufgabe, nicht aber das Schielen nach Mehrheiten. Man muß und kann dann nur hoffen, daß (neue) Erkenntnisse der Wissenschaft auch in die Politik eingehen und schrittweise mehrheitsfähig werden.

Diese Zwischenüberlegung hilft uns aber in Sachen Wirtschaftswachstum nicht viel weiter, denn die Frage des Für und Wider wird auch wissenschaftlich kontrovers diskutiert. Die Wachstumskritik hat vor allem mit Dennis Meadows 1972 veröffentlichten Buch „Die Grenzen des Wachstums", dem 1. Bericht an den Club of Rome, eingesetzt. Der spektakuläre Absatzerfolg des Buches – schon in wenigen Monaten eine Millionenauflage in 20 Sprachen – läßt sich wohl nicht allein mit geschicktem Verlags-Marketing erklären. Offen-

---

* **Peter Hampe** ist Volkswirt und Politikwissenschaftler, 1940 in Dohna/Elbe geboren. Studierte Volkswirtschaft, Politische Wissenschaften und Öffentliches Recht an der Universität München, dort anschließend wissenschaftlicher Assistent; seit 1980 Dozent für Wirtschaftspolitik an der Akademie für Politische Bildung in Tutzing und an der Hochschule für Politik in München, Gastprofessor an der TU Dresden.

Zugang zum Thema über die Wahrnehmung von Umweltproblemen schon in den 60er Jahren mit ihren theoretischen und politischen Implikationen. Begegnung mit den Arbeiten von Dennis Meadows, einschlägige Publikationen bzw. Tagungsorganisationen; Anregungen zur Mitarbeit am vorliegenden Projekt durch Werner Patzelt.

kundig war es die Krisen-Botschaft selbst, die schon vorhandenes Unbehagen artikulierte und daher Resonanz erzielte: Weiteres exponentielles Wachstum der Bevölkerung und der Produktion seien auf unserem begrenzten Planeten auf Dauer nicht möglich. Konkreter: „Wenn die gegenwärtige Zunahme der Weltbevölkerung, der Industrialisierung, der Umweltverschmutzung, der Nahrungsmittelproduktion und der Ausbeutung von natürlichen Rohstoffen unverändert anhält, werden die absoluten Wachstumsgrenzen auf der Erde im Laufe der nächsten hundert Jahre erreicht" (Meadows 1972, S. 17). Als Lösungsvorschlag erregte vor allem die Forderung nach Nullwachstum der Wirtschaft (= keine Nettoinvestitionen) Aufsehen.

Das Buch hat viele Diskussionen ausgelöst. Und manche allzu einfache These wurde von Meadows und anderen Autoren später differenziert und weiterentwickelt (vgl. z. B. Nussbaum 1973). Aber gerade die Wissenschaft, zu deren primärem Gegenstand Fragen der Produktion und ihrer Entwicklung gehören, die Wirtschaftswissenschaft nämlich, hat sich von dieser Wachstumskritik nicht sonderlich beeindrucken lassen. Und wenn sich ihre Aufmerksamkeit gerade in der letzten Dekade nach einer Phase der Stagnation wieder verstärkt Fragen des Wirtschaftswachstums zugewendet hat, so dominiert dort eine betont wachstumsoptimistische Sicht. Allerdings ist die moderne Wirtschaftstheorie stark modelltheoretisch ausgerichtet. Modelle müssen aber nolens volens von der Realität abstrahieren und vereinfachen. Außerdem konkurrieren unterschiedliche Schulen und Denkansätze. So bemerkt Kurz gerade mit Blick auf die Wachstumstheorie ketzerisch, daß „die Lektüre der alten Meister häufig ergiebiger (ist) als diejenige der neuen" (vgl. Kurz, 2. Beitrag in diesem Band).

Brechen wir diese Analyse zunächst einmal mit dem Befund ab, daß uns auch die Wissenschaft keine einhelligen Antworten auf die Fragen nach dem Sinn, der Notwendigkeit und/oder der Möglichkeit weiteren Wirtschaftswachstums liefert. Weitere Forschungsbemühungen sind daher angezeigt. Und da jede Therapie – gleich ob sie das Wirtschaftswachstum beschleunigen, qualitativ verändern (seit der Rio-Konferenz von 1992 nehmen weltweit die Forderungen nach umweltverträglicherem Wachstum im Sinne von *sustainable development* zu) oder verlangsamen will – eine solide Diagnose benötigt, ist die Frage nach den Ursachen des Wachstums nicht nur legitim, sondern dringlich.

2. Begriffliche, analytische und methodische Probleme

Die Frage nach Ursache – Wirkungsverhältnissen gilt zumindest seit Thomas Hobbes auch in den Sozialwissenschaften als Konstituens empirisch-analytischer Wissenschaftlichkeit (vgl. Hobbes: De Corpore; daß es sich dabei um ein reduktionistisches Verständnis von Wissenschaft handelt, ist hier nicht weiter zu diskutieren). Ein Blick in die wirtschaftswissenschaftliche Literatur, die sich mit Aspekten des wirtschaftlichen Wachstums beschäftigt, fördert aber zunächst einmal das überraschende Ergebnis zu Tage, daß zumindest auf der terminologischen Ebene weniger Ursachen des Wachstums behandelt werden als vielmehr Gesetze, Kräfte, Bedingungen, Erfordernisse, Komponenten, Faktoren, Gründe oder Motive des Wachstums. In Beiträgen des vorliegenden Buches stößt man auch noch auf Antriebe (Sliwka), Auslöser (Helsper) oder Quellen (Patzelt) des Wachstums. Ist dies nur Zufall oder hat es Methode?

Zum Teil läßt sich diese begriffliche Vielfalt wohl einfach mit dem Bemühen der Autoren um sprachliche Abwechslung erklären. Es scheint dabei aber auch bewußt oder unbewußt eine Rolle zu spielen, der Komplexität der Realität auszuweichen. Wirtschaftliches Wachstum ist ja ein vielschichtiger Prozeß, auf den eine ganze Reihe unterschiedlicher Faktoren ursächlich einwirken. Nun vereinfacht die Wirtschaftswissenschaft sowieso schon die komplexe Realität, indem sie zumeist einen Datenkranz als gegeben annimmt und nur Prozesse innerhalb dieses Rahmens untersucht. Selbst unter diesen einschränkenden Bedingungen spricht man von der allgemeinen volkswirtschaftlichen Interdependenz: Alles hängt miteinander zusammen bzw. voneinander ab. Aber mit welchem Gewicht? Als notwendige oder hinreichende Bedingungen, als bloß kurzfristige oder langfristige Determinanten, als mittelbare oder unmittelbare Ursachen? Die uns gestellte Frage nach den generellen Ursachen wirtschaftlichen Wachstums verlangt danach, eher den Blickwinkel auszuweiten, ihn jedenfalls nicht einzuengen; d. h. der Datenkranz ist selbst auf seinen potentiellen Ursachencharakter hin zu untersuchen. Man sollte sogar noch darüber hinausgehen und einbeziehen, was Rupert Riedl den hierarchischen Bau der Welt nennt. Dessen komplexe Struktur wird vor allem dadurch geprägt, daß jede der Seins-Schichten von zwei Seiten bestimmt wird: „Die Material- und Strukturgesetze reichen von den Unterschichten durch die Systeme hindurch, die Form- und Selektionsgesetze von den Oberschichten." (Riedl 1985, 66 ff.)

Die Frage nach den Ursachen bestimmter Phänomene stellt sich damit sehr umfassend und bedarf eines praktikablen methodischen Zugriffs. Riedl und Patzelt haben diesbezüglich auf die multiperspektivische und darin bislang unübertroffene Ursachenlehre des Aristoteles hingewiesen, der vier Ursachenformen unterschieden hat (vgl. Riedl 1985, 82 ff., Patzelt 1986, 174 f.): die Antriebsursache *(causa efficiens),* die Materialursache *(causa materialis),* die Formursache *(causa formalis)* und die Zweckursache *(causa finalis).* Es erscheint mir lohnend zu versuchen, mit Hilfe dieser Kategorien mehr Systematik und Klarheit in die Analyse der Ursachen wirtschaftlicher Wachstumsprozesse zu bekommen (ein derartiger methodischer Ansatz ist meines Erachtens nach in der Wirtschaftswissenschaft bislang nicht genutzt worden).

Vorab sind aber einige begriffliche Klärungen nötig, auch wenn sich diese zum Teil mit ähnlichen Bemühungen anderer Autoren dieses Bandes überlappen (vgl. z. B. Binswanger). Beginnen wir mit einigen Bemerkungen zum Begriff des Wirtschaftswachstums selbst. Dieser heute so gängige Terminus beschreibt die Steigerung der wirtschaftlichen Leistung einer Ökonomie (zumeist identisch mit einer nationalen Ökonomie, einem Staat) während einer bestimmten Periode. Die wirtschaftliche Leistung wiederum wird heute allgemein durch das Sozialprodukt dargestellt (auf die Unterschiede zwischen Brutto- und Nettosozialprodukt bzw. zwischen Sozial- und Inlandsprodukt wird hier nicht näher eingegangen). Diese Größe ergibt sich aus der Summe der Wertschöpfungen der einzelnen Unternehmen und des Staates. Hinter der Wertschöpfung verbirgt sich – vereinfacht gesagt – nichts anderes als die um die Vorleistungen bereinigte Produktion von Gütern oder Dienstleistungen, bewertet zu den erzielten Preisen. Erst auf der Basis solcher in Geldeinheiten ausgedrückter Preise kann man die unterschiedlichen Güter und Dienste gleichnamig machen, sie zusammenzählen. Da die erzeugten Güter und Dienste via Löhne, Gewinne oder andere Einkommensarten immer jemandem anspruchs- bzw. eigentumsmäßig zukommen, entspricht das Sozialprodukt auch dem Volkseinkommen (der Summe aller Leistungseinkommen). Einem Wachstum des Sozialprodukts können Produktions- bzw. Mengen- und/oder Preisänderungen zugrundeliegen. Insoweit das Wachstum auf Preisänderungen beruht, also bloßen nominalen Charakter hat, liegen ihm Inflationsprozesse mit eigenen Ursachen zugrunde (vgl. unten Abschnitt 9). Zumeist interessiert man sich beim Wirtschaftswachstum aber für reale, im Sinne inflationsbereinigter Prozesse (beim Zeitvergleich werden dann fiktiv die Preise konstant gehalten). Dies gilt auch für meinen Beitrag. In der Regel wird daher im folgenden unter Wirtschaftswachstum reales oder Outputwachstum verstanden, es sei denn, es ist ausdrücklich von nominalem Wachstum die Rede. Je nach Fragestellung rückt einmal das absolute Sozialprodukt bzw. sein Wachstum ins Blickfeld, ein andermal das Sozialprodukt pro Kopf. Als Bezugsgröße pro Kopf wird die Bevölkerungszahl, manchmal auch die Zahl der an der Erstellung des Sozialprodukts beteiligten Personen, der Erwerbstätigen, verwendet. Das reale Sozialprodukt pro Erwerbstätigen entspricht auch der durchschnittlichen Arbeitsproduktivität.

Obwohl das Sozialprodukt und sein Wachstum (insbesondere pro Kopf) gern als Wohlstandsindikator, auch im internationalen Vergleich, herangezogen werden, ist dies zunehmend fragwürdig geworden. So bleiben bei der Sozialproduktsberechnung fast alle Leistungen im privaten Bereich unberücksichtigt; andererseits werden kompensatorische Ausgaben einbezogen, obwohl sie nur (ökologische) Folgeschäden der Wirtschaftstätigkeit ausgleichen sollen. Schließlich informieren die Makrodaten zu wenig über die Distribution des Sozialprodukts, also über die Verteilung des Einkommens auf verschiedene soziale Gruppen.

3. Historische Tendenzen des Wirtschaftswachstums

Wenn die Kritik am (exponentiellen) Wirtschaftswachstum dessen Folgen insbesondere hinsichtlich des Ressourcenverbrauchs und der Schädigung der Umwelt anprangert, so hat sie nicht nur hohe Wachstumsraten im Visier. Diese blieben nämlich vergleichsweise harmlos, wenn sie nur Episodencharakter hätten und wenn nicht aufgrund längerfristiger Wachstumsprozesse bereits hohe absolute Niveaus der weltweiten Produktion einschließlich ihrer entsprechenden Begleiterscheinungen entstanden wären. Historisch hat die eigentliche Beschleunigung der wirtschaftlichen Entwicklung – grob gesprochen – mit der industriellen Revolution eingesetzt und bis zur Gegenwart immer mehr Länder erfaßt. Sie ist keineswegs stetig verlaufen. Phasen rascheren und langsameren Wachstums haben sich abgewechselt. Schauen wir uns die verfügbaren Daten etwas genauer an, um die Dimensionen der zu erörternden Phänomene sichtbar zu machen (vgl. Hampe 1980):

Die neun führenden Industrieländer, die im Anhang im einzelnen aufgeführt sind, erzielten in der 2. Hälfte des 19. Jahrhunderts bzw. in den Jahrzehnten vor dem 1. Weltkrieg durchschnittlich ein jährliches Wachstum des realen Sozialprodukts von 2,7% (Minimalwert: 1,4% = Italien, Maximalwert: 3,8% = Kanada), pro Kopf von 1,6% (Min.: 0,8% = Italien, Max.: 2,4% = Japan).

In den folgenden Jahrzehnten haben die beiden Weltkriege und die Weltwirtschaftskrise zu Beginn der 30er Jahre die wirtschaftliche Entwicklung beeinträchtigt. Versucht man mit Kuznets zumindest die kriegsbedingten Verzerrungen dadurch zu mildern, daß man zur Ermittlung des Wachstumstrends die jeweilige Vor- und Nachkriegszeit in die Untersuchung einbezieht, so weist der Wachstumstrend in den genannten Ländern für den Zeitraum 1890/1910 bis zu Beginn der 50er Jahre im Durchschnitt keine wesentliche Veränderung gegenüber den Jahrzehnten vor dem 1. Weltkrieg aus. Die jährliche Wachstumsrate des Sozialprodukts der Ländergruppe lag nämlich bei knapp 2,5%, das Pro-Kopf-Wachstum bei 1,5%.

Im Zeitraum von 1950/54 bis 1963/67 erlebten bzw. erreichten die neun Länder dagegen eine markante Beschleunigung ihres wirtschaftlichen Wachstums: Die jährliche Wachstumsrate des Sozialprodukts stieg im Durchschnitt auf 5,1%; bei der Pro-Kopf-Rate fiel die Veränderung gegenüber dem früheren Trend mit 3,9% sogar noch deutlicher aus (im Falle der beiden nordamerikanischen Länder war dieser Effekt allerdings weniger ausgeprägt, insbesondere das Pro-Kopf-Wachstum blieb hier eher im langfristigen Trend).

Auf der Basis neuerer Daten (siehe ebenfalls Anhang) zeigt sich, daß diese Wachstumsdynamik bis zur ersten Ölkrise anhielt: Die genannten neun Länder verzeichneten zwischen 1960 und 1973 eine durchschnittliche Jahreswachstumsrate von 5,1%, womit sie allerdings knapp unter der Wachstumsrate der gesamten Weltwirtschaft von 5,2% blieben; ihr Pro-Kopf-Wachstum erreichte 4,1%. Im Folgezeitraum von 1973–1988 verlangsamte sich das Wachstum spürbar. Die neun Länder erreichten nun ein durchschnittliches Produktwachstum von 2,6% bzw. ein Pro-Kopf-Wachstum von 2% (die gesamte Weltwirtschaft wuchs in diesem Zeitraum dagegen mit einer Jahresrate von 3,2%). Vereinfacht gesagt hat sich also das gesamtwirtschaftliche Wachstum in den Industrieländern seit Mitte der 70er Jahre wieder dem Trend der Jahrzehnte von 1860/70 bis 1950 genähert. Bemerkenswert ist darüber hinaus, daß die (älteren) Industrieländer seit 1960 keinen Wachstumsvorsprung gegenüber dem Rest der Welt aufweisen; dies geht nicht zuletzt auf die wirtschaftliche Dynamik im ostasiatischen Raum zurück.

Historisch gesehen hebt dieses wirtschaftliche Wachstum das Zeitalter der Industrialisierung insgesamt auffällig aus dem historischen Strom heraus. Zwar liegen keine genauen Daten für das weltwirtschaftliche Produktionswachstum in den Jahrhunderten vor der Industrialisierung vor. Kuznets hat grob geschätzt, daß sich das Pro-Kopf-Produkt in den westeuropäischen Ländern zwischen dem Jahre 900 und 1850 ebenso verfünffachte wie im folgenden Jahrhundert, d. h. in der industriellen Epoche beschleunigte sich das Pro-Kopf-Wachstum annähernd um den Faktor 10! Das Outputwachstum insgesamt (das Produkt aus Bevölkerungs- und Pro-Kopf-Wachstum) akzelerierte dabei etwas weniger dramatisch, denn während die Bevölkerung Europas (einschl. Rußland) im Millenium vor 1850 etwas rascher wuchs als das Pro-Kopf-Produkt, stieg ihre Zahl zwischen 1850 und 1960 nur auf knapp das Zweieinhalbfache, während sich – wie erwähnt – der Pro-Kopf-Output verfünffachte (Kuznets 1966, 34 ff., insbes. Tab. 2.1 und 2.2; Kuznets 1971, 10–28, insbes. 27).

4. Wirtschaftssysteme unter Wachstumskonkurrenz

In unseren arbeitsteiligen Volkswirtschaften vollziehen sich die wirtschaftlichen Prozesse unter bestimmten institutionellen Rahmenbedingungen, die zumeist als Wirtschaftssystem oder Wirtschaftsordnung bezeichnet werden. Ein derartiger Ordnungsrahmen ist erforderlich, um die einzelwirtschaftliche Tätigkeit von Unternehmen, privaten Haushalten und öffentlichen Körperschaften zu koordinieren und damit eine arbeitsteilige Wirtschaft funktionsfähig zu machen. Gleichzeitig regeln die Rahmenbedingungen, wer, auf welche Weise und unter welchen Bedingungen wirtschaftlich handeln bzw. die wirtschaftlichen Entscheidungen anderer beeinflussen darf (Kompetenzverteilung).

Sowohl im historischen Rückblick als auch im internationalen Vergleich lassen sich vielfältige Wirtschaftsordnungen unterscheiden. Seit Walter Eucken ist es aber üblich geworden, diese Vielfalt (idealtypisch) auf zwei Grundtypen zurückzuführen, nämlich auf Systeme mit zentraler und dezentraler Wirtschaftsplanung. Die historisch verwirklichten Ordnungen enthalten zwar regelmäßig Elemente beider Idealtypen, sind also Mischformen, dennoch überwiegt einmal das dezentrale, einmal das zentrale Prinzip. Im ersteren Falle spricht man dann – unscharf – von marktwirtschaftlich-kapitalistischen Ordnungen, im anderen Falle von zentralen Planwirtschaften.

Was läßt sich nun über die Wirtschaftssysteme/-ordnungen unter dem Aspekt des Wachstums und seiner Verursachung aussagen? Verschiedene Blickrichtungen und damit Fragestellungen können unterschieden werden. Als institutioneller Rahmen für die wirtschaftlichen Entscheidungsprozesse kann die Wirtschaftsordnung zunächst einmal als *causa formalis* für das jeweilige Wirtschaftswachstum betrachtet werden. Zu fragen ist darüber hinaus, ob und inwieweit die jeweilige Ordnung auf wirtschaftliches Wachstum hin angelegt bzw. entwickelt worden ist *(causa finalis)*. Schließlich ist zu prüfen, welche Antriebsursachen *(causa efficiens)* im Rahmen der Wirtschaftssysteme für Wachstum relevant sind und welche materiellen Gegebenheiten *(causa materialis)* jeweils die Wachstumsprozesse bestimmen.

Beginnen wir mit dem zweiten Aspekt, mit der Frage, welche Rolle das Wirtschaftswachstum als Zielsetzung in unterschiedlichen Wirtschaftsordnungen spielt. Wie einleitend schon erwähnt, waren die Jahrzehnte des Ost-West-Konflikts auch vom Gegensatz marktwirtschaftlich-kapitalistischer Wirtschaftsordnungen im Westen und sozialistischer Planwirtschaften im Osten geprägt. Dabei entwickelte sich geradezu ein Wachstumswettlauf. Die Überlegenheit des eigenen Systems sollte nicht zuletzt in höheren Wachstumsraten zum Ausdruck kommen, schien doch damit ein Mehr an materiellem Wohlstand, an (militärischer) Sicherheit und an politischem Einfluß möglich. Wirtschaftswachstum war also für beide Systeme gleichermaßen Ziel.

Das galt aber auch schon für die Überlegungen ihrer geistigen Väter. Adam Smith wollte mit seinen Forderungen nach wirtschaftlicher Freiheit für die Menschen, nach Aufhebung vielfältiger wirtschaftlicher Reglementierungen, wie sie für die Wirtschaftsordnung des Merkantilismus charakteristisch waren, „den Wohlstand der Nationen" erhöhen, also ihr Sozialprodukt, insbesondere aber die Pro-Kopf-Einkommen steigern und so die allgemeine Armut überwinden. Karl Marx und seine Nachfolger wiederum hielten den Kapitalismus nicht zuletzt deshalb für ein historisch zu überwindendes Wirtschaftssystem, weil es wegen seiner Krisen- und Monopolisierungstendenzen die Produktivkräfte nicht hinreichend entwickele, also die Produktion nicht gemäß den materiellen Möglichkeiten steigere. Demgegenüber sollte der Sozialismus/Kommunismus auf der Basis zentral geplanter Wirtschaftsprozesse die Produktivkräfte voll zur Entfaltung bringen, also höheres Wachstum ermöglichen und so im Endstadium des Kommunismus die wirtschaftliche Knappheit endgültig überwinden (neues Verteilungsprinzip: jedem nach seinen Bedürfnissen!).

Die Spekulation ging aber nicht auf. Nicht die marktwirtschaftlichen, sondern die sozialistischen Systeme gerieten in die Krise, tendierten zu wirtschaftlicher „Stagnation und Fäulnis", um bekannte Formeln Lenins aufzugreifen (vgl. Lenin 1960/1916). Vor allem blieben sie in der Produktivitätsentwicklung zurück, d. h. ihre Produktion erfolgte mit unverhältnismäßig hohem Einsatz an Arbeit, Boden, Rohstoffen, Energie und anderem Kapital (extensives Wachstum). Folge war auch, daß man sich noch weniger als in den westlichen Ländern um die Belange der Umwelt kümmerte. Als Gorbatschow schließlich als erster sowjetischer Führer aus der wirtschaftlichen Misere politische Konsequenzen zog und den real existierenden Sozialismus zu reformieren versuchte, brachen die Sowjetunion und ihre osteuropäischen Satelliten zusammen. Seitdem transformieren sie ihre Wirtschaftsordnungen in Richtung Marktwirtschaft.

5. Die marktwirtschaftliche Ordnung als Formursache
Die marktwirtschaftlichen Rahmenbedingungen sind offenkundig – insbesondere auf längere Sicht – besser geeignet als andere, für wirtschaftliche Effizienz und rasches Wachstum zu sorgen. Die Erkenntnis, daß die Institutionen einer Ökonomie eine wichtige *causa formalis* für wirtschaftliches Wachstum darstellen, kann allerdings nicht erst aus der Wachstumskonkurrenz zwischen Ost und West abgeleitet werden. Wirtschaftshistoriker haben die Unterschiede in der wirtschaftlichen Dynamik verschiedener Gesellschaften in ganz unterschiedlichen Epochen in engem Zusammenhang mit den jeweiligen institutionellen Strukturen bzw. deren Veränderungen gesehen. So sei der „Sonderweg des Westens" und dabei insbesondere die Vorreiterrolle Englands und Hollands seit dem 17. Jahrhundert vor allem mit dem frühzeitigen Übergang zu marktwirtschaftlich-dezentralen Strukturen zu erklären (so z. B. North 1981, Wrede 1988).
Welche institutionellen Regelungen sind nun für eine Marktwirtschaft besonders charakteristisch? Den einzelnen Wirtschaftssubjekten (Unternehmen einschl. Banken, private und öffentliche Haushalte) wird auf der Basis privater Eigentums- bzw. Verfügungsrechte ein hohes Maß an wirtschaftlicher Autonomie bzw. Handlungs- und Entscheidungsfreiheit eingeräumt. Die Koordination der arbeitsteiligen wirtschaftlichen Tätigkeit erfolgt über Märkte mit freier Preisbildung (gemäß der berühmten Formel: Angebot und Nachfrage bestimmen die Preise). Eine besondere Rolle spielt dabei das Prinzip des Wettbewerbs (darauf ist im nächsten Abschnitt unter der Rubrik *causa efficiens* noch einmal einzugehen), das die wirtschaftlichen Akteure positiv (durch Gewinne) oder negativ (durch Verluste, die bis zur Existenzgefährdung = Konkurs reichen) sanktioniert und in Richtung einer optimalen Faktorallokation wirkt, also dazu tendiert, daß die volkswirtschaftlichen Ressourcen dort eingesetzt werden, wo sie den höchsten Nutzen (Gewinn) bringen. In der Sicht von Adam Smith wirken die Preis- und Wettbewerbsmechanismen wie eine *invisible hand,* die dafür sorgt, daß das an Individualinteressen ausgerichtete einzelwirtschaftliche Handeln den Wohlstand aller befördert. Diese überwiegend idealtypische Sichtweise läßt dem Staat konsequenterweise im Bereich der Wirtschaft wenig Raum. Er hat vor allem für innere und äußere Sicherheit zu sorgen „Nachtwächterstaat", einige öffentliche Güter bereitzustellen und das Währungssystem vorzugeben (unter gegenwärtigen Währungsbedingungen ist daraus noch die Aufgabe erwachsen, für stabiles Geld zu sorgen).
Die historische Erfahrung wie die Logik machen allerdings deutlich, daß das idealtypische Funktionieren einer Marktwirtschaft von einer Reihe von Bedingungen abhängt, die in der Realität nicht oder nicht ausreichend erfüllt bzw. erfüllbar sind. „Marktversagen" in verschiedener Hinsicht war die Folge (Wirtschaftskrisen, Konzentrations- und Monopolisierungstendenzen, ungleiche Einkommens- und Vermögensverteilung verbunden mit sozialer Not von Teilen der Bevölkerung u. a. m.). Schrittweise wurden daher vom Staat mehr wirtschaftliche Aktivität und Regulierung verlangt: Vor dem Hintergrund der Weltwirtschaftskrise der 30er Jahre plädierte der Brite Keynes für eine antizyklische Gestaltung der öffentlichen Haushalte, um die Konjunkturschwankungen zu dämpfen; in Deutschland traten Eucken und seine Freiburger Schule für staatliche Wettbewerbspolitik zur Sicherung des Wettbewerbs gegen seine marktimmanente Aushöhlung und für ein Mehr an sozialem Ausgleich ein. In einer zweiten Phase der „Sozialen Marktwirtschaft" wurde in der Bundesrepublik Deutschland versucht, beide Reformansätze zu integrieren (Stabilitätsgesetz von 1967). Die Folgen verstärkter wirtschaftlicher Staatstätigkeit waren allerdings international nicht eindeutig positiv. Phänomene des „Staatsversagens" wurden

diagnostiziert. Insbesondere wurde dem Staat vorgeworfen, daß er durch allzuviele Regulierungen, durch hohe Besteuerung und zunehmende Staatsverschuldung die Wirtschaft tendenziell lähme und das wirtschaftliche Wachstum behindere. Seit den 80er Jahren kam es daher wieder zu einer wirtschaftspolitischen Gegenbewegung unter dem Motto: Mehr Markt, weniger Staat (angebotsorientierte Politik). Auf einige dieser Aspekte wird an späterer Stelle (im 8. Abschnitt) noch einmal eingegangen, ansonsten fallen sie eher in den Themenbereich anderer Beiträge (siehe in diesem Band Patzelt und Helsper).

6. Die Antriebsursachen des Wachstums

Wir wenden uns nun der Frage zu, welche Antriebe bzw. Anreize im Rahmen einer marktwirtschaftlichen Ordnung für Wachstum sorgen. Damit berühren wir das generelle Thema der menschlichen Triebkräfte, ein Thema, mit dem sich viel Autoren unserer Geistesgeschichte auseinandergesetzt haben. Aristoteles z. B. unterschied verschiedene menschliche Lebensformen und entsprechende Glücksvorstellungen. Dabei war er der Ansicht, daß die große Mehrheit der Menschen in einer hedonistischen Lebensweise ihr Glück findet, für die der Konsum von Gütern und Diensten zentral ist. Aristoteles beschrieb auch schon die Figur des Geldmenschen, der nach Reichtum strebt, also (durch Sparen) Vermögen akkumulieren will, meinte aber, Reichtum sei letztlich kein Endziel, sondern nur Mittel zum Zweck, z. B. um später mehr konsumieren zu können (Aristoteles, N.E., 1095 b 14 – 1096a11). Thomas Hobbes' Analyse der menschlichen (Leidenschafts-)Natur betonte das materielle Streben der Menschen noch stärker. Menschliches Glück sei generell „ein beständiges Fortschreiten von Wunsch zu Wunsch. Ist der eine erfüllt, so öffnet sich nur der Weg für den nächsten. Die Menschen nämlich ... wünschen sich ihr Glück auch für immer zu sichern". Der Mensch könne aber „die Mittel, die ihm jetzt Glück schenken, nicht sichern, ohne immer noch mehr zu erwerben" (Hobbes 1965, 76).

Unter den ökonomischen Autoren hat vor allem deren moderner Stammvater Adam Smith eine einfache, aber treffende Formulierung gewählt. Wir seien von dem Wunsche geprägt, „die Lebensbedingungen zu verbessern, ein Verlangen, das uns ... ein ganzes Leben lang begleitet, von der Geburt bis zum Tode". Niemand sei jemals mit seiner Lage so vollkommen zufrieden, „daß er sich nicht wünscht, sie irgendwie zu ändern oder zu verbessern" (Smith 1974, 282). Mit dieser These wollte Smith insbesondere die Motivation zum Sparen, zur Vermögensbildung erklären. Dies bietet Gelegenheit, einige wachstumstheoretische Folgerungen anzuschließen: Wenn gesamtwirtschaftlich mehr gespart wird, kann real mehr investiert und damit das wirtschaftliche Wachstum erhöht werden. Wenn es gleichzeitig, wie die klassische Ökonomie grundsätzlich unterstellte, keinen Mangel an rentablen Investitionsgelegenheiten gibt, führt höhere Ersparnis auch tatsächlich zu höherem Wachstum. Keynes und andere Stagnationstheoretiker sahen diese Zusammenhänge allerdings anders. Sparen heißt ja unmittelbar Nicht-Konsum von Einkommen. Wenn daher mehr gespart wird, geht die Nachfrage nach Konsumgütern zurück. Keynes leitete daraus kurzfristig rezessive Wirtschaftstendenzen ab; andererseits meinte er, mit steigendem Einkommen würden die Menschen in der Tat (auch langfristig) relativ mehr sparen und damit entsprechend weniger konsumieren. Dies liefe langfristig auf Bedürfnissättigung hinaus, die die Investitionsmöglichkeiten beschneiden und damit das wirtschaftliche Wachstum zum Erliegen bringen würde (vgl. Keynes 1936 sowie Streissler 1966, 87 f.). Keynes hat dabei aber zwei Faktoren mißachtet. Zum einen hat er die Dynamik der technischen Entwicklung unterschätzt, die ständig neue Investitionsgelegenheiten bietet, neue Güter hervorbringt und damit neue Konsumanreize schafft. Zum anderen hat Keynes offenkundig zu wenig berücksichtigt, daß die materiellen Bedürfnisse des Menschen auch dann nicht enden, wenn ein die physische Existenz sichernder Standard an Nahrung, Wohnung, Kleidung, Bildung usw. erreicht ist. Er hat nicht nur die oben zitierten Hobbes'schen Argumente vernachlässigt, sondern „fälschlich interpersonelle Unabhängigkeit des Konsumverhaltens angenommen" (Streissler 1966, 88). Die empirischen wie konsumtheoretischen Forschungen haben demgegenüber aber die Einsichten bestätigt, die Thorstein Veblen schon vor rund 100 Jahren formuliert hat, daß viele Konsumgüter nämlich nicht nur wegen ihres Gebrauchsnutzens geschätzt werden, sondern wegen des Prestiges, das sie vermitteln bzw. wegen des sozialen Status, den sie ausdrücken (Veblen 1899; vgl. auch Streissler 1966 und Scherhorn 1996). Durch Konsum (und Vermögen) kann man sich von den Mitmenschen sozial differenzieren, eigenen Erfolg demonstrieren, Zuneigung gewinnen, mehr Sicherheit erreichen, das Selbstwertgefühl steigern. Derartige Bestrebungen stellen aber nicht irgendwelche zweitrangigen Bedürfnisse dar, sie zählen vielmehr, wie insbesondere A. H. Maslow in seiner humanistischen Psychologie aufgezeigt hat, zu den menschlichen Grundbedürfnissen, deren unzureichende Befriedigung sogar zu psychischer, insbesondere neurotischer Erkrankung führt (vgl. Maslow 1968, Kap. 3). Auf der Makroebene, im Schichtengefüge einer Gesellschaft, orientiert sich entsprechend die einzelne soziale Schicht in ihrem Konsumverhalten an der nächst höheren, um diese allmählich zu erreichen; die höhere Schicht wiederum entwickelt neue Konsummuster, um sich nicht einholen zu lassen. Grundsätzlich sind die Bedürfnisse der Menschen also unbegrenzt und nehmen auch bei Wirtschaftswachstum an Intensität nicht ab (Streissler 1966, 71). Wie würde sonst auch verständlich, daß selbst in Wohlstandsgesellschaften die Lohn- bzw. Verteilungskämpfe nicht nachlassen; wie sollte man sonst die (sehr aktuellen) Schwierigkeiten interpretieren, in unseren Anspruchsgesellschaften politisch etwas zu verändern, wenn es impliziert, daß bisherige materielle bzw. soziale Ansprüche zurückgeschraubt werden sollen.

Ein differenzierender Aspekt ist allerdings noch zu berücksichtigen. Gerade in Wohlstandsgesellschaften richtet sich der Wunsch nach Mehr nicht nur auf Einkommen bzw. Güter, sondern auch auf mehr Freizeit bzw. weniger Arbeit (ohne ausreichende Zeit kann man ja auch viele Güter gar nicht konsumieren!). Die Geschichte der letzten 100 Jahre ist daher insbesondere in Europa auch eine Geschichte der deutlichen Verkürzung der durchschnittlichen Jahres- und Lebensarbeitszeiten. Auf mögliches Einkommens- bzw. Produktionswachstum wurde dementsprechend verzichtet. Die Frage nach der weiteren Entwicklung der Arbeitszeiten hat in den letzten Jahren in vielen Industrieländern neue Aktualität erhalten und z. B. in Deutschland zu heftigen Kontroversen insbesondere wegen der Forderung nach der 35-Stunden-Woche geführt. Die neuerlichen Bemühungen zur Verkürzung der Arbeitszeiten zielen allerdings nicht auf die Verlangsamung des Wirtschaftswachstums, sondern auf die Reduzierung der Arbeitslosigkeit durch Umverteilung der für die Produktion (noch) erforderlichen Arbeit (vgl. z. B. Hampe 1993). Ohne hier auf weitere Einzelheiten einzugehen, bleibt festzuhalten, daß sich eine Verbesserung der Lebensbedingungen nicht nur via Einkommens- bzw. Produktionswachstum realisieren läßt.

Kehren wir noch einmal zu den oben angesprochenen Antrieben in Richtung Bedürfniswachstum zurück. In diesem Kontext wird gerne argumentiert, dies sei primär die Folge der Manipulation der Bedürfnisse durch die Wirtschaft, der es mit Hilfe psychologisch raffinierter Methoden der Werbung bis hin zum Konsumterror gelinge, immer neue Bedürfnisse zu wecken bzw. aufzuoktroyieren. Hier liege eine wichtige *causa efficiens* für wachsenden Konsum und damit wirtschaftliches Wachstum. Nun ist gewiß nicht daran zu rütteln, daß Unternehmen und Wirtschaftsverbände die Werbung bzw. das Gesamtinstrumentarium des Marketing intensiv und erfolgreich nützen. Dennoch wird die genannte These, nicht zuletzt im Lichte unserer obigen Überlegungen, der Realität nicht gerecht. Welche Funktionen kommen der Werbung denn realiter zu? Ziel der Werbemaßnahmen von Unternehmen oder Unternehmensgruppen ist es immer, (mehr) Nachfrage auf die eigenen Produkte zu lenken, sich also ein möglichst großes Stück vom Kuchen der gesamten Konsumausgaben der Bevölkerung zu sichern. Dies geschieht zum einen durch den Informationseffekt der Werbung. In einer dynamischen Wirtschaft, in der laufend neue Güter und Qualitäten entwickelt und angeboten werden, hat diese Funktion einen besonderen Stellenwert. Zum anderen formt die Werbung durchaus auch die Bedürfnisstrukturen der Konsumenten, indem sie ihnen z. B. nahezulegen versucht, ihr Trinkbedürfnis durch bestimmte Mineralwasser-, Fruchtsaft-, Bier- oder Weinsorten zu decken usw. (Anm.: Dies steht in Gegensatz zu der vereinfachenden, aber eben irrigen Annahme vor allem neoklassischer Wirtschaftsmodelle, die Konsumenten hätten ein autonomes, fertig ausdifferenziertes Bedürfnis- und Bewertungssystem, an das sich die Unternehmen in einer Konkurrenzwirtschaft vornehmlich passiv anpassen). Gestützt auf unsere vorigen Überlegungen wird die Werbung umso erfolgreicher sein, je mehr es ihr gelingt, die betreffenden Güter zu positionalen Gütern, zu Statussymbolen zu machen.

Letztlich ist das Ganze wohl eine Art kybernetischer Prozeß, in dem die Wirtschaft durch das Angebot an (neuen) Gütern, vermittelt über Werbung, den Menschen (neue) Möglichkeiten der Befriedigung ihrer ganz unterschiedlichen materiellen, aber auch psychischen bzw. positionalen Bedürfnisse eröffnet. Primär sind dabei offenkundig die menschlichen Bedürfnisse; sie werden aber durch die Werbung mit geformt, so daß diese durchaus eine eigenständige Rolle spielt. (Anm.: Begrenzt wird der Einfluß der Werbung vor allem durch die konkurriende Werbung für ähnliche Produkte, durch die Budgetbeschränkungen bei den einzelnen potentiellen Nachfragern und durch deren autonom oder durch Verbraucherberatung entwickelte Bedarfsstrukturen: Je gefestigter die Persönlichkeitsstruktur, desto weniger verführt Werbung! Besonders werbungsgefährdet sind daher nicht zuletzt Kinder und Jugendliche.)

Die letzten Überlegungen haben unsere Blickrichtung bereits auf die Unternehmensseite gelenkt. Die Frage nach den hier maßgeblichen Antriebskräften ist nicht grundsätzlich anders zu beantworten als die einleitende Frage nach den allgemeinen menschlichen Antrieben im Seinsbereich Wirtschaft, denn hinter den Unternehmen stehen ja Eigentümer/Unternehmer (bei Großunternehmen vorwiegend angestellte Manager), denen es letztlich auch nur darum geht, ihre Lebensbedingungen bzw. ihre soziale Position zu verbessern. Daher hat die Wirtschaftstheorie auch das allgemeine Ziel der wirtschaftlichen Tätigkeit des Menschen mit Nutzenmaximierung beschrieben: mit den verfügbaren bzw. eingesetzten Mitteln ein Maximum an Bedürfnisbefriedigung erreichen. Im Falle des Unternehmens/Unternehmers konkretisiert sich dieser Antrieb zur bekannten Formel der Gewinnmaximierung – gewiß eine starke Vereinfachung zumal heutiger unternehmerischer Zielfunktionen. Richtig daran ist aber, daß Unternehmen auf Dauer nur aufrechterhalten werden, wenn sie Gewinne bzw. eine (auf das eingesetzte Kapital bezogene) ausreichende, d. h. den Kapitalmarktzins übersteigende Rendite erzielen. Bloßes Unternehmenswachstum, gemessen am Umsatz oder an der Beschäftigtenzahl, abgekoppelt von der Gewinnentwicklung, ist daher zunächst einmal kein primäres Unternehmensziel (vgl. dazu auch den Beitrag Sliwka in diesem Band), allerdings können vor allem bei oligopolistischen Marktstrukturen neben dem Gewinnmotiv Sicherheitsüberlegungen eine ganz eigenständige Rolle spielen, die der Unternehmensgröße einen speziellen Stellenwert zuweisen (vgl. Rothschild 1965/1947): Mit zunehmender Größe erhöht sich nämlich in aller Regel auch die finanzielle Stärke eines Unternehmens, die angesichts der latenten Kampfsituation im Oligopol besonders dringlich ist. Außerdem können Großunternehmen leichter die Politik zu ihren Gunsten beeinflussen und im Falle des Falles eher auf öffentliche Unterstützung hoffen, schon wegen der Erhaltung der Arbeitsplätze. Das Streben nach Sicherheit bzw. sicheren Profiten kann allerdings auch andere Strategien nahelegen, z. B. den Versuch, sei es durch Ausschaltung der Konkurrenten, sei es durch Kooperation mit ihnen, eine Monopolsituation zu erreichen. Die letztere verlangt unter Umständen sogar, die Produktion einzuschränken, um höhere, nämlich Monopolpreise am Markt durchsetzen zu können. Wie die damit verbundenen höheren (Monopol-)Profite verwendet werden, ob im eigenen Unternehmen oder extern, wo also entsprechendes Wachstum stattfindet, kann allerdings nicht *a priori* entschieden werden.

Funktionsfähiger Wettbewerb gehört im übrigen zu den Legitimationsgrundlagen einer Marktwirtschaft. Gerade das Wissen und die Erfahrung, daß Unternehmen starkes Interesse daran haben, den Wettbewerb untereinander zu beschränken oder gar abzuschaffen, hat den Staat auf den Plan gerufen und ihn Instrumente zum Schutze des Wettbewerbs entwickeln lassen (Anm.: Was in den angelsächsischen Ländern schon im 19. Jahrhundert praktiziert wurde, erhielt in Deutschland erst im Gefolge des Euckenschen Ordo-Liberalismus bzw. in der von ihm inspirierten „Sozialen Marktwirtschaft" wirtschaftspolitischen Stellenwert!). Unter Wettbewerbsbedingungen ergibt sich aber für jedes Unternehmen ein starker Druck, ja Zwang, wettbewerbsfähig zu sein und zu bleiben, um Gewinne erzielen und die Existenz des Unternehmens erhalten zu können. Grundsätzlich stehen dafür zwei Ansatzpunkte zur Verfügung: Zum einen kann Wettbewerbsfähigkeit über bessere oder neue Produkte anvisiert werden, die andere Strategie heißt Kostensenkung, um billiger anbieten zu können als die Konkurrenz. Das Konkurrenzprinzip verstärkt also die gewinnorientierten unternehmerischen Antriebe in Richtung Kostensenkung bzw. Produktivitätserhöhung, aber auch in Richtung Entwicklung neuer und/oder besserer Produkte. Es zählt daher sowohl zu den Formursachen des Wachstums, insoweit marktwirtschaftliche Systeme den Wettbewerb ausdrücklich erlauben und zu sichern suchen, als auch zu dessen Antriebsursachen, indem es Kostensenkungen bzw. Produktivitätssteigerungen generiert, die wiederum die materiellen Grundlagen für weiteres Wachstum verbessern.

Damit rückt ein neuer Aspekt ins Blickfeld, denn welches Bedürfnis- bzw. Konsumniveau die privaten Wirtschaftssubjekte realisieren können, welche Gewinne die Unternehmen erzielen und mit wieviel Güterproduktion bzw. Wachstum das verbunden ist, hängt natürlich nicht allein von den beschriebenen Form- und Antriebsursachen ab, sondern auch von den jeweiligen materiellen Verfügbarkeiten in einer Gesellschaft.

7. Die Materialursachen des Wachstums

Reales Wirtschaftswachstum heißt Steigerung der Produktion von Gütern und Diensten. Die Nationalökonomie behandelt deren *causa materialis* in der Lehre von den Produktionsfaktoren (vgl. z. B. Gruber/Kleber 1994, 13 ff.). Unterschieden werden dabei zumeist Boden, Arbeit und Kapital als die drei klassischen Produktionsfaktoren, wobei der Boden im Laufe der Zeit immer weniger Beachtung fand, einerseits im Zusammenhang mit der relativ abnehmenden Bedeutung der Landwirtschaft, andererseits wegen seiner zunehmenden, durch Arbeit und Kapital bewirkten qualitativen Änderung, die ihn mehr und mehr in ein produziertes Produktionsmittel, also in Kapital verwandelte. Erst im Zuge der neueren ökologischen Diskussion erlebt der Faktor Boden im weiter gefaßten Begriff der natürlichen Ressourcen eine Renaissance. Darin werden dann auch die erschöpfbaren Bodenschätze sowie Luft und Wasser einbezogen (auch als Aufnahmemedium für Abfälle!).

Mit Kapital als Produktionsfaktor ist keine Geldgröße gemeint, sondern Produktiv- oder Realkapital im Sinne von Produktionsmitteln wie Gebäuden, Maschinen, Werkzeugen und Vorprodukten. Die menschliche Arbeit wiederum ist heute weniger originärer Produktionsfaktor als vielmehr *human capital,* das durch Ausbildung und Erfahrung erst seine spezielle Qualität gewinnt.

Wirtschaftswachstum ist zum einen dann möglich, wenn der Faktoreinsatz quantitativ erhöht wird. Beim Boden ist dies innerhalb nationaler Grenzen nur möglich, wenn die Verwendungsarten geändert werden, also wenn bisheriges Brachland für landwirtschaftliche Zwecke nutzbar gemacht wird oder wenn neue Gewerbegebiete zu Lasten anderer Bodennutzung ausgewiesen werden usw. Der Faktor Produktivkapital, in seiner gesamtwirtschaftlichen Summe Kapitalstock genannt, kann dagegen fortlaufend durch (Netto-)Investitionen, denen volkswirtschaftlich eine entsprechende Erspanis (= Nichtkonsum von Sozialprodukt) gegenüberstehen muß, vermehrt werden. Der zur Verfügung stehende Faktor Arbeit schließlich wird im Zeitablauf durch Bevölkerungswachstum/-schrumpfung, durch Änderungen in der Erwerbsbeteiligung, durch Änderungen der durchschnittlichen Arbeitszeiten und/oder durch Wanderungsbewegungen verändert.

Bei der Frage nach den Materialursachen der Produktion bzw. ihres Wachstums ist natürlich zu unterscheiden zwischen der potentiell verfügbaren Faktormenge (dem maximalen Faktoreinsatz) und der tatsächlich eingesetzten. Die jeweilige Differenz beruht zum Teil auf freiwilligen Entscheidungen der Faktorbesitzer (so sind z. B. die Arbeitszeiten im Laufe der Zeit merklich gesenkt worden, außerdem liegt die gewünschte Erwerbsbeteiligung insbesondere der Frauen deutlich unter der physisch möglichen; die Bodennutzung für landwirtschaftliche Zwecke oder die Ausbeutung natürlicher Ressourcen wiederum erfolgt nur bei ausreichender Rentabilität); der Faktoreinsatz kann aber auch – im Falle konjunktureller oder struktureller Krisen – unfreiwillig reduziert sein. Länger anhaltende Massenarbeitslosigkeit stellt dabei die schwerwiegendste wirtschaftliche und soziale Herausforderung dar. Bei wachstumstheoretischen, also längerfristigen Überlegungen wird allerdings zumeist die Vollbeschäftigung aller (freiwillig bei den herrschenden Konditionen angebotenen) Faktoren unterstellt.

Die Auffassungen über die relative Rolle der einzelnen Faktoren haben sich dabei, wie schon angedeutet, im Laufe der Wirtschaftsgeschichte gewandelt (vgl. dazu, aber auch zum Folgenden, den 2. Beitrag Kurz). Auch über den konkreten Zusammenhang zwischen Faktoreinsatz und Produktionsergebnis sind unterschiedliche Theorien (bzw. Produktionsfunktionen) entwickelt worden, auf die hier nur kursorisch, nicht aber im Detail eingegangen werden kann.

Für unser Thema beachtenswert ist, daß die meisten Ökonomen seit Adam Smith hinsichtlich der längerfristigen Möglichkeiten wirtschaftlichen Wachstums eher skeptisch waren, wofür unterschiedliche Gründe benannt wurden. Zumeist lagen und liegen dieser Skepsis „ertragsgesetzliche" Produktionszusammenhänge zu Grunde. Diesem Gesetz zufolge, das zuerst für die landwirtschaftliche Produktion entwickelt wurde, kann man die Güterproduktion (bei konstanter Technik) langfristig nur steigern, wenn alle Produktionsfaktoren proportional vermehrt werden. Ist ein Faktor in seiner Verfügbarkeit begrenzt, z. B. der Boden, kann man zwar durch verstärkten Arbeits- und/oder Kapitaleinsatz die Produktionsmenge zunächst steigern, aber bald nur noch mit abnehmenden Ertragszuwächsen, bis das Gesamtprodukt schließlich ein Maximum erreicht (würde dieses Gesetz nicht gelten, so wurde *ex contrario* gefolgert, könnte man die Weltgetreideproduktion in einem Blumentopf erzeugen). Ähnliche Zusammenhänge wurden auch für die Industrieproduktion unterstellt, wenn man einen Faktor relativ zu den anderen stärker einsetzt, wenn also z. B. bei konstanter Bevölkerung bzw. Arbeitsmenge immer mehr Realkapital via Investition akkumuliert wird. Dann werde nämlich der Investitionsertrag relativ sinken, die Profitrate also abnehmen, und das Wachstum allmählich an eine Grenze stoßen. Auch Keynes arbeitete mit dieser Annahme der (neo-)klassischen Theorie, indem er bei steigender Investition eine abnehmende *marginal efficiency of capital* unterstellte. Dies galt für ihn auch langfristig, so daß er – vereinfacht gesagt – für die Jahrzehnte nach dem 2. Weltkrieg, wenn die Kriegsfolgen beseitigt seien und die wichtigsten volkswirtschaftlichen Investitionsbedürfnisse gedeckt wären, eine Art *golden age* erwartete. Wirtschaftspolitisch sei es dann angesichts geringerer profitabler Kapitalanlagemöglichkeiten nötig, den Konsum anzukurbeln bzw. die volkswirtschaftliche Ersparnis zu senken; außerdem sollte man die Arbeitszeiten reduzieren! (Vgl. Hampe 1984, 101 f.)

Diese ältere Wachstumsskepsis steht natürlich insbesondere in Widerspruch zu den weltweiten, wenn auch regional unterschiedlichen, Wachstumsprozessen nach dem 2. Weltkrieg (vgl. oben 3. Abschnitt). Sie beruhte vor allem darauf, daß man nur die Menge der eingesetzten Produktionsfaktoren im Zeitablauf als variabel ansah, nicht aber deren Qualität, genauer deren Produktivität (Output-Input-Verhältnis). Veränderungen der Technik im Sinne des Einsatzes neuartiger Produktionsmittel bzw. neuer Produktionsverfahren und/oder neuer betrieblicher Organisationsweisen erhöhen aber die Faktorproduktivitäten. Das gilt insbesondere für die Arbeitsproduktivität (bei ihr wird das gesamte Produktionsergebnis rein rechnerisch allein auf die Menge an eingesetzter Arbeit bezogen), weil die Entwicklung der relativen Preise zwischen Arbeit und Kapital zumeist „arbeitssparenden" technischen Fortschritt induziert (dabei ändert sich gleichzeitig das Einsatzverhältnis von Kapital und Arbeit in Richtung eines stärkeren Kapitaleinsatzes gegenüber dem Arbeitsinput). Die Kapitalproduktivität bzw. der Kapitalkoeffizient bleiben dann relativ konstant. Für das Wirtschaftswachstum wesentlich ist nun der Effekt, daß bei Erhöhung der Faktorproduktivitäten die Produktionsmenge auch bei unverändertem mengenmäßigem Faktoreinsatz ansteigt. Kurz verweist darauf, daß bis zu zwei Drittel des tatsächlich in neuerer Zeit beobachteten Wirtschaftswachstums offenkundig auf dieser Fortschrittskomponente beruhen (und nur der Rest auf vermehrtem Faktoreinsatz) und daß sich die neueste Wachstumstheorie zusätzlich darum bemüht, diese Komponente endogen zu erklären und nicht einfach als exogen gegebenen technischen Fortschritt anzusehen. Als kausale Antriebsfaktoren sind dabei insbesondere die Bildung von Human- und von Wissenskapital (i. S. der Entwicklung neuer Produkte und Produktionsverfahren) hervorgehoben worden (vgl. 2. Beitrag Kurz).

Ziehen wir eine Zwischenbilanz: Wirtschaftswachstum wird – auf der Ebene der Materialursachen – nicht nur von der Menge der eingesetzten Inputfaktoren, sondern ganz wesentlich von ihrer Produktivität bestimmt, die sich im Zeitablauf durch Anstrengungen verschiedener Akteure verändert: Arbeitskräfte erhöhen durch Aus- und Fortbildung ihre

Qualifikation, um später höheres und/oder sicheres Einkommen zu erzielen; Unternehmen investieren in Forschung und Entwicklung, um Produkte zu verbessern oder durch neue zu ersetzen, aber auch um kostengünstigere Produktions- und Organisationsverfahren zu entwickeln; und dies alles wird durch bildungs- und/oder technologiepolitische Maßnahmen des Staates ergänzt oder gar erst ermöglicht. Für die Frage nach Tempo und Grenzen des Wachstums haben diese Zusammenhänge eminente Bedeutung, denn neues Wissen ist im Prinzip unbegrenzt. Bei endogener Interpretation wird es, von der allgemeinen Antriebsursache wirtschaftlichen Handelns, dem Wunsch, die eigene Lage zu verbessern, ausgelöst, in vielen kleinen Schritten (nicht nur in Form großer Erfindungen!) durch investive Aktivitäten der einzelnen wirtschaftlichen Akteure (einschließlich dem Staat) vorangetrieben – ein Prozeß, der durch das Konkurrenzprinzip noch verstärkt wird.

8. Aktuelle Zweckursachen des Wachstums

Die letzten Überlegungen machen besonders deutlich, wie eng Antriebs-, Material- und Formursachen des Wachstums miteinander zusammenhängen bzw. ineinandergreifen. Nur die Ebene der *causa finalis* scheint aus dem Blick geraten zu sein. Aber abgesehen davon, daß die jeweilige Antriebsursache des wirtschaftlichen Handelns, eine *causa efficiens* aus der systemischen Perspektive, aus dem Blickwinkel der individuellen Akteure als Zweckursache, als *causa finalis,* interpretieren werden kann, also auch hier ein sehr enger Zusammenhang besteht, ergeben sich gerade aus den zuletzt diskutierten Bemühungen, neues Human- und Wissenskapital zu bilden, besonders aktuelle Zweckursachen des Wachstums. Auf die klassischen Zweckursachen sind wir ja schon in Abschnitt 4 eingegangen: Wachstum als Ziel, um den individuellen und gesellschaftlichen Wohlstand zu erhöhen, aber auch, um ein Mehr an wirtschaftlicher und damit politisch-militärischer Stärke zu gewinnen. Die Aktivitäten zur Bildung neuen Wissens- und Humankapitals führen, wie erwähnt, gleichzeitig zur Erhöhung der Arbeitsproduktivität, also dazu, daß bestimmte Produktionsmengen mit geringerem Arbeitseinsatz (= mit weniger Arbeitsstunden) hergestellt werden können. Volkswirtschaftlich heißt dies, daß sich aus den Wachstumsraten des Sozialprodukts und der gesamtwirtschaftlichen Arbeitsproduktitvität die Entwicklung des Arbeitsvolumens (= die Zahl der benötigten Arbeitsstunden; dividiert durch die durchschnittlichen Arbeitszeiten ergibt sich die Anzahl der benötigten Arbeitskräfte) bestimmt. Bleibt nun das Sozialproduktswachstum hinter der Produktivitätsentwicklung zurück (beide Variablen sind partiell unabhängig voneinander!), geht die Arbeitsnachfrage zurück, so daß tendenziell Arbeitslosigkeit entsteht, wenn nicht gleichzeitig das Arbeitsangebot (auch durch niedrigere Arbeitszeiten) sinkt.

Empirisch ist diese Situation sehr aktuell, denn vor allem seit der Ölkrise von 1974 leiden die Industrieländer, insbesondere die europäischen, erneut an (struktureller, nicht lediglich konjunktureller) Massenarbeitslosigkei – eine sozial unerträgliche und gefährliche Entwicklung, denn Arbeitslosigkeit ist nicht nur ein ökonomisches, sondern auch ein psychosoziales Problem, das letztlich die Stabilität der politischen Ordnung gefährden kann. Da die marktwirtschaftlichen Selbstheilungskräfte offenkundig nicht ausreichen, um zum Vollbeschäftigungsgleichgewicht zurückzuführen (neoklassisch argumentierende Ökonomen erklären dies im Unterschied zu den Keynesianern, die vor allem mit Nachfragemangel argumentieren, mit unzureichender Lohn- bzw. Preisflexibilität und mit anderen staatlichen Regulierungen, die die marktwirtschaftlichen Anpassungsmechanismen behindern: eine immer noch aktuelle Kontroverse!) wird Wachstumspolitik zum Gebot der Stunde, ein Ziel, das konsequenterweise auch alle wesentlichen gesellschaftlichen Gruppen politisch unterstützen. Verstärkt wird dieser „Wachstumszwang" noch dadurch, daß steigende Arbeitslosigkeit die Finanzierbarkeit des Sozialstaats gefährdet, der schon durch die demographisch bedingten gesellschaftlichen Alterungstendenzen und die zunehmende Globalisierung der Märkte in Bedrängnis gerät (zu weiteren Aspekten von Politik als Wachstumsursache siehe die Beiträge von Helsper und Patzelt in diesem Band). Forderungen nach weniger wirtschaftlichem Wachstum verhallen daher ungehört, scheinen jeder Rationalität zu widersprechen. Dabei wird im übrigen übersehen, daß Strategien zur Ankurbelung des Sozialproduktwachstums zumeist auch die Arbeitsproduktivität erhöhen und insoweit die Beschäftigungssituation nicht verbessern.

Bevor wir nun ein abschließendes Fazit ziehen, soll noch ein Blick auf monetäre Aspekte des wirtschaftlichen Wachstums geworfen werden, zieht doch allein schon das Wachstum der Finanzmärkte national und international immer mehr Aufmerksamkeit auf sich.

9. Monetäre Ursachen des Wachstums

Bislang haben wir uns primär mit realwirtschaftlichen Größen und Zusammenhängen befaßt und damit in Übereinstimmung mit dem Gros der nationalökonomischen Literatur mehr oder weniger davon abstrahiert, daß sich die wirtschaftlichen Prozesse im Rahmen von Geldsystemen vollziehen und daß entsprechend alle wirtschaftlichen Größen über ihre Preise in Geldgrößen ausgedrückt werden. Wir haben allerdings schon darauf hingewiesen, daß es auch in marktwirtschaftlichen Wirtschaftsordnungen als Aufgabe des Staates angesehen wird, das Geldsystem vorzugeben und für dessen Stabilität Vorsorge zu treffen (d. h. es wird nicht als zweckmäßig angesehen, das Geldsystem, insbesondere die Banknotenausgabe, in einer Volkswirtschaft konkurrenzwirtschaftlich zu organisieren!). Konkret geschieht dies heute zumeist in der Form, daß der Staat das gesetzliche Zahlungsmittel (die Geldeinheit) definiert und eine Zentralbank damit betraut, die Geldversorgung der Wirtschaft nach bestimmten Stabilitätsmaßstäben zu regeln.

Was bedeutet nun die Berücksichtigung der Geldwirtschaft für unsere Frage nach den Ursachen des Wirtschaftswachstums? Da es sich bei letzterem im Kern um einen realwirtschaftlichen Prozeß handelt, auch wenn der Output mit Preisen bewertet und entsprechend in Geldgrößen ausdrückt wird (vgl. oben Abschnitt 2), lautet unsere Frage: Beeinflussen die monetären insofern die realen Prozesse, daß wir im monetären Bereich zusätzliche Ursachen für realwirtschaftliches Wachstum finden? (Vgl. dazu auch den Beitrag Binswanger in diesem Band, der diese Frage aber letztlich nicht plausibel beantwortet, obwohl er aufzeigen will, daß die Wachstumsdynamik moderner Wirtschaftssysteme wesentlich auf monetäre Ursachen zurückgeht. Zum Beleg dieser These reicht es aber nicht aus, monetäre Wachstumsphänomene zu beschreiben ohne aufzuzeigen, inwiefern dadurch das Wachstum des Outputs beeinflußt wird.)

a) Die These von der Neutralität des Geldes

Die klassische wie die neoklassische Nationalökonomie war bzw. ist weitgehend der Meinung, daß die wesentlichen Eigenschaften einer Wirtschaft durch „Realanalyse" zu erklären sind, weil das Geld nur wie ein „Schleier" über den Produktions- und Tauschvorgängen liege; ihm komme daher nur eine dienende Rolle zur Erleichterung der Tauschbeziehungen in einer arbeitsteiligen Wirtschaft zu (vgl. Kalmbach 1996). Änderungen monetärer Größen, insbesondere Geldmengenveränderungen, würden daher die Realwirtschaft letztlich unberührt lassen und sich nur in Preis(niveau)änderungen niederschlagen. Überträgt man diese „quantitätstheoretische" These auf eine wachsende Wirtschaft, gelangt man zur monetaristischen Formel Friedmanscher Prägung: Die Geldmenge muß (mittelfristig) mit derselben Rate wachsen wie das reale Sozialprodukt, wenn Preisniveaustabilität gewährleistet sein soll (konstante Zahlungsgewohnheiten unterstellt).

Diese These von der „Neutralität des Geldes" ist methodisch gesehen auf der Basis einer komparativ-statischen Gleichgewichtsbetrachtung entwickelt worden, d. h. man verglich den Anfangs- mit dem Endpunkt eines wirtschaftlichen Prozesses nach einer erfolgten Geldmengenänderung, ohne den Anpassungsprozeß selbst, also den Weg vom Ausgangs- zum neuen Gleichgewicht zu analysieren. Keynes war der erste große Ökonom, der seine Aufmerksamkeit primär den kurzfristigen, den konjunkturellen Prozeßverläufen widmete. Wenn er dabei nachwies, daß via Geldmengen- und/oder Zinsänderungen auch reale Größen wie die Produktion und die Beschäftigung beeinflußt werden, so war das noch nicht eigentlich neu; viele seiner Vorgänger haben derartige transitorische Effekte eingeräumt. Keynes neue Botschaft bestand vor allem darin, daß er nachzuweisen versuchte, nicht zuletzt gestützt auf eine neuartige, überwiegend monetär bestimmte Zinserklärung (vgl. dazu den Beitrag Kalmbach 1996), daß ein marktwirtschaftliches System auch für eine längere Zeit in einem Zustand der Unterbeschäftigung (von Arbeit und Kapital) verharren kann, ohne daß die Marktkräfte wieder zum (Vollbeschäftigungs-)Gleichgewicht zurückführen.Wenn er damit den monetären Faktoren größeren Einfluß auf die reale Wirtschaftsentwicklung zuerkannte, hielt er sie gleichwohl nicht für stark genug, um eine Wirtschaft durch Aktivitäten der Geldpolitik aus einer Unterbeschäftigungssituation herauszuführen. Daraus resultierte Keynes bekannte Forderung nach antizyklischer Finanzpolitik der staatlichen Haushalte.

b) Das Wachstum der Finanzmärkte

Keynes lenkte auch zum ersten Male die Aufmerksamkeit auf das immer wichtiger werdende Phänomen moderner Geldwirtschaften, „daß ein erheblicher Teil ökonomischer Dispositionen nicht auf Produktion, sondern auf Vermögensanlage gerichtet ist", wobei der kurzfristig realisierbare Spekulationsgewinn das Verhalten leitet (Kalmbach 1996). Er konnte allerdings gar nicht ahnen, welche Dynamik die Anlage- bzw. Finanzmärkte national, vor allem aber international einmal entfalten sollten. So hat sich allein in den letzten 20 Jahren, konkret zwischen 1973 und 1993, der Bestand an internationalen Bankkrediten und Anleihen von 175 Mrd. US$ auf 3600, also auf mehr als das Zwanzigfache, erhöht (das entspricht einer jährlichen Wachstumsrate von 16,3%); demgegenüber hat sich das (nominale) Bruttosozialprodukt der Industrieländer im selben Zeitraum nur reichlich verfünffacht (von 3500 auf 18947 Mrd. US$), was einer jährlichen Wachstumsrate von 8,8% entspricht. Damit sind die internationalen Finanzmärkte weitaus stärker gewachsen als die Realwirtschaft. Sie übertreffen damit auch bei weitem das Wachstum des internationalen Handels, der sich in dieser Periode immerhin fast versiebenfacht hat (vgl. dazu und zum Folgenden Sauernheimer 1996).

Noch stärker als die Bestände an internationalen *assets* expandieren die Umsätze, werden doch die ersteren immer wieder umgeschichtet, um die *performance* zu verbessern, sprich: um höhere Erträge zu erwirtschaften. So beliefen sich die Tagesumsätze an den internationalen Devisenbörsen 1995 durchschnittlich auf 1230 Mrd. US$; sie haben sich damit in 6 Jahren verdoppelt. Der tägliche Devisenbedarf zur Abwicklung des internationalen Handels erklärt davon nur rund ein Prozent! Die internationalen Finanzmärkte haben sich in ihrer Dynamik von der realen ökonomischen Sphäre deutlich abgekoppelt, sie führen geradezu ein Eigenleben.

Wie läßt sich diese enorme Expansion erklären? Mehrere (Material-, Form- und Zweck-) Ursachen wirken hier zusammen, von denen nur die wichtigsten genannt werden können (vgl. auch dazu Sauernheimer):

- Die weltweit zunehmende Liberalisierung vor allem des Dienstleistungs- und des Kapitalverkehrs hat die Kapitalmobilität spürbar erhöht.
- Die neuen Informationstechniken haben weltweit die Markttransparenz über Länder, Kapitalmärkte, Produkte und Unternehmen drastisch erhöht und gleichzeitig die Transaktionskosten sinken lassen.
- Die mit transnationalen wirtschaftlichen Transaktionen verbundenen Wechselkursrisiken ebenso wie die bei jeder Kapitalanlage einzugehenden Kurs- bzw. Preisrisiken haben zu einer erstaunlichen Innovationstätigkeit auf den Finanzmärkten geführt: Neben dem Aufblühen produktdifferenzierter Termin- bzw. *Future*-Märkte ist vor allem die Entwicklung einer Vielzahl neuartiger Finanzinstrumente zu beobachten, die aus anderen Finanzprodukten (Basiswerten) abgeleitet werden (Derivate). Die (Zweck-)Ursachen all dieser Finanzinnovationen sind zum einen die Reduzierung der genannten Risiken durch Absicherung bestehender Positionen, zum anderen das gezielte Eingehen neuer Risiken zum Zwecke der Ertragserzielung (Spekulation), zumeist mit relativ geringem Kapitaleinsatz und großer Hebelwirkung!
- Die genannten (Form-)Ursachen erleichtern vor allem den großen institutionellen Anlegern die ständige Umschichtung ihrer (durch die laufenden Ersparnisse sowieso anwachsenden) Vermögensbestände, um selbst kleinere (erwartete) Ertragsdifferenzen (gesichert oder spekulativ) auszunutzen.
- Schließlich waren und sind auch staatliche Einflüsse zu registrieren: Der internationale Steuerwettbewerb (insbes. hinsichtlich der Besteuerung der Unternehmensgewinne und der Kapitalerträge) hat deutlich zugenommen; zudem werden die internationalen Kapitalströme durch national divergierende Regulierungsvorschriften mit beeinflußt.
- Schließlich ist in der zum Teil drastisch gestiegenen öffentlichen Verschuldung vor allem der Industriestaaten eine wesentliche *causa materialis* und *formalis* für die Expansion der Finanzmärkte zu sehen (dabei haben insbesondere die seit Mitte der 80er Jahre anhaltenden Defizite im US-Staatshaushalt und in der amerikanischen Leistungsbilanz eine quantitative Schlüsselrolle gespielt). Die Zunahme der öffentlichen Schuldtitel hat nicht nur die Quantität der Anlagemöglichkeiten im Finanzsektor erheblich ausgeweitet, sondern auch das internationale Zinsniveau nach oben getrieben und damit die vergleichsweise sicheren Finanzanlagen zu Lasten der Sachinvestitionen begünstigt. Dies dürfte das Wirtschaftswachstum in den Industrieländern eher beeinträchtigt haben, es sei denn, es ließe sich nachweisen, daß die Verwendung der öffentlichen Schulden besondere Wachstumsimpulse ausgelöst hätte.

c) Finanzmärkte und Realwirtschaft

Damit sind wir bereits in die Frage eingestiegen, welche Beziehungen zwischen den Wachstumsprozessen auf den Finanzmärkten und der Entwicklung der Realwirtschaft bestehen. Auch wenn die Zusammenhänge sehr komplex und die empirischen Erfahrungen unzureichend sind, lassen sich doch einige zusätzliche Aussagen machen:

- Zum einen hat die Expansion der Finanzmärkte Einkommen und Arbeitsplätze in der

Dienstleistungsbranche entstehen lassen und insoweit das reale Wirtschaftswachstum befördert.

• Soweit die Ausdifferenzierung und Dynamik der Finanzmärkte damit in Zusammenhang steht, daß vielfältige wirtschaftliche Risiken reduziert werden können, wird die realökonomische Entwicklung gefördert, weil den Entscheidungen über Produktion, Investition und Beschäftigung eine sicherere Grundlage gegeben wird.

• Ein weiterer Zusammenhang zwischen den Finanzanlagen und der Realwirtschaft besteht in der Form, daß festverzinsliche Wertpapiere und Aktien Zins- bzw. Dividendenerträge abwerfen, die Bestandteil der Wertschöpfung bzw. des Volkseinkommens und damit der Realwirtschaft sind, denn ihre ökonomische Grundlage sind entweder Unternehmensgewinne oder staatliche (Steuer- oder Kredit-)Einnahmen. Ein erheblicher Teil davon wird von den Beziehern gespart und neu, z. B. auf den Finanzmärkten, angelegt. Eine florierende Realwirtschaft stärkt also auch die Finanzmärkte. Deren Dynamik bietet vor allem den *global players* wiederum die Chance, höhere Kapitalerträge zu erwirtschaften.

• Aus Finanzanlagen lassen sich aber auch andere Erträge erzielen. Ihnen liegen entweder Nullsummenspiele zugrunde, d. h. den Erträgen des einen Marktteilnehmers stehen entsprechende Verluste bei anderen Marktteilnehmern gegenüber (das gilt insbesondere für die Derivatgeschäfte) oder die Ertragsbasis beruht auf einer allgemein höheren Bewertung der Basisprodukte, die dann eintritt, wenn Preis- oder Ertragssteigerungen (spekulativ) erwartet werden. Sofern solche Erträge bzw. Verluste bei bestimmten Anlegern entstehen, beeinflussen sie natürlich auch deren Ausgabeverhalten auf den Gütermärkten und damit die realwirtschaftliche Entwicklung. Entfernt sich aber die spekulative Bewertung der assets allzusehr von der tatsächlichen Ertragsentwicklung, wie es z. B. in extremer Weise bei den japanischen Aktienkursen in den 80er Jahren der Fall war, so kann eine derartige Bubble-Entwicklung zu einem Börsencrash, also zu einer schockartigen Neubewertung der Anlagen führen, die dann ihrerseits wieder – negativ – auf die Realökonomie zurückwirkt. Besonders dramatisch geschah dies im Gefolge des Schwarzen Freitags von 1929 an der New Yorker Börse, dem die schwere Weltwirtschaftskrise der 30er Jahre folgte. Vergleichsweise glimpflich in ihren realwirtschaftlichen Auswirkungen verliefen dagegen der New Yorker Börsencrash von 1987, aber auch der japanische Börsenzusammenbruch zu Beginn der 90er Jahre. Solche Crash-Erfahrungen zeigen aber, daß sich spekulative Bewegungen an den Finanzmärkten nicht beliebig von der realwirtschaftlichen Entwicklung entfernen können.

• Weisen schon einige der genannten Beispiele auf einen negativen Einfluß der Finanzmärkte auf die realwirtschaftliche Entwicklung hin, so wird dieser noch durch Wechselkursschwankungen verstärkt, wie sie seit den 70er Jahren selbst zwischen international starken Währungen gang und gäbe sind. Diese lassen sich kurz-, ja selbst mittelfristig immer weniger gemäß der Kaufkraftparitätentheorie bzw. mit den realwirtschaftlichen Entwicklungen der verschiedenen Länder erklären. Maßgebend für die Kursschwankungen sind vielmehr Zinsdifferenzen und Erwartungen über Zins- und/oder Wechselkursänderungen, die zwar letztlich wieder mit realwirtschaftlichen Entwicklungstendenzen zu tun haben, z. B. mit der jeweiligen Entwicklung der Staatsverschuldung oder der Konjunktur. Der Zeitpunkt und das Ausmaß der realwirtschaftlichen Rückkoppelung ist aber immer unvorhersehbarer geworden. Sicherung gegen längerfristige Wechselkursrisiken bieten aber auch die Terminmärkte nicht zureichend. Folglich werden durch anhaltende Wechselkursunsicherheiten die betriebswirtschaftlichen Entscheidungen erschwert und das realwirtschaftliche Wachstum wird eher gebremst. Genau dies ist einer der wesentlichen Gründe für die Bestrebungen in Richtung einer europäischen Währungsunion, um durch die endgültige Eliminierung von Wechselkursrisiken die Arbeitsteilung zwischen den beteiligten Ländern, die Investitions- und Produktionstätigkeit zu stärken.

- Auf der monetären Seite lassen sich also nur partiell Faktoren finden, die für die Dynamik des Wirtschaftswachstums hilfreich bzw. ursächlich wären. Allerdings benötigt eine wachsende Wirtschaft – quasi als Nebenbedingung – auch einen ausreichenden Geldmantel, d. h. die Geldmenge muß in etwa mit derselben Rate wachsen wie der Output, sofern das Preisniveau bzw. der Geldwert stabil bleiben soll. Die Bedingung des stabilen Preisniveaus ist nicht unwesentlich, weil realwirtschafliches Wachstum grundsätzlich auch ohne entsprechende Geldausweitung vonstatten gehen kann; allerdings müssen dann die Preise im Durchschnitt zurückgehen (Deflation). Daß dies grundsätzlich möglich ist, kann man u. a. am Beispiel der Entwicklung der britischen und der deutschen Volkswirtschaft im Zeitraum 1875–1895 empirisch belegen. Man ist sich heute allerdings angesichts mancher Inflexibilitäten bei Löhnen und Preisen weitgehend darüber einig, daß Wachstumsprozesse bei tendenziell konstantem, ja im Hinblick darauf, daß selbst bei gesamtwirtschaftlich positivem Wachstum einige Branchen schrumpfen (können), bei geringfügig steigendem Preisniveau reibungsloser verlaufen.

An dieser eher bescheidenen Rolle der Geldmenge für die realwirtschaftliche Expansion ändert sich auch nichts (eine gegenteilige Ansicht vertritt Binswanger in seinem Beitrag zu diesem Buch), wenn man berücksichtigt, daß die Geldschöpfung in unseren heutigen Währungssystemen insoweit endogenisiert ist, als die privaten Geschäftsbanken selbst (Giral-)Geld schöpfen können. Zum einen verfügen die (staatlichen) Zentralbanken über ein breitgefächertes Instrumentarium, um die Geldmengenexpansion dennoch in Schranken zu halten. Soweit ihnen das aber nicht gelingt, kommt es zu inflationären Prozessen, die dem realwirtschaflichen Wachstum eher abträglich sind – zumindest dies ist heute unter den Ökonomen *communis opinio*.

10. Ursachen des Wirtschaftswachstums, Perspektiven und Handlungsbedarf – ein Resümee

Welche wesentlichen Einsichten vermitteln unsere Analysen der Ursachen des wirtschaftlichen Wachstums in der Gegenwart und welche Folgerungen lassen sich daraus hinsichtlich seiner weiteren Entwicklung und damit auch seiner eventuellen Grenzen ziehen?

Im Rahmen einer freiheitlichen, marktwirtschaftlichen Wirtschaftsordnung liegt die eigentliche *causa efficiens* (ebenso wie die *causa finalis*) für wirtschaftliches Wachstum im letztlich unbegrenzten Streben der Menschen, ihre wirtschaftliche Situation zu verbessern. Sie setzen dafür in bestimmtem Umfang ihre Arbeitskraft, das Produktivkapital und die ihnen zur Verfügung stehenden natürlichen Ressourcen als Materialursachen des Wachstums ein. Wenn sie ihre Arbeitszeiten und/oder die Erwerbsbeteiligung reduzieren, bestimmte Bodenflächen stillegen oder Rohstoffvorräte schonen, begrenzen sie tendenziell das wirtschaftliche Wachstum. Andererseits vergrößern sie die Wachstumspotentiale auf verschiedene Weise, zum einen durch Bevölkerungsvermehrung, womit die Zahl der potentiell Erwerbstätigen zunimmt; zum anderen, wenn sie durch Sparen und Investieren den Kapitalstock und damit das Produktionspotential der Volkswirtschaft erhöhen. Für die wirtschaftliche Dynamik als noch gewichtiger erwiesen hat sich der – von Aristoteles im Einleitungssatz der Metaphysik formulierte und der menschlichen Natur zugeschriebene – Antrieb, neues Wissen zu entwickeln. Durch technischen Fortschritt, also durch neue Produkte, Produktions- und Organisationsweisen, konnten die Faktorproduktivitäten und damit die Materialgrundlagen des Wachstums insbesondere in den letzten Jahrzehnten in einer Weise gesteigert werden, daß wirtschaftliches Wachstum ohne Grenzen möglich schien. Dieser Eindruck wurde noch durch die Erfahrung gestärkt, daß die ökonomischen Bedürfnisse der Menschen parallel zur sozioökonomischen Entwicklung mitwachsen, so daß auch von der Absatzseite her keine grundsätzlichen Wachstumsgrenzen zu erwarten sind. Auch die Formursachen beeinflussen das Wachstum – sie können es behindern oder fördern, auch seine Richtung und damit seine Qualität verändern. Unter marktwirtschaftlichen Rahmenbedingungen resultiert wirtschaftliche Dynamik – systemgerecht – vor allem aus den dezentralen Entscheidungen der vielen wirtschaftlichen Einheiten. „Wirtschaftliches Wachstum ergibt sich, wenn und weil die Mitglieder einer Gesellschaft dies wollen" (siehe Kurz in seinem 2. Beitrag zu diesem Band). Und daß der Wille zum Wachstum nach wie vor sehr stark ist, zeigen nicht zuletzt die besonders aktuellen Zweckursachen, die aus Arbeitslosigkeit und demographischen Langfristproblemen resultieren.

Gibt es also überhaupt Grenzen des Wirtschaftswachstums, und wo sind sie zu orten? Unsere Analysen haben diesbezüglich bislang nur den (freiwilligen oder unfreiwilligen) Mindereinsatz von Produktionsfaktoren als mögliche Wachstumsbremse benannt. Meadows hatte demgegenüber Produktionsgrenzen vor allem im Bereich der natürlichen Ressourcen prognostiziert, die der Wirtschaftswissenschaft ebenso wie der Politik sträflich lange aus dem Blick geraten sind. Daß die Bodenflächen zum Zwecke landwirtschaftlicher Produktion letztlich begrenzt sind, hat schon die klassischen Ökonomen beunruhigt und ihre langfristige Wachstumsskepsis mitbegründet. Der vermehrte Einsatz von Arbeit und Kapital in Verbindung mit vielfältig neuer Agrartechnik hat die Bodenproduktivität dann allerdings in einem Maße steigen lassen, daß sogar die Industrieländer, bei denen die Agrarwirtschaft an sich nur noch eine Nebenrolle spielt, bis in die Gegenwart notorische Agrarüberschüsse aufweisen. Die moderne landwirtschaftliche Wirtschaftsweise verursacht allerdings vielfältige Umweltschäden, die das Prinzip der Nachhaltigkeit verletzen. Inwieweit daher die weltweit begrenzte, nutzbare Bodenfläche, die zudem durch Erosionsprozesse offenkundig laufend reduziert wird, noch zunehmende Agrarproduktion ermöglichen wird, ist ungewiß. Daneben sind die erschöpfbaren (Rohstoff-)Ressourcen zu nennen. Inwieweit sie einmal das Wachstum begrenzen werden, wird kontrovers eingeschätzt. Sicher ist nur, daß ihr gegenwärtig hoher Verbrauch nicht auf Dauer aufrechterhalten werden kann. Mit zunehmender Verknappung werden aber ihre Preise steigen, was ihren Verbrauch verlangsamen und die Suche nach bzw. den Übergang zu reichlicher vorhandenen Substitutionsprodukten beschleunigen wird. So steht ja z. B. mit der Sonnenenergie eine letztlich unbegrenzte Energie-Ressource zur Verfügung (aus ethischer Perspektive ist der rasche Verbrauch erschöpfbarer Ressourcen durch die gegenwärtigen Generationen anders zu diskutieren!).

Die Natur spielt allerdings auch noch eine andere Rolle für wirtschaftliches Wachstum: Sie wird als Auffangbecken für die vielfältigen Neben- und Abfallprodukte der materiellen Produktion genutzt bzw. mißbraucht. Seit geraumer Zeit werden dabei zunehmend die Grenzen ihrer diesbezüglichen Absorptionsfähigkeit sichtbar, vor allem in Form drohender klimatischer und anderer biosphärischer Veränderungen, die letztlich die Lebensmöglichkeiten auf unserem Planeten und damit natürlich auch jede weitere wirtschaftliche Entwicklung gefährden.

Ist angesichts derartiger Bedrohung der Hebel beim wirtschaftlichen Wachstum anzusetzen, seine Reduzierung bis hin zum Nullwachstum anzustreben? Ich meine, die Frage ist eher zu verneinen. Einerseits läßt sich – wie mehrfach gezeigt – Wachstum überhaupt nur begrenzt beeinflussen: Auf der Ebene der Politik müßte man schon global (!) für eine staatliche Planung der Wirtschaftsprozesse plädieren, die aber erfahrungsgemäß wegen ihrer immanenten Tendenzen zur Ineffektivität erst recht nicht geeignet wäre, den Ressourcenverbrauch einzuschränken und die ökologischen Probleme zu lösen. Auf der Ebene der individuellen Antriebskräfte des Wirtschaftswachstums müßte man das menschliche Streben nach einem Mehr an Gütern und Diensten verändern, vor allem aber Neugier und Kreativität der Menschen unterbinden, die ständig neues Wissen hervorbringen und damit als *causa efficiens* und *materialis* für weiteres Wachstum fungieren.

Andererseits würden bei einer bloßen Wachstumsverlangsamung derzeit problematische Produktionsweisen tendenziell eher beibehalten. Damit würden auch die oben skizzierten Gefahren nur zeitlich etwas hinaus geschoben. Rationaler erscheint daher der Versuch, gerade die menschlichen Triebkräfte zu nutzen, um die Produktionsweisen in eine naturgemäßere Richtung zu lenken. Grundsätzlich scheint *sustainable development* möglich und zwar auch im Rahmen marktwirtschaftlicher Ordnungsformen (vgl. dazu auch das Fazit Patzelts in seinem Beitrag), denn das Faktum der Umweltschäden in den Industrieländern ist primär dadurch verursacht, daß die Nutzung der Luft, des Wassers und des Bodens im Rahmen von Produktionsprozessen, aber auch als Müllkippe, einzelwirtschaftlich weitgehend kostenfrei erfolgt; die marktwirtschaftliche Allokation basiert also auf Preisen, die nicht der ökologischen Wahrheit entsprechen. Die Internalisierung der externen Effekte (nach dem Verursacherprinzip) wäre der wichtigste Schritt, um die wirtschaftliche Entwicklung in eine naturverträglichere Richtung zu lenken. Wirtschaftliches, aber qualitativ verändertes Wachstum verlöre dabei seine problematische Seite. Die nationale und internationale Umweltpolitik tendieren zwar inzwischen auch in diese Richtung, allerdings ungeheuer schwerfällig und langsam, weil sie auf vielfältigen gesellschaftlichen Widerstand stoßen. Ob uns die Natur aber ausreichend Zeit läßt, um unsere Wirtschaftsweise in Ordnung zu bringen, bleibt eine offene Frage.

Anhang
Wachstumsraten führender Industrieländer im historischen Vergleich

Land	Zeitraum	Durchschnittliche jährliche Wachstumsrate des realen Produkts	des realen Produkts pro Kopf
1) Deutsches Reich	1850/59–1910/13	2,6	1,5
	1910/13–1934/38	1,7	1,1
	1925/29–1950/54	2,4	1,2
Bundesrepublik Deutschland	1950/54–1963/67	6,2	5,0
	1960–1973	4,4	3,5
	1973–1988	1,8	1,9
2) Großbritannien bzw. Vereinigtes Königreich	1870–1913	2,2	1,3
	1855/64–1920/24	2,1	1,1
	1885/94–1925/29	1,3	0,5
	1925/29–1950/54	1,5	1,1
	1950/54–1963/67	3,0	2,5
	1960–1973	3,2	2,7
	1973–1988	2,0	1,9

3) Frankreich	1870–1913	1,6	1,4
	1896–1929	1,7	1,5
	1929–1950/54	1,1	1,0
	1950/54–1963/66	4,9	3,7
	1960–1973	5,7	4,6
	1973–1988	2,1	1,6
4) Holland	1860/70–1900/10	2,0	0,9
	1890/00–1925/29	2,9	1,5
	1925/29–1950/54	1,6	0,3
	1950/54–1963/67	4,7	3,3
	1960–1973	5,2	3,9
	1973–1988	2,2	1,5
5) Italien	1870–1913	1,4	0,8
	1895/99–1925/29	2,2	1,6
	1925/29–1951/54	2,1	1,4
	1951/54–1963/67	5,5	4,8
	1960–1973	5,1	4,4
	1973–1988	3,2	2,9
6) Schweden	1871–1913	3,0	2,3
	1905/14–1925/29	2,6	1,9
	1925/29–1950/54	3,8	3,2
	1950/54–1963/67	4,1	3,5
	1960–1973	4,0	3,3
	1973–1988	2,0	1,8
7) USA	1834/43–1869/78	4,1	1,3
	1869/78–1905/14	4,0	1,9
	1900/09–1925/29	3,2	1,5
	1925/29–1950/54	2,9	1,8
	1950/54–1963/67	3,6	1,9
	1960–1973	4,0	2,7
	1973–1988	2,7	1,7
8) Japan	1874/79–1905/14	3,4	2,4
	1905/14–1925/29	4,2	2,9
	1925/29–1952/54	2,3	1,0
	1952/54–1963/67	9,7	8,6
	1960–1973	9,8	8,7
	1973–1988	3,7	2,9
9) Kanada	1870–1913	3,8	2,0
	1891–1926	3,0	1,0
	1926–1956	3,9	2,1
	1950/54–1963/67	4,3	1,9
	1960–1973	4,8	3,1
	1973–1988	3,5	2,3
10) Weltwirtschaft	1960–1973	5,2	
	1973–1988	3,2	
	1989–1993	1,8	

Quellen der Tabelle:
Eigene Berechnungen aufgrund folgender Primärdaten:
Ältere Länderwerte (bis 1963/67) nach S. Kuznets: Modern Economic Growth, New Haven/London 1966, S. 352 f. sowie ders.: Economic Growth of Nations, Cambridge/Mass. 1971, S. 11–14 u. 38–40;
Länderwerte 1960 bis 1988 aus Robert Summers/Alan Heston: The Penn World Table (Mark 5): An expanded set of international comparisons, 1950–1988, in: The Quarterly Journal of Economics, May 1991, S. 327 ff.;
Weltwirtschaft 1960 bis 1993: Daten aus: Chelem, hrsg. vom CEPII-Institut, Paris 1994 sowie aus Statistiken der Weltbank.

Literatur
ARISTOTELES (1970) Metaphysik. Reclam. Stuttgart.
GRUBER, U./Kleber, M. (^{2}1994) Grundlagen der Volkswirtschaftslehre. Vahlen. München.
HAMPE, P. (1980) Ist rasches Wirtschaftswachstum systemnotwendig? In: Ellwein, Th. (Hrsg) Politikfeldanalysen 1979. Westdeutscher Verlag, Opladen, 548–568.
HAMPE, P. (1984) Was Keynes wirklich wollte. In: Ders. (Hrsg) Friedman contra Keynes. Olzog, München, 93–106.
HAMPE, P. (Hrsg) (1993) Zwischenbilanz der Arbeitszeitverkürzung. v. Hase & Koehler, München.
HOBBES, Th. (1965) Leviathan. Rowohlt, Reinbek bei Hamburg.
HOBBES, Th. (1967) De Corpore. (dt.: Vom Körper). Felix Meiner, Hamburg.
KALMBACH, P. (1996) Geld – Kapital – Kredit – Zins: Zur Entwicklung der grundlegenden Kategorien. In: Biervert, M./Held, M. (Hrsg) Die Dynamik des Geldes. Campus, Frankfurt/New York, 89–112.
KEYNES, J.M. (1936) The General Theory of Employment Interest and Money. Macmillan, London.
KUZNETS, S. (1966) Modern Economic Growth. New Haven/London.
KUZNETS, S. (1971) Economic Growth of Nations. Cambridge Univ. Press, Cambridge/Mass.
LENIN, W. I. (1960/1916) Der Imperialismus als höchstes Stadium des Kapitalismus. In: Ders.: Werke (22). Dietz, (Ost-Berlin), 189–309.
MASLOW, A. H. (1968) Toward a Psychology of Being. Van Nostrand, New York/Toronto/London.
MEADOWS, D., u. a. (1972) Die Grenzen des Wachstums. Deutsche Verlags-Anstalt, Stuttgart.
NORTH, D. C. (1981): Structure and Change in Economic History. Norton & Company. New York/London.
NUSSBAUM, H.v. (Hrsg) (1973) Die Zukunft des Wachstums. Bertelsmann Universitätsverlag, Düsseldorf.
PATZELT, W. (1986) Sozialwissenschaftliche Forschungslogik. Oldenbourg, München/Wien.
RIEDL, R. (1985) Die Spaltung des Weltbildes. Paul Parey, Hamburg/Berlin.
ROTHSCHILD, K.W. (1965/1947) Preistheorie und Oligopol. In: Ott, A. E. (Hrsg) Preistheorie. Neue Wissenschaftliche Bibliothek (1). Kiepenheuer & Witsch, Köln/Berlin, 354–375.
SAUERNHEIMER, K. (1996) Die Expansion der internationalen Finanzmärkte: Ursachen und Folgen. In: Büttner, H./Hampe, P. (Hrsg) Die Expansion der Finanzmärkte. Hase & Koehler, München.
SCHERHORN, G. (1996) Der innere Zwang zum Wirtschaftswachstum. In: Biervert, B./Held, M. (Hrsg) Die Dynamik des Geldes. Campus, Frankfurt/New York, 162–181.
SMITH, A. (1974) Der Wohlstand der Nationen. Beck, München.
STREISSLER, E. u. M. (Hrsg) (1966) Konsum und Nachfrage. Neue Wissenschaftliche Bibliothek (13). Kiepenheuer & Witsch, Köln/Berlin.
VEBLEN, Th. (1899) The Theory of the Leisure Class. New York.
WEEDE, E. (1988) Der Sonderweg des Westens. In: Zeitschrift für Soziologie. Jg. 17, 172–186.

KAPITEL 15

Rechtsordnung und Wachstumsprozesse
*Helmut Helsper**

Zerstörendes Wachstum durch Übernutzung der Natur sowie der materiellen und immateriellen Infrastruktur
Seit etwa zweieinhalb Jahrzehnten ist Umweltschutz ein Dauerthema der öffentlichen Diskussion in den westlichen Industrienationen. Soll Umweltpolitik mehr sein als Krisenmanagement zur Schadensbegrenzung, so sind strategische Maßnahmen zu ergreifen mit dem Ziel, Entwicklungen entgegenzusteuern, die unsere Lebensgrundlagen gefährden. Solche gefährlichen Entwicklungen sind meistens Wachstumsprozesse. Die von Menschen entnommenen Nutzungen wachsen derart, daß die Erzielung künftiger Nutzungen gefährdet ist. Wir haben es also mit Vorgängen zu tun wie z. B. Überfischung, Überweidung, Kahlschlag ohne Wiederaufforstung, Wachstum der überbauten Flächen, der Emissionen, des Mülls usw. Der Mensch übernutzt aber nicht nur die Natur, auch an Erzeugnissen der Technik und selbst bei immateriellen Gütern der Kultur sind selbstzerstörerische Wachstumsprozesse zu beobachten. Es wächst das Verkehrsaufkommen bis in eine Übernutzung der Verkehrsfläche, manchmal wächst die Kreditaufnahme des Staates bis in den Staatsbankrott, die Geldmenge wächst bis zur Geldentwertung und wir Juristen kämpfen mit einem Spezialfall der wachsenden Informationsflut, nämlich der Normen- und Entscheidungsflut, in der selbst der Experte die Orientierung zu verlieren droht (Helsper 1992).
Die Umweltdiskussion hat einleuchtende Vorschläge hervorgebracht, die – in die Tat umgesetzt – schädlichem Wachstum entgegensteuern sollen: Energiesteuern, Zertifikatlösungen, Internalisierung externer Kosten usw. (Kirchhof 1993). Die Vorschläge haben eins gemeinsam: Die Rechtsordnung – meist in Gestalt eines Gesetzes – soll sie umsetzen.
Die bisherige Rechtsgeschichte zeigt allerdings, daß die Menschen das Recht vorzugsweise dazu benutzt haben, Wachstumsprozesse auszulösen.

Die Rechtsordnung als Auslöser von Wachstumsprozessen
Vor etwa 15.000 Jahren war die Horde, eine aus ca. 50 miteinander verwandten und vertrauten Menschen bestehende Einheit, das größte soziale Gebilde der Menschheit. Seitdem sind soziale Systeme ganz anderer Größenordnung entstanden, Staaten, Märkte, Verkehrssysteme, Unternehmen, Solidarsysteme. Insbesondere die Erfindung der abstrakten Norm hat es der Menschheit ermöglicht, diese Systeme zu entwickeln.
Abstrakte Normen bestimmen unser heutiges Leben vom Beipackzettel, Kochrezept und Gebrauchsanweisung für technisches Gerät über die Regeln von Sport und Spiel, Hausord-

---

* **Helmut Helsper** ist Jurist, 1942 in Koblenz geboren, Studium der Rechtswissenschaften an den Univ. Bonn und Mainz, promovierte in Köln, Referendariat in Rheinland-Pfalz, tätig in der Steuerverwaltung, dann im Bundesministerium der Finanzen, mit Lehrtätigkeit an der Bundesfinanzakademie in Steuerrecht und Verwaltungsmanagement.
Zugang zum Thema über die Befassung mit Fehlentwicklungen in Gesetzgebung, Rechtsprechung und Gesetzesvollzug, und die Perspektiven der Evolutions- und Evolutionären Erkenntnistheorie; Einzelarbeiten und Bücher über „Gesetzgebung und Evolution", „Die Vorschriften der Evolution für das Recht", über Informationsmüll, marktorientierten Leistungswettbewerb, u. a.

nungen und unternehmensinterne Regeln bis zur Rechtsordnung des Staates. Recht, eine Erscheinungsform erdachter, abstrakter Normen, dessen Alter man mit vier- bis sechstausend Jahren annimmt, reguliert menschliches Verhalten über ein System von Berechtigungen und Verpflichtungen. Da es nicht durch Zufall, sondern absichtsvoll zur Verwirklichung menschlicher Zielsetzungen entsteht und da seine Forderungen nicht notwendigerweise im Einklang mit psychologischen Motiven der Menschen stehen, ist Recht, das nicht ein Stück Papier bleiben soll, an eine soziale Maschinerie gebunden (Gruter 1993). Auch diese hat sich, wie das Recht selbst, entwickelt (Rehbinder 1989). Am Beginn des Rechts standen wahrscheinlich Herrschersprüche, sie wurden abgelöst durch Richtersprüche, zu diesen trat der Normerzeugungsapparat des modernen Staates. In gleicher Weise entwikkelte sich aus der Polizei diese ergänzend der bürokratische Apparat des modernen Staates. Nach unserer Ansicht sind Rechtsnormen – wie alle erdachten abstrakten Normen – ein Spezialfall biologischer Verhaltensmuster. Wie jene bestehen sie aus dem Muster einer Situation (Tatbestand), dem Muster einer Verhaltensreaktion (Rechtsfolge) und einer Wenn-Dann-Verknüpfung. Wie bei jenen erfolgt ihre Umsetzung in Verhalten durch Mustererkennung (Patternmatching, Subsumtion). Wie jene unterliegen Normen einem ständigen Anpassungsprozeß an die Änderungen der Umwelt und bewirken ihrerseits Änderungen eben dieser Umwelt. Rechtsnormen sind auch wie biologische Verhaltensmuster zu Hierarchien geschichtet. Die Erfindung der erdachten, abstrakten Norm bedeutet einen Qualitätssprung in der Evolution, denn damit haben die Individuen die Kunst erlernt, die Herausbildung neuer Verhaltensmuster nicht länger dem Zufall und deren Verbreitung nicht länger der Vermehrung der Erfolgreichen oder dem Lernen durch Imitation zu überlassen. Abstrakte Normen lassen sich am grünen Tisch erdenken und durch eine Verbindlichkeitserklärung schlagartig in einem sozialen System einführen (Helsper 1989).

Diese Erfindung ermöglichte es der Menschheit, das Verhalten großer Menschenmengen zu koordinieren, also ein soziales Aggregat, eine Menschenansammlung, in ein soziales System zu verwandeln. Die Wirkung auf Wachstumsprozesse kann man sich mit einem Gedankenexperiment verdeutlichen. Solange jede Horde getrennt z. B. auf Mammutjagd ging und befürchten mußte, von anderen Horden um ihre Beute gebracht zu werden, ließ sich ein bestimmter Jagdertrag erzielen. Führt man in diesem Zustand die grundlegenden Verbote des Strafrechts ein – Tötungsverbot, Verletzungsverbot, Schutz der Freiheit, Schutz des Vermögens – so werden alle Ressourcen freigesetzt, die bislang in der Abwehr räuberischer, diebischer und betrügerischer Artgenossen gebunden waren. Setzt man die gewonnenen Ressourcen zur Jagd ein, läßt sich ein entsprechend höherer Ertrag erzielen. Eine weitere Steigerung des Jagdertrages läßt sich erzielen, wenn man mit Hilfe abstrakter Normen von der Jagd in kleinen, selbständig operierenden Gruppen zu einer arbeitsteiligen Treibjagd mit einer Großgruppe übergehen würde. Der Jagdertrag läßt sich nochmals steigern, wenn man sich entschließt, die Beute nach vorher festgelegten, fairen Regeln zu verteilen. Dadurch werden neue Möglichkeiten der Arbeitsteilung erschlossen, denn wer durch die Entwicklung und Anfertigung von Jagdgerät mittelbar zum Erfolg beiträgt, braucht nicht mehr befürchten, leer auszugehen. Möglicherweise haben die Menschen ihre Fähigkeiten nun so gesteigert, daß sie in der Lage sind, ihre Beutetiere auszurotten, wozu sie vorher vermutlich ebensowenig in der Lage waren wie irgendeine Spezies von Raubtieren.

Die an diesem Gedankenexperiment gezeigten Wirkungen treten in analoger Form in allen Bereichen menschlichen Tuns auf, wenn das Recht – meist zusammen mit außerrechtlichen Normen – menschliches Verhalten koordiniert. Will man ein Wachstum des wissenschaftlichen und technischen Wissens erzielen, so muß die „Beute" – die gewonnene Erkenntnis – die Qualität eines Rechtsgutes – geistiges Eigentum – erhalten und geschützt, der Plagiator ausgegrenzt, die Täuschung verboten und ein Belohnungssystem geschaffen werden. Hier ergänzen sich die Normen der Rechtsordnung mit den Regeln der *scientific community*. Ferner muß das Recht einen Rahmen für die erfolgreiche Kooperation zwischen dem Inhaber des geistigen Eigentums und dem Kapital bereitstellenden Verwerter erzeugen. Dies alles hat sich in der Rechtsordnung in den letzten Jahrhunderten entwickelt und den Prozeß des Wissenswachstums erst ermöglicht. Auch hier wächst das Risiko mit dem Umfang der „Beute". Denn mit dem Wissenszuwachs muß die Fähigkeit zum vernünftigen Gebrauch des wissenschaftlich technischen Wissens Schritt halten.

Der Straßenverkehr gibt ein entsprechendes Beispiel. Er war in Deutschland bis ins letzte Jahrhundert nicht rechtlich geregelt. Erst die rechtliche Vorgabe des Rechtsverkehrs erlaubte das Passieren der Fuhrwerke mit höheren Geschwindigkeiten, denn dadurch wurden die Reaktionen der unbekannten und unvertrauten anderen Verkehrsteilnehmer vorhersehbar. Die rechtliche Vorgabe von technischen Mindeststandards für Fahrzeuge, von Zuverlässigkeit und Fahrkönnen für die Verkehrsteilnehmer (Fahrerlaubnis) und der Systemausschluß der Rechtsbrecher (Entzug der Fahrerlaubnis) ermöglichte eine technische Evolution der Fahrwege und Fahrzeuge, die wiederum ein dramatisches Wachstum der Transportleistung mitbewirkte.

In den beiden geschilderten Bereichen hat das Recht allerdings nur geregelt, was bereits vorhanden war. Die moderne Rechtserzeugung gibt ganz andere Möglichkeiten, Wachstumsprozesse auszulösen, nachdem sie vom Richterrecht (case law, Präjudiz) zum Gesetzesrecht übergegangen ist. Seit dem letzten Jahrhundert schafft der moderne Gesetzgeber völlig neuartige soziale Systeme, die Millionen Menschen zu sozialen Einheiten „verschalten".

Dies geschieht z. B. durch die großen Solidarsysteme der westlichen Industrienationen, die die Arbeitnehmer durch Gesetzgebung zu Zwangsmitgliedern z. B. sogenannter gesetzlicher Krankenkassen machen. Dies löst ein Wachstum der Ansprüche (Beitrag Riedl, Kap. 4 in diesem Band) der Mitglieder aus, denn der eigene Geldbeutel ist als begrenzender Faktor entfallen. Da nun jedem Mitglied das ganze Wissen und Können der Gesellschaft zu seiner Heilbehandlung zur Verfügung steht, hat ein dramatisches Wachstum des Gesundheitssektors als Folge der Begründung der Solidarsysteme eingesetzt, dessen Schattenseiten sich heute zeigen. Die kürzliche Einführung der zwangsweisen Pflegeversicherung in Deutschland wird vermutlich ein Wachstum auf dem Gebiet der Pflegedienste bewirken.

Ein Beitrag der Rechtsordnung zum Wachstum ist auch die rechtliche Ausformung des Marktes, der Geldwirtschaft und der großen Kapitalsammelstellen wie z. B. der anonymen Kapitalgesellschaften (Beitrag Binswanger in diesem Band). Die „Gründerjahre" nach der Reichsgründung und der nachfolgende „große Krach" – eine Wachstumsblase und deren Platzen – werfen ein Schlaglicht auf die Zusammenhänge. Zu dem „Gründerjahre" genannten Boom kam es u. a. durch die mit der Reichsgründung – und der darin liegenden Markterweiterung – ausgelösten Euphorie und die durch eine französische Kriegsentschädigung ausgelöste Aufblähung des Geldvolumens sowie eine „Deregulierungsmaßnahme": Der Staat gab die bis dahin an eine Konzession gebundene Gründung von Aktiengesellschaften frei. Daraufhin verdreifachte sich in Preußen in kürzester Zeit die Zahl der Gesellschaften, um ebenso schnell durch Konkurse wieder auf den ursprünglichen Bestand zu schrumpfen. Die volkswirtschaftlichen Kosten waren weit höher als die französische Kriegsentschädigung.

Parallel zum Übergang vom Richter- zum Gesetzesrecht haben die Staaten „externe Erzwingungsstäbe" zum Gesetzesvollzug – Bürokratien – geschaffen. Dies eröffnet die Möglichkeit, über Abgaben einerseits, Subventionen andererseits, Ressourcen umzulenken, um auch dort Wachstum auszulösen, wo der Markt allein kein Wachstum hervorruft. Das ist z. B. in Deutschland in der Landwirtschaft, beim Massenverkehr, Massentourismus und in der Energieerzeugung geschehen (Vohrer 1992).

Einen analogen Effekt erzielt man, wenn die Rechtsordnung die Externalisierung von Kosten gestattet. Dies bedeutet, daß der Nutznießer des Wachstums trotz nachgewiesener Ursächlichkeit nicht für die bei anderen eintretenden Schäden des Wachstums aufkommen muß. Die überdüngenden Landwirte z. B. haben nicht für die durch die Überdüngung erhöhten Kosten der Trinkwassergewinnung einzustehen. Schließlich kann der Gesetzgeber durch administrierte – d. h. in Rechtsnormen festgesetzte – Preise wachstumsfördernde Austauschvorgänge auslösen, die der Markt nicht entwickelt hätte. So fördert der deutsche Gesetzgeber z. B. die Windmüllerei zum Zwecke der Stromerzeugung, indem er die Versorgungsunternehmen durch ein Stromeinspeisungsgesetz zwingt, den in den Windmühlen erzeugten Strom zu höheren als Marktpreisen zwangsweise einzukaufen.

Die Entwicklung der deutschen Landwirtschaft in den letzten Jahrzehnten mag die Rolle der Gesetzgebung in einem Wachstumsprozeß verdeutlichen (Vohrer 1992, Peine 1994).

Die Landwirtschaft war in Mitteleuropa jahrhundertelang eine Wirtschaftsform, die mehr als 50% der Erdoberfläche in Beschlag nahm, in der es auch revolutionäre Fortschritte der Anbaumethoden gab, die Wachstumsschübe auslösten, etwa durch verbesserte Fruchtfolgen. Die höheren Ernteerträge haben aber bis in unser Jahrhundert hinein keine schädlichen, d. h. künftige Erträge gefährdenden Folgen gehabt. Offensichtlich nahm die Bodenfruchtbarkeit keinen Schaden, und es gibt auch keinen Hinweis dafür, daß die Landwirte die Lebensgrundlagen der Nichtlandwirte gefährdet hätten. Die traditionelle bäuerliche Wirtschaft bestand in der Verbindung von Pflanzenbau und Tierhaltung, die mit einfachen Techniken mit Hilfe der Sonnenenergie Nutzungen aus natürlichen Ressourcen zog. Der Energieeintrag von außen war gering, gegen Ende des 19. Jahrhunderts soll er 3% betragen haben, die Abfälle wurden in einem „organischen Betriebskreislauf" wieder verwendet. Noch das deutsche Landwirtschaftsgesetz von 1955 sprach von einer „nachhaltigen" Wirtschaftsform. Seit Ende der 50er Jahre änderten sich die rechtlichen Rahmenbedingungen und die technischen Möglichkeiten für die Landwirtschaft. Das Landwirtschaftsrecht insbesondere der EG bewirkte einen neuen Rückkopplungsmechanismus. Die Landwirte erhalten Preis- und Abnahmegarantien, d. h. unter den nun geltenden rechtlichen Rahmenbedingungen wurden ihnen Produktionsmengen positiv zurückgekoppelt. Dies löste – in Verbindung mit neuen technischen Hilfsmitteln und ertragreicheren Pflanzensorten – einen von der Agrarökonomie als „innere und äußere Betriebsaufstockung" bezeichneten Vorgang aus, d. h. die Betriebe und die einzelnen Feldstücke wurden größer, die Wirtschaftsform wurde intensiver und dies wiederum setzte meist eine Spezialisierung voraus. Es kommt tatsächlich zu einem Wachstum der Erträge und damit ist das politische Ziel der Agrarpolitik, die Versorgungssicherheit, erst einmal erreicht. Gleichzeitig wächst aber der – subventionierte – Energieeintrag ebenso wie der – subventionierte – Fremdstoffeintrag und die Landwirtschaft verwandelt sich in einen der großen Umweltzerstörer mit den Kennzeichen:

- Verringerung der Begleitflora und -fauna,

- verringerte Humusbildung und Gefährdung der Bodenfruchtbarkeit,
- Emissionen aus der Tierhaltung,
- Gefährdung der Wasservorräte,
- Schadstoffbelastung der Nahrungsmittel und des Trinkwassers.

Die moderne Landwirtschaft produziert externe Kosten, die – wie schon angemerkt – gut sichtbar in den Wasserwerken anfallen. Dieses wiederum hat den Gesetzgeber auf den Plan gerufen. Er nimmt den Verbrauchern manchmal einen „Wasserpfennig" ab, mit dem die Landwirte dafür belohnt werden, daß sie nicht weiterhin durch die Übernutzung von Feldern und Wiesen das Trinkwasser gefährden.

Die Implementierung von wachstumsbegrenzenden Regelungsmechanismen durch die Rechtsordnung

Die Rechtsgeschichte hält allerdings auch Beispiele für die Hoffnung bereit, daß Rechtsnormen Wachstum begrenzen können, also durch Raubbau erzeugtes Wachstum in eine nachhaltige Wirtschaftsweise überführen können. Ein bis heute nachwirkendes und oft falsch interpretiertes Beispiel dafür bilden die rechtlichen Regelungen für die mittelalterliche Allmende. Allmenden sind durch die Brille des Juristen betrachtet „unverteilte Naturschätze" wie z. B. Weiden, Wälder eventuell auch Gewässer oder Fischbestände, an denen keine individuellen Rechte bestehen. Die Regelung der Nutzung führte dazu, daß auf den Allmenden über Jahrhunderte kein Raubbau mehr stattfand. Wie erreichte man diesen Zustand? Dazu gibt es zwei Legenden, die eine könnte man als die „naturromantische", die andere als die „demokratische" bezeichnen. Die naturromantische – von Friedrich Engels verbreitete – behauptete, die Rechtsordnung der Allmenden verliere sich in einem paradiesischen Urzustand, in dem die Menschen intuitiv wußten, was und wieviel sie der Natur entnehmen durften. Die demokratische Legende behauptete, einsichtige Bauern hätten sich zusammengetan und im Interesse aller und der zukünftigen Generationen gemeinsame Regelungen geschaffen und sich daran gehalten. Die Wirklichkeit sah, wie wir durch jüngere Forschungen wissen, anders aus. Das Recht der Allmenden entstand in Krisenlagen, die durch Raubbau hervorgerufen wurden, und es war wohl ganz selten das Werk der die Natur plündernden Bauern, sondern das des Grundherrn, der als Sanierer auftrat und weiteren Plünderungen Einhalt gebot.

Ganz analog verlief ab Ende des 18. Jahrhunderts der Übergang zu einer geregelten Forstwirtschaft in Gestalt einer nachhaltigen Bewirtschaftung des Waldes. Auch hier ist eine Krisenlage der Auslöser eines Lernprozesses, nämlich die in den Anfängen der Industrialisierung entstandene „Holznot". Wiederum übernimmt die Staatsgewalt mit einer Forstverwaltung als externem Erzwingungsstab die Rolle des Sanierers, keineswegs jene, die Raubbau am Wald treiben. Die rechtliche Verpflichtung auf das Prinzip „Nachhaltigkeit" erzwingt einerseits ein Planen über Generationen hinaus bis zur Schlagreife des heute gepflanzten Waldes, bei Eichen sind das 300 Jahre; andererseits zu einem ständigen Lernen aus Fehlern. Planung und Fehlerkorrektur sind die Komponenten eines fortlaufenden Lernprozesses, der sich an den Waldbeständen ablesen läßt. Die heutige Forstwirtschaft hat die Versuche aufgegeben, Waldbewirtschaftung wie Feldbau zu betreiben und möglichst viele, möglichst schnell wachsende Bäume der gleichen Art auf einem Hektar unterzubringen (Leibundgut 1993).

Der moderne Wirtschaftswald setzt auf Artenvielfalt und kehrt zu einheimischen, standortangepaßten Arten zurück, mit anderen Worten der Wald wird seinem ursprünglichen, vom

Menschen unbeeinflußten Zustand wieder ähnlicher. Dieser erstaunliche Wandel geht mit einem ebenso erstaunlichen Wandel im Gebrauch der Technik einher. Das schwere technische Gerät verschwindet wieder aus dem Wald, es ist wenig brauchbar, wenn die Bewirtschaftung darauf zielt, ursprünglich 10.000 Baumpflanzen pro Hektar auf schließlich 250 hochwertige Bäume zu vereinzeln. So kehrt die Handarbeit und nicht selten sogar das „Rückepferd" in den Wald zurück.

In zahlreichen anderen Bereichen darf man mit guten Gründen vermuten, daß rechtliche Regelungen als Wachstumsbremsen wirken: So dürfte für das Sinken der Geburtenziffern – in vielen Industriestaaten sogar unter die Reproduktionsraten – die Einführung wirksamer Alterssicherungssysteme ein bedeutender Faktor sein. Für das in den letzten Jahren zu beobachtende Sinken der Schadstoffeinleitungen in die deutschen Gewässer dürfte auch das Abwasserabgabengesetz eine Rolle gespielt haben. Dem Wachstum des Heizenergieverbrauchs in Mehrfamilienhäusern wirkt der deutsche Gesetzgeber mit der zwangsweisen Einführung von Heizkostenverteilern entgegen. Die individuelle Nutzung dieser „Allmende" muß also bezahlt werden. Im Bereich außerrechtlicher sozialer Spielregeln kann man ebenfalls beobachten, wie Führungskräfte mit neuen, sozialen Spielregeln der Übernutzung von „Allmenden" entgegenwirken. So mußte ein großes Tagungszentrum ständig leere Getränkeflaschen von Fußböden, Fensterbänken, Tischen und sonstigen Ablagemöglichkeiten abräumen lassen. Als man dazu überging, alle Flaschen mit einem Pfandaufschlag von 1,– DM zu belegen, brachten alle ihre leeren Flaschen an den dafür vorgesehenen Ort zurück. So beendete man die durch Externalisierung von Kosten entstandene Vermehrung des Abfalls.

Wachstumsfördernde und wachstumsbegrenzende Elemente im Prinzipiengefüge der Rechtsordnung

Wie unser kurzer Rückblick auf Geschichte und Rechtsgeschichte zeigt, haben die Menschen Recht vermutlich seit seiner Erfindung auch dazu benutzt, Wachstumsprozesse auszulösen. Die Kunst, Wachstumsprozesse nicht in Katastrophen münden, sondern auf eine Linie ökologischer Tragfähigkeit einpendeln zu lassen, ist wenig entwickelt. Die Notwendigkeit wird im allgemeinen auch erst heute sichtbar. So weit der äußere Befund.

Wir gelangen zu einem besseren Verständnis des äußeren Geschehens, wenn wir auch in der inneren Struktur des Rechts, in seinem Prinzipiengefüge, nach Ursachen des Wachstums forschen. Rechtsnormen werden durch Prinzipien zu einem geordneten Gefüge zusammengefaßt. Betrachtet man wichtige Rechtsprinzipien unter dem Gesichtspunkt Wachstum, so zeigt sich, daß sie einerseits die Förderung von Wachstum fordern, andererseits dessen Begrenzung nahelegen. In jedem Rechtsgebiet sind die einzelnen Normen einerseits am Individuum und dessen Werten – Leben, körperliche Unversehrtheit, Freiheit, Vermögen – ausgerichtet, andererseits an der Funktionsfähigkeit des sozialen Systems orientiert. Das Straßenverkehrsrecht z. B. gewährt jedem die Freiheit, sein höchstpersönliches Ziel mit möglichst geringer Gefahr für Leib, Leben und Vermögen anzusteuern. Andererseits strebt es an, den Verkehrsfluß aufrecht zu erhalten und verhindert z. B. das Parken in der Nähe des angestrebten Ziels. Einen entsprechenden Konflikt spiegeln die Verfahrensordnungen wider. Einerseits soll dem rechtsuchenden Individuum auch Gerechtigkeit zuteil werden, andererseits setzen sie dem Streben nach der Gerechtigkeit z. B. durch Regeln der Verjährung ein abruptes Ende. Der für die Funktionsfähigkeit des Systems notwendige Rechtsfrieden wird wichtiger als die gerechte Lösung des Rechtsfalles.

Die systembezogene Komponente des Rechts werden wir nun als den Zweck des Rechts und die individualistische Komponente als den Sinn des Rechts bezeichnen. Rudolf von Jhering (1884/1886) entdeckte im letzten Jahrhundert den Zweck im Recht und konstatierte, der letzte Zweck allen Rechts sei die Aufrechterhaltung der Gesellschaft. Zwei Generationen vorher hatte Carl von Clausewitz ([18]1972) eine analoge Entdeckung gemacht, als er den Zweck in einem dem Recht parallelen Normengefüge, den politisch-militärischen Weisungsketten fand. Er gelangte zu der Feststellung, der letzte Zweck des Militärischen sei die Selbsterhaltung des Staates, was das Streben nach dem Zweck „Frieden" notwendig mache, da Kriege prinzipiell die Selbsterhaltung des Staates gefährden.

Die Bezugspunkte – Staat bei Clausewitz, Gesellschaft bei Jhering – sind insoweit untrennbar miteinander verbunden, als die gesellschaftlichen Systeme, auf die wir unsere Betrachtung konzentrieren, erst durch den Staat als Recht erzeugende und Recht durchsetzende Institution geschaffen werden oder ihre gegenwärtige Prägung erhalten haben. Staatliche Normen schaffen die gesellschaftlichen Systeme und die systembildenden Menschen bestätigen die Normen, deren Einhaltung der Staat überwacht.

Clausewitz machte den Zweck in den Weisungsketten aber auch zu einem Postulat; beherscht der Zweck nicht die Mittel, die zu seiner Erreichung eingesetzt werden, so schafft die Politik statt äußerer Sicherheit vermehrte Unsicherheit und statt Frieden Konflikt. Es kommt z. B. zum Wettrüsten, einem die Sicherheit gefährdenden Wachstumsprozeß. Die Antriebskräfte zu dieser Entartung des Militärischen stecken in Motivationen der Individuen, die nach Macht, Ehre, Ruhm, Karriere, Planstellen, einem Arbeitsplatz und sei es in der Rüstungsindustrie, Gewinne aus dem Verkauf von Rüstungsgütern streben. Die Kräfte zur Bekämpfung der Entartung müssen die Institutionen entwickeln, indem sie individuelles Handeln so begrenzen, daß es den Zweck – Staatserhaltung – nicht gefährdet.

Ganz Entsprechendes beobachten wir im Recht. Die Rechtsentwicklung empfängt ihre Antriebskräfte von der dem Individuum zugewandten Seite des Rechts. Hier geht es darum, individuelle Existenz zu sichern, Freiheit zu gewähren sowie materielle und immaterielle Güter nach Prinzipien der Gerechtigkeit bereitzustellen, so daß die Menschen die Freiheit zur Verfolgung selbstgesetzter Ziele nutzen können. Selbst in einem so erhabenen individuellen Wert wie Freiheit steckt aber der Keim zu einem zerstörenden Wachstum. Die Freiheit für Autofahrer, ein begrenztes Straßensystem unbegrenzt nutzen zu dürfen, muß schließlich, wenn genügend Wohlhabenheit erreicht ist, zum Kollaps führen. Weniger gut beobachtbare Entwicklungen sind möglicherweise noch gefährlichere Wachstumsprozesse. Der elementare Wunsch des Individuums nach schneller Heilung bei Infektionskrankheiten hat zu einem gewaltigen Wachstum des Verbrauchs von Antibiotika geführt. Dies wiederum hat eine Art Wettrüsten zwischen der Entwicklung immer neuer Antibiotika einerseits und einer offenbar erhöhten Mutationsgeschwindigkeit der Bakterien geführt. Welche Folgen dies haben wird, ist ungewiß. Der Wunsch der Menschen nach größerer sexueller Freiheit verlangt die unbegrenzte Freigabe von hormonellen Antikonzeptiva. Inzwischen gibt es erste Anzeichen für die Folgen einer Umweltverschmutzung durch Östrogene (Umweltbundesamt 1995).

Der Zweck des Rechts, die dem Systemerhalt zugewandte Seite des Rechts, zeigt aus der Sicht des Einzelnen die notwendige, aber unerfreuliche Seite des Rechts. Hier geht es einmal um direkte Beiträge zur Erhaltung des Staates und der durch ihn gesicherten Systeme durch Steuern, parafiskalische Abgaben, Wehrpflicht, aber auch um sonstige Begrenzungen von Freiheit wie z. B. durch Konzessionen, Erlaubnisse, Auflagen. Auch Umweltrecht ist ein freiheitsbegrenzendes, am Zweck Systemerhaltung orientiertes Recht (Vohrer 1992). Der vielleicht am stärksten freiheitsbegrenzende Aspekt liegt bereits in der Natur der Normen: In jeder Art Recht steckt ein Versprechen von Gerechtigkeit, doch verweigert sich das Recht einer vollen Einzelfallgerechtigkeit, obwohl jeder Fall anders ist, denn dies wäre das Ende aller Normen und Präjudizien.

Wir wollen unsere Betrachtung von Sinn und Zweck nun in einen größeren Sachzusammenhang stellen. Wie schon ausgeführt, halten wir Normen für eine höher entwickelte Form biologischer Verhaltensmuster. Dementsprechend sind die durch das Recht geschaffenen sozialen Gebilde höher entwickelte, kulturspezifische Formen dessen, was Zoologen Populationen nennen, Systeme aus interagierenden Individuen. Was Jhering – der sich intensiv mit Darwin auseinandersetzte – und Clausewitz entdeckten, ist dementsprechend nichts anderes als das kulturelle Gegenstück zum Befund der klassischen Ethologie: Der Zweck aller Verhaltensnormen ist die Aufrechterhaltung der Population, womit der dahinterstehende Zweck der Arterhaltung erreicht wird. Dies ist allerdings – für sich genommen – nur ein negativer Faktor, dessen Berücksichtigung im Gedanklichen eine Selektion aller Normideen bewirkt, die nicht art- bzw. populationserhaltend, systemerhaltend sind. Die gedankliche Selektion erspart die Selektion in der Realität. Die eigentlichen Antriebskräfte erhält das Recht von seiner dem Individuum zugewandten Seite. Diese ist – entsprechend der komplexen Motivationsstruktur des Menschen – ebenfalls komplex und einer rein (sozio-)biologischen Erklärung nicht zugänglich.

Systemgefährdendes Wachstum treffen wir in allen rechtlich geregelten Systemen an, in denen die individuellen Sinnelemente (Selbsterhaltung, Selbstentfaltung usw.) nicht durch systembezogene Zweckelemente (Arterhaltung, Systemerhaltung usw.) in Schach gehalten werden. Verspricht die Rechtsordnung des gewährenden Sozialstaates den Bedürftigen mehr als sie von den Steuer- und Beitragszahlern einzufordern wagt, erleben wir ein Wachstum der Staatsverschuldung. Erlaubt die Rechtsordnung den Bürgern die Überfischung der Gewässer, die Übernutzung der Böden, die Verschmutzung der Gewässer über deren Selbstreinigungskraft hinaus, die Übernutzung der Infrastruktur von den Straßen bis zu den Universitäten, so liegt ein Überhang des Sinns über den Zweck vor. Selbsterhaltung, Selbstentfaltung und deren Unterfälle einerseits, und der Zweck Arterhaltung und dessen Unterfälle andererseits, sind nicht in Einklang gebracht. Biologisch ausgedrückt: Die in der Evolution des Rechts hervorgebrachten Normen sind nicht adaptiv.

Die Mängel des Rechtserzeugungssystems

Dieses Ergebnis zwingt uns, den Ursachen des zerstörenden Wachstums in einer noch tieferen Schicht, dem Prozeß der Rechtsgewinnung, in Oesers Worten (1990) der „Evolution und Selbstkonstruktion" des Rechts, nachzugehen. Offenbar ist die Lerngeschwindigkeit zu langsam und zum anderen ist die Qualität des Lernprozesses oft nicht gut genug, um Wachstumsprozesse rechtzeitig, mit geringen Kosten des Umsteuerns zu begrenzen. Die Ursachen sollten sich herausfinden lassen.

In den modernen Verfassungsstaaten unter den Industrienationen lernt das Rechtssystem an vier Stellen:

1. Der politisch-administrative Apparat in Gestalt von Parlamenten und Regierungen erzeugt neue Gesetze sowie ausfüllende Verordnungen und Anweisungen für die Verwaltung.

2. Die Gerichte versehen das Rechtsleben mit Präjudizien.

3. Die Rechtspraxis entwickelt eigene Regeln (Practised Law), die wie Recht wirken, da sich die meisten Beteiligten daran halten.

4. Die Wissenschaft versucht das vorhandene Recht zu systematisieren und entwickelt neue Konzepte.

In praktisch allen Industriestaaten klagt die Wissenschaft (Gesetzgebungslehre, Jurisprudenz, Wirtschaftswissenschaft) und klagen zunehmend auch Gerichte, Verwaltung und Bürger darüber, daß die Politik das Instrument Gesetz nicht zu handhaben weiß. Nach meiner beruflichen Erfahrung kommt die ökonomische Theorie der Politik der Deutung dieses Phänomens am nächsten (Olson 1985, Blankart 1991). Demnach ist das Handeln des als „Unternehmer" gedeuteten Politikers nicht primär darauf gerichtet, dem Gemeinwohl zu dienen, also für erkannte Probleme der Gesellschaft optimale Lösungen zu finden, sondern positive Rückmeldungen einzuholen, die zur Verbesserung und Sicherung der eigenen Stellung dienen. Eine Partei z. B. wird also erst dann mit einer Maßnahme das Gemeinwohl fördern, wenn diese Maßnahme zugleich ein nützlicher Baustein in einer Strategie des Machterhaltes ist. Daraus ergibt sich beim Einwirken auf Wachstumsprozesse folgende Konstellation: Wenn ein Wachstumsprozeß das Gemeinwohl gefährdet und die Politik durch Gesetzgebung das Wachstum frühzeitig abbremst, läuft sie das Risiko, Wählerstimmen zu verlieren, ohne neue gewinnen zu können. Ein Beispiel:

Viele Staaten sehen sich „Kostenexplosionen" im Gesundheitswesen gegenüber (Beispiel: Krankenfahrten mit Taxen in Deutschland: 1991: 433 Mio. DM, 1994: 689 Mio. DM). Dahinter verbergen sich vor allem immer mehr, immer teurere Heilbehandlungen. Seit Jahren hegen die deutschen Gesundheitspolitiker den Verdacht, daß den fortlaufend steigenden Ausgaben kein entsprechender, allgemeiner Nutzen gegenüber steht, die Public Health wird trotz Kostenexplosion nicht erkennbar besser (Rau 1993). Die Politiker vermuten sogar, daß 40% der Ausgaben diesem Ziel nicht förderlich, vielleicht sogar abträglich sind. Sinnvollerweise müßte die Gesundheitspolitik nicht zu globalen Kostendämpfungen greifen, sondern selektiv vorgehen, also z. B. prüfen, ob Heilkuren einen Beitrag zur Public Health leisten. Würde die Politik allerdings Heilkuren aus dem Leistungskatalog der gesetzlichen Krankenkassen streichen, so sähe sie sich dem erbitterten und organisierten Widerstand von Gruppen gegenüber, deren Interessen massiv betroffen wären. Der durch die Streichung gewonnene Nutzen würde dagegen auf so viele Personen verteilt, daß er für den einzelnen kaum fühlbar wäre. Einige hätten also gute Gründe, die Partei mit dem „Streichprogramm" nicht wieder zu wählen, aber niemand hätte einen Grund, gerade wegen des Streichprogramms diese Partei zu wählen. Bei anderen Wachstumsprozessen wird man ähnliches feststellen, so z. B. beim Wachstum des öffentlichen Dienstes, beim Wachstum des Tourismus, bei der Erschließung von Bauland.

Symbolhaft ausgedrückt kann man sagen: Eine auf Wählerstimmenmaximierung angelegte Politik tendiert dazu, den „Turmbau zu Babel in Auftrag zu geben", (also Wachstum anzuheizen, das einigen sehr viel nützt und allen anderen auf den Einzelfall bezogen nur sehr wenig schadet) und auf die Einsicht in die Schädlichkeit des Projektes aber nicht mit dessen Einstellung, sondern mit Kostendämpfung im öffentlichen Bauwesen zu reagieren.

Noch problematischer werden die Dinge, wenn wir es mit Wachstumsprozessen zu tun haben, bei denen der Nutzen bei den heute Lebenden anfällt, der nicht ganz gewisse Schaden aber erst morgen bei der nächsten Generation eintreten wird, wie z. B. beim Wachstum der Staatsverschuldung, beim absehbaren Wachstum der Abgabenbelastung für die als Generationenvertrag konstruierte Altersversorgung.

Der Basisprozeß der Rechtserzeugung, die Gesetzgebung, ist also als politischer Wettbewerb konstruiert, in dem nicht die für die Probleme der Gesellschaft bestgeeignete Lösung prämiert wird, sondern die für die Machterhaltung der Parteien bestgeeigneten Gesetze. Auf Wachstumsprozesse bezogen bedeutet dies, für politische Parteien ist es eine gute Strategie der Stimmenmaximierung, Wachstumsprozesse anzuheizen oder auszulösen, aber eine schlechte Strategie, sie zu dämpfen. Gesetzgebung zielt also typischerweise auf suboptimale Lösungen. Da Gesetzgebung ein fortlaufender Prozeß ist, entsteht eine Tendenz zu einer permanenten Qualitätsverschlechterung, wenn man suboptimale Lösungen mit suboptimalen Lösungen „nachbessert" (Helsper 1995). Dabei befindet sich die Politik in Einklang mit dem allgemeinen gesellschaftlichen Grundkonsens, denn man gesteht ihr zu, sich auch mit „machbaren", „drittbesten", „politischen" Lösungen zu begnügen. Dadurch ist der politische der einzige kulturelle Wettbewerb, der nicht darauf gerichtet ist, die bestgeeignete Problemlösung zu suchen. In Frankreich sagt man, „hätte nicht Gott das Pferd geschaffen, sondern ein politischer Ausschuß, das arme Tier hätte drei Beine, zwei Schwänze und vier Ohren". Dies gibt sehr bildhaft unsere Feststellung wieder, daß Gesetzgebung in den westlichen Verfassungsstaaten nicht als evolutionärer Optimierungsprozeß angelegt ist.

Diese Tendenz zur Fehlleistung wird durch den Einfluß der öffentlichen Meinung auf die Politik verstärkt. Die öffentliche Meinung ruft nach emotionalen Problemlösungen, das Recht ist aber unemotional und es schafft auch nur leistungsfähige Systeme, wenn rechtliche Entscheidungen unemotional gefällt werden. Das amerikanische Schadensersatzrecht erhellt diese Notwendigkeit. In den USA ist den Anwälten die Emotionalisierung der an sich kunstvoll entemotionalisierten Gerichtsverhandlung (Hauptmann 1993) gelungen. Die Summierung der vielen, dem bedauernswerten Geschädigten freundlichen Entscheidungen ergibt aber ein Recht, das unter anderem als größtes Hindernis eines leistungsfähigen Gesundheitswesens gilt. Sind rechtliche Entscheidungen emotional, so gerät der Zweck des Rechts, die Funktionsfähigkeit des sozialen Systems, außer Sicht. Es kommt zum Unterschied von „gut" und „gut gemeint". Einige Beispiele:

Streicht die Politik Krankenfahrten mit Taxen aus dem Erstattungskatalog der gesetzlichen Krankenkassen, weil diese in drei Jahren um 40% angewachsen sind und diese Wachstumsblase offfenbar keinen Bezug zur Public Health hat, so präsentieren die Medien einen in Konkurs gefallenen Taxifahrer, der seine vier unmündigen Kinder nicht mehr ernähren kann samt einer auf dem Fußweg zum Arzt gestürzten Großmutter. Beseitigt die Politik das kostenlose Schulbuch, weil es eine Wachstumsblase mit den Kennzeichen Preiserhöhung, Auflagenbeschleunigung, hoher Bücherverschleiß, steigende Ansprüche von Lehrern, Eltern und Kindern hervorgerufen hat, so werden die Medien eine arme Familie mit begabten Kindern präsentieren, deren Hoffnungen auf sozialen Aufstieg die Politik angeblich zerstört hat. Reagiert die – sich bürgernah gebende – Politik auf diese Art Berichterstattung, so kommt es zu einem „management by butterfly". Die Politik eilt hektisch von einem Tagesproblem zum anderen, was sich im Gesetz als Wachstum von sinnorientierten Ausnahmen niederschlägt, die schließlich den vernünftigen Zweck überwuchern. Jede Ausnahme ist eine Einladung zur Umgehung und ein Auslöser von Rechtsunsicherheit. Gleichzeitig kommt es in den Entscheidungsgremien zu einem „Flaschenhalseffekt", da alle Entscheidungskompetenz oben, beim Gesetzgeber liegt, der Zeitdruck auf die Entscheidungsträger nimmt zu, die Qualität ihrer Entscheidungen nimmt ab.

Nach der Kompetenzverteilung im Staat können die Gerichte größere Fehlleistungen der Gesetzgebung nicht kompensieren. Sie sollen Gesetze auslegen, aber nicht selbst gesetzgebend oder den Gesetzgeber korrigierend tätig sein (Larenz 1991). Außerdem werden Gerichte nicht von sich aus tätig, sondern nur im Rahmen gerichtlicher Verfahren. Es müßte ein Kläger da sein. Die Rechtsordnung schreckt aber vor sogenannten Popularklagen zurück, d. h. niemand kann vor Gericht sozusagen als Stellvertreter der Allgemeinheit oder für künftige Generationen auftreten, er muß behaupten, selbst in seinen persönlichen Rechten beeinträchtigt zu sein (Spiegler 1990).

Schließlich hätten Gerichte bei Wachstumsprozessen noch ein besonderes Problem. Wer Wachstum abbremsen will, muß behaupten, das, was gestern noch gut und segensreich erschien, sei heute als schädlich durch neues Recht zu bekämpfen. Diese Erkenntnis liefert aber nicht die Rechtsordnung selbst, sondern die auf Beobachtung gestützte Erfahrung. Die heutige Rechtswissenschaft kann aber mit Erfahrung wenig anfangen, da sie sich als Geisteswissenschaft mißversteht und immer noch auf zwei erfahrungsfeindlichen Lehren beruht: dem Rechtspositivismus und Naturrechtslehren. Die Erfahrung braucht in der Rechtswissenschaft Schlupflöcher, sie kommt darin vor als „Natur der Sache" als „Praktische Vernunft", als „unabweisbares Bedürfnis der Praxis", als „normative Kraft des Faktischen". Sie hat aber keinen gesicherten Platz im Prozeß des juristischen Erkenntnisgewinns. Hier und da gibt es zwar Ansätze der Rechtswissenschaft, sich auf andere Basistheorien zu stützen (evolutionäre Erkenntnistheorie, Rechtswissenschaft als Realwissenschaft, experimentelle Rechtswissenschaft), deren Einführung käme aber einer wissenschaftlichen Revolution gleich. Unter den gleichen Mängeln leidet der Gesetzgebungsprozeß. Nicht nur die Bürger haben kaum realistische Möglichkeiten, ihre Erfahrungen mit untauglichen Normen zurückzumelden (Riedl 1985), dies gilt sogar für die externen Erzwingungsstäbe, die unteren Verwaltungsbehörden, die sich dann oft ihr eigenes Recht (practised law) bilden (Raiser/Voigt 1989).

Bei vielen Wachstumsprozessen ist die Einsicht der Bürger dem Zustand der Rechtsordnung weit voraus; d. h. die Rechtsordnung hinkt ihren Möglichkeiten weit hinterher. Dann hört man oft den Ruf, die Bürger müßten selbst lernen, z. B. ihr Auto stehen zu lassen, Müll zu vermeiden, nicht bei jeder Mißbefindlichkeit die Leistungen des Gesundheitswesens in Anspruch zu nehmen, nicht jeden Nachbarstreit den Gerichten vorzutragen usw. Die Menschen sollen also selbst verbindliche, der Situation besser angepaßte Normen entwickeln, die die Mängel des Rechtserzeugungssystems kompensieren.

Solche Ideen sind schon theoretisch, als Konzepte, nicht einleuchtend. Dies wird deutlich, wenn man die Politiker als Entwerfer von Spielregeln und die Bürger als Entwerfer von Strategien deutet. Wenn die Beobachtung zeigt, daß die Bürger unter den gegebenen Spielregeln Strategien entwickeln, die das Spielfeld – die Lebensgrundlagen – zerstören, dann brauchen wir bessere Spielregeln, das soziale System muß auf der Systemebene, aber nicht auf der Individuenebene dazulernen (Beitrag Patzelt). Die Autofahrer von Wien z. B. sind außerstande, eine gemeinsame Absprache darüber zu treffen und durchzusetzen, wie sie eine Übernutzung des Straßennetzes verhindern können. Dies ist auch nicht ihre Aufgabe, gerade zu diesem Zweck und zu analogen Zwecken sind ja politische Entscheidungsgremien geschaffen worden (siehe Beitrag H. Knoflacher in diesem Band).

Voraussetzungen für einen planvollen Einsatz der Rechtsordnung zur Steuerung von Wachstumsprozessen

Zusammenfassend ist zu sagen, der Lernprozeß des Rechtserzeugungssystems ist weder in der Gesetzgebung noch in der Rechtsprechung oder bei der Praktizierung von Recht darauf gerichtet, die Lebensgrundlagen von Staat und Gesellschaft vor selbstzerstörendem Wachstum zu sichern. Dies ist auch kein vordringliches Thema der Rechtswissenschaft, wie man beim Blick in juristische Fachzeitschriften leicht erkennen kann, läßt sich aber ändern.

Geistige Voraussetzung
Dazu sind Veränderungen bei den institutionellen Gegebenheiten und Änderungen bei der Aufgabendefinition und dem Selbstverständnis insbesondere der Parlamentarier, aber auch der übrigen mit Rechtserzeugung befaßten Personen notwendig. Zunächst zu Aufgabendefinition und Selbstverständnis. Hier ist es notwendig, tradierte Harmonielehren abzustreifen, die behaupteten, Politik (und Rechtsprechung) brauchten nicht mehr bewirken als fairen Interessensausgleich (Beitrag Patzelt in diesem Band). Dies stimmt bei Wachstumsprozessen gerade nicht. Typischerweise sind die Geschädigten eines Wachstumsprozesses nicht organisiert, stellen keine klar abgrenzbare Gruppe dar oder sind noch gar nicht geboren oder haben noch keine Wählerstimme. Eine Rechtsordnung muß folglich auch eine Werteordnung sein, um gesellschaftliche Werte gegen organisierte Interessen durchsetzen zu können. Dies kann allerdings nicht jedes Wertesystem leisten. Mit ihren letzten, nicht weiter begründbaren Werten stützt sich eine Rechtsordnung auf die Ethik, d. h. sie erhebt zunächst unverbindliche Sätze der Ethik in den Rang von fundamentalen Rechtsprinzipien. Diese Aufgabe übernehmen in den Industriestaaten die Verfassungen.
Der Biologe Ernst Peter Fischer (1987) hat bei einer Studie zum Phänomen der Komplementarität in der Natur einen Exkurs in die Ethik gemacht und konstatiert, unsere Kultur habe zwei Ethiken hervorgebracht: Eine individuumzentrierte, christlich-platonische Ethik und eine gemeinschaftsorientierte, heidnisch-aristotelische Ethik. Die Rechtsphilosophie würde Fischer und den Autoren, auf die er sich beruft, bei dieser Einordnung von Aristoteles nicht folgen (Schapp 1994). Dennoch hat Fischer in der Sache wohl Recht. Machiavelli war es, der die Unvereinbarkeit von christlicher Ethik und einer zur Staatserhaltung notwendigen „Staatsmoral" formulierte. In unserem Jahrhundert rückte insbesondere der Philosoph und Anthropologe Arnold Gehlen die Unvereinbarkeit beider Ethiken wieder ins Bewußtsein. Öffnet sich das Recht einseitig der individuumzentrierten Ethik, wie das alle vom Gedankengut der Aufklärung beeinflußten Verfassungen der Industriestaaten tun, so steht es Wachstumsprozessen hilflos gegenüber, denn damit wachsen die Ansprüche der Individuen ins Unermeßliche. Dies wiederum ruft die meist organisierten Gruppen derer auf den Plan, die – aus öffentlichen Kassen finanziert – solche Ansprüche befriedigen wollen. Dazu einige Beispiele:
Im deutschen Gesundheitswesen gab es eine Kostenexplosion bei diagnostischen Verfahren. Dies hat folgenden Hintergrund: Nach einer Anamnese steht bei etwa 85% aller Patienten die Krankheit fest. Bei etwa 7% der Erkrankungen wird die zugrundeliegende Krankheit trotz Einsatz aller vorhandenen diagnostischen Mittel nie aufgeklärt. Für die Anhebung von 85 auf 93% kann der medizinische Apparat einen praktisch unbegrenzten Aufwand hervorrufen, den sich keine Solidargemeinschaft auf Dauer leisten kann. Wie auch sonst in der Technik, „die letzten 0,5%" sind unbezahlbar.
Der medizinische Aufwand steigt ebenfalls exponentiell, wenn die medizinische Zielsetzung darin besteht, das Leben um jeden Preis zu verlängern.
Ein exponentielles Wachstum medizinischer Leistungen ergibt sich auch, wenn der Arzt zum Vollstrecker individueller Sehnsüchte wird, der den Menschen ein Leben ohne Lei-

denserfahrung bescheren soll. Dann wird jede Mißbefindlichkeit zur Krankheit, für die das Kollektiv der Versicherten aufkommen muß, was ebenfalls zu Wachstum und zur Kostenexplosion im Gesundheitswesen führen muß.

Im Justizwesen treten Wachstumsprozesse auf, wenn die Richter Gerechtigkeit einseitig individualistisch deuten, d. h. unter Gerechtigkeit Individualgerechtigkeit, Einzelfallgerechtigkeit verstehen. Da jeder Fall anders ist, kann man beliebig lange differenzieren, bis der Fall die eine, nur ihm gemäße Lösung gefunden hat. Der Bedarf an Richtern steigt fortlaufend, denn der Feststellungsaufwand steigt ebenso wie die Dauer der Verfahren und selbst bei dem Ausstoß an juristischer Literatur ist exponentielles Wachstum zu beobachten. Kürzlich sprach ein deutsches Gericht eine Angeklagte frei, da die Verteidigung von allen rechtlich zulässigen Möglichkeiten der Verfahrensbehinderung Gebrauch machte. Die Begründung lautete: Ein solches Verfahren übersteige die Ressourcen des Gerichts. Dieser Fall ist nur die Spitze des Eisbergs.

Solange das Wertesystem der Rechtsordnung einseitig individuumzentriert ist, man Staat und Solidargemeinschaften als Vollstrecker individueller Wünsche betrachtet, steht die Rechtsordnung Wachstumsprozessen, die angeblich dem Wohl der Individuen dienen, hilflos gegenüber. Die Richter selbst weiten ja die Ansprüche des Individuums gegen das Kollektiv ständig aus.

Politiker und Juristen müssen wohl lernen, daß die Individual-Ethik nicht ohne weiteres „gut" und die Gemeinschafts-Ethik nicht ohne weiteres „böse" ist, sondern daß die Aufgabe des Rechts darin besteht, beide Ethiken bei der Transformation in Rechtsprinzipien in ein sowohl-als-auch-Verhältnis zu bringen, womit wir wieder beim Problem der Komplementarität angelangt sind.

Möglicherweise kann eine evolutionäre Ethik diesen Vereinigungsprozeß leisten (Wuketits 1993, Daeke/Bresch 1995).

Änderung der institutionellen Gegebenheiten

Umdenken bleibt ein rein geistiges Ereignis, wenn der institutionelle Rahmen nicht zuläßt, neue, bessere Einsichten in ein neues, besseres, zerstörendes Wachstum verhinderndes Gesetzgebungsverfahren umzusetzen. Der Gesetzgebungsprozeß muß so angelegt sein, daß der darin ablaufende politische Entscheidungsprozeß ständig dahin tendiert, nicht die machbare, sondern die bestgeeignete Lösung für die erkannten Probleme der Gesellschaft zu suchen und auszuwählen. Darin ist die Notwendigkeit eingeschlossen, daß im Konfliktfall gesellschaftliche Werte den Sieg über die Interessen organisierter Gruppen davontragen.

Dieses Ziel scheint ganz unerreichbar zu sein, da keine der beteiligten Gruppen – Politiker und Interessenvertreter – ein Interesse daran hat, optimale Lösungen für die Selbstregulierung von Wachstumsprozessen zu suchen. Auch die ebenfalls am Gesetzgebungsverfahren beteiligte Ministerialbürokratie hat dieses Interesse nicht. Die Bürokratie wurde noch von Max Weber als eine stets im Interesse des Gemeinwohls handelnde Gruppe angesehen (Mayntz 1978). Dies ist inzwischen einer realistischeren Einschätzung gewichen (Blankart 1991). Die Ministerialbürokratie tendiert dahin, Gesetzgebung so zu beeinflussen, daß ihre eigenen Interessen gefördert werden oder zumindest gewahrt bleiben. Die Ausweitung der Staatsaufgaben ist der sicherste Weg, das eigene Interesse der Bürokratie zu fördern, da dadurch der eigene Apparat eine Tendenz zur Ausweitung erhält.

So wie die Politik Wählerstimmen maximiert, indem sie durch Gesetzgebung transferabhängige Gruppen, wie z. B. Subventionsempfänger, erzeugt, so liegt es im Interesse der

Bürokratie, verwaltungs- und betreuungsbedürftige Gruppen zu erzeugen und möglichst zu vergrößern, wie z. B. Arme, Alte, Behinderte, Pflegebedürftige, Arbeitslose, Begabte, Wohnungssuchende, Ausländer, Frauen. Anders ausgedrückt, intakte, weitgehend autonome, ihre Probleme intern lösende Familien oder andere außerstaatliche, funktionierende Systeme liegen nicht im Interesse der Bürokratie eines Sozialstaates.

Das Mittel zur Erzeugung verwaltungs- und betreuungsbedürftiger Gruppen ist wiederum die individuumzentrierte Ethik. Sie ist darauf gerichtet, die Entfaltungsräume des Individuums zu vergrößern und ihm Mittel an die Hand zu geben, um diese Räume nutzen zu können. Konkretisiert man individualethische Positionen, so werden daraus Ansprüche, die die Leistungsfähigkeit der Familien übersteigen, Ansprüche auch der mäßig begabten und mäßig motivierten Kinder auf akademische Ausbildung, der Eltern auf Kinderbetreuung, der gerade 18jährigen auf eine eigene Wohnung, der Sportbegeisterten auf kostenlose Bereitstellung von Sportstätten usw.

Solange sich solche Ansprüche gegen den konkreten Nächsten, die Eltern, Geschwister, Nachbarn und Freunde richten, werden sie in Schach gehalten, da überzogene Ansprüche die Reputation dessen beeinträchtigen, der sie stellt. Wer nicht durch Einsatz und Leistung aufgefallen ist, aber gleichwohl von Eltern und Geschwistern ein Studium finanziert haben möchte, wird das Geld vielleicht erhalten, aber seine Verwandten werden ihn unter Druck setzen. Fordert man dagegen die Einlösung dieser Ansprüche aus den staatlichen Allmenden, also aus den Kassen von Fiskus und Parafiskus, so entfällt in Ermangelung eines konkreten Gegenübers jede Scham, es entstehen schamlose Ansprüche. Datenschutz und Sozialgeheimnis bewirken eine zusätzliche Anonymisierung (Beitrag Riedl in diesem Band) der Großkollektive und stellen sicher, daß keine soziale Kontrolle diese Ansprüche dämpfen kann. Das Wachsen der Ansprüche erweckt den Eindruck, als würden die „Allmenden" immer knapper, tatsächlich reichen Studienplätze, Kindergartenplätze und der vom Staat zuteilbare Wohnraum unter diesen Bedingungen niemals aus (Beitrag Patzelt in diesem Band).

Bei diesem Prozeß, bei dem jeder von anonymen Kollektiven immer mehr fordert, spielt die Bürokratie die Rolle dessen, der diese Ansprüche anheizt und der sich gleichzeitig anbietet, sie zu erfüllen. Die Bürokraten des Sozialstaates wollen immer Dinge tun, die im Sinne einer individuumzentrierten Ethik gut sind und die alle gleichzeitig den Effekt haben, auch der Bürokratie zu nützen. Die Bürokraten können den Politikern immer neue soziale Probleme vorweisen, die angeblich Staatsaufgaben sind. Dabei können sie den Informationsvorsprung des Experten gegenüber den Politikern ausspielen (Blankart 1991).

Es scheint nun eine völlig unlösbare Aufgabe zu sein, Gesetzgebung als Verfahren auszugestalten, in dem alle Beteiligten danach trachten, dem Gemeinwohl zu dienen, also die zur Erhaltung unserer Lebensgrundlagen notwendigen Ressourcen von Gewässern bis zur Kreditwürdigkeit des Staates vor zerstörendem Wachstum zu schützen, da alle Beteiligten – Politiker, Interessenvertreter, Bürokraten, insbesondere die Ministerialbürokraten – eben daran kein Interesse haben, sondern ganz im Gegenteil an Wachstum interessiert sind. Die Aufgabe besteht darin, Spielregeln zu entwerfen, unter denen die Akteure des Gesetzgebungsverfahrens ein Interesse daran haben, Gesetze zu entwerfen, die Wachstumsprozesse mit minimalem internen Regulationsaufwand steuern und im umwelt- und sozialverträglichen Rahmen zu halten (Beitrag Gehmacher in diesem Band).

An diesem Punkt setzen denn auch Vorschläge an, die aber wohl nicht alle ganz ernst gemeint sind, etwa die Parlamentarier auf Lebenszeit zu wählen oder sie so fürstlich zu entlohnen, daß ihnen ihre Wiederwahl gleichgültig sein kann oder die Demokratie zugunsten einer Ökodiktatur abzuschaffen. Schon ernster ist der Vorschlag gemeint, Eltern Stimmrechte für ihre Kinder zu geben, damit auf diese Weise Personen mit längerfristigen Interessen und die mit größerer Wahrscheinlichkeit das Opfer langdauernder Wachstumsprozesse sein könnten, ein größeres Gewicht bei der Wahl erhalten. M.E. ist ein Blick in Bereiche anregend, in denen Wachstumsprozesse, etwa Kostenexplosionen, erfolgreich verhindert werden.

Das ist z. B. in Deutschland im öffentlichen Hochbau der Fall. Obwohl die Wünsche der künftigen Nutzer öffentlicher Bauten auf möglichst große, prachtvolle, erlesen ausgestattete Gebäude zielen und Architekten wie Baufirmen ihnen nur zu gern alle Wünsche zu Lasten des Steuerzahlers erfüllen würden, entstehen höchst bescheidene Bürogebäude, Schulen, Kasernen, Zollämter, Tagungsstätten und Museen. Die Gebäude sind teilweise so bescheiden, daß die Architekten empört von einer „Rechnungshofarchitektur" sprechen, außerdem werden fast alle – es gibt spektakuläre Ausnahmen – Bauten im Zeit- wie im Kostenrahmen errichtet. Die Bauten wachsen also nicht über die Ressourcen hinaus, die auch für sie vorgesehen sind. Im öffentlichen Bauwesen sind Kostendämpfungsgesetze ebenso unbekannt wie das Reformieren von Reformen.

Die Ursache dieser Bescheidenheit sind raffinierte Regeln für das Zusammenspiel von politischer Führung und technisch-wissenschaftlich-künstlerischer Expertenkompetenz, die ein Wachstum über die bereitgestellten Ressourcen hinaus verhindern. Der öffentliche Bauherr gibt vor, was, wo, zu welchem Zweck, in welchem finanziellen Rahmen errichtet werden soll. Er darf aber nicht vorgeben, wie gebaut werden soll. Man hindert ihn also daran, sein eigener Architekt zu sein. Der Architekt ist an diesen Rahmen gebunden, dies sind die Bedingungen, unter denen er sich bewähren muß. Man hindert ihn also daran, den Bauherrn zum Erfüllungsgehilfen für sein Architektengenie zu machen, was mit Sicherheit mehr als die vorhandenen Ressourcen verschlingen würde. Damit der öffentliche Bauherr eine Auswahl hat, schreibt man einen Architektenwettbewerb aus und läßt ein Gutachtergremium die besten eingereichten Entwürfe auswählen und prämieren. Unter den verbleibenden Entwürfen kann dann der öffentliche Bauherr auswählen. Er kann sie aber nicht abändern.

Bei diesem Verfahren wird Expertenkompetenz mobilisiert und in den Dienst öffentlicher Zielsetzungen gestellt. Die Politiker oder die künftigen Nutzer haben vielleicht maßlose Wünsche und wollen sich ein teures, protziges Denkmal setzen. Da sie diese Wünsche aber nicht zu Papier, d. h. in die öffentliche Ausschreibung bringen können, werden sie ihnen nicht erfüllt. Auch würde jeder Architekt mit einem mehr als Ressourcen verzehrenden Projekt aus dem Wettbewerb fallen. Es geht der Politik wie dem privaten Bauherrn, er träumt vielleicht von einem Palast, aber er verwirklicht nur das, wozu seine finanziellen Ressourcen ausreichen. Er selbst ist derjenige, der ein gefährliches Wachstum verhindert.

Hier liegt also ein Verfahren vor, das einmal dazu tendiert, mit den vorhandenen Ressourcen auszukommen, zum anderen darauf abzielt, stets die bestgeeignete Lösung auszuwählen. Zu einem analogen Optimierungsprozeß sollte sich auch Gesetzgebung umgestalten lassen. Unter den heutigen Bedingungen kann sich die Politik zum Gemeinwohl bekennen und in der Gesetzgebung gleichwohl interessengerecht handeln. Sie wird die gesellschaftlichen Werte in den Namen oder in die Präambel des Gesetzes schreiben, allenfalls noch als Rechtsprinzip niederlegen, aber dann in den konkreten, verbindlichen Normen gesellschaftlichen Gruppen, potentiellen Wählern, nachgeben. Moderne Gesetze sind voll von solchen Wertungswidersprüchen. Da der Rechtsanwender entsprechend den Vorgaben seiner Methodenlehre bei solchen Widersprüchen der Norm Vorrang vor dem Prinzip gibt, siegen die Interessen bei der Rechtsumsetzung über die gesellschaftlichen Werte. Dürfte die Politik nur noch die Ziele festlegen, müßte aber das „Wie", die technische Gesetzgebungsarbeit Expertenkommissionen, Gutachtern oder auch der Ministerialbürokratie überlassen, so würde sie erhalten, wozu sie sich öffentlich bekennt, aber auch nur das. Damit erhielten die Parlamentarier die Freiheit zurück, Gemeinwohlanliegen über Gruppeninteressen zu stellen, denn sie könnten nur noch offenen oder keinen Lobbyismus betreiben. Brächte die Politik die Ministerialbürokratie in Konkurrenz zu dem extern in Universitäten, wissenschaftlichen Instituten und Beratungsunternehmen vorhandenen Sachverstand, indem sie von außerhalb konkurrierende Gesetzgebungsvorschläge einholte, so wäre auch die Bürokratie daran gehindert, eigennützig motivierte Wachstumsprozesse auszulösen.

In jedem Fall werden wir erst dann optimale, interne Wachstumsregulierungen implementierende Gesetze erhalten, wenn wir Politik und Ministerialbürokratie Spielregeln unterwerfen, die sie für solche Gesetze belohnen.

Noch größere Schwierigkeiten mit Wachstumsprozessen tauchen auf, wenn das Problem jenseits der Einflußmöglichkeiten des nationalen Gesetzgebers liegt, also bei der Überfischung der Weltmeere, der Verschmutzung der Luft usw. bis hin zur Produktion von den Nachthimmel verschmutzendem „Weltraumschrott". Souveräne Staaten stehen sich in einer Art Gefangenendilemma gegenüber (Krumm 1996). Solange die Nationen durch Plündern der „Allmenden der Menschheit" den Wohlstand ihrer Bürger zu mehren suchen, kann keine Regierung auf Zustimmung der eigenen Bevölkerung rechnen, wenn sie gerade ihren Bürgern die Teilnahme an der Übernutzung verbietet. Den Nutzen hätten die anderen, der Prozeß würde aber nicht gestoppt. Wie kommt man heraus? Das Recht, so sagt Robert Axelrod (1987), ist ein hervorragendes Mittel, ein Gefangenendilemma aufzulösen. Dies würde voraussetzen, daß man auch auf zwischenstaatlicher Ebene, in der EU und den Vereinten Nationen den Zweck des Rechts entdeckt; und der ist in unserer Deutung: Arterhaltung (Helsper 1989).

Literatur

AXELROD, R. (1987) Die Evolution der Kooperation. Oldenbourg, München.
BLANKART, C. B. (1991) Öffentliche Finanzen in der Demokratie. Vahlen, München.
CLAUSEWITZ, C. von (1972) Vom Kriege. 18. Aufl. m. erw. historisch-kritischer Würdigung von W. Hahlweg. Dümmler, Bonn.
DAECKE, S. M./BRESCH, C. (Hrsg, 1995) Gut und Böse in der Evolution Naturwissenschaftler, Philosophen und Theologen im Disput. Hirzel, Stuttgart.
FISCHER, E. P.(1987) Sowohl als auch: Denkerfahrungen der Naturwissenschaften. Rasch und Röhring, Hamburg.
GRUTER, M. (1993) Rechtsverhalten. Biologische Grundlagen mit Beispielen aus dem Familien- und Umweltrecht. Schmidt, Köln.
HAUPTMANN, W. (1993) Psychologie für Juristen, Kriminologie für Psychologen. Oldenburg, München.
HELSPER, H. (1989) Die Vorschriften der Evolution für das Recht. Schmidt, Köln.
HELSPER, H. (1992) Steuersparer, Haarspalter und höchstrichterlicher Müll. Betriebs-Berater 1992 (22): 1500–1506.
HELSPER, H. (1995) Die Chaotisierung der Steuerrechtsordnung als Folge eines verfehlten Zusammenspiels von politischer Führung und juristischer Expertenkompetenz. Betriebs-Berater 1995: 17.
JHERING, R. v. (1884/1886) Der Zweck im Recht. 2. Aufl., Leipzig.

KIRCHHOF, P. (Hrsg, 1993) Umweltschutz im Abgaben- und Steuerrecht. Schmidt, Köln.
KRUMM, R. (1996) Internationale Umweltpolitik. Eine Analyse aus umweltökonomischer Sicht. Springer, Heidelberg/Berlin.
LARENZ, K. (1991) Methodenlehre der Rechtswissenschaft. Springer, Heidelberg/Berlin.
LEIBUNDGUT, H. (1993) Wegweiser zur naturnahen Waldwirtschaft. Haupt, Bern.
MAYNTZ, R. (1978) Soziologie der öffentlichen Verwaltung.
OESER, E. (1990) Evolution und Selbstkonstruktion des Rechts. Rechtsphilosophie als Entwicklungstheorie der praktischen Vernunft. Böhlau, Wien/Köln.
OLSON, M. (1985) Aufstieg und Niedergang von Nationen: Ökonomisches Wachstum, Stagflation und soziale Starrheit. Mohr, Tübingen.
PEINE, F-P. (1994) Landwirtschaft und Umweltschutz in Deutschland. Agrarrecht 1994: 385.
RAISER, T./VOIGT, R. (Hrsg, 1989) Durchsetzung und Wirkung von Rechtsentscheidungen. Die Bedeutung der Implementations- und der Wirkungsforschung für die Rechtswissenschaft. Nomos, Baden-Baden.
REHBINDER, M. (1989) Rechtssoziologie. 2. Aufl. De Gruyter, Berlin/New York.
RIEDL, R. (1985) Die Spaltung des Weltbildes Biologische Grundlagen des Erklärens und Verstehens. Parey, Berlin/Hamburg.
RAU, F. (1993) Auf dem Prüfstand. Ausgaben für Rettungsdienste. Arbeit und Sozialpolitik 11/12, 1993, 17.
SCHAPP, J. (1994) Freiheit, Moral und Recht: Grundzüge einer Philosophie des Rechts. Mohr, Tübingen.
SPIEGLER, M. (1990) Umweltbewußtsein und Umweltrecht. Über den Zusammenhang von Bewußtseins- und Rechtsstrukturen. Nomos, Baden-Baden.
UMWELTBUNDESAMT (Hrsg) Fachgespräch Umweltchemikalien mit endokriner Wirkung. Reihe Texte 65, 1995 Berlin.
VOHRER, M. (Hrsg, 1992) Ökologische Marktwirtschaft in Europa. Nomos, Baden-Baden.
WUKETITS, F. M. (1993) Verdammt zur Unmoral? Zur Naturgeschichte von Gut und Böse. Piper, München/Zürich.

Weiterführende Literatur
BARTMANN, H. (1994) Wachstum und Umwelt. Jahrbuch für Sozialwissenschaften 45: 171.
BEHRENDS, O. (1993) Privatrecht heute und Jherings evolutionäres Rechtsdenken. Schmidt, Köln.
GRAMM, C. (1990) Nachweltschutz durch kooperative Rechtsstrukturen Die Freiheit zur legalen Umweltzerstörung und effizienter Nachweltschutz. Juristenzeitung 1990: 905.
HARTIG, G. L. (1859) Kurze Belehrung über die Behandlung und Kultur des Waldes. 2. Aufl. Nicolaische Verlagsbuchhandlung, Berlin.
HUBER, P. (1994) Der Beitrag des Rechts zum Einstieg in eine „ökologische Marktwirtschaft". Zeitschrift für Rechtspolitik 1994: 396.
MURSWIEK, D. (1994) Privater Nutzen und Gemeinwohl im Umweltrecht. Zu den überindividuellen Voraussetzungen der individuellen Freiheit. Deutsches Verwaltungsblatt 1994: 77.
WEIZSÄCKER, E. U. v. (Hrsg) Umweltstandort Deutschland – Argumente gegen die ökologische Phantasielosigkeit. Birkhäuser, Berlin.
ZIPPELIUS, R. (1993) Weltanschauung und Rechtsgestaltung. Juristische Schulung 1993: 889.

KAPITEL 16

Politik als Ursache von Wachstum – eine Problemdiagnose
Werner J. Patzelt*

Zusammenfassung

Politik entstand nicht zuletzt als wachstumsfördernder Faktor und wirkt bis heute als solcher. Von ihr die Entwicklung und Durchsetzung „weicher" Regulationsmethoden zur Begrenzung von Wachstum zu fordern, stellt sie vor zwar nicht völlig, doch in der heutigen Dimension neue Aufgaben. Das gilt auch für die mehr oder minder sozialstaatlich ausgerichteten demokratischen Verfassungsstaaten westlicher Prägung, die ihrerseits die Hauptverantwortlichen vieler global bedrohlicher Wachstumsprozesse sind. Sowohl Funktionslogik und Selektionsprinzipien des pluralistischen Wettbewerbs als auch sozialstaatliches Anspruchswachstum machen es in Verbindung mit dem – massenmedial eigendynamisch beeinflußten – demokratischen Modus der Bestellung verantwortlicher Politiker schwer, in solchen Systemen eine Politik durchzusetzen, die auf einen stationären Gesellschaftszustand hinführt. Weil der Übergang zu einem autoritären Regime aber auch keine erfolgversprechende und schon gar nicht zu akzeptablen Folgekosten nutzbare Alternative ist, kann es als rational gelten, bei der weiteren Systemevolution auf das ökologische Entwicklungspotential des demokratischen Verfassungsstaates zu setzen. Einige in ihm verfügbare Möglichkeiten der politischen Begrenzung von Wachstumsprozessen werden im folgenden skizziert.

Das Problem

Natürlich löst Wachstum Probleme: Menschen müssen nicht mehr hungern und erreichen eine ihrer Würde entsprechende Lebensqualität. Doch Wachstum schafft auch Probleme (vgl. Club of Rome 1990): Menschen müssen hungern und leben in unwürdigen Verhältnissen (zum Wachstum als einer Eigenschaft sozialer Systeme und zu deren oft destruktiver Selbstregulierung siehe den Beitrag von Gehmacher in diesem Band). Es hängt eben alles davon ab, was wo im Verhältnis womit wächst. Letztlich aber setzt die Tragfähigkeit und ökologische Belastbarkeit der Erde *allem* Wachstum objektive und hoffentlich nie vollständig ausgetestete Grenzen (siehe hinsichtlich des Bevölkerungs- und Verbrauchswachstums diesbezüglich die Beiträge von Knoflacher und Aubauer in diesem Band). Angesichts der derzeitigen Wachstumsraten von Bevölkerung, Umweltverbrauch und Ansprüchen muß Politik somit zwischen der Skylla ökologischer Katastrophen und der Charybdis des Zusammenbruchs von auf Wachstum beruhenden Sozialsystemen hindurchsteuern. Auf diese Problemlage sind freiheitliche politische Systeme – ihren Ideen nach Verur-

---

* **Werner Josef Patzelt** ist Politikwissenschaftler, 1953 in Passau geboren, studierte Politikwissenschaft, Soziologie und Geschichte an den Univ. München, Straßburg und Ann Arbor/Michigan (USA), wissenschaftlicher Assistent an der Univ. Passau, dann Inhaber des Lehrstuhls für politische Systeme und Systemvergleich am Institut für Politikwissenschaft der Techn. Univ. Dresden.
Zugang zum Thema über die Befassung mit Evolutions- und Evolutionärer Erkenntnistheorie, Tätigkeit in politischer Bildung, Einzelstudien und Bücher über „Soziologie des Alltags", Logik und Methodik sozialwissenschaftlicher Forschung, zur Rolle der Parlamente, „Abgeordnete und Repräsentation", und ein Lehrbuch der Politikwissenschaft. Spezialisiert in Parlamentarismusforschung.

sacher und Nutznießer der industriellen Revolution und der Entfesselung technischen wie wirtschaftlichen Wachstums – jedoch nicht adaptiert. Da nicht zuletzt Politik in diese Problemlage hineingeführt hat, sollte wohl auch Politik einen wichtigen Beitrag leisten können, wieder aus ihr zu führen (vgl. hierzu Gore 1992, Weizsäcker 1994).

Im folgenden werden die dabei zu bedenkenden Problemzusammenhänge und grundsätzlichen Lösungswege umrissen (siehe auch Joußen/Hessler 1995). Dabei geht es vor allem um politisch „erzeugte", weniger um politisch bloß „ermöglichte" (etwa wirtschaftliche oder demographische) Wachstumsursachen (die letzteren werden in anderen Beiträgen dieses Bandes behandelt). Überdies findet eine Beschränkung auf jene politischen Wachstumsursachen statt, die für sozialstaatlich ausgeprägte demokratische Verfassungsstaaten kennzeichnend sind. Politische Wachstumsquellen in autoritären Regimen werden weitestgehend ausgespart. Dies zu tun ist aus zwei Gründen sinnvoll. Erstens sind es die verfassungs- und meist auch halbwegs sozialstaatlich organisierten Industrieländer demokratischer Prägung, welche für einen Großteil der gegenwärtigen globalen Wachstumsprobleme verantwortlich sind. Zweitens spricht vieles dafür, bei der Suche nach den politisch-institutionellen Rahmenbedingungen ökologisch verträglicher, stationärer Gesellschaften nicht auf jene mühsam errungenen Evolutionsvorteile zu verzichten, die als Freiheit, allgemeine politische Partizipationsmöglichkeit und soziale Grundsicherung im sozialen, demokratischen Verfassungsstaat geborgen sind.

Mangel als Herausforderung – Politik als Antwort

Politik als Wachstumsfaktor
Politik ist jenes menschliche Handeln, das auf die Herstellung allgemein verbindlicher Regelungen und Entscheidungen in und zwischen Gruppen von Menschen abzielt. Politische Strukturen, in denen solches Handeln sich verfestigt, entstanden als Form gesellschaftlicher Arbeitsteilung. Ihre biologischen Grundlagen sind wohl in den auch bei Primaten zu beobachtenden Ranggliederungen und Methoden zu deren Sicherung zu finden, welche sich beim Tier/Mensch-Übergang vermutlich nicht verloren haben (vgl. in diesem Band den Beitrag von Riedl über „Bedingungen aus der Ausstattung der Kreatur"). Schichttheoretisch betrachtet, erweisen sich politische Strukturen als ein typisches Zwischensystem. Ihr selektiv wirkendes Obersystem bzw. Milieu sind die Wirtschafts- und Kommunikationsbedingungen, die kulturellen Grundmuster und soziostrukturellen Gegebenheiten einer Population. Ihre basalen Konstituenten sind Personen mit ihrer Individualrationalität, die sie – abhängig von höchstpersönlichen Bedingungszusammenhängen – eher auf politisches Unternehmertum und Machterwerb ausgehen oder zu politischer Partizipation Distanz halten läßt. Zu politisch relevanten Akteuren werden Einzelpersonen allerdings meist nur im formellen oder informellen Zusammenwirken mit anderen, weswegen formale Organisationen (etwa Parteien und Parlamente) oder informelle Netzwerke (etwa Cliquen und charismatische Bindungen) mit der ihnen jeweils eigenen Binnenrationalität die „unmittelbaren" Konstituenten politischer Strukturen darstellen.

Einmal eingeführt und als „ordnungsgemäßer Verfahrensrahmen" erwartet wie akzeptiert, machten politische Strukturen selbst in ihren einfachen Formen – etwa als Häuptlingsverfassungen „primitiver" Stämme – die Herstellung als rechtens geltender Regelungen und Entscheidungen viel effizienter, als diese es andernfalls sein könnte. Von allgemein verbindlichen Regelungen, auf die man sich routinemäßig verlassen kann, hängt wiederum der Aufbau aller halbwegs komplexen gesellschaftlichen Institutionen ab. Das gilt natürlich auch für jene, die Wachstum fördern oder begründen. Es läßt sich darum formulieren: die Entstehung von Politik und politischen Systemen war selbst ein Wachstumsfaktor ersten Ranges (zur Rolle von Recht, einem Resultat von Politik, als eigenständiger Wachstumsfaktor siehe in diesem Band den Beitrag von Helsper).

Politik als Wachstumsfaktor bot Evolutionsvorteile (zu wirtschaftlichen Wachstumsfaktoren im Lauf der menschlichen Kulturgeschichte siehe in diesem Band den Beitrag von Woltron, als Analysen der Ursachen derzeitiger wirtschaftlicher und monetärer Wachstumsprozesse die Beiträge von Hampe, Sliwka und Binswanger). Zur menschlichen Grunderfahrung gehören nämlich Knappheit und die Suche nach Auswegen aus ihr; Possessivität entstand wohl als bislang evolutionär stabile Reaktion auf diese Grunderfahrung (vgl. den Beitrag von Riedl über „Bedingungen aus der Ausstattung der Kreatur" in diesem Band). Daß nicht Entbehrungen und ein Mangel an Wachstum, sondern im Gegenteil Überfluß und zuviel Wachstum ein Gefährdungsfaktor werden, ist eine in der Geschichte nur episodisch auftretende (z. B. die mit dem florierenden Schiffbau einhergehenden umweltzerstörerischen Entwaldungen der Antike und frühen Neuzeit) und in ihrer gegenwärtigen Dimension nicht vor dem Ende des 19. Jahrhunderts anzusetzende Tatsache. Seit es Politik und politische Systeme gibt, war darum in der Regel nicht die Begrenzung von Wachstum, sondern eben dessen Förderung die vordringliche Aufgabe von Politik.

Sie wurde erkannt, bewältigt und sehr geschätzt. Herrscher wurden gelobt, wenn sie Marktplätze anlegten, Handelsverbindungen förderten und für den Aufschwung von Landwirtschaft und Gewerbe sorgten, wenn sie Verkehrswege bauten und Handelsgrenzen beseitigten. Die frühesten – auch politischen – Hochkulturen entstanden ohnehin dort, wo Überleben zu sichern und Wirtschaftswachstum zu fördern ohne politische Zentralgewalt nicht möglich war: in den Wasserbaukulturen Ägyptens, Chinas und des Industals, sowie im handelstechnische Herausforderungen stellenden Mesopotamien. Im gegenwärtigen Deutschland ist die Förderung des Wachstums sogar eine gesetzlich festgelegte Aufgabe staatlicher Wirtschaftspolitik, die – trotz zyklischer Krisen – mit stupendem Erfolg gemeistert wurde. Und internationale Vernetzung, die Globalisierung von Arbeitsteilung sowie die Errichtung von rein nationaler Steuerung nicht mehr unterliegenden Märkten für Kapital, Arbeitskraft und Standorte schufen weitere, äußerst ertragreiche Wachstumsquellen. Solange nicht verläßlich funktionierende internationale Regime sie ordnungspolitisch einhegen, kann das global agierende Wirtschafts- und Kapitalsystem die politischen Beeinflussungsversuche der meisten Einzelstaaten ohnehin weg- und unterspülen (vgl. hierzu in diesem Band die Ausführungen zur Weltgesellschaft im Beitrag von Gehmacher).

Wachstumsbändigung als politische Aufgabe

Die Aufgabe, mittels politischer Maßnahmen Wachstum zu fördern und so aus Knappheitssituationen auszubrechen, prägte verständlicherweise auch das politische Denken und die Vorstellungen vom Zweck von Politik. Ob ausgedrückt mit der Formel vom „größtmöglichen Glück der größtmöglichen Zahl" oder in der Forderung, durch weltweite Industrialisierung allenthalben Wohlstand zu ermöglichen: daß Politik – anhand welcher Maßstäbe auch immer beurteilt (vgl. in diesem Band den Beitrag von Kotauczek) – Wachstum schaffen und sichern müsse, war aufgrund menschlicher Evolutionsbedingungen jahrtausendelang immer wieder eine evidente Selbstverständlichkeit. Faßt man politische Systeme, hierin Organismen ebenso wie Wirtschaftsunternehmen ähnlich, als „erkenntnisgewinnende" Systeme auf, so läßt sich formulieren: in Zeiten der Knappheit entstanden und von ihnen her geworden, sind die zeitgenössischen politischen Strukturen „für die Welt von gestern" adaptiert und somit darauf optimiert, in den verschiedensten Bereichen Wachstum zu fördern. Sie sind (noch) dysfunktional für eine neue Umwelt, in welcher (extensives) Wachstum zu begrenzen zur zentralen Aufgabe wurde.

Zugegebenermaßen überzeichnet diese Formulierung das Argument, denn die politisch bewußte Einführung von Wachstumshemmnissen ist auch nichts gänzlich Neues. In Europa war es beispielsweise vom Mittelalter bis zu den Liberalisierungen des 19. Jahrhunderts für die Masse der handwerklichen und bäuerlichen Bevölkerung üblich, daß die gesellschaftlich akzeptierte Geburt von Kindern an den Rechtsstatus einer Ehe der Eltern, dieser aber – über das Erfordernis der Heiratserlaubnis – an den Besitz einer ausreichenden Erwerbsquelle gebunden war. Dies erlaubte es, die Bevölkerung – und zwar ohne Hungersnöte als alleinigem Korrektiv – im großen und ganzen der erzielbaren Nahrungsmittelbasis anzupassen. Oder es sorgten die in Preußen bis in die Mitte des 19. Jahrhunderts bestehenden Fideikommisse dafür, daß adliger Grundbesitz nicht frei verkehrsfähig und folglich als Sicherheit im Zahlungsverkehr kaum verwendbar war. Dies entzog dem Finanzsystem wichtige Stimuli und wirkte wachstumshemmend. Desgleichen kann auf die obrigkeitliche Sicherung von Allmenden verwiesen werden (hierzu Näheres im Beitrag von Helsper), ebenso auf den Übergang zu einer öffentlich geregelten Forstwirtschaft mit dem Ziel der Nachhaltigkeit. Und zweifellos hat nicht zuletzt die staatliche Einführung wirksamer Systeme der Alterssicherung in den Industriestaaten zu einem Sinken der Geburtenzahlen geführt.

Zwar zielten viele jener Maßnahmen nicht bewußt auf Wachstumsbeschränkungen ab, sondern waren in andere Motivationslagen eingebettet. Doch ihre latente Funktion war stets auch die Beschränkung von Wachstumsprozessen. Solche „List der Vernunft" mag einen nützlichen Hinweis darauf geben, wie sich die Chancen politischer Durchsetzbarkeit von wachstumshemmender Politik steigern ließen. Denn Wachstumsbeschränkung an sich ist ein wenig motivierendes Ziel, das seine Akzeptanz letztlich nur der stets schwer zu vermittelnden „Einsicht in die Notwendigkeit" verdankt. Ausgerichtet an anderen, positiver konnotierten Zielsetzungen, als deren „Nebeneffekt" – und sei es hinter dem Rücken der Akteure – Schranken des Wachstums errichtet würden, ließe sich der Weg zu einem mehr oder minder stationären Gesellschaftszustand darum wohl leichter einschlagen und gehen. Jedenfalls zeigen die angeführten Beispiele, daß politisch durchsetzbare institutionelle Wachstumshemmnisse grundsätzlich wirksam sein können und im Einzelfall durchaus nicht ethisch verwerflich sein müssen.

Freilich wirken solche institutionellen Mechanismen meist nur *innerhalb* eines politischen Systems und tragen zu Wachstumsverzichten in größerem Maßstab nur dann bei, wenn internationale Absprachen über eine funktional gleichwertige Institutionalisierung von Wachstumshemmnissen zustande kommen. Unter dem Dach der UNO ausgerichtete Konferenzen haben inzwischen mit diesem äußerst mühevollen Unterfangen begonnen, nationale Wachstumsbremsen in international vereinbarte Wachstumshemmnisse einzubetten. Noch bewegt sich allerdings viel im Bereich eher symbolischer Politik, und die Einrichtung internationaler Foren und Institutionen erlaubt vor allem die Abwälzung innerstaatlich einzufordernder Verantwortung, während dem noch keine entsprechende Delegation effizienter Befugnisse entspricht. Auf Wachstumshemmung abzielende internationale Regime sind ohnehin um so schwieriger zu schaffen, als sie derzeit vor allem den Entwicklungsvorsprung der nördlichen Industriestaaten verfestigen würden und dergestalt den Zukunftsansprüchen der übrigen Staaten schwerlich genügen.

Das Wachstum von Ansprüchen, stets dem Sachwachstum und somit der Möglichkeit ihrer Befriedigung voraus, wurde immer schon auf vielfältige Weise einzuhegen versucht (zur Entwicklung von Anspruchswachstum und seiner Vernetzung mit Sachwachstum siehe in diesem Band den Beitrag von Riedl über „Grundstrukturen des Zusammenhangs"). An Standesgrenzen gebundene Kleidervorschriften sind ebenso ein Beispiel wie die Erziehung zur Fügsamkeit und Bescheidenheit. Ganz unterbinden ließ sich freilich Anspruchswachstum nie. Gemeinsam mit der Idee der Gerechtigkeit wurde es zum Motor des Fortschrittsdenkens, und getragen durch die politische Schubkraft der Arbeiterbewegung führte es in Europa unter anderem zum modernen Sozialstaat. Gerade dieser ist Ergebnis eines Versuchs, durch Politik Mangel zu beseitigen, und ein wichtiges Resultat menschlicher Sozial- und Systemevolution.

Nun zu verlangen, daß eben die Einhegung und Bändigung, zumindest aber die hemmende Steuerung von Anspruchs- und Sachwachstum zur zentralen politischen Aufgabe werde, stellt also eine deutliche Abkehr vom bisherigen Verlauf der Entwicklung politischer Systeme dar. Daß diese Umorientierung schwierig ist, muß darum nicht wundern. Zwischenzeitliche Hoffnungen, nach dem Modell des „demographischen Übergangs" regelten sich Wachstumsprobleme schon von selbst aus und müßten nicht politisch-institutionell angegangen werden, stellen in gewisser Weise eine Frühform jenes sich nun wohl aufzwingenden Perspektivenwechsels dar.

Allerdings ist es keineswegs so, als ob an die Stelle wachstumsfördernder Strukturen grundsätzlich wachstumshemmende Institutionen gesetzt werden müßten. Dies zeigt etwa jede Antwort auf die so schwierige Frage, wie man denn in Osteuropa oder Afrika wirtschaftliche wie gesellschaftliche Stabilität und, hierauf gründend, stabile und zugleich legitime politische Ordnungsformen schaffen könne. Es gibt derzeit nun einmal Zonen unzureichenden sowie hypertrophen Wachstums, und in jeder Gesellschaft selbst gibt es Bereiche selektiv zu fördernden bzw. zu unterbindenden Wachstums, das seinerseits ganz verschiedene Formen annehmen kann (etwa quantitatives Wachstum im Unterschied zu qualitativem Wachstum). Es koexistieren also, hochgradig verschränkt und regional differenziert, unabweisbare Notwendigkeiten weiteren Wachstums *und* zwingende Gründe dafür, Wachstum zu beschränken. Von politischen Institutionen zu verlangen, diese beiden Ziele *zugleich* und dennoch in säuberlicher Trennung zu realisieren, heißt, sie an die Grenzen ihrer steuernden Leistungsfähigkeit zu treiben. Daran führt aber kein Weg vorbei. Und durchaus bietet die Geschichte Beispiele für politische Systeme, die in ihrer Ressourcenverwendung stationär sein, ihre Erhaltungsbedingungen sichern wollten und dies zeitweise auch schafften. Unter den Großstaaten ist dies vor allem das China bis zur Ch'ing-Dynastie, im Altertum Ägypten, während die okzidentale Geschichte kaum solche Fälle aufzuweisen scheint. Doch jedenfalls muß der Versuch keineswegs als von vornherein aussichtslos aufgegeben werden, durch den politisch bewerkstelligten Einbau „negativer Rückkopplungsschleifen" in Wirtschaft und Gesellschaft einen stationären, die eigenen Erhaltungsbedingungen gewährleistenden Systemzustand herbeizuführen (vgl. hierzu die Ausführungen zu „weichen" Regulationsprozessen innerhalb sozialer Systeme sowie zu deren Selbst-Reflektivität im Beitrag von Gehmacher).

Politische Wachstumsquellen im freiheitlichen Sozialstaat

Zur Ko-Evolution von Industriegesellschaft und demokratischer Verfassungsstaatlichkeit
Es ist nicht einfach, gerade in den sozialstaatlich ausgeprägten Demokratien okzidentaler Provenienz Wachstum beschränkt zu halten, denn ihre Funktionslogik selbst wirkt als Wachstumsquelle. Nicht umsonst war nämlich der Aufstieg des demokratischen Verfassungsstaates mit der Industriellen Revolution korreliert (zur Entwicklung wirtschaftlicher Wachstumsquellen sowie zu den Möglichkeiten, sie in Gestalt eines „ökologischen Kapitalismus" zu begrenzen, siehe die Beiträge von Woltron und Sliwka in diesem Band). Wie die Industrielle Revolution wandte sich der demokratische Verfassungsstaat vom Alten ab und wurde in Konfrontation mit dem jeweils zeitgenössischen politischen Konservatismus erstritten. Dieser versuchte, die revolutionären politischen Neuerungen sowohl der Industriegesellschaft als auch des demokratischen Verfassungsstaates als „der Natur widersprechend" zurückzudrängen. Er hatte vor allem mit dem letzteren nicht ganz unrecht, denn keineswegs ist der demokratische Verfassungsstaat von vornherein auf ein Agieren „im Übereinklang mit der Natur" optimiert. Ganz im Gegenteil war eben die Beherrschung der Natur – und nicht nur der menschlichen, gesellschaftlichen und wirtschaftlichen, sondern auch der physischen – das Ziel der auf diesen Systemtyp zuführenden geistigen wie politischen Strömungen. Politische Strukturen galt es nicht zuletzt deshalb zu reformieren, weil sie zu Fesseln einer weitergehenden Naturbeherrschung geworden waren. So beseitigten politische und gesellschaftliche Reformer im Verlauf der industriellen Revolution und der politischen Modernisierung so gut wie alle traditionell wachstumshemmenden Institutionen – vom Zunftsystem über die Fideikommisse bis hin zum wirtschaftlichen Betätigungsverbot für bestimmte Personengruppen. Der Erfolg blieb – trotz vielerlei im einzelnen noch bestehender Hemmnisse (z. B. Sonntagsruhe) – nicht aus, wenngleich er nun dem des Zauberlehrlings ähnelt. Darum besteht die notwendige Dialektik der politischen Moderne wohl darin, gerade aufgrund ihres Erfolgs zu dem zurückkehren zu müssen, in Abgrenzung wovon sie sich schuf: zur Vorstellung eines nötigen Einklangs mit natürlichen Vorgegebenheiten und mit vorgesellschaftlichen Obersystemen, in deren Dienst es politische Strukturen zu stellen gilt.

Pluralismus als Wachstumsursache
Zur Wachstumsbegrenzung ist der sozialstaatlich ausgeprägte demokratische Verfassungsstaat aus zwei Gründen schwer in der Lage. Als demokratischer Verfassungsstaat optimiert er die persönliche Freiheit und ist darum auf das Individualwohl ausgerichtet. Zwar spielt das Gemeinwohl – zu dem ja auch ökologische Stabilität gehört – als regulative Idee im pluralistischen Interessenkonflikt eine wichtige Rolle (zum hier einschlägigen Widerstreit von individuumzentrierter und gemeinschaftsorientierter Ethik vgl. den Beitrag von Helsper in diesem Band). Außerdem ist es keineswegs unplausibel, sich gerade vom pluralistischen Wettstreit der Interessen und Argumente erhebliche Chancen einer verläßlichen Klärung der Tragfähigkeit von Gemeinwohlbeteuerungen zu erwarten. Doch daß das Gemeinwohl sich einfach als „Resultante im pluralistischen Kräfteparallelogramm" ergäbe, ist bloß eine *petitio principii*. Außerdem kommen im pluralistischen Wettbewerb die kaum organisierbaren und wenig konfliktfähigen Allgemeininteressen von vornherein viel schwerer zum Zug, obwohl sie dem Gemeinwohl am nächsten liegen. Und je konzentrierter die Transaktionskosten für einen weitgestreuten Nutzen herbeiführende Politik anfallen, um

so unwahrscheinlicher ist es, daß sich nicht nur rhetorisch agierende Anwälte solcher Politik finden, sondern auch Akteure, die sie unter Inkaufnahme jener Transaktionskosten herbei- und durchführen.

In der Praxis läßt sich aus allen diesen Gründen die individuelle Nutzensteigerung als Triebkraft des ganzen Systems in politisch gemeinverträglicher Form derzeit bloß über – zumal wirtschaftliches – Wachstum sicherstellen. Dies gilt sowohl für die um Stimmen konkurrierenden Politiker als auch für die übrigen Akteure der politischen und gesellschaftlichen Willensbildungsprozesse. Solange dabei die ökologische Verträglichkeit des Angestrebten nicht schon dem individuellen Interessenkalkül inkorporiert wird (etwa durch handelbare Zertifikate für zulässige Immissionen oder durch andere Formen der Internalisierung externer Kosten), gibt es folglich wenig Grund zur Annahme, aus der Nutznießung und praktischen Inanspruchnahme persönlicher Freiheit könnten überhaupt Beschränkungen an Anspruchs- oder Sachwachstum resultieren. Anders formuliert: gesellschaftlicher und politischer Pluralismus ist, ebenso wie wirtschaftlicher Wettbewerb, selbst ein Wachstumsfaktor von hohen Graden.

Sozialstaatlichkeit als Wachstumsursache

Macht eine Gesellschaft überdies noch soziale Sicherung und sozialen Ausgleich zu einem ihrer Zwecke, hält sie ihr politisches System also nur dann für gerechtfertigt, wenn es sich auch als Sozialstaat ausgestaltet, so ist ein noch viel wichtigerer politisch zu verantwortender Wachstumsmotor installiert. Ansprüche an Vorbedingungen erwünschter Lebensqualität scheinen nämlich keine natürliche Grenze zu haben. Privilegien werden letztlich nur akzeptiert, wenn es sich um potentielle Massenprivilegien handelt, und in der Praxis läßt sich an jedem sozialstaatlichen Leistungsprofil vieles finden, das einer Verbesserung zugänglich scheint. Mehrheiten für solche populären Vorhaben lassen sich meist leicht schaffen, so daß es auch immer wieder zur „Durchsetzung des Unnötigen" kommt. Sozialstaatliche Leistungen können aber nur aufgrund von Wirtschaftswachstum ausgeweitet und – bei steigenden Löhnen – auch nur unter Wachstumsbedingungen aufrechterhalten werden, falls man nicht in die Sackgasse einer immer höheren Staatsverschuldung geraten will. Da Sozialstaatlichkeit ferner die Gestaltungsaufgaben des Staates ausdehnt und im „Daseinsvorsorgestaat" zu einer potentiellen Politisierung prinzipiell aller Lebensumstände führt, werden die politisch zu entscheidenden Umverteilungsmaßnahmen in die oben umrissene Dynamik des pluralistischen Konfliktes gerückt. Zwei jeweils für sich schon ergiebige Wachstumsquellen regen dann einander erst recht an. Am deutlichsten wird dieser Zusammenhang im Scheitern des Keynesianischen Konzepts einer antizyklischen Konjunkturpolitik. In Zeiten einer Baisse von Staats wegen „deficit spending" zu betreiben, um Betriebe zu sichern und soziale Sicherheit zu gewährleisten, leuchtet ein. Dem sollte eigentlich eine Rückführung des *deficit spending* und die Bildung von Rücklagen öffentlicher Hände in Zeiten eines Booms korrespondieren. Doch in den meisten Staaten gelingt nicht einmal die Rückführung der öffentlichen Neuverschuldung in solchen Zeiten. Zum einen werden die in Baisse-Zeiten erworbenen Sozialleistungen als sozialer Besitzstand nicht nur verteidigt, sondern gelten auch als legitimerweise nicht mehr wegzunehmen. Zum anderen überzeugt in Boom-Zeiten stets das Argument, gerade jetzt sei der günstigste Zeitpunkt, „Lücken im sozialen Netz" zu schließen.

Legitimationsprobleme wachstumsbegrenzender Politik
In all dem zeigt sich, daß in einem – zumal sozialstaatlichen – pluralistischen politischen System in allererster Linie das Wirtschaftswachstum das zentrale Mittel zur Entschärfung von Verteilungskämpfen ist. Solche Entschärfung ist nun aber wichtig, weil die vom demokratischen Verfassungsstaat gewollte Einbeziehung von Konflikt und Opposition in sein alltägliches Funktionieren ja nur so lange schadlos ist, wie der legitimierende Minimalkonsens und das „diffuse Systemvertrauen" im Konflikt nicht zugrundegehen. Um so folgenreicher werden jene Verteilungskämpfe, wenn – wie in Deutschland – die Legitimität des Systems seitens von Bevölkerung und Eliten ohnehin besonders stark an die Erfüllung sozialstaatlicher Ansprüche geknüpft wird. In diesem Fall erhöht ausbleibendes Wachstum nicht nur die Konfliktintensität, sondern droht auch die Legitimitätsgrundlagen des politischen Systems auszuhöhlen. Die Wahrung von Verteilungsgerechtigkeit in Stagnations- oder Schrumpfungszeiten mag eine solche Gefahr aufhalten, wird aber schwierig, wenn zugleich ein weitgehender Rückbau sozialstaatlicher Transferleistungen erforderlich ist. In Deutschland läßt sich ein solcher Rückbau nur bei dauerhaftem quantitativen Wirtschaftswachstum vermeiden, und Ähnliches wird für viele andere demokratische Industriestaaten gelten. Dann freilich heißt Wachstum politisch zu beschränken: die Stabilität des politischen Systems wird gefährdet. Zwar wird diese Stabilität auch später gefährdet, wenn ökologische Ungleichgewichte ein „Weiter wie bisher" nicht mehr erlauben. Doch dann trägt in der Regel eine andere Politikergeneration Verantwortung, mit deren Sorgen sich heute zu belasten jeder Individualrationalität widerspricht.

Eine Umstrukturierung politischer Systeme von auf Wachstumsmehrung optimierten politischen Institutionen hin zu wachstumseinhegenden ist also von vornherein in solchen Staaten besonders schwer, die zugleich Demokratien und Sozialstaaten sind. Denn hängen die Regierenden für den Zweck einer erstrebten Bestätigung im Amt weitgehend von der nicht zuletzt auf sozialstaatliche Fürsorge bezogenen Zufriedenheit der Regierten ab, so ist es für sie ein Gebot individueller – doch durchaus nicht kollektiver – politischer Klugheit, opferheischende Adaptationsmaßnahmen solange wie möglich hinauszuschieben, wenn sich das Staatswesen schon nicht länger als Gefälligkeitsdemokratie führen läßt. Erhöhung der Steuern- und Abgabenlast, Inflation und Versuche, durch Staatsverschuldung wirtschaftliches Wachstums zu bewirken, sind dann die gebräuchlichsten Aushilfen. Sie dienen dazu, den Sozialstaat noch eine Zeit lang finanzierbar zu halten, den Verteilungskampf zu dämpfen, in der pluralistischen Machtkonkurrenz attraktive Politikangebote zu unterbreiten und damit die Stimmenanteile der eigenen Partei und die persönliche Wiederwahl zu sichern. Dem so schön gemachten Bett werden dadurch aber nur tönerne Füße geschaffen.

Um so fataler sind diese Zusammenhänge, als gerade Sozialstaatlichkeit regelmäßig mit einem „beschleunigten" Anspruchswachstum einhergeht. Dieses kann, wenn überhaupt, allenfalls durch den Nachweis tatsächlich schon erreichter Grenzen des ökonomisch Möglichen oder des ökologisch Verantwortbaren gestoppt werden. Ein solcher Nachweis läßt sich in massenwirksam glaubwürdiger Weise aber nur, wie in den Fällen von Schweden und Deutschland zeitversetzt zu beobachten ist, anhand der Folgen wirklicher und schmerzhaft spürbarer Überlastungen führen, also um den Preis der Systemgefährdung (vgl. die Ausführungen zur harten Regulation – im Unterschied zur weichen – im Beitrag von Gehmacher). Zwar ist die sozialstaatliche Demokratie ein sehr attraktiver Erfolgstyp aus der Evolution politischer Systeme. Er wird aber der Kehrseite seiner Vorzüge zu einem besonders großen Hindernis beim Versuch, ein auf Wachstumssteigerung optimiertes politisches System auf Wachstumseinhegung umzuorientieren.

Die Rolle, welche die Medien der Massenkommunikation im politischen Prozeß spielen, macht es noch schwieriger, diese Zusammenhänge politisch zu beherrschen. Erstens dürften die Massenmedien einen gewaltigen Einfluß sowohl auf das Anspruchswachstum der Bevölkerung als auch auf ihr Wissen um jene ökologischen Rahmenbedingungen haben, an deren Grenzen sich das Wachstum bricht. Nichts garantiert aber, daß die Wirkungen der Massenmedien bezüglich der beiden Bereiche zusammenpassen. Politisch läßt sich auf diesen Problemzusammenhang unter den Bedingungen von Kommunikationsfreiheit auch kaum Einfluß nehmen. Zweitens sind die Medien – vor allem Fernsehen, Hörfunk und Lokalpresse – für die meisten Bürger die einzigen Informationsquellen über die tatsächliche Beschaffenheit der Wirklichkeit außerhalb der eigenen Lebenswelt. Hinsichtlich von Politik gilt in den westlichen Staaten der Mehrheit der Bürger nun aber ausgerechnet das Fernsehen als das glaubwürdigste Informationsmedium, obschon gerade es besonders problematische Selektions- und Präsentationseigenschaften aufweist. Gerade dieses Medium zeichnet sich nämlich durch *Neophilie* und die Vorspiegelung eines von erheblichen Veränderungsraten gekennzeichneten Gesellschaftssystems aus (vgl. Roegele 1979). Unter diesen Bedingungen auf eine „stationäre" Gesellschaft hinwirken zu wollen, dürfte recht schwierig sein. Das Beispiel der DDR lehrt ohnehin, daß nicht einmal in einem diktatorischen System solcher medial induzierter bzw. bestärkter Veränderungswille ohne politische Schubkraft bleibt.

Unter den Bedingungen einer Demokratie, vor allem angesichts der in ihr nicht endenden Kette periodischer freier Wahlen, zeitigen Massenmedien und Fernsehen also ein unmittelbar wirksames politisches Anspruchs- und Veränderungspotential, auf welches die Parteien und Interessengruppen mit einer Ausdehnung ihrer Politik- und Forderungsangebote zu reagieren pflegen. Dies wiederum läßt gerade im pluralistischen Sozialstaat weiteres Wachstum dringlich erscheinen. Bereits freie Medien selbst, unverzichtbarer Bestandteil eines freiheitlichen politischen Systems, wirken also wachstumsfördernd – und zwar auch ganz ohne ihre der Werbung gewidmeten Teile.

Reichtum als Adaptionsproblem
Vor allem Mangel scheint die Adaptierung eines Systems an seine Umwelt zu fördern. Die durch Politik in sozialstaatlichen Demokratien mit prosperierender Wirtschaft geleistete Überwindung von Mangel wird dann ihrerseits zum Adaptionsproblem. Denn die mit Ressourcen reichlich ausgestatteten westlichen Industriestaaten konnten durchaus über gewisse Fristen Ungleichgewichte mit ihrer Umwelt durch vermehrten Ressourceneinsatz abpuffern, etwa durch die Errichtung immer weiterer Mülldeponien oder Müllverbrennungsanlagen. Sie werden das vielfach auch künftig können. Sie schaffen es also, eher ihre Umwelt sich anzupassen, als sich ihrer Umwelt zu adaptieren. Dergestalt genießen sie das – freilich immer nur auf Zeit verliehene – Privileg des Mächtigen, nicht lernen zu müssen (zum Analogfall großer Wirtschaftsunternehmen siehe den Beitrag von Sliwka, insgesamt Deutsch 1973). Außerdem regiert gerade an Problemstellen Parkinsons Gesetz: auch wo es wachstumsinduzierte Probleme gibt, reagiert das Gesamtsystem mit Wachstum – indem es eigene Subsysteme installiert, etwa Umwelt- und Aufsichtsbehörden, welche die entstandenen Probleme kleinarbeiten und entproblematisieren sollen, oft aber durch zunehmende Bürokratie und sich verschärfende Kompetenzkonflikte die nötige staatliche Handlungsfä-

higkeit gar noch reduzieren. Hypertrophes Wachstum im einen Bereich wird dann seinerseits zur (auch kontraproduktiven) Wachstumsquelle in einem anderen Bereich (vgl. Wood/Waterman 1993). Wie weiland siegreiche Generäle reagieren diese Systeme auf neue Gefahren also durch die Aktualisierung alter Schlachtpläne. Ändern sich Umwelt und Herausforderungen nicht allzu schnell, so lohnt natürlich die Nutzung des Bewährten. Wandeln sich freilich die Rahmenbedingungen des Agierens rasch, so sind Anpassungskrisen und Systemzusammenbrüche zu erwarten. Im letzteren Fall ist politische Systembildung als Wachstumsquelle überhaupt beseitigt und somit der kostspieligste Weg zur Problemlösung beschritten. Reichtum als politisches Adaptationsproblem ist dann wiederum durch die Aufgabe vertagt, aufs neue Mangel zu verwalten und zu lindern.

Noch in einer weiteren Hinsicht wird Reichtum zum Problem. Mangel zwingt nämlich meist zur Überschaubarkeit, während Reichtum in der Regel starke Arbeitsteilung und komplexe strukturelle Ausdifferenzierung erlaubt. Diese führt bald, wie im modernen Industriestaat geschehen, zur Anonymisierung von Zuständigkeiten, zum Versickern persönlicher Verantwortung und zum Mangel an Transparenz hinsichtlich der Folgen eigenen Handelns für Umwelt und Zukunft. Eben die Steuerungskomplexität moderner Wirtschaften, Gesellschaften und Staaten erzeugt somit eine besonders schlechte Korrelation zwischen Verantwortungsumfang und Verantwortungsgefühl. Die gewaltigen Hebelwirkungen auch kleiner persönlicher Entscheidungen werden dann teils nicht wahrgenommen, teils nicht ernstgenommen. In solchen Fällen läßt sich auch kaum mehr Einsicht in diese Problemlage oder Motivation für eine vorsichtige Politik des *nil nocere* schaffen.

Nicht nur der – durch Überwindung von Mangel ermöglichte – Aufbau komplexer wirtschaftlicher, technischer, gesellschaftlicher und politischer Strukturen liegt allerdings diesem Adaptationsproblem zugrunde. Denn er potenziert letztlich bloß das Grundproblem, daß nämlich die menschliche Grundausstattung an systemischen Einsichtsmöglichkeiten, also auch das gerade in Demokratien so folgenreiche politische Alltagsdenken, den inzwischen zu bewältigenden Steuerungsanforderungen nicht mehr angemessen ist (siehe hierzu in diesem Band die Beiträge von Riedl „Über das Umgehen mit komplexen Systemen" und „Bedingungen aus der Ausstattung der Kreatur"). Evolutionär für recht einfache und vom Mangel gekennzeichnete Umwelten adaptiert, fehlt dem naturwüchsigen Erkenntnisvermögen nun einmal das Verständnis für dimensionale Veränderungen, für qualitative Sprünge im Rahmen quantitativen Wachstums und für die oft paradoxen Folgen struktureller Komplexität. Mittlerweile haben die Menschen aber nun einmal – vor allem in Gestalt der technisch-industriellen Zivilisation und der sozialstaatlichen Demokratie – Strukturen geschaffen, die über ihre naturwüchsigen Verständnismöglichkeiten weit hinausgehen. In halbwegs komplexen Staaten leben die Bürger mit ihren politischen Gestaltungsvorhaben also weit über den Verhältnissen ihrer natürlichen Verständnisfähigkeit. Aufklärung über dieses Defizit täte ebenso not wie die Verbreitung von Bildung, welche die genannten Mängel konterkarierte. An beidem fehlt es aber. Darum ist zu vermuten, daß die von Menschen gewünschten, bewußt geschaffenen und mühsam in Geltung gehaltenen Normen oft *nicht* mit dem zusammenpassen, was der menschlichen Population in ihrem Biotop zuträglich ist. Dann allerdings ist auch anzunehmen, daß die von Menschen geschaffenen, aufrechterhaltenen und immer wieder geänderten Institutionen jene Einsichtsmängel wenn schon nicht einfach widerspiegeln, so doch zumindest nicht in systematischer Weise korrigieren. Allerdings muß es damit nicht sein Bewenden haben, denn die daseinsentlastende Funktion von Institutionen könnte sich, entsprechend phantasievolles Insitutionendesign

und es nutzenden politischen Willen vorausgesetzt, auch auf derartige Korrekturen erstrekken.
In vielen bestehenden Institutionen wirken sich nun aber die individuellen Adaptationsmängel politisch folgenreich aus. Zumal in politischen Systemen mit umfassenden politischen Partizipationsmöglichkeiten, marktorientierten Medien und freien Wahlen entfalten die im defizitär geprägten Alltagsdenken verankerten Meinungen und Vorlieben eines Massenpublikums recht ungebremst ihre Wirkung. Aus politischen Gründen gefördertes Anspruchswachstum überschreitet etwa sehr leicht die Grenzen von Möglichkeiten des Sachwachstums und zwingt, eben aufgrund der demokratischen Konstruktion des politischen Systems, zu einer Politik des Sachwachstums bis an lebens- und systembedrohende Grenzen.

Wachstum als Herausforderung – Politik als Antwort

Gesucht: lern- und leistungsfähige Institutionen
In der Tat können nur klug konstruierte Institutionen die individuellen Anpassungsmängel ausgleichen. Auf der Systemebene sind die notwendigen Lernprozesse vor allem deshalb anzusetzen, weil sie auf der Individualebene teils zu langsam ablaufen, teils dort überlagert werden durch strategisches Reagieren auf vom System gesetzte Spielregeln, welches seinerseits der Optimierung des Individualnutzens, doch nicht des kollektiven Systemnutzens dient. Also gilt es, die Humanevolution nicht nur faktisch, sondern auch bewußt und überlegt als Systemevolution fortzusetzen und politische Systeme für jene Problemlagen zu adaptieren, die durch Wachstum und Reichtum neu geschaffen wurden.
Es ist dabei mit guten Gründen davon auszugehen, daß der demokratische Verfassungsstaat, und wohl auch in einer nicht-hypertrophen sozialstaatlichen Ausprägung, ein bewahrenswertes Ergebnis der Systemevolution ist. Indem er nämlich persönliche Freiheit und politische Partizipation seiner Bürger ermöglicht, schöpft er das für kreative Problemlösungen aller Art nötige Humankapital wesentlich besser aus als jedes autoritäre Regime. Und indem er Pluralismus sowie Opposition institutionalisiert, inkorporiert er sich ein durch Konkurrenzdruck leistungsfähig gehaltenes Informations- und Fehlersuchsystem, wodurch er seine Responsivitätsfähigkeit und Adaptationskraft steigert. Schon im Vorfeld aller Werturteile über die Wünschbarkeit von Freiheit und Selbstverwirklichung scheint darum plausibel zu sein, daß bereits aus evolutionstheoretischen Überlegungen demokratische Verfassungsstaatlichkeit vorteilhaft und bewahrenswert ist.
Allerdings kennzeichnet sich dieser Systemtyp auch durch wachstumsheischende pluralistische Verteilungskämpfe, durch sozialstaatlich induzierte Wachstumserfordernisse, durch ein das Anspruchswachstum förderndes Mediensystem und durch eine verantwortungscamouflierende Steuerungspraxis. Der Systemtyp selbst lohnt also erhalten zu werden, ist aber neuen Anforderungen anzupassen. Folglich besteht das durch politisches Institutionendesign zu lösende Problem darin, in ihm solche zusätzlichen Regelkreise zu implementieren und sie dann funktionstüchtig zu halten, welche mittel- und langfristig gefährliche Wachstumsprozesse nicht nur zu antizipieren erlauben, sondern sie auch zum Gegenstand kurzfristig eingreifender Politik machen. Diese Aufgabe zu beschreiben ist freilich viel einfacher, als Lösungen vorzuschlagen (zu den bewältigenden Problemen vgl. Goppel 1994, Jänicke/Weidner 1995, Ringquist 1993).

Grundmöglichkeiten wachstumsbegrenzender Politik
Im wesentlichen muß es wohl darum gehen, zunächst auf nationaler, dann aber ebenfalls auf internationaler Ebene sowohl Wachstumsursachen zu beeinflussen als auch institutionelle Wachstumshemmungen einzuführen. Kurzfristiger Wirkungen wegen ist vordringlich auch das Anspruchswachstum zum Ziel politischer Beeinflussungsversuche zu machen. Stichworte wie „Pflege einer Kultur der Bescheidenheit" oder „Rückbesinnung auf die Tugenden von Sparsamkeit und Mäßigung" markieren den einzuschlagenden Weg. Er allein wird zwar nicht zum Erfolg führen, da im Streben nach Selbstverwirklichung oder aufgrund des Vergleichs mit anderen („Privilegien/Massenprivilegien-Syndrom") wohl immer neue, weiterreichende Ansprüche entstehen werden. Doch immerhin kann man mit Aussicht auf gewissen Erfolg das Anspruchswachstum „kulturell einhegen". Es liegt nämlich dem Sachwachstum als dessen plastischer Faktor zugrunde, da es gewissermaßen in der gesellschaftlichen „Software", nicht aber in der „Hardware" eines Gesellschaftssystems verankert ist. Einflußversuche allein auf das Sachwachstum hingegen werden, falls sie nicht zerstörerisch im Sinn einer „harten" Regulation ausfallen, in der Regel nur mittelfristige Wirkungen zeitigen, da das Sachwachstum vor allem institutionell erzeugt und somit von noch größerer Trägheit ist als das – vielfach auch rein medial induzierte – Anspruchswachstum.

Falls man einen auf Grundwerte wie Menschenwürde und Freiheit setzenden Systemtyp wie den demokratischen Verfassungsstaat aufrechterhalten will, kommen brutale Möglichkeiten der institutionellen Wachstumsbeschränkung nicht in Frage. Zu solchen gehörte etwa die Zerstörung von politischen Steuerungssystemen, die Abschneidung einer Gesellschaft von wichtigen Ressourcen oder die wachstumshemmende Beschneidung von Freiheitsrechten im Rahmen einer „Ökodiktatur". Unter der Prämisse, daß derlei nicht geschehen soll, kann es darum nur um mit der Funktionslogik des Systems kompatible Wachstumshemmnisse gehen. Das sind auf der Ebene des Anspruchswachstums erfolgreiche Anstrengungen zur Herbeiführung eines freiwilligen Verzichts auf einen solchen Gebrauch der unangetasteten persönlichen Freiheit, der immer tiefer in die Wachstumsfalle führte. Auf der Ebene des Sachwachstums handelt es sich um „korrigierende Regelkreise" und „limitierende Institutionen" im Rahmen einer als legitim akzeptierten Rechtsordnung, die im übrigen sowohl mit dem Eigennutzstreben als auch mit der Lernfähigkeit hierauf angewiesener Bürger rechnen und überdies in Rechnung stellen, daß innerhalb von als Gemeinschaft erlebten Gruppen sehr wohl auch altruistisches Handeln rationale Grundlagen hat. Das heißt: durch geeignete Institutionalisierung muß dafür gesorgt werden, daß systemische Notwendigkeit und freiwillige Einsicht, von Eigeninteressen angeleitete Antriebe und Umweltverträglichkeit sicherndes Handeln zusammenfinden. Solche korrigierenden Regelkreise zu ersinnen und zu implementieren, wird nicht wenig institutionelle Phantasie erfordern. Zweifellos stehen wir erst am Beginn solcher Bemühungen. Der Blick auf die menschliche Sozial- und Kulturgeschichte erschließt freilich eine solche Vielfalt von auch längerfristig wirksamen Regulierungs- und Limitationsmechanismen, daß die nötige institutionelle Phantasie sich von einem großen, allerdings noch systematisch zu erschließenden Erfahrungsschatz inspirieren lassen kann.

Ein zwar populärer, doch letztlich eher symbolischer Ansatz besteht darin, in Verfassungen unter die Staatszielbestimmungen den Umweltschutz bzw. die Etikettierung eines Staates nicht nur als demokratisch oder rechtsstaatlich, sondern auch als „ökologisch" vorzunehmen. Allerdings bieten in den kontinentaleuropäischen Rechtssystemen solche vorrangi-

gen Verfassungsnormen durchaus wichtige Behelfe der Rechtsprechung, administrativen Rechtsanwendung und gesetzgeberischen Phantasie, so daß sie durchaus praktische, wachstumsbegrenzende Bedeutung erlangen könnten. Sie nutzen also vielleicht mehr, als sie möglicherweise schaden (vgl. Uhle 1993, Weinbrenner 1993).
Viel besser wären freilich institutionelle Regelungen, welche am praktischen Handeln selbst ansetzen. Ein besonders wichtiger Schritt bestünde in der Ent-Anonymisierung der Adressaten von Ansprüchen. Beispielsweise tritt man der eigenen Familie mit wachstumsheischenden Ansprüchen auf Sozialleistungen nicht so expansiv gegenüber wie den Sozialbehörden (vgl. hierzu die Ausführungen im Beitrag von Helsper).
Im engeren Bereich der Politik könnte man ferner nach Regelungen suchen, die Politikern zwar die Verantwortung für (wachstumsbegrenzende) Zielsetzungen und die Grundentscheidungen zu deren Verwirklichung auflasten, von Wahlen abhängige Parlamente und Regierungen aber von der Verantwortung – und folglich von der Zuständigkeit – für die „Einzelheiten" der Umsetzung dieser Absichten freistellen (siehe hierzu die Vorschläge im Beitrag von Helsper). Denn gerade in den Einzelheiten finden sich immer wieder Wachstumsquellen, etwa von Kosten. Folglich erlaubt es die gleichzeitige Zuständigkeit von Politikern sowohl für die Zielsetzung als auch für die Einzelheiten der Durchführung, den für die Praxis typischen Konflikt zwischen Zielen und ihrer Verwirklichung zu verdecken. Und genau dadurch wird es Politikern möglich, zwar wachstumsbegrenzende Ziele zu proklamieren, gleichzeitig aber die von diesen Zielen ausgelösten Konflikte durch Nachgiebigkeit in Einzelheiten und durch die Verteilung von „eigentlich" unerwünschten Zuwächsen zu befrieden. Der Grundgedanke eines so zu verändernden institutionellen Arrangements besteht darin, zu erreichende wachstumsmindernde Ziele politisch zu definieren und deren Implementation wie einen öffentlichen Bauauftrag auszuschreiben. Interessierte Projektnehmer könnten dann ihre Maßnahmepläne, die dafür nötigen Befugnisse sowie die veranschlagten Kosten vorlegen. Die auftraggebende Regierung würde dann unter den Angeboten auswählen, den ausgesuchten Projektnehmer mit den nötigen Befugnissen und Mitteln ausstatten und bis zum Abschluß der Implementationsphase nur noch bei rechtlichen oder finanziellen Unregelmäßigkeiten intervenieren. Zwar wären wohl nicht ganz einfache Vorkehrungen nötig, um ein solches Verfahren sowohl effizient zu halten als auch nicht in Konflikte mit Grundsätzen der Rechtsstaatlichkeit und der parlamentarischen Kontrolle gouvernementaler bzw. gouvernemental veranlaßter Handlungen geraten zu lassen. Aber es wäre lohnenswert, entsprechende Erfahrungen zu sammeln und auszuwerten.
Grundsätzlich gilt bei allen wachstumsbremsenden Mitteln, daß ordnungspolitische Ansätze Einzelinterventionen vorzuziehen sind (vgl. hierzu die Beiträge von Helsper und Sliwka). Sie lassen sich im übrigen – ganz anders als kasuistischer Interventionismus – auch in einem liberalen Staatswesen implementieren, das seine Bürger nicht bevormunden, sondern deren in Eigenverantwortung entfalteten Kräfte auf das Gemeinwohl ausrichten will. Um so mehr ist beim ordnungspolitischen Gestalten darum zu antizipieren, daß Bürger und Organisationen aller Art, also etwa auch Unternehmen, auf staatlich gesetzte Regeln stets mit Strategien zu reagieren versuchen, die – unter den jeweils in Rechnung zu stellenden Rahmenbedingungen – das für sie, gemäß ihrer Individualrationalität, bestmöglich beurteilte Ergebnis zu zeitigen versprechen. Ordnungspolitik indessen zielt auf ein nach Kollektivrationalität bemessenes Optimum ab. Offensichtlich kann sie dieses nur erreichen, wenn es ihr gelingt, diesbezüglich kompatible Strategien der auf Individualnutzen ausgehenden Bürger und Organisationen hervorzurufen. Das zu leisten, verlangt zweifel-

los nach viel institutioneller Phantasie. Deren Kristallisationspunkt müßte wohl der Gedanke sein, externe Kosten und auf Wachstum hinwirkende Nebenfolgen zu einem aus rationalem Eigeninteresse minimierten Faktor individueller Entscheidungen zu machen.
Man sollte sich allerdings von keinem einzelnen Vorschlag zur Lösung des Wachstumsproblems zu viel versprechen. Allein schon die zu vertretbaren Kosten nicht rückzubauende internationale Vernetzung von Märkten, Volkswirtschaften, Gesellschaften und politischen Systemen sowie die der Natur der Sache geschuldete Globalität vieler wachstumserzeugter Probleme setzen nationalstaatlichen Lösungsversuchen wie den genannten ihre Grenzen. Es geht nicht ohne nationale Maßnahmen; doch sie bedürfen der Weiterführung auf der Ebene internationaler Regime, damit nicht die angestrebte, möglicherweise verwirklichte nationalstaatliche Vernunft durch die Einwirkung unvernünftig agierender anderer Systeme konterkariert und um ihre Wirkung gebracht wird.
Im übrigen gehört der als politische Wachstumsquelle auf neue Umweltanforderungen zu adaptierende demokratische Verfassungsstaat als hocheffizientes Steuerungsinstrument moderner Industriegesellschaften zu den komplexesten Strukturen, die im Lauf der menschlichen Systemevolution entstanden sind. Schon so komplizierte Strukturen überhaupt zu verstehen, ist recht schwierig. Solche Systeme dann auch noch vorausschauend und zusammenhängend zu steuern, ist erst recht ein ehrgeiziges, nachgerade vermessenes Ziel. Simulationsexperimente zeigen denn auch immer wieder, daß es schon bei relativ einfachen Konfigurationen von Systemparametern nur selten gelingt, eine Volkswirtschaft oder einen Staat *nicht* in den Abgrund zu regieren. Natürlich bewirken auch die Erfahrungen der realsozialistischen Staaten mit ihrem Versuch einer „wissenschaftlichen Leitung und Planung" des Wirtschafts- wie Gesellschaftsprozesses wenig Zuversicht. Also ist – Poppers Warnung vor den ungeplanten Folgen staatlichen Planhandelns unterstreichend (Popper 1992) – in jedem Fall zu folgern, daß man beim derzeitigen gubernatorischen Kenntnisstand keine überzogenen Erwartungen in eine sanfte *staatliche* Hemmfähigkeit von Wachstumsprozessen setzen sollte. „Sicher" wirken staatlicherseits nur die brutalen Mittel der Systemzerstörung, Repression und des Ressourcenentzugs. Ziemlich sicher wirkt freilich auch die wachstumsbegrenzende Steuerung über Kosten und Preise, die aber gerade des Rückzugs des Staates nach Schaffung und staatlich-ordnungspolitischer Sicherung entsprechender Märkte bedarf.
Keineswegs läßt sich angesichts der umrissenen Probleme mit guten Gründen die Position vertreten, Politik solle sich hier am besten überhaupt nicht versuchen, sondern auch die Limitierung von Wachstumsprozessen allein dem freien Spiel der Kräfte überlassen. Denn Politik ist doch selbst eine Wachstumsursache, und die fatalen Folgen ungebremsten Wachstums können nicht weginterpretiert werden. Auch ist die Inkaufnahme „natürlich erzeugter Katastrophen" durchaus keine überzeugende Alternative, und nicht zuletzt muß selbst staatliches Nicht-Handeln politisch wie ethisch verantwortet und gerechtfertigt werden.
Darum liegt eine vermittelnde Position des *social engineering* nahe, eines inkrementalistisch-experimentellen Nachsteuerns und eines entschlossenen Reformismus, wie ihn Popper als Kennzeichen kritisch-rationaler Politik überhaupt empfahl. Denn natürlich muß man auch mit „limitierenden Institutionen" wie mit Hypothesen verfahren: man braucht Vermutungen, wie man unerwünschtes Wachstum verantwortbar hemmen könnte; man muß diese Vermutungen überlegt in Politik umsetzen und die Konsequenzen von solchem Tun gründlich evaluieren; und man muß zur Rückholbarkeit und Korrektur bereit sein.

Glücklicherweise entsprechen solche Ratschläge genau jenen politischen Überzeugungen, die in einer liberalen Demokratie mit praktiziertem Pluralismus zum weithin geteilten Konsens gehören. Auf dessen Grundlage wird eine derartige Politik im übrigen seit längerem betrieben. Sie war, im internationalen Vergleich, auch gar nicht so erfolglos, wie es bei Anlegung eines Maßstabes erscheinen mag, der nicht nur die möglichst sofortige Lösung aller Probleme billigenswert findet. Denn alles in allem haben derzeit jene Staaten die relativ beste Kombination von Stabilität, Legitimität, Leistungsfähigkeit und Entwicklung hin zur Umweltverträglichkeit, die sich einer solchen reformistischen Politik bedienten. Im selben Umfang, wie sich das fest ins Auge gefaßte Ziel eines ökologischen Umbaus der Industriegesellschaft in immer mehr konkrete, im einzelnen zwar wenig spektakuläre, doch vernetzt recht wirkungsvolle Politikprojekte umsetzt, wird die Attraktivität von Alternativen zum Inkrementalismus mehr und mehr abnehmen.

Ökodiktatur oder reformierter Verfassungsstaat?
Aus allen angeführten Gründen ist es bloß kokett, doch nicht verantwortungsbewußt, mit der Idee einer die Wachstumsprobleme behebenden „Ökodiktatur" zu spielen. Auf diese Weise setzt man leichtfertig Hinweisschilder auf eine bloß scheinbar wohlfeile Abzweigung von jenem Weg politischer Evolution, der – mühevoll genug – zum demokratischen Verfassungsstaat führte. Auch auf diesem Abweg entginge man übrigens dem nächstgrößeren Problem nicht, angesichts so komplexer Steuerungsaufgaben die „richtigen" Maßnahmen zu erkennen. Selbst der Rekurs auf möglicherweise einheitliche Voten „der" Wissenschaft mündet in der Sackgasse: wie soll nämlich verfahren werden, wenn wissenschaftlicher Dissens auftritt? Eine auf „die Wissenschaft" oder gar eine „wissenschaftliche Weltanschauung" gegründete Politik müßte dann rein dezisionistisch und darum völlig unwissenschaftlich verfahren, sich – in ebenso wissenschaftsferner Weise – immunisieren oder ihren Bankrott erklären. Eben die Abwendung vom immer wieder neu auszufechtenden Streit um das politisch Richtige würde dergestalt zur Achillesferse eines Systems, das wissenschaftsgläubig eine solche Abkehr vollzog. In der Tat haben sich anti-pluralistische Diktaturen immer schon freiheitlichen Demokratien darin unterlegen gezeigt, daß sie nicht über jene Chancen der Fehlerentdeckung verfügen, welche – innerhalb wie außerhalb der Wissenschaft – *allein* der pluralistische Meinungsstreit erschließt. Was in einer Diktatur an Effizienz erkauft werden mag, verkauft man also an Qualität bei der Überprüfung von Zielen und Mitteln.

Selbst hinsichtlich der oft unterstellten größeren Effizienz eines autoritären Regimes bei der raschen Lösung der drängendsten Umweltprobleme sind erhebliche Zweifel angebracht. Einem solchen Regime fehlte nämlich – selbst nach einer „demokratischen Erst-Investitur" – das in periodischen, freien Wahlen erneuerte Mandat zur Durchführung einer Politik, welche in das Leben der Regierten tief eingreift. Würde ein solches Mandat in freien Wahlen erteilt, brauchte es nämlich keine Ökodiktatur; würde es aber verweigert, so müßte das Regime sich aufgeben oder auf Repression setzen. Repression ist aber stets – wie die Sicherheitsinvestitionen der realsozialistischen Staaten zeigen – ein ihrerseits bedeutender, und nur zur Ressourcenverschwendung führender Faktor des bürokratischen, polizeilichen und militärischen Wachstums. Eine Ökodiktatur dürfte also binnen kurzer Frist mehr mit ihrer eigenen Stabilisierung und Erhaltung als mit der effizienten Lösung jener Probleme beschäftigt sein, deretwegen man auf sie setzte. Das macht sie auch unter technokratischen Gesichtspunkten wenig einladend. Was eine Ökodiktatur sicher vermag, ist die Implementation „harter" Regulierungen destruktiven Charakters. Doch sie versagt vermutlich, wenn es um die Einführung „weicher", auf die Zustimmungsbereitschaft der Regierten zählender Regulierungen geht. Im übrigen sind Freiheit und Demokratie viel zu wichtige und zu opferreich errungene Güter, als daß es gerechtfertigt wäre, sie selbst im Dienst des so wünschenswerten ökologischen Umbaus der Industriegesellschaft *allzu rasch* zum alten Eisen zu werfen. Bevor man an der Frage nach einer Kompatibilität des demokratischen Verfassungsstaates mit ökologischer Politik verzweifelt, sollte man es also mit allen systemimmanenten Reformmöglichkeiten „wirklich versucht haben".

Sie zu nutzen kostet freilich Zeit. Ob man zu einer freiheitlichen oder zu einer autoritären Lösung der Probleme des Wachstums neigt, hängt darum sehr stark von der Einschätzung der für innovative politische Entscheidungsprozesse verfügbaren Zeit, also von der vermuteten Breite des „Fensters der Möglichkeit" ab. Das folgenreiche Urteil über den nutzbaren Zeitrahmen war aber immer schon ein Grundproblem politischen Handelns, so daß hier keine prinzipiell neue Lage besteht, die vom Überkommenen völlig abweichende Verfahrensmaximen verlangte.

Der demokratische Verfassungsstaat steht jedenfalls rasch und kurz entschlossen herbeigeführten Adaptationsprozessen im Wege. Denn autonome Massenmedien, praktizierter Pluralismus und periodische freie Wahlen sind nicht nur Quellen von Innovation, sondern auch Bremsen des Systemumbaus. Erst recht gilt das für die Akteure auf oligarchisch vermachteten Politikfeldern und für das jahrelang abgestimmte Zusammenspiel von Lobbygruppen, Spitzenbeamten und fachlich spezialisierten Politikern. Der Systemumbau ist ferner von Politikern vorzunehmen und zu verantworten, die in solche Netzwerke eingebunden sind, die sich regelmäßig freien Wahlen stellen müssen und die nicht zuletzt darum oft „politischen Unternehmern" gleichen, deren rationales Geschäftsziel weniger die Arbeit an Problemen als vielmehr die Sicherung einer – möglicherweise der Problembewältigung dienlichen – Machtbasis ist (vgl. hierzu den Beitrag von Helsper). Im Wahlkampf werden nun aber oft solche politischen Maßnahmen zum Thema, die viele Bürger berühren. Eben dies ist bei nicht wenigen wachstumshemmenden Maßnahmen der Fall. Bei ihnen wird es zweifellos nicht nur Gewinner, sondern auch viele Verlierer geben – zumindest, was Ansprüche und subjektive Sichtweisen betrifft. Die Folge dessen wird sein, daß wachstumshemmende Politik – wie es immer wieder bei Einsparungen im Sozialbereich sichtbar wird – nur gegen große Widerstände möglich ist. Persönliche Mißerfolge sich dergestalt engagierender Politiker sind also wahrscheinlicher als der Gewinn großen Ansehens, und suboptimale Problemlösungen scheinen hier das oft bestmögliche Politikergebnis zu sein.

Aus allen diesen Gründen ist Mal um Mal der Zusammenbruch einer bewußt wachstumsbegrenzenden Politik zu befürchten, die Erschütterung der Vertrauensbasis ihrer Träger und schlimmstenfalls eine Erosion der Legitimitätsgrundlagen des sich umstrukturierenden politischen Systems. Die Machtfrage wird sich also nicht nur zwischen den Befürwortern und den Verlierern wachstumshemmender Politiken, sondern mag sich schnell auch zwischen dem System und seinen möglichen Alternativen stellen. Folglich muß wachstumshemmende Politik unbedingt jene „innere Systemgrenze" beachten, die durch Grenzwerte in der Belastbarkeit der Legitimitätsbasis gekennzeichnet ist. Leider gibt es keine Garantie dafür, daß sich in diesem Fall auch ein Erreichen der „äußeren", ökologischen Systemgrenze vermeiden läßt. Der Kurs des Staatsschiffes verläuft also in jedem Fall zwischen Skylla und Charybdis.

Allerdings ist der demokratische Verfassungsstaat nicht einfach nur ein Hemmschuh für

eine Umorientierung der Systemevolution von Mangel- auf Wachstumsbedingungen. Denn politische Systeme im allgemeinen, gerade aber demokratische Verfassungsstaaten, können in sich ein solches Arrangement von Input-Strukturen und Rückkoppelungsschleifen entwickeln, welches das System in ganz besonderer Weise *responsiv* macht. Responsivität aber – die Anpassungsfähigkeit, Anregbarkeit, Sensibilität und Reaktionsfähigkeit eines Systems – bezeichnet letztlich nur die in Sozialsystemen wirkende Variante eines allgemeinen Evolutionsmechanismus. Gerade er ist dem demokratischen Verfassungsstaat in besonderer Weise informiert (die glückliche Begriffsschärfung von Lorenz): seine Parlamente und deren „Satelliteninstitutionen" – Parteien, Interessenverbände, Bürgerinitiativen, Wahlen, Wahlkämpfe, praktizierter Pluralismus – sind in vielerlei Hinsicht effiziente und ihren Gegenstücken in Diktaturen derzeit schon an Leistungsfähigkeit weit überlegene Input-Strukturen bzw. Rückkopplungsschleifen zur besseren Umweltanpassung des politischen Systems. Jeder Vergleich der Umweltpolitik freiheitlicher und realsozialistischer Staaten macht denn auch die selbst ökologische Überlegenheit dieses Systemtyps offensichtlich (vgl. Hager 1992).
Der ist als Obersystem, das freiheitliche Gesellschaften auf breiter Legitimitätsgrundlage mit allgemein verbindlichen Regeln ausstattet und deren Untersystemen so Form- und Zweckbedingungen setzt, allerdings in ökologischer Hinsicht noch vielfach zu optimieren. Es gilt, in die umrissenen Input-Strukturen demokratischer Verfassungsstaaten selektive Wachstumsbremsen einzubauen und in den darin ablaufenden Rückkoppelungsprozesse zusätzlich die Reflexion auf jene natürlichen Obersysteme zu verankern, in welche Gesellschaften und ihre Staaten eingebettet sind. Ebenso ist zu verfahren mit dem steten Bedenken jener grundsätzlichen Knappheitsbedingungen in gattungsspezifischen Biotopen, auf die man sich – will man überleben – ganz einfach einzulassen hat. Ökologisch modifizierende Einflußnahme auf kulturelle Selbstverständlichkeiten und deren Einbringung in die politischen Kommunikationsprozesse kann dann solche institutionellen Maßnahmen flankieren und absichern, die ihrerseits zur Gewährleistung von Fließgleichgewicht und eines stationären Systemzustandes beitragen.

Brauchen wir zur Lösung der Wachstumsprobleme ganz neue politische Systeme?
Die Evolution scheint zu lehren, daß es sehr sinnvoll ist, vorhandene Systemelemente weiterzuentwickeln und bezogen auf sie neue Bauteile zu erfinden. Eben hierfür ist auch angesichts der Aufgabe zu plädieren, unerwünschter Wachstumsprozesse anhand politischer Mittel Herr zu werden. Also ist dringend von der Vorstellung abzuraten, es könne gelingen, funktionstüchtige politische Systeme gänzlich neu zu ersinnen. Und da man aus den angeführten guten Gründen den demokratischen Verfassungsstaat als das evolutiv fortgeschrittenste politische System auffassen kann, liegt der Rat nahe, mit seinen Responsivität sichernden Institutionen weiterzuarbeiten. Letztlich geht es ja wirklich „nur" um einen nächsten Schritt in der Evolution politischer Systeme: sie haben sich einer Situation zu adaptieren, in der nicht mehr Knappheit, sondern Wachstum ein Hauptproblem ist. Und da es für die Kreatur nie eine Gewißheit des Überlebens gibt, muß dies auch im Bereich der Politik nicht lähmen. Luther wollte sogar am Tag vor dem gewissen Weltuntergang noch einen Baum pflanzen. Um wieviel weniger sollten also wir uns entmutigen lassen, zumal wir doch dem Verständnis der zu verstopfenden Quellen gefährlichen Wachstums ein Stück näher gekommen sind.

Literatur

CLUB OF ROME (1990) Die Herausforderung des Wachstums. Scherz, München.

DEUTSCH, K. W. (1973) Politische Kybernetik. Modelle und Perspektiven. (Aus dem Englischen von E. Häckel). 2. Aufl. Rombach, Freiburg.

GOPPEL, Th. (1994) Politische Rahmenbedingungen umweltverträglichen Wachstums. Politische Studien Sonderheft (3): 49–59.

GORE, A. (1992) Wege zum Gleichgewicht. Ein Marshallplan für die Erde. Fischer, Frankfurt.

HAGER, C. J. (1992) Environmentalism and democracy in the two Germanies. German Politics 1 (1): 95–118.

JÄNICKE, M./WEIDNER, H. (Hrsg, 1995) Successful Environmental Policy. A critical evaluation of 24 cases. Edition Sigma, Berlin.

JOUSSEN, W./HESSLER, A. B. (1995) Umwelt und Gesellschaft. Einführung in die sozialwissenschaftliche Umweltforschung. Akademie Verlag, Berlin.

LORENZ, K. (1973) Die Rückseite des Spiegels. Versuch einer Naturgeschichte menschlichen Erkennens. Piper und dtv, München.

POPPER, K. R. (1992) Die offene Gesellschaft und ihre Feinde, Bd. 1. 7. Aufl., Francke und UTB, Tübingen .

RINGQUIST, E. J. (1993) Testing theories of state policymaking: The case of air quality regulation. American Politics Quarterly 21 (3): 320–342.

ROEGELE, O. B. (1979) Massenmedien und Regierbarkeit. In: Hennis, W./Kielmansegg, P. Graf/Matz, U. (Hrsg) Regierbarkeit. Bd 2. Klett, Stuttgart, 177–210.

UHLE, A. (1993) Das Staatsziel „Umweltschutz" im System der grundgesetzlichen Ordnung. Zu dem von der Verfassungskommission empfohlenen neuen Art. 20a GG. Die öffentliche Verwaltung 46 (21): 947–954.

WEINBRENNER, P. (1993) Umweltschutz im Grundgesetz? Brennpunkte der aktuellen Diskussion um eine neue Verfassung. Gegenwartskunde 42 (1): 15–28.

WEIZSÄCKER, E. U. v. (Hrsg; 1994) Erdpolitik. Ökologische Realpolitik an der Schwelle zum Jahrhundert der Umwelt. 4. Aufl., Wissenschaftliche Buchgesellschaft, Darmstadt.

WOOD, B. D./WATERMAN, R. W. (1993) The dynamics of political-bureaucratic adaptation. American Journal of Political Science 37 (2): 497–528.

KAPITEL 17

Monetäre Wachstumsdynamik in modernen Wirtschaftssystemen
Mathias Binswanger*

Einleitung: Die ökologisch motivierte Diskussion der Wachstumsdynamik
Wirtschaft und Wachstum sind zwei Begriffe, die heute so stark miteinander verbunden sind, daß man bei der Erwähnung des Wortes „Wachstum" automatisch an Wirtschaftswachstum denkt. Daß eine Wirtschaft wächst, erscheint uns nach wie vor völlig selbstverständlich, obwohl seit Beginn der 70er Jahre immer wieder über die Grenzen dieses Wirtschaftswachstums diskutiert wurde (bekanntestes Beispiel: der Bericht des Club of Rome 1972). Damals, besonders in Zusammenhang mit der ersten Erdölkrise, kam der Verdacht auf, daß in einem System von endlicher Größe (die Erde), nicht ein anderes System (die Wirtschaft) unendlich wachsen könne, welches wiederum auf die endlichen Ressourcenvorräte der Erde angewiesen ist. Der begrenzte Vorrat an natürlichen Ressourcen schien dem Wirtschaftswachstum eine natürliche Grenze zu setzen, so wie dieser auch dem Wachstum natürlicher Organismen eine Grenze setzt. Es wurden deshalb Stimmen laut, die eine Abkehr vom bisherigen Wirtschaftswachstum forderten, und der Begriff „Nullwachstum" schockierte die noch durch die Wachstumseuphorie der 50er und 60er Jahre geprägte Wirtschaft.

In den letzten 20 Jahren wurde dann zunehmend deutlich, daß nicht einmal so sehr der begrenzte Ressourcenvorrat das Hauptproblem darstellt, sondern vor allem die begrenzte Aufnahmekapazität der Ökosysteme für bestimmte durch den Wirtschaftsprozeß erzeugte Schadstoffe wie CO_2 oder Ozon-abbauende Substanzen. Man erkannte, daß die Emissionen dieser Substanzen bei Überschreitung der Aufnahmekapazität der Ökosysteme zu irreversiblen Veränderungen in der Umwelt führen (z. B. Abbau der Ozon-Schicht). Doch durch die Verlagerung der Umweltdiskussion weg vom Problem der begrenzten Ressourcen hin zum Problem der Schadstoffemissionen wurde der Bezug der Umweltprobleme zum Wirtschaftswachstum wiederum abgeschwächt. So erscheint es vielen Ökonomen und Technikern durchaus möglich, daß man die einzelnen Schadstoffemissionen so weit vermindern bzw. eliminieren kann, daß sich Wirtschaftswachstum vollständig von Umweltschäden entkoppelt. Nicht mehr „Nullwachstum" sondern „Qualitatives Wachstum" oder, noch moderner, „Nachhaltige Entwicklung" (ob mit oder ohne Wachstum bleibt meist offen) lauten die neuen Schlagworte.

Im Rahmen dieser ökologisch motivierten Diskussion ging es jedoch bis heute kaum je um die tieferliegenden ökonomischen Ursachen des Wachstums. Es wird meist angenommen,

---

* **Mathias Binswanger** ist Volkswirtschaftler, 1962 in St. Gallen geboren, studierte Volkswirtschaftslehre an d. Universität St. Gallen, promovierte an d. Univ. Kassel, Forschung in Berlin und Tokyo, Berater f. Umwelt und Verkehr der Volkswagen AG, Mitarbeit am IWO (Inst. f. Wirtschaft und Ökologie) St.Gallen, Research Scholar an den Univ. Knoxville und Columbia, New York.
Zugang zum Thema über Studien der Informationsgesellschaft, die ökologischen Auswirkungen wirtschaftlicher Prozesse, dann mit der Entwicklungsdynamik der Wirtschaft und der Kreditgeldwirtschaft, und über den Umstand, daß Wirtschaftswachstum keine Option der Wirtschaft zu sein scheint, vielmehr eine Notwendigkeit ihrer Erhaltungsbedingungen.

daß es allein eine Frage des Willens ist, ob man mit dem bisherigen Wirtschaftswachstum aufhört bzw. dieses Wachstum ökologisch verträglich macht. Wenn man die wirtschaftliche Entwicklung der letzten ein- bis zweihundert Jahre jedoch genauer anschaut, dann fällt schnell einmal auf, daß die während dieser Zeit entstandenen modernen kapitalistischen Industriewirtschaften mit Ausnahme kurzer Kriegs- und/oder Krisenzeiten immer gewachsen sind. Die Notwendigkeit dieses Wachstums leuchtet uns noch unmittelbar ein, solange auch die Bevölkerung wächst. In den letzten Jahrzehnten verzeichneten die meisten Industrieländer jedoch kein nennenswertes Bevölkerungswachstum mehr. Doch auch während dieses Zeitraums ging das Wirtschaftswachstum munter weiter. Die zunehmende Sensibilisierung für Umweltprobleme änderte trotz vielen Diskussionen nichts an dieser Tatsache. Folgende Frage wird deshalb zunehmend in ihrer grundlegenden Bedeutung erkannt: Können heutige Wirtschaftssysteme überhaupt ohne Wachstum existieren oder ist das Wirtschaftswachstum überlebensnotwendig?

Nur wenige Ökonomen haben diese Fragestellung bis jetzt aufgegriffen (vgl.: Binswanger H.C./Flotow 1994, Binswanger M. 1994, 1995, Daly/Cobb 1994, Zinn 1994) und nach tieferliegenden Ursachen für das Wirtschaftswachstum in modernen Industriewirtschaften gesucht. Diese Arbeiten deuten darauf hin, daß die Ursachen mit der Rolle des Geldes in heutigen Wirtschaften zu tun haben, und wir möglicherweise einem monetär begründeten Wachstumszwang unterliegen. Wenn dies der Fall ist, dann hätten wir keine Wahlmöglichkeit zwischen wachsender und stationärer Wirtschaft. Wachstum wäre innerhalb des bestehenden Wirtschaftssystems eine Notwendigkeit. Soll dieses Wirtschaftssystem nicht grundlegend geändert werden, dann bliebe uns als einzige Strategie zur Realisierung einer nachhaltigen Wirtschaftsweise eine Entkopplung des Wachstums von Umweltbelastungen, so daß Wachstum ökologisch immer verträglicher wird. Ein Wachstumsstopp bzw. Nullwachstum wäre, sofern ein Wachstumszwang besteht, hingegen nicht möglich, ohne die heutigen Wirtschaftssyteme in ihren Grundfesten zu erschüttern (siehe auch Beitrag Woltron).

Die Diskussion um die Ursachen des Wirtschaftswachstums ist somit auch aus ökologischer Perspektive von höchster Relevanz. Wenn man die Wachstumsdynamik moderner Industriewirtschaften nicht versteht, wird man längerfristig mit allen Rezepten für qualitatives Wachstum oder nachhaltiges Wirtschaften Schiffbruch erleiden. Dies sei hier gleich zu Beginn erwähnt, da wir uns in der Folge auf die Betrachtung von Wirtschaftsprozessen konzentrieren und die ökologischen Auswirkungen in diesem Beitrag nicht weiter verfolgt werden (vgl. Binswanger, M. 1995).

Was bedeuten Wachstum und Wohlfahrt?

Der Begriff des Wirtschaftswachstums ist uns dermaßen geläufig, daß wir uns kaum je überlegen, was wir damit genau meinen. Wenn Ökonomen von Wirtschaftswachstum sprechen, dann geht es dabei fast immer um ein Wachstum der wirtschaftlichen Wertschöpfung. Diese ist eine in der volkswirtschaftlichen Gesamtrechnung definierte Größe, die alle jene Produkte und Dienstleistungen erfaßt, die während eines Jahres in einem Land produziert werden und zu (in Geld) meßbaren Erwerbs- und Vermögenseinkommen führen. Die Wertschöpfung kommt im Bruttoinlandprodukt (BIP) zum Ausdruck, welches wiederum als Maß für den materiellen Wohlstand gilt. Diese Messung des wirtschaftlichen Wachstums ist häufig kritisiert worden, da alle Prozesse, die zu keinem meßbaren Einkommen führen, vernachlässigt werden. Hausfrauenarbeit bleibt ebenso unberücksichtigt wie

Selbstversorgung. Und die ökologische Dimension des Wirtschaftens kommt natürlich auch nicht zum Ausdruck. Trotzdem ist die Messung des Wirtschaftswachstums, so wie es in den volkswirtschaftlichen Gesamtrechnungen getan wird, ökonomisch betrachtet in Ordnung. Damit eine Größe in der Sprache der Wirtschaft ausgedrückt werden kann, muß sie in Geldeinheiten bewertbar sein, was nur für die auf dem Markt verkauften bzw. vom Staat zur Verfügung gestellten Güter und Dienstleistungen in sinnvoller Weise möglich ist. Etwas anderes ist allerdings unzulässig. Man darf Wirtschaftswachstum nicht mit einem Wachstum der Wohlfahrt bzw. der Lebensqualität gleichsetzen, was bis heute immer wieder getan wird. Der Begriff der Wohlfahrt bzw. Lebensqualität beschreibt den Wert der gesamten natürlichen und sozialen Umwelt für den Menschen. Diese viel umfassenderen Werte werden durch die wirtschaftliche Wertschöpfung nicht automatisch erhöht. Führt Wachstum nicht nur zu einer Zunahme des Wohlstandes sondern auch zu einer Zerstörung der natürlichen Umwelt (was es heute tut), dann stehen wirtschaftliche Wertschöpfung und Wohlfahrt bzw. Lebensqualität teilweise in einem deutlichen Widerspruch zueinander.

Wenn in der Folge von Wirtschaftswachstum die Rede ist, dann bezieht sich dieser Begriff immer auf das BIP-Wachstum, so wie dieses heute in allen marktwirtschaftlich orientierten Volkswirtschaften gemessen wird. Ein Wachstum der Wohlfahrt wird damit nicht impliziert. Wachstum bedeutet schlicht und einfach eine Erhöhung der in Geld gemessenen Einkommen einer Volkswirtschaft, wobei hier immer die reale Einkommensentwicklung gemeint ist. Preissteigerungen für sich allein bewirken kein reales Wirtschaftswachstum, sondern nur Inflation.

Die Attraktivität des Wirtschaftswachstums

Dank des Wachstums ist die Wirtschaft kein Nullsummenspiel, sondern ermöglicht es den einen Wirtschaftsakteuren, einen Gewinn zu machen bzw. das Einkommen zu erhöhen, ohne daß sich dadurch der Gewinn bzw. das Einkommen bei anderen Wirtschaftsakteuren verringern muß. Das Wirtschaftswachstum befreit uns von der Tyrannei eines Nullsummenspiels, bei dem jeder Gewinn einen Verlust (bzw. eine Gewinnminderung) bei anderen Wirtschaftsakteuren bedingt. Das ist natürlich angenehm, da andere Menschen reich werden können, ohne daß man selbst etwas hergeben muß. Diese Tatsache ist sowohl für die Einkommensverteilung innerhalb der einzelnen Länder als auch in globalem Rahmen zwischen den Ländern von Bedeutung. In den heute hochindustrialisierten Ländern ermöglichte Wirtschaftswachstum breiten Schichten einen ansehnlichen Wohlstand zu erreichen, ohne daß die Oberschicht von ihrem Reichtum hergeben mußte. Die Arbeiterschaft wurde langfristig nicht ausgebeutet, wie Marx dies noch annahm, sondern partizipierte an dem durch Wirtschaftswachstum steigenden Wohlstand, bis sie als eigene Klasse verschwand oder heute im Verschwinden begriffen ist. Aber auch in globalem Rahmen und für die Einkommensverteilung zwischen den Ländern ist Wachstum gerade für die Industrienationen eine angenehme Sache. Dank globalem Wirtschaftswachstum können sich industrialisierende Länder reich werden, ohne daß wir, in den industrialisierten Ländern, etwas von unserem Wohlstand einbüßen müssen. Zumindest gilt dies für diejenigen sich industrialisierenden Länder, die den Anschluß an die Wachstumslokomotive „Weltwirtschaft" noch rechtzeitig schaffen, denn, daß 10 oder mehr Milliarden Menschen in Zukunft in Wohlstand auf dieser Erde leben werden, können nicht einmal die größten Wachstumseuphoriker im Ernst glauben.

Angesichts der positiven Eigenschaften des Wirtschaftswachstums erstaunt es somit kaum, daß das Wachstumsziel im allgemeinen einen breiten Konsens in der Bevölkerung findet. Betrachten wir die wirtschaftliche Entwicklung der heutigen Industrienationen, dann zeigt sich, daß sowohl Unternehmer als auch Arbeiter durch den Wachstumsprozeß zu Gewinnern wurden. Das Wirtschaftswachstum ermöglichte die Kombination von zwei Zielen, die zunächst diametral entgegengesetzt zu sein scheinen: die Kombination von arbeitssparendem technischem Fortschritt mit Vollbeschäftigung. Die ganze industrielle Entwicklung ist geprägt durch den Ersatz von Arbeitern durch Maschinen in der Produktion, was gleichzeitig eine Substitution von Arbeit durch Energie bedeutete. Die Industrieunternehmen konnten im Wettbewerb der sich entwickelnden kapitalistischen Wirtschaftssysteme langfristig nur überleben, indem sie sich durch Nutzbarmachung des technischen Fortschritts (Innovationen) immer wieder Wettbewerbsvorteile verschafften. So führte das Ziel der Gewinnmaximierung bei den Unternehmen zu arbeitssparendem technischem Fortschritt, bei dem teurer werdende Arbeit durch billiger werdende Energie (zuerst Kohle, später Erdöl) ersetzt wurde. Daß trotzdem nicht immer mehr Arbeiter ihren Job verloren (mit Ausnahme der Zeiten von Wirtschaftskrisen), ist dem Wirtschaftswachstum zu verdanken. Dank der sich stets ausdehnenden Wirtschaftsaktivitäten wurde die Einsparung der Arbeit durch die zusätzliche Nachfrage nach Arbeit in anderen Bereichen der Wirtschaft deutlich überkompensiert, so daß auch eine wachsende Bevölkerung keine Bedrohung, sondern im Gegenteil eine wirtschaftlich willkommene Tatsache darstellte. In unserem Jahrhundert erfolgte die Schaffung zusätzlicher Arbeitsplätze dann allerdings zunehmend über den Dienstleistungssektor und nicht mehr in der Industrie. So wurden beispielsweise im Industriesektor der Schweiz seit Mitte der 60er Jahre netto keine Arbeitsplätze mehr geschaffen, und die Zunahme der Beschäftigung erfolgte nur noch bei den Dienstleistungen.

Die Tatsache, daß Wachstum technischen Fortschritt in Kombination mit Vollbeschäftigung ermöglichte, macht unmittelbar einsichtig, weshalb sowohl Unternehmer als auch Gewerkschaften immer vehement für Wirtschaftswachstum eintraten. Wachstum bedeutete steigende Einkommen sowohl für Unternehmer als auch für Arbeiter, ohne daß es längerfristig zu Massenarbeitslosigkeit kam.

Setzen Stagnations- und Sättigungstendenzen dem Wirtschaftswachstum Grenzen?
Gibt es endogene (systemimmanente) Grenzen, die diesem Wachstumsprozeß unabhängig von den ökologischen Problemen ein Ende setzen? Kommt es zu Stagnations- bzw. Sättigungstendenzen, die bei der Erreichung einer bestimmten Stufe der wirtschaftlichen Entwicklung das Wachstum zunehmend abflachen (vgl.: Zinn 1994, 63ff, Falkinger 1986)? Die Antwort lautet: Nein! Und zwar ist die Antwort deshalb „Nein", weil dies nicht sein darf und die Wirtschaft ständig und unaufhörlich darauf hin arbeitet, solche Sättigungs- bzw. Stagnationstendenzen zu überwinden.

Grundsätzlich droht dem wirtschaftlichen Wachstum bei Stagnation bzw. Sättigung von zwei Seiten Gefahr: von den Unternehmen und von den Konsumenten. Die Unternehmen bedrohen das Wachstum, wenn sie nicht mehr (netto) investieren und die Konsumenten, wenn sie ihren Konsum einschränken. Der erste Fall wird allerdings in einem kapitalistischen Wirtschaftssystem nicht eintreten, da die Unternehmen einem monetär bedingten Wachstumszwang unterliegen, mit dem sich diese Arbeit in der Folge auseinandersetzt. Dieser Wachstumszwang bei den Unternehmen ist die wichtigste ökonomische Ursache des Wachstums, doch gibt es auch auf der Konsumentenseite Mechanismen, die einer Sättigungstendenz entgegenwirken. Diese seien hier ebenfalls kurz erwähnt, da sie eine notwendige Ergänzung zur monetären Erklärung der Notwendigkeit des Wachstums bei den Unternehmen darstellen.

Naiv gedacht würde man eigentlich annehmen, daß sich mit zunehmendem Wohlstand eine gewisse Sättigung im Konsum ausbreitet. Die Grundbedürfnisse wären immer mehr abgedeckt und die Menschen würden die Maslow'sche Bedürfnispyramide, welche die Vielzahl menschlicher Bedürfnisse hierarchisch gliedert, hochklettern und vermehrt höhere Bedürfnisse wie etwa den Drang nach Selbstverwirklichung (bzw. Reduktion des persönlichen Sinndefizits) befriedigen. Diese Bedürfnisse sind auf dem Markt jedoch weniger nachfragewirksam als die Grundbedürfnisse. Tendenziell ergäbe sich ein Übergang von materiellen (Güter-gebundenen) Bedürfnisbefriedigungen zu immateriellen Bedürfnisbefriedigungen (vgl. Scherhorn 1994). Makroökonomisch würde sich dieser Übergang so auswirken, daß der Konsum zugunsten des Sparens zurückgeht. Darauf hat bereits Keynes (1930) hingewiesen, indem er ein „fundamentales psychologisches Gesetz" postulierte, welches besagt, daß die Menschen von einer gewissen Einkommenshöhe an, dem Sparen (insbesondere dem Vorsorgesparen) eine immer größere Bedeutung beimessen und demzufolge weniger Einkommen für den Konsum verwenden. In der gleichen Arbeit von 1930 zeigt Keynes jedoch auch auf, weshalb es trotzdem zu keiner Sättigung kommt. Man muß nämlich unterscheiden zwischen absoluten und relativen Bedürfnissen. Für die absoluten Bedürfnisse gilt zwar das Sättigungsgesetz, nicht aber für die relativen. Während bei den absoluten Bedürfnissen die Bedürfnisbefriedigung unabhängig von anderen Menschen erfolgt, geht es bei den relativen Bedürfnissen darum, sich gegenüber seinen Mitmenschen abzuheben, also um Geltung, Prestige und Status. Absolute Bedürfnisse wie Hunger oder das Bedürfnis nach Beleuchtung sind irgendwann einmal gestillt und erzeugen keine zusätzliche Nachfrage mehr. Bei den relativen Bedürfnissen hingegen tritt nie Sättigung ein, da die Deckung dieser Bedürfnisse ihre Nachfrage immer wieder selbst erzeugt. Besonders Fred Hirsch (1980) hat diesen Prozeß in seinem Buch „Die sozialen Grenzen des Wachstums" beschrieben. Die Befriedigung relativer Bedürfnisse bleibt permanent nachfragewirksam, da bestimmte Güter die relativen Bedürfnisse nur solange befriedigen, als sie nicht allzuviele Menschen besitzen. Sobald ein bestimmter Prozentsatz der Menschen über ein bestimmtes Gut verfügen, hört dieses auf, Geltungs-, Prestige- oder Statussymbol zu sein, und deckt demzufolge die relativen Bedürfnisse nicht mehr ab. So müssen ständig neue Güter erzeugt und gefunden werden, die wiederum der Befriedigung dieser relativen Bedürfnisse dienen können (vgl. auch Keynes 1923, 1936).

Typische Beispiele für Güter, die relative Bedürfnisse abdecken, waren früher Kleidung oder Autos. Diese Güter haben in den hochentwickelten Industrienationen ihren Statuscharakter jedoch immer mehr verloren (in den sich industrialisierenden Ländern erfüllen sie diesen Zweck hingegen in steigendem Ausmaß), da sich heute (fast) alle Menschen fast jede Art von Kleidung bzw. Autos leisten können. Die Märkte für diese Produkte weisen denn auch Sättigungstendenzen auf und wachsen kaum noch. Die Wirtschaft setzt deshalb alles daran, laufend neue Güter zu entwickeln, die aufs neue die Funktion der relativen Bedürfnisbefriedigung übernehmen. Beispiele dafür sind etwa der Bau individuell gestalteter Eigenheime bzw. die Einrichtung von Wohnungen mit Designermöbeln oder die Ausübung elitärer Sportarten mit entsprechend exklusiver Ausrüstung. Mit Hilfe von Werbung versucht man auch zunehmend, den höheren, nichtmateriellen Bedürfnissen wie Selbstverwirklichung den Charakter eines relativen Bedürfnisses zu verleihen, d. h. sie nachfragewirksam und gütergebunden werden zu lassen. Das Ideal des selbstverwirklichenden, erfolgreichen modernen Menschen wird so zum sich selbstverwirklichenden Konsumenten, der seine Individualität durch den Kauf individueller, exklusiver Produkte demonstriert. Durch das Vorhandensein relativer Bedürfnisse und deren aktiver Förderung durch die Wirtschaft wurde den Sättigungstendenzen in Wohlstandsgesellschaften bisher erfolgreich entgegengewirkt. Der Anteil konsumptiver Ausgaben am Einkommen nimmt zwar mit zunehmendem Einkommen etwas ab, aber nicht so stark, daß das Wachstum ernsthaft bedroht wäre. Wichtig ist, daß es ausreichend Bedürfnisse gibt, die keiner Sättigung unterliegen. Die Aufrechterhaltung der Konsumentennachfrage ist notwendig, damit die von den Unternehmen an die Angestellten bezahlten Löhne wieder an die Unternehmen zurückfließen und die Erzielung eines Gewinns ermöglichen. Doch damit sind wir bereits beim Geld, womit sich das nächste Kapitel befaßt. Wachstum ist nämlich nicht nur attraktiv, weil es Bedürfnisbefriedigung bzw. Gewinne ermöglicht, sondern auch notwendig für das Überleben heutiger Wirtschaftssysteme.

Die moderne Wirtschaft als Kreditgeldwirtschaft
Im Grunde genommen geht es in einer Geldwirtschaft, so wie sie in den heutigen Industrieländern schon seit hunderten von Jahren existiert, nur um eines: nämlich aus einer bestimmten Geldsumme M (money) eine höhere Geldsumme M' zu machen. Dies ist der entscheidende Grund, weshalb ein Unternehmen überhaupt produziert. Unternehmen produzieren, weil sie damit rechnen, durch den Verkauf von Gütern bzw. Dienstleistungen im Verlauf der Zeit eine höhere Geldmenge M' einzunehmen, als sie ursprünglich für die Bezahlung der Produktionsfaktoren Arbeit (Löhne) und Kapital (Investitionen inkl. Zinsen) ausgegeben haben, um so einen Gewinn G = M'–M zu realisieren (vgl. z. B. Heilbronner 1986).
Der wirtschaftliche Kreislauf ist somit für das Unternehmen ein kontinuierlicher Prozeß, der sich in einer auf Marx (und nicht auf den Marxismus!) zurückgehenden Terminologie als M-C-M'-Kreislauf (Geld-Ware-Geld-Kreislauf) beschreiben läßt. Der Kreislauf beginnt damit, daß ein Unternehmen eine bestimmte Geldsumme M investiert, um damit die für die Produktion notwendigen Produktionsfaktoren Arbeit und Kapital zu bezahlen. Erst an zweiter Stelle kommen reale, d. h. physische Güter C (commodities) hinzu, indem die Unternehmen Anlagen und Maschinen kaufen (Realkapital), um damit Güter und Dienstleistungen zu produzieren. Durch den Verkauf der mit Hilfe von Arbeit und Kapital hergestellten Güter verwandelt das Unternehmen schließlich die produzierten Güter und Dienstleistungen wieder in Geld (M'), wobei gilt, daß die erwartete Geldmenge M' größer sein muß als die ursprünglich investierte Geldmenge M. Das ist deshalb der Fall, weil die Unternehmen für die ursprünglich aufgenommenen Kredite einen Zins bezahlen müssen, den sie nur bezahlen können, wenn sie mehr Geld einnehmen als sie ursprünglich investiert haben. Doch das erwartete M' muß zusätzlich noch um so viel größer als M sein, daß neben den Zinszahlungen auch noch ein Gewinn resultiert. Andernfalls wäre das gesamte Investitionsprojekt, dessen Wert sich aus den zukünftigen abdiskontierten Gewinnen ergibt (s.u.), unwirtschaftlich, und würde demzufolge gar nicht realisiert.
Das eben Gesagte gilt auch, wenn sich die Unternehmen mit Eigenkapital finanzieren. In diesem Fall stellen die Zinsen Opportunitätskosten (entgangener Gewinn) dar. Wenn nicht mindestens ein Gewinn in der Höhe des Zinses resultiert, dann wäre es profitabler gewesen, das Geldkapital zu diesem Zinssatz auszuleihen bzw. anzulegen statt in das Projekt zu investieren.

Welche Güter oder Dienstleistungen tatsächlich hergestellt werden, ist innerhalb der wirtschaftlichen Logik ohne Bedeutung. So entwickelten sich in modernen Industriewirtschaften immer mehr Möglichkeiten, Gewinne auch ohne eine entsprechende Produktion von Gütern und Dienstleistungen zu erzielen. Auf Finanzmärkten werden heute zum Teil Gewinne erzielt, ohne daß irgend etwas Reales produziert wird. Finanztransaktionen schaffen zusätzlich zum M-C-M'-Kreislauf einen M-M'-Kreislauf, bei dem Gewinne durch Investitionen in Finanzkapital erzielt werden. Das beste Beispiel dafür ist der Aktienmarkt, der die Entstehung von spekulativen Blasen „profits without production" ermöglicht.

Handeln alle Unternehmen in einer Wirtschaft nach dem Prinzip des M-C-M'-Kreislaufs, so wächst auch die gesamte Wirtschaft, sofern die erwarteten Einnahmen M' sich bei einer Mehrheit der Unternehmen auch tatsächlich einstellen. Solange der M-C-M'-Kreislauf funktioniert, funktioniert auch die Wirtschaft.

Der Prozeß der Geldschöpfung: Wie gelangt das Geld in die Wirtschaft?
Der ganze M-C-M' Kreislauf kann allerdings nur funktionieren, wenn die Möglichkeit besteht, ständig steigende Geldmengen in den Wirtschaftsprozeß einzuschleusen. Andernfalls kann M' nicht von Periode zu Periode größer als M sein. Um dies zu erkennen, muß man sich etwas von der herrschenden Theorie in der Volkswirtschaftslehre lösen, die zu einem großen Teil auf folgender Annahme beruht:
„Geld ist neutral, d. h. es hat langfristig keinen Einfluß auf die reale Wirtschaft."
Die Erfindung des Geldes hat gemäß dieser Auffassung zwar die wirtschaftlichen Transaktionen wesentlich erleichtert, doch werden letztlich auch heute noch Güter gegen Güter getauscht. Das Geld liegt wie ein Schleier über den Wirtschaftsprozessen und ist für die Erklärung dieser Prozesse nicht von zentraler Bedeutung. Wird die Geldmenge erhöht, so führt dies langfristig zu einem allgemeinen Anstieg des Preisniveaus, ohne daß die relativen Preise der Güter dadurch beeinflußt werden. Geldschöpfung führt dann langfristig immer zu Inflation, hat aber keinen Einfluß auf die Handlungen der Wirtschaftsakteure. Das ist, grob vereinfacht ausgedrückt, auch die Botschaft des Monetarismus.
Allerdings gibt es andere ökonomische Theorien, welche davon ausgehen, daß Geld für die wirtschaftliche Entwicklung von großer Bedeutung und demzufolge nicht neutral ist. Diese Theorien kommen der Realität in modernen Geldwirtschaften wesentlich näher und ermöglichen es, im Gegensatz zur heute vorherrschenden Geldtheorie, die Bedeutung des Geldes und dessen Einfluß auf die wirtschaftliche Dynamik zu erkennen. Dabei ist es wichtig, sich zu überlegen, inwieweit Wachstum von Krediten und damit von der Entwicklung von Kapital- und Geldmärkten abhängig ist. Eine Wirtschaft, in der Geldschöpfung möglich ist, besitzt viel mehr Möglichkeiten zu Investitionen als eine Wirtschaft, in der zuerst gespart werden muß. Geld (als Giralgeld) wird geschaffen, indem Unternehmen Kredite aufnehmen, welche die Banken einfach den Unternehmen auf einem Konto gutschreiben. Die Unternehmen bezahlen dann mit diesem Geld ihre Produktionsmittel, wobei der größte Teil davon als Löhne an die Beschäftigten ausbezahlt wird. In modernen Geldwirtschaften wird für die Bezahlung der Löhne kaum mehr Geld (als Bargeld) von der Bank abgehoben. Der ursprüngliche Kredit an die Unternehmen wird einfach vom Konto der Unternehmen an die Konten der Arbeitnehmer umgebucht, und der ursprüngliche Unternehmenskredit erscheint jetzt als Guthaben der Lohnempfänger. Aber auch diese werden ihr Geld nur kurzfristig und in immer geringer werdendem Ausmaß als Bargeld von der Bank abheben. Der größte Teil des Geldes der Lohnempfänger fließt, ohne daß es je ausbe-

zahlt wurde, durch Käufe von Gütern und Dienstleistungen wieder auf die Konten der Unternehmen zurück, die dann in der Lage sind, ihre von der Bank aufgenommenen Kredite zurückzubezahlen. Dieser Prozeß wiederholt sich von Produktionsperiode zu Produktionsperiode, ohne daß die Möglichkeit der Geldschöpfung über das Bankensystem durch die Zentralbank beschränkt wäre. Daran ändert auch die Tatsache nichts, daß die Banken in verschiedenen Ländern sogenannte Mindestreserven bei der Zentralbank halten müssen, da sie sich notfalls bei Knappheit von Zentralbankgeld (Banknoten) immer bei dieser refinanzieren können.

Kredite können immer weiter ausgedehnt werden, da die Banken das dafür notwendige Geld selbst schaffen. Das bedeutet natürlich nicht, daß jeder, der einen Kredit will, auch einen solchen erhält. Kredite werden nur an Bankkunden vergeben, die den Banken kreditwürdig erscheinen. Doch solange es kreditwürdige Bankkunden gibt, gibt es keine Beschränkung der Kredittätigkeit und damit der Verschuldung. Die Tatsache, daß die Geldschöpfung nicht beschränkt ist, ermöglicht eine ständige Ausdehnung der Kredite, womit immer weiteres Wachstum finanziert werden kann.

In einer Kreditgeld-Wirtschaft ist die Kreditschöpfung eine fundamentale Notwendigkeit, da das Wachstum andernfalls von früheren Ersparnissen abhängig und durch diese beschränkt wäre. Bei einer genaueren Betrachtung des Wirtschaftskreislaufes ist es in einer Geldwirtschaft sogar unmöglich, daß Wachstum über mehrere Perioden hinweg allein durch Sparen finanziert wird (besonders deutlich ist dies in einem Artikel von Preiser aus dem Jahr 1953 beschrieben). Wachstum erfordert eine Erhöhung der Einkommen, wodurch zusätzliche Kaufkraft geschaffen wird. Durch Sparen wird aber keine zusätzliche Kaufkraft geschaffen, da Sparen ohne zusätzliche Geldschöpfung per se zu einer Verringerung der Konsumausgaben führt. Dadurch verringern sich wiederum die Einkommen der Unternehmen, da das gesparte Geld nicht mehr an die Unternehmen zurückfließt. Die Unternehmen eines Wirtschaftssystems können ihre Einnahmen insgesamt nur erhöhen, wenn zusätzliches Geld durch Geldschöpfung in den Wirtschaftskreislauf gelangt, so daß die Einnahmen durch Verkäufe von Gütern und Dienstleistungen am Schluß des Produktionsprozesses höher sind, als die ursprünglichen Ausgaben, die zu Beginn des Produktionsprozesses für Löhne und zur Deckung anderer Produktionskosten ausgegeben wurden. Ohne Geldschöpfung können sie maximal nur soviel wieder einnehmen, wie sie am Anfang ausgegeben haben, d. h. es findet kein Wachstum statt. Diese Tatsache wurde bereits von Schumpeter (1927, 86) deutlich hervorgehoben. Er schrieb:

„Jede Kreditschöpfung der Banken schafft neue Kaufkraft."

und:

„... die Finanzierung der modernen industriellen Entwicklung wäre [andernfalls] unmöglich gewesen."

Geldschöpfung ermöglicht eine Erhöhung der Einkommen von einer Wirtschaftsperiode zur nächsten Wirtschaftsperiode, und diese Erhöhung der Einkommen, die gleichzeitig eine Erhöhung der Kaufkraft bedeutet, ist wiederum eine Voraussetzung dafür, daß Wirtschaftswachstum stattfinden kann.

Monetäre Beschränkungen des Wachstums treten nur dann auf, wenn der Prozeß der endogenen Geldschöpfung durch das Bankensystem gestört wird, was im schlimmsten Fall zu einem Crash führen kann. Aber selbst länger andauernde Rezessionen führten in der Zeit nach dem zweiten Weltkrieg in den Industrieländern nicht mehr zu einer Abweichung vom langfristigen Wachstumstrend (vgl. Minsky, 1986, 350). Die seitherige Entwicklung von

Banken und anderen Finanzinstitutionen sorgte dafür, daß immer mehr Finanztransaktionen stattfinden können, ohne daß das Vertrauen in die Finanzinstitutionen dadurch leidet. Dies hängt insbesondere damit zusammen, daß die Zentralbank heute als sogenannter „lender-of-last-resort" das gesamte Finanzsystem stützt und notfalls die Rückzahlung der Schulden garantiert, falls irgend eine Bank oder andere Institution zahlungsunfähig werden sollte. Allein die Gewißheit, daß die Zentralbank dies tun würde, reicht meistens aus, um das Vertrauen in das Finanzsystem zu erhalten, auch wenn die einzelnen Transaktionen längst nicht mehr alle durchschaubar sind. Auf diese Weise läßt sich die Geldschöpfung laufend ausdehnen, ohne daß das Vertrauen in das ständig neu geschaffene Kreditgeld schwindet.

Die gesamten Finanztransaktionen spielen sich heute weitgehend in globalem Rahmen ab. Nationale Grenzen spielen kaum mehr eine Rolle bei der weltweiten Suche nach Anlagemöglichkeiten mit optimalem Ertrag/Risiko-Profil. Diese Geldkapitalströme haben einen solchen Umfang erreicht, daß die Wechselkurse zwischen den verschiedenen Währungen mittlerweile fast vollständig durch diese bestimmt werden. Und die Zentralbanken der Industrieländer stützen dieses System, in dem sie sich gegenseitig ihre Staatsschulden abkaufen (vor allem Westeuropa und Japan den USA) und sie als Währungsreserven dazu verwenden, ihre eigene Geldausgabe zu decken.

Wie lange läßt sich nun die Geldschöpfung und damit auch die Aufnahme von Krediten fortführen, wenn es keine endogene Beschränkung dieser Expansion gibt? Die prinzipielle Antwort auf diese Frage lautet: solange die Gläubiger (hauptsächlich die Banken) glauben, daß ihre Kredite schließlich zurückbezahlt werden und solange die Schuldner glauben, daß sie mit Hilfe der Kredite Gewinne erzielen, die höher sind als der Zins, welchen sie für die Kredite bezahlen müssen. Mit anderen Worten: solange die Wirtschaftssubjekte ihr Vertrauen in das gesamte Finanzsystem nicht verlieren. Dieses Vertrauen geht aber nur dann verloren, wenn die aufgenommenen Kredite zu keinem Wirtschaftswachstum mehr führen und nur noch Inflation erzeugen. Diese Aussage erscheint relativ banal, doch die Beziehung zwischen Wachstum und Geldschöpfung ist von fundamentalerer Bedeutung, als man sich dies zunächst vorstellt. Der nächste Abschnitt versucht deshalb aufzuzeigen, weshalb Wachstum in einer Geldwirtschaft nicht nur ein willkommener Nebeneffekt des Wirtschaftsprozesses ist, sondern eine zentrale Notwendigkeit darstellt.

Wie entsteht der Wachstumszwang in modernen Wirtschaftssystemen?

Mit den bisherigen Ausführungen haben wir gezeigt, daß die wirtschaftliche Logik in einer Geldwirtschaft auf Wachstum ausgerichtet ist. In der Folge soll nun dargestellt werden, wie aus dieser wirtschaftlichen Logik heraus ein effektiver Wachstumszwang für einzelne Unternehmen resultiert. Ein Wachstumszwang, der nicht etwa daraus resultiert, daß die Menschen unersättlich wären und immer mehr haben wollen, sondern ein Wachstumszwang, der in der Funktionsweise einer Geldwirtschaft selbst begründet liegt (ausführlicher beschrieben ist dies in mehreren Beiträgen in Binswanger/Flotow 1994).

In der heutigen Wirtschaft ergibt sich der Wert aller Investitionen in Realkapital (Maschinen und Anlagen) letztlich auf Finanzmärkten. Die Motivation hinter allen Investitionen sind erwartete Gewinne, die sich wiederum auf die Preise von Wertpapieren wie Aktien und Obligationen (festverzinsliche Wertpapiere) auswirken, und dadurch das Vermögen der Investoren erhöhen. Diese Transformation von erwarteten zukünftigen Erträgen in Wertpapierpreise ist notwendig, um potentiellen Investoren einen Anreiz zu geben, in das

betreffende Unternehmen zu investieren. Der Schottische Ökonom McLeod (1889, 80) hat dies bereits vor mehr als hundert Jahren treffend ausgedrückt:
„The true function of credit is to bring into commerce the present value of future profits."
Erwartet man, daß ein bestimmtes Unternehmen in Zukunft erfolgreich sein wird, so werden sich die Preise der Wertpapiere des betreffenden Unternehmens erhöhen, und können dann mit Gewinn wieder verkauft werden. Alle erwarteten zukünftigen Erträge, die Unternehmen durch ihre produktive Tätigkeit erwirtschaften, kommen also auf Finanzmärkten zum Ausdruck, wo die produktiven Tätigkeiten in Geld bewertet werden. Wir wollen deshalb den Versuch unternehmen, die Wachstumsdynamik in einer modernen Geldwirtschaft mit Hilfe der Finanzmärkte zu erklären.

Der Einfluß der Erwartungen über zukünftiges Wachstum auf die heutigen Wertpapierpreise läßt sich anhand von einigen einfachen finanzmathematischen Überlegungen demonstrieren. Beschränken wir uns der Einfachheit halber auf die Betrachtung von Aktienmärkten, dann wird der Preis P einer Aktie in der Finanztheorie im allgemeinen durch die Abdiskontierung aller erwarteten zukünftigen Gewinne G berechnet. Dabei müssen alle erwarteten zukünftigen Geldströme auf den jetzigen Zeitpunkt abdiskontiert werden, damit sie mit den Kosten, die jetzt anfallen, verglichen werden können. Zahlungsströme zu verschiedenen Zeitpunkten lassen sich mit Hilfe des Zinssatzes vergleichen. Eine Investition, die in Zukunft Erträge abwirft, lohnt sich nur dann, wenn diese Erträge höher sind als die Zinserträge, die erhalten würde, wenn man das Geldkapital für die Investition zum Marktzins anlegen würde. Bei einem Zinssatz von 5% pro Jahr muß eine Investition von 100 Geldeinheiten nach einem Jahr mindestens 5 Geldeinheiten Gewinn abwerfen. Umgekehrt ausgedrückt bedeutet dies, daß ein Gewinn von 105 Geldeinheiten in einem Jahr heute nur 100 Geldeinheiten Wert ist, d. h. der Ertrag von 105 Geldeinheiten wird mit Hilfe des Zinssatzes auf den gegenwärtigen Zeitpunkt abdiskontiert.

Die Abdiskontierung von zukünftigen Gewinnen geschieht mit Hilfe der folgenden Formel:

$$P = \sum_{t=1}^{n} \frac{G_t}{(1+i)^t}$$

P ist der Preis bzw. Gegenwartswert der Aktie, G_t sind die erwarteten Gewinne (für den einzelnen Aktionär sind dies die ausbezahlten Dividenden) zu den Zeitpunkten 1,2,...,n und i ist der für die Abdiskontierung relevante Zinssatz.

Die obige Formel läßt sich noch weiter vereinfachen, indem wir annehmen, daß erstens, alle erwarteten zukünftigen Gewinne gleich sind und den Wert G haben und zweitens, n sehr groß ist, was keineswegs unrealistisch ist, da Unternehmen im allgemeinen über ziemlich lange Zeiträume existieren. In diesem Fall vereinfacht sich die obige Formel zur Berechnung des Aktienpreises auf:

$$P = \frac{G}{i}$$

Der Preis bzw. Gegenwartswert der Aktie hängt jetzt nur noch von den erwarteten zukünftigen Gewinnen G und dem Zinssatz i ab. Je geringer der Zinssatz ist, umso höher ist der Gegenwartswert. P läßt sich dabei auch ausdrücken als Produkt aus dem ursprünglich investierten Betrag I und der Gewinnrate dieser Investition g. Es gilt dann:

$$G = g \times I$$

Wenn zum Beispiel i = 0.05, g = 0.1 und I = 1000 ist, dann ist der Preis der Aktie P:

$$P = 1000 \times 0.1/0.05 = 2000$$

Das bedeutet, daß der Preis der Aktie in diesem Fall gerade das Doppelte der ursprünglich investierten Summe I beträgt. Im allgemeinen ist P>I, wenn gilt: g>i.

Bis jetzt haben wir noch gar nicht von Wachstum gesprochen. Wir haben viel mehr angenommen, daß alle zukünftigen Gewinne G gleich sein werden, was für ein einzelnes Unternehmen auch in einer nicht wachsenden Wirtschaft ohne Nettoinvestitionen möglich ist. In diesem Fall wird kein neues Kapital gebildet und die durchgeführten Bruttoinvestitionen dienen lediglich dazu, abgeschriebenes reales Kapital (z. B. eine abgenutzte Maschine) zu ersetzen. Doch wie man sieht, führt bereits die Erwartung von konstanten zukünftigen Erträgen zu einem Preis, der viel höher liegt, als die Summe, die ursprünglich investiert wurde.

Nehmen wir nun an, daß die Wirtschaftsakteure nicht mehr konstante Gewinne, sondern konstant wachsende Gewinne für die Zukunft erwarten. In diesem Fall wird der Kapitalstock des Unternehmens durch Nettoinvestitionen laufend vergrößert. Nettoinvestitionen werden ermöglicht, indem ein Teil des Gewinns nicht mehr als Dividende ausbezahlt, sondern im Unternehmen reinvestiert wird. Dadurch verringern sich zunächst die Gewinne für die Aktionäre (Dividenden) gegenüber dem vorherigen Beispiel einer nicht wachsenden Wirtschaft, wo alle Gewinne direkt an die Aktionäre ausbezahlt wurden. (Dies gilt auch, falls die Investitionen nicht durch reinvestierte Gewinne sondern durch Fremdkapital finanziert werden, da dann die Gewinne durch Zinszahlungen verringert werden.) Das heißt: die Gewinnrate sinkt für die Aktionäre von g auf g', wobei gilt: g'<g. Allerdings werden die Gewinne dann zu einem späteren Zeitpunkt aufgrund des Wachstums höher sein als im Fall der nicht wachsenden Wirtschaft, so daß gesamthaft wesentlich höhere Gewinnerwartungen resultieren.

Wir rechnen weiterhin mit einem unendlichen Zeithorizont, mit einer konstanten Gewinnrate g' sowie mit einer konstanten Wachstumsrate w der Gewinne. In diesem Fall berechnet sich der Preis der Aktie wie der Gegenwartswert einer ewig wachsenden Rente (constant growth stock, oder Gordon Modell). Die Formel lautet:

$$P = \frac{G}{i - w} = \frac{g' \times I}{i - w}$$

Natürlich gilt diese Formel nur, wenn die Wachstumsrate w kleiner als der Zinssatz i ist. Eine Situation, in welcher i größer als w ist, ließe sich aber kaum über lange Zeit aufrecht erhalten, da die Konkurrenz durch die hohen Wachstumsraten angezogen würde und so dafür sorgte, daß w fallen würde und schließlich wieder kleiner als i wäre.

Betrachten wir nun wieder ein Zahlenbeispiel. Wir nehmen an, wie in dem Beispiel der nicht wachsenden Wirtschaft, daß i = 0.05 und I = 1000 ist. Zusätzlich treffen wir die Annahme, daß die Gewinne jedes Jahr mit einer Wachstumsrate w = 0.03 wachsen und g' = 0.07 ist. Die Zahl 0.07 ergibt sich, wenn wir annehmen, daß 30% der Gewinne (ein Anteil von 0.3) reinvestiert werden und damit für das Wachstum sorgen und 70% als Dividenden (ein Anteil von 0.7) ausbezahlt werden. Wenn wir weiterhin unterstellen, daß die Gewinnrate g (für das gesamte Unternehmen) wie im vorherigen Beispiel 0.1 beträgt, dann gilt für die Wachstumsrate w: w = 0.1 × 0.3 = 0.03 und g' = g − w = 0.07. In diesem Fall berechnet sich der Gegenwartswert wie folgt:

$$P = 1/0.02 \times 0.07 \times 1000 = 3500$$

Wenn man also annimmt, daß die Gewinne jedes Jahr um 3% wachsen werden, dann hat dies eine gewaltige Auswirkung auf den Gegenwartswert bzw. den Preis der Aktie, der jetzt 3.5mal so hoch wie der ursprünglich investierte Betrag von 1000 ist und 1.75mal so hoch wie der Preis bei einer nicht wachsenden Wirtschaft. Dieses Beispiel zeigt deutlich, wie sich Erwartungen über zukünftiges Wachstum auf die gegenwärtigen Wertpapierpreise auswirken. Sobald ein zukünftiges Wirtschaftswachstum erwartet wird und diese Erwartungen in die Preisbildung von Wertpapieren miteinbezogen werden, steigen die Preise beträchtlich an. Je höher das für die Zukunft erwartete Wachstum ist, umso mehr erhöhen sich die Preise.

Die Botschaft dieses kurzen Ausflugs in die Finanzmathematik ist deutlich. Wenn der Gegenwartswert einer Investition von den abdiskontierten zukünftigen Gewinnen abhängt und wenn diese wiederum die Preise der Wertpapiere bestimmen, dann wirken sich die Erwartungen über zukünftiges Wachstum auf die heutigen Preise der Wertpapiere aus. Eine Änderung dieser Erwartungen führt in diesem Fall zu unmittelbaren Änderungen der Wertpapierpreise. Erwarteten die Wirtschaftsakteure beispielsweise ein bestimmtes Wachstum der zukünftigen Gewinne und ändern sich diese Erwartungen in der Weise, daß mit keinem zukünftigen Wachstum mehr gerechnet wird, dann führt dies zu einem Preisverfall auf den entsprechenden Finanzmärkten. Das bedeutet, daß die Erwartung eines zukünftigen Nullwachstums oder bereits eines geringer werdenden Wachstums das gegenwärtige Finanzvermögen vermindert, da die Preise, zu welchen die Wertpapiere wieder verkauft werden können, sinken. Für die Investoren bringt dies reale Verluste, wie dies bei Börsencrashs der Fall war.

Die Abhängigkeit des gegenwärtigen Vermögens einer Volkswirtschaft von zukünftigem Wachstum ist ein wesentlicher Grund dafür, weshalb sich heutige Geldwirtschaftssysteme in einem effektiven Wachstumszwang befinden. Durch frühere Wachstumserwartungen wurde unser heutiges Vermögen dermaßen in die Höhe katapultiert, daß wir dazu verdammt sind, diese Wachstumserwartungen auch für die Zukunft aufrecht zu erhalten. Andernfalls bricht unser gesamtes auf fiktiven zukünftigen Gewinnen beruhendes Vermögen zusammen. Und Wachstumserwartungen lassen sich auf die Dauer nur aufrechterhalten, wenn dieses Wachstum auch eintritt. Dies ist schon deshalb der Fall, weil die Unternehmen jedes Jahr Zinsen und Dividenden für das erhaltene Geldkapital bezahlen müssen, wozu sie über längere Zeit nur in der Lage sind, wenn das erwartete Wachstum auch tatsächlich eintrifft.

Diese Überlegungen treffen sowohl für die gesamte Volkswirtschaft wie auch für das einzelne Unternehmen zu. Ist damit zu rechnen, daß in einem bestimmten Unternehmen in Zukunft kein Wachstum mehr zu verzeichnen sein wird, dann werden die Investoren die Wertpapiere des Unternehmens möglichst schnell verkaufen, um in ein erfolgreicheres Unternehmen zu investieren. Dadurch kommt es zu einem Preisverfall der Wertpapiere des entsprechenden Unternehmens, dem es dann kaum mehr gelingen wird, neue Investoren zu finden. Dies ist nur möglich, wenn es das Unternehmen schafft, die Erwartungen für ein zukünftiges Wachstum wieder zu beleben. Für das einzelne Unternehmen ist Wachstum somit eine Notwendigkeit, um Investoren zu finden, die bereit sind, Geldkapital zu investieren. Gelingt dies nicht, so verschwindet es mit der Zeit vom Markt. Volkswirtschaftlich ist dies natürlich noch kein Problem, solange es genügend Unternehmen gibt, bei denen ein Wachstum erwartet wird. Erst wenn die ganze Wirtschaft in eine depressive Stimmung gerät und allgemein mit keinem Wachstum mehr gerechnet wird, dann kommt es zu einem Crash und zu einem allgemeinen Vermögensverlust. Und da sich Finanzmärkte in immer schnellerem Tempo entwickeln und ein immer größeres Vermögen auf zukünftigen Erwartungen aufbaut, wird auch der Zwang zum Wachstum mit zunehmendem Wohlstand nicht etwa geringer sondern größer.

Die Entwicklung der Aktienmärkte in den USA während den 80er Jahren illustriert, mit welcher Geschwindigkeit und in welchem Ausmaß die Aktienkurse (Preise) steigen können. In der Zeit von 1980–1989 stieg der Dow Jones Industrial Index, der die Entwicklung der wichtigsten Aktien in den USA anzeigt um 181%, während sich das Bruttoinlandprodukt (BIP) nominal um „nur" 92% erhöhte. Diese doppelt so hohe Zunahme der Aktienkurse im Vergleich zum BIP konnte nur dadurch zustande kommen, daß die Wirtschaftsakteure in der betreffenden Zeit mit steigenden Aktienkursen rechneten (die sich auch bewahrheiteten). Und diese steigenden Aktienkurse beruhten letztlich wieder auf Erwartungen über zukünftig steigende Gewinne bzw. Dividenden.

Zusammenfassung und Schlußfolgerungen

Dieser Beitrag versucht aufzuzeigen, daß die Wachstumsdynamik moderner Wirtschaftssysteme wesentlich auf monetäre Ursachen zurückgeht. Moderne Industriewirtschaften sind Geldwirtschaften. Das bedeutet, daß alle wirtschaftlichen Aktivitäten darauf ausgerichtet sind, aus einer bestimmten Geldsumme (Investitionen) eine höhere Geldsumme (ursprünglich investierte Geldsumme plus Gewinn) zu machen. Das läßt sich mit Hilfe des sogenannten M-C-M'-Kreislaufs darstellen, wobei immer gelten muß: M'>M. Andernfalls ist eine Investition nicht profitabel und damit ökonomisch betrachtet eine Fehlinvestition. Der M-C-M'-Kreislauf ist gleichzeitig eine Beschreibung des Wirtschaftswachstums, da in jeder Periode mehr produziert werden muß als in der Vorperiode, damit aus M, welches das M' der Vorperiode darstellt, durch Verkauf von Güter und Dienstleistungen ein M' (welches wiederum das M der nächsten Periode ist) erwirtschaftet werden kann.

Der M-C-M'-Kreislauf funktioniert nur, wenn in jeder Wirtschaftsperiode zusätzliches Geld in den Wirtschaftskreislauf eingespeist wird, d. h. sich ständig vergrößert und damit eigentlich zu einer Spirale von sich ständig vergrößernden Geldströmen wird. Andernfalls läßt sich kein in Geld ausgedrückter Gewinn (der höher als die Zinsen sein muß) realisieren, da die Unternehmen am Schluß der Wirtschaftsperiode höchstens soviel wieder einnehmen können, wie sie zu Beginn der Wirtschaftsperiode für Löhne und Kauf von Kapitalgütern ausgegeben haben. Zusätzliche Kaufkraft, die auf dem Markt nachfragewirksam wird und Gewinne der Unternehmen ermöglicht, entsteht nur durch zusätzliche Geldschöpfung. Und eine solche Geldschöpfung findet tatsächlich statt. In modernen Geldwirtschaften besitzen Finanzinstitutionen immer die Möglichkeit, zusätzliches Geld als Kreditgeld zu schöpfen, da die Geldschöpfung durch die Zentralbanken nicht wirklich beschränkt ist.

Gewinne zu erwirtschaften ist in einer Geldwirtschaft aber nicht nur eine Chance, sondern auch ein Zwang, denn ohne Gewinne können Unternehmen nicht überleben. Investoren werden nur in Projekte investieren, deren zukünftige (abdiskontierte) erwartete Einnahmen (M') größer sind als der ursprünglich investierte Betrag (M). Alle anderen Projekte sind ökonomisch betrachtet wertlos, da ihr abdiskontierter Gegenwartswert Null bzw. negativ ist. Da die meisten größeren Unternehmen heute Aktiengesellschaften sind, kommt die Bewertung der gesamten wirtschaftlichen Aktivitäten dieser Unternehmen in ihren Aktienkursen zum Ausdruck, deren fundamentaler Wert nichts anderes als den Gegenwartswert der abdiskontierten zukünftigen Erträge (Dividenden) zum Ausdruck bringt. Rechnen die Investoren in Zukunft mit Wirtschaftswachstum, dann führt dies auf aggregierter Ebene auch zu steigenden Gewinnerwartungen, welche die Aktienkurse bereits heute in die Höhe treiben. Und da wir seit der Entwicklung moderner Industriewirtschaften stets mit Wachstum beglückt wurden (mit kurzen Unterbrechungen), beruhen heutige Aktienkurse auch auf Wachstumserwartungen. Würde nun plötzlich kein Wachstum mehr stattfinden, dann käme es zu gewaltigen Kapitalverlusten bei den Investoren, da die Aktienkurse auf einen Bruchteil ihres Wertes zusammenfielen. Ein solcher Kapitalverlust würde unsere Wirtschaftssysteme in ihren Grundfesten erschüttern, weshalb denn auch eisern am Wirtschaftswachstum festgehalten wird.

Für das einzelne Unternehmen äußert sich der Wachstumszwang noch wesentlich konkreter (vgl. Malik 1994 oder den Beitrag von Sliwka in diesem Band). Sobald Investitionen einmal vorgenommen wurden, müssen mindestens soviele Produkte bzw. Dienstleistungen produziert und verkauft werden, daß die Zinsen für das Fremdkapital bezahlt werden können. Andernfalls geht das Unternehmen früher oder später bankrott. Doch das reicht noch nicht aus. Es müssen so hohe Gewinne erwirtschaftet werden, daß das Unternehmen für Investoren attraktiv bleibt. Sinken die Gewinne, dann sinken auch die Aktienkurse und niemand wird mehr bereit sein, weiteres Geld für Investitionen zur Verfügung zu stellen (außer man erwartet wiederum steigende Gewinne). Unternehmen müssen wachsen, wenn sie auf dem Markt bleiben wollen.

Können heutige Wirtschaftssysteme ohne Wachstum existieren? Oder evolutionstheoretisch ausgedrückt: Kann das System „Geldwirtschaft" durch Evolution seiner Funktionsweise auf die Begrenzung der natürlichen Ressourcen reagieren? Die in diesem Beitrag aufgezeigte monetäre Wachstumsdynamik zeigt, daß eine nicht wachsende Wirtschaft unter den gegebenen Bedingungen nicht möglich ist. Nur grundlegende Änderungen unserer Wirtschaftssysteme würde eine Abkehr vom Wirtschaftswachstum ermöglichen. Solche Änderungen sind im Moment (trotz Versuchen wie Talent-Systeme etc.) aber nicht absehbar. Ganz im Gegenteil: der M-C-M'-Kreislauf wird immer mehr zu einem globalen Prozeß, der mittlerweile sämtliche Länder dieser Erde erfaßt hat. Wollen wir deshalb „Nachhaltige Entwicklung" in modernen Wirtschaftssystemen erreichen, dann ist Wachstumsstop zur Zeit keine realistische Möglichkeit. Dieses Faktum müssen wir zur Kenntnis nehmen. Es bleibt uns aber die Entkopplung des Wirtschaftswachstums von Naturverbrauch und Umweltbelastungen als mögliche Strategie. Unsere heutigen Wirtschaftssysteme besitzen nämlich einen Vorteil. Sie sind flexibel und können auf Preisänderungen schnell reagieren (man erinnere sich an die Ölpreisschocks). Eine Korrektur des jetzigen Preissystems etwa durch Einführung einer Energiesteuer ist deshalb eine durchaus realistische Möglichkeit, um das System „Geldwirtschaft" zu einer Adaption zu zwingen. Ob es dann funktioniert, kann man nur herausfinden, indem man handelt.

Literatur

BINSWANGER, H. C. (1994) Geld und Wachstumszwang. In: Binswanger, H. C./Flotow, P. v. (Hrsg) Geld und Wachstum. Edition Weitbrecht, Stuttgart, 81–124.
BINSWANGER, H. C./FLOTOW, P. v. (1994) Geld und Wachstum. Edition Weitbrecht, Stuttgart.
BINSWANGER, M. (1994) Wirtschaftswachstum durch „Profits without Production"? In: Binswanger, H. C./Flotow, P. v. (Hrsg) Geld und Wachstum. Edition Weitbrecht, Stuttgart, 161–184.

BINSWANGER, M. (1995) Sustainable Development: Utopie in einer wachsenden Wirtschaft? Zeitschrift für Umweltpolitik und Umweltrecht 1/95: 1–19.
DALY, H./COBB, J. B. (1994) For the Common Good. 2. ed. Beacon Press, Boston.
FALKINGER, J. (1986) Sättigung. Moralische und psychologische Grenzen des Wachstums. Mohr, Tübingen.
HEILBRONNER, R. (1986) The Nature and Logic of Capitalism. W. W. Norton, New York.
HIRSCH, F. (1980) Die sozialen Grenzen des Wachstums. Rowohlt, Reinbek.
KEYNES, J. M. (1923) A Tract on Monetary Reform. MacMillan, London.
KEYNES, J. M. (1930) Economic Possibilities for our Grandchildren. In: derselbe (1972) Collected Writings. Bd. 9. London-Basingstoke, 321–332.
KEYNES, J. M. (1936) The General Theory of Employment, Interest, and Money. Harcourt, Brace & World, New York.
MALIK, F. (1994) Verschuldung und Wachstumszwang. In: Binswanger, H. C./Flotow, P. v. (Hrsg) Geld und Wachstum. Edition Weitbrecht, Stuttgart, 125–133.
MCLEOD, H. D. (1889) Theory of Credit. Longmans, London.
MINSKY, H. P. (1986) The Evolution of Financial Institutions and the Performance of the Economy. Journal of Economic Issues 20 (June): 345–53.
PREISER, E. (1953) Der Kapitalbegriff und die neue Theorie. Jahrbücher für Nationalökonomie und Statistik 165: 241–262.
SCHERHORN, G. (1994) Die Wachstumsillusion im Konsumverhalten. In: Binswanger, H. C./Flotow, P. v. (Hrsg) Geld und Wachstum. Edition Weitbrecht, Stuttgart, 213–230.
SCHUMPETER, J. (1927) Die goldene Bremse an der Kreditmaschine. In: Kölner Vorträge, Bd. 1, Die Kreditwirtschaft 1. Teil. Gloeckner, Leipzig, 80–106.
ZINN, K. G. (1994) Die Wirtschaftskrise. B.I-Taschenbuchverlag, Mannheim.

Personenregister

Ackermann, G. 27, 44
Adams, W. P. 67, 71
Agricola, G. 120
Albernathy, V. D. 106
Alexander, M. 62, 71
Anaximander 116
Anderson, R. M. 62, 71
Aquin, T. v. 119, 143
Aristoteles 17, 20, 116, 118, 119, 121, 122, 140, 141, 142, 143, 146, 157, 160, 231, 242, 246, 258
Aubauer, H.-P. 5, 126, 127, 137, 138, 264
Austin, C. R. 67, 71
Axelrod, R. 262

Bacon, F. 120
Baratta, M. v. 66, 71
Barnard, C. J. 67, 71
Barro, R. J. 195, 198
Bartmann, H. 263
Bassuk, E. L. 70, 71
Beenstock, M. 67, 71
Beer, S. 172, 179
Behrends, O. 263
Behrens, W. 83
Bentham, J. 146
Berger, I. 84
Betzig, L. 48, 55
Biervert, B. 246
Biervert, M. 246
Binnig, G. 172, 179
Binswanger, M. 6, 164, 179, 216, 226, 238, 242, 249, 266, 282, 283, 290, 295, 296
Birg, H. 66, 71
Blankart, C. B. 255, 259, 260, 262
Blaxter, K. 63, 71
Boeckh, A. 21, 26
Böhm-Bawerk, E. v. 139, 140, 146, 153, 155, 156, 160
Boltzmann, L. 34, 37
Bonaventura 118
Bonet, E.-M. 5, 108, 110, 111, 124
Bongaarts, J. 58, 71
Bouke, J. H. 75, 83
Bower, G. H. 45, 55
Brandt, W. 76, 83
Braudel, F. 130, 138
Brehmer, B. 17, 26
Bresch, C. 259, 262
Briggs, J. 179
Brown, D. E. 106, 166
Brown, K. R. 179
Buchheim, C. 66, 71
Bühl, W. L. 67, 71
Burg, C. 74, 83
Burmeister, E. 194, 198
Büttner, H. 246

Campbell, R. H. 199
Cantillon, R. 147
Carter, T. S. 49, 56
Cavalli-Sforza, L. L. 64, 71
Chardin, T. de 164, 179

Chaunu, P. 61, 71
Cicero, M. T. 117
Cipolla, C. M. 129, 138
Clausewitz, C. von 253, 254, 262
Clausius, R. 34
Cobb, J. B. 283, 296
Cockburn, A. 47, 55
Comte, A. 108
Cornelius, W. A. 67, 71

Daecke, S. M. 262
Daffa, P. 75, 76, 83
Daly, H. 283, 296
Darwin, C. 18, 46, 55, 106, 110, 164, 179, 254
Dasgupta, P. S. 58, 71
Davidson, J. 127, 138
Delpos, M. 5, 9, 45, 56, 73, 298
Demokrit 117
Descartes, R. 111
Desmond, A. 106
Deutsch, K. W. 272, 281
Dieckmann, A. 200, 210
Diels, H. 122, 124
Dobell, A. R. 194, 198
Dörner, D. 24, 26, 53, 55, 215, 222
Drucker, P. F. 172, 179, 213, 222
Dunbar, R. I. M. 68, 71
Durant, W. 130, 138
Durham, W. H. 106
Dürr, H. P. 179

Ehalt, H. 20, 26
Ehrlich, A. H. 71
Ehrlich, P. R. 59, 71, 126, 138
Eibl-Eibesfeldt, I. 48, 51, 55, 68, 69, 71
Einstein, A. 21
Eliade, M. 112, 113, 114, 115, 124
Elias, N. 97, 106
Ellwein, Th. 246
Engeland, M. 75, 83
Engels, F. v. 161, 175
Erler, B. 78, 83
Eucken 230

Falkinger, J. 285, 296
Fasching, G. 107
Ferguson, M. 179
Feuerbach, L. 175
Ficinus, M. 119
Finking, R. 76, 83
Fischer, E. P. 262
Fischer, G. 27, 44
Fisher, I. 153
Flindt, R. 46, 55, 63, 71
Flotow, P. v. 295, 296
Földy, R. 179
Foppa, K. 45, 55
Forrester, J. W. 165, 174, 179
Freiberger, P. 24, 26, 31, 44
Freire, P. 76, 83
Friedrich Wilhelm IV 195

Frieling, H. 49, 55
Frisch, K. v. 203, 210
Fukuyama, F. 107

Galbraith, J. K. 214, 222
Galilei, G. 17, 21
Galtung, J. 75, 83
Gehmacher, E. 5, 86, 107, 110, 260, 264, 266, 268, 271
Gehrke, Ch. 161, 199
Giddens, A. 59, 66, 68, 69, 70, 71
Goethe, J. W. v. 21, 26, 171
Göhner, R. 84
Goppel, Th. 274, 281
Gorbatschow, M. 229
Gore, A. 265, 281
Gramm, C. 263
Grammer, K. 59, 71
Griesshammer, R. 74, 83
Griffin, K. 79, 83
Gross, H. 214, 222
Gruber, U. 234, 246
Gruhl, H. 179
Gruter, M. 248, 262
Gundermann, K.-O. 62, 71

Haberl, H. 127, 138
Haeckel, E. 179, 281
Hager, C. J. 280, 281
Hahlweg, W. 262
Hampe, P. 6, 224, 227, 232, 236, 246, 266
Hanak, I. 83, 84
Hartfiel, G. 73, 83
Hartig, G. L. 263
Hass, H. 49, 55
Hassenstein, B. 17, 26
Hauchler, I. 62, 63, 64, 65, 71
Hauptmann, W. 256, 262
Hawking, S. W. 179
Hay, M. J. 84
Hayek, F. v. 37, 156, 160, 179
Hegel, G. 108, 109
Heilbronner, R. 287, 296
Held, M. 246
Helsper, H. 6, 217, 218, 225, 231, 238, 247, 248, 256, 262, 266, 267, 269, 276, 279
Hempel, C. 21, 26
Hennis, W. 281
Heraklit 117
Herder, J. G. 111
Hermann, F. B. W. 154
Hernegger, R. 48, 55
Herrmann, H. 138
Hessler, A. 265, 281
Hilgard, E. R. 45, 55
Hillmann, K.-H. 73, 83
Hirsch, F. 286, 296
Hobbes, Th. 120, 225, 231, 232, 246
Hodgskin, T. 157
Holdren, J. P. 71
Hollifield, J. F. 71
Huber, J. 179

Huber, L. 44
Huber, P. 263
Hyden, G. 76, 83

Jänicke, M. 274, 281
Jaspers, K. 115, 124
Jhering, R. v. 253, 254, 262, 263
Jischa, M. 131, 138
Jorgensen, S. E. 60, 71
Joussen, W. 281

Kabou, A. 75, 83
Kalmbach, P. 238, 239, 246
Kant, I. 55, 108, 120, 121, 122, 123
Kennedy, P. 79, 83, 107
Kepler 122
Keynes, J. M. 159, 160, 188, 189, 190, 191, 192, 193, 198, 230, 231, 232, 236, 239, 246, 286, 296
Kielmansegg, P. 281
Kirchhof, P. 247, 263
Kleber, M. 234, 246
Kleindel, W. 64, 71
Knoflacher, H. 6, 200, 203, 205, 210, 257, 264
Knoflacher, M. 5, 58
Koestler, A. 179
Kohr, L. 172, 179
Kölsch, J. 179
Königswieser, R. 179
Kotauczek, P. 5, 27, 43, 44, 266
Kotheimer, O. 161, 199
Krall, P. 38, 43
Kranz, W. 124
Krebs, J. 56, 61, 65, 71
Krebs, K. 49
Kroy, W. 179
Krumm, R. 262, 263
Kuczynski, R. R. 129, 131, 138
Kues, N. v. 119
Kunz, G. 180
Kurz, H. D. 6, 139, 140, 148, 150, 153, 154, 156, 159, 160, 161, 181, 182, 185, 195, 198, 199, 225, 235, 236, 243
Kuznets, S. 227, 228, 246

Lamarck, J. B. de 110
Langholm, O. 141, 161
Larenz, K. 257, 263
Lauderdale, Lord 154
Leibnitz, G. 28
Leibundgut, H. 251, 263
Lekachman, R. 168, 179
Lenin, W. I. 175, 229, 246
Lenneberg, E. 54, 55
Leonardo 120
Lethmate, J. 61, 71
Lévi-Strauss, C. 110, 124
Lill, E. 202, 210
Livi-Bacci, M. 126, 138
Locke, J. 147
Lorenz, K. 8, 16, 19, 26, 36, 44, 45, 49, 50, 51, 52, 55,

297

56, 123, 124, 165, 179, 180, 217, 219, 222, 280, 281
Lubin, Y. D.   49, 56
Lucas, R. E.   196, 198
Ludwig XIV.   145
Lüftenegger, P.   26
Lutz, C.   179
Lutz, F. A.   140, 161
Luxemburg, R.   75, 83

Malik, F.   171, 175, 179, 295, 296
Malthus, Th. R.   46, 56, 59, 84, 127, 129, 138
Mandelbrot, B.   180
Mann, G.   131, 138
Marchetti, C.   133, 138
Marshall, A.   153
Martin, P. L.   71
Marx, K.   139, 149, 155, 156, 157, 158, 161, 175, 187, 229, 284, 287
Maslow, A. H.   232, 246
Maturana, H. R.   174, 179
May, R. M.   62, 71, 127, 138
Mayer, F.   180
Mayntz, R.   259, 263
Mazakarini, L.   9
McLeod, H. D.   291, 296
McNaughton, S. J.   67, 71
McNeill, D.   24, 26, 31, 44
Meadows, D.   5, 7, 9, 73, 76, 83, 107, 111, 121, 124, 175, 179, 180, 215, 220, 222, 224, 225, 243, 246, 298
Meffert, H.   213, 222
Menger, C.   154, 156
Mesarovic, M.   180
Milbrath, L. W.   137, 138
Minsky, H. P.   289, 296
Mitchell, B. R.   59, 66, 71
Monod, J.   180
Moore, I.   106
Morris, D.   48, 56
Murswiek, D.   263

Nentwig, W.   66, 70, 71
Nestroy, A.   108
Netting, R. McC.   63, 65, 68, 70, 71
Neumann, J. v.   211
Neumark, F.   201, 210
Neurath, P.   73, 84
Newton, I. Sir   21, 28
Nohlen, D.   75, 76, 77, 80, 84
Nordhaus, W. D.   211, 222
North, D. C.   230, 246
Nuscheler, F.   76, 84
Nussbaum, H. v.   225, 246

O'Barr, J.   84

Oberdies, H.   79, 84
Odum, E.   47, 56, 134, 138, 180
Oeser, E.   254, 263
Olson, M.   255, 263
Oppenheim, P.   21, 26
Ott, A. E.   246

Parmenides   117
Patzelt, W. J.   6, 217, 225, 226, 231, 238, 244, 246, 257, 258, 260, 264
Peat, D.   179
Peine, F.-P.   250, 263
Pernthaler, P.   137, 138
Perrings, K.   138
Petty, W.   147
Piaget, J.   109, 110
Pianka, E. R.   46, 56
Plato   118
Plotin   119
Popper, K.   27, 33, 35, 44, 45, 56, 109, 174, 179, 277, 281
Postman, N.   170, 179, 180
Preiser, E.   181, 199, 289, 296
Prescott, D. M.   62, 71
Prigogine, I.   35, 37, 44, 180
Pufendorf, S.   120
Pythagoras   117

Quesnay, F.   147

Raettig, H.   62, 71
Raiser, T.   257, 263
Randers, J.   83, 107, 124
Rapoport, A.   107
Rau, F.   255, 263
Ravenhill, J.   79, 80, 84
Rehbinder, M.   248, 263
Ricardo, D.   140, 147, 150, 151, 152, 157, 160, 161, 182, 185, 186, 187, 192, 198, 199, 207
Riedl, R.   5, 7, 8, 9, 11, 16, 17, 18, 19, 21, 23, 24, 25, 26, 27, 29, 44, 45, 46, 50, 51, 52, 53, 54, 56, 59, 71, 72, 110, 124, 128, 138, 150, 165, 179, 180, 215, 220, 222, 226, 246, 249, 257, 260, 263, 265, 266, 268, 273, 298
Ringquist, E. J.   274, 281
Roberts, N.   81, 82, 84
Robertson, C.   84
Rodbertus, J. K.   157
Roegele, O. B.   272, 281
Rohracher, H.   19, 26
Romer, P. M.   196, 199
Rosenmayr, L.   84
Rothschild, K. W.   234, 246
Rubenstein, D. I.   68, 72

Russell, B.   24

Sabata, G. D.   134, 138
Sabet, H.   82, 84
Sala-I-Martin, X.   195, 198
Salvadori, N.   140, 159, 161
Samuelson, P. A.   211, 222
Sauernheimer, K.   239, 240, 246
Saussure, F. de   109, 124
Say, J. B.   154
Schapp, J.   258, 263
Schefold, B.   160
Scherhorn, G.   232, 246, 286, 296
Schiefenhövel, G.   51, 56
Schiefenhövel, W.   51, 56, 71
Schischkoff, G.   84
Schrödinger, E.   34, 35, 37, 44, 46, 56
Schubert, E.   130, 138
Schulz, E.   82, 84
Schumpeter, J. A.   140, 156, 161, 188, 211, 222, 289, 296
Scott, M. F.   194, 199
Sen, A.   65, 72
Senghaas, D.   75, 84
Sexl, R.   23, 26
Shahar, S.   62, 72
Shaw, J. H.   49, 56
Shelford, V. E.   127, 138
Short, R. V.   68, 71
Sieferle, R. R.   129, 131, 138
Siena, B. v.   144
Simon, H.   19, 26
Simonis, U.   126, 138
Skinner, A. S.   199
Sliwka, M.   6, 211, 222, 225, 234, 266, 269, 272, 276, 295
Smith, A.   140, 146, 147, 148, 149, 150, 151, 152, 159, 160, 161, 182, 183, 184, 185, 186, 188, 198, 199, 229, 230, 231, 235, 246
Snow, C.   18, 26
Solow, R. M.   192, 195, 197, 199
Sonnemann, R.   131, 138
Spencer, H.   46, 56, 108
Spengler, O.   108, 109
Spiegel, H.   140, 141, 161
Spiegler, M.   257, 263
Spittler, G.   82, 84
Sraffa, P.   159, 160, 161
Stegmüller, W.   17, 26
Stelter, D.   175, 179
Stengers, I.   37, 44, 180
Stephens, D.   49, 56
Stern, K.   65, 72
Stichter, S.   84
Stix, G.   180

Stonier, T.   34, 36, 44
Stotz, K.   9
Streissler, E. u. M.   231, 232, 246
Sütterlin, C.   55

Tannenbaum, A.   19, 26
Thales   116
Thompson, W.   157
Thünen, J. H. v.   153, 161
Thurow, L.   107
Tigerstedt, P. M. A.   65, 72
Tiles, M.   79, 84
Todd, W. B.   199
Toynbee, A.   19, 26, 108
Turgot, R. J.   146

Uhle, A.   276, 281
UNFPA   59, 72

Vak, K.   180
Vanhanen, T.   107
Varela, J. F.   174, 179
Vasold, M.   62, 72
Veblen, Th.   232, 246
Vester, F.   53, 56, 219, 222
Viazzo, P. P.   59, 61, 63, 65, 68, 70, 72
Vico, G. B.   108
Vitousek, P. M.   126, 138
Vohrer, M.   250, 254, 263
Voigt, R.   257, 263
Vollmer, G.   45, 56, 71
Vossenkuhl, W.   122, 124

Waal, F. de   48, 49, 56
Wackernagel, M.   133, 134, 138
Wallace, A. F.   46, 56
Walras, L.   153
Waterman, R. W.   273, 281
Weede, E.   246
Weidner, H.   274, 281
Weinbrenner, P.   276, 281
Weinmann, A.   180
Weizsäcker, C. F.   171, 179
Weizsäcker, E. U. v.   76, 82, 84, 263, 265, 281
Westheim, W. F.   83
Wicksell, K.   154
William, N.   154
Wimmer, S.   9
Witt, U.   221, 222
Woltron, K.   6, 164, 179, 216, 217, 266, 269, 283
Wood, B. D.   273, 281
Wrangham, R. W.   68, 72
Wuketits, F. M.   259, 263

Xenophanes   117

Zadeh, L.   39, 44
Zinn, K. G.   283, 285, 296
Zippelius, R.   263

Sachregister

2/3-Gesellschaft 80
Abbau des Menschlichen 180, 217, 222
Aborigines 74
Abschaffung der Marktwirtschaft 220
Adaptationskraft 274
Adaptationsproblem 273
Adaptationsprozesse 279
Adaptierung 22, 23, 25, 51, 272
Adaptierungsdruck 22
Adaptionsmängel 221
Adaptionsmängel der wirtschaftlichen Vernunft 221
Adaptionsproblem 272
adaptive Mängel unseres Denkens 42
adaptive Normenänderungen 99
Adelsfamilien 214
Agio-Theorie 153
Agrargesellschaft 70, 94, 126, 129, 130, 134, 135, 136
Agrarpolitik 250
AIDS 7, 62, 71
akademische Ausbildung 260
aktive Stabilisierungpolitik 188
aktive Wirtschaftspolitik 191
Alchemie 119
Algorithmus 25, 28, 171
Algorithmus, logisch-mathematischer 25
Allmende 252
Alterspyramide 61, 62
Altersversorgung 66, 255
Altruismus 92
amerikanische Leistungsbilanz 240
amerikanisches Schadensersatzrecht 256
Amortisation 169
angeboren 11, 15, 24, 29, 36, 45, 52, 53, 183
angebotsorientierte Politik 231
Angebotsüberschuß 149, 158
anonyme Kapitalgesellschaft 249
Anonymisierung 260
Anonymität 51, 52
Anpassungsmangel 26, 51, 274
Anschauungsform 11, 16, 18, 24, 45, 52, 54
Anspruchsgesellschaft 232
Antibiotika 253
Antikonzeptiva 253
Antisemitismus 139
antizyklische Finanzpolitik 239
antizyklischen Konjunkturpolitik 270
Apparat, ratiomorpher 45, 52
Äquivalenz zwischen Natur

und Kultur 116
Arbeitslosenrate 12
Arbeitsmarkt 149, 158
Arbeitsmarktstatistik 193
Arbeitsplatz 79, 158, 169, 170, 178, 179, 188, 192, 196, 201, 216, 234, 240, 253, 285
arbeitssparender technischer Fortschritt 285
Arbeitsteilung 150, 165, 166, 167, 169, 174, 175, 183, 184, 207, 242, 248, 265, 266, 273
Armut 58, 82, 191, 221, 229
Artensterben 169
Artenvielfalt 128, 251
Arterhaltung 47, 51, 254, 262
artgerecht 183
asiatischer Raum 73
assoziatives Lernen 53
Atomkrieg 93
Auge Gottes 118
ausbeuterischer Charakter aller Besitzeinkommen 157
Ausbeutung 76, 126, 130, 132, 133, 134, 135, 136, 142, 153, 157, 169, 184, 225, 235
Ausbeutungstheorie 156
Auslistung 214
Ausschluß des Qualitativen aus der Wissenschaft 17
Ausstattung 11, 12, 15, 16, 17, 21, 22, 24, 27, 45, 49, 50, 52, 54, 57, 110, 203, 209, 215, 265, 266, 273
autark 137
Autonomie 100, 119, 230
Autopoiesis 97, 179
Autoverkehr 201, 203, 205, 209, 210
Azteken 94

baby boom 69
Barbaren 104
Bargeld 288
Basisdemokratie 105
Basisinnovation 200
Basiswerte 240
Bedürfnissättigung 231
Befehlsnotstand 11, 52
Beherrscher der Distanz 113
Benzinpreis 204
Bevölkerungsdynamik 59, 63, 70, 149
Bevölkerungsexplosion 131
Bevölkerungswachstum 5, 30, 46, 48, 57, 58, 59, 60, 63, 66, 67, 68, 70, 93, 96, 98, 99, 100, 101, 138, 184, 235, 283
Bienensprache 203
Bildungspolitik 26
biologisch-psychische-soziale Betroffenheit 87
Biologismus 20
Biomasse 63, 126, 128
Biomassebildung 128

Biomassezuwachs 129
Biosphäre 46, 47, 54, 81
Biotop 127, 128, 129, 219, 220, 273
Biowissenschaften 18, 22
BIP 283
blinder Zufall 35
Bodenerosionen 74
Bodenverarmung 169
Boltzmann-Entropie 35
Boltzmann-Konstante 34
Boltzmanns Wahrscheinlichkeitsfunktion 34
Bool'sche Formen 42
Börsencrash 241
Bruttonationalprodukt 58
Bruttosozialprodukt 80, 137, 212, 239
Bruttosozialvermögen 213
Buddhismus 68
bürokratischer Apparat 248

Calvinismus 108
case law 249
causa efficiens 17, 18, 20, 21, 226, 229, 230, 233, 237, 242, 244
causa finalis 17, 18, 226, 229, 237, 242
causa formalis 18, 20, 226, 229, 230
causa materialis 17, 18, 20, 21, 226, 229, 234, 240
Christen 68
Christentum 19, 111, 118
Clausius-Entropie 34
Club of Rome 7, 73, 76, 83, 84, 112, 121, 224, 264, 281, 282
Colibakterium 221
commercial society 183
Conquista 94, 100
constraint 22
copula 54
copula mundi 116, 119
cultura animi 117

DDR 272
Decision-Support-System 38
Deckungsbeitrag 213
deficit spending 270
definitorisch extrapolatives Prinzip 25
definitorische Logik 55
definitorische Semantik 21
definitorisches System 25
Deflation 242
Defuzzifikation 32
defuzzifizieren 33
Demokratie 52, 97, 100, 261, 262, 269, 271, 272, 273, 278, 279
demokratischer Verfassungsstaat 264
Demokratisierung 92
Denkkategorien 221
deterministische Kausalität 87
Deutsche Bischofskonferenz 74

Dialektik 114, 269
dialektisch 108
Die Grünen 218
diffuses Systemvertrauen 271
Dilemma 22, 30, 215
Dividende 159, 291, 292, 293, 294, 295
Domestikation des Menschen 168
Doomsday-Prognose 86
Dreißigjähriger Krieg 94, 95
Dritte Welt Haus Bielefeld 83
Dualismus 18, 35, 54, 117
Durchsetzung des Unnötigen 270

Economy of Scale 170, 207
Egoismus 173, 175
Eigeninteressen 75, 78, 88, 275
Eigenverantwortung 218, 276
Eigenverbrauch 213
Einbau negativer Rückkopplungsschleifen 268
Einsichtsmängel 273
Elektronenspin 35
Elite 92, 96, 99, 100, 102, 271
Emanzipation 93
Emissionen 13, 131, 133, 174, 247, 251, 282
Emissionsbegrenzungen 12
Emissionsgesetze 218
Emotionalisierung 89, 256
Empfängnisverhütung 69, 70
Empirismus 16, 17, 24, 25, 53
Energiebedarf 9, 53, 63
Energieüberschuß 132
Ent-Anonymisierung 276
entgangener Gewinn 287
Entropie 28, 34, 35, 36, 37, 104
Entropiesatz 46
Entstehen neuer Qualitäten 11, 21
Entwicklungshilfe 75, 76, 77, 78, 82, 83, 92
Entwicklungspolitik 76, 77, 84
Erbänderung 36
Erbschuld 118
Erdölkrise 282
Erdpolitik 281
Erfindung der abstrakten Norm 247
Erfolgsstreben 215
Erfolgszivilisation 16
Erkenntnisfortschritt 33
Erlösung 118
Erster Weltkrieg 64, 227
Erwerbsbeteiligung der Frauen 235
Erwerbskunst 141
Ethik 86, 117, 179, 258, 259
EU 207, 208, 262

299

Euckenscher Ordo-Liberalismus 234
euroasiatische Welt 113
europäische Währungsunion 242
europäische Zivilisation 94, 95
eurozentrisch 67
eurozentristisch 73
Evolution der Politik 86
evolutionär bedingte Falle 210
evolutionäre Denkkategorien 221
Evolutionäre Erkenntnistheorie 12, 45, 50, 51, 56, 123, 203, 208, 257
evolutionäre Ethik 259
evolutionäre Falle 203
evolutionäre Ökonomik 221
evolutionäre Psychologie 103
evolutionäre Selektionsmechanismen 203
evolutionärer Optimierungsprozeß 256
Evolutionärer Pragmatismus 43
evolutionäres Selbstregelungsprozeß 176
evolutionäres Wunder 205
Evolutionstheorie 103, 110, 122, 221, 222
Existenzminimum 126, 127
Existenzminimumthese 148
Expansion 183, 185, 187, 191, 198, 240, 242, 246, 290
Expertenkommissionen 262
Expertenkompetenz 261
Expertensystem 39, 40, 42
exponentielles Wirtschaftswachstum 227
extensives Wachstum 229

Fahrradverkehr 202
Familie 12, 19, 47, 69, 70, 71, 74, 158, 169, 214, 256, 260, 276
Faschismus 103
FCKW 218
FCKW-Sprays 82
feeding frency 49
Feindbild 89
Fernsehen 272
festverzinsliche Wertpapiere 290
Feudalordnung 185
Finanzierbarkeit des Sozialstaats 238
Finanzinnovation 240
Fiskalpolitik 190
Fitness 43, 71, 196
Flaschenhalseffekt 256
Fließgleichgewicht 176, 219, 280
Föderalismus 171
föderalistisch 170, 171, 172
Folgeschäden 175
Food for Peace 78
Formgesetze 226
Fortschritt der Vernunft 108
Fortschritts-Optimismus 102
Fortschrittsdenken 268

Fortschrittsgedanke 108
Fortschrittsglaube 86, 104
Französische Revolution 138, 145
Frauenförderung 76
freie Wahlen 272
Freihandel 150
Freihandelszonen 79
Freiheitsgrade 22, 69, 103, 122
Fremdkapital 189, 292, 295
Fremdregelung 91, 93
friedlicher Wirtschaftskrieg 102
Fulguration 36
fundamentale Rechtsprinzipien 258
Fußgehergeschwindigkeit 209
Fußgehermobilität 202
Fußgeherverkehr 202, 206
Future-Märkte 240
Fuzzy Decision Support System 38
fuzzy logic 24, 26, 38, 44
Fuzzy Modus Ponens 39
Fuzzy Syllogismus 39

Galileische Revolution 17, 54
Gamet 46
ganzheitlich 43, 164
gattungsspezifische Biotope 280
Gebrauchswert 158
Geburtenrate 58, 64, 66, 69, 70, 129, 137
gedankliche Selektion 254
Gefälligkeitsdemokratie 271
Gefangenendilemma 220, 262
Gegenwartskonsum 155
geistige Mobilität 206
geistige Werte 173
geistiges Eigentum 249
Geld-Ware-Geld-Kreislauf 287
Geldmensch 231
Geldpolitik 190, 239
Geldschöpfung 288, 294
Gemeinschafts-Ethik 259
gemeinschaftsorientierte Ethik 269
Gemeinwohl 259
genetisch gesteuertes Adaptierungsprinzip 50
genetische Adaptationen 104
genetische Adaptierung 51
genetische Adaptierungsmechanismen 50
genetische Verarmung 64
Genitalpräsentieren 48
geplante Evolution 222
Gesamtenergieumsatz 36
Gesamtreproduktionsrate 48
gesamtwirtschaftliches Überschußprodukt 152
Geschichte als Fortschritt 108
Geschichte von oben 19
Geschichte von unten 20
geschlechtliche Fortpflanzung 47

gesellschaftliche Werte 258, 259, 261, 262
gesellschaftlicher Fortschritt 149, 184
gesellschaftlicher Grundkonsens 256
gesellschaftliches Überschußprodukt 151
Gestaltergott 118
Gesundheitspolitik 255
Gewerkschaft 52, 216, 218, 285
Gewinnerwartung 292
Giralgeld 288
Gläubiger 143, 144, 146, 290
Gleichgewichts-Postulat 87
Global 2000 83
Global 2000 Report 76
global players 241
globale Ökosystembelastung 137
globales Ökosystem 7
Globalisierung 77, 82, 238, 266
golden age 236
Greißler 206
Grenznutzen 154
Grenznutzentheorie 188
Grenzproduktivität 153
Grenzwerte 279
Großkonzerne 79, 207, 208
Gründerjahre 249
Grundwerte 88, 275
grüne Revolution 79, 133
grüner Punkt 220
Gruppenegoismus 128
Gruppeninteressen 88, 262
Güteraustausch 165

Handlungsanleitungen 121
Häuptlingsverfassungen 265
Hausfrauenarbeit 283
hedonistische Lebensweise 231
Heilsgeschichte 118
Hermeneutik 17
Hierarchie 19, 22, 31, 33, 40, 41, 51, 85, 217, 248
Hierarchie der Zwecke 54
Hindurchreichen der Gesetze 20
Hochzinspolitik 160
Hohlkopf 205
holistisch 43
Holznot 251
Homo ludens 165
Homo sapiens 67, 93, 104, 165
Homöostase 123
Horde 248
human capital 235
Human Development Report 83
Humanevolution 274
Humankapital 184, 196, 197, 236, 237, 274
Humanum 5, 46, 108, 112, 117
Hygiene 71, 96, 101, 123, 130
Hygienemaßnahmen 63, 96
Hypothese vom anscheinend Wahren 52

Hypothese vom Vergleichbaren 53
Hypothese vom Zweckvollen 53
Hypothese von den Ursachen 53

imago mundi 114
Immigration 71
Imperialismus 73, 75, 78, 246
Indeterminismus 23
Individual-Ethik 259
Individualgerechtigkeit 259
individuelle Adaptationsmängel 274
individueller Egoismus 168, 173
individuumzentrierte Ethik 258, 260
Indoktrination 52
Induktionsproblem 24
Industrialisierung 63, 66, 77, 83, 131, 133, 167, 200, 225, 228, 251, 266
Industriegesellschaft 68, 70, 73, 126, 130, 181, 269, 277, 278, 279
industrielle Revolution 71, 74, 77, 126, 130, 131, 132, 135, 136, 186, 227, 265, 269
Inflation 33, 216, 271, 284, 288, 290
Inflationsrate 132, 216
Informationsexplosion 132
Informationsflut 247
Informationsökonomie 19
Inkarnation von Immobilität 201
innere Selektion 110
Innovation 87, 88, 89, 97, 98, 101, 102, 104, 106, 152, 170, 172, 179, 186, 188, 200, 279, 285
Innovationsfähigkeit 170
Innovationskraft 170, 172
Innovationspfad 103
Innovationsprozeß 169
Innovationsschub 97–102
Innovationsschub der kulturellen Evolution 96
Innovativität 87
instinktiv 55, 171
Interdependenz 166, 226
Interdisziplinarität 40
International Labour Organisation 83
Internationale Entwicklungspolitik 75
internationale Konzerne 170
internationale Umweltpolitik 244, 263
internationaler Steuerwettbewerb 240
Invasion, materialistische 18
Investition 75, 76, 131, 147, 150, 159, 170, 177, 189, 190, 191, 193, 202, 203, 235, 236, 241, 287, 288, 290, 291, 292, 293, 294, 295
invisible hand 230
Islam 19, 68, 95, 139

japanischer Börsenzusammenbruch 241
jus primae noctis 48

K-Strategie 65, 66, 67
Kalter Krieg 78
Kants Apriori 52
kanzerogene Stoffe 204
Kapazitätseffekt 190, 191
Kapitalismus 25, 145, 168, 173, 175, 176, 177, 181, 182, 192, 229, 246
Kapitalmobilität 240
Kategorien 121, 123
Kategorienbegriffe 53
Katholizismus 68
Kaufkraftparitätentheorie 241
Kausalität 189
Kernfusion 102
Keynes'sche Multiplikatortheorie 189
Keynesianische Revolution 182
Kibbuzzim 93
Kindchenschema 51
Kinderlosigkeit 70
Kinderreichtum 93
Kindestötung 69
Klammersysteme 223
Klassenkampf 101
Knappheit 134, 142, 152, 154, 160, 186, 190, 193, 229, 266, 267, 280, 289
Know-how 79, 86, 87, 218
Ko-Evolution 269
kognitive Adaptierung 52
Kognitive Psychologie 24
Kohärenz 11, 22, 49, 54, 87, 88, 89, 90, 112
Kollektivismus 175
Kolonisation 9, 73
kommunale Probleme 205
Kommunalpolitik 205
Kommunalstrukturen 205
Kommunismus 94, 101, 102, 139, 175, 178, 229
komparative Kostenvorteile 207
Kompetenzverteilung 228, 256
Komplexität 13, 18, 19, 23, 53, 83, 86, 90, 98, 104, 106, 110, 167, 171, 172, 174, 198, 225, 273
Konditionierung 53
Konjunktur 241
Konjunkturschwankungen 230
Konkurrenzausschlußprinzip 128
Konkurrenzfähigkeit 208
Konkurrenzkampf 60, 92, 97, 98, 99
Konkurrenzprinzip 234, 237
Konkurs 94, 216, 217, 222, 230, 249, 256
Konkursordnung 216
Konrad-Lorenz-Institut 8, 220, 222
Konstituenten 18, 19, 20, 21, 53, 94, 265
Konsum 144, 155, 156, 187, 193, 196, 197, 214,
231, 232, 233, 236, 246, 285, 286
Konsumanreiz 232
Konsumrausch 135
Konsumverzicht 92, 153, 197
Konzern 19, 170, 171, 172, 206, 217, 218
Kooperation 48, 75, 86, 93, 234, 249, 262
Kooperationsprogramm 51
Körperenergie 203, 204, 205, 209
Körpersprache 54
Korrespondenz 22, 54, 113
Korrespondenz-Bedingungen 54
Kosten-Nutzen-Relation 49
Kostenexplosion 255, 258, 259, 261
Kostenexplosion im Gesundheitswesen 255
Kostenminimierung 151, 185
Kräfte 17, 18, 20, 54
Kreativität 8, 89, 172, 180, 215, 221, 244
Kreativitätsdefizit 172
Kreativitätsverarmung 177
Krebsgeschwulst 89
Kreditgeld 290, 294
Kreditschöpfung 289
Krieg 64, 65, 69, 74, 82, 84, 91, 101, 102, 129, 130, 167, 168, 176, 202, 253, 262
Kriminalitätsrate 65
Krise 105, 169, 173, 187, 189, 229, 235, 266
Krisenmanagement 247
kritisch-rationale Politik 277
kritische Philosophie 17
Kultur der Bescheidenheit 275
Kulturdemokratisierung 92
Kulturdominanz 167
kulturomorph 45
künstliche Ökosysteme 129
Kurzsichtigkeit des Menschen 155
Kurzzeitökonomie 11
Kuwait-Krise 208
Kybernetik 17, 26, 39, 281

laisser faire 145
Lakunarität 32
Landwirtschaft 82, 95, 98, 99, 104, 123, 130, 133, 134, 135, 147, 148, 153, 169, 206, 208, 214, 235, 250, 251, 263, 266
landwirtschaftliche Primärproduktion 131
landwirtschaftliche Revolution 126, 129, 130
Langfrist-Politik 98
Langlebigkeit 96
Längsschnittproblem 208
Längsschnittwirkung 206
Laplace'scher Geist 23
Lebenserwartung 65, 71, 80, 103, 106, 148
Lebensqualität 80, 99, 133, 204, 264, 270, 284

Lebensraum 47, 97, 112, 126, 127, 133, 134, 204, 206, 209, 219
Lebensraum des Fußgehers 209
Lebenszyklus 48, 105
Legitimationsprobleme wachstumsbegrenzender Politik 271
Lemminge 127, 128
lender-of-last-resort 290
leninistisch 74
Letztbegründung 109
liberal 148, 184, 188, 191, 192, 276, 278
Liberalisierung 240, 267
Liberalismus 175, 176
Lillsches Reisegesetz 202
linearer Fortschritt 104, 108
Liquidität 159, 160
Liquiditätsvorliebe 160
List der Vernunft 267
Lobby 205, 218
Lobbygruppen 279
Lobbying 105
Lobbyismus 217, 262
Logik, klassische 24, 25, 37
Logos 115
Loyalität 86, 173
Loyalitätsabnahme 177

Machtbasis 279
Machtfrage 279
Machtstreben 64, 100, 178
magisches Denken 111, 124
Management 6, 26, 104, 105, 163, 179, 211, 212, 213, 216, 218, 222
management by butterfly 256
Managementtheorie 222
Manager des Jahres 215
Manchester-Liberalismus 218
Mangel an Wachstum 266
Mängel des Rechtserzeugungssystems 257
Manna vom Himmel 194
marginal efficiency of capital 236
Marketing 211, 213, 214, 222, 233
Markttransparenz 240
Marktversagen 197, 230
Marktwirtschaft 192, 197, 199, 208, 213, 220, 229, 230, 234
marktwirtschaftliche Selbstheilungskräfte 237
Marxismus 287
Marxsche Mehrwerttheorie 140, 153
Maschine 38, 87, 88, 120, 140, 167, 183, 235, 285, 287, 290, 292
Maschinenrecht 209
Maslow'sche Bedürfnispyramide 286
Massenarbeitslosigkeit 224, 235, 237, 285
Massenkommunikation 272
Massenkultur 51
Massenmedien 92, 272, 279, 281

Massenmotorisierung 201
Massenprivilegien 48, 270
Materialgesetze 226
Materialismus 18, 21, 116, 123
Mega-Eichhörnchen 165
Megakonzerne 9
Megakosmos 21
Megastrukturen 206
Mehrfamilienhäuser 252
Mehrwert 139, 157, 158, 161
Menschenrecht 209
Menschenwürde 275
Merkantilismus 229
Merkantilisten 148
Mesolithikum 113
Metamodell 33
Metaphysik 242, 246
Methodendiskurs 28
Methodenlehre, hermeneutische 21
Migration 67, 82, 87, 138
Mikrokosmos 21
Milieuselektion 23
Minimalkonsens 271
MITI, japanisches Super-Ministerium 197
Mobilität 6, 132, 163, 200, 201, 202, 204, 205, 208, 209, 210
Mobilitätssicherung 210
Modul 32
Modus ponens 31, 38, 39
Monetarismus 288
Monokultur 79, 169, 220
Monopol 143
Monopolisierungstendenzen 229, 230
Monopolpreis 149, 151, 234
Monopolsituation 234
moralische Werte 175
Morphologie 109
multikausal 176
multiparametrischer Steuerkreis 33, 39
Multisensorproblem 32
Mutation 110, 122
Mutationsgeschwindigkeit 253
Mutter-Erde 113
mystische Solidarität 113
Mythos 114, 115

Nachbarschaftshilfe 212
Nachfrage 79, 151, 159, 165, 168, 184, 189, 190, 191, 193, 230, 231, 233, 246, 285, 286
nachhaltige Entwicklung 295
Nachhaltigkeit 76, 136, 251, 267
Nachtwächterstaat 230
NAFTA 207
Napoleonische Kriege 152
nationale Politik 208
Nationalismus 103
Nationalökonomie 159, 160, 182, 198, 205, 211, 219, 223, 234, 238, 296
Nationalpolitik 205
Nationalprodukt 91

301

Naturausbeutung 132, 133
Naturbeherrschung 269
Nature-Nurture 117
Naturgesetz 87, 202, 221
Naturgesetz der kulturellen Evolution 103
Naturgesetzlichkeit 95
Naturkapital 132
natürliche Wachstumsrate 193, 194
Naturrechtslehre 257
Naturregelung 91, 92, 93
Naturzerstörung 82, 209
Naturzerstörungspotential 132
Negentropie 28, 33, 34, 37
neolithische Revolution 98, 129
Neophilie 272
Nettoreproduktionsrate 61
neue Systemeigenschaften 110
neue Wachstumstheorie 195, 196, 197, 198
neueste Wachstumstheorie 236
Neutralität des Geldes 238, 239
New Yorker Börsencrash von 1987 241
Nielsen-Index 214
Nikomachische Ethik 141
Nord-Süd-Kooperation 83
Normen 86
Notenbank 160, 188
Nullsummenspiel 241
Nullwachstum 174, 212, 225, 243, 282, 283, 293
Nutzenmaximierung 233

Obersystem 6, 19, 20, 21, 22, 85, 110, 163, 223, 265, 269, 280
Obertheorie 21
Obligationen 290
öffentliche Meinung 88, 212, 218, 256
öffentliche Verschuldung 240
öffentliche Verwaltung 263, 281
öffentliche Werte 212
öffentlicher Verkehr 204
Ökobilanzen 219
Ökodiktatur 220, 261, 275, 278
Ökologie 11, 30, 76, 128, 138
ökologische Ethik 121, 124
ökologische Folgeschäden der Wirtschaftstätigkeit 227
ökologische Marktwirtschaft 263
ökologische Politik 279
ökologische Realpolitik 281
ökologische Werte 218
ökologischer Kapitalismus 269
ökologisches Gleichgewicht 13
ökologisches Ungleichgewicht 271
ökonomische Theoriebildung 149

ökonomischer Fortschritt 150
Ökosphäre 176, 177, 178
Ökosystem 7, 23, 42, 126, 128, 130, 132, 133, 134, 135, 137, 282
Ökosystemforschung 220
Oligopol 234
oligopolistische Marktstrukturen 234
Ölkrise 228, 237
Ontogenese 110
Optimismus 88, 104
Ordnungspolitik 220, 276
Ost-West-Konflikt 229
ostasiatischer Raum 228
Östrogene 253
Ozonloch 81, 82
Ozonschicht 76, 81, 218, 282

Paradigma 17, 19, 21, 24, 60, 92, 103, 104, 109, 116, 221
Parasit 46
Parlament 276
Parthenogenese 113
Partizipation 75, 265, 274
Pastoralismus 74
pattern recognition 28
Patternmatching 248
Pessimismus 88
Pest 95
Pestizid 79, 133
Pharmakonzerne 7
Phasenmodell der kulturellen Evolution 98
Phasenübergang 11, 23, 53
Philosophy of Science 26
Photosynthese 126, 128, 138
physikalisches Gleichgewicht 47
Physikalismus 20
Physiokrat 147, 148
Physiokratie 147, 148, 151
physiokratische Doktrin 147
physiokratische Lehre 149
Physiologie 20, 209
Physis 116
physische Liquidation der Bauern 208
physisches Kapital 141
Planwirtschaft 169, 175, 229
Pluralismus 269, 270, 274, 278, 279, 280
Politik des nil nocere 273
Politik des Sachwachstums 274
Politik, reaktive 98
politisches Adaptationsproblem 273
Politisierung aller Lebensumstände 270
Popularklage 257
Populationswachstum 47, 48, 60, 62, 67
positive Rückkopplung 167
Possessivität 266
Practised Law 255
Pragmatismus 104
Präjudiz 249
Prestige 286
Prestigekonsum 100
Primaten 129, 265

Prinzip der eindimensionalen Messung 29
Prinzip der Eindimensionalität 41
Prinzip der Nachhaltigkeit 243
Privateigentum 142, 143, 146, 188
privatwirtschaftliche Ordnung 198
privatwirtschaftliches System 188, 192
Privileg 48, 143, 217, 218, 270
Privileg des Mächtigen, nicht lernen zu müssen 272
Privilegien 50
Privilegien/Massenprivilegien-Syndrom 275
Pro-Kopf-Einkommen 77, 150, 156, 183, 193, 194, 195, 229
Produktionsfaktor 37, 132, 154, 192, 193, 194, 234, 235, 236, 243, 287
Produktionsmittel 140, 147, 153, 154, 158, 167, 174, 175, 188, 214, 235, 236, 288
Produktivität 148, 150, 152, 187, 236
Produktivitätstheorien 153
Produktivkräfte 76, 153, 183, 229
Profit 6, 79, 125, 139, 140, 141, 147, 148, 149, 151, 152, 153, 154, 155, 157, 158, 159, 234, 291, 295
Profit without production 288
profit-center 170, 222
Profitrate 141, 147, 149, 150, 151, 152, 154, 158, 160, 185, 186, 195, 196, 236
Proletariat 167
Prosperität 181, 197
Protestantismus 68
Prototyping 40
Prozeß der endogenen Geldschöpfung 289
Psychologismus 20

qualitative Änderung 235
qualitative Sprünge 273
qualitative Umstrukturierung 219
qualitatives Prinzip 117
qualitatives Wachstum 219, 220, 268, 282, 283
Querschnittsorientierung 206

r-Strategie 65, 66
Radikalismus 104
Rangordnung 49, 50
Rangordnungskämpfe 164
Rangstreben 50
Rassismus 103
ratiomorph 22, 44, 45
Rationalismus 16, 24, 25, 55, 93
Räuber-Beute-Verhältnis 47
Realkapital 236, 287

realwirtschaftliche Rückkoppelung 241
REBUS-Expertensystem 40
REBUS-Perzeptron 38
REBUS-Verfahren 33
Rechnungshofarchitektur 261
Rechtsfrieden 252
Rechtsgewinnung 254
Rechtsnorm 248, 250, 251, 252
Rechtsnormen als Spezialfall biologischer Verhaltensmuster 248
Rechtsphilosophie 258
Rechtspolitik 263
Rechtspositivismus 257
Rechtsunsicherheit 256
Reduktionismus 21, 54
reformistischen Politik 278
Regelkreis 274
Regionalpolitik 205
Regulations-Opfer 96
Reichtum 141, 147, 148, 150, 183, 190, 231, 273, 274, 284
Reichtum als Adaptionsproblem 272
Rekrutensystem 19
rekursive Kausalität 11, 53
Religion 68, 94, 95, 99, 100, 104, 114
Rentabilität 235
Repression 277
Reproduktionsrate 46, 48, 62, 63, 252
Responsivitätsfähigkeit 274
Ressourcenknappheit 218
Ricardos "Kornmodell" 151
Ricardos Theorie der Grundrente 152
Richterrecht 249
Rio-Konferenz 225
Rohstoff 74, 82, 123, 126, 130, 133, 134, 135, 147, 165, 166, 174, 177, 178, 186, 187, 207, 225, 229, 243
römisches Kurzschwert 205
Rückepferd 252
rückkoppelnder Prozeß 219
Rückkoppelungsprozesse 280
Rückkoppelungsschleifen 280
Rückkopplung 219
Rückkopplungsmechanismus 250
Rückzugs des Staates 277
Russell'sches Huhn 25
russische Oktoberrevolution 188
Rüstungswettlauf 181

Sackgassen der Evolution 104
sanfte Revolution 179
Satelliteninstitutionen 280
Saurier 217, 222
Schadensbegrenzung 247
Scholastik 139
Scholastiker 142
scholastisch 140, 141, 142, 147, 157

Schöpfergott 118
schöpferische Zerstörung 188
Schuldner 143, 144, 146, 290
Schwangerschaft 63
Schwangerschaftsabbruch 69
Schwarzarbeit 212
Schwarzer Freitag 241
Schwellenländer 131, 175
Science-fiction 105
scientific community 249
Seins-Schichten 226
Selbstbeschränkung 92, 95, 100, 220, 221
Selbstregelung 91, 93, 109
Selbstregelungsmechanismen 100
Selbstversorgung 284
Selbstverwirklichung 75, 108, 173, 274, 275, 286
Selbstverwirklichung des (Welt)geistes 109
Selbstwertgefühl 232
Selektion 88, 97, 104, 110, 122, 254
Selektion auf Mittelmäßigkeit 50
Selektion von Kulturen 89
Selektion, eliminative 45
Selektionsbedingungen 19, 54
Selektionsbedingungen, innere 23
Selektionsbestimmungen 17
Selektionsdruck 54
Selektionseigenschaften 272
Selektionsgesetze 46, 226
Selektionsinstrument 216
Selektionsprinzip 18, 216
Selektionsprinzipien 264
selektive Wachstumsbremsen 280
Semantik 25, 38
Semantik, definitorische 24
Seßhaftigkeit 166
Seßhaftwerden 168
sexuelle Freiheit 253
Simulationsexperimente 277
Sinnesorgan 27, 28
small is beautiful 170
social engineering 277
Solidarität 112, 113, 115
Soll-Wert 123
Sonnenenergie 128, 130, 134, 243, 250
Sonnenenergienutzung 128
soziale Adaptierung 16, 51
soziale Antwort 218
soziale Frage 25
soziale Gerechtigkeit 75
Soziale Marktwirtschaft 230, 234
soziale Mobilität 201
soziale Produktivkräfte 187
soziale Sicherheit 221
soziale Symmetrie 214
soziale Überforderungen 52
soziale Ungleichheit 82
sozialer Aufstieg 201
sozialer Identifikationsbedarf 90
soziales Netz 270

soziales Supersystem 103
Sozialevolution 268
Sozialismus 139, 181, 182, 188, 229
Sozialleistungen 270, 276
Sozialpolitik 263
Sozialpsychologie 24
Sozialwissenschaften 19, 22, 225, 263
Sparen 149, 155, 169, 189, 193, 197, 231, 242, 286, 289
Sparquote 193, 194, 197
Spieltheorie 211, 220
Spieltrieb 174
Sprachdenken 25, 54
Sprache 16, 24, 37, 54, 55, 71, 90, 94, 104, 109, 110, 112, 117, 119, 129, 183, 212
Sprache, Vorstadien der 54
Sprachentwicklung 21
sprachliche Universalien 54
Staatenbund 19
staatliche Wettbewerbspolitik 230
staatliche Wirtschaftspolitik 266
Staatsmoral 258
Staatsversagen 230
Staatsverschuldung 241, 254, 255, 270, 271
Stabile Arbeitsteilung 167
Stagnation 173, 212, 225, 229, 271, 285
Stagnationstendenzen 190, 285
Stagnationstheoretiker 231
Stammhirn 204
state of the art 16, 18, 21, 22
stationäre Gesellschaft 272
Status 286
Statussymbol 286
Sterberate 61, 62, 66
Sterilität des Geldes 146
Steuermechanismus 12
Steuerpolitik 219
Stimmrecht für Kinder 261
stochastische Störungen 19, 47, 220
Straßenverkehrsrecht 252
Stratosphäre 81
Strukturalismus 109
Strukturgesetze 226
Sublimation 90
suboptimale Lösungen 256
Subsidiarität 171
Subsidiaritätsprinzip 171
Subsumptionsschema 21, 22
Subsumtion 248
Subvention 207, 217, 250
Subventionierung 174
Subventionsempfänger 259
Subventionsgelder 218
Summa Theologica 143
Summendeckungsbeitrag 213
Super-Hamster 165
sustainability 76
sustainable development 197, 225, 244, 296
Syllogismus 55
Symbiose 128, 186
symbolische Politik 267

Symmetrie 20, 34, 52
Symmetrie der Ursachenformen 18, 20
Syntax 25
System, ökologisches 27, 129, 130, 206
System, soziales 5, 19, 20, 22, 37, 86, 87, 88, 89, 90, 91, 92, 93, 94, 95, 96, 97, 98, 99, 100, 101, 102, 103, 105, 115, 123, 247, 248, 249, 252, 256, 257, 264, 268
System, vernetztes 16
Systembedingungen 19, 26, 45
Systemdynamik 88
Systeme, komplexe 5, 12, 15, 16, 21, 23, 24, 25, 33, 53, 58, 179
Systementwicklung 40
Systemevolution 264, 268, 274, 277, 280
Systemfortschritt 36
systemimmanente Grenzen 285
systemimmanente Reformmöglichkeiten 279
systemisch- evolutionäres Management 179
systemische Perspektive 237
systemtheoretisches Denken 103
Systemtheorie 12, 86, 209
Systemtuning 40, 42
Systemumbau 279
Systemverständnis 18
Systemzusammenhang 12, 53
Szenario 2000 179

Tagespolitik 106
Talent-Systeme 295
Tanzsprache 210
Tasmanier 94
Tasmanien 74
Tauschbeziehung 143, 238
Tauschgerechtigkeit 143
Tauschhandel 132, 141, 164
Tauschmittel 141, 143
Tauschvorgänge 238
technisch-industrielle Zivilisation 273
technischer Fortschritt 152, 156, 158, 185, 186, 187, 194, 236, 242, 285
technologischer Fortschritt 187
teriomorph 45
Terrorismus 103
Tesselation 32
The World Bank Group 84
Theorie des endogenen Wachstums 195, 197
Theorienmangel 22
Thermodynamik 37
Tier-Mensch-Übergang 48, 265
tödliche Hilfe 78, 83
Tötungshemmung 51, 64
Tragfähigkeit, ökologische 126, 127, 128, 130, 132, 133, 134, 135, 137, 252

Trägheit der Steuerung 39
Trajektorien-Methode 43
Transparenz 273
Transportkosten 132, 204, 206, 207, 208
transzendent 118, 120
transzendental 120
transzendentales Subjekt 122
Transzendenz 109
Trickle-down-Effekt 75
Tuning 42
Tuningaufwand 40
Turmbau zu Babel 92, 255

Überausbeuter 49
Überfischung der Weltmeere 262
Überlebensschwelle 43, 44
Überlebensstrategie 19, 82
Überschußangebot 158
Überschußprodukt 147, 152
Umweltbelastung 29, 133, 177, 201, 283, 295
Umweltkrise 138
Umweltorganisationen 11
Umweltpolitik 138, 205, 247, 280, 296
Umweltrecht 253
Umweltverträglichkeit 278
Umweltzerstörung 58, 91, 137, 182, 263
UNESCO World Education Report 84
ungehemmtes Wachstum von Großkonzernen 207
Universalienstreit 117
UNO 62, 69, 267
Unordnung 34, 46
Untermensch 52
Unternehmensphilosophie 211, 218
Untersystem 19, 20, 22, 110, 280
Ursachenlehre des Aristoteles 226
usability 30
utopische Sozialisten 157

Verantwortung 11, 68, 114, 115, 122, 181, 204, 205, 267, 271, 273, 276
Verarmung 79, 92, 96
Verbreitung von Bildung 273
Verdrängungswettbewerb 214
Verdummung 87
Vereinte Nationen 137, 262
Verkehrspolitik 210
verkehrstechnischer Fortschritt 200
Verknüpfungsstrukturen 42
Vermögen 149, 164, 184, 188, 231, 232, 248, 252, 290, 293, 294
vernetzte Ökosysteme 128
Verteilungskämpfe 271
Verteilungskrieg 136
Verursacherprinzip 244
Verwaltung 12, 166, 217, 221, 254, 255
Verwaltungsaufwand 217
Verwaltungsbehörden 257

303

Volkswirtschaft 177, 212, 216, 228, 238, 242, 277, 284, 293
volkswirtschaftliche Wertschöpfung 212
Volkswirtschaftslehre 37, 195, 211, 222, 246, 288
Vollbeschäftigung 9, 181, 190, 192, 235, 285
vollständiges Weltmodell 122
Vorsokratiker 18, 124

wachstumsbegrenzende Politik 275, 279
wachstumshemmende Politik 279
Wachstumsoptimismus 182, 224
Wachstumspolitik 191, 237
Wachstumsrate 31, 60, 65, 90, 181, 188, 192, 193, 194, 195, 197, 200, 224, 227, 228, 229, 237, 239, 244, 264, 292
Wachstumsskepsis 236
Wachstumsstop 295
Wachstumstheorie 90, 182, 188, 192, 194, 195, 211, 225
Wachstumswettlauf 181, 229
Wachstumszwang 238
Wählerstimmenmaximierung 255
Wahrscheinlichkeitstheorie 37
Währungssystem 230, 242
Warencharakter der Arbeitskraft 157

Wasserpfennig 251
Wechselkursrisiken 241
Welt als Uhrwerk 35
Weltbank 9, 246
Weltbevölkerungswachstum 71
Weltbildapparat 27, 29, 36, 51
Weltgesellschaft 101, 102, 103, 266
Weltmonopole unbegrenzten Wachstums 208
Weltpolitik 102
Weltraumschrott 262
Weltrevolution 181
Weltuntergang 280
Weltwirtschaftskrise 188, 227, 230, 241
Werbung 9, 105, 213, 232, 233, 272, 286
Werkzeuggebrauch 129
Werte 77, 78, 87, 88, 89, 97, 105, 106, 119, 121, 122, 173, 252, 258, 284
Wertekonsens 91
Werteordnung 258
Wertesystem 204, 209, 211, 212, 258, 259
Wertschöpfung 46, 148, 174, 177, 178, 212, 213, 226, 241, 283, 284
West-Ost-Konflikt 78
Wettbewerb 103, 104, 143, 146, 151, 158, 168, 169, 170, 175, 177, 214, 216, 230, 234, 256, 261, 264, 269, 270, 285
Wettlauf der Kulturen 93, 105

Wettrüsten 253
widernatürliche Erwerbskunst 141
widerspruchsfreies System 25
Widerspruchsfreiheit 19, 25, 42, 52, 54
Wiener Kongreß 101
Wiener Parlament 82
Wikinger 94
Wirklichkeitsnähe 42
wirtschaftlicher Fortschritt 211
Wirtschaftskrieg 92
Wirtschaftspolitik 6, 163, 190, 199, 211, 212, 216, 219, 220
wissenschaftliche Methode 27
wissenschaftliche Revolution 257
wissenschaftliche Theoriebildung 37
wissenschaftliche Fortschritte 133
Wissenskapital 196, 197, 236, 237
Wohlfahrtstheorie 25
Wohlstandsgesellschaft 232, 287
Wohlstandsindikator 227
Wohnungsmobilität 201
World Development Report 84
World Resources Institute 58, 62, 69
Wucher 141, 143, 144, 145, 146
Wucherzinsen 146

Zeitgeist 87
Zeitpräferenz der Konsumenten 155
Zeitreihe 27, 111
Zeitüberschuß 202
Zeitverzögerung 65, 126, 127, 135
Zentralbank 191, 238, 242, 289, 290, 294
Zersiedlung 203, 206
Zins 6, 81, 125, 139, 140, 141, 142, 143, 144, 145, 146, 147, 148, 149, 153, 154, 155, 157, 158, 159, 173, 178, 246, 287, 290, 293, 294, 295
Zins als Waffe 144
Zinseszins 81, 173, 178
Zinstheorie 140, 146, 153, 155, 156, 161
Zinsverbot 139, 140, 141, 144, 145, 146
Zivilisation 9, 16, 22, 45, 51, 53, 94, 98, 104, 106, 107, 205
Zivilisations-Dominanz 101
Zivilisationsstufe 97
Zukunftskonsum 155
Zukunftswissenschaft 105
Zusammenhänge, systemische 11
Zustandsraum 29, 30, 32
Zwänge 22, 173
Zwecke 18, 20, 53, 54
Zweiter Weltkrieg 64, 69, 102, 181, 201, 236, 289
Zwischensystem 20, 265